清华哲学文库

王玖兴文集

王玖兴 著　崔唯航 编

清华大学出版社
北京

内 容 简 介

王玖兴先生(1916—2003)是我国著名西方哲学史专家、翻译家,中国社会科学院哲学研究所研究员,西方哲学史研究室原副主任,博士生导师。

本书是王玖兴先生一生哲学探索的结晶之作,系王先生去世后受其家属委托选编而成。本书收集的文字跨越近半个世纪,全面反映了王玖兴先生的学术思想,囊括了从柏拉图到海德格尔的整个西方哲学思想的发展历史。这些文字既有作者参加国际学术会议的论文,也有20世纪40年代作者在清华大学哲学系授课时的讲稿,还有作者在中国社会科学院哲学研究所等科研机构的讲演稿。

版权所有,侵权必究。举报:010-62782989,beiqinquan@tup.tsinghua.edu.cn。

图书在版编目(CIP)数据

王玖兴文集/王玖兴著;崔唯航编.—北京:清华大学出版社,2022.5
(清华哲学文库)
ISBN 978-7-302-59264-8

Ⅰ.①王⋯ Ⅱ.①王⋯②崔⋯ Ⅲ.①哲学思想-思想史-西方国家-文集 Ⅳ.①B5-53

中国版本图书馆 CIP 数据核字(2021)第 192857 号

责任编辑:梁 斐 商成果
封面设计:常雪影
责任校对:赵丽敏
责任印制:丛怀宇

出版发行:清华大学出版社
    网　　址:http://www.tup.com.cn,http://www.wqbook.com
    地　　址:北京清华大学学研大厦A座　邮　编:100084
    社 总 机:010-83470000　　　　　　　邮　购:010-62786544
    投稿与读者服务:010-62776969,c-service@tup.tsinghua.edu.cn
    质量反馈:010-62772015,zhiliang@tup.tsinghua.edu.cn
印 装 者:三河市东方印刷有限公司
经　　销:全国新华书店
开　　本:170mm×240mm　印　张:35.25　字　数:647千字
版　　次:2022年6月第1版　　　　　　印　次:2022年6月第1次印刷
定　　价:168.00元

产品编号:088406-01

序一

汪子嵩

玖兴离开我们已快两周年了。

我和玖兴初次相识是在1945年,那年暑期我在西南联大哲学系毕业,考入北大文科研究所,当陈康先生的研究生。玖兴是在1944年考入清华大学哲学系当研究生的,他比我早一年。他是武汉大学哲学系毕业的,来到昆明后,他自己说听了哲学系多位教授开的课,大概我和他同堂上过几门课,但我留有深刻记忆的是陈康先生为研究生开的一门"柏拉图哲学著作选读"课,陈先生领我们读柏拉图《国家篇(共和国)》的部分章节。上课时我们每人都得带上一本Jowett的英文译本,轮流读其中一段,解说中文意思,然后由陈先生讲述,从分析柏拉图的逻辑论证说明其中的哲学思想,实际上是把着手教我们怎样读哲学原著。选这堂课的学生不多,只有玖兴和我两个研究生,还有一两位哲学系高年级学生,其中就有王太庆;来旁听的是贺麟先生主持的哲学编译会的编译员陈修斋、邓艾民、孙霄舫,他们也参加轮流读讲。上课是在西南联大校舍角落一间僻静的小教室里,我们七八个学生每周有半天一起上课,课间休息时相互交谈,我和玖兴便是这样认识起来的。我只是说"认识",真正的熟识要到30多年以后才能算。

1945年是关键的一年:抗日战争刚结束,国共内战马上就要开始。在昆明,先是蒋介石动用武力逼走了云南实力派龙云,想以此镇压民主运动,却引起更大的学生运动,造成"一二·一"惨案。我那时已经参加"民青"组织,是不出头露面的,而是做隐匿的地下工作:参加读书会,在校园内出大字报,编《罢委会通讯》《学生报》等。我虽然也认真听陈先生的课,开始爱好希腊哲学,但实际上这只是我的副业;下课以后,便去参加其他活动了。玖兴他们是真正读书的学生,我们之间缺少共同的语言,很少沟通。这次看他的文集清样,才知道当时有"哲学问题讨论会",我却从来没有参加过。

这本文集的第一篇文章《柏拉图的哲学方法》为我们的初次相识留下了纪念。玖兴在文章开始时讨论哲学方法是"哲学家说出来的哲学方法",还是"哲学家获得和使用哲学的方法"的问题，一望而知，这是他的导师冯友兰先生经常使用的讨论方法。但当他正文谈到柏拉图的哲学方法即辩证法时，他所举的实例，如苏格拉底的问答法、《国家篇》中的洞穴太阳说、《智者篇》中的"通种论"、《曼奴篇》中的回忆说、《斐杜拉斯篇》中的综合和分解等，都是陈康先生在讲课时重点分析的方法。不过陈先生着重分析的是柏拉图自己的逻辑论证，而玖兴却将这些方法提到逻辑学的层面加以讨论。由此可见，玖兴既听了课，也自己读了书。又记得金岳霖先生是他的导师，必须重视逻辑问题，他是学而深思，将这些方面融会到对整个哲学的理解上了。他在"哲学问题讨论会"上提交的另外两篇报告也具有相似的性质。《黑格尔哲学中的几个要点》不仅是他当时听贺麟先生讲"黑格尔哲学"的收获，还因为他在武汉大学读书时，曾经是国内最早的黑格尔研究专家张颐老先生的得意门生，才能写出这样精辟的报告。至于另一篇《论必然命题》，则明显表示他已经是金岳霖先生的弟子了。

1946年玖兴在清华大学讲授"哲学概论"和"知识论"的讲稿也保留下来了，很有特色。一般教师讲"哲学概论"，往往主要是介绍某种哲学思潮、流派或某位哲学家的哲学思想，更喜欢讲述他自己的研究心得以至他自己的哲学思想体系，有点以偏概全，使学生误以为这就是所谓"哲学"了。而玖兴却是将哲学作为一个整体的研究对象来讲，从什么是哲学讲起，讲哲学的诞生、分化、发展，直到哲学的分科，使学生对于究竟什么是哲学，有比较全面的了解，真正是哲学的 introduction。当然，由于哲学本身的原因，从两千多年前开始到现在，对于究竟什么是哲学众说纷纭，不像一门门自然科学或社会科学那样有公认的定论。玖兴也只能将他自己学习得到的体会，依照当时比较流行并为较多人接受的看法，作这样比较客观的介绍。我以为，这样的讲稿，即使在今天，对于许多想了解哲学究竟是什么的人，读读也是有助益的。

1948年玖兴去欧洲留学，张颐老先生劝他到德国去，因为那里是哲学的故乡。可那时正值第二次世界大战结束，德国到处是断壁残垣，他只能到瑞士的弗莱堡大学学习德国古典哲学。虽然玖兴自己说他去西方留学是想"采他山之石以攻玉"，将来回国使中国哲学的精华发扬光大，但在国外学习德国古典哲学之余，玖兴对当时流行的海德格尔的存在主义产生兴趣，觉得它和中国哲学的精神有较多相近的地方，因此也学习了欧洲当时流行的现代哲学，后来走上这条"不归之路"，而将弘扬中国哲学的理想留给他的学生了。

这里我想谈点我所了解的清华哲学系研究生的情况。那时候的清华、北大哲学系招收研究生很少，一年难得招上一个。1944年玖兴考上清华研究生时，哲学系原有的两位研究生刚刚毕业：一位是冯宝麟，即后来著名的哲学家冯契，他当研究生时是跟汤用彤、冯友兰先生学习中国哲学史。他在清华哲学系当学生时参加了"一二·九"学生运动,抗日战争时到过延安,后来回昆明西南联大复学,1941年毕业后考上研究生。晚年他将马克思主义哲学、中国哲学和西方哲学融会贯通,创造了以《智慧说三篇》为代表的宏大的哲学体系。另外一位是王浩,我记得他和玖兴一样,在抗战前夕是全省高中毕业生会考的"状元",不过他在山东省,而玖兴在江苏省。王浩在西南联大数学系毕业后因为对哲学,尤其是对数理逻辑有兴趣,考入清华哲学系当研究生,跟沈有鼎、王宪钧先生学习数理逻辑。研究生毕业,于抗战结束后去美国哈佛大学留学,后来在数理逻辑的研究上有重要贡献,是国际知名的逻辑学和哲学专家。1946年玖兴研究生毕业时,周礼全考入清华哲学系当研究生,他又是清华哲学系培养的一位逻辑专家。礼全是1941年和我同时考入联大哲学系的,他曾因病休学一年,所以在1946年才当研究生,那时清华已经从西南回到北平。从昆明西南联大到1948年玖兴出国留学这段时期,玖兴和周礼全、王太庆常在一起切磋学问,是好朋友。我想,他们就是当年"哲学问题讨论会"的主力,后来太庆还常提到当年他们帮助玖兴办出国手续的故事。

我还想谈谈另一位清华哲学系培养的学者任华先生。那时一般的说法是:清华哲学系的重点是逻辑学,北大哲学系的重点是哲学史,严格说是指西方哲学史,因为在冯友兰先生主持清华哲学系后,中国哲学史当然成为它的重点。据说,在抗战前夕,北大哲学系的逻辑课程往往由清华教授兼任,而清华的西方哲学史课,则常由北大教授兼任。清华哲学系要培养自己的西方哲学史教师,任华先生就是因此被选送去美国哈佛大学专门学习西方哲学史的。后来我听王浩说,1946年他刚进哈佛时,任华先生得到博士学位,正准备回国,对这位新来的学弟热情照料,为他安排生活。任先生回国后在清华讲课,当时张岱年先生刚回到清华,他们两位分别讲授中国哲学史和西方哲学史,是清华哲学系教授中的新秀。1952年院系调整,两校的哲学系合并为北大哲学系。当时西方哲学史教研室人才济济,不过许多先生多是某一方面的专家,而任先生却是西方哲学史的通才,从古代希腊哲学直到近现代西方哲学他都有研究,知识广博。开始时教授不能讲课,只能翻译资料,任先生是主力之一,后来开始讲课,任先生是首先上堂讲课的教授。任先生为人谨言慎行,在20世纪50年代还能逃过厄运;60年代初期编写各种教材,他是西方哲学史组的主编,但那些教材尚未定稿时,又搞起阶级斗争,要批判资产阶级修正主义思潮了。接着发生史无前例的"文革",我和任先生一直没有共事过,那时候却意外地有一次共同工作的机会:1970年庐山会议以后,毛泽东开始批判唯心论的先验论,号召干部"要学习一点哲学史"。出版社到北京大学去组织编写西方哲学史的书稿,却遭到北大军宣队领导的拒绝,他们说:"我们只搞马克思主义哲学,不搞资产阶级的东西。"出版社最后找到我，要我出面组织编写，报社领导同意我暂时离职工作，我提出要求北大同意任华和张世英两位和我一同编写。这时候我发现任先生变得衰老，又特别胆小，请他提出意见他也很少讲。我知道他在运动中受过苦，加上他夫人去世的悲痛，是不是他对当时的写法还有点意见？那时主要依靠世英的力量，我们总算交了卷，完成了《欧洲哲学史简编》那本充满阶级斗争观点，却又据说是"文革"期间由国人自己编写的唯一的所谓"学术著作"，现在看来问题不少，幸亏早已绝版。"文革"结束后学术界逐渐活跃起来，但任先生却非常消沉，没有参加活动。我记得王浩以国际知名学者身份回国，受到热情接待，但当他要求和任华先生会面时却遭到拒绝，理由是任先生身体不好，不愿会客。王浩对我讲后，我不相信任先生会不愿见王浩，就陪他直接到任先生家里去拜访。任先生见到王浩非常高兴，他们谈当年在哈佛会面的情境，王浩向他介绍哈佛旧友现在的状况。我看任先生谈锋甚健，只是因为双目几近失明，生活无人照料，不能出外活动，久居室内，总觉得自己多种疾病缠身，因而情绪消沉。出来后王浩几次对我说：像任华先生这样的人才，不能好好发挥他的作用，实在可惜。任先生又这样过了好几年后抱憾去世。

这件事一直搁在我心里，我也有点负疚，现在看到玖兴的遗稿，有人将它整理出版，我想乘此机会提出来：任华先生的遗稿是不是也有保留下来的？能不能整理出版？

还是回头再谈玖兴。玖兴在瑞士弗莱堡大学取得博士学位后，留在那里教中国哲学。1956年冯友兰和任华两位先生去日内瓦参加学术会议，会上和玖兴见面后又专门去玖兴家里，告诉他国内欢迎知识分子回国，动员他回来。玖兴全家于1957年回到北京，可又恰恰赶上风云突变，《人民日报》发表《这是为什么？》的社论，正式开展反右派斗争。玖兴到北大拜访冯友兰先生那天，校园内铺天盖地贴满了批判右派的大字报，冯先生看到玖兴穿着西服，怕被学生误会，还留他在三松堂过了一晚。玖兴知道这时候如果上课堂，必然"开口便错"。他接受金岳霖和冯友兰先生的意见，不接受北大教授的聘书，而去哲学所当研究员。这是一个正确的选择，在随后几年中他能比较平静地以翻译为主，和贺麟先生合作翻译了黑格尔的名著《精神现象学》和其他一些著作，并且写作了几篇学术论文。"文革"期间玖兴虽然也遭受抄家和下放劳动之苦，但比起北大的教授来，终究要轻松一点。"文革"结束以后，他虽然还是谨慎小心，但逐渐开始参加各种活动。他已经是著名的翻译家了，参加翻译了不少哲学名著；还在大学讲授德国古典哲学和海德格尔的存在主义等，发表论文或留下讲稿；更重要的是在参加国际哲学会议方面发挥了他的才能。

这时候我的思想也逐渐经过反思，最后决定转变研究方向，回头重新捡起希腊哲学，这样，我和玖兴走到同一条道上。20世纪80年代，参加《中国大百科全书·哲学卷》的编写工作，我和玖兴、世英、太庆、钟宇人、王树人一起负责编定西方哲学史的条目。上距1945年和玖兴初次相识，已将近40年了。

我们在北京、烟台、无锡等地一起工作过，记得讨论最后定稿是在无锡，我们将有问题的条目一条一条地进行讨论，然后根据大家提出的意见，指定一位加工修改。玖兴和大家一样积极发表意见，负责修改，我这才领教他那清楚精密分析的能力。工作休息的时候，我们在太湖之滨散步聊天，往往会谈到当年在昆明西南联大时期的一些轶事，打破了过去的一些隔阂，结下比较真诚的友谊。

20世纪80年代后期，我们几个70岁左右的同龄人：玖兴、礼全、世英、太庆、我，还有何兆武、黄楠森、李德齐，有时约起聚会，共叙友情。我们中间数玖兴年龄最大，他那时身体和精神都还可以。我还记得有一次傍晚从西郊北大聚会回来，我和玖兴同乘一辆公共汽车，我在车上还向他请教一些有关翻译的问题。进入90年代以后，玖兴的身体慢慢差起来了，我也关起门搞《希腊哲学史》，不参加学术活动，很少和他见面。关于他的情况，往往是太庆在电话中告诉我的。不想在世纪之交，太庆和玖兴却先后离开我们走了。

玖兴回国后主要从事翻译，他和贺麟先生合译的黑格尔的《精神现象学》早已成为有口皆碑的经典著作。我很早就听太庆说，玖兴和他准备合作翻译康德的《纯粹理性批判》，现在才知道，那是早在60年代初，太庆被调到宁夏银川时，向玖兴提出来的。《纯粹理性批判》是西方哲学史中影响最大却也是最难读懂的一部著作，虽然我国出版过胡仁源和蓝公武两位先生各自翻译的中译本，但他们都是在30年代翻译的，从文字到内容，现在的读者很难读懂，学术界早就希望有新的译本出版（那时候还不知道武汉的韦卓民先生和台湾的牟宗三先生正在翻译）。我知道后一直催促他们，希望快点翻译出来，但是太庆在工作方面兴趣很广，晚年他较多关注希腊哲学方面，想翻译《柏拉图对话全集》，将翻译《纯粹理性批判》的事情推到玖兴身上。而玖兴一方面是身体渐差，更重要的是他过于谨慎小心，要他统一定稿总是感到困难，翻译工作搞搞停停，一直到最后还没有全部完成。现在虽然有杨祖陶、邓晓芒两位研究德国古典哲学的学者根据德文原文翻译的《纯粹理性批判》出版，但听说哲学研究所讨论认为玖兴的译本还是值得出版，已请谢地坤先生主持完成最后定稿。我认为像这本书，在许多西方国家也往往出版多种不同的译本，因为每位译者都是根据自己的研究心得，对原书的理解不尽相同，因而有不同的译法，读者可以从这些不同译法的相互比较中，加深理解。所以我希望这本主要由玖兴翻译的《纯粹理性批判》能够早日出版。

我过去很少读玖兴的文章,因为他写的文章公开发表的很少,发表的也大多是关于德国古典哲学的,与我研究的东西不同。这次收到他的文集清样,感到有些意外的是,原来他写作的文字不少,只是未曾发表而已。可是编者规定我这篇序要在一个月以内交稿,我只能选读其中几篇,谈点粗浅的想法。

我早就听研究海德格尔的熊伟先生说,海德格尔的存在主义哲学是"不可说"的。我也曾看过海德格尔的《存在与时间》,一打开便遇到许多陌生的术语,实在读不下去。玖兴在瑞士留学期间,曾研究过存在主义哲学,听过雅斯贝尔斯的课,回国以后在 1962 年还写过三篇有关海德格尔的文章。他写的文章有逻辑分析,我大致能够看懂,可见存在主义哲学还是"可以说"的。我最有兴趣的还在于海德格尔所说的这个 Sein,究竟译为"存在"还是译为"是"?四五年以前,学术界对于这个词的译法有不同意见的讨论,太庆和我认为这个希腊文 on、德文 Sein 的术语,至少在柏拉图和亚里士多德的哲学中,还是译为"是"比较妥当。玖兴的文章是在 40 多年前写的,当然还没有触及这个问题,但是他在《关于海德格尔哲学的几个问题》一文中说到,海德格尔曾得出这样的结论:"……我们只能断定,'存在'不是一种像存在物那样的东西。"海德格尔还说:"在'存在'概念的任何定义里都必须使用'是'这个字(存在是这个或者是那个),因而,那个要加以定义的字已经包含在它的定义里了。"玖兴在此还加了个脚注:"存在"和"是"在西方文字里是同一个字。(《文集》第 180 页)我想,后来太庆一定和玖兴讨论过这个词的译法问题,可是现在已经无法知道玖兴的看法了。

玖兴还写过一篇《"异化"与马克思的经济学说》,我感到很奇怪,他怎么会写这样一篇与现实政治有关的文章?翻了几篇文章才了解,原来"异化"是黑格尔辩证法中一个相当核心的范畴,早在 1945 年玖兴在《黑格尔哲学中的几个要点》的报告中,论述黑格尔的"消极理性"时便提到"异化",不过那时他译为"移行",他说:"所谓'移行',是说甲保持为甲,从其事体本身,而导向甲之否定,即由甲之否定,而转化为乙。甲因保持为甲,反而成为甲之否定,称为'扬弃'。由扬弃而移行,是消极理性之本质……"(《文集》第 21 页)后来在 1978 年发表的黑格尔《〈精神现象学〉译者导言》中,贺麟也说黑格尔的"否定性的辩证法"表现在贯穿"精神现象学"的"异化"或"自我意识的异化"这一概念上。还说:"由于马克思抓住了精神现象学中所表述的'异化'——'否定性的辩证法'作为黑格尔哲学的秘密、关键和合理内核,他还进一步肯定精神现象学里面包含有'批判的成分'。"

玖兴在《"异化"与马克思的经济学说》文章开始时说,他是针对两种观点:一种认为"异化"是马克思经济学说的基础;另一种则认为"异化"只是马克思早期未成熟时期的概念,在其后期著作中已经完全放弃了。玖兴将马克思的早期著作

《1844年经济学哲学手稿》和《资本论》进行分析对照研究,得出结论:马克思是在批判了黑格尔的唯心主义的辩证法,将"作为异化主体的人的相互关系放在特定的社会条件下加以考察"后,才揭示"资本主义的异化本质"的。而"另一方面,说马克思早期后期著作没有关联……也是不正确的"(《文集》第280页)。我国理论界重视讨论"异化"问题有两个时期,一是20世纪60年代初期,二是80年代初期。前一时期主要是批判人道主义和异化;后一时期则发生过一次有关人道主义和异化问题的大争辩,即所谓"青年马克思"和"成熟时期的马克思"的争论。在《文集》的目录中,只有这篇文章没有注明写作年份,我想,它应该写于1982年前后。①

另一篇引起我兴趣的文章是《〈理性的毁灭〉译者引言》。《理性的毁灭》是卢卡奇的名著。卢卡奇是一位思想家,又是一位革命实践者,他在青年时期第一次世界大战时就参加匈牙利革命,加入共产党。革命失败后,多次在苏联参加马克思主义理论的研究工作,发表过许多著作。第二次世界大战初期,他在德国和苏联目睹了希特勒法西斯主义给欧洲人民带来的无穷灾难。同时由于他在理论工作中有独立思考的精神,他在匈牙利解放后参加政府工作时被批判为"修正主义",几次被开除党籍,1956年时他是"裴多菲俱乐部"的积极参与者。玖兴说,这部《理性的毁灭》是卢卡奇的思想发展和对现实斗争的"一次理论概括"。卢卡奇认为20世纪的欧洲思想界是"非理性主义"压倒了"理性主义",所以他的书名叫《理性的毁灭》。

玖兴在这篇《译者引言》中介绍卢卡奇的思想,对他的结论是:"正是他自己一度醉心的生命哲学之类的非理性主义导致了这一切,几乎毁灭了理性,几乎毁灭了欧洲文明和整个人类。"卢卡奇认为"德国资产阶级的非理性主义哲学背叛了德国古典哲学的理性传统,最终导致了法西斯主义的产生",这一事实"属于德国历史最耻辱的一页"。卢卡奇认为这种非理性主义"来自谢林晚年的天启哲学,来自叔本华的唯意志论以及尼采的强力意志和超人学说,来自克尔凯郭尔的宗教哲学"。因此,他"从考察谢林、叔本华、尼采起,依次批判了狄尔泰、齐美尔、史宾格勒,分析了新黑格尔主义和德国社会学派及其代表人物托尼斯、韦伯……特别从哲学上揭露了希特勒理论家哥比诺、张伯伦、罗森堡的反动的种族主义理论;还考察了战后才盛行起来的存在主义及其主要代表人物克尔凯郭尔、海德格尔、雅斯贝尔斯和萨特等"。(《文集》第446—448页)

我对这一长串名单中的许多人多不了解,只有叔本华的唯意志论和尼采的强力意志和超人哲学,是从小便耳熟能详的,因为在中学读到的"五四"时期一些著名

---

① 编者注:玖兴先生于1983年作《"异化"与马克思的经济学说》一文,汪子嵩先生作序时,所参照目录中未注明此文写作时间。

作家的文章中,总是少不了叔本华和尼采的名字。近年来我常想到:从19世纪末开始的"向西方寻求真理"的运动中,我们开始接受的,并不是西方从古代希腊苏格拉底—柏拉图—亚里士多德开始的,一直到以康德为代表的德国古典哲学的理性主义传统,而是在当时欧洲流行的以叔本华和尼采为代表的非理性主义思潮。因为中国当时正面临被列强瓜分的危险,唯意志论、强力意志和超人哲学对于激发爱国热情确实具有积极作用,所以为许多人所接受。但是到将近一个世纪以后的今天,再来冷静地回顾过去时,是不是也应该承认这些非理性主义思想给我们带来的负面影响实在不少:由唯意志论带来的人为灾祸,由超人哲学和权力意志带来的你死我活的权力斗争,给中国人民带来的灾难真可以说是史无前例的。

  历史的教训应当吸取。近二三十年来,在向西方学习的过程中,卢卡奇提出的这一长串名单中的后面的一些哲学家又成为中国一些哲学家崇奉的思想家了。我对这些思想家的思想根本无知,对卢卡奇这本书也还没有读过,但是看到玖兴的一篇短文《存在主义哲学》,其中介绍存在主义哲学的"共同特征"的第六点是:"所有的存在主义者都反对在主观和客观之间加以区别,并从而否定在哲学领域里理智知识的价值。照他们看来,真正的知识不从理解得来,而必须从体验实在中得来。而这种体验,主要是通过惶恐(angst)。人就是由这种惶恐经验认识到他的有限性,认识到在被抛入而注定要死亡的世界里,他(人)的地位的脆弱性。"(《文集》第192—193页)我记得近几年中国哲学家发表的有些文章中也提出:现在哲学发展的方向,应该是要否定"理性主义的形而上学"。我真是感到深深的惶恐!

  在我翻阅玖兴的这些遗稿的时候,不由得想起这将近六十年来的一些故人往事,我们共同走过的路,每个人又有各自不同的遭遇和命运。八十多岁的老人总是喜欢和旧友一起回忆往事。我想,如果是玖兴在世,我已经看到他这些稿子,我大概也会跟他谈到这些事情和想法的。现在呢,只能在他的文集前面写上这些话,寄托我的哀思。

2004年12月

序二
张世英

玖兴是我念西南联大时的同学,不过我是本科生,他是研究生,他是我尊敬的学长。1948年我在天津南开大学哲学系当助教时,玖兴夫妇出国留学,路过天津,曾在我家小住数日,记得他们还带着大约两三岁的女儿。前两天,他女儿王以华打电话给我,要我为她父亲的《文集》作序,在电话中我谈起当年她父亲在我家候船"出洋"的事,他女儿说,当年那个两三岁的女孩就是她。电话中,她还专门补了一句:"我父亲一辈子写的东西不多。"挂了电话后,我不禁感慨万端。从1948年到现在半个多世纪的时间里,我国历史发展的汹涌波涛令我面对玖兴的遗作,颇多难言之感。

"东西不多"。这话从哲学界的朋友们平日关于玖兴的谈论中也听到过。有的人似乎说的是一种微词,有的人似乎是为玖兴惋惜,我则认为是时代的悲剧。

我们的老师冯友兰、金岳霖、汤用彤、贺麟等,他们都出过洋、留过学,回国后,经过自己的努力,很快都写出了他们的成名之作、传世之作。但他们的这些著作,可以毫不夸张地说,全都是1949年以前完成的。1949年以后,他们写的东西在学术上堪称上乘的,恐怕也只能说"不多"。这不能责怪他们个人,不是他们个人之错。玖兴是这些老师的晚辈,他留学归来之日,正是高音喇叭高喊"这是为什么?"①之时,他没有老师们当年从国外回来后所能有的各种机遇和时间来发挥所长,从事写作,他和他的老师们在1949年以后的命运毫无二致。他也许只能怪自己"吾生也晚",没有享受到老师们年轻时的一份幸运。

当然,玖兴决非追名逐利之人,我们用不着为他没有像老师们那样有名而惋惜。他"不患人之不己知",要他不上讲堂,他就毫无怨言地不上讲堂;要他搞翻译,他就老老实实地搞翻译。他德文好,中文也有很深的功底。中外文兼优而从事翻译,这是他在翻译方面的两大优势。我和朋友们谈起他的译文,没有一个不称赞

---

① 1957年6月8日,《人民日报》刊发社论《这是为什么?》。

的。玖兴在翻译方面的贡献,令我感到他在学术上是一个无愧于己、无愧于学界的真正的学者。我们没有什么可以为他惋惜的。人各有所长。少了著述,多了翻译,同样是他的成就。

在翻译方面还有一点特别值得一提,是玖兴对合作者的宽容。有一次,我同他一起去美国参加第八届国际康德哲学大会,飞机上待的时间长,无所不聊,而且聊得很深入。他对我谈起与人合译的事,他很有感慨地说:"人家说我磨蹭,我却有难言之隐,有的人的译稿严格来讲不能用,但我还得用尽心力,既要改正,又得迁就,比我自己翻译要费事得多。"玖兴是个能忍让的人,接着还说了一句:"人家有名气,我不能有半点怨言,世英呀,我很苦。"当时他说话的声音有点令我心酸。我也是一个对他的"磨蹭"略有微词的人,但在这次闲聊之际,心中却暗中浮起了一点多余的话,似乎可以补他的语气之不足:有的名人,未免名过其实,特别是有的人热衷于媒体炒作,善于为自己造势,把做学问当成达到别的什么目的的工具,这种学风和文风与玖兴默默耕耘、慎之又慎的治学态度相比,实有天壤之别。

玖兴的著述"不多",但从当前的这些遗稿中可以看到,他对西方哲学,无论是古典的,还是现当代的,特别是对德国古典哲学,都很精通。遗稿给我最突出的感受和印象,用两个最简单的字来概括,就是讲得很"地道"。他对康德、费希特、黑格尔、海德格尔、雅斯贝尔斯的一些重要哲学概念和范畴的解释与领会,似乎都是原原本本地道来,切实可信,而毫无夸夸其谈之弊。我想,我以后要深入理解这些人的思想,还会翻阅玖兴的《文集》,看看他是怎么讲的。我也劝搞西方哲学的学者,特别是研究德国古典哲学的学者,在研究和写文章时无妨翻阅一下《王玖兴文集》。

我念大学本科时,就知道玖兴是师从冯友兰学中国哲学史的研究生。我对中国哲学史的兴趣和最初的了解,也是从冯先生那里来的。从玖兴的《文集》中知道他当时也称赞冯先生的两卷本《中国哲学史》写得"头头是道",课也讲得"生动活泼,深入浅出,引人入胜"。记得我当时还把冯先生的《中国哲学史》和其他某些人写的类似的书作过对比,我觉得其他一些人讲中国哲学,往往不脱"直观""混沌""出于领悟"(玖兴语)的中国旧传统,只有冯先生讲的中国哲学史,重理性分析和逻辑推理。我当时曾得出结论:要学哲学,就得学西方的。我大学毕业后,虽因一些偶然的原因,自学过一段时期的程朱陆王哲学,但同时还是花了很多时间读罗素的书,我欣赏罗素(这同欣赏金岳霖的知识论和逻辑有关)。罗素与程朱陆王两者不搭界,但我当时不知为什么能双管齐下,同时念,今天回想起来,也许只能用"太年轻了"来解释吧!后来,因为解放,罗素也好,程朱陆王也好,都搁到了一边。但"要学哲学,就得学西方的"这个基本思想,却在相当长的一段时期内支配着我。这次从玖兴的《文集》中才知道,他也"曾认为,我们中国哲学博大精深的道理,往往得自直观,出于领悟,而西方哲学善于分析,长于思辨"。这和我当年对中西哲学的评价如出一辙,但我当年由此而得出的结论却与玖兴的大不相同,也可以说,我的结论是一个头脑简单的结论。我所谓"要学哲学,就得学西方的",说白了,就是一种轻视中国哲学的想法。而玖兴作为我的同辈人(他比我年长不过五六岁),他当年出国,"并不是为学西方哲学而去学西方哲学",而是想"深入学习西方哲学的方法,回过头来再研究中国哲学",并"能发前人所未发,使中国哲学的精华发扬光大"。他年轻时这个基本的思路和向往,在我这里,却似乎是在经过了半辈子的摸索之后在最近一二十年里才闪现出来,并为之奋斗的。当然,我现在的思想和观点是否同他当年完全一致,已无法、也没有必要对证。只可惜在他生前,我们没有机会交谈这类问题。玖兴兼有国学和德语两方面的功底,如果不是由于时代的原因,一定会在会通中西哲学方面作出"发前人所未发"的重大贡献的。玖兴说他后来没有实现他当年"所抱持的研究中国哲学的初衷","走上了一条不归之路,那是出于别的原因"。情在词外,读后不免有些怆然。

2004 年 11 月 26 日

序三

叶秀山

玖兴先生离开我们快两年了，《王玖兴文集》即将出版，以华约我写序，却之不恭，但又不敢言"序"，写一篇纪念文章吧。王先生1957年回国来哲学研究所，那时我已经分配到所里工作近一年了，记得贺（麟）先生在颐和园听鹂馆宴请归国教授时，王先生没有"赶上"。那是一次"盛会"：一是我第一次近距离见到一些很知名的学者，二是那个餐厅当时不对外开放，贺先生有一个什么证，允许在那里设宴招待客人。王先生没有赶上"盛会"，但他"赶上"了反右派斗争。

王先生回国时正开始反右派斗争，虽然按当时的政策，刚回国不久的归国华侨被豁免了，但是贺先生的什么证大概也失效了，所里的形势陡然变得很严峻，似乎发现了不少"敌人"，要严阵以待，每个人的脸上都有一种庄严肃穆的表情，所以我第一次见到王先生是个什么样子已经没有什么印象了，也可能是因为他被豁免而不常来所也不常见面的缘故。

我对王先生的第一个印象好像是斗争已经接近尾声，业务的问题又被提出来讨论的时候。在一次小组（那时候"研究室"叫"研究组"，贺先生任组长）会上，谈各人的研究计划，轮到王先生时，他说要翻译一本有关存在主义的书，被一位老同志否定，声称本组重点在古典哲学，为深入理解马克思主义服务，所以要以翻译康德、黑格尔的书为主，当时我注意到王先生的表情很不高兴，但只能服从。这大概就是后来王先生与贺先生一起致力于黑格尔著作翻译的最初动因。

说起翻译，现在看当然是非常重要的工作，就学术领域而言，其学术价值绝不亚于研究写作，但是当其时也，我们的观念却不是这样的。

当时似乎有一种不成文的"规定"：凡"老先生"皆属于做做"资料"和"翻译"工作，而我们这些年轻人，重点在于"写作"。

当年这种"老先生"和"年轻人"的区别，是实实在在"有形"的，不仅仅是"观念"上的。"老先生"有单独的"学习"组织，定期开会，有固定的参加者，不是随便可以串的。

王先生当然就归入"老先生"这一部分。

对我们这些年轻人来说,当年这些"老先生",我们有羡慕的地方,也有不羡慕的地方:羡慕的是,他们的级别高,工资高,住房条件好;不羡慕的是他们基本上不是"培养对象",做做翻译,做做资料,主要工作是培养我们这些年轻人。这意味着这些"老先生"是从旧社会过来的,或从资本主义国家回归的,在哲学观点上受旧的影响比较深,需要重点改造,而我们毕竟是新时代大学培养出来的,学的主要是马克思主义,改造起来相对简单一点。

所以很长时间里,我跟王先生是"两端"的人。

我们搞哲学的常常会说,"两端—两极"是可以"转化"的。随着时间的推移,王先生从原来的"老先生",转化为光荣的共产党员;我却从"可以培养—信赖"的"年轻人",转化成"老先生"了。现在想起来,这一切,对于王先生固然是极好的事情,不过也还有些遗憾:他的好事情来得晚了些。改革开放时王先生已经步入高龄,时间是不会倒流的。

比起王先生来,我似乎是比较"幸运"的:我"赶上"的时间比王先生要好。当王先生做"老先生"的时候,我是年轻人,至少在业务上是可以培养的,我可以集中精力做学术研究工作,写文章、写书在非运动时期还是受到保护和鼓励的;作为"老先生",主要就只能按照需要,做一些翻译工作,写文章和写书固然不会被完全禁止,也不是很积极支持的。

在我的心目中,我们研究组包括王先生在内的主要工作就是翻译古典哲学名著。应该说,这样一种形势,的确造就了一批不可替代的翻译著作,其学术价值和对社会文化的贡献,有的要大大超过一般的学术专著。

就以王先生和贺先生合译的黑格尔的《精神现象学》来说,那是下了极大功夫的精雕细刻之作。那时我跟贺先生同住一个大院,贺先生住后院的高级楼房,我住前院的平房,我经常见到一早王先生就匆匆进大院,我知道那准是找贺先生讨论翻译中的问题了。有一次,到中午的时候,王先生匆匆来找我,说他低血糖,一饿就心发慌。我心里一紧,那时招待客人是一件大事,平常的饭食是难以待客的,这时王先生赶紧说,不吃饭,有糖没有,我松了一口气,忙说"有,有,有"。我从小孩子的糖盒里拿了一块糖,等糖发挥作用后,王先生这才从容讲话,说他跟贺先生争论起来,也不知是谁把他改了的句子又改了回去,王先生不同意,跑去争论。我那时年轻,不太了解翻译工作的艰难,但我已经感到,哲学的翻译工作,不仅仅是语言文字的问题,更是一个学术理解问题;他们的争论,也不仅是文字表达问题,当有更多的学理问题在内。

我对翻译工作的观念有一个转变过程,也跟王先生有关,那是晚近的事情了。

王先生翻译费希特的《知识论》，即《全部知识学的基础》，所里推荐到院里，要我写一个推荐意见。尽管我外语水平低，但不敢怠慢，选了几段，对照原文读了起来。读着读着，我发现，王先生的翻译，越是在难译的地方，越见功夫，他的译文，在这些地方，常常照顾到外语、汉语和思想内容，译文读起来是那样的妥帖，对照以后，才感到译者是下了多大功夫才译得如此顺当精妙。

这件事情后，我常常跟人谈起，王先生从事翻译，有些条件是难得的：第一，他的外语好，这当然是很重要的，在"文革"后期，我和王树人同志每星期去他家学德国作家施杜穆的小说《茵梦湖》，对王先生的德文水平有较深的了解。

第二，他的中文好，这是我从他的译文和写作文章中看出来的。这一点，过去我仅简单理解为"老先生"中文底子好，而这次看到这个文集里说他原本是跟冯友兰先生学中国哲学的，我才明白，王先生对中国学问是下过专门功夫的。

这第三个条件，就是王先生的哲学训练很扎实，而且他还是很有创造性思想的一位哲学家。这是我在和王先生不算多的交往中有深切体会的。

同在一个研究组，为什么说"交往不算多"？还是因为那个"老先生"的界限当时是实实在在的，虽不是"不可逾越"，但也是相当固定的。

当然毕竟有一些机会是可以常常接触的。

譬如，在"三面红旗"①飘扬的时期，我们这个组曾到河南七里营人民公社半日劳动锻炼，半日学习马列著作，在那里一住三个月；更不用说当时并无定期的干校劳动了。这些都是我能够向包括王先生在内的"老先生"学习讨教的机会，当然，学习和交谈的方式要"多样"而"隐蔽"一点，被发现了，就不是很小的问题。

终于盼到可以公开谈论学术问题的时候了。改革开放初期，我们西方哲学史研究室（那时已经改成"室"了）有一次"盛会"，规模很小，除商务印书馆的高嵩和兰州大学一位进修同志外，全是室内的研究人员，之所以说是"盛会"，是因为那是全室同志都参加的难得的一次聚会。我们住在承德避暑山庄，因为"特殊"的关系，我们还住进了园子里面，连晚上都可以游园，景色的确是幽静而带有皇家气派，在那里"坐而论道"，我们这些"老—小"先生（那时我也可以称作"小先生"了）真的得其所哉。那一个星期，我几乎每天晚上都要和王先生聊天，在聊天中也经常谈到学术，我进一步认识到王先生学问的力度。我感觉到，他不仅哲学史的知识渊博，根基扎实，而且思维非常敏捷，理解力极高，并且很有自己的见解，怪不得贺先生有一次谈到翻译时，说了一句"讲到哲学嘛，还是玖兴好"。因为我很认同这句话，就记住了，那几天我又常常想起贺先生的话，因为辈分小，我不敢到隔壁的贺先生那里

---

① 编者注：1958年提出的施政口号，意指"总路线、大跃进、人民公社"。

再次表示我的认同,只是加深了这个记忆。

所以我一直认为王先生没有一部自己的哲学专著留给我们,是王先生自己的遗憾,更是我们后辈的遗憾。

当然,以王先生这样的学养和思想的理解力做古典哲学的翻译工作,成绩之优异,是在意料之中的。

翻译工作的种种学养——上面说了三种,要在极高的层次上统统具备,已属不易,但尚不能说后无来者,只是有一个条件,大概后来者就难以"克隆"了,那就是"时间"。

不错,在那个时期,"先生"无论"老""小",都有各种"运动"使之不能做业务工作,但一旦做起来,除非搞"大批判",那是"紧迫"得很,好在既然称作"先生",这些任务就不大容易被派到头上,而一般的学术业务工作,倒也不像现在那样赶任务、抢时间。那时似乎有"无尽"的时间可以用,工作可以"精雕细刻",王先生是这方面的典范,雅号"久磨",当时是开玩笑的谑称,不无"拖拉"之责,但更多的是"慢工出细活"的意思,所以王先生也"笑纳"不怪。如今想来,这样一种"十年磨一剑"的"久磨"精神,是不大容易培养出来了,因为缺乏那样的条件。现在项目立项,需按时交卷,更有社会之种种名利诱惑,遂使聪明才智之士,都去搞那"短平快"的工作去了。王先生的"久磨"精神,失去了"滋养"的土壤,所以我感到前面的三个条件——外语好、中文好、专业也好,当然会有后来人,只是最后这个条件,有点不可再复了。

但愿我这是"杞人忧天"。

说到王先生的《文集》,其中有些文章我是知道的,这次主要阅读了他早年以及后来的讲演稿子,特别是在1946年前后,王先生只是三十岁左右的年轻人,就已经显示出他的思想之清晰、逻辑之严密、语言之严谨而流畅,难怪当时他就受到金岳霖、冯友兰这样的哲学大家的赏识。这些大师们的眼光是很严格的,我常想:在学问上,金先生认为好的,大概总是好的,因为太严格;他认为不好的,也许并不那么不好。王先生有一次跟我说,金先生有恩于他,但金先生过世后,他一篇文章也没有写,很遗憾。

人生常有遗憾的事情。对于王玖兴先生,我感到最为遗憾的,是他没有为我们留下他系统的哲学思想,他是有的,可惜他带走了。

2004年11月28日　北京

Contents
目录

1945 年

柏拉图的哲学方法 ··· 1
黑格尔哲学中的几个要点 ·· 13
论必然命题 ··· 24

1946 年

Study of *The Republic*（《理想国》研究）··· 34
《〈哲学概论〉导论》讲稿 ·· 54
《知识论》讲稿 ·· 67

1962 年

关于勃洛赫哲学的几个问题（草稿）··· 109
关于赫拉克利特的辩证法 ··· 127
费希特《全部知识学基础》（讲演稿）··· 149
海德格尔 ··· 174
关于海德格尔哲学的几个问题 ·· 179
存在主义哲学 ··· 190

1963 年

雅斯贝尔斯哲学（讲演稿）··· 194
雅斯贝尔斯哲学概观 ··· 209
雅斯贝尔斯论不可知主义与人生问题 ··· 220

1979 年

Der rationelle Kern in der Hegelschen Darstellung der "Wesenheiten oder Reflexionsbestimmungen"（黑格尔关于"本质性或反思规定"论述的"合理内核"） ·················· 225

1980 年

黑格尔关于"本质性或反思规定"论述的"合理内核"——兼评克罗齐对黑格尔的歪曲 ·················· 241

约瑟夫·鲍亨斯基 ·················· 252

1981 年

《精神现象学》在黑格尔哲学中的地位 ·················· 258
黑格尔关于主体的思想 ·················· 263
主体问题与康德、黑格尔（提纲） ·················· 267

1982 年

康德的范畴论 ·················· 269

1983 年

"异化"与马克思的经济学说 ·················· 272

1984 年

费希特 ·················· 281

1986 年

《全部知识学基础》译者导言 ·················· 317
雅斯贝尔斯 ·················· 331

1987 年

费希特传略 ·················· 382
Leibniz' Interesse für chinesische Kultur（莱布尼茨思想与中国传统文化） ·················· 393

Die Deutsche Philosophie in China（德国哲学在中国） …… 398
Die Fichtesche Philosophile und die französische Revolution
　（费希特哲学与法国大革命） …… 410

1988 年

黑格尔《精神现象学》研究的历史考察——纪念《精神现象学》出版 180 周年 …… 418

1990 年

Rezeption der klassischen deutschen Philosophie in China
　（德国古典哲学在中国） …… 430
《理性的毁灭》译者引言 …… 439

1992 年

费希特的教育思想 …… 449

附录

附录一　王玖兴简历 …… 464
附录二　王玖兴传略　　　　　　　　　　　　　　黄永言　467
附录三　继往开来——王玖兴先生访谈录 …… 崔唯航　李云霞　475
附录四　悼念王玖兴教授　　　　　　　　　　　［德］R. 劳特　480
附录五　桃李不言自成蹊——悼王玖兴师　　　　　　　张汝伦　482
附录六　思与问的人生　　　　　　　　　　　　　　汪堂家　487
附录七　王玖兴先生二三事 …… 谢维和　491
附录八　纪念王玖兴先生　　　　　　　　　　　　　谢遐龄　495
附录九　教诲难忘　风范永存——忆恩师王玖兴先生 …… 周晓亮　499
附录十　可敬的导师王玖兴先生 …… 冯俊　508
附录十一　纪念我的导师王玖兴先生 …… 黄勇　516
附录十二　谈笑风生音犹在——怀念我的导师王玖兴先生 …… 尚杰　519

编者后记（初版） …… 529

再版后记：把纪念写在风里 …… 531

Contents

1945

Plato's Method of Philosophy 1
The Several Main Points of Hegel's Philosophy 13
On Apodeictic Proposition 24

1946

Study of *The Republic* 34
Lecture to the Introduction to *the Philosophical Conspectus* 54
Lecture on *Epistemology* 67

1962

Several Problems about Bloch's Philosophy (draft) 109
On Heraclitus' Dialectics 127
Fichte: *The Science of Knowledge* (lecture) 149
Heidegger 174
Several Problems about Heidgegger's Philosophy 179
Existentialism 190

1963

Jaspers' Philosophy (lecture) 194
Conspectus of Jaspers' Philosophy 209
Jaspers' Opinion about Agnosticism 220

1979

The Rational Core of Hegel's Argument on "Essence or
 Substantiality of Reflection Category" ················· 225

1980

The Rational Core of Hegel's Argument on "Essence or Substantiality of
 Reflection Category"—With distortedness of Croce to Hegel ············ 241
Joseph Bochenski ················· 252

1981

The Role of *The Phenomenology of Spirit* in Hegel's Philosophy ············ 258
Hegel's Subjective Thought ················· 263
Kant's and Hegel's Argument on Subject (abstract) ················· 267

1982

Kant's Doctrine of Category ················· 269

1983

Alienation and Marxist Economic Theory ················· 272

1984

Fichte ················· 281

1986

Translator's Preface to *The Science of Knowledge* ················· 317
Jaspers ················· 331

1987

Abstractive Biography of Fichte ················· 382
Leibniz and Chinese Traditional Culture ················· 393
German Philosophy in China ················· 398
Fichte's Philosophy and French Revolution ················· 410

1988

A Research on Hegel's *The Phenomenology of Spirit*: From
   Historical Perspective for Monumentalizing
   The Phenomenology of Spirit Be Published 180 Years 418

1990

German Classical Philosophy in China 430
Translator's Introduction to *Ruin of Reason* 439

1992

Fichte's Ideas of Education 449

Appendixs

1. Resume of Wang Jiuxing 464
2. Abstractive Biography of Wang Jiuxing .... Huang Yongyan 467
3. Tracing Back the Tradition and Looking Forward to the Future: An
   Interview with Professor Wang Jiuxing ...... Cui Weihang, Li Yunxia 475
4. Mourn for Professor Wang Jiuxing .... [Germany]R. Lauth 480
5. Mourn for My Director, Professor Wang Jiuxing ...... Zhang Rulun 482
6. Life of Thinking and Inquiring .... Wang Tangjia 487
7. Some Stories About Mr. Wang Jiuxing .... Xie Weihe 491
8. In Memory of Mr. Wang Jiuxing .... Xie Xialing 495
9. Unforgettable Edification and Immortal Personality: In Memory of My
   Mentor Mr. Wang Jiuxing .... Zhou Xiaoliang 499
10. My Honorable Mentor: Mr. Wang Jiuxing .... Feng Jun 508
11. In Memory of My Mentor Mr. Wang Jiuxing .... Huang Yong 516
12. His Charming Talking Still Rings in My Ears: In Memory of My
    Mentor Mr. Wang Jiuxing .... Shang Jie 519

Postscript 1 529

Postscript 2 531

1945 年

柏拉图的哲学方法[*]

一

"工欲善其事,必先利其器。"无论做一件什么事情,必须先知道去做这件事情的方法。研究哲学的人,当然也不能例外,在研究哲学之前,必须知道研究哲学的方法。当然,也许有人说,我在研究哲学之初,根本并未先知道如何研究哲学,甚至我研究哲学已经为时很久了,仍然还是不知道如何研究哲学,所以不见得研究哲学必须以知道哲学方法为先决条件。诚然,许多已经有成就的哲学家也不必自知其是用何种方法在研究哲学,但是,我们仍然要说,没有一位真正研究哲学而没有他的方法者。说自己研究哲学之初没有哲学方法,以及说他在研究哲学时一直不知道哲学方法是什么者,不外乎两种情形:一种是他自以为在研究哲学,而实际上他并没有研究哲学;一种是他在研究哲

---

[*] 本文系作者1945年在昆明西南联大参加"哲学问题讨论会"的报告论文之一。

学期间,已在不自觉地使用着某种方法,只因为其不自觉,所以说没有哲学方法。

前面说有一种人,在其进行哲学研究时,不自觉其使用何种方法,也许他无意中选取的方法很正确,他运用这种方法的能力很高强,因而这种哲学方法,他虽不自知却正确有效地帮助他解决若干哲学问题,甚至完成他整个的哲学系统。但我们说,这种不自知其哲学方法而研究哲学的人,虽然也可能有很好的研究所得,但至少有两种缺点:首先,因为不知道他使用的是何种方法,便无法判别这种方法是否正确,如果方法错误,则其哲学研究的努力,或者是缘木求鱼,劳而无功,或者是南辕北辙,心劳力拙;其次,唯其不自知其方法,便无法善于使用其运用此种方法的能力。例如说,一个用分析法研究哲学的人,对于他原有的分析的能力,便不能充分发挥,更不会加以培养锤炼。所以我们说,研究哲学的人不但要有哲学方法,而且要自知其哲学方法。

为自知其哲学方法,自知其方法的性质是否正确、运用是否充分,当然应该从其哲学的根本态度着手讨论。因为一种看法一种态度下的哲学,就是一种哲学,对哲学的态度不同,其所谓哲学的性质就不同,不同性质的哲学,自然须用不同性质的方法去研究。有人批判摩尔(Moore)的分析法,说对于好些问题,你为何不用分析法去分析研究呢?摩尔答复道:有好些问题,我根本不感兴趣,另有好些问题,我正在寻求它适用的方法。摩尔因为对于某些哲学问题的看法不同,他用以研究的方法也将不同,这表示哲学方法受对于哲学的根本看法的决定。自然,我们还可以说,一个人对于哲学的看法,也必定或多或少地,受其所用的哲学方法之影响。好比切牛肉与调乳油固然不能用同样的工具,而快刀与钝刀,也会切出不同的牛肉块。我们在此处不想讨论究竟是哲学的看法决定哲学的方法,还是哲学的方法影响哲学研究的结果,只想表示一点:就是要检讨哲学方法,似乎应该从哲学本身检讨起。不过本文的内容,不是从哲学本身检讨哲学方法,而是对一位大哲学家——柏拉图——的哲学方法,加以分析。希望在分析别人的哲学方法之后,能用批评的眼光,校正自己的方法;能以学习的态度,确定自己的方法。如果能够做到这个地步,则本文虽非对于哲学方法之纯理论的研究,却或许能达到"他山之石,可以攻玉"。

二

大致说来,一个人的哲学,就是一个人对于人生经验作某种解释而说出来的一个理论系统。我们所说的哲学方法,就是他说出来他的理论系统的方法。我们说哲学方法是哲学家说出来的他的哲学理论系统的方法,或许有人不赞同,因为哲学方法似乎应该是哲学家获得其哲学的方法,而获得其哲学的方法与说出其哲学的方法,是判然两事。这种批评,我们当然可以同意,我们甚至于觉得哲学家究竟是先把捉到了哲学根本观点而后构成他的理论系统呢,还是说其理论系统循序渐进,而后达到他的哲学根本观点呢,这都是一个问题。所以说出其理论系统的方法,当然不必是他获得其哲学的方法。不过,我们认为如果哲学家获得其哲学时所用的方法或经过的程序,与其说出其哲学思想时所用的方法完全不同,则我们既不是那位哲学家本人,实在无法知道他在获得其哲学时究竟是用的何种方法(甚至于他本人,也许都不知道),我们对于大哲学家的哲学方法,便也根本无法说出来。不过我们现在退一步说,即使哲学家获得其哲学与说出其哲学的方法并不相同,但当其说出其哲学时,自然希望其哲学思想能够取信于人,能够使别人遵循着他头头是道的路线获得与他同样的哲学思想。我们不能想象一个人希望别人前往某一目标而指示一条他认为不能到达该目标的路线,因此,我们认为一位哲学家说出其哲学的理论系统的方法,即便不是他本人获得其哲学的方法,至少是他认为可以获得其哲学的一种方法。唯其如此,于今研究柏拉图的哲学方法,需从其说出他的哲学理论系统的方法着手,一方面是不得不如此,另一方面也因可以如此。换句话说,我们舍此而外更无其他根据,同时这种根据,也还能相当显示他获得其哲学的方法。

大家都知道柏拉图自己表示他的哲学方法是辩证法,辩证法在形式上就是问答法,或对话法,所以柏拉图说出其哲学理论系统的全部著作几乎完全采用对话体裁。问答式的辩证法,与希腊当时的智者用以质疑辩难的方法,颇有类似,柏拉图之师,希腊三大哲学家的开山祖——苏格拉底就曾被人称为智者。其实,柏拉图的辩证与智者的辩难有相同之处,也有不同之处。柏拉图和智者分别使用他们的辩证与辩难,指出感觉的不可靠,指出感觉世界的变动不居、流转无常。一朵红花,我看见是红的,你看见它未必就是红的,即使我们都看见是红的,你所见与我所见的深浅与明暗程度也未必相同。一般人信任感官的可靠,遂误以为根据感官对感觉世界而有的感觉所构成的意见,也是靠得住的。智者固然大都以列举感官不可靠的实例来破除常人对于感觉世界真实性的迷信,柏拉图也未尝不竭力表示感觉世界之不真。《共和国》第七章里的洞穴之喻,说在洞穴里的人,由于目光被限制,只能看见事物的影子,就是比喻单凭感官认识世界的人,都看不见最真实的世界。所以就其不信任感官的认识能力而言,柏拉图的辩证与智者的辩难是相同的。

不过智者的质疑辩难,目的只在破除常人对于感觉世界的执着,柏拉图的辩证法,虽然也要如此,却不仅如此。柏拉图希望在用辩证法消极地破除了常人对于感觉世界的执着之后,更进而积极地认识理念的世界。感觉世界虽不可靠,但另有最可靠的理念世界,所以辩证法不仅是摧毁一切的大刀阔斧,而且是一副呈现理念世界的透视镜。正因为智者所用的质疑辩难与柏拉图所用的辩证法有如此的区别,所以智者只能达到"认为万物尺度"的相对主义，而柏拉图则能百尺竿头更进一步达到"至善"的绝对境界。

柏拉图的辩证法在形式上是问答法，当然不是说柏拉图必须借用别人实际的提问才能说出他的哲学。他的全部对话集可以说大部分是他假设的问答，我们只要看到虽然他的初期著作具有显著的戏剧色彩，而在晚些著作里，对于人物地点已经非常漠视，就可证明此说。我们并且还可以说，辩证法是否采取问答的形式，与辩证法之所以为辩证法没有实质的关系。据我们所知，柏拉图在致力哲学研究之前，曾经研究文学，他说出其哲学时，采取问答方式，可能只是表示他对戏剧的兴趣。所以辩证法究竟在实质上是一种什么方法，我们还要另加说明。

大致说来，辩证法就是逻辑的纯思法。这种方法，在纯粹思维中进行，而以逻辑为其推行的原则。所谓在纯粹思维中进行是说，不假感官协助，不赖观察实验证明。一切科学研究，除了数学之外，都靠感官来观察实验，而柏拉图的哲学方法，则专以理性去思维辨析。人类的认识能力，大致可以说有两种：一种是感官，一种是理性。有人以为感官所感觉的最真实，有人以为理性所思维的最真实，还有人以为感官和理性是人类认识能力之分不开的两个方面，不是两种能力。不过，感官所能感觉的只限于存在于时间空间里的特殊个物，而对于不居何时不占何地的共相，则完全无能为力。由这一点看，感官和理性，似乎却是有其分别。柏拉图就是认真分别感官与理性为二物，而坚持信赖理性、摒弃感官的。

严格言之，任何知识都不能纯靠感官，都必须凭借理性的思维作用。我们看见一张桌子，如果不知道一张桌子则已，在知道那是一张桌子之时，我们实在已经超过了纯粹感觉而达到知觉，把那个称为桌子的东西称为桌子，已经是把它纳入到桌子概念之内，并且知道它具有桌子应具有的种种性质，我们已经在用理性的思维能力了。至于一切科学知识，更都是思维的结果。如果我们有心理学中所说的纯感觉或佛学中所说的"现量"，不含有丝毫理性的思维作用，而那种纯感觉与"现量"也不能说是知识。既然一切知识都需要使用思维能力，科学方法与柏拉图的辩证法岂非没有分别了？

柏拉图对于他自己的辩证法与科学方法之不同，有简要的说明：第一，科学方法固然也必须有理性的思维，但科学的思维，事先须以观察实验的事实为根据，事中须以观察实验的事实为参考，事后须以观察实验的事实为佐证，换句话说，科学方法中的理性思维不能须臾离开感官的协助。但辩证法则不然。柏拉图在《共和国》第七章第 532 节里说："当一个人，单凭理性之光，不借感官之助，开始去发现绝对，继续前进，以至由纯粹智慧，而达于至善的观念。"柏拉图所说"单凭理性之光不借感官之助"的人，就是指作哲学研究的人。所以辩证法与科学方法相同之处，在于皆凭理性之光,而相异之处在于辩证法不借感性之助。

但科学研究中,也有不借助感官之助的,例如算学、几何等,都以自明的公理,作纯理的推论,辩证法与数学的研究法区别何在呢?柏拉图至此提出第二种分别:数学以假设为根据,进行推论,而辩证法则不根据假设而反要推敲这些假设。学算学的人承认数字有两种:有奇数,有偶数。根据奇数和偶数而知道奇数加奇数得到偶数,偶数再加偶数,还得偶数,偶数加奇数,必定得奇数。学几何的人承认角可分为三种:有直角,有大于直角的钝角,有小于直角的锐角。根据这三种角而知道直角加任何锐角必得钝角,大于直角的任何钝角减直角必得锐角,等等。但什么是奇数偶数,什么是直角钝角锐角,学算学与几何的人认为这是一望而知,无需解释的自明的东西。数学就根据这些自明的假设,层层推演得到种种结论,建立其全盘的数学知识。但就研究哲学的人看来,数学的方法虽然不借助于感官,却假手于假设,数学的知识,只能说是由假设推演出来的结论,而不是第一意或第一原理。在《共和国》第六章第 510 节里,苏格拉底和巴门尼德对话,苏格拉底说:"我想你一定知道,像研究几何、算学的人,假定奇数符号、偶数符号、三种角等,他们自以为人人都知道它们了,于是采用为他们的假设,而不予以任何解释,直接从它们出发前进,由已知推未知,在贯通一致的条件下,最后他们得到他们的结论。"其实,"他们只梦想到实有而已,对于那些不加思考即行引用而不能予以解释的假设,他们一天不丢开,就一天不能把捉到真正的实在。因为如果一个人不知道他的第一原理,而其结论与中间阶段又都是经其所不知中引申出来的,他如何能想象这样一种虚构的东西可以成为学问呢?"(见《共和国》第七章第 533 节)"然则只有辩证法,直趋于第一原理,它可说是唯一不用假设因而根基稳固的学科了。"(来源同上)

我们对于柏拉图的辩证法与科学方法的不同,已如上述,现在的问题是柏拉图持其辩证法如何进行哲学研究呢?换句话说,柏拉图不承认一切科学假设,要去推敲假设,靠什么能力去推敲呢?如果说柏拉图不信任感觉能力,只依赖理性的力量,而理性的原则又是什么呢?我们说,理性的原则是逻辑。这就是所以我们前面说辩证法以逻辑为其推行原则之故。

或者有人说,在柏拉图的时候,关于逻辑的思想还没有成熟,希腊的传统逻辑到柏拉图的大弟子亚里士多德手上,才成为系统,怎能说柏拉图当时就已采用逻辑为其辩证法的推行原则了呢?关于这个问题,我们有两方面的解答。一方面,我们要说,希腊的逻辑虽然到亚里士多德手里才成立,但在柏拉图的思想里已经大致成熟,柏拉图就曾鲜明地表示同一律的重要,又曾确切地说出矛盾律是什么。

苏格拉底说:"如果我们去指明的事物,一直在变动不居,其初它是'那样',转瞬间它是如此这般,当我们的话还在口里没说完时,它已变成别的了,已经跑开,不复是原来的同一件事物,那么要想正确地说些什么还有可能吗?"(见《克拉底鲁》第439节)这是柏拉图的同一律的思想。

"同一事物的同一部分,显然不能既动作又被动作,或者说,在同一时间对同一事物,不能产生相反的关系。"(见《共和国》第四章)这是柏拉图的矛盾律的思想。

所以我们说柏拉图的辩证法,当然可以以逻辑为推行原则。另一方面,我们仍还要说,我们所谓的以逻辑为推行原则,当然不是说他把逻辑里的命题都一一搬进他的哲学里,而只是说他想用逻辑的精神,来推敲哲学问题。逻辑的精神究竟是怎样的精神,颇不易说,不过我们总可以说逻辑是要求知识中消极的无矛盾,积极的有必然性。柏拉图思想是否皆是必然的,当然很成问题,但至少是无矛盾的。

说到这里,有人要说,任何根据理性而得的思想应该都是无矛盾的,若是某人的思想里矛盾百出,则我们只能说那是胡思乱想,不能说是思想,任何可称为思想的思想,既然都应该无矛盾,那么根据柏拉图思想之无矛盾而说他致此思想是采用逻辑原则,实在不算理由,因为所谓逻辑,本来就是思想的法则。

这种说法,当然是对的。不过我们说柏拉图的辩证法以逻辑为原则,还有特别的意思。用柏拉图自己的话说,逻辑一方面是知识的原则,另一方面又是实有的原则,柏拉图不仅把逻辑原理作为思想的法则,并且视之为世界的秩序。思想有如何的法则,世界也有如何的恰恰相应的秩序。至于为何思想法则能与世界秩序相应,柏拉图没有说,不过照我们看,柏拉图似乎有意以为思想法则的基础,本来就在世界秩序的身上,他充分地使用逻辑原则,乃是以其人之道还治其人之身。所以我们特别要说他的辩证法是逻辑的。

关于他实际上怎样运用逻辑的思维法去进行哲学研究,我们随后再进行说明。现在我们只归纳起来说,柏拉图的哲学方法是辩证法,这种辩证法不是黑格尔的辩证法,它在形式上采取问答对话的方式,在实质上是逻辑的纯思的,与希腊智者的辩难法不同,与自然科学的研究法也不同。它不借感官之协助,不以假设为根据,而是以纯粹思维直趋第一原理的方式。

三

以上把柏拉图的所谓辩证法的性质大概说过了,现在我们再来看他如何实际运用这种方法,说出或建立或获得他的哲学系统。就哲学史分析,历来哲学系统的起点,可以大致分为两种:一是自经验开始,一是自超经验开始。自经验开始的,循序诱导,终于要达到超越经验的抽象原则;自超经验开始的,逐渐繁衍,总要能够解释经验中的具体事物。例如笛卡尔和斯宾诺莎同是大陆理性派的哲学家,可是他们的出发点迥然不同,笛卡尔从经验中的"我思"推到"我在",更由"我在"推到"神在",万物在;斯宾诺莎却是从超经验的上帝,或永恒的客体,说到实体的精神与物质的属性,又从实体的属性说到客体的状态,更由无限状态说到有限状态,说到包罗万象的世界。那么,柏拉图是从何处开始运用其辩证法的呢?

虽然在《智者篇》里,他也曾经从抽象的原则开始说起,但那不是他的哲学的开始,他似乎是从经验开始运用他的辩证法。前面我们已经说过,任何一个经验都是感觉与理性的混合品。柏拉图就是要以辩证法提出经验里感觉的障碍,呈现理性的成分。比方我们看见一张桌子,我们有一个"这是一张桌子"的经验的判断。这是从感官得来的东西,但什么是"桌子"呢?对于"什么是桌子",或者还不易产生问题,因为我们容易想到"桌子"就是我们看得见摸得着的米黄色长方形的这个东西,可是如果我觉得"这张桌子是大的"就比较麻烦了,什么是"大的"呢?相传有一头水牛和一只老鼠结拜兄弟,都想做大哥,争执不下。水牛心想自己的形体比老鼠大得多,便提议以大小定长幼,并且让第三者来评判大小。老鼠不得已跟在水牛后面,走到大街上,看街上人究竟说谁大,水牛满以为这样一来,一定是自己胜利了。不料街上人看见水牛都没说什么,可是看到老鼠,却异口同声地喊起来:"好大的老鼠呀!"于是老鼠因为人家都说它大而做了大哥。这个故事表示"大""小"是相对的。老鼠与水牛比,当然水牛大老鼠小,但那个结拜兄弟的老鼠与其他相比,就不一定是小,也许是大,水牛与老鼠比是大,而水牛与象比,又是小。老鼠可以又小又大,水牛可以又大又小,这是否是一种矛盾呢?当我们碰到这种情形,就很容易发生"什么是所谓的大,什么是所谓的小"的问题。其他如"同与异""一与多""静与动"等也都有同样的问题。在座诸位同学,就研究哲学而言,我们是"同",但就姓名、籍贯等而言,我们又是"异"。这张桌子在教室里的许多东西中是"一",而它有桌面有桌脚,它本身又是"多",总而言之,当我们有一个"这张桌子是大的"这类判断时,感觉容易混淆矛盾,就容易产生所谓"大"是什么、所谓"小"是什么这类所谓"什么是什么"的问题。

产生所谓"什么是什么"这类问题本来不是一件简单的事。柏拉图在《曼奴篇》里,就曾记载曼奴与苏格拉底说过这样一段话,曼奴说:"苏格拉底,你如何会对你所不知道的提问呢?你将以什么为你提问的题目呢?如果你觉得你想知道什么,你怎么知道这就是你所不知道的呢?"苏格拉底说:"曼奴,我懂得你的意思,但你已引起了一个十分麻烦的问题了。你是说,一个人既不能问他所知道的,也不能问他所不知道的,因为如果他知道,他无需乎问;如果他不知道,他不能够问,因为他不知道他所要问的真正题目是什么。"曼奴说:"对的,这不是很好的论证吗?"苏格拉底随后答复曼奴,说例如"大""小""同""异""一""多"等这类概念是人的灵魂里前生本有的,不过现世已经忘记了,说是知道吧,现在已经不知道了,说不知道,其实原来是知道的。无论知道或不知道都不能提问,但现在的情形是不能说是不知道,也不能说是知道,所以还是可以提问的。提问的目的,旨在唤起人之灵魂的回忆而已。

大致说来,凡是提出问题,提问的人确乎都是介于似乎知道与不知道之间。不过我们不必如苏格拉底所说假设灵魂本知而现在忘记了。我们的意思以为:例如"大"与"小"、"同"与"异"、"一"与"多"、"动"与"静"等这类概念在我们日常生活经验里,本来经常都在使用着,虽然经常在使用着但却习而不察,知其当然而不知其所以然。我们知道如何在经验里使用这些概念,但不知道什么是所谓"大",所谓"小",所谓"同",所谓"异",等等。换句话说,不知道"大"之所以为大,"小"之所以为小,"同"之所以为"同","异"之所以为"异"。再换句话说,不知道"大""小""同""异"等概念的所指。甚至不但不知道什么是这些概念的所指,简直就不知道这些概念是有所指的。所以不作哲学探讨的人,就没有何谓大、何谓小、何谓同、何谓异这类问题。不过虽然普通人不知道这些概念何所指或有所指,但这些概念却是人人使用的,既是人人都在使用,则人人都有提问它们何所指的可能。不过这种提问不是人人都有而已。而这种提问,与其说是回忆的原因,毋宁说是反省的结果。

前面说过"这张桌子是大的"这类经验是人人都有的,但不必人人都产生"什么是所谓大"这类反省。柏拉图承认在普通经验中提出超经验的问题极端重要,同时,也极其困难。柏拉图说人若先学算学、平面几何、天文学等科学,就比较容易。其实学算学或天文的人,未必就比较容易提出上述问题。不过我们由此可以推想柏拉图本人之所以产生这类问题,大致是从其研究算学而得到启示的,并且是先产生"什么是所谓大""什么是所谓小"这类问题,然后才有"什么是所谓桌子""什么是所谓人"这类问题。

凡是知道"什么是所谓大""什么是所谓桌子"的人,必然已经知道"有所谓大""有所谓桌子"。因为"什么是所谓大"这一命题蕴涵着"有所谓大"这个命题,如果不知道"有所谓大",根本就不能问"什么是所谓大"。所以能问"什么是所谓大"的人,必定已经知道所谓"大""小"等这些我们日常应用的概念,是有所谓或有所指的。所谓的或所指的是什么呢?这就是各概念所代表的某一事物之所以为某事物的理念。一个人知道有理念,柏拉图以为他的心灵的眼睛已经由蒙昧的沼泽中解放出来,他的灵魂已经由感觉世界上升到理性世界,他已经跨入哲学的园地了。知道有理念,柏拉图的辩证法,可以说已经尽了它初步的或大部分的效能,完成了它的主要任务。

四

柏拉图用辩证法使人知道有理念之后,更进一步要帮助人知道每一个别的理念具有何种性质。某一事物之所以为某一事物的个别的理念,可以从两方面去明了:一方面是从该理念与其他理念之关系上去明了其特征,另一方面是从该理念之内部结构上去明了。柏拉图为便于从这两方面去明了理念,特别提出两个运用辩证法的技术或原则。他说:"第一原则是综括原则,所谓综括原则,是以一个理念去笼罩分散的特殊个物……第二原则是分解原则,所谓分解原则,不是以强力割裂为部分,而是依照自然的组成划分为种别。"(见《斐杜拉斯篇》第 565 节)苏格拉底说:"我自己就是一位非常爱好这些分解与综括历程的人。这些历程帮助我思,也帮助我辨。……如果谁有这种技术,我照例要称他为辩证专家。"(见《斐杜拉斯篇》第 565 节)这里所说的综括原则,就是研究理念与理念之间关系的办法。分解原则,就是研究理念之内部特性的办法。

这两种办法,其方向显然不同。我们似乎可以说分解原则是向下的,而综括原则是向上的。但虽然一分一合,一向下一向上,却分用则两缺,合用则双全。所以柏拉图在《政治家篇》第 585 节里说:"正当的途径是:如果一个人首先看到事物的统一,于是继续提问,不至其所含一切构成类别的差异完全呈现,决不停止,并且他不能以在杂多的事物中见到分歧为满足,而应该了解所有在一个相似的范围内具有任何相似点的一切事物,并将其包括到一个单一的类里去,方才罢手。"这就是说,我们要先能从同中见到异之后再从异中找到同。先分析出一个理念所以与其他理念不同的所在,然后再用更高的理念把若干不同的理念综括起来,归于一个理念之下。

现在我们先来看柏拉图怎样分解。柏拉图所分解的就是名词,因为我们对于理念的知识就是概念,说出概念的语言,就是名词。直接分解的是名词,间接分解的就是理念,所以说,"辨名析理"。分解名词,目的就在找出该名词与其他名词不同之处,也就是要找出该名词之独特性,这就是要找出该名词的定义。

例如,我们要给"学生"这个名词下定义,首先就得能"看到事的同一",要能看出学生与先生、与校工、与满街上行走的同为"人"。"人"有各种不同的类,我们可以分为无知识的类与有知识的类;有知识的类,又可分为有知识而不再求知识的类与有知识而继续求知识的类;求知识的类,又可分为自己求知识与从师求知识的类。学生固然不是没有知识的人,也不是以自己现有知识为满足的人,也不是想求知识而自己想在生活实践中找经验而不求教于人的人。如此逐层解析,直到"所含的一切构成类别的差异完全发现"时,我们就得到"学生"的定义,大致是从师求知识的人。

上面关于"学生"这个定义,也许有人说不确切,我们承认。其所以或者不够确切者,乃是因为分类不够细密,类别分得愈细密,则所得到的定义愈确切,而我们对理念也愈有清晰的了解。照理论上说,下一名词的定义,应该呈现"所含的一切构成类别的差异",根据一切差异,分解出一切所含的类别。然后所得到的定义才最确切最完全。若是我们所呈现的差异,只是一切所含的差异中之几分之几,所分出的类,自然也只是一切所含的类中之几分之几,所得到的定义的确切性,也不会最完全,也只能有几分之几的确切。所以在《菲利普斯篇》里,苏格拉底说:"我们这个时代的聪明人,想象统一中的众多,既嫌太快,又嫌太慢。他们因为没有方法,无论一中求多,或多中求一,都是如此,从统一立刻达到无限,完全不知道中间的阶程。我要重复说一遍,诡辩的技术与真正的辩证法之不同,就在这里。"

究竟根据每一差别,应该分为几类,柏拉图自己的辩证大概都是分为两类。希腊的传统逻辑是二值系统的逻辑,遇到每一差别点分割为有该特点与无该特点的两类,本是自然的办法。所以在《政治家篇》里说,我们应该从中间分,因为从中间分,我们更易于得到类,不过他同时又表示:如果我们不能从中间采用二分法,我们必须尽我们所能,雕刻它们。怎样雕刻呢?这就是他在分解原则里所说的,要"依照自然的组成,划分为类别",如果自然的组成,不宜于分为两类,而我们定要分为两类,那就是所谓"以强力割裂为部分",所分解出来的便不是类,而只是部分了。其实在我们看来,在分类的时候,是否分为两类,并不成问题,其主要的关键,只在其所分的类是否穷尽一个理念下所含有的一切类,换句话说,只看是否违反排中律。在不违反排中律的原则下,所分解出来的应该都是无所谓哪是类,哪是部分。

现在我们再来看柏拉图怎样综括。依照前面所说柏拉图自己的说法,综括就是以一个理念笼罩着若干特殊的个物,那就是说,要从异中见其同。要在分散中求其统一。例如,学生与教师是不同的两类个物,学生是学习知识的,教师是教授知识的,而他们都与知识有关,可用"与知识有关的人"这一理念笼罩之。与知识有关的人及与知识无关的人,互不相同,而同为"人",可用"人"这一理念笼罩之。人与牛马鸡犬不同,但同为动物,可用"动物"这一理念笼罩之。动物与花木不同,但同为生物,可用"生物"这一理念笼罩之。如此层层笼罩意义概括,推演至于善的理念,而止于至善。这才是柏拉图辩证法运用的极致。这才到达柏拉图哲学的顶点,所以他说:"由纯粹智慧达到至善","终于呈现自己达于理智世界的极端"。(见《共和国》第七章第 532 节)

不过翻遍柏拉图的著作,找不出他对综括原则作以上这样应用的实例。只有在《政治家篇》里,把政治家比为织布的人,由政治家与织布者之异,以见二者之同。前者治理人民,后者治理织机,治理的对象各异,而其为治理则一。但在这实例中,与其说柏拉图在运用综括原则,毋宁说他在使用比较法或比喻法,以织布者解譬政治家,目的不在求织布者与政治家之共同隶属的更高理念,而在借织布者之性质,以求对政治家性质之清晰的理解。前面我们说过,柏拉图的分解原则是向下的,综括原则是向上的。所谓向下的,意思是说就某一理念分解出在此理念下隶属的一切低一级的理念,如此层层下降;所谓向上的,意思是说就某些理念综括而见在诸理念之上笼罩着的高一级的理念,如此层层上升。究竟比较法或比喻法是怎样一种方法,颇不易说,不过有一点我们可以确切表示:比较法不是向上的,也不是向下的,但也可以说既是向上的,又是向下的。它是在同一层次中,由此及彼,因甲例乙的辩法。正像他以许多文字中之同一字母比譬许多个物中之同一共相或理念(见《政治家篇》第 278 节)一样,皆在求其对于被比较者的性质,有更清晰的理解而已。

朱为特(Jowett)说:这种比较法有两种用处,第一可以启发思想,第二可以使思想清晰。虽然仅靠比较,常常会给予理念以假的清晰,但其启发思想的作用,似乎是柏拉图所自觉的。因为早期的哲学,如同人类的儿童,很自然地采取图画式的语言,举例比较,可以促起思想的反省。(见《政治家篇》之绪言)反省什么呢?反省以之比较与被比较之间,亦同亦异。唯其如此,才可使我们亦见同亦见异,所以我们前面说比较法可说既是向上的,也是向下的。如果比较的目的,偏在寻求笼罩于其上的较高的理念,如柏拉图所说:"我们取一事物,以与同类事物的其他显著的实例相比较,因为对于其他实例已有一种正确的概念,所以在比较之中,生出能够包括两者的一种真观念。"由此,则所谓比较法,也就是综括原则了。

五

关于柏拉图的哲学方法,我们已经报告完毕。现在就本文中可能发生的疑问,附带说明几句:(一)或者有人要说,柏拉图的分解原则、综括原则与逻辑的分析法、综合法大不相同。逻辑分析的结果,是新概念的外延增大,内涵减少;而分解的结果,却是新理念的外延缩小,内涵加多。比如分析"动物"这一概念,得到"生物"这一概念,"生物"比"动物"的外延大而内涵小。但分解"动物"这一理念,得到"节足动物"或"甲壳动物""脊椎动物"等,而"节足动物""甲壳动物""脊椎动物"等任何一理念都比"动物"的外延小内涵大。分析的结果与分解的结果,刚刚相反;综合与综括的结果,也是这样情形。所以柏拉图的辩证法与逻辑法不同。我们说:关于这方面的不同,确实是存在的,但就外延和内涵之增减而论,分解原则不同于分析而相当于综合,综括原则不同于综合而相当于分析。分解与分析,综括与综合,分别而一一对应,恰好相反,然而分解综括与分析综合,合而观之,则其同具向上向下两历程,又初无二致。探索辩证法与逻辑法所以同而有异,似乎因为辩证法所注重的是理念与理念之关系,而逻辑法所注重的是理念所具的属性,但同中有异,仍不失其异中有同,因为它们都是"给予理念以理性的解释",所以我们还是说柏拉图的辩证法,就是逻辑的方法。

(二)或者有人又说,与前所引柏拉图的话"我们取一事物,以与同类事物的其他显著的实例相比较……生出能够包括两者的一种真观念",似乎柏拉图用辩证法所求的关系不是理念与理念的,而是事物与事物的。我们说此处所说的事物是一类的事物,例如说织布者与政治家有某些关系,织布者不是指张三李四,政治家也不是指拿破仑华盛顿,而仍是说织布者之所以为织布者的理念与政治家之所以为政治家的理念有某种关系。因为柏拉图的辩证法之进行"起于理念,经由理念,止于理念,不假任何感觉对象之助"(见《共和国》第六章第 511 节)。

(三)有人必又说,既然"不假感觉对象之助",何以前面说柏拉图的辩证法以经验为出发点呢?诚然,我们需要有"这张桌子是大的"这类经验或判断,才好有"什么是所谓大""什么是所谓桌子"这类问题,但经验"这张桌子是大的",不是辩证法的事,必须到发问"什么是所谓大",我们才开始使用辩证法。辩证法把"这张桌子是大的"这类经验,作为过河的桥,一旦过得桥来,辩证法便运转自如,无所用于该桥,说"不假感觉对象之助"乃是一种"过河拆桥"的态度。柏拉图在《政治家篇》第 201 节里说:"如果你多思想事物,少思想文字,当你一天老大,你的智慧,会更为丰富起来。"这也是另一种"过河拆桥"的态度。语言文字,原是我们对理念有知识的条件,没有语言文字,不但我们对理念的知识无法传达,甚至可以说无法成立。辨析文字,本来是哲学里重要的一部分工作,因为辨名可以析理。不过如果过于重视辨名,而不知辨名为的是析理,则不免舍本求末。所以柏拉图教人少思想文字,多思想事物,当然此处的"事物",也是指事物的类或事物的理念。因为特殊的事物大致说来,只能感觉,不能思想,至多是可想而不可思。

(四)最后我们想起在本文开始时,我们打算根据柏拉图的哲学系统,考察他说出其哲学系统的方法,可是现在本文中,发现我们所报告的,颇多不必是他实际说出其哲学的方法,而是他自己所谓的哲学方法。照理说,一个人既讲哲学方法,又用哲学方法,应该是讲其所用,用其所讲,但事实上,一个人所讲的哲学方法,他或者疏于用,或者不会用,未必全用,而所用的哲学方法,所讲的哲学方法,当然不必就是他实际说出其哲学系统的方法,更不必就是他获得或建立其哲学系统的方法。如果本文所报告者幸不失为获得柏拉图哲学系统的一种方法,而不至于南辕北辙,则已属意外了。

黑格尔哲学中的几个要点[*]

一

何谓总念的判断？何谓总念的推论？总念的推论与本体论证明的关系如何？略述笛卡尔及斯宾诺莎的本体论证明，本体论证明的困难何在？何谓现象论的证明？

（一）总念的判断

在没论总念判断之前，须知何为总念。黑格尔哲学，本是一严密的逻辑系统。黑格尔由最初的起点，循序渐进，推到最后的终点。由空无所有最抽象的起点，推到无所不有最具体的终点。此最具体的终点，即为总念。总念的英文为 notion，本即通常所谓概念，但概念只是抽象的普遍，只是黑格尔哲学的起点。黑格尔以为一切范畴凡较抽象的总在较具体的之先，例如马在逻辑上居白马之先，动物在逻辑上居马之先，物又在逻辑上居动物之先。由此类推，宇宙间最抽象的概念在一切概念之先。此最抽

---

[*] 本文系作者1945年在昆明西南联大参加"哲学问题讨论会"的报告论文之二。

象的概念虽空无所有，却包含着世界上一切所有。所以黑格尔哲学的起点是空无所有的有，而以无所不有的有为终点。起点的有，是通常所说的概念，而无所不有的有，是黑格尔所说的总念。

空无所有的有，在内容上是最抽象的，在逻辑上是最先的，所以"有"是独立自存的。这个"有"既无所依赖，完全内在、完全自存，所以具有直接性。黑格尔以此"有"的范畴为哲学起点。但"有"既空无所有，便等于"无"，无就是有。无虽一面与有相同，但一面又与有相反。无"有"即无"无"，无"无"亦无"有"。所以有"无"，因为有"有"；所以有"有"，因为有"无"。于是推演出"所以"（essence）的范畴。在"所以"的范畴里，主客相反，内外互依，所以"所以"具有媒介性。正因为内外互依，主客便不能须臾分离，而结为一总体。在此总体中，主客本为相同，而又相反；既属相反，却又相生，此种既普遍又特殊，既直接又间接的总体，即是黑格尔哲学推演的终点。通常称"总念"为具体的普遍，其意义与来源即在于此。

因此，总念中包括三个成分：（一）普遍界，相当于"实有"，是异中之同；（二）特殊界，相当于"所以"，是同中之异；（三）个体界，相当于"总念"本身，是相异的相同，相反的相合。

我们若不从事物发展的观点上着眼，但自千差万别中求取共相，就只能达到普遍，抽象的普遍。若单以宇宙万物之差别为差别，自然见山河大地、森罗万象莫非特殊的，这便是特殊界。但我们要想认识事物的真相，见其既同且异，知其相反相成，这就进入个体界，而须把握总念。所以说总念是一种体验、一种境界。

总念的来历既明，现在我们请即论总念的判断。依前所说，已知总念可由个体界来代表，而个体界里暗含相同的普遍界与相异的特殊界。于今将总念中的个体界与普遍界、特殊界分裂出来，使之显明，这便是总念的判断。凡总念的判断，皆以个体界为主词，以普遍界为宾词，借普遍界表示个体界的本性或目的，而经由特殊界构成个体界与普遍界的必然联系。所以凡总念判断都是绝对必然为真的判断。例如："这张画是美的，因为它具有如何如何美的条件。"画是个体界，美是普遍界，如何如何美的条件是特殊界。这张画借如何如何美的条件与美相联系，借美以表示这张画的本性或目的。所以总念的判断，是以某种特殊事物使抽象的普遍概念具体实现于个体，以求总念之实现。判断实在就是总念的特殊化（to judge is indeed to specify the notion）。

（二）总念的推论

在总念的判断中，包括个体界、特殊界与普遍界。个体界借特殊界以与普遍界相合一，可以判断形式出之，也可以推论形式表示之。例如："此花是美的，因此具有如何如何美的条件。"换言之,即等于,凡有如何如何条件者,皆是美的,此花具有如何如何的条件,故推知此花是美的。但普遍逻辑中的推论,皆不能超于形式推论而达于总念的推论,故皆不能推论出具体的普遍。

总念的推论,黑格尔认为即是理性的推论。无论质的、量的或必然的推论,都属于理智的推论。只是形式的抽象分析,未涉及总念之具体的本质。总念的推论,则是将主观内在直接的"有",推之于外,及于中间名词(middle term),使之成具体外在客观的"所以",然后又再由中间名词重新返回其自身的一种过程。易言之,总念的推论,是由对象以否定其自身,复否定其对象而重新肯定其自身,以透露其自身的本性。所以黑格尔在其《小逻辑》中说:"所谓理性推论,乃是主体借他物而回复其自己的推论。唯有透过理性的推论,主体才初次成为一真正的主体,或者可以说,在主体中我们才得到理性推论的种子。"

至于自安塞尔姆至笛卡尔、斯宾诺莎以至直觉论者,由上帝的观念以推论证明上帝的存在。虽有异于形式推论,近似于总念的推论,但各有异。窃以为本体论之证明,确也同总念的推论一样,将主观的总念向外推出以求其实现,但其所达到的皆为只及中途。只有总念的判断,才真正使总念特殊化,真正使总念实现。

(三) 笛卡尔与斯宾诺莎的本体论证明

笛卡尔由神的概念证明神的存在。他从三个要点证明:(1)在我们的意识中有一个最完全的、无限的、存在着的神。因为一切皆可疑,只我疑这件事不复可疑,所以我疑者,乃因我的知识不完全,然而不完全的知识乃由于其与完全的知识相比较而得。换言之,我所以疑,就因为有完全的神在。因此,我自己的存在既确实,则神的存在也确实。(2)神的观念清晰地存在于我们的意识之中。我们根据因果律,知道不能无中生有,没有无因之果,因此,无限的完全的神不能由不完全而有限的自我而生,也不能由自我以外的有限事物而生。则此神的观念就不能不断定是无限完全的神之直接所与。(3)在神的观念本身之中,即含有神的存在。神既是绝对完全的,则必包含有存在性,不存在的神等于说无谷的山,自陷于矛盾,所以神的观念本身即注定神的存在。笛卡尔即以上述三种论证,证明神的存在。

斯宾诺莎的本体论证明,见其《以几何次序而证明之伦理学》一书。在该书中,一切证明步骤都是先提出定义,其次提出公理,再次提出命题,最后乃予以证明。斯宾诺莎由神的观念以证明神的存在之方法,大致根据其如下若干定义。第一定义"所谓原因之自身者,其本质包括存在";第二定义"凡由其自身而概念其自身及存在其自身者,我则谓之本质";第三定义"我之所谓神,是绝对无限者,是谓本质之有无限属性者,而每一属性,表示永恒及无限本质者";第四定义"我之所谓永恒者,即是存在之自身"。简而言之,神是本质之具有无限属性者,本质是由其自身而概念其自身存在于自身者,而每一属性都表示无限本质及永恒,永恒即是存在之自身,所以神的观念必然证明神是存在的。

(四) 本体论证明的困难

前面已经说过,本体论的证明就是主观总念的客观化之实现。企图由上帝证明存在,由主体推对象,由一物之观念抽出一物之客观化或存在。比如美的事物因美的观念而存在。这种本体论的证明,颇与中国哲学中思有合一、知行合一的思想有暗通潜合之处。例如,王阳明说:"如会得时,只说一个知,已自有行在,只说一个行,已自有知在。"清晰明确地知道如何孝顺父母,即已自有孝顺父母的行为存在。又如《大学》中说"不诚无物","诚则形矣",亦即谓果能诚于内,必然形于外。这都是本体论证明。

不过本体论证明与总念的推论,其根本目的虽同在表明总念与存在之间的联系或同一,然而本体论的证明,仍有可批评的困难存在。(1) 人人皆知以本体论证明的方式来证明上帝之存在,是预先假定上帝存在。预先假定上帝是最完满无缺,从而推断存在性必为完满无缺之上帝所具,于是推论上帝必然存在。但我们须知上帝为完满无缺的存在,乃是意念上的事,意念上有某种事物不必实际上即有某种事物,如我们可以思议一种"方的圆形",但实际上并无此物。或者说,这种意念上的"方的圆形",并不包括这种形体的必然存在。诚然,上帝是无限的事物,而"方的圆形"等皆为有限的事物,并不能以"方的圆形"之不必然存在,进而说上帝不能自观念中推知其存在。但至此已达到另一种批评。(2) 上帝的存在固然与上帝的观念合一,但有限事物的存在与其观念,则并不合一。有限事物之所以为有限事物,正因其客观存在与其本质类型、目的等不相和谐之故。主张本体论证明的人,固可认为存在的属性与上帝的观念完全融合无间,甚至根据"知觉"不能离存在属性而呈现有限事物的理论,可以说外在有限事物的观念必须具有其存在与其意识间的必需联系,这种说法当然是对的。但若进而假想有限事物的存在与其观念间的联系,与上帝的存在与其观念间的联系一样,那就大错特错了。因为这样假想,那是完全忽略了有限事物之流变不居,其存在与其观念间的联系只是暂时的,既非永久且非必需的。所以即使我们能承认由无限上帝之观念可以推论无限上帝之存在,也不能由有限事物之观念推出有限事物之存在。

(五) 现象论的证明

至于现象论的证明,我们说就是总念的推论。表面上看与本体论的证明恰恰相反,而实际上倒是互相联属。本体论的证明是由思证有、由内证外、由观念证存在。而现象论的证明则是由有证思、由外证内,简而言之,由存在推总念。形式推论是观念与观念间的关系,本体论证明是观念与存在间的关系,而观念论的证明则是观念与存在、存在与总念间关系之联属。在黑格尔哲学里,总念的发展是由自立而内定无所"有"的有,推演到区别反对而互依共存的"所以"。更由"所以"推演到自由自立而无所不"有"的总念。总念原是直接内在的,本体论证明将其推之于外,达于"所以"的阶段,而产生客观性、现实性、存在性。现在就其客观现实的存在,进而论断总念本身本即内含主观性与客观性,二者在总念中本即对立而又统一的存在,由客观存在以见主观总念之具体内容,以见其为一具体的普遍(或具体共相),这才是真正把握总念的真谛,这才真正地将总念透过具体事物而回复其本身。现象论的推论之性质如此,其价值亦即在此。

二

何谓理性的技巧(the cunning of reason)？黑格尔如何解答机械论与目的论之问题？

依黑格尔的意思,哲学以现实(actuality)为内容。一切内在外在的意识经验,都属于哲学的领域。但哲学知识与流变不居、毫无意义的表象无关,它力求与现实及经验相和谐。黑格尔在《小逻辑》的第一章引论里说："哲学的对象是理想,但理想却并非软弱无力,至于仅有存在的权利而并不真实存在的地步。哲学的对象是一种现实,举凡社会的典章制度,都只是这种现实的肤浅外观而已。"事实上,哲学与现实的和谐,至少可以视为考验某一哲学所道破的真理之外在尺度。然则确知此种和谐之后,哲学的最高与最终目的,可以说也就是要求自觉理性与外界理性的协调。所以黑格尔在其《法律哲学》的序言里说："凡是合乎理性的都是现实的,而且凡是现实的都是合乎理性的。"

理性的都必然成为现实,现实的都是合乎理性的,理性不断地活动便不断地成为现实。古往今来,一部现实的世界史,就是一部理性的发展史。黑格尔认为在世界史里理性随时有所表现,就随时构成当时的时代精神。历史事实是精神的具体表现,是理性推演的必然结果。

但历史既是理性的推演,何以历史上的事实常有不合理性的呢？难道杀人越货、争名夺利亦皆是理性的表现吗？黑格尔认为此种事实与理性并不相悖,甚至谓之理性的表现,亦无不可。因为理性要想自己入于客观界,必须凭借特殊界,举凡人类的情欲、人类的私心,都是实现理性之工具。就其事实本身来说,当然有不合理性的,但就事实所表现或所产生的影响与作用而言,皆足以实现普遍界的目的。人类免除不了私心与情欲,就连华盛顿、孙中山都一样有男女之情、生色之好,巨奸大恶当然更无须说。但是他们的私心之本身虽不见得合乎理性,其结果却将理性实现了。例如,秦始皇想吞并六国雄踞宇内,却完成了中国的统一,亚历山大想征服波斯开拓领土,却沟通了欧亚交通。历史上一切英雄豪杰甚至于穷凶极恶,却都是理性的最卓越的手段者。表面上实现了个人的英雄思想,实际上受了理性的作弄,完成了理性的某种目的。时过境迁,这些人都被历史遗弃了,而普遍界的理想则长存不朽。理性借人类的私心来实现其自身的这种办法,黑格尔说是理性的技巧。

由于黑格尔认为世界的演变都是理性主宰,不像自然主义在宇宙进化上所认为的那样是一种机械的作用。黑格尔认为进化是一种理性的道德要求,这就使人充满了一种信念:世界时时向着更高更大的形式进展。这真是极乐观的态度,世界史上永久不息的曲曲折折,永久不改变的一起一伏的波动,都因黑格尔的这种看法,令人觉得充满了意义,而不是盲目。历史上的大混乱,忽然便有了秩序、意义和头绪。

现在来谈黑格尔的机械论和目的论:理性或总念由内而外,达到"所以"的阶段,发展为客观界。客观界的唯一特点是森罗万象的事物都各自独立自存,其间互相关系都是外在的。彼此相接而彼此都不能影响本性。这是黑格尔所说的外在关系机械论。但是事物的本性虽不受外物的更改和支配,而其本身既与他物发生外在关系,必因其内部本性使然。易言之,必因其有如此之性质,始与他物发生如此之关系,受外物如此影响与支配,故事物受外界支配,等于自己借外界而支配其自己。然则此一事物之内在本性,实即由他物之存在而始有,而他物既关系此物的内在本性,则他物实与此物相同,构成浑然一体,而客观界所以为客观界的客观性消失。客观界既消失,理性或总念遂又脱颖而出,成为一自由的理性或总念,与客观界对立为二。二者的关系,就是手段或工具与目的的关系。客观界为一种手段,理性或总念为一种目的。黑格尔说如此了解的客观界,属于目的论。

目的论本有两种形式:一为外在的目的论,即目的与手段是两件全不相同的东西,例如人以笔写字,笔为手段而字为目的,笔与字完全不同。另一为内在目的论,即认为目的与手段是一个整体,所以成为二事物者,只是一体的两个方面而已。例如一有机体,其全部器官都循一总目的而动作,其总目的与其手段的器官,皆是一个整体。黑格尔认为目的论应该是后面的这一种。在内在目的论的范畴内,理性或总念虽游离而与客观界对立,但二者又实统一。手段与目的的统一,则此目的已不是主观的,而是手段与目的打成一片实现的目的。

普通的机械论,把世界视为盲目而被动的,不足以说明世界之合理的发展,而黑格尔所说的机械论与目的论不但不冲突，而且必然要达到目的论，视各事物虽独立自存，而仍合乎理性，齐赴目的。这是值得注意的一点。普通所谓目的论，大抵说世界是向着某一目的发展，但该目的外在于世界，世界受一不动的动因之支配向前发展。其实这样说的世界，仍是被动的机械的，黑格尔认为目的与手段为一体两面，世界就是理性，手段即为目的，世界即是客观理性，理性的发展即以自身为目的，就像光明的鉴别即以光明本身为标准一样。如此的内在目的论才真正免除普通目的论说世界被动于一不动因的困难，才是真正的目的论。

三

黑格尔说："经验科学的方法，显示两种缺点。"又说："经验的事实，因此成了原始而完全自主的思想活动的一种说明与模本。"本文试加以说明发挥。

黑格尔就哲学之内在的起源发表意见，认为哲学是一种心灵的活动。心灵活动的方面很多：以感官事物为活动对象时，有感觉或知觉或直觉作用；以意象为对象时，有想象作用；以目的为对象时，有意志活动。而心灵以其自身之活动为对象时，是为思想作用。此处所谓思想作用，乃是狭义的，即哲学的思想。所以他的意思是说哲学起源于思想之对思想自身的活动。凡思想以自身为凭借，以自身为对象，在其自身中进行，即是哲学思想。

哲学思想，即在思想本身中进行，不限于定时定空，不限于特殊时空中的特殊事物，所以最能把握无限的事物，如心灵、自由、上帝等。而哲学思想于把握无限的时候，主要的要求是必然性。但黑格尔分析经验科学，发现至少有两大缺点与哲学思想的要求不合。第一，经验科学所获得的普遍原理、类别等，并不确定。无论普遍与特殊，或特殊与特殊间，都无内在的关联。第二，经验科学的进行方法，是以当下的所与或权断的假设为起点。当下的所与或权断的假设，都不是哲学思想的对象，由当下的所与进而求得普遍原理，无内在的必然性。所以黑格尔认为经验科学，尤其是经验科学的方法，不能令人满意，至少不能满足哲学探索者的要求。

但是，我们须知人类的心灵活动，惯于作伴杂其他意象成分的思想，而不能或不善于作纯粹的思想，所以通常说相差之远曰"天壤之别"，说震惊之巨曰"晴天霹雳"，说崇高曰"巍巍"，说细微曰"秋毫"。而演说家之善于辞令者，亦每利用人类的此种惯性，多用实物以形容纯意，以意象而表达观念。一般人之所以认为哲学难懂，其理由亦正在此。我们既知以思想本身为对象的总念式的思想，为人类所不习惯，便知由以具体的特殊物为对象的思想活动，未尝不能于察知特殊物之偶然性而进以追求必然的思想。哲学思想虽是远离经验或否定经验事实的，但未尝不得助于经验事实。例如,饮食的活动虽是否定食物,但未尝不得助于食物,因为无食物以供吞食,根本就没有饮食的动作。同样,无经验事实以备思想之否定,根本也可以说就不易有哲学思想,所以哲学思想,仍不能不归功于经验事实。至少,由于对感官现象的这种否定敌对的态度,可使思想在现象之普遍本质的"观念"(如绝对等)中得到自身初步的满足。这是黑格尔认为哲学思想并非置感官经验事实于不理的第一点。其次,基于经验的科学,既只能归类或概括一些无必然性的原理,自将给予吾人心灵以刺激,使提高经验科学的内容以达于必然真理的地步。由此刺激,思想可超越其不曾实现的普遍性而被迫趋于其自身之发展。思想的此种发展,一方面固是指思想将科学的各种内容容纳与应用;另一方面是说思想使经验科学的内容,采取了原始的创造的思想所采取的行动步骤,并表现科学内容依据事实本身的逻辑而产生的自由演进的情形。换言之,一方面哲学思想将经验科学中的范畴纳之于自身,另一方面又引用其他哲学的范畴以范畴科学内容。于是科学内容,也表现了哲学思想自身的逻辑性质。

原来思想进入以本身为对象、以本身为凭借的阶段,往往失之抽象或自我满足,即在相当高级的哲学里,也常可看到"在绝对中一切是一"与"主观与客观同一"这类抽象的命题,这样的哲学不用说免不了"形式主义"之讥。我们只要不健忘于哲学的此一歧途,就应该承认经验是哲学进展的真正主宰。因为,经验科学并非仅止于对现象特点进行观察而已。科学以思想为工具,亦能为哲学准备材料。凡科学定律所包含的特殊物,都可为哲学所容纳。哲学容纳了科学的材料后,既消除了感官所与的直接性,同时又使其自身在外获得发展。哲学既得科学的内容,遂予之以极其重要的特质,即予以思想之自由的先天特质。或使事实依照理性或总念的内在法则发生关系,于是经验内容也开始具有了必然性。换言之,具有了总念或思想的特质,不复像在经验范围里一切关联仅凭事实为证明。所以黑格尔说:"经验的事实,因此成了原始而完全自主的思想活动的一种说明与模本。"

总之,总念式的哲学思想,本不以经验事实为出发点。因为经验科学的内容,不能满足我们必然性的要求。但正因为其不能满足必然性的要求,却能刺激我们向否定的方向前进,而达到总念的思想。再者,科学的定律与分类虽不能视为事实的必然关系,但亦未尝不对事实做初步的或某种整理,哲学从而吸收锤炼并赋以哲学思想本身的范畴,于是事实之间既已产生了必然性,思想亦得于其客观外界获得实现。黑格尔论理性发展,本即认为是发之于内放之于外而又返归自身的。总念式的思想既实现于事实,故事实又返而说明思想自身。黑格尔在其《小逻辑》中前后说出题目上的两段话,或者就是基于上面我们所说的这些意思。

四

试论述黑格尔所谓消极理性（negative reason）及积极理性（positive reason）。

我们人类的认识作用，是一种完整的心灵活动。无论分析综合、区别统一，都是属于这个心灵活动的阶段或是其步骤。所以若要说我们有悟性的认识与理性的认识，这是不合理而非事实的。但是我们的认识虽是一个，为说明清楚、理解便利以及显现真相起见，仍可分别叙述。然则我们说人类认识的作用，主要的有两种：一种是悟性（understanding），一种是理性（reason），而理性又可分为消极理性和积极理性。

本题原来旨在叙述理性，但为显现理性计，我们必须先说明悟性。悟性作用的本质或特点是"区别"。就理论上言，知识之起于认取对象，在千差万别的特殊中，理出事物的头绪，在差异中求出共同，在特殊中求出普遍。知识愈加严密区别，愈增进其普遍性、确定性。再就实践而论，也缺少不了悟性。唯有赖悟性将行为加以区别、加以固定，然后才能或有所成。假如某人的兴趣见异思迁、朝秦暮楚，不能专心致志于一事，必将终无所成。黑格尔自己就说过："有志大事的人，不可不觉悟有限制的事"，"有训练的人，便不以暧昧不定的事情为满足"。有大志的人，就必须有悟性的区别能力，此处所说有训练的人，也就是指具有悟性的人。悟性本其区别作用，对事物作固定的规定。

凡是以悟性认识事物者，皆见到世界是无数"对立存在的东西"。黑格尔说，悟性在理论上与实践上虽都是不可缺少的，但"悟性这东西，无论怎样也不是最后的，而为有限的"，"悟性这个东西，走到极端，便转化为其反对物的底子"。由此处所说的"转化"，就已进入理性阶段了。抓住事物的一面性，而固执于它，这是悟性的思维。所谓理性者，是要将悟性之固执的对立，作为扬弃的东西，含于自己之中，而达到事实的全体性。

现在来说消极理性。消极理性的特点，是悟性所规定者之对自己的扬弃作用，以及此类规定向对立的规定之移行作用。扬弃与移行作用，在斗争里表现得最明显。悟性以为甲是甲，乙是乙，如此规定，这完全是抽象的办法。甲与乙互相冲突而发展，皆因甲之中含有乙，乙之中含有甲，在此情形下，甲保持为甲时，反而不是原来的甲，而变成为他甲了。这就是原来的甲之否定。被否定的甲，不是说甲完全被废弃，而是说原来的甲，用别种形态保留起来，仍不断绝。这种由原来的甲之保持，反而变为不同的甲的情形，称为"移行"。所谓移行，是说甲保持为甲，从其事体本身，而导向甲之否定，即由甲之否定，而转化为乙。甲因保持为甲，反而成为甲之否定，称为"扬弃"。由扬弃而移行，是消极理性之本质，就如区别作用是悟性的本质一样。

或有人问,有限的东西,扬弃自己,向他物移行,是否为人类随意附加的呢?不然。黑格尔说:"有限东西,不单是从外面受限制,是因其自身的本性而被扬弃,因其自身而移行为反对物。"然而为什么有限东西从其自身的本性而被扬弃呢?现在假设有一个和其他东西判然区别的东西称为甲,甲越保持其为甲,它与别物之区别愈属必要。从甲区别出来的,不是甲,而是非甲。因此甲是与非甲对立的。若区别甲是必要的,那么这个"非甲"也是必要的。但只要甲保持其为甲,事实上,甲就非作"和其他无涉"这个规定不可。然而现在所说甲绝对需要"非甲"这句话,却是"甲和其他无涉"这个规定的否定。甲与非甲有绝对的必要的相涉,这已经不是甲的自身,而是甲的否定了。有甲而反为甲的否定,这句话在抽象的悟性领域里,我们决不能说,因为甲是甲,"非甲"是"非甲"。但涉及理性领域,把捉事实的具体状态,我们可以说甲包含着甲的否定,甲本身就包含着其本身之被扬弃,向其反对物移行。例如说"人类皆有死",生死不是人类的两种特殊性质,实际上,所谓生的"生"中,本存有"死"的萌芽,有限的事物是极端自相矛盾的,自身之中,就含着消灭扬弃自己的作用。

现在我们说,消极的理性把悟性所规定的一起予以否定,正像所说的"关于那里这里,除大逞其三寸不烂之舌外,什么实质也没有了"。但是扬弃与移行的结果绝不是空无所有的,至此状态,才真正把捉住了确定的实质的东西。而把握实质的东西,便是积极理性的任务了。积极理性,将悟性所肯定的反对物,就消极理性扬弃的结果,纳之于自身之内。因此之故,积极理性把捉住了最具体的而且表现为总体的东西。所以,黑格尔说:"思辨的或积极的理性的东西,是于这些对立里,把捉住诸规定的统一,即把捉住含于诸规定的扬弃与移行中的肯定的东西。"积极理性因与悟性不同,也与消极理性不同。它不像悟性之只固执一偏,也不像消极理性之只见其相反,而能于相反中把捉统一,于互相反对之物的互相起伏中把捉统一。

或有人误以为消极理性与积极理性是对立的两种,其实不然。用黑格尔自己的名词说,悟性是"正",消极理性是"反",而积极理性是"合"。因为悟性以其区别作用肯定了甲是甲,消极理性却以其扬弃作用予以否定,见出甲中有非甲,而积极理性则将非甲纳入自身而构成本身的元素。换言之,将甲与非甲予以统一。所以积极理性超越悟性与消极理性,超越之而又统一之。

五

试述黑格尔所了解的哲学系统的性质及各种系统的关系。

黑格尔认为哲学思想的目标在于获得普遍而完全的真理。就真理之性质而言,它自身是和谐融洽的。就其内容言,它应是具体而无所不包的。然则我们若是真正把握到了真理的一处，便可依其自身的条理而到达一切处。并且获得了其一，必然地要获得其十。真如孔子所说的，"我道一以贯之"。因此凡是得到真理的哲学思想，总是自身可以并且必然发展为一系统的。哲学系统，就表示哲学思想的融贯和谐而普遍整全的性质。哲学思想若不能发展引申推广而为一系统，则表示该哲学思想并未把捉到真理，仅只是个人的特殊癖好，至多是一时的灵感洞见而已。比如好学深思的人，有时常会有某种顿悟，触到了某一种契机，写出一些偶感或小品之类，然而他仅是触到了契机而已，并未真正把捉到，因为如果真正把捉到，则该契机自身必然地要求扩张引申应用而发展为一思想系统。所以黑格尔的意思，凡是真正含有真理的总念式的思想，必然是一哲学系统。一个哲学思想发展成为系统，才表示出该哲学思想的普遍性、整全性、贯通性，换言之，它才是"一以贯之"的道。

或有人说，古往今来，哲学中哲学系统成千上万，岂皆为真理的系统吗？岂非内中有的含有真理，有的完全不成其为真理，或完全与真理无涉吗？而且尚有若干哲学系统彼此对立，此真则彼必假，彼真则此必假，怎能说哲学系统都是真理自身发展的成果呢？

黑格尔于此认为：哲学的对象是思想自身、理性自身，哲学的内容所发挥的是主观理性、客观理性与绝对理性各部分内部发展的秩序法则与迹象，而各哲学系统自其哲学发展史上看，亦就表示着哲学发展的秩序法则与迹象。在哲学系统内部，无论研究主观理性的理则学或研究客观理性的自然哲学或研究理性由内而外复又返回自身的精神哲学，都在叙述理性的发展演变，而哲学系统本身，也是在显示理性的发展演变。几千年来，哲学史上一切哲学系统的建筑师，即是理性或思想本身。理性或思想将自身作为对象以便超越自身而达到一较高的存在阶段。有史以来，各种哲学系统，就一方面而言，是一个系统，不过发展的阶段有不同而已；就另一方面说，每一哲学系统所具有的特殊原则，不过是同一思想或理性的整体之特殊一支而已。此一系统与彼一系统，纵使其特具的原则有不同方面，也不可谓迥为异物。而且，凡在后产生的哲学系统，必然是在前一切系统的结果，必然已包含或摄取其前各系统的原则而有之，所以哲学系统是"后来居上"的，愈在历史上产生较迟的，其内容必愈丰富，其性质必更具体，其范围必愈概括。

今人有误以为哲学系统含有标榜门户、排除异己、好为名高者。由上所述，当知哲学系统不但不排除异己，且从而容纳摄取之。每一哲学系统皆是某一阶段或就某一方面表达理性或思想之原则，所以任何系统，绝不排斥其他哲学原则，相反的，确实是包含其他原则于其根本原则之内。

论必然命题[*]

本文之目的,在于叙述读金岳霖先生《论道》中"能"与"式"之后,连带想到逻辑系统里必然命题之所以必然。本文先述逻辑里必然命题皆须具有人为约定的条件;次说必然命题虽须有人为约定的条件,而其所以为必然,却不在于人为约定的条件;再说明必然命题所以必然的情形;最后再试为说明逻辑的必然命题与《论道》里的"能"与"式"的关系。

我个人一向觉得逻辑的势力伸张于一切知识之内而为一切知识的骨干,逻辑不研究任何现实事物而任何现实事物却不能逃其规范,既叹服其权威,又惊讶惶惑其权威所自来。各实际科学的定理公式虽能规范其领域之内的事实,但我们可以推想其权威之来,由于该定理公式系根据其领域内事实规约得来,该领域内事实本具有某种定理公式的情形,今以某种定理公式规范之控制之,不过"以其人之道还治其人之身"而已;唯逻辑根本不对现实事物作实际考察探究,而其认为必然者,事实不能不然,闭门造车,出而竟能合辙,几疑现实世界中本有逻辑规律,又疑逻辑为纯理之推演,现实世界为纯理之化身如黑格尔所说者,

---

[*] 本文系作者1945年在昆明西南联大参加"哲学问题讨论会"的报告论文之三。

及念现实世界果有理在，其理必一，而逻辑系统几可因人而异，不同的系统何以能表示同一的理，遂又莫知所解。近来读论证"式""能""可能""不可能"之后，自觉对逻辑必然命题之所以为必然，略有理解，兹叙述于下。

我觉得必然命题可分两种：一种是内包逻辑系统里的必然命题，一种是外延逻辑系统里的必然命题。不用说，必然命题是说这个命题是真的，并且不是碰巧为真，它绝不能为假，必然地为真。两种系统里的必然命题，也许用某种沟通的方法，甲种的必然命题，也可以以乙种的必然命题的方式表示，我们此处不想研究如何沟通如何表示，所以仍就其不同的表示方式来进行说明。我们在此后的几节里，想先表示无论内包的必然命题，还是外延的必然命题，都必须附有条件，才能说它是必然的。而这些附带的条件，或者是对命题内所包括的符号文字作日常言语方面的规定，或者作逻辑系统方面的规定，总是一种意义的约定。如果不从约定的意义上着想，则必然命题可以不是必然的，甚至可以说无所谓必然与不必然。

康德提出来的分析命题为必然命题，我说它是内包逻辑系统里的必然命题。康德以为人类的知识起于判断，每一个判断，用语言文字符号表示出来，就是一个命题。命题有两种：一是综合命题，一是分析命题。综合命题之真，得自经验，须由经验以为证实，过去与现在的经验，虽足以证实，但难保将来的经验不会否定，所以其真是或然的；而分析命题基于先验，其真是必然的。所以康德以为分析命题都是必然的，由分析命题得来的知识，都是必然为真的知识。

所谓分析命题，照康德的说法，就是命题的宾词"白的"，本已蕴涵在主词"白马"之中。如果承认"白马"为"白"马，就必须承认"白马是白的"这一命题为必然为真的命题。反过来，我们看综合命题的情形就不同。照康德的说法，凡一命题其宾词不蕴涵在主词之内便是综合命题，如说"有些马是白的"，这一命题的宾词"白的"，不蕴涵在主词"有些马"之内，如果这一命题果是真的，乃无非根据经验观察到命题主宾词间的联系词与事实上该主宾词之所指之间的关系或关联，恰恰相符。从经验中我们看到的的确确有些马是白的，于是我们说，"有些马是白的"这命题是真的。但这命题之为真与"白马是白的"之为真，情形不同。世界上可以有些马是白的，也可以没有马是白的，现在和过去，都有白马，如果将来有一天白马绝迹，便没有马是白的，"有些马是白的"这一命题便是假的。所以它之为真，不像"白马是白的"之在任何情形下，只要有白马，则必然为真的，甚至无白马，只要有"白马"的意念就可以说必然是真的。所以康德说分析命题都是必然命题，我们完全同意。

康德所谓分析命题，有一种辨认上的困难，说"白马是白的"，我们自可一望而知其为分析命题,但如果说,"马是善走的动物",我说它是分析命题还是综合命题,就不很容易。我固然可以说"善走的动物"是马之所以为马的本质,从而说这一命题是分析的必然的命题,但也可以说"善走的动物"并不包含在马的本质之内,只能从经验中看到马的确善走,故而,则这一命题是综合命题,其为真是或真的。不过,这种辨认上的困难不是我们现在所要讨论的问题。

我们现在要说这种分析命题,必须有符号文字的意义之约定,没有命题内包括的符号文字的约定意义,无法说分析命题就是必然命题。

现在拿"白是一种颜色"这一命题为例。白是白色,白已先是颜色,白是颜色的充足条件,颜色是白的必要条件。白蕴涵着颜色,宾词蕴涵在主词之内,当然是分析命题、必然命题。不过日常语言里似乎也有这样的话:"这里没有颜色布,只有一批白布了。"这句话似乎是说白不是颜色。又在某项心理学视觉实验里,有两套设备,一套是各种深浅的红、绿、紫、黄等颜色,一套是黑、深灰、浅灰及白等亮度。在这实验里,似乎也没把白当作颜色看待。如果我们采用红蓝紫黄等才算颜色这一观点,则"白是一种颜色"这命题,根本就是假的,更谈不到是必然的。要说这个命题是必然的,就非约定"白"字的意义不可。

以上是说康德所提出的必然命题,求其必然,必须约定命题中的符号文字所表示的意义。这是内包逻辑系统里的必然命题,其情如此。现在我们再看所谓外延逻辑系统的必然命题。

外延逻辑系统里的必然命题,是穷尽一切互不相容的可能的命题。关于"马是白的颜色"这一事实,我们说"有些马是白的,或没有马是白的",这一命题是必然命题。因为照二分法的系统说,马或者是白的,或者不是白的,换句话说,或者有些马是白的,或者没有马是白的。马的颜色,无论如何复杂,不外乎这两个可能,所以两种可能是穷尽的,换言之,这两种可能已穷尽马的一切颜色。同时如果说有些马是白的,就不能再说没有马是白的,说没有马是白的,就不能再说有些马是白的,这两种可能又是不能同时并存、互不相容的。我们无须顾及实际世界上马的颜色如何,直接可以说"有些马是白的或没有马是白的"这一命题不能错,这一命题所指的事实不能假,其真是必然的。

可是另一命题如"所有的龙都是白的或有些龙不是白的",其情形就不一样。当然,在不假定主词存在的逻辑系统里,尽管世界上没有龙这种动物,只须有龙的意念,仍可说这是必然命题,但在假定主词存在的系统里,如果有龙,这命题是必然为真的,如果龙不存在,这命题便无所谓必然不必然。若再拿肯定主词存在的逻辑系统来说,如果没有龙,则这命题根本就是假的,无法说是必然的。

现在没有龙,但前人却以为确确实实有龙,上面的例子也许不清楚,我们可以拿现在差不多公认为子虚乌有的"鬼"来做例子。说"有些鬼是白的,或者没有鬼是白的",在不假定主词存在的逻辑系统里,好像是说"不管有没有鬼,鬼总归有些是白的或没有是白的"。在假定主词存在的系统里,好像是说"如果有鬼,则鬼有些是白的,或没有是白的";然则如果没有鬼,当然就没有"鬼有些是白的或没有是白的"这个问题了。若再到肯定主词存在的系统里,好像是说"有鬼,鬼有些是白的,或没有是白的",根据现在所知,无鬼,岂不是整个命题是假的,说"有些鬼是白的或没有鬼是白的"这句话也是错的吗?

以上是说外延逻辑系统里的必然命题之必然,也须有命题中符号文字上的约定意义。虽然在内包系统的命题方面,约定的是"白",而在外延系统里约定的是"有些……或没有",而其为须先约定则是一样的。

因为命题中的符号文字,我们约定了其意义之后,就无须考虑实际上事物究竟如何出现,就直接根据命题可以断定命题为必然的。于是有许多人就以为必然命题不是断定现实,而只是断定命题中的符号文字。比如"白是一种颜色"对于白无所断定,只是先约定"白"是白色,然后这个命题又来说白是白色,既然白是白色,现在说"白是一种颜色",这不过是重复叙述,把原来约定的意义显明出来而已。当然是"必然的",其所以必然,完全由"白"这个符号文字的设定而起。又比如,"有些马是白的或没有马是白的",我们已先约定了"有些""或"等符号文字的意义,然后把"马""白的"套进去,成为一个必然命题,这不过是举个例子,把原来约定的意义表示出来而已,其为必然早就在我们使用"有些""或"字的时候就注定了。

对于这些人如此重视必然命题中符号文字的约定意义,我们完全赞同,因为照我们前面的分析,也说必然命题只在其中符号文字的意义有所约定的情形下,才能说到必然。不过,若照这些人的说法,必然命题所断定也就是那些符号文字约定的意义,则讲不通。

我们约定以某些符号文字来代表某些意念,必然命题所断定是这些被代表的意念,不是那些借来作代表用的符号文字。"白是一种颜色",断定的是"白"的意念,而不是"白"这个字。"白"这个字在我们这张纸上,虽然有蓝黑色(墨水)的颜色,却不是"一种颜色"。另外一个命题可以看得更清楚,"白马是白的",如果这个命题所断定的是"白马"这两个字,则"白马"是蓝黑色的,而不是白的。可见这两个命题所断定的不是约定用来表示某种意念的符号文字,而是符号文字所代表的意念。我们可以用"白"字来代表"白"的意念,我们也可用(white)来代表它,甚至我们可以约定用(X)来代表它。如果"白"字、(white)、(X)等符号文字被约定来代表红黄蓝白黑五色意义下的白,则"(white)是一种颜色"或"(X)是一种颜色",都是必然命题。并且其为必然的道理,完全相同。因为在这些命题里,代表白意念的符号文字可以有各种不同的约定，白意念却始终没有不同，符号文字是约定的，而其所代表的意念不是由人为约定的。

我们可以说在五千年前造字之前，没有"或"这个字，但不能说没有"或"这个字的时候，人类没有"或"的意念。甚至于我们可以设想在上古时代人智未开，人类没有"或"的意念，但不能说那个时候现实世界里没有或此或彼的"或"的情形。现实世界里"或"的情形，不能由人为约定，思想中"或"的意念，也不能由人为约定，可由人为约定的，只是代表意念的符号文字。

现实世界有某种情形，我们对此情形有知识，于是有某种意念。一个意念，可以用符号代表，也可用名词表示，也可用命题说明。例如，现实世界有"或"的情形，我们可用"或"这个名词，也可用（∨）这个符号，也可用（P∨¬P）这个命题来表示说明。说"以某种符号文字或命题来说某意念，这是人为约定的"，这话毫无疑义。但若说"某符号文字或命题所说的某意念，是人为约定的"，则如上所说，无论如何不可通。然则必然命题所断定的意念，绝不是人为约定的。有些人说必然命题之所以必然，乃由于命题之符号文字有人为约定的意义。依照约定的意义来作推论，其意义仍不能越出约定意义的范围之外，于是而产生必然性，这种说法，乃是将符号文字的约定误认为意念的约定。

经过前面冗长的讨论，我们至此已经可以说必然命题之所以必然，因为意念上有必然性。为说明意念上的必然性，仍然引用前面所用的例子，分别从内包系统里的必然命题和外延系统里的必然命题来讨论。

先说"白马是白的"这一类必然命题。"白马"的意念里本就蕴涵着"白的"，说"白马是白的"就蕴涵着说"白的是白的"。这正是有些人说必然命题只是重复叙述的根据。我们如果说"白马不是白的"，就等于在说"白的不是白的"。是白的又不是白的，有两方面不允许的情形。一方面就逻辑之为逻辑说，它就是不承认矛盾命题，是白的又不是白的，乃是一矛盾命题，逻辑不能承认矛盾命题，所以不能承认"'白马是白的'是假的"，必得说"白马是白的"这个命题为真的。

另一方面来说，无论现实世界里的东西是否在变幻莫测，但关于现实世界里东西的意念不能变。现实里的白马，也许此刻是白的，稍后已不是白的，可是等到白马不是白的时，我们已经不能以"白马"的意念去规范它或表示它，只要我们还以"白马"的意念来表示它，则那个白马必须是白的。而且命题里的白马不是现实里的任何一匹白马，只是"白马"的意念。意念不能变，如果变了，则人类的思想根本不能成立。如果此刻说"白马"蕴涵着"白的"，另一种说"白马"又不蕴涵着"白的"，则"白马"的意念在我们思想里就没有确定的用处。在我们自己思想时，唯其"白马"的意念不变，才能建设我们关于"白马"的知识系统。在和别人谈话时，唯其"白马"的意念不变,才能变换传达彼此关于白马的知识。所以人类的知识之所以能成立,全在意念的始终不变。若说"是白的'白马'同时又不是白的"这是矛盾命题,逻辑不承认矛盾命题,所以这话不能说。若说"是白的'白马'现在已不是白的了",这是说意念可以改变,但人类知识以意念不变为基础,如今既承认人类可以有知识,则这样的话也不能说。

既然"白马不是白的",无论照哪种说法都不允许,换言之"白马是白的"就是不能为假、必然为真的命题。

再说"有些马是白的,或没有马是白的"这一类必然命题。关于马的颜色,以白色为标准依二分法来看,有两个可能:一是有些马是白的,二是没有马是白的。对于有些马是白的,我们可有两种态度:一是肯定"有些马是白的"为真,二是否定"有些马是白的"为真,即肯定"有些马是白的"为假。对于没有马是白的我们也可有两种态度:一是肯定"没有马是白"为真,二是否定"没有马是白的"为假,即肯定"没有马是白"为假。于是我们得到四种不同的命题:

① "有些马是白的"是真的,或"没有马是白的"是真的;
② "有些马是白的"是真的,而"没有马是白的"是假的;
③ "有些马是白的"是假的,而"没有马是白的"是真的;
④ "有些马是白的"是假的,而"没有马是白的"也是假的。

第二个命题的前半段,说有些马是白的,后半段也还是说有些马是白的,整个命题肯定"有些马是白的"。第三个命题的前半段说"有些马是白的是假的"等于说没有马是白的,后半段的态度一致,也说"没有马是白的",整个命题肯定"没有马是白的"。马既有颜色,则"有些马是白的"以及"没有马是白的"都有可能,我们要想认识它们的真与假,必须凭经验来证实。世界上果有白马,则第二个命题是真的;世界上果无白马,则第三个命题是真的。世界上的马色,可以证实第二个命题为真也可以证实第三个命题为真,在没实地调查马的颜色时,我们既不能必知第二个命题为真,也不能必知第三个命题为真。所以第二第三两个命题之为真,是或然的真,都不是必然的命题。

第四个命题的前半段否认有马是白的,等于说没有马是白的,后半段否认没有马是白的。既承认没有马是白的,又否认没有马是白的,这是矛盾的说法。逻辑拒绝矛盾命题,所以第四个命题无待于事实上马的颜色之证明,一望而知是假的。并且其为假是必然,假绝不能真。第二第三两个命题,分别都可以是假,如果是假,也可以是真,至于第四个命题,则是必假的命题。

第一个命题的性质,与第四个命题的情形恰恰相反。前半段承认有些马是白的,后者承认如果不是有些马是白的,则没有马是白的。无论实际上马的颜色究竟如何,有些是白的也好,完全没有白的也好,总不能逃出这第一个命题所分别承认的两个可能。除非这两种可能没能尽举一切马色之可能,马或者可能为这一命题所分别承认以外的情形,现在这两种可能,在二分法的外延逻辑系统里,已穷尽一切可能,世界上的马色,逃不出这第一个命题的范围,所以第一个命题是真的,并且必然为真,必不能假。如果说它假,就犯了排中律的毛病。

因此,我们知道外延逻辑系统的必然命题,是分别承认一切可能的命题。

并且,我们说,内包系统的必然命题之所以必然,由于同一律(law of identity),而外延系统的必然命题之所以必然,由于排中律(law of excluded middle),至于必然为假的命题之所以必然,则由于矛盾律(law of contradiction)。

必然命题在意念上如何是必然的情形,以上我们已经略加说明,现在进一步的问题是,何以意念上的必然,在现实世界中也是必然。逻辑不对实际作肯定,但对实际施规范,为何能规范现实?为了解这种情形,我们须叙说一部关于本体论的书——《论道》中所讲的关于本体的思想,很有助于问题的解答,下面将试为叙述:

本来,现实世界,真是形形色色、错综复杂、时隐时现、变幻莫测。如果不像唯心论一样说现实世界是人心所创造的,则也不应该说现实世界可以受人心所规范。不过正因为现实世界错综复杂,变幻莫测,我们才可以说现实世界可能成为意想不到的样子,意想不到的东西事物都可能出现。可能出现的东西事物,有些是在过去出现过了,有些现在正在出现着,还有无数的可能要在将来出现,一切可能出现的事物,无论已出现、正出现或未出现,我们都可视为"可能"。宇宙如此之悠久广大,充满了已出现与未出现的"可能"。"可能"之已出现的,我们称为现实,但现实了的"可能"仍是"可能",可能之未出现的,我们只可以说它是一未实现的可能,而不能说是"不可能"。"可能"与"不可能"的分别,在于可能虽未实现而可以实现,而"不可能"则绝不能实现。

"可能"所以为"可能",因为它能实现,能实现必有所以能实现者,以能实现之"所以",《论道》一书里即姑且称之为"能"。因此,所谓"可能",就是可以有"能"者,"不可能"就是不可以有"能"者。"能"只给予"可能"以现实的机会,绝不给予"不可能"以现实的机会,换言之,"能"只在"可能"的领域内活动,绝不进入"不可能"的领域。无数的"可能"中,其未实现的"可能"是有"可能"而未有"能",但不能因其未有"能"而说该"可能"不存在,虽未有"能"而仍"有"可能。至于已实现的"可能",则既有"可能"又有"能"。

现实的"可能"虽既有"可能"又有"能",但不能说任何"可能"皆必有"能"。因为有些"可能",或曾经有"能"而现在无"能",或至今尚未有"能"。所以,"可能"不必有"能"。亚里士多德所说的形与质,与此处所说的"可能"与"能"很相似,他说每一事物，必须既有形又有质，与此处所说现实的"可能"既有"可能"又有"能"，也很相似。不过他说最无质的形是最高的现实，如以"可能"与"能"译之，等于说无"能"的"可能"为最为现实的"可能"，却与《论道》主旨不合。朱熹所说的理与气，与此处所说的"可能"与能也相似。任何事物，皆是理与气之结合，与此处所说现实的"可能"，必须既有"可能"又有"能"，"可能"与"能"之结合，也很近似。不过朱熹以为"有理必有气"，"有气必有理"，却又须加分辨。大致"有气必有理"在《论道》的立场上也是如此说。因为"能"既是"可能"之所以为"可能"者，则"能"必赖"可能"方有以自见，不在"可能"中，就表现不出"能"来，所以也应该说"有能必有可能"。

至于"有理必有气"我们有两层看法：一层看法是"每一理必有其气"，另一看法是"整个的理必有其气"。本书开头两句话就说"不能说任何'可能'皆必有能"。就是说，不能以为"每一理必有其气"，气有时实现此一理，有时实现彼一理，并非同时实现一切理，若同时实现一切理，则现实世界将呆板而无变化生成。而况"动"的理与"静"的理不能同时实现。所以就《论道》的立场，不主张"每一理必有其气"，可是若说"整个的理必有其气"则正是《论道》一书之主旨。《论道》以为任何一"可能"，不必有"能"；而"所有的可能"必有"能"。

为何所有的"可能"必有"能"呢？照前面的说法，"能"不进入"不可能"的领域，只能在"可能"的领域之内活动。然则"能"可以不在这一"可能"内，也可以不在彼一"可能"内，却不能不在"所有的可能"之内。如果"能"不在这所谓"所有的可能"之内，必在另外一个领域里，但这另外一个领域既然可以有"能"，照前面的定义，仍然是"可能"，既是"可能"，就包括在所谓"所有的可能"之内，所以"能"仍在"所有的可能"之内，"所有的可能"仍必然有"能"。如果我们以 p、q、r、s……代表各个"可能"，p 可以无"能"，q 也可以无"能"，r、s 皆可以无"能"。但"所有的可能"（p∨q∨r∨s∨……）却不能无"能"，因为只要有"能"，"能"总在（p∨q∨r∨s∨……）之内。（p∨q∨r∨s∨……）在《论道》里名曰"式"。《论道》里说"无无能之式"。如果朱子所说的"理"就是这里的"式"，则我们也应该说"有理必有气"。

或者有人说，如果根本没有所谓"能"，则"能"既不在"式"外，也不在"式"内，岂不是"无无能之式"不能说？当然，如果不承认有"能"，自然不能说"无无能之式"。不过，有"能"是一个先验的原理。我们分析现实的事物，可以逐层剥去其自身的性质，剥去其与外界的关系，剥去其各方面的"相"，但剥到最后，总有无法再剥者在。此无法再剥者，就是现实之所以现实者，我们承认有现实，就得承认有现实之所以为现实者，换言之，就得承认有"能"。有"能"是《论道》中的第一原理。这个形而上学的第一原理，也就是逻辑系统里必然命题的基础。

现在我们可以开始说，何以逻辑里的必然命题在现实世界也会必然这个问题了。先说"有些马是白的,或没有马是白的"这类必然命题。这类命题之所以称为必然的,是因为它穷尽了所有关于马之颜色的可能。有些是白的或没有是白的,是关于马之颜色的式,($p \vee \sim p$),"能"既不能逃出"式"之外,则马色之出现,必在这个"式"之内。如果"能"没在这个"式"内,只有两种情形:一是这个"式"没有穷尽所有的可能,但在二值外延系统里,我们知道这个"式"已经尽举所有的可能了,所以根据前面的分析,"能"必在这"式"之内。另一情形是根本没有"能",如果我们将关于马之颜色的"式"看作现实世界中若干"可能"中的一个"可能",当然可以说这"式"中无"能",比如根本没有马。不过我们这里的命题不假定主词存在不存在,则这"式"里必有"能"。若有"能"而在"可能"之外,又不在"不可能"之内(根据"不可能"之所以为"不可能",其内不能有"能"),则就"可能"与"不可能"为互相穷尽而言,为一件不可能的事。"能"既在这"式"内,马的颜色之出现,必在这必然命题的范围之内,因为必然命题所列举的全部"可能"就是"式"。

以上所说,意在表示必然命题之所以必然,就在"无无'能'之'式'",或"'式'必有'能'"。"能"必在"式"内,所以现实不能逃于必然命题之外,必然命题必然为真。

以下再讨论"白马是白的"这类必然命题。在讨论这类命题之前,我们须知道白马这一个体固然是一"可能",白动物也是一"可能",动物也是一"可能",白物也是一"可能",物也是一"可能",白也是一"可能"。可能,分高低不同的层次。在包括"所有的可能"之"式"里,有高高低低各种层次的"可能"。层次高的"可能"之实现,同时联带层次低的"可能"之实现,层次愈高,其实现时连带实现之"可能"愈多。如果可以实现很多"可能",绝不实现较少的"可能",更不单实现一个"可能",这种情形,《论道》里称为"道并行而不悖"。意思是说"能"之实现"可能",总实现其所能实现的最多数量的"可能"。

"白马"这一"可能"层次较高,包括"白"的可能、"马"的可能,依照"道并行而不悖"的原理,实现"白马""可能"时,"能"必不吝于同时实现"白"的可能。逻辑里说,"白"不蕴涵"白马",就是说"白"可能的层次较"白马"为低,"白"可能实现时,必同时实现"颜色"可能,但不能实现"白马"所包含的若干其他"可能",所以只能说"白"蕴涵着"颜色",而不蕴涵着"白马"。"能"使"白马"可能实现时,必同时使"白"可能实现,所以"白马是白的"这一命题,为必然命题。

最后,我们拿"有些马是白的而且没有马是白的"这一命题说明必然为假的情形。这一命题所以必然为假,因为它同时承认两个互不相容的"可能"。"有些马是白的"如果是一"可能",则"没有马是白的"为一"不可能";如果"没有马是白的"是一"可能",则"有些马是白的"为一"不可能",这个命题把二者同时承认,这就等于承认其中之一"不可能"为"可能"。而承认"不可能"为"可能"是不可能的,所以这个命题成为一个"不可能"。"不可能"不可以有"能",所以命题所指的情形不会出现。命题所指的情形,无待于经验事实的证实,就可直接断定其不能出现,所以是假命题,并且是必假而不能真的命题。

现实世界虽然五颜六色、错综复杂,表示可能的并行。但并行的是诸多"可能","可能"不能与"不可能"并行。"可能"与"不可能"是不相容的,用《论道》里的话说,是彼此相悖的。现实世界形形色色,并行而不悖,故《论道》里说"道并行而不悖"。"有些马是白的而且没有马是白的"这一命题,表示相悖的并行,所以必然是假的。

读《论道》中关于"能""可能"与"式"的理论后,对于逻辑之不肯定现实而范畴现实,似有所得,而写来几不可通。自因学力未及,了解不够,果此路不通,或者可作日后用思之路标。仅此书求教正。

1946 年

Study of *The Republic*(《理想国》研究)

Introduction

(1) *Republic* 较 *Laws*(《法篇》)稍短,而长于一切其他著作。其内容极为丰富,凡柏拉图之形而上学、伦理学、美学、自然哲学等,包罗无遗,且皆影响最大。

① 就 theory of idea 而言,本来柏拉图在 *Phaedo*(《斐多篇》)与 *Republic* 中为一类,而在 *Sophist*(《智者篇》)及 *Parmenides*(《巴门尼德篇》)中更为精深,另又为一类,但影响后世者,则以 *Republic* 中的 ideas 为主。(亚里士多德所批评者亦然。)

② 就 psychology 而言,*Phaedo* 中之思想,远较 *Republic* 中智情意之分法为进步,但 *Republic* 中之思想,则直至中古,甚至目前,犹受重视。

③ 就 political theory 而言,当然 *Republic* 最重要,中古时奥古斯丁的思想,完全为柏拉图的 idea of state。而至文艺复兴

时,托马斯·莫尔的"Utopia"(乌托邦)亦系柏拉图的思想。

④ 再就 philosophy of education,至今推柏拉图之 *Republic* 为圭臬。盖此中详述如何约束人性者也。

是故就以上 historical influence 而言,若再就 practical politics 而言,则更为重要。柏拉图曾谓,非有哲人为王,则国不得安,民不得乐。此种思想,是否已实现于今日,自是问题,但至少可以予吾人以提示。

(2) *Republic* 之难读。

盖因:①对初学者之困难,在于谈话迂回、论点不定,难以捉摸其要点与中心问题。②对于研究此学者之困难,即难以把握此书究竟为 political or ethical 的著作。*Republic* 中,既讲 politic,亦讲 justice,究着重何者乎?③对于深究者,另一问题乃考据问题,究竟其原著之顺序即如今日耶?抑非同时完成者耶?

(3) *Republic* 各章内容大概。

① 第一章,苏格拉底被邀观火炬游行,事前谈及 justice(what is),有谓 justice 为强者之利益,或更多之快乐。

② 第二章,格劳孔认为苏格拉底应为 justice 声辩,认为 justice is more happy。

苏格拉底认为 justice 必然在一理想的国度里,人民从事生产分工与合作,格劳孔遂以为 justice 存在于人与人之间的交往。苏格拉底认为此种国家,必然日渐发展,终而可能对内对外冲突,于是而有 guardians,其 nature 必须具有坚强与温和二者,盖对外须强,对内须温和。为此而需要音乐与体育的教育。

③ 第三章,主张再将 guardians 分为两类,即由 guardians 中分出 rulers。

④ 第四章,问者认为如此之国家,岂非无 happy 可言。苏格拉底认为此种国家之幸福并非为自己,而系为整个国家。(内中插叙共妻问题)而所谓 justice,即是"不在其位,不谋其政"、"各尽所能,各取所需"。且者,正如 justice 存在于国家,亦存在于个人,凡个人之智情意三种本性皆得各尽所能而无所混乱,则亦为 just man。

⑤ 第五章,问者就上章苏格拉底所说共妻问题发问,苏格拉底自妇女参政问题说起。以为此种制度,须在哲人为王或王者系哲人时,始能存在。问者又认为哲人似无实际效用,由此苏格拉底充分发挥哲人应具之 nature 与 education。

⑥⑦ 第六章、第七章皆论 education of philosophers。

⑧ 第八章,开始提出各种政治的形式:斯巴达和克里特政制、寡头政制、民主政制、僭主政制。重尊严。执权者为少数人,且受少数欲望之操纵。皆受欲望支配。

⑨ 第九章，论及人之幸福的多少，寄于何处。苏格拉底认为不公正的人，其幸福亦少，而最幸福者为……

⑩ 第十章，补充前论之 music education，然后再论 mortality 以及死后之受赏与受罚等问题。

（4）由上分析，可见 *Republic* 之发展，并非直线形的，而多曲折，其要点有六。

① What is the justice? Do the just man more happy than the unjust man? Ⅰ—Ⅱ,367E.

② 分别 states 有两种，Ⅱ 367E—Ⅳ 427C。

③ 得到"What is the justice?"的解答，Ⅳ 427C—445E。

④ 论及 nature & education of philosophers，Ⅴ—Ⅶ（亦即第三级的 States）。

⑤ 是否 just man 比 unjust man 较为幸福，Ⅸ。

⑥ just man 与 unjust man 死后可能的情形，Ⅹ。

第一段之问题在第三段中解答，也在五段中解答。故第一段乃提出问题者，第三段最为重要，盖解答"何者为正义"者也，第五段次之，其他皆为附属的论断。

（5）再由以上之分析，可以获得另一解答，即究竟 *Republic* 为 political treatise 抑为 ethical treatise。盖 *Republic* 既为"political"，因论及 justice 之在 state，而又为"ethical"，因论及 justice 之在个人。

（6）再由上述之分析，更可解决一问题，即究竟是否柏拉图先写成其他各章，而后再叙第五、第六、第七章以完成。吾人以为第五、第六、第七三章乃补充说明其 state 者，亦不可少，故可断定其系一气呵成。

504A—534E（论 philosophy of education）。

427—445（论 ethics of politics）。

第 427 节

在本节中，开始讨论古代与现代哲学上最有名的问题——义务与幸福、正当与效用（duty & happiness，right & utility）的关系问题。

首先是义务，其次是幸福，这乃我们道德观念的自然顺序。不过功利原则也并非无价值，因为它可以纠正另一种错误，在 ethics 中，我们常易于忽略这方面的重要性。并且我们可以进一步承认，正当与功利应该是等质的，那些追求或谋图人类幸福的，其目的一定是人类行动的最伟大最高贵的动机。全体人类的最大幸福，应该是宇宙中理想政府的 far-off result。而个人的幸福，一定要在道德生活中去寻求。

在现代功利主义者心目中，注意关心自己的幸福与不关心自己的幸福，通常是同时包含在同一个名词里的。虽然我们平常总以为自爱与博爱是相反的，但幸福这个词，却不像"真理""正当"这些同样确定而神圣（sacredness），而且它与生活的舒服方便关系多，而与心灵的善（为善而求善）关系小。因此，所谓"最大的幸福"这一原则，不是 ethics 的 true foundation。

可是 happiness and utility, or greatest happiness，虽不是第一原则，却是第二原则，而且常常易于应用。因为人类行为里，有一大部分行为，如果不从人类的幸福着眼，就不易说它是对还是不对。当代欧洲的和平，实在也就是建立在这个原则上的。（在国家政治上，与在个人道德上，完全一样。）

但一位伟大的政治领袖，一定认识国格（national character）的价值远比舒服与财富大得多。而这正是柏拉图思想上的次序。首先，他希望他的公民都能尽自己的义务（负其责）。然后，在一个理想的、有秩序的国家里，他们的 happiness 也就自然得到保障。他并不将现代功利主义在政治上的有用或"有利原则"放弃。这在其他的几节里，能找到充分的证明。

如第五章第 457 节里说"the most beneficial is affirmed to be the most honourable"（最有利的必然是最高贵的），及第 458 节里说，而且"是最神圣的"（the most sacred）。

在此处，柏拉图提出他的四主体（four cardines virtues）说："My notion is that our state being perfect will contain the four virtues—wisdom, courage, temperance, justice. If we eliminate the three first, the unknown remainder will be justice."

第 428 节

第一个 virtue is wisdom。在政治上，必须有智慧，但智慧，不是说铁匠所有的，而是说 guardians 要有智慧为国家做事。第二个 virtue is courage。但此种勇气，不是血气之勇，如 courage of animal，而是一种力量，去保持其关于安危之意见的力量（the power which preserves right opinion about danger）。——柏拉图在此已表现其为保有 intellectualism。

柏拉图在第 429 节到第 430 节里，表示 soldiers 应该对于 danger 的意见保持不移，而其情形如染布。第一要选择"质地"（ground），第二要取好色（colour）。而

ground 乃 represent "education" 者, 颜色乃代表法律者, 彼以为选择卫士, 须重教育。此处说法为朱为特(Jowett)之见。窃以为此处说法之 ground 乃 nature of man, 而 colour 应为 education。殊不知何说为是。

第 429 节

柏拉图指一切情况(under all circumstance)可分为四种：① 乐；② 苦；③ 欲；④ 怕。in pleasure and pain, or under the influence of desire or fear——此点, 启示后世斯多葛学派之情感分类。该派系即将 affection 分为 four classes, 如上者。

关于"以颜色比譬勇士"者, 可注意者有下列数点：① 选择 substance；② preparation；③ cannot be washed out；④ the colour is lasted。譬为 guardians, 必须：① 本质好；② 教育好；③ 方不致为外界所惑；④ 可以永远英勇。

第 430 节

（1）分别真勇敢与假勇敢。凡自由人之受教育而来者为真勇敢, 若夫奴隶, 虽有同样勇敢行为, 亦不得称为勇敢。——在此, 系仍以德性与知识有极密切之关联, 而陈康先生谓柏拉图至此已渐放弃其 intellectualism, 不知对此作何解。

（2）关于"right opinion"问题, 曾见于柏拉图在 *Republic* IV 及 *Meno*（《美诺篇》）中, 其义似与 knowledge 相对。柏拉图所谓 right opinion 如同奴隶, 虽亦有用, 可以随时逃出吾人 mind。故似不能持久。如何方能持久？其法, 在将其安排于 rational system 中, 使得其应得之所, 则因果相联, 不能消失矣。（见 *Meno*）

唯在 *Republic* 中, 柏拉图又谓 right opinion 可以持久, 何前后之异说耶？盖此处所指, 乃已受教育改造后之 opinion 也。而且即使能持久, 亦仍不能如 knowledge 相较。所必须注意者也。

然则教育之功能, 正即在于如何将 opinion change 为 knowledge。

（3）论及 bravery 时, 曾云 "if you add the words of an ordinary citizen", 此处重要性何在？在于增加此 adjective 以后, 所论者为 particular, 而不加此 adjective, 则所论者为 universal 也。

（4）bravery 之定义, 在 *Protagoras*（《普罗泰戈拉篇》）、*Laches*（《拉凯斯篇》）等篇中, 均有说明。在 *Protagoras* 中, 以 bravery 系事物之唯否, 如扩充而充之, 一切空之事, 皆在唯与不唯之列。然则 virtue 仍与 knowledge 相连, 而仍见其为

intellectualism 也。

第 431 节

(1) 各种德性在柏拉图的 state 中各阶级之分配情形：
rulers＝temperance＋bravery＋wisdom
soldiers＝temperance＋bravery＋justice
workers＝temperance
(2) 放弃 intellectualism 的次一证据：
前在 $Symposium$（《会饮篇》）中 intellectualism 色彩仍浓。
wisdom＝temperance＋justice

第 433 节

(1) What remains, is what makes others generate, what makes others generate is to do one's own business.

(2) A. What remains is to do one's own business.

(3) B. Justice is that which remains.

(4) C. Justice is to do own one's business.

以上为该段之 logical analysis，似系依照三段论证，但其中有一必须注意者。(3)B 照本文译出，应为 that which remains is justice。然则(2)A 为大前提，(3)B 为小前提，而(4)C 为结论。依照 logic rules 讲，大小前提之实词，不应该调换为结论之主词，所幸大小前提中之主词与实词之 denotation 完全一样，故此推论，仍为正确推论，未可以为 fallacy 也。

柏拉图之 ethics，向来为 intellectualism，即以 wisdom 为主体。而在 $Republic$ 中，将 wisdom、bravery、temperance、justice 四者并列，而后又将 justice 特别地重视为其他三者之"preservation"，故地位特别优越。特在下列一句中，似又未能充分重视 justice 之特殊："Then the power of each individual in the state to do his own business appears to compete with the other political virtues, wisdom, temperance, courage." "And the virtue which enters into this competition is justice." Exactly.

至此，柏拉图已不再将其他三者 reduce to wisdom 矣。自此以后以至亚里士多德，皆一贯视 justice 为 primary virtue。

第 434 节

柏拉图将 justice 规定为 to do one's own business。但旋又以为此一定义，意义并不清楚，因为一人写字，不能只认写其自己之名，不能只说自己的事。同时，人皆自织布自耕田，此国家并不能称为 temperate state，因为 Republic 中，显然重视分工原则。（此点在 Republic 第二章中，很清楚。）

然而柏拉图对于 to do one's own business，实有确定之意义，即是做其合乎本性的事。在第 433A 节曾谓 "one man should practice one thing only, the thing to which his nature was best adapted"。

再者，在 Republic 中，柏拉图虽将 wisdom、bravery 等分辨清楚，但对 temperance 与 justice 则未明白分辨，常相混淆。在 Timaeus（《蒂迈欧篇》）内，曾将上述定义作为 temperance 的定义。

再者，temperance 与 justice 皆系 the virtues of whole nations，容易相混，此乃后世柏拉图学派所争论者也。

第 435 节

（1）在 state 中有 justice class，在 soul 中有 principle of justice，自此节起，柏拉图证明"人"与"国"同，其情形如：

class of justice：state of justice

principle of justice：soul of justice

（2）同时又进一步说：The principle of state is based on the principle of individual, because this is not somewhere else from which may be derived the principle of the state.

Justice of principles determined the justice of individual and the justice of individual determined the justice of classe and the justice of class determined the justice of state.

故列表为：

state of justice←class of justice←individual of justice←principes of justice

国家之基础为个人，而个人之基础在心灵，故国家之基础在人心。此 Republic 中最基本之观念（fundamental principles）之一。

第 436 节

柏拉图在本节中说明,一件东西不能既施且受(在同时)。The same thing can not act and be acted at the same time.——此点即柏拉图之首次表达其 thought of contradiction。唯此处之思想,并不确切,因为 act 与 not act 为矛盾,act 与 be acted,未必矛盾也。

而在此处又可见,柏拉图的 contradiction law 本是 law of thought,但初起时,乃导源于 being。盖如本段所述,contradiction 乃 "principle of being"。

唯在此处后半段,文字上有所增添,即谓 the same can not be acted upon or act or "to be"。增加 "to be",此有两义:①扩张其矛盾之义;②扩张系自动作而展至存在 being 方面。其后亚里士多德之 law of contradiction 则已完全属于 principle of being 矣。(此处系其开端。)

第 435 节

本节里引起一个在柏拉图早期著作(*Protagoras* 第 329、380 等页)里最有名的问题,即道德是"一"还是"多"(whether the virtues are one or many)。在此段,柏拉图给予了回答。他说道德共有四大德(four cardianal virtues),而 justice 又超越在 wisdom、temperance 与 courage 之上。

第 436—441 节

开始将在 state 里找到的 temperance、courage 和 justice,去证明在 individual 中,同样有此三原则。第一步要说,"量不能使质变",所以在 state 方面的 justice 与在个人的 justice 相同,因为"to do his own business"。

第二步要证明究竟 soul 里的 virtue 是一个还是三个。在此要提出矛盾律来,即"同一时空时,同一事物不能做相反的事"。而引证莱昂提乌斯的故事,以说明内心常有冲突,既有冲突矛盾,自然表示内心不是一个 element。于是第一层先证明了 desire 与 passion 不同。然后又引证荷马(Homer)的话,以证明 reason 与 passion 不同,所以 soul of individual 仍是 three principles。

Homer said: "He smote his breast and rebuked his soul."

第 442—444 节

(1) 终于知道 virtues of state 也就是 virtues of individual。

(2) 国家的道德,来自个人的道德。

(3) 在国家方面,正与个人方面相同:reason 最高,courage 次之。reason 须以 music 来培养,而 courage 须以 gymnastic 来锻炼。而 temperance 乃是 ruling class 与 subject class 互相和谐的原则或关系。

(4) 至于 justice,当然是"to do their own business"。

兹列表可为:

ruler＝wisdom＋courage＋temperance

warrior＝courage＋temperance…justice

labour＝temperance…

(5) 道德即是灵魂之健康,而罪恶乃是灵魂之患病。

"And virtue is the health and beauty and well-being of the soul, and vice is the disease and weakness and deformity of the soul."

第 445 节

在本节内,柏拉图又回复到原来的老问题:"Is justice or injustice the more profitable?"这个问题已经成为笑话了,因为前面已说,不正道的生活等于 soul 在患病,使生活无意味无价值。这不是已经解决了!

〔注〕:关于柏拉图在 psychology 里所说的 courage,实在与单纯的勇气或勇敢不同。courage 可以以各种不同的名词来表示其含义,如 righteous indignation(正当的愤激)、spirit(血气)、passion(狂热)等。它与 anger 异,因 anger 不须有 righteous indignation 的观念,与 passion 也异,因 passion 似没有 rational 的成分。有些像一个人做某一伟大的行动时,急欲完成的那种"热情或热心"(enthusiasm)。

第 504—508 节

(第六章)柏拉图讨论 warrior 必须采取长路"long road"以求最高的知识(highest knowledge)。"And what are the highest knowledge?"

最高知识,即是"the idea of good"。如果不知道 the idea of good,虽有天下,

无益。(Without which a man gain the world he has no profit of it.)

(1) 如说善即是智慧吧,是一循环论证:good is wisdom, but this involves a circle,因为 good is wisdom, but "wisdom has to do with the good"。

(2) 如说善即是快乐吧,内中也有荒谬:因为 good is bad, for there are bad pleasures as well as pleasure。

(3) 如善必有真实存在吧(good must have reality),但一个人可以希望有道德的外表,而不希望有善的外表:desire the appearance of virtue, but he will not desire the appearance of good。

柏拉图在此又提出以前的一种分别:美的多与美的一,特殊与普遍,感觉对象与思维对象。而感觉对象包括一种感觉能力,此能力不只需要感觉对象,并且要有"medium"(媒介)。这媒介即是"光"(light),无日光则一切不见。曰"光"对于感觉界,正如"善"(good)对于理智界。哪里有光,哪里可见,在理智界里,何处有真理(truth),何处即有了认识与光明。

现在我们知道,柏拉图所论理性的太阳(光)就是"the idea of good"。善的理念是知识与真理的原因,但与知识及真理不同,而且更好。"the idea of good"对于 knowledge 与 truth 的关系,与 sun 对于 light 的关系一样。

第 508(509)节

"Truth is only known when illuminated by the idea of good."

"And the sun is the cause of generation, so the good is the cause of being and essence."

And the soul is like the eye: when resting upon that on which truth and being shine, the soul perceives and understands, and is radiant with intelligence; but when turned towards the twilight of becoming and perishing, then she has opinion only, and goes blinking about, and is first of one opinion and then of another, and seems to have no intelligence, "just so". (508)

"Now that which imparts truth to the known and the power of knowing to the knower is what I would have you term the idea of good." (509)

"In like manner the good may be said to be not only the another of knowledge to all things known, but of their being and essence, and yet the good is not essence, but far exceeds essence in dignity and power."(509)

A:B=1:2=Visible:Intelligible.

［Objects］1　2　3　4

Shadow Reflection Mathematics Ultimate principle.

［Powers］（Perception）A（Believe）（Understand）B（Reason）

"Would you not admit that both the sections of this division have different degree of truth, and that the copy is to the original as the sphere of opinion is to the sphere of knowledge."

Plato had divided the knowledge into three parts or kinds: 1. Being, 2. Opinion, 3. Nonbeing (in *Republic* V).

［2,3 corresponding to the visible and 1 to the intelligible.］

第 509E 节

(1) "Images and hypothesis."

(2) "Thus: —there are two subdivision, in the lower of which the soul uses the figures given by the former division as images; the enquiry can only be hypothetical, and instead of going upwards to a principle descends to the other end, in the higher of the two, the soul passes out hypotheses, and goes up to a principle which is above hypotheses, making no use of images as in the former cases, but proceeding only in and through the ideas themselves."

(3) Descends to the conclusions.

(4) Upwards to the un-hypothetical principles.

在此处第六章，说明数学与哲学方法之差别，前者在据假设以至结论，而后者在就假设而向上求根本原理。二者程序一上一下，方向相反。

第 511 节

"And when I speak of the other division of the intelligible, you will understand me to speak of that sort of knowledge, which reason herself attains by the power of dialectic, using the hypotheses not as first principle, but only as hypotheses—that is to say, as 'steps' and 'points' departure into a world which is above hypotheses, in order that she may soar beyond them to the first principle of the whole; and clinging to this and to that which depends on this, by successive steps she descends again without the aid of any sensible object, from ideas, through ideas, and in ideas, she ends."

Reason→Understanding→Opinion
First Principle→Hypotheses→
Metaphysics→Geometry→
Being Mathematics Becoming Nonbeing

自来西洋哲学史——主要问题为：

吾人感觉与理性为二种能力。但经验中二者混为一体,但何以理性与感觉能沟通,何以能就①particular thing upwards to the universals,②ultimate principle descends to the particular thing? 前者为归纳法之所以有根据,后者为表示演绎法何以合理。

柏拉图在 Republic Ⅵ末,实有很好的解答。

如先见二交线组成之对角,为眼见之事实,而在 geometry 中,据以推论证明此一原理,是即已由 visible world into intelligible world 矣。

Glaucon said: "But, at any rate, I understand you to say that knowledge and being, which the science of dialectic contemplates, are clearer than the notions of the arts, as they are termed, which proceed from hypotheses only: these are also contemplated by understanding, and not by senses: yet, because they start from hypotheses and do not ascend to a principle, those who contemplate them appear to you not to exercise the higher reason upon them, although when a first principle is added to them they are cognizable by the higher reason."

哲学与数学有同有异,同样皆依 hypotheses,皆不用 senses,但异者,数学自 hypotheses 而 descend,而哲学则自 hypotheses 而 ascends towards ultimate principle。

[注]五种科学：①arithmetic,②plane geometry,③solid geometry,④astronomy,⑤harmonics。

[讨论]Republic Ⅶ,本段讨论三项问题：(一)warrior 学习 highest knowledge 之长途 long road (more circuitous),可与第四章之短途相较。(二)理想国的典型。(三)各种知识之间的关系,以及各种知识与其相对的心灵能力的关系。

关于第三点,我们不难发现柏拉图各种知识首先是建立在感觉的与理性的对立上的。这种感觉与理性的对立,在苏格拉底以前的哲学,皆是如此。在这种对立中,含着永恒的与无常的、普通的与特殊之的对立。但到柏拉图时代,哲学似乎已要求一种更进一步的区别。——数与形,似乎已开始从理念 ideas 中分离而出。毕达哥拉斯的 principle of number,被放在"实在"与现象之影子(shadow of phenomena)中间,作为"媒介"medium 了。于是柏拉图以 mathematics 作为教育的工具（当然，到此时还没有介绍第三种名词），以为是做高深研究的最好准备。

主观上，分别了数形与理念，暗示出客观上的分别。于是以为 numbers and figures，与 metaphysics 及 moral philosophy 无关联。而 numbers and figures 只是时间与空间的抽象（abstraction of time and space），但不是纯粹理性观念的代表（expressions of purely intellectual conception）。于是而开始在 idea 之外，另有三类知识。

而在四种能力中，faith 似居于中间的地位，上接 understanding and reason，下启 imaging。

至于 understanding 与 reason 间之区别，可以比之于部分知识与整个思辨的差别。"True knowledge is a whole, and is at rest; consistency and universality are the test of truth. But there is a knowledge of the understanding which is incomplete and in motion always."

第 514—524 节

柏拉图以 den 为比喻，说人在洞里见不到光，也见不到真事物，只能由背后的火光照事物之影子于墙上。这就是陷于感觉世界里的人类的情形。

The cave or den is the world of sight, the fire is the sun, the way upwards is the way to knowledge, and in the world of knowledge, the idea of good is last seen and with difficulty, but when seen is inferred to be the author of good and right, and of truth and understanding in the other.

看不见东西的人，可分两类：一是盲目的，一是不有光的。一般以为人类看不见真事物是瞎眼睛，而教育其知识，乃是使其瞎眼能看，其实不然。眼睛是人类本有的，只消转动方向即可。

同样，心灵方面其他的 virtues 也像 bodily habits 一样，可以经过训练而获得，唯 wisdom 却是本具的，只要将 soul 扭转方向，即能见到光，换言之，只要朝向 the idea of good，即可见到一切真事物。

在此处说只要 soul 方向转变即可，与在 *Phaedo* 中说 soul is retrained by body，必须到死，soul 才能 free from body，此两种见解已经很不同。在 *Phaedo* 中，似极消极。而在 *Republic* 中，已经积极而简易了。

那么如何才能转动方向呢？柏拉图认为事物（可感的）可以分为两种：一种可以刺激（stimulate）mind，而另一种不能。能够 stimulate 的，即是如说"大""小"

"美""善"等。而不易引动 reflection 的,则如"桌子""田"等。总之,凡是抽象的都易于引动 reflection,而具体的则否,因为对于具体的事物,我们不易问"它是什么"也。——此点似能解,何以柏拉图列 arithmetic 为数学对象之首一学科。

第 525 节

研究形上学须有准备工作,计有 arithmetic、geometry、astronomy、harmonies 等。算学的效能即在:I mean, as I was saying, that the arithmetic has a very great and elevating effect, compelling the soul to reason about abstract number, and rebelling against the introduction of visible or tangible objects into the argument. You have known how heavily the masters of the art repel and ridicule any one who attempts to divide absolute unity when he is calculating, and if you divide, they multiply, taking care that one shall continue one and not become lost in fractions.

柏拉图当时将 number 分为三类:

(1) copered number→如毕达哥拉斯学派的数。

(2) pure number→mathematic(abstract number)。

(3) eidetical number→(亚里士多德所用),即是 idea 也。

mathematical number 皆可以加减,如 $2+3=5$。但 eidetical number 则不能互相加减乘除,如 $2+3\neq5$、$2+3=2$,因为 2 为一 idea,而 5 亦为一 idea,故"2"idea+"3"idea=2 ideas,因为每一 idea 皆为 unity,而 numbers 则为"collection of units",如 2 为两个 units,3 为三个 units,故相加而得 5 个 units。但 idea 本身即为一个 unit,故彼此不能相加而为 5,只能是 2。

在本节中,所说 mathematician 所以反对除法,乃因将 one 分为两个半数 0.5,但在希腊数学中,数目皆为 unit,皆为整数,故不能分,凡遇等即以 ratio 表示如 $1:2$ 等。

第 526 节

本节,论至善 idea of good 为最幸福的最美妙的,most happy or most gracious,盖已使 idea of good(being)拟人化矣。可见柏拉图当时未能分别 ethics 与 ontology。

第 527 节

geometry 原为 ge＋o＋metre,ge 为 earth,o 为连接词,metre 即是 measure,故 geometry 本即是量地之意。

西洋教育史中,自由教育本有七种自由学科。即前三种 trivium 为 grammar、rhetoric 和 gymnastic,后四种 quadrivium 为 arithmetic、geometry、astronomy、music。凡此七种,除 grammar 与 rhetoric 外,其余科目全由柏拉图的 *Republic* 中得来。然则自由教育之目的,应即如柏拉图所说 to purify and re-illumine the soul。

第 529 节

在本节中,柏拉图若干讽刺语绘形绘色,其故何哉？乃因阿里斯托芬曾在法庭中控诉苏格拉底为一坐于盆中仰视月亮以研究月行轨道者。柏拉图在此即指明阿里斯托芬误解苏格拉底之"looks upwards"。

柏拉图谓天文学中所说之 motion、swiftness、stowness、numbers、figures 以及 those which in the motion,虽天文所研究者,自亦准确,但此种 motion 距离 true motion 远甚,其所表现者,亦远非数字所能表达,盖 figures、numbers 均有"true"本然也。

第 530 节

The things in heaven are framed by the creator of them in the most manner,此段之 framed,即是 put together 的意思。而 put together 一词,后即转为 system,至今使用。

又：then, in astronomy as in geometry, we should employ "problem"。所谓"problem",乃是 pro-blem。pro 即 before、blem,means throw,意指掷于吾人之前的,此即现象(感觉)也。

第 531 节

希腊当时研究 harmony 者有两派：(一)为毕达哥拉斯派；(二)为音乐家学派。其一研究和声之两弦的比例,如初期所得,即 2∶1,4∶1,3∶2,4∶3 等。而音乐家学派则不在 physical instrument 上着手,而在第一步找其基本音"basic tone",然后根据基本音以求其倍数。故第一派毕达哥拉斯派的研究 more metaphysical。"consonances"即基本音。

柏拉图认为毕达哥拉斯派的方法仍嫌太靠经验。该派先提出两弦之声和谐,然后再去量两弦长度之比例。而柏拉图则认为应研究何数目与何数目为和谐之比例数,然后据以断定和谐比例。

为何五种预备学科中,以 harmony 列为最后,而紧接于 dialectics。其理由有自 *Timaeus*（《蒂迈欧篇》）中找到根据者,说 harmony 既存在于 world soul,亦存在于 human soul。

但真正的理由,论 solid geometry 只研究 solid,而 astronomy 则进而论 solid in motion；而 harmonics 则更进而研究 solid motion in harmonious relation。故其次序,乃自然而渐进的。

至此,柏拉图所设计之 previous or preparatory courses 已完成。于是进而研究 dialectics 矣。吾人必须注意者,有两大问题：何以自算学开始？*Republic* 之柏拉图的 ontology 究竟如何？

Book Ⅶ→(514—534)。

Book Ⅳ→(427—445)。

Book Ⅵ→(504—511)。

A. 总结以上五种学科——principle of arrangement。

(1) 五种学科之功用在引导吾人由 becoming to being.

(2) 其顺序则为：arithmetic、plane geometry、solid geometry、astronomy、harmonics。

(3) 如此排列之理由,似乎为 arithmetic 最接近 sensible objects,而去 idea of good 最远。

(4) 但实际上,柏拉图并非如此主张。盖若则 arithmetic 去掉 sensible objects,则 arithmetic 之 objects 应该最繁复,而 harmonics 之 objects 应该最简单。

(5) 但事实上 arithmetic 的 objects 却最简单,harmonics 的却最繁复。

然则其排列顺序,似非依其研究对象之繁复程度与 sensible objects 之繁复程度之相近。

(6) 因此,吾人乃断定其顺序之根据,乃因 arithmetic 之 object 最简单,以趋于 harmonics 之 objects 最复杂。

B. 但何以与 sensible object 相衔接者,非 harmonics 而为 arithmetic 呢？

（1）其理由，盖因 arithmetic 之 objects 最易于抽象化也。（向度最少）

（2）陈康先生以为，最高应为 idea of good，但 idea of good 的内容，应该不是最简单的，而是最复杂的。此或以柏拉图的 ideology 之工作，做 ontological work？

C.（1）由此可见，ideology 的 idea of good 为最复杂的。

（2）在 epistemology 中，亦可有更进一步之见解。即进而知 third segment 的内容。

（3）研究课程，更可有第三点认识，认识其彼此间之联系或结构。

substructure 与 superstructure

arithmetic 为 geometry 之 substructure，而 geometry 为 arithmetic 之 superstructure。盖 1 比 · 简单。1 乃是 unit，而 · 则不仅为 unit 且占位置。无 · 可有 1，而无 1 不能有 ·。其余各种类推。plane geometry 又为 solid geometry 之基础，而 solid 又为 solid in motion 之基础，即 solid in motion producing harmony 的基础。

因此更知 harmonics 之 object 绝不能 independent with the objects of astronomy，而 the objects of astronomy are never independent with the object of solid geometry。

D. 更有一点（关于课程）须注意：

（1）ideas 与 particulars 中间为 mathematics，故此为过程。

There are proportions：

AB：BC＝CD：DE

AB：BC＝AC：CE

CD：DE＝AC：CE

（2）照此比例，似 shadow 为 real thing 之 copy，因而 mathematics 亦系 ideas 之 copy。但 mathematics 何以为 ideas 之 copy，则颇为费解。

（3）再者，CD：BC＝BC：AB（应该如此）。但依照前面所举的三种比例而言，推不出此 proportion，此 proportion 应为错误。

E. Jame Adam 之 interpretation。

柏拉图所论之 idea of good 既在 *Republic* 中以 idea of good 为 ultimate principle，则 ultimate principle 即是 God。God causes the real world through mathematical principle。因为普鲁塔克说过："God always works with geometry."但哲学意义固有，而史学真理则可疑。

F. 关于 epistemological。

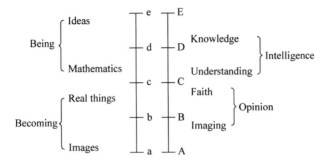

第 533 节

在本节中,说 dialectics 使 soul 超出污泥之蒙蔽,但在 *Phaedo* 内则说 soul 原是在 body 的监牢内,欲 soul 解放,只有死亡,故态度为消极的。但在 *Republic* Ⅶ 中,只要将 the eye of the soul 从污泥中解救出来即可,故只要仰望 being,而避开 becoming 世界即可,故为积极的。

Republic 与 *Phaedo* 两篇之态度不同或分别,即在此处(积极与消极)。

本节与第 531 节相比较(ontological & epistemological)。

(1) being to becoming＝

　　intelligence to opinion CE∶AC＝ce∶ac

(2) CE∶AC＝de∶bc

intelligence to opinion＝knowledge to faith

(3) CE∶AC＝cd∶ab

intelligence to opinion＝understanding to imaging

第 540 节

"The time has now arrived at which they must raise the eye of the soul to the universal light which lightens all things, and behold the absolute good; for that is the pattern according to which they are to order the State and the lives of Individual."

Conclusion of *Republic's* Lecture

（1）自 ontology、epistemology 等哲学观点言之，以第六、第七两章为最重要。盖 dialectics 与 epistemology 皆在此内也。但 *Republic* 之中心，却不在此。何则？*Republic* 之重心在于 politics 与 ethics 也。

（2）而 politics 与 ethics 又是二而一，一而二者。何则？国家之长治久安，必须个人之品性善良，故 politics 即可归于 ethics。

（3）ethics 之要点，又在 phychology 方面，依柏拉图之分析，soul 分为三部分：欲望、理性和勇气。而欲望与理性，常处反对地位。其善良者，则勇气助理性以制欲望；而不良者，则勇气多助欲望为恶。是时即理性失其控制矣。

（4）因此，人之善恶，可分三种情形（可能）：

① 若欲望循规蹈矩，不出范围，则为好人。

② 若欲望越出范围，但勇气能约束之，仍为好人。

③ 若欲望越出范围，但勇气不知如何约束，而理性出而助其束缚范围，则为理想之好人。

就 state 方面言，与 individual 情形相同。如一国之欲望不出范围，如欲望出轨而勇气制之，如勇气挟理性以制欲望，则国家皆可成为好的国家。

（5）以上见解，柏拉图本人亦作是主张。盖柏拉图的 pigs state（*Meno*），即是 first state。每人皆做自己的工作，故为 just。但人与动物相同，均仅依欲望而生活。与动物何以异哉？（凭 desire 之控制而成，虽善不美。）（见 *Meno*）

但此种 state 建筑在 limit of desires 上，而 desire 欲永无止境，人无有愿安于贫苦者，故此 first state 是站不住的。

于是而进于 second state。开始要教育，使其知道做各种事应有之分寸，各不相越，知其然而不知其所以然而已。故以 guardians 为主要……所有的卫士，只有 "right opinion"，知其当然而不知其所以然。于是由勇气控制 desire，故亦可为好的国家。

但 right option 是站立不住的，因为 opinion 不知道所以然，必须知何以某种动作为 temperate、wise、just，故必须有更高的教育，而使 guardians 受制于 philosophers。然后方能长治久安。盖因 philosopher 乃知道 idea of good 者。

正如个人非至欲望服从理性时不能完善，一国家亦必须达于哲人（知 idea）为王时，始能完善。故柏拉图所说，似有三种 states，但实则只有一种。因为第一、第二种 state 皆不能建立，而只有到 third state 始能成功也。换言之，虽为三种

states,而第一种、第二种,必在第三种 state 中方能实现,故三者实一也。

（6）至 third state 则 state 是 perfect 矣。但如何为 perfect 呢？即政权握于 philosopher 手中。故柏拉图说："如果世人欲免痛苦,必须哲人为王,或为王者习学哲学。"

以上论 idea state 之理想状态。

以下论 idea state 之如何实现。

吾人已知 just 为各人做各人之事。完全的国家,建于完全的个人；完全的个人,建于完全的心灵；而完全的心灵,必须其所涵三要素能各尽其能。而最主要者,自然为理性之必须能认知 idea。而理性之认知 idea,必须经过长期的教育,使 the eye of the soul 能 raises from the becoming to being。

然则柏拉图所论之 dialectics、epistemology 等,均是为论 philosopher king 之教育问题时顺便说到者,故谓 ethics 为中心,而 ontology 等为辅助也。

总计 *Republic* 各章,第一章起,追问何为 justice,其后即进入第四章至第七章之范围,即上所分析之大概内容。及第八、第九章,再由 perfect state 下降以见 bad state 为何。第十章为 appendix。

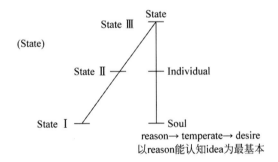

《〈哲学概论〉导论》讲稿*

  哲学概论，在英文里就是"introduction to philosophy"，可以译为哲学概论，也可译为哲学导论。其意思是说，由这种概论或导论的讲解，可以引导到哲学的研究上去。向来讲哲学概论的人，大致分为两种：第一种是引导学者去了解他自己的哲学，例如德国人著的哲学概论的书，大都是"an introduction to my philosophy"；第二种是引导学者去概观哲学的园地，列举哲学的问题、哲学的派别，乃至哲学界、哲学史里的重要人物及其学说，其目的在于提供给学生一部分基本的哲学常识。这两种论法，本来各有利弊，各有得失。第一种的长处在于有坚固的立场、一贯的态度，头头是道，引人入胜；而其缺点，则失之于偏，不能让学生从广大的领域里自己寻求其安身立命之所。第二种则与此相反，它能使初学者获得一个关于哲学的鸟瞰，所有的都知道一点，而究其实，所有的又都不能真（深）知。"To know everything is to know nothing."正像刘姥姥进大观园，看得眼花缭乱，昏头昏脑。所以，讲哲学概论非常困难，因为不是流于偏蔽，就是失之肤浅。

---

 * 本文系作者于1946—1948年在清华大学开设哲学概论课的部分讲稿。

我讲哲学概论，如果我自己已经有了独创的系统，或者我读某一系统有了笃信不移的见解，那么自然很可能我就会情不自禁地采用第一种方法，讲所谓的"我的哲学导论"，而顾不得偏与不偏，而现在我还没有我的哲学系统。事实上，据我所知，我们这班的同学，不是专门研究哲学的，至少大部分不是专门研究哲学的。开这门功课的目的，差不多可以说是要供给各位关于哲学的基本常识。于是我所采用的讲法，便自然而然是后面的一种，就是要和诸位谈谈哲学的大概，名副其实的是概论。

普通概观任何一件东西，不外乎两个观点：就是从外面看与从里面看。要想知道外围的轮廓，就必须站在外面；而要想知道内部的结构，就必须钻到里头。好比我们要研究一片树林，关于树林的大小、高低、方圆，以及东面靠山、西面依水，这些情形非要站在树林外面看不可；而要推敲每一棵树的材料质地，则一定要走到林子里面去。在外面，大致是见林不见树；而在里面，则是见树不见林。研究哲学，自然也有这种情形。如果我们一开始，就找到哲学上的问题来研究，恐怕有见树不见林的毛病，看不出哲学在学术里的地位或者价值。所以我们打算在开始这门功课的最初，先从外面着手，讲一点哲学概论的导论，然后再到哲学的里面，讲哲学的本身。先见了林，然后再看树。

讲到哲学本身，有人以哲学问题为中心，直截了当地讨论哲学问题，从问题上看哲学；有人以哲学派别为中心，叙述多个派别的中心思想，好比历史书有记事体，有传记体。以问题中心，有点像记事体；以学派为中心，有点像传记体。我们这门功课，打算以哲学问题为主，以哲学派别为辅。换句话说，我们想依据哲学里的根本问题，分别说出各派在某一问题上的见解。例如，在讨论认识能力的来源问题时，我们可以介绍经验主义、理性主义；在讨论认识能力的限度问题时，我们可以介绍独断论、怀疑论、批判论；在讨论本体的性质问题时，我们可以介绍唯心论与唯物论；在讨论宇宙之生成问题时，我们可以介绍机械论与目的论等。

我们之所以采取这种方法，并非没有理由。因为如果专讲问题，一方面不免忽略了我们概论应该介绍各学派的思想，另一方面也不免在讨论的时候加入自己的意见。真正讨论哲学问题的时候，要有自己的意见；而讲哲学问题的时候，则以少参加己见为好，因为一旦加入自己的见解，就失掉了公平的介绍态度。反过来，如果专讲派别，这本来很好，因为任何哲学派别都是一个完整的系统，从头至尾的叙述，自然条理分明，来踪去迹，清清楚楚，不过这往往流于枯燥，而且不容易使我们注意到多派关于各个特殊问题的主要见解。现在我们的办法，就是要就问题来介绍派别。我们希望前面所说的两种缺点，都能够弥补。

以上讲关于我们这堂课的讲演程序。关于我们读书的办法,今天也可顺便在这里说一说。当然了,一方面是记笔记,另一方面是自己课外参考图书。读书固然很重要,思索尤其要紧。治哲学的方法,与其说是在"学",还不如说是在"思"。孔子说"学而不思则罔,思而不学则殆",这句话真是治一切学问的秘诀。所谓学,就是读书,读书乃是取得古人的思想。因为有许多地方古人已经想过了,我们只需去摄取就可以了,无须再去自己摸索,浪费时间。所谓"思",就是掩卷长思。哲学上的问题,总是自古以来永远存在、悬而未决的问题。前人都在谋求解决,而未必都是真的解决了,我们总应该自己试着思考以解决之。深思,一方面在于求得解决之道,另一方面也可对前人的思想有正确的估价,而协助我们的解决。

运思的目的在于获得确信,而运思的出发点却在于怀疑。不善怀疑,就会流入轻信,轻信就阻碍精益求精的研究精神。所以"怀疑"是学习哲学的不二进路。我们不但对奇怪不常见的东西要怀疑,而且对日常经见的亦要怀疑;不但对推想的要怀疑,而且对耳闻目见的也要怀疑;不但对外物要怀疑,对自我,也未尝不需要怀疑。哲学史里表现怀疑精神最显著的是笛卡尔,他怀疑一切,乃至怀疑到自身的存在,结果他发现"我思故我在",然后确定了自我。传说与常识,都是阻碍我们怀疑的大障碍,我们为学哲学,首先要对传说与常识说不。从怀疑一切之中,逐步接近真理。

对于思的这一方面,不拟再说,请即再谈"学"字。学就是读书。读哲学书大致可以分为三个阶段:第一阶段为常识阶段;第二阶段为读书阶段;第三阶段为研究阶段。第一阶段完全在于获得哲学常识,哲学概论与哲学史都该至少读一本,然后读原著。读书时,必须随时冥思。哲学家有句话说,没有哲学,只有冥思。

一、绪论:哲学是什么

我们稍微研究哲学的人,最怕被人考问的就是"哲学是什么"这一问题。当然,我们也有简便的办法,或者从"哲学"这两个字的字源上来解释,或者记住一两个大哲学家对哲学的定义。一遇到人问,立刻回答。可这或者不合适,或者等于没说。例如,哲学源于希腊,而在古希腊文中,哲学就是"爱智慧"的意思。如果我说哲学的定义就是"爱智慧"的话,那么不仅诸位不懂,而且很容易反驳,难道我们学生入学求学不都是爱智慧的人吗?难道我们都是哲学家吗?研究一切学问都是为了爱智慧,难道各种学问都能称为"哲学"吗?关于每一个人是否都有他的哲学,这是另一个问题。我们至少不能说读书求学爱智慧的人都是哲学家,或者都是致力于哲学的人。关于多种学问是否都与哲学有着极密切的关系(例如政治学的高深理论,称为政治哲学;法律学的高深理论,称为法理学,或者叫法哲学),这是另外一个问题。但我们至少可以说,研究自然科学或社会科学,不能就说是研究哲学。所以,如果我们说"哲学"就是"爱智",至少对于开始学哲学的人,不能算是合适的回答。(太空泛,不切实)

又例如,柏拉图(公元前427—前347)的定义:"所谓智,就是真正的知识,而所谓哲学,就是指的这些真正的知识。""真知,必由理性,察知事物之实在不变常传不减的理,而后能得之。"

又例如,斯宾塞(1820—1903)说:"无统一的知识,是最下等的知识,科学是部分统一的知识,哲学乃是完全统一的知识。"

又例如,黑格尔(1770—1831)说:"哲学者,事物之思辨的考察而已。"

又例如,冯德(1832—1920)的定义说:"哲学是统一各科学所供给的知识,构成无矛盾的体系为我用的科学。"

……

这么多的定义虽不能说是完满的定义,但大体上都表示了哲学的性质,然而对于初学哲学的人,这些定义实在没有什么用处,等于没有说。因为所谓"由理性,察知事物"的理,所谓"思辨的考察"事物,所谓"统一的知识"或"无矛盾的体系(知识)"都须另加解释,而这些解释,又都不是三言两语能够说明白的,因此,"哲学是什么"非常难说。

二、哲学的诞生

我们要知道哲学是什么,既然不能从定义着手,不如考察它的历史渊源。philosophy一词,第一次见于希腊古书,是在希罗多德(约公元前485—约公元前425)的史书里,后来到希腊三大哲学家的开山祖苏格拉底才真正用到哲学上来。照苏格拉底的意思,哲学确乎是"爱智"。可是智就是知识学问,有学问的就是学者,有知识的就是"智者",为何独独要说哲学家是"爱智者",而说哲学是"爱智"呢?当时有两个理由,我们不可不知:①在苏格拉底所处的时代,有一派学者,他们自称为有知识的人,在外讲学,诱惑看者,社会上的人士都不喜欢、不尊重他们,认为他们是知识贩子。"智者"这个名词,成了诋毁人的语言。苏格拉底,虽然也承认自己是学者,却不是自以为是的学者;虽然爱知识,却不承认自己有什么知识。所以他不自称智者,而称为爱智者,以示与智者有别。②另一个重要的理由是,苏格拉底认为世人所有学问,不是真正的学问,就连自称为智者所有的知识,也不是真正的知识。例如,当时的智者,认为世间无真是非、无真善恶、无真美丑,一切都是因人而异的相对的道理。没有绝对,没有终极,而苏格拉底则认为哲学是要求绝对终极的真正的知识,而特别名哲学为"爱智"。这便是哲学的诞生。

哲学从诞生之日起,就带来了一个使命,或一个特性,就是要求真正的、最后的、绝对的知识。最后的,自然就是绝对的。所谓"绝对",是从佛学里借用来的。绝对就是"无对",反过来说,不是绝对的,就是有对的。有真就有不真,有美就有不美,有善就有不善。而哲学所求的乃是无有不真的真,无有不美的美,无有不善的善。因为要求这种绝对的知识,哲学的性质,用俗话来说,就是要追根问底:问要问到底,追要追到根。追问到根底,所求的自然就是最后的、绝对的真知识。

哲学的诞生,虽然源于苏格拉底,但后世追溯其萌芽,则以为当属于泰勒斯(约公元前 624—约公元前 546)。这位哲学家的鼻祖,虽然没有特别的哲学系统,但却定下了哲学的基调。他为世人所传颂的唯一的主张就是他主张"万物的根源是水"。就是说,事物皆从水而变化以成。这个主张,看起来似乎很可笑,可是这个话却有两重深刻的含义。

第一层含义,是表明万物都有根源。这样说起来,便不能把事物与其根源,看作两个互相对待的东西了。万物皆由其根源而来,又都复归于其根源,于是人类有了两个对待的观念:一个是现象,一个是本体。既然事物都是由东西变成的,所以事物都是现象。所谓现象,即是现于吾人之前的像。就好像太阳光从三棱镜里透射出来,是五色光彩。这五色是太阳光变出来的现象,而太阳光是变化光彩的,现象既然是像,便因时因人而异。比如一道红光,现于我等常人之前是红的,而现于色盲人之前,则或是黑色,或是绿色。如果我们懂得动物的心理,究竟驴子、马子看了又作何色,便不可限定了。如果我们从电灯光下走到月夜,我们觉得很暗,而从地窖里爬出来的小偷,会觉得很亮。同样一种月光,有人觉得很亮,有人觉得很暗,这种明暗变化,是现象。而在这现象背后的变化的东西,就是本体。

凡是现象,都是依赖于我们的知觉与外物的关系而成的。至于本体,则是自足的,无待于外物的。于是我们就有了两个概念:一个是自己存在的本体,一个是依靠本体而存在的现象。泰勒斯说水是万物的根源,也就是说水是本体,而事物是现象。这层意思真是思想史上的新纪元,确定了哲学的根基。因为人类初期的思想,不容易知道把本体与现象分开来。见到石头,就是石头,见到木头,就是木头,想不到它们还是由其他东西造成的。能认出两者的分别,就是思想上的一个大进步。哲学与科学,都从这里发展出来。

第二层含义,就是泰勒斯主张万物的根源是水,便不啻于说水变成万物,是一种自然变化。万物既由水自然变化而成,自然便不是神造的了。这层反宗教的意思，虽说是消极的，却是重要的。至此，哲学和宗教分了家。而人类的知识，也从此有了长足发展的机会和可能。前面我们说过，初期的人类不容易想到万物究竟是从哪里来的这个问题，而即使有人偶然想到了，也立刻可以得到解答，那就是传统的常识所回答的，即是神创造出来的。于是他们的思想，立刻为宗教所封闭，永远不得开展。唯有不受宗教的束缚，才能进一步地探究，所以自泰勒斯以来，已经注定哲学的命运就是要怀疑一切，与常识奋争。只有不轻于置信，才能继续不断地追问，不断地追问，才能做到追根究底，才能获得真正的、最后的、绝对的知识。

有此两点，便把哲学的方向大致确定了。以后的哲学，总是依着这个方向前进的。这个方向，归纳起来说：第一，总是向最后、最根底处穷求直追；第二，总是要拨开现象，直探本体；第三，总是要破除成见（包括宗教信条、常识等），以求窥见宇宙人生的本来面目。

三、哲学的分化

照前面的说法，哲学的根本精神，在于彻底的求知。求知的对象是无限的，宇宙之大，人事之繁，无处不是知的对象，也无处不是哲学的园地。对于天文上的现象，例如日月星辰、风雨雷电何以会形成那个样子，何以会照那样运行，我们若是有所疑问，自然就想求知其所以然之故。这种求知，原来也属于哲学的工作。又例如对于物质界，何以气体会变为液体，液体会变为固体；何以一物的下坠，与其速度和体积成比例。这一类的疑问，我们一经发现，必定想求其所以然之故，而这种求知，也是生于一种爱智的心理，也是哲学的工作。又如人自身的构造怎样？何以动物会走路？何以人会说话？何以人能思想？凡是这些疑问，有人想到，必定有人想知道所以然之故。这种研究，当然属于求知的范围，也就当然是哲学之事。所以直到现在，凡是研究教育的，乃至于政治法律，甚至于工程的，都能称为哲学博士，所谓 PhD。总之，在专业分化之前，一切研究都是哲学。

不过，这样的研究，实在只有博而不能精了。基于分工合作的原理，哲学所研究的，因对象之不同，而有了各门科学的分立。于是研究天文现象的成为天文学，研究物质变化的成为物理学，研究人体构造的成为生理学，研究生物性质的成为生物学。可是最初，一切科学都源于哲学。亚里士多德的哲学著作，其范围之广，几乎囊括了一切科学。所以有人说哲学是科学之母。

不过这一比喻，一方面不甚清楚，另一方面有一重危险。照母子的关系，母体生出了子体，就是新陈代谢，子体就是来代替母体的。一朵花，结了籽，花就会慢慢枯萎；一棵树，结了果，树就要慢慢老死。如果哲学与科学，也是母子的关系，那么我们就会自然而然地想到哲学要被科学所取消、所代替,现在学术界正流行着这种看法。

其实,科学虽然分了哲学的研究对象,但却并没脱离哲学的范围。科学分有哲学的对象,如同地方政府分有中央的权力一样,虽然独立经营,但产权仍然归于中央所有。各门科学,把宇宙人生的各部分拿去研究,这是尽了分立的责任,但彼此之间的合作,却仍由哲学来担当。学问在科学阶段,是分工的、独立的;在哲学阶段,就合作了、统一了。从历史上看,完整的、卓越的哲学思想,一直都在被各门科学所引用着,并作为自己的基础。例如,黑格尔的辩证法,无论是现象界、精神界,还是思想自身,都以这同一种原理来解释。胡塞尔说:"无统一性的知识,是最下等的知识,科学为局部统一的知识,哲学为最完全统一的知识。"这就像儿女仅对自己分得的产业统一处理,而父亲则对所有的产业作全盘的规划一样。

由以上分析,我们可以知道:第一,哲学是综合统一各科学的学问;第二,在学术专门化非常厉害的今天,专家特别需要通识。也就是说,科学非常需要哲学。科学的发达,不但不会取消哲学,反而会增加对哲学的需要。美国哲学家威尔杜伦[①]的一个比喻很好。他说:"科学就像各个窗户,凭着这些窗户,哲学方能窥见外面的世界;科学又好像是各个感官,而哲学乃是全身的灵魂。如果没有哲学,所有的知识,都将如同众感官进入无秩序的心灵一样,复杂混乱,毫无条理。充其量,也不过是低能儿的知识罢了。"

四、哲学的转向

前面说过,哲学自从泰勒斯定了方向,一直都是向着最根底处追根究底。后来科学也是沿着这条路线,继续前进,但殊途同归。日久天长,人类对这种研究本身,又产生了怀疑,觉得我们长年累月地研究万物之根源,但我们究竟是不是具有能够知道万物之根源的能力呢?如果我们没有这种能力,则我们对于万物之根源,妄做主张固然是瞎说,但就是用心的探讨,也不是徒劳无功枉费心机吗?所以我们必须把有无认识本体的能力这个先决问题加以研究。这个问题不先解决,本体问题自无解决的希望。于是哲学的问题变了,由本体是什么变为有没有认识能力。以前对于外物下功夫研究,现在则转变了方向,回过头来对自己的认识能力下功夫研究。

这种转向,乃是有理由的。就像我们要切木头必用刀,但我们既不能只研究把

[①] 即威尔·杜兰特。——编者注

木头切成什么样子,也不能只研究如何去切,我们应该先问问有没有刀,如果有刀,到底其锋利度能不能切木头,根据其锋利的程度,才能决定如何去切割。在哲学上也是一样,我们要想知道本体,必须先研究如何才能知道现象背后的本体。因为我们所知道的,只是现象,眼所见耳所闻,无一不是现象。于现象之外,另有本体,这句话本不易说。既要如此说,就必须要有知识上的证明,否则只不过是宗教上神的信仰一类的迷信而已。所以哲学为避免流于迷信,为慎重起见,宁愿把原来的问题暂时搁在一边,先来解决这个先决问题。

前面我们说过,哲学自诞生以来,就决定了追根究底的方向。此处说转了方向,自然只是说转了研究的路线而已。提出知识能力的问题,也还是本着一贯的追根究底的精神。正如前面所说,哲学分化出科学来以后,它担负起综合统一各科学的任务,这种综合统一也还是追根究底的精神所必然要求的。因为是科学知识,所以它比常识可靠,更得我们的信任,更有效用,乃是因为它在其范围内是统一的、一致的、无矛盾的。但我们却不能以局部的统一为满足,必至各局部又汇为整体而趋于大统一,这才合乎我们追根究底的要求。

一方面,这种推敲批判的功夫用在自身,就是如前所说,即追问认识的能力究竟是什么呢?究竟是感觉可靠呢,还是理性可靠?所见所闻的,究竟完全是感觉的外界所本具有的呢,还是感觉的创造品呢?理性到底是先天的,还是后天形成的呢?这就是普遍所谓的知识论的问题。

另一方面,把这种批判推敲的功夫,用在科学上。例如,科学皆根据因果律,而因果律究竟可靠吗?因果律的根据又是什么呢?所谓因果律,是说在同样的情况下,有同样的原因,就一定会发生同样的结果。科学里的原理定律,大多是根据这一条。例如说,作用力越大,反作用力也越大。这些定律,都是说有某种情景就有某种结果,但是有因必有果,这是哪里来的呢?如果说根据我们的理性,应该如此,则我们闭门造车,为何出而合辙呢?如果说是根据归纳得来的,所有的某甲都有某乙跟随着,则"所有"两字是只包括过去呢,还是连将来也包括在内呢?如果只限于过去的事实,则将来会不会发生与过去不相符的事实呢?如果发生了不合的事实,因果律不就失去效用了吗?如果说也包括将来,则将来还未来,根本未构成经验,你又如何能够利用归纳呢?你归纳的基础根本就不稳固了。

并且这个问题又牵扯到演绎逻辑。逻辑上的三段论,根据大前提和小前提而得结论。如果大前提是名副其实的全称,则结论本来已经知道了,还说得上推论吗?如果结论不知道,名副其实是推论的,则大前提的全称必有问题。于是哲学对于这些问题也开始推敲批判起来。

表现这种批判精神最早的是毕达哥拉斯,近代则不能不推洛克、巴克莱、休谟、康德等。古代哲学与近代哲学,最大的差别在此(就在于批判精神)。

五、哲学的性质

一开始我们就说,"哲学是什么"这个问题不易解答,因而转变了方向,从哲学的发展史上找点线索。现在我们说了这么多,发现哲学至少有三点性质可以说。

(一)"彻底求真的精神"。自从泰勒斯主张万物生于水之后,哲学就注定了其追根究底的方向。追不到根不停止,究不到底不罢休,这可以说是哲学与科学的最大差别所在。因为自然科学大多各存假定,其基础都是建立在假定之上的。换言之,并未追到根究到底。我说到这里,也许有一种反驳,说科学向来是客观的、求真的,怎么能说它不"彻底求真"呢?其实科学当然也是求真的,但只对常识而言是如此,如果对哲学而言,则不啻于"小巫见大巫",差得远了。

为什么呢?因为一切的自然科学,都含有假定。没有假定,自然科学就无法建立。例如物理学,就假定了"时间""空间"和"物质"的存在。物理学的一切定律,都在使用时空物质的关系,但时空及物质在物理学的领域里,实在只是一个假定。时空及物质究竟是什么?到底有没有?物理学不去追问。别的我们且不说,只说时间吧,时间到底是什么?是不是只由变动所表现出来呢?我们试想一想,如果世界上的一切东西,都被一个魔鬼使了魔法,都不动了。壁上的钟停了摆动,人们停了呼吸,树上的叶子不摇动,鸟儿不叫,太阳不转移,风不吹,甚至灰尘也不下落,试想想看,这中间隔上一秒两秒,一小时两小时,有没有差别呢?我们以什么来"觉得"时间在飞驰呢?普通说"时间像飞一样驶过去了",这乃是因为两段时间之间有无数的事情过去了。如果一切都不变动,一件事情也不发生,那么"什么是时间"呢?我说这些话,并不是主张没有时间,只是想使诸位借此反省一番,物理学的确是建立在时空与物质的假定之上的。它对于这些,都不问其所以然,而仅假定其"实在而然"。如果没有时空物质,试问物理学上所说的还有什么是真的呢?

哲学则不然。哲学对于任何事物都要采取怀疑的态度,保持追根究底的精神。对于怪诞不经的,对于推论想象的,不用说也要追问。就连具体的、常见的事情,也会加以追求查问。例如,现在我在这里讲话,我前面有的是50位同学和许多桌椅门窗,这是事实,然而这同时也许是我的梦幻也未可知。我在做梦的时候,我常把不真实的东西、事情,当作真实的。那么现在,我在这里讲课,又有谁能保证必不是梦幻呢?如果有人保证,那么这位保证的人,为保证这一情形为事实上的真理起见,不得不举上充分的理由。如果这理由的确充分,那么从哲学的立场上,可以承认这事实是真的。因此,哲学在把事实看作真理之前,总是必须先求多种逻辑上充分的理由,经这一论证,哲学才把这一事实看作真理。这种"彻底求真"的精神,乃是哲学之所以为哲学的真正生命所在。

(二)"作全体观"的看法。哲学的根本精神前面已经说过,是彻底求真。真正的知识,消极地说,不能互相矛盾;积极地说,必须互相融会贯通。例如,生物学的进化论,告诉我们说,生物都是从最低等的元素进化而来的。猴子与人虽不是同一个祖宗,但猴子的祖宗与人的祖宗却都是从低等动物演化而来的。可是同时,基督教告诉我们说,人类是上帝创造的。这是两种知识,它们互相矛盾,我们相信生物进化论,就不能相信基督教教义,反之亦然。这种矛盾,在我们求真理的人看来,总不过是三种看法:一是承认其中一种;二是两种都承认;三是两种都不承认。我相信在座的各位必有多数是相信生物进化论的,但也不免有相信基督教教义的。选择一种来承认,而否认其他,这也是一种求统一、求全体的看法。不过这是以偏概全,求其无矛盾。如果有人事实上两者都承认,或者两者都否认,则他必定有更高一层的统一综合,使这两者能够融会贯通。所以孔子说:"吾道一以贯之。"哲学总要求有一种一以贯之的观点和看法。

"作全体观"的意思是说对于全体作一个总括的看法,所以与"综合"并不相同。综合是与分析相对的。因为科学也未尝不用综合与分析的方法,但科学对于全体中的各部分,总是以此部分说明彼部分,而哲学则必须将各部分一起会通而另成一个无外的整体。打个比方说,各种科学对于宇宙全体,都担当不起来,互相依赖着,也互相推诿着。遇到有本学科不能解决的问题,便推诿到另外一种学科上,说那是它的问题。这种情景,四川李宗吾说过一个故事:从前有个外科医生,遇到一个中箭受伤的病人来求医,他将腿上的箭杆锯去,贴上一副膏药,说好了。病人说箭头还在,怎么算好了呢?医生说,那是内科的事,我只管外科。科学对于宇宙全体的问题,大多采取这种态度,而哲学才真正是将病人的内外科一视同仁、全体治疗的医生。

科学当然也未尝不想注意全体,根据自然科学,也可以有宇宙观和人生观,只不过由于科学研究的是部分而不是全体,所以"以管窥豹"终归不能知全豹。以部分解释全体,总不能把捉全体的真相。因为部分之和,不等于全体。H_2 和 O_1 相加不等于水。水固然包含 H 和 O 两种成分,但水的性质,却不在 H 和 O 任何一个之中。全体有其部分,更有部分所无的全体性。哲学的观点,总是把宇宙作为一个"至大无外"的全体来看的。在全体之中,我定各部分应有的位置,求各部分应有的意义。

我们姑且不管由部分是否可以解释全体,至少科学所能做的,只能是由部分来解释全体而已,而由全体来解释部分的工作,则非由哲学来完成不可。本着彻底求真的精神,哲学总要"作全体观"。由科学逐渐从哲学中分化来说,"作全体观"的这种观点,尤其重要,非由哲学来担当不可。

(三)"批评或批判"的态度。哲学的根本精神是"彻底求真",所以它的态度是批判的。所谓批判,就是反对因袭。传说固然是因袭的,在哲学反对之列,就连"其真不彻底"的科学,也在批判之列。因为哲学有批判的态度,往往对于旧说采取"挑剔"的态度,故一般人常觉得哲学家标新立异。关于标新立异是不是正确,是否有消极破坏之嫌,而非积极建树之功,我们不去追问。但至少因为新、因为异,可以使人对于旧、对于同加以考虑,重新而慎重地评定其价值,所以仍然可以说是一种积极的态度。

而且哲学的批判态度,不仅对科学加以批判,就是对哲学中的其他派别,甚至于对哲学本身的存在问题,也加以批判,例如实证主义哲学,几乎要把哲学本身否定了。

尤其重要的是,哲学对于认识能力的批判。任何科学,或者学术领域,也都不乏对于其他学派的批判,但没有哪种学术,对于人类求知能力发生怀疑,进行批判的。而哲学中自洛克、巴克莱、休谟乃至于康德登峰造极,差不多集中力量对求知能力"挑剔",以至在哲学的领域里,知识论蔚为大观,几乎占有了全部哲学的园地。

所以,如果说批判的态度,原为一切学术所具有,但至少不是一切学术的基本任务。而哲学则不仅批判其他学科,并且批判哲学本身;不但批判其他哲学上的学说,而且批判自身的思想。这种对于思想自身的批判,乃是哲学所独有的。大致说来,一切学术研究,都是对外界"格物穷理"。不同的是,一方面是物的对象不同,另一方面是穷的程度不同。而哲学自康德以后,把向外探索的努力,转而向内,研究思想本身。对思想本身予以批判,无怪乎康德自称他是思想上的革命者,自比于天文学上首倡日心说的哥白尼。

以上大致把哲学的性质做了一个分析说明。归纳起来,第一,从哲学的诞生起,我们就看到了哲学有"彻底求真"的精神;第二,从哲学的分化中,哲学开始采取"作全体观"的看法;第三,从哲学的转向起,哲学增加了新任务,担负起批判的态度。

说到这里,哲学与科学的关系就清楚了。第一,哲学与科学都在求真,而哲学对于科学的研究,要求百尺竿头,更进一步,更加彻底。第二,哲学与科学都以宇宙人生为研究对象,但科学采取的是分工的办法,专攻宇宙人生的某一部分;而哲学则把宇宙人生作为一个"至大无外"的整体来看,替科学成果找出统一中的部分的意义。第三,哲学与科学都与我们的认知能力有密切的关系,科学只是不假思索地应用着，尽信不疑；哲学却不完全信任，至少不盲目地信任，随时都在进行批判。

六、哲学的分科

以上是从外面看哲学的外围，现在再到里面看哲学内部的轮廓。

就哲学史来说，在亚里士多德之前，哲学未曾分过科。哲学的分类从亚里士多德开始，而到了斯多亚学派才正式成立。这派学者把哲学分为三大部分：(一)逻辑学；(二)物理学；(三)伦理学。和斯多亚学派同时的伊壁鸠鲁学派，大致也是这种分法。可见当时的思想已经进入分工的阶段，只是还没有科学的分化而已。

这种分法，其中物理学的部分，差不多就是研究现在物理学上的问题，现在物理学已经独立成为科学，逻辑与伦理后来也各自独立，所以这种分法不够合适。于是随后又有别种分法，而且很多，我们在此不一一细述。

哲学因为求真知的关系，虽然自始就与常识、宗教乃至科学处于批评的地位，但批评工作毕竟只占一小部分。可是自从休谟、康德侧重研究知识能力以来，大部分工作都转移到了对科学的批评上来。不但对科学知识要加以批评，并且对科学的方法，也要批评。于是有人特别着重哲学之批评工作，主张哲学就是"科学之学"。伯洛德一方面觉得哲学的批评固然重要，但不可太偏重；另一方面又觉得哲学自主地追根究底的任务，仍不能放弃。于是他把哲学分为两大部分：(一)批评的哲学；(二)冥思的哲学。前者专于科学上以及常识上所有的概念与原理，作一种批判考究，以发现其中的得失；后者则把宇宙人生，看作一个全体，专于全体的意义与价值上去估计。前者大概就是指的"知识论"的部分，后者大约是指"本体论"的部分；前者有科学的气息，后者有宗教的意味。冯友兰先生说"形而上学"是最哲学的部分，又说研究哲学，可以提高人生的境界，大概是就其了解宇宙人生之意义这一点上说的，所以说有些近似宗教。

不过照我们的看法，哲学的内容，实在可以分为两大部分：一曰哲学本部；一曰哲学支部。所谓本部，包括最哲学的"本体论""宇宙论"以及"知识论"，而哲学尚有一部分并未分化出去成为独立的科学的，例如逻辑、伦理、美学，称为支部。关于哲学本部的三科，我们无须乎再说明，因为根据哲学的性质，哲学有彻底求真的精神，就有本体论；有整个看法的观点，就有宇宙论；有批判的态度，就有知识论。现在也许有人要说，逻辑、伦理和美学，既非哲学本部，则将来恐怕也要像心理学科学一样，迟早要分化独立出去，不属于哲学的范围了。持这种看法的也许现在大有人在。不过，照我们的意思，这三门支部，绝不会分化独立出去，因为它们与普通所谓科学有根本的不同。

这个不同点,我们用一句话说出来,就是科学是研究"已然"的事实,以事实为对象,而这三门学问是研究"当然"的道理,以价值为对象。大致分起来,我们所有的外界,可以分为两个:一是自然界,一是价值界。自然界是指包罗万象、自然而然的事实,价值是指应当如何的道理。无论自然科学,还是社会科学,都是研究客观事实是不是那个样子,都要找出自然而然的定律法则,回来再应用到自然现象和社会现象当中去,所谓"以其人之道,还治其人之身"。严格来说,科学里所有的定律原则上都是发现,而这三门学问所研究、探讨、追求的,不是客观的事实,而是主观的价值。所谓主观,是与我们人类有关的。如果没有人类,天还是天,地还是地,物体还是自然地从空中下落,空气遇到冷热不均,还是自然地起风下雨。但如果没有人类,就无所谓真伪,无所谓善恶,无所谓美丑。所以说,这三门学问,都是人类主观的真、善、美的价值的学问。这三门学问,要自己探究出来,究竟应该怎样才算是真,怎样才是善,怎样才是美。真、善、美都不是自然而然的存在于什么地方的一个东西,而是要由我们来加以规定的东西。所以说,是我们要来发明的东西。在我们规定之后作为一个标准、一个模范,用以评价一切事物的真与不真、善与不善、美与不美。所以这三门学问,普通称为规范科学。

科学可以不管哲学怎样看法,只就已然(自然而然)的事实进行研究,去发现事实中间所已然的定律原则,所以可以分化独立出来;但这三种学问却必须根据哲学整个的见地,去阐明怎样才算是真、善、美,所以不但现在不能脱离哲学,而且永远都要依赖哲学、建筑在哲学之上,所以这三种学问也属于哲学的范围。只不过它们不是根本,而是枝叶,所以称为哲学支部。

以上是论哲学分科的情形,不过现在大学里,逻辑已经专门在第一年级开班专论,我们哲学概论可以省略。美学与文学艺术关系甚大,我们这里有人专开这个课程,我们也省略。剩下来的只有哲学本部的三科和支部的伦理学,需要在哲学概论里大概介绍。而本体论是探本,宇宙论是求全,我们可以把它们并起来,所以我们将论的即是知识论、本体论(形而上学)与伦理学三个部分。

以下请让我们闲话少叙,书归正传,慢慢道来。

《知识论》讲稿[*]

知识论是研究"知识"的。哲学是要对宇宙人生之全体,探求最根本、最完全、最彻底的知识,而未知宇宙人生之前,必须先知道"知"的本身,所以在讲形而上学之前,先讲知识论。

我们研究知识等于说对于"知识"这一件事有所知,而对于知识都不知,这句话初听起来,似乎非常滑稽,可是仔细想来,实际上我们对于"知"这件事往往不知。究竟我们的"知识"可能达到多大的限度,是可能真正知道一切,还是仅只能知道一部分呢?或者像是有所知,但实际上一无所知呢?这是知识可能性的问题,这是一。我们求知外界一切,究竟我们"知"的能力是什么?是感觉,还是理性?还是有其他别种能力?这是知识来源的问题,这是二。我们求得怎样的知识才算是真知呢?换句话说,我们追求真理,达到怎样的情形算是尽信不疑的真理呢?这是知识标准的问题,这是三。我们还要问,我们所知的究竟是什么呢?包罗万象的世界,独立自存于我们之外吗?还是我们内心的一种幻境,依我们认识能力而存在的呢?这是知识对象的问题,这是四。知识论里本来

---

* 本文系作者于1946—1948年在清华大学开设哲学概论课的部分讲稿。

问题很多,可是以上这四个问题最为重要。因为知识可能的问题,是整个哲学以及一切学问能否研究下去的先决条件,我们必须加以研讨。至于后面三个问题,知识的来源属于认识的主体方面,知识的对象属于认识的客体方面,而认识的真伪标准,属于认知主体与认知客体之间的关系方面。而认识这一件事,不外乎主体对客体发生关系或作用,总不出乎这三个方面,所以后面的三个问题我们也必须加以探讨。

一、知识的可能问题

认知有没有可能,或者说可不可能有知识,这个问题,似乎不成问题。因为我在这里讲课,至少我知道这是哲学概论的班,这是三〇二号教室,在座的都是二年级同学,我知道这位是张三,那位是李四,我并且知道我自己在这里讲的是什么,并且知道诸位也知道我所讲的是什么。如果认识根本是不可能的事,那么今天也就无须乎有这一堂课了。

可是问题并不如此简单,我们不但要求我们觉得自己知道这个那个,我们还要真正知道这个那个。问题就在这个"真"字上。

一般来说,所谓真知道,或知道了真的事或知道的事是真的,可以说,含有下列两种意义:第一,这一件事在无论何时、对无论何人都适用,都能有同样的知识。例如,我们认为"二加二"等于四是真的,就是因为"二加二"在无论何时、对无论何人都是"四"的缘故。二加二绝不是随时可以变为三或者五的。如果二加二会因人因地而变成三或五,那么"二加二等于四"就不是真的知识了。第二,一件真的事,不仅在无论何时、对无论何人都可能有同样的认知,而且更进一步,一定非有同样的知识不可。例如,"二加二等于四"既是真的,这个知识,不仅在无论何时、对无论何人都是这样,而且更进一步,含有一定非这样不可的意思在里面。二加二等于四,既不是不真,则二加二就绝不能成为三或五。

这样说来,一项知识之为真知,首先,必须含有在无论何时、对无论何人都有同样认知的性质,哲学上称为普遍性;其次,一定非这样不可的性质,哲学上称为必然性。就是说,所谓真的知识,就是指含有普遍性与必然性的知识而言。没有普遍性与必然性的知识,就不是真的。在哲学上,往往合称这种普遍性与必然性为真理性。所以,真的知识,就是具有真理性的知识,详细说,就是指含有普遍性与必然性的知识。

说到这里,我们的问题变成:究竟我们通常的知识含没含有普遍与必然两种性质呢?如果所有的知识,都含有普遍性与必然性,则我们认知的可能限度可以说大到百分之百,是完全的。如果所有的知识都没有普遍性与必然性,则我们认知的可能限度可以说小到等于零,我们干脆就莫妄想对宇宙人生的奥秘希求知道了。而我们的知识之中,有些具有真理性,有些缺乏真理性,则我们认知的可能是有限度的。于是我们就要进一步追问,究竟哪些是真知,哪些是假知,可以让我们有所借鉴,有所遵循。

(一) 怀疑论

依照怀疑论的观点,我们差不多可以说,我们是不会有真的知识的,我们的知识,都没有普遍性与必然性。

譬如我们见到这张桌子,我们就知道"这是一张桌子",我们就有"这是一张桌子"的知识。我们心中总以为无论何时、无论何地、无论何人,都会看了就有"这是一张桌子"的知识,而且非认为它是"一张桌子"不可。为什么呢?因为我们觉得这张桌子,总是这张桌子,独立存在在这里,不管我们看与不看,总归桌子还存在着一个实物。而且,我们既都是人,所有的人都有眼睛,眼睛映到这张桌子上,所看见的一定都是同样的桌子。换句话说,此地存有一张同一的桌子,无论何人在何时看见,都能看到同一的桌子。照这样说法,"这是一张桌子"这项知识似乎具有普遍性与必然性,因为第一,所看到的都是同一的桌子,第二,我们看桌子的眼力,都是同一的。

看东西的能力,虽然大家一样,可是,如果所见的实物随便变化,则这件东西,在我看来虽是桌子,在我之外的别人看来,究竟是不是桌子,就不能肯定。反之,所看的实物虽然是同一的,如果看东西的能力,一人一样,则各人虽同看一张桌子,所见也自不同。果真看的能力与看的东西,都不能相同,那么甲所见的是红,乙所见的也许是蓝,甲所见的是四方,乙所见的也许是三角,然则我们的知识就无法普遍、无法必然,根本就不能有"真"知了。所以,我们看到这张桌子,而求"这是一张桌子"这个知识是真的,既普遍且必然,则:第一,看这张桌子的能力,在无论何时对无论何人都非一样不可;第二,所见到的桌子,也非是同一的桌子不可。

但是,照某一种想法,这两个条件是很难办到的。先就第一项来说,我们的视觉能力,是否不论何人何时都一样?从生理学的观点来研究,目力有正常的,有色盲的,普通人看见是红的东西,色盲的人看见也许觉得是绿的。近视眼看不到远处的东西,远视眼看不清近处的东西,而散光的眼睛,则又往往把一件东西看成两件三件。而色盲、近视、远视外加散光的眼睛,又各有程度的不同。再则说,还有根本是盲目的,什么东西都看不见,然则视力的生理情形,各人的未必相同。其次再从心理学的观点来考察,我们的眼也有各种误差。比如说,下面图里,两根横线,本是一样长短,而看起来,上面的短,下面的长。

又例如,我们从暗处出来,看这屋里觉得亮,从太阳光底下进来,觉得这屋里暗,这都是我们眼睛的错觉。我们对着太阳注视良久,再转回头来看任何东西,都觉得有一个太阳大小的黑影,并且在阳光下久看某种颜色,我们在白纸上也能看到同一种颜色,这都是我们眼睛的幻觉。这种种事实,谁都亲自经验过,可见我们看东西的能力,不但随人不同而不同,即使同一个人,也往往随时随地而有别,所以最严格地考察起来,第一项条件,即无论何人何时都一样,是很靠不住的。

至于第二项条件,就是所看到的东西非同一不可的条件,究竟怎么样呢？这里也颇有推敲的余地。因为被我们看到的这张桌子与被你、被他所见的那桌子,绝不相同,我们虽以为大家所见的是这张桌子,是彼此一样的,但各个人所见的,乃至于一个人各次所见的绝不是一样的。大致说来,我们看东西,好比用照相机,在一个方位上照是一个样,换一个方位、一个角度照的又是另一个样子。我所见的桌子是映入我眼中的桌子,是我所见的一个镜像,我既不能借别人的眼来看桌子,别人也不能借我的眼来看桌子。这样讲来,映入我眼中之桌子的样子,与映入他人眼中之桌子的样子,因为方位、光线、远近的不同,其所得到的像,互相比较起来,也许很相似,可是严格讲起来,两人眼中所见的绝不是同一个样子的桌子。况且,照前面所说,我们看东西的能力,又是随人而异,好比照相机的好坏,底片感光的强弱,各不相同。这样算来,连我与他人所见的桌子很近似,这句话也很难说了。

再进一步说,通常来说,我们总以为我们知识的对象是存在的,不管我们看与不看,桌子总是外在于我们而存在的。然而事实上,我们所见的,只是桌子的一些表象,并且是一部分的表象。从左边看就是左边的样子,从右边看就是右边的样子。每次看桌子时所处的位置,非左即右,非前即后,非上即下,非远即近,不仅每次所见的桌子样子似乎完全不同,而且只要我们变动位置,所见的桌子之表象就会不同。这种事实,差不多无须说明。可是不但两个人所见的桌子不能同样,即使同一个人历次所见的也都不是同一样的。因为我们的眼,就不可能完全不曾移动,一动就不同了,一动就是两个视野了。严格说来,只有一刹那间有一个同一的东西。任何东西,都在每时每刻地变化着,所以我们同一个人所见的东西,严格说来,不能说完全一样的,因此我们所见的桌子非为同一的桌子不可的那项条件又是靠不住的了。

我们前面说真正的知识,要有普遍性与必然性,要想知识具有普遍性与必然性,第一,要看的能力同一,第二,要见的东西同一。可是事实上,我们看的能力既不同,所见的东西也不一样,那么无怪乎怀疑论者认为我们不能具有普遍性与必然性的真知识了。

在知识论里,把知识的根源,完全放在感觉上面的议论称为感觉论,所有感觉论的结局,就不能不落到"我们不能得到真知识"这种怀疑论之中。历史上最早的怀疑论者,要算是古希腊诡辩派的能手普洛泰哥拉斯,他有一句流传至今的名言,就是"人为万物之尺度",即万物是什么与不是什么,全以个人为标准。这句话里的人如果看作是全体的人,则仍还具有普遍性,但他指的是个人,就是普通的张三李四,例如这支粉笔甲摸了觉得冷,乙摸了觉得热,我们只能说甲所感觉的冷是真的,而乙所感觉的热也是真的。可是既然承认各个人特殊的知识都是真的,则知识便无法说是普遍的;另外,又可以是冷,又可以是热,则知识也谈不上是必然的,所以照他们所说具有普遍性与必然性的知识,能为我们人类所认识的可能性几乎为零。

比普洛泰哥拉斯稍迟,有一个叫高吉亚斯的人,据柏拉图说,他是一个修辞学家。他的学说流传至今有一句话:"没有一件东西可以算得是有;即令有,也不能被知;即令被知,也不能告人。"在这句话中,"有"字是指现象背后的本体。因为他不能说眼前的笔墨纸砚都没有,而是说这些东西,都只是现象,不是本体。第一个分句,是反对现象背后有本体;第二个分句,是否认本体可以被认知;第三个分句的意思特别重要,表示知识是个别的,普遍性的知识不可能。譬如我看见一件东西,我说这是玫瑰花,你也看见,也说是玫瑰花,在表面上好像你的感觉与我的相同,而实际上,只是我用的抽象符号与你用的抽象符号相同,至于符号所代表的具体内容,则绝对无法证明是否相同,因为在知识上,我知觉的是我的世界,你知觉的是你的另一个世界,各自立场,互不相同。照这样说法,知识绝对说不上普遍性与必然性了,所以是彻底的怀疑论者。

(二) 独断论

独断论在认知可能的问题上,完全与怀疑论站在相反的立场上,这种学说,无条件地承认认知的可能性。其实这也就是世人常识的看法。譬如,我们看见一个东西,方形的,黄色的,上面有平板,下面有四条腿,摸起来是硬的,可以在其上读书写字或做其他事件,我们认知这是桌子。并且认为我们所认知的这是桌子,就是真正外界的事物的样子,对于反过来外面是什么样子,我们就能认识它是什么样子,丝毫没有概念。这种见解,是承认我们有认识外物的充分能力,这种无条件地承认认知的能力,哲学上称为独断论。

本来怀疑论自然与我们的常识相差太远,就日常生活而言,我们与其采用怀疑论的看法,实在不如听信独断论的看法方便。不过怀疑论在思想史上自有其价值与贡献。就拿古代的怀疑论来说,他把宗教上的神推翻了,把道德上的权威动摇了,把哲学上的本体也打破了,一切的拘束都被解放了,所以这一派是思想传统上的破坏者。他们推崇怀疑,破除成见,却把哲学向前推进了一步,这是怀疑论的贡献。

可是怀疑论本身没有建设,止于怀疑,与我们的生活实在格格不入。对于理性,不合要求,就连感觉方面而言也不能说全正确。哲学是研究宇宙人生的,求得人生依托,使人生因处处不确定而面临惶恐,则无论如何不能说是切近人的正确理论。相传毕罗,一位希腊的怀疑论者,他的见解是"世上没有一件事是确定的",后来他死了,他的学生虽都敬重他,但不曾为他之死哀伤,因为他们怀疑他是否真的已经死了。

这不是说笑话,这表示我们的生活里,确实要求有确定的知识。而且事实上我们也的确有。例如数理方面的知识,确实不论何人都能适用,并且非适用不可。"二加二等于四"这种知识,既有普遍性,又有必然性。如果有人以为二加二等于三,则请你向他借两次两元钱,然后还他三元钱;如果有人以为二加二是五,你可以借给他两次两元钱,以后问他要五元钱就好了。

而且不仅理性方面的知识是如此,就是我们的感觉方面的知识不管究竟是怎样,我们见到面包,总说是面包,我们见到石头,总说是石头,绝不会把石头当作面包。同样的,我们见到鹿,总是知道是鹿,我们见到马,总是知道是马。赵高虽然专权强横,迫使秦二世及其在朝文武百官一定承认其所指之鹿为马,可是当时被迫指鹿为马的人,心中必不以为然,否则这段历史就不会特意被流传下来,作为赵高专权违反人意的例证。可见,是非自在人心,就在感觉上,也未尝没有一个普遍的标准。

再进一步说,怀疑论的本身,正含有推翻其自身的矛盾。怀疑论者不是说"我们不可能具有真知识"吗?这个结论,或者对或者不对。如果这句话是不对的,则我们就知道真事物能有真知识,怀疑论靠不住,那是不用说的了。如果这句话是对的,怎么推论呢?虽别的知识都不能得出这一结论,但至少我们真的知道"我们不能有真知识"这句话。这句话正表示了一种知识,换句话说,至少怀疑论要承认这一种真知识,这一句结论,是我们所真知道的了。既然我们还能真知道"我们不能有真知识",那么我们就不能说我们完全"不能有真知识了",所以有人说,怀疑论的议论,好像是枭鸟,一生下来就要吃母亲。怀疑论一成立,马上就被自身所推翻。所以即使我们承认认知完全没有可能,而结果仍然要承认认知有可能。

独断论的见解，有一半是对的，一半是不对的。其所对的部分，是因为主张认知有可能，因照前面的说法，就连怀疑论者，也不能不承认认知有可能；其所不对的部分，是指其承认认知之可能是无条件的。怀疑论对于感觉知识之不具普遍性与必然性的批判，我们总觉得言之成理，持之有故。

独断论的大病，在承认我们的认知即是外界的实像。我们知道东西是方的圆的、黄的红的、硬的软的、冷的热的，就因为外物本来是有这些特征，我们认知外界，只是照样地被动接受过来而已。可是，事实上，我们只要稍稍加以考察，就知道这种见解之不正确。

如果我们认同了独断论，我们就必须承认我们在认识外界事物的性质时，事物本身就一定具有这种性质。现在我们来考察一下外物的性质，是不是完全是外物本身具有的，而与我们无关。

先拿颜色来看。我们看见玫瑰花是红的，于是以为玫瑰花本身就是红色。红色是玫瑰花所自有的，与我们主观的认识能力无关。可是，当真与我们的主观无关吗？色盲的人，看到玫瑰花是绿的，如果玫瑰花本身是红的，色盲的人何以会看成绿的呢？假如全世界的人之眼睛都是色盲那种构造，则我们说玫瑰花到底是红的还是绿的呢？恐怕诸位要说，是绿的。然则红色还能是玫瑰花所本来具有的吗？即令我们人类没有色盲，统统都看成是红的，但其他动物的眼睛构造与我们人类显然不同。最爱寻花问柳的蝴蝶，它们所见到的花与柳，究竟是红的还是绿的，我们不是蝴蝶就无法知道了。这正像惠子对庄子所说的："子非鱼，安知鱼之乐？"照相机是照外界原样摄取光色的，可是照相机对于不同的颜色没有分辨，至多只能辨别出光度的深浅，可见，颜色并不是本来就包含在外物之中的。而我们所见的，已经把外物的原样改变了。既然经过我们认知的东西，已不是原来的东西，我们还能说我们有完全认知外物真相的能力吗？

再说冷热。我们摸这炉子里的炭，都知道热、烫手，摸到冰，都知道冷、冰人。于是我们以为我们所以知道炭热冰冷，乃是因为炭本身是热的，冰本身是冷的。可是，如果有一个人，他的手冻得麻木了，让他抚在冰上或炭上，他会感觉不到冷与热。生理学研究发现，冷暖的感觉，专有其感觉细胞分布在我们的表皮，大致手面上的冷觉细胞多于手掌，而面颊上的热觉细胞又多于手背，我们的手掌不觉得冷，手面会觉得冷，手背不觉得热，面颊会觉得热。可见同一样东西的同一冷热对于我们不同的感觉部分，就有不同的冷热之感。照前面的说法，如果冷热是外物所具有的性质，则为何我们可以感觉到不同的冷热呢？既对同一物，有不同的冷热之感，则冷热当然不是外物所具有的性质，而必须与我们的感觉发生关系而后才有的。然则我们对外物所感觉所认知的，既然不是外物的原性，则我们不能有百分之百的认知可能,这是很明显的了。

再说香味。我们描写春天的美景时,总爱说"鸟语花香",这表示我们都觉得花是香的,于是以为花本来香,无待于我们闻与不闻,其香也自香。我们都觉得炉子里的煤炭气味不好闻,汽车后面的汽油味臭不可闻,于是以为臭是东西原本具有的性质,但是如果东西本身有香臭的不同,则不会使人们对同一东西有不同的嗅觉。有人觉得羊肉香,有人觉得羊肉膻,于是我们想所谓平常人所说的香臭并不是事物本身的香臭。唯其事物本身无所谓香与臭,为香为臭全在人去闻它。我们人类最易把主观的误认为客观的:第一步,以为自己如此,别人乃至于别种动物,也必觉得如此;第二步,以为既然人人如此,可见不是你的我的主观使然,而是客观外在的。其实,我们看见美女,说有"沉鱼落雁"之容,以为鱼与雁,都像我们一样觉得美,因而看呆了,鱼呆沉到水底,雁呆落到地上。但这也许正是鱼与雁了觉得难过,钻到水底,落到地上躲起来,不愿再看呢。照这样说来,同是外物,各个人所感觉所认识的既不相同,可见所感所知的外物,并不就是我们所见的那个样子,既然我们所见的已不是外物的庐山真面目,则如何能说认识有完全的可能呢?

总而言之,无论颜色、声音、气味、冷热都是由于我们特殊的感觉器官而生的感觉,都不是外物本来的样子。物理学告诉我们外物本来的样子:声音乃是空气的震动;光线乃是以太的震动;热度乃是加速分析的震动;各种颜色,只是光波的速度与振幅不同而已。客观的外物,其本身既不热,亦不冷;既不红,亦不绿;既香,亦不臭。不冷不热的外物,我们把它们认为是有声有色的,还能说我们完全认识了外物吗?所以独断论的主张,显然是不易成立的。

以上所说,是对于独断论的批评,根据对独断论的批评,我们知道我们的认识能力,并不是无条件地对外界摄取。而同时,根据前面对于怀疑论的批评,我们又知道认识并不是完全无可能的。然则现在的问题是,一方面不是完全的可能,一方面不是完全的不可能。于是我们要问:究竟在怎样的条件情形下才可能呢?这个问题,我们要请批判论的康德和逻辑实证论的石里克来代为解答。

(三) 批判论

批判论是康德的见解。康德是德国人,享年八十多岁,生平未出过家乡,生活极为平静,同时也很规律。他讨论知识之可能问题的大著为《纯粹理性批判》。五十八岁那年才完成,他的主旨是说我们人类可能有知识,不过是有限制的,有些知识是可能的,有些则不可能。究竟怎样的知识才有可能呢?我们不能马上就讲,必须从康德对于知识的分析研究上着手。现在让我们先撇开正文,先研究康德对于知识性质的见解。

康德承认知识是从感觉来的，我们没看见过飞机，就永远没有飞机的知识，聋子永远不知道声音是什么，瞎子永远不知道颜色是什么。所以他在《纯粹理性批判》中开宗明义第一句话就是"知识与经验以俱来"。此处所谓"经验"当然就是感觉，等于说，知识与感觉以俱来。可是前面怀疑论者的议论，我们已经说过，两个人以上绝对不能有相同的感觉，就连一个人也不能有相同的两次感觉。例如桌子，我们不能两次看见同一张桌子。再进一步说，我们所见的，都是个别的形象，眼看见的是桌子的颜色，耳闻到的是敲桌子的声音，手摸着的是桌子的硬度与光滑度，我们从来不曾完全地感觉到过一张整个的桌子，所有感觉都是桌子的各种形象，然则我们有关于"桌子"的知识，一定不单单是从感觉来的，就很显然了。

单单由感觉而知道的桌子，一种感觉有一种感觉所知道的样子，可以说是"杂乱无章"的。我们感觉桌子的表象时，桌子的表象存在，不感觉它们时，桌子的表象就不存在，例如闭起眼来，我就不见"桌子"了。可以说感觉的桌子是断断续续的。但是我们所知道的"桌子"，既不是杂乱无章的许多颜色、形象、声音、硬度乃至于气味，而是一张桌子；同时这张桌子，又不是看见即存在、不看见即消灭的桌子。于是最鲜明的差别，存在于感觉的桌子与知道的桌子之间：感觉到的桌子是零星乱散、变化无常的；而知道的桌子，却是完整一体、独立存在的。

如果我们认识外界，只是被动地照样子接受，像照相机一样，则所采取的必然是杂乱无章、变化无常的形象。可是现在我们所知道的，并非如此，则显然我们认识外界时，不完全是被动地摄取，而有主动的作用。因为如果没有主动的作用，则杂乱无章、变幻无常。唯有经过主动的作用，才能把每次的感觉综合统一起来，形成一个物体的认识；才能把两次以上所感觉得到的物体综合联络起来，使我们觉得那是同一个物体的两次感觉，而不是两次感觉到的完全无关的两个物体。

照康德的意思，我们必须先有这种综合统一作用，才能对外界有认识。如果没有这种综合统一作用，则我们所感觉的只是些杂乱无章的形象，而不是知识。于是我们知道，主动的综合作用，是有知识的先决条件。所以康德称这种综合统一作用为"先验的综合"。所谓"先验"，就是先于有经验，换句话说，就是经验的先决条件。在有经验之时，必须先有此综合作用，才能形成经验。

说到这里，我们本来可以结束康德的议论，归到本文上去，表明康德所谓可能的知识是什么，他所谓可能的知识就是经过我们的综合作用得到的知识。外界究竟是个什么样子，我们不知道，而一经知道了的，都是曾经我们综合过了的。这好比我们戴了一副红色的眼镜看出去，外面究竟是红的是黄的是蓝的还是白的，我们不能断定，我们所能断定的只是透过红色眼镜所看到的那个样子。因为这副眼镜和我们平常的眼镜不同，普通的眼镜，我们可以取下来，看看取下来以后看到的样子与戴上去以后看到的样子有什么不同,因而知道戴上眼镜看是什么样子,没戴眼镜看又是什么样子。可是这副眼镜是生成在我们感官上的,我们不感觉外界则已,无论何时何地,只要有感觉,则此感觉已经透过我们的综合作用综合过了。

外界本来是个什么样子,康德说我们不能知道,不能对本来的样子有知识;我们所知道的都是经过"先验的综合"所改造过的样子。康德称本来的样子为"物自体"或称"物如",而称那经过我们综合过了的样子为"现象"。我们的知识,只限于知道"现象界",至于"物自体"或"本体界",我们没有能力知道,因为我们永远戴着一副"先验综合"的眼镜。

如果我们说到这里为止,诸位恐怕怀着一个最大的好奇或疑问,就是这副"眼镜",或这个"先验的综合作用",究竟是个什么东西呢?这在以后我们讨论知识来源问题时还要详细地说。

我们还是拿"这是一张桌子"这个知识来作例子。当我们知道桌子时,我们眼睛所感觉的是颜色,可是这黄的颜色,一定非在某一地点,被我们看见不可,为什么呢?因为无论什么地点都不存在的颜色,我们绝不能见到。颜色的概念,不在任何地点,但那是概念,不是实际感觉到的颜色。我们感觉到的黄色、蓝色等,必须在某一地点,而所谓"在某一地点"这句话是表示这黄色与我们所处的地点,在空间上综合联络起来了。再进一步说,当我们看见这桌子的黄色时,必已见到这黄色是某种形状的黄色,如果我们所见的不是有形状的黄色,我们何从感觉桌子的形状呢?而考察黄色的形状,乃是由桌子四周的非黄色把它包围而成的。所以当我们见到具有形状的黄色时,必要将黄色与非黄色的两个方面综合联络起来不可。联络起来者,就是空间。

不仅视觉每逢看到什么颜色与形状,必须以空间综合联络,其他多种感觉都是如此。我们摸到的东西非在某一地点不可,不在任何地点的东西,我们摸不到;我们所闻的味道非在某一地点不可,不在任何地点的味道,我们闻不到;我们所听到的声音,非在某一地点不可,不在任何地点的声音,我们听不到。所以凡是我们从感觉所知道的东西,可以说没有一件不与我所见的东西一样地以空间与我们综合联络起来。

再换一方面说,我们所见、所闻、所触的东西,不仅一定在某一地点被我们见到、听到、触到,而且非在某一时候被我们看见、听到、触摸到。因为不在任何时候被我们见到听到的东西,我们肯定不能知道。在某一时候被我们感觉到的意思,是说声、色、味在某一时候进入我们流动着的心里,我们在某一时候所感觉到的黄色或香味或硬度,必须与我们流动着的心相综合联络不可。否则我们就不会知道这些声、色、味,因为从前没曾听见过、看见过或摸到过。而这样把当前的感觉与过去的心相综合联络的是什么呢？非"时间"不可。在哲学里对于我们用以知道事物的"心"称为意识；对于被知道了的事物，称为意识内容；而把意识去知道意识内容的那种活动，称为"加以意识"。然则凡是被我们加以意识的意识内容，都非被时间所综合联络不可。

照这样说来，我们感觉任何外物，都必须先由时间与空间这两个架子，将其综合起来。没有被时间与空间综合联络的，我们就不能感觉，所以时间与空间乃是我们感性上的两种先验的形式。康德称时间与空间为直观的形式。我们睁开眼看外界的时候，我们所戴的"眼镜"，就是时间与空间。

可是依据我们的感官，携着时间、空间两个形式去感觉外界，所感觉到的，仍只是颜色、形象、硬度、声音和味道等。这些形象仍是杂乱无章的，我们看桌子的黄色与长方形，此黄色与长方形即在我们眼里呈现，我们不看时，黄色与长方形都不见了，等我们再睁眼来看，那是另外的黄色与长方形。我如何能说这仍是过去的那张桌子的黄色与长方形呢？我们于今睁开眼睛两次看见黄色与长方形，我们知道这是同一张桌子的黄色，也是同一张桌子的长方形，必定是我们已经经过一番综合作用，把先看见的黄色与长方形与后看见的黄色与长方形，综合联络起来。用什么联络的呢？乃是用"实体"与"性质"的概念把它们联络起来的。把先后两次的黄色与长方形，作为一个实体的性质，而把这个实体当作桌子。于是一次、两次、无数次所见黄色与长方形，都作为这同一的桌子的诸次所见的性质。其他的感官也是如此。例如每次听到叩桌子的声音，之所以不作为各个个别的声音而作为是同一桌子各次的声音，乃是因为这些声音已经通过我们主观的综合联络，把它们联络到桌子这个实体上去了。

康德发现，我们感觉外界时必先有感觉上的时空的形式，而我们再把杂乱的感觉整理成知识时，我们必先有悟性上的实体等形式。我们必须先有这一类的理解上的形式，才能把黄色、长方形、声音等，理解为同一桌子的诸多表象。

普通见解，总以为我们看见了黄色、长方形等表象，然后再把它们拼凑起来，得知一张桌子。其实，康德的意思是，我们在理解外物的时候，我们即携带着我们理解力所本具有的诸多形式，先把外界的杂乱无章的感觉综合联络起来了。任何时候，只要我们对外界有理解，例如说"这是一张桌子"，我们都不是临时把对桌子的许多表象凑合起来，得知一张桌子；而是一开始就把它当作一个完全统一的桌子，然后才说到这是桌子的颜色，那是桌子的形状，这是敲击桌子的声音，那是桌子的气味。对于本来杂乱无章的感觉现象，我们却能够一经知道，就知道它们是属于同一桌子这个道理，就在于我们对于事物没有理解则已，如果有所理解，则首先已以各种理解力所本有的概念来将其统一了。这种理解力所本具有的概念，与感性上所本具有的时间空间形式是一样的,不是生于经验,而是先有规范感觉的,康德称这一类的概念为范畴。

康德研究全部的知识,发现人类理解外界时,不外乎十二种范畴,这十二种范畴,可从"质""量""关系""状态"四个观点来看。我们理解任何事物,总有在数量方面的情形,或者是多数的或者是全部的,或者专指某一个。例如我们说"凡人皆有死",这里的"凡人"之"凡",乃是指全体而言;又例如我们说"有些生物是植物",这里的"有些"是指多数而言;又例如我们说"这是张三,那是李四","这"与"那"都是单一的。于是康德发现在数量方面,我们的理解力只有三种范畴,那就是"全体""部分"和"单一"。

我们理解任何事物这个知识必有性质方面的情形,或是肯定的,或者否定的,或是无定的(或制限的)。例如我们说"人是生物",这是肯定的;又例如说"松树不是动物",这是否定的;又例如说"松树是非动物",这是制限的。所谓制限是说限制它不是什么,而其他方面究竟是什么我们不管。又例如说"某某人不是民主同盟盟员",这种知识,只在他是否为民主同盟盟员方面加以限制,甚至于他究竟是国民党,还是共产党,还是青年党,还是无党派的人,我们不表示。于是康德发现在性质方面,我们的理解力本具有三种范畴,那就是"实有""非有"和"制限"三种范畴。

我们理解任何事物,如果要说出来事物间的关系,不外乎三种关系:第一种,例如我们说"这张桌子是黄的",桌子与黄色有主体与属性的关系,因为桌子是主体,黄色是属性;第二种,例如我们说"如果天阴,则将下雨",天阴与下雨之间有因果关系,天阴是原因,下雨是结果;第三种,例如我们说"生物或者是动物或者是植物",动物与植物,同样可以是生物,其关系是共存的,因为植物之为生物,无害于动物之为生物,动物是生物,也无害于植物之为生物,所以有共存的关系。于是康德发现在理解力上具有关系方面的三种范畴,那就是"主体与属性""原因与结果""共存"。

我们的知识,还有对于事物之状态方面的不同情形。例如有时我们说"明天或将下雨",这是"可能与不可能";又如说"今天在下雨",这是表示"现实与虚无";又如说"晚间必要下雨",这是表示"必然与偶然"。我们理解事物的状态,或者以为它是可能的或不可能的;或者以为它是现实的,或者是非现实的;或者以为它是必然的,或者偶然的。但总不能出乎这几种情形,于是康德发现,当我们理解外界事物时,理解力还有"可能与否""现实与否""必然与否"三种范畴。

根据以上所说,康德认为人类对于外界事物的理解,必先有十二种范畴才能成立。这十二种,就是全体、部分、单一、实有、非有、制限、主体与属性、原因与结果、共存、可能与否、现实与否、必然与否。

我们认识外物时，第一步是对外界事物有感觉，可是感觉到的都进入了时间、空间两形式，这些感觉的东西，仍是杂乱无章、变化无常的许多颜色、声音、气味等，尚未综合联系成知识，于是第二步由理解力来把它们加以范畴。所用的是十二种范畴。所有感觉到的都套进范畴里以后，我们的知识，于是成立。由于这种分析，我们知道凡是被我们认识了的外界事物，都已是经过两度改造过的事物，已不是原来的样子。于是康德认为知识是有限度的。他说，我们的知识只能及于现象界，至于尚未进入我们感官的，尚未被理解力所理解的外物，即本体到底是个什么东西，我们不知道，并且永远不能知道。因为没有变形的不能知道，凡是知道的都是已经变形的了。就是说，都已通过我们先验的综合作用改造过了。

数学及自然科学等，都是研究现象界的。现象界是经过我们的先验综合能力改造或陶铸过的，而我们的先验综合能力，又不是你是你的，我是我的，而是人同此心，心同此理，凡是人类都具有这种能力。我们既然都有这种综合能力，而现象界的一切知识又都是我们的先验综合能力改造的结果，因此关于现象界的知识，我们人人都能理解而且也都能传达。

康德因此主张科学的知识，都有普遍性和必然性；至于本体方面的知识，我们根本就无法证实，因为我们永远摘不掉这副先验综合的眼镜。因而康德认为形上学是可能的。（不过康德并不是不承认有本体界，他所说不能认识的"物自体"就是本体，虽然无法被我们所知，但在行为上，仍能显示出来，这是他在《实践理性批判》里的议论。我们不必在这里多说，只是顺便交代一下。）

（四）实证论

在哲学里，承认知识的可能性，而同时又确定其可以认识的范围的，除了康德的批判论之外，还有实证论。实证论是19世纪后半期哲学上的一种思潮。当时科学突飞猛进，循着培根所立定的方向，不断地向自然界反问，窥探自然界的奥秘，不断地役使自然。于是，孔德创实证论。以思想史的眼光，发现人类思想的进化，将其分为三个阶段：第一，神学阶段；第二，玄学阶段；第三，科学阶段。科学知识既然最确切最有效，自然是最真实的知识，而科学知识之所以异于神学与玄学者，在于其一方面放弃不可知、不可见也不可证实的"上帝"与"本体"，另一方面则信赖观察试验的方法。因此，实证论认为最可能真的知识，乃是实证的知识。所谓实证，就是要赖科学上所用的观察试验的方法，而观察试验依赖感官。在观察试验的时候，我们要睁开眼看，竖起耳朵听，乃至伸出手摸。一切都靠我们的感觉作最后的裁判，凡是看到的听到的都是真实的事物，而因此得到的知识，都是可靠的知识。

这种见地，肯定了科学知识的可能，当然很合乎我们的要求，它们从人类思想史上，从古至今地考察，可以说立论也有根据，可是对于感觉如此信任，似乎当不起怀疑论的批评。我们还记得，怀疑论认为我们不能有普遍的知识，就是因为发现感官不完全相同，一人一样，十人十样，而且就连一个人的前后几次，也不能有同一的感觉。况且，更进一步说，感官上还有错觉幻觉，不断随人随时不同，而且即使同一个人，有时也会无中生有，或视若无睹。感觉既然不能作为我们最后的仲裁，则实证论者，以感觉为实证之根据的见解至少是不稳固的。所以这派学说，现在大致已经过去了。

我们现在介绍一派思想，与实证论虽然不相同，但在大师的师承上以及名称上都有渊源，称为逻辑实证论。这派学者，对于知识的可能性，另有独到的见解，因为他们都在奥地利的维也纳大学，所以又称为维也纳学派。

创始人是石里克，再溯可及维特根斯坦。

逻辑实证论研究知识的可能，也从分析知识起手，例如我们看见桌子的黄色，于是有"这是黄色"的知识。普通总以为我们的"这是黄色"这一知识，是直接从"我们看见这是黄色"的认知活动得到的。因为我们看见了黄色之后，才能有"这是黄色"的知识，如果没看见这黄色，根本就不能知道。这种说法不错，这种说法表示，"看见"这一感觉或认知活动，是有"这是黄色"的知识之必要条件。但仅只"看见"还不够，如果仅仅是"看见"这一项活动，我们只能得到所看见的黄色的经验。黄色的经验是说不出来的，说得出来的"黄色"两个字，本身不是黄色的。设想一个从来没看见过黄色的盲人在此，我们告诉他黄色长黄色短，他也不会得到我们所见到的"黄色"的经验。既然经验只靠自己亲身去体验，不能说出来，不能传达给别人，而知识是可以说出来，可以告人的，所以经验是经验，知识是知识，完全是两回事。认知活动所得到的不是知识，而是经验。

经验之所以不能传达，不能说是因为经验都是特殊的。我不能用你们的眼睛来看这张桌子的黄色，你们也不能用我的眼睛来看这张桌子的黄色，你看见的就是你所见的，我看见的就是我所见的。两个人所见的永远没有办法可比，永远不知道到底相同不相同。如果要断定你和我所看见的黄色是不是相同，就需要第三者来裁判。可是第三者的眼睛，既不是我的，也不是你的，他连他自己所见的黄色与我所见的同不同，与你所见的同不同，也不能知道，又如何能够判断两个人的所见究竟是同还是不同呢？所以照这样说法，各人的经验，永远是各人所特有的经验，别人不得而知，所以说经验是特殊的。

能传达的必须是普遍的，因为照前面我们的说法，凡是对于任何人在任何时候任何地方都能适用的，才称为普遍性。既然对于任何人都适用，所以可以由此人传达给彼人,由张三传达给李四。而照上面的分析,经验不是对任何人都适用的,并且严格说起来,一个人的经验,就是一个人的经验,经验上面必须冠上"我的"或"你的"。可以说经验都是特殊的,都不是普遍的。既然经验都不是普遍的,所以都不能传达。如果说,知识就是经验,则知识根本不能传达,知识便没有可能了。

怀疑论的观点,就是从经验不能传达这一点引申出来的,我们应该还记得,高尔吉亚说过"没有一件东西可以算得是有;即令有,也不能被知;即令被知,也不能告人"。不能传达,于是才有否认知识可能的结论。

逻辑实证论者,在这个地方与怀疑论者分了路,找到了知识的可能。因为经验不就是知识,经验虽不能传达,知识却能传达。为什么呢?知识所代表的是另外一套"东西"。这一套东西是什么呢?要讨论这一层,我们还须进一步加以分析。

例如"这是黄色的",这是一项知识。这项知识,我们可用许多办法来表达。比如口里说"这是黄色的",又可写在纸上"这是黄色的",又可用英文写成"it is yellow",又可用多种语言多种说法。可是不同的字、不同的话,所表达的都是同一的事实。为何不同的语句能表达同一的事实呢?乃是因为在不同的语句里,含有共同的一点,此共同点就是"逻辑的结构"或"逻辑的形式"。经验得到的,是所体会的内容,那是个别的、特殊的,而知识所传达的是"逻辑的形式",那是普遍的、共同的。经验内容虽不能传达,逻辑形式却能传达,所以知识是可能的。

说到这里,我们似乎要提出一个问题,就是我们的知识,当然要能传达经验才算得上知识,如果知识不能传达经验,而只能表示一种所谓"逻辑的形式",还有什么用呢?在这里,实证论者认为所谓"逻辑的形式"者,乃是利用我们语言中的概念,把经验得到的事实,另作一种整理编排,组成一个数量的体系。这个数量的体系,虽然并不就是经验的内容,而对于事实而言,却与经验的内容互相平行,彼此类似。逻辑形式所传达的事实,与经验内容里所体会到的事实,其关系就像图书馆里卡片与书籍的关系一样。每个卡片不是书籍,可是每张卡片都代表书籍。我们从卡片上,虽不能确切完全地知道书籍里所说些什么,可是我们根据卡片能知道它是属于哪一类的书。如果我们见到卡片上写的哲学书,同时我们又曾读过哲学,则我们就可以利用我们已有的经验,推想书里大概写的是什么问题;反之,如果我们压根就没有读过哲学书,则虽然看了卡片,仍然无法推想该书的内容。

再举个例子,说明逻辑形式与经验内容。经验内容好比实际的风景,而逻辑形式好比一篇游记,我们对于东西南北都有经验,同时也都有"东""西""南""北"的许多概念,于是读到游记时,说向东走,又向北拐,再向西,在南边有一个什么楼台,我们利用过去的亲身体会,也可略略知道其大概位置。因为用概念所叙述的结构或形式或秩序,与经验中所亲身体验的秩序,两相符合。因为经验与知识,对事实而言,是两相符合的,所以知识仍能代表经验,虽然不就是经验。

因为如此,凡是知识所传达的事实,不能经我们亲身体会而得到经验,并由经验内容来核对其彼此是否符合的,都不能称为真知识。例如我们说"这是黄色",我经验到"这是黄色",你也能经验到"这是黄色",这是真的知识。但如果我说"你所经验到的黄色与我所经验到的黄色是一样的",这知识永远不能由经验来证实,因为你的经验与我的经验是否相同,无法知道,所以这知识没有意义,不能算是知识。并且传统哲学里所说的"本体"等概念,无法由经验来证实,所以都不能算是知识。而科学知识,都是用数量的秩序表达些可用经验来证实的事实,所以科学知识都是可能的。

大概说来,逻辑实证论,归结到科学的知识因为能证实,所以是可能的,这个结论与实证论相同,所以也称为实证论。不过两种学说达到相同的结论的理由或论证不同。

最后,我们再归结起来说一说:逻辑实证论认为对于事实的经验与对于事实的知识,是两回事。经验是个别的、特殊的,所以不能传达,而知识里所含的逻辑形式,则是普遍的、共同的,所以知识能传达,所以知识是可能的。因为真正的知识必须具有普遍性。大致说来,凡是关于事实的知识,能有经验实证的,才算得上是知识;其永远不能实证的,或在原则上根本不能实证的就没有意义,只算一句空话,或一句废话,不能说是知识。根据这个观点,科学的知识都能由经验实证,所以科学知识是可能的。

以上我们已经介绍过四种关于知识可能问题的学说,独断论和怀疑论有相同之处,同在都为全称,异在一为肯定,一为否定。批判论与实证论也有相同之处,同在主张知识有限制,而异在说明限制及说明可能的道理不同。我们只尽介绍之责,其批判则留待诸位自己来。

二、知识的来源问题

关于知识的来源问题,就是我们利用什么能力来获取知识的问题。当我们说"今天天气晴朗,万里无云",我们有"今天天晴"的知识,我们这项知识是从看见"晴空万里,太阳出来了"得到的。我们说"今天很冷",我们有这项知识是从皮肤感觉来的。我们说"外面有汽车经过",这项知识是我们听见"轰轰之声"得来的。此外,还有些知识是我们用鼻子闻到或用舌头尝到的。而所谓看见、听见、闻到、尝到、触到等,都是我们的感觉,于是有人主张,我们的知识是经感觉来的。换句话说,我们的知识来源是感觉,或者不称感觉,而称之为经验。在哲学里,主张感觉是我们知识的来源者,称为经验论。

另外,"二加二等于四"这项知识是怎样得来的呢?当然可以说,今天看见两个馒头加两个馒头等于四个馒头,明天看见两个人加两个人等于四个人,此处两个学分加两个学分等于四个学分,古代人见到两只野兽加上两只野兽等于四只野兽,经过若干经验积累,于是知道二加二是等于四的。但是,我们并未把宇宙间一切两个与两个的东西都加起来,看它是否等于四个东西,我们何所根据而能说一切的"二加二"都"等于四"呢?喜马拉雅山上,有两块石头,昆仑山上还有两块石头,如果有一天碰了头,合在一起,我们断定到那时候,一定是四块石头。

单单凭借我们的感觉,才能得到知识,则对于未曾感觉的东西,我们就不可能有知识,因为我们压根不能就未感觉过的东西谈论。如果说我们根据已经感觉到的,即可推想未感觉到的,然则此处既说是推想,已经表示我们获得知识至少不是完全凭借感觉了。换言之,即使承认感觉是我们知识的来源,也应该不是唯一的来源了。除感觉而外的知识来源是什么呢?就是推理所用的理性。我们凭借理性,可以由已知推到未知,从特殊推到普遍,由现在推溯过去,也推到将来。海王星是在未发现前,根据理性推断出来的;日食月食,在未到临以前,也是我们算出来的。如果不靠理性,我们不可能有知识,即令有,也只限于耳闻目见,我们的知识领域是如何狭小呀!在哲学里,主张理性是知识来源的,被称为理性论。

一般常识的见解,总觉得我们的知识,有些是从感觉得来的,有些是从理性得来的,似乎经验论与理性论乃是并行不悖、相辅相成的两种来源。可是在哲学史上,差不多从古至今,经验论与理性论始终争持不下。希腊的智者学派,认为人所知道的就是人所摸到听到的,我们的知识都是经感觉来的。可是柏拉图反对此说,认为非借重理性不可。中古时代的哲学,也和整个欧洲的命运一样,沦陷到基督教的手里,哲学成了宗教的婢女,本身无有建树,可是仍具有所谓"唯名论"与"唯实论"之争:唯名论主张只有个体是真实的,概念只是名称而已,个体靠感觉来认识,所以主张知识的来源是感觉;而唯实论者,认为概念是真实的,而概念不能用感觉去认识,于是趋于理性论。到了近世,哲学界里分英伦派与大陆派。英国自培根、洛克,经过巴克莱而到休谟,使经验论达到了最高潮。而同时欧洲大陆上的哲学家,自法国的笛卡尔以及斯宾诺莎、莱布尼茨,一线下来,差不多理性论也已登峰造极。

到了康德,一方面有了经验论的警惕,知道我们的知识并非完全由理性来主宰;另一方面承袭理性论的见解,认定感觉不能给我们普遍而必然的知识。康德追求普遍而必然的知识,于是就设法来折中这两种学说,认为并非有些知识来自感觉,另一些知识来自理性,而是每一知识都是既有感觉的作用在内,又有理性的作用在内。知识的来源说是感觉与理性也可,说既不是感觉又不是理性也可。他的学说,他自称为批判论。

康德以后,讨论知识来源问题的,无论赞成还是反对康德主张的均不能不受他的影响,不受他的启示。此外,法国近代哲学家柏格森认为理性论与经验论都不能说明知识的来源,而他又不循康德批判论的路线走,别开生面地另外提倡了直觉论。虽然在哲学界里完全信奉直觉论的人不多,但仍不失为一种重要的主张。我们随后就依次序来集中讨论关于知识来源的学说。

(一)理性论

理性论主张我们的知识,都是由理性得来的,这是积极的见解。消极的方面,则否认凭借感官可以获得真正的知识。即使感官可以从外面接受刺激得到经验,但不能得到知识。例如,我们看见这一张桌子,而说"这是一张桌子",这种知识就是一个判断,我有此知识时,必须判断这个东西合乎所谓"一张桌子",不经过判断,我们就不能知道它是不是一张桌子,而判断乃是属于理性的。

最早主张理性为知识来源的是柏拉图。柏拉图认为我们的普通知识,甲说是,乙说非,互相争执,这是因为普通知识都是相对的,不是绝对的,因此,严格意义上讲,不能称之为知识,而只能说是意见。为何甲说是,乙说非呢?因为其所判断为是为非的标准不同。例如,我们觉得一尺与一寸比,一尺长些,于是说一尺长的棒长,而一寸长的粉笔短;但是"尺有所短,寸有所长",如果将一尺长的棒与一丈长的绳子相比,则又见一尺长的棒短了。于是感觉方面见到的东西,你说长,他可说短,要紧的是要追问什么是"长"、什么是"短",而追问长短是什么,感觉对此无能为力,而何谓长何谓短,这才是真知识,人人相同,无可争辩。

再举例说,我们见到水牛,都得到"水牛是大的"知识,见到老鼠,都得到"老鼠是小的"知识,似乎从感官方面,我们得到了大、小的分别,但这种关系大小的知识是相对的大小。水牛若与大象比起来,水牛又是小的;老鼠若与跳蚤比起来,老鼠又是大的。相传有一头水牛和一只老鼠结拜兄弟,都想做大哥,争执不下。水牛心想自己的形体比老鼠大得多,便提议以大小定长幼,并且让第三者来评判大小。老鼠不得已跟在水牛后面,走到大街上,看街上的人究竟说谁大,水牛满以为这样一来,一定是自己胜利了。不料街上人看见水牛都没说什么,可是看到老鼠,却异口同声地喊起来:"好大的老鼠呀。"于是老鼠因为人家都说它大而做了大哥。这个故事表示我们普通说什么是大、什么是小,都是感官得来的知识,而这些大小都是相对的,对小而说大,对大就要说小,至于何谓"小"何谓"大","小"与"大"的概念,则不是感官能够说明的。

柏拉图认为,希腊当时的智者说我们不可能有绝对的知识,这话是不错的,如果把知识界定为由感官得来的知识,则确乎是"此为一是非,彼为一是非"。柏拉图称这种知识为"意见",因为这是听凭个人怎样说就怎样说的。智者所错误的,就在于他们忽略这种"意见"以外关于概念的真知识。对于概念的知识,是不能因人因时而异的。譬如一朵美丽的玫瑰花,我说美你可以说不美,此时美,等它凋谢了就不美。但是"美"这个概念却是不会变的。"美"的概念,就指示所以美的道理,世界上可以没有美的东西,而"美"这个概念却是永世长存的,我们看得见的。大小也是如此,无论经验的东西怎么大,都还有比它大的东西,遇到大于它的东西,它就小了,但"大"这个概念,却是"至大无外"的。

当我们说这是"一个人"的时候,我们所说的这个"人",并不是张三李四,而是"人"的概念。我们必须先知道"人"的概念是什么,然后才能断定这句话是否对,换句话说,才能断定"这个人"与"人"的概念是否符合。我们有时候骂人说:这不是人,我们并不是说他没有两眼两手,而只是说,他不合乎为人的条件。而当我们说这些话的时候,心中当然要先知道对于"人"之所以为"人"的含义。又例如,有时候我们说"这简直不成个学校",当你说这话的时候,所指的当然是有一所你看得见摸得着的学校在那里,否则你这句话就是无的放矢。不过其意思是说这所学校不符合学校之所以为学校的概念标准而已。然则当我们要求这句话为真的时候,就必须先知道学校这个概念所指的是什么。如果我们对于一切事物的概念都有正确的知识,则我们的"意见"也不至于漫无标准了。因为你说,"这个人不成个人",我说"这个人成个人",如果我们对于"人"之所以为人的概念具有知识,则标准相同,自可比较究竟谁的意见对、谁的意见错了。

以上是说柏拉图认为要想达到绝对的知识,必须对于概念有所知,而概念的知,乃是最重要的,同时又不是出于感官的。然则随后的问题便是:"怎样说明概念的知识呢?"

大致说来,我们怎样得到关于美之为美、大之为大、人之为人的知识呢?不外乎说这是从许多感觉里归纳得来的。如果这样说,似乎概念的知识是从感官来的,感官还是知识的来源。可是我们要问,我们的感官,只能见到这样美的东西、那样美的东西,而从来不曾见过抽象的"美"这个概念。从有形象的美的东西上,把美这个概念抽出来,绝不能是经过感官来的,或者有人说我们天生就有一种抽象的能力。是的,柏拉图就是作此主张的第一人。他认为我们有从形象中抽取共相而得其概念的能力,这种能力乃是天生的,这种天生的能力,就是所谓的"理性"。

这种天生的理性,为什么就能从形象中获得概念呢?在这里柏拉图有一个重要的学说。他说,我们的灵魂本来是居留在概念的世界中的,所见的美就是绝对的,没有半点儿不美的成分夹杂在里面。所见到的人就是完全的,没有半点儿非人的成分夹杂在里面,而不幸,后来灵魂堕入感觉世界,在我们这个感觉世界里,美的并不绝对美,大的并不绝对大。可是感觉世界里还是有相对美的、相对大的东西,灵魂见到这些现象,于是回忆其当初在"理念"世界里的所见,于是回忆出来概念。我们的理性,见到现象而能获得概念,就像我们见到老年人,想起自己的父母,见到儿童,想到自己的子女一样。这种学说在哲学史里称为"回忆说"。

这种学说,我们总起来看,是表示知识不是外来的,而是内发的;不是由外面灌输进来的,而是从里面展开来的。如果我们希望人的知识增加,不能在教育上注入,而只能启发。我们再分开来看,这种学说有两层重要的含义:(1)人类具有天生的或本有的观念;(2)感官不是知识的真正来源。后世的理性论者,大都以这两点为根本主张。

笛卡尔和斯宾诺莎都是理性论的大师。再传到莱布尼茨,对于理性论有更进一步的说明。莱布尼茨最有名的主张是"单子论",说宇宙间无论精神的或物质的事物,都是由单子组成的。单子是宇宙构成的最小单位。这种单子,本身具有宇宙的一切性质,分开来是一个单子,合起来是一个大宇宙。可是单子本身就是一个"具体而微"的小宇宙。人类的精神实体当然也是由单子构成的。而人类所以能够具有对于外界的知识,即是因为关于外界的一切,本来已经具备在单子里了。孩提时代,或者愚笨的人,所以知识少;而年长与聪明的人,所以知识多。不是从外面进来的,有多有少,而是内部本有的展开来就有多有少。我们的知识,在未有时,并不是真的未有,换句话说,我们的心灵,并不是一张白纸,而是这些知识早已存在于那里,只是我们并未觉得而已。这种状态,即是所谓"潜意识",一旦经过启发,都从潜意识里出来,进入意识境界,就像底片上本来就有影像,只是未在显光液里洗过,看不出来,而用显光液洗过,放在日光下一晒,立刻现出影像来的情形一样。由不知道变成知道,乃是本有观念;由潜意识达到意识,这种情形,好比我们平常说"这件事只是捅破窗纸就明白了"那时所设想的情形一样。

莱布尼茨一方面说单子具有一切物性,另一方面又说"单子没有窗户"。所谓单子没有窗户的意思,是说单子不能从外面得到什么。那么人类的精神实体,既然也是由单子所构成,当然我们也不能从外界获得知识。照"单子是一个小宇宙"说,是充分发挥理性论的第一含义,理性具备本有观念;而照"单子没有窗户"说,则是充分发挥理性论的第二含义,感官不是知识的来源。以上是叙述理性论的主旨。

现在我们来稍微检讨一下关于理性论的主张。第一步来看,知识的来源是理性的,而不是感官。第一,就获得知识的经验来说,我们获得知识的时候应该"在心里打个转",否则言之者谆谆,听之者渺渺。后者熟视无睹,充耳不闻。理性论否认感觉可以被动接受知识，认为知识不是外界强加灌输进我们的心灵的，这种立场在心理学里确乎有其根据。我们每天都从第三院走过，诸位对于第三院的教室，有的在里面上过课，有的从外面走过，可是我现在问诸位，第三院一共有多少教室？诸位恐怕一下答不上来。如果有人答得出，必须回想一下，可见单单凭感官来被动地接受，是不可能有知识的，必须通过理性才能获得知识。所以我们中国人讲究读书做学问的方法，要在眼到手到之外再加上"心到"。"心到"是最重要的，"心到"就是说理性的作用。第二，就分析知识的性质来说，我们的知识，确实与我们的感觉体验不同，我看见这张桌子，可以是我的眼光射到这个黄色的方形的东西上来，而等我产生了"我见这一张桌子"的知识时，我们必须辨认得出这个东西，与所谓"桌子"这个概念，有相符之处。如果这东西完全不具有桌子所以为桌子的性质，当然我们不会说这是桌子，而既然说这是桌子，则我们心中必须有"桌子"这个概念。而桌子这个概念，既不是此时彼时的桌子，也不是此处彼处的桌子。桌子的概念，不在任何时间、任何地点，所以不能由感官感觉得到，而只能由理性来思考。既然知识都脱离不了概念，我们就可以说，知识脱离不开理性，因为概念是由理性得来的。第三，就分析知识的价值来说，我们所谓有知识者，就在于能"从往知来""见微知著"。如果知识是指由感官得来的许多眼所见耳所闻的现实，则我们一次被火烧了，下次见到火还是不知道躲避，仍然要被烧；一次见到满天乌云随即大雨倾盆，下次再遇到阴天，仍不免要成为落汤鸡。要想从往知来、见微知著，必须能在事物中间发现因果关系，既已有某种因，预料到有某种果，然后我们才能避祸趋福、逢凶化吉。而因果律，从任何事物中，看不见、摸不着、听不到，乃是理性所发现的，所以凡是有价值的知识，必须是由理性作用的知识。第四，我们就扩张知识的领域来说，也非赖理性不可。因为如果我们的知识，即令从感官来的，而感官只能给予我们现在的事物以知识，我们不能追溯从前，也不能预料将来，则我们的知识只是限于眼见耳闻，咫尺之外不再被我们所感触，即不再为我们所能知了，我们的知识将是如何狭小呀！

　　第二步来看，理性具有本有的观念。第一，先就理论上说，"本有"的反面是"获得的"。我们前面已经表示过了，感觉不能获得观念，感觉从外面接收来的只是些印象，没有观念。理性呢？说理性从外界获得观念的，不外说，理性把现象或印象中的"像"抽了去，剩下来抽象的，就是观念了。然而我们想，感觉所得到的，就是印象，印象除去"像"之后，还有什么呢？如果说理性把印象的"像"抽去，就剩下观念，则概念一定即在感觉所感到的之中，只是被"像"掩盖了，所以抽去了"像"就显现出概念来。可是我们试想，我们看见高的张三、矮的李四，难道我们同时还曾看到张三、李四背后还有个无所谓高无所谓矮的"人"吗？既然"人"的概念不能从看见这个张三、看见那个李四时看到,则无疑理性不是从感觉印象中获得的概念。如此说来,概念哪里来的,不用说便是理性本具有的了。第二,从经验上说,当我们解答算术题目时,大致都有这种经验,想了大半天,忽然仿佛觉得懂了,可是瞬间又觉得不知怎么样了。到后来也许偶然间灵机一动,恍然大悟,完全了解了。这种情形,与我们对于一位相熟朋友的名字,日久忘记了,有时要想它却想不起来,而不知怎的,忽然之间想到"啊原来是他呀!"的情形非常之相近。然则柏拉图的回忆说,似乎确实有其道理。理性本具有观念的主张,就是从柏拉图的回忆说引申出来的,所以无论就理论上,或就事实上,理性论所主张的本有观念,似乎都相当有理。

(二) 经验论

经验论的主旨,是说知识是从后天的经验中得到的。正面主张知识是从经验自外而来的,反面则否认理性论的本有观念说。这正反两方面的主张,本是分不开的,主张从外面来就一定要反对由内部起,经验论要想建立其知识从经验自外而来的理论,首先就非破除理性论所主张的由内部理性本有观念的说法不可。因为要先破除然后才能建设,这无论是在事实上,还是在理论上,都是确定不移的道理。现在我们就来看经验论如何破除本有观念的说法。

英国的洛克,算是经验论的大师。他在其名著《人类物性论》里表示,人的心灵犹如一张白纸。初生的婴儿,无知无识,心灵就是空白的。后来因为与外界接触日增,经验日多,于是知识日增。知识从外面进入我们的心灵,就如同白纸上沾染上色彩或笔画一样。诚所谓染之白则白,染之黄则黄。而心灵本来既不白也不黄,是一无所有的。他认为理性论者以为我们的心灵本来具有许多在理论上说不通的观念。

洛克认为人类的观念,都不是本来具有的。无论逻辑上的,例如"同一"的观念,例如"矛盾"的观念,或是道德上的忠孝仁义的观念,或是宗教上的神的观念,都不可能是本来具有的,因为在理论上说不通。

第一,就逻辑上的同一律、矛盾律等而言。如果说知识都是本有的,则小孩子与野蛮人,应该也有,但小孩子虽知道这张桌子的样子、颜色与那张桌子的样子、颜色相同,而不知道什么是"同一律"。野蛮人知道今天天晴是对的,则说今天天阴一定是错的,但他们并不懂什么是"矛盾律"或什么叫作"矛盾"。小孩子与野蛮人并不是本来即知道什么叫作"同一"、什么叫作"矛盾",所以不能说同一律、矛盾律等观念,是人类理性本有的。

如果理性论者说,这些观念,小孩子与野蛮人虽然不懂,但不是没有,只是没发展出来而已。就像底片上本来已经有了影像,只欠洗刷,所以还没显现出来而已。

而洛克说：有就是有，没有就是没有，小孩子与野蛮人既然没有这些观念，就只能说是没有。我们何所根据而说其本有，而事实上又没有呢？本来没有，后来因经验而逐渐发展出来，这正表示其并非本有。

理性论者，也许会说这一类的逻辑观念本来具有而要到实际逻辑推理时才表现出来。洛克认为这种说法，不外乎两种解释：第一种是说因有理性，而有这些观念；第二种是说推理与这些观念同时出现。如果是由推理而表现这些观念，等于说这些观念是由推理而获得的。其非本有，不辨自明。如果说在推理时同时表现出这些观念来，试问小孩子与野蛮人为何能有推理而无这些观念呢？换言之，小孩子与野蛮人，能够辨别同异，能够判定矛盾不通之论，而却不知道什么是"同一律"、什么是"矛盾律"，可见这种主张"观念与推理同时表现"，是靠不住或不符合事实的。

洛克又假想理性论者也许会说，这些观念一经我们指示出来，任何人都能一望而知，都能辨认为是为非，所以说是有的。洛克答复道：既说本有，就该不待指示而知，必须从人指示而知，必须经人指示出来而后知道，还能算是本有的吗？必须指示而后知道，这表示不是本有，而是经外获得的，换言之，是学而得来的。

第二，就道德上仁义礼智信这一类观念来说，人人都知道仁爱或者守信是善良的行为，都理解"仁"与"信"等观念的道德含义。照理性论者的说法，这些观念都是人心所同具有的，尤其是人性所本有的。诚实的人，固然守信，就连骗子，也未尝不守信，因为骗子骗那些他要骗的外人，对于他帮内的人，仍然要守信，如果骗子完全不守信，则他们的帮也无法组织而维持下来。照这样说法，仁、义、礼、智、信这一类的道德观念，似乎可以说是天生的了。但是洛克说，骗子也守信，并不是骗子也本来具有信的道德观念，他所以守信，自有其原因。在西方，有人说守信是上帝的意志、上帝的指使；在中国，有人说守信是人性的表现，同时也有人分析首先是生活上的必须。因为骗子如果对任何人都失信，第一，久而久之，无有人还会受他骗了；第二，他的生活上将感受到极大的困难。例如他吃过饭店的饭，第一次不付账，第二次人家就不让他再吃了。照这样说来，道德上的许多善良的观念，都不能说是本有的，而都是由经验而获得的。

第三，就宗教上"上帝"存在的观念着眼，理性论者大多会说"上帝"的观念是本有的，这在西方普遍接受基督教的社会里，似乎也属可信。但是洛克说，"上帝"的观念也不是本有的。为何呢？信奉有神的人，有人信基督教的一神论，有人信奉佛教的多神论，例如中国人就多半以为门有门神、灶有灶神。还有人信奉泛神论，认为万物有生，外物皆神。不仅如此，世界上还有无神论者，认为世界上根本就没有神这一回事。人类对于神的观念，既然千变万化，其非本有，可想而知。

洛克推翻了本有观念说之后，自不能不自建其知识来源的理论。他的理论主张：第一，既然人性中没有固有的观念，所以他主张"人心如白纸"，本来是一无所有的。第二，人之有知识，是从外面进来的，然则进来什么，我们就有什么知识，什么没进来，我们就不知道什么。然则知识如何从外面进入我心的呢？洛克指示出两种通路：第一，对外的是五官（外觉）；第二，对内的是反省（内觉）。而五官与反省，都只能感觉（有内外之分）。五官感觉外物是在内心的这张白纸上画出形迹，他称这种形迹为观念，其实就是普通所说的印象。而反省好比是一种"心眼"，对这些观念而有所感觉，于是将那些所谓观念，该比较的比较，该归类的归类，该综合的综合。所以他说"思维起于何时，思维起于感觉供给材料之时"，意思就是说：第一，我们思维时所得到的观念（抽象的），都不是理性本身固有而发展出来的，而是把感觉所得来的观念（即印象）加以反省而得来的。照这样说法，第二，如果没有感觉供给材料则不会有思维。感觉是根本，理性是枝节。我们可以有感觉而无思维，却不能有思维而无感觉。所以感觉是知识的本源，而理性是知识的旁流而已。

另外，我们要介绍休谟的思想。休谟（1711—1776）可以算是彻底的经验论者。他是苏格兰人，主要的哲学著作是《人性论》。他和洛克采用同一途径，认为知识完全是从感觉来的。我们听到声音、看到颜色、闻到花香，就在内心里留下印象，印象就是一切知识的基本成分。印象印入我们内心，起初很清楚，可是时间越久，印象越模糊，久而久之，印象就会消失。等到遇到适当机会，这些印象再度出现，这就是"观念"，观念其实也就是印象。通常总以为印象是有形象的，例如一张桌子的印象，有颜色有形状；而观念是无形象的，例如一张桌子的观念，就是一个抽象的观念，这观念既无颜色，也无方圆之形。因此乃谓经验论不能说明无形象的观念之源。但休谟指出这是不对的。他认为并不是经验论不能揭示观念，而是根本不应该主张有印象与观念间质的不同。他认为观念就是印象之再起，观念与印象是一类东西，性质上没有差别（都是有形象的），只是程度上有不同，印象的"象"比较清楚，而观念的"象"比较模糊。

照一般的想法，我们的知识大致包括两种成分：一种是带有形象的，一种是不带有形象的。例如，我们回忆昆明的翠湖，眼前就是一片那么大小的绿水和翠柳，历历在目。但我们若是去想象"正义""真理"，这就不能想象而只能思维，因为这类观念，不能有象。所以通常说，"其惨状简直不可想象"，"其奥妙简直不可思议"。想象是想其形象，而思议是思其观念。在我们的知识里，有一部分是具有可想的印象的，而另一部分则是无形象可想、只可思议的抽象观念。照这样说法，我们的知识似乎应该有两个来源：一是能获得印象的感觉，一是能获得观念的理性。可是休谟于今把观念也视为一种印象——比较模糊的印象,这就把观念根本取消了。于是他进而成为极端的经验主义者,认为知识完全是由感觉经验得来的,感觉经验是知识的唯一源泉,而理性与知识无关。

说到这里,我们或许会觉得休谟太极端太偏激了。因为人类既然有感觉能力,也有理解能力,为何一定强调感觉经验的重要,而抹杀理性在获得知识上的功能呢?至此,我们须知休谟根本就否认我们人类有所谓理性。他以为我们一般认为的人类有理性,根据在于我们能在纷纭的现象中,看出因果关系来。因果关系,绝不能由感觉得来,想必是来自理性。因果关系是知识原则的出处。可惜因果关系本身就站不住,所以理性也是莫须有的一种认识能力。

何以说因果关系靠不住呢?第一,因果的效能自然是要普遍的。必然的才有价值。例如,说月晕有风,必须凡是月亮起风圈,次日必吹风才对。换句话说,因果关系,必定是普遍的原理,我们知道普遍原理是从特殊事物中抽取出来的。我们根据一两件特殊事实,当然不能获得普遍必然的原理。根据的事实愈多,其普遍性愈大。但事实上,宇宙万物,无穷多,变化多,我们所根据的事实,肯定不能完全。例如,我们说"牛都是两只角的",我们是否看遍了天下的牛呢?既然没有看遍,我们又如何能根据部分的事实,而得出全体普遍的原理呢?反之,如果我们已经看遍了天下的牛,知道全都是有角的,则内中已无理性的概括作用了。只从感觉经验即已可得出此说,何所依于理性呢?第二,因果的效力,自然是要能推断未来的。必须过去如此,现在如此,将来也一定如此,这才有用。但即使过去与现在的特殊事实,都是如此,我们有什么把握而说将来一定也如此呢?今天太阳从东边出,昨天也从东边出,几千万年以来,太阳都从东方出,但几千万年的过去,不足以保证将来的一次太阳不是从西方出来。因果关系的价值,就在于能推测未来,而未来既无把握可以推测,因果律又有何用呢?不但无用,真无成立的根据了。

休谟认为,火柴一划就烧出火,于是说火柴是原因,着火是结果,因能生果,果由因生,而且有因必有果,有果必有因。其实,因果之间,并没有必然关系。我们所以发生"因果"这个念头,乃因为我们屡次看见有甲就有乙,久而久之,见到甲就预期将有乙,在心理上形成了一种预期的习惯而已。"有甲就有乙"与"有甲必有乙"不同,实际上,尽管有几千万次有甲就有乙,但无法保证有甲必有乙,既然不可"必",则因果关系就没有普遍性和必然性,也不能成立。

休谟把理性的拿手好戏"因果关系"这个知识原则分析到最后,发现它并不能成立,也只是感觉经验在心理上所生的一种预期的习惯,其他的基本原理则根本不必说了。于是他根本取消了理性,当然成为极端的感觉经验论。

三、知识的真伪标准问题

前面讨论过知识的可能问题,也讨论过知识的来源问题,现在我想讨论知识论里的第三个大问题,即知识之真伪的标准问题,这也许是知识论中最重要的问题。因为大致说来,人类所异于万物者,万物无知识,而人类对万物有知识而已。人类之所以为人类,不必完全因为人类有知识,但人类有知识,至少是人类的重要特征之一。

我们既有知识,当然希望能有真的知识。如果我们所有的知识都是假的,或内中有一部分是假的,则根据这些假的知识,还不如没有知识好。因为依据假的知识以指导我们的行为,将使我们走向错误与危险。譬如我们遇到有人患病,真的知识告诉我们是某种病菌从中作祟,而假的知识说是冲犯了某种星象或得罪了某位菩萨,结果只去求神拜佛,必致使患病者病情日益严重而至于不可救治。平常我们所有的知识,其伪的程度,虽不必与迷信相等,而其危害则无殊。方今人类知识日渐增多,在数量上知识愈增加,在质上其实愈需要能辨别真伪。所以说,知识的真伪问题,似乎最为重要。

唯其知识日渐繁复,在数量上日渐增多,我们欲得所有的知识,对其一一加以考察,辨别其为真为假,事实上有所未能,不得已,故哲学上采取求"真伪标准"的办法。提出一种标准或一种原则,凡是合乎此标准者,皆是真的;凡不合这些原则者,皆是假的。这种标准或原则,在哲学上称为真假的标准。

有史以来,想找到这个标准的人,非常之多。有的自认为找到了,倡为一家之言;有的自认为失败,没有找到。没有找到的自信不是自己的失败,而是实际上没有这个标准的,于是根本否认有真的知识。换言之,根本否认宇宙间有所谓"真理"。大致说来,历史上怀疑论者,应该都属于这一派的人物。他们既感觉人类的知识没有一个可靠的标准来衡量其真伪,当然只有说知识根本就没有所谓真与假。

除去纯粹的怀疑论者以外,只要是承认有真知或"真理"的人,都有其所谓"真"的标准,当然这些标准之中,有的实在不配或不可能成为标准,现在我们且介绍几种比较主要的学说。

(一)相应说

相应说用什么标准来判定真伪呢?相应说认为真伪在乎被知的对象与所知的内容是否相符。所谓被知的对象,例如我看花,花是我认为的对象;所谓"所知的内容",就如我内心所见到的花,内心所见的花,就是所知的内容。相应说认为怎样才是真知识呢？当我看花时，作为认识对象的花，与被我认识到的内心的花，两相符合。换言之，外界的花是什么样子，我所认识的也是什么样子，彼此符合或一致，这就是真的知识。如果两相比较后不相符合，这就是假的知识。好比说，外界被我认识的花是白色的，我看到的花也觉得是白色的，则是符合。则我看到的这是白花，这项知识也是真的；反之，如果花是白的，而我看到花是红的，或者花是红的，而我所见的花是白的，则不相符合。符合的算是真，不符合的算是假的。

日常生活中，我们应用的标准，大致都是相应说。例如，有人见了梅校长，回来跟我们说，梅校长是个大胖子。"梅校长是个大胖子"这项知识到底是真是假呢？拿来与被知的对象——梅校长本人两相比较，我们发现不符合，于是根据其不符合而马上断定其为假的。又如，有人说，潘先生有一条腿，这项知识只需要我们去与潘先生一比，发现的确符合，马上可以说是真的。此外，如自然科学里所用的观察试验，社会科学里所用的参观调查，都是采用这一条标准。相应说，可谓应用得既普遍而又简便。

不过，普遍的未必就是可用的。这一标准，早已被哲学界认为不能作为真理的标准了。其不可用的理由，大约有两点：其一，认定认识的对象与认识的内容是对立的两回事，这在理论上有困难，不易说得通。例如，我看花，说外在的花与我所认识的花是两件事，实在不易说。因为当我看花的时候，只是"我在看花"，这是一个统一的活动，并没有一个外在的花与一个我心里的花，互相对立着。实际上，当我看花的时候，外在的花是我看到的外面的花与我心里的花，也是我心里觉得外面有花。外面的花与我心里的花，混为一体。换言之，外面的花是认识对象的花，与心里的花、认识内容的花，混为一体，无法分立。所以在理论上把认识对象与认识内容分开，乃是第一件不妥当之处。

其二，接着理论上的困难，又发生实际上或应用上的不通。这个标准，实说要认识对象与认识内容两相符合，前面已经说过，对象与内容本是浑然一体，无法分为两事，然则如何比较呢？

或许有人想起我们刚才所举潘先生有一条腿的例子，要说，刚才不是说普遍可以用符合的标准的吗？在这里我们须加以注意，如果只有一个人见过潘先生一面，无论他所见的潘先生有一条腿，还是有两条腿，他都无从比较。因为他所见的潘先生就是那位被他见的潘先生。认识对象与认识内容，并不是两个。而我们前面说，可以比较者，只可在两种情况下：第一，某一个人认识了两次以上；第二，两个以上的人都曾认识过。于是在第一种情形下，我的第一次认识内容（即所见的潘先生），与第二次及第三次等的认识内容（即所见的第二次、第三次的潘先生）互相比较，其符合与不符合，并不是外在的潘先生与我所见的潘先生之间的状态，而是内容间的符合与否，也就是两次以上的认识内容间的符合与否。在第二种情形下呢？其理相同，实在是我的认识内容与你的或他的认识内容间的符合与否，而绝不是我们的认识内容与认识对象符合与否。

因为严格说来，我们虽然在理论上可以把认识对象与认识内容分开，但在实际上，认识对象却永远不能为我们所认识，凡是被我们认识的，都只是认识内容。独立在外界的不在我们的认识内容里的东西，都不曾被知。换言之，我们永远不能知道认识对象。既然如此，所以相应说不能适用以辨真伪。

（二）融贯说

根据前面对相应说的批评，我们知道，一方面在认识活动里，根本就不能分别认识内容与认识对象。换言之，我们所认识的观念，根本就不能与所谓事物分而为二。另一方面，我们平常总觉得有两类"东西"，一类是我们内在的观念，而另一类是不与我们的观念有关，独立存在的实物。但是没有不被我们认识的外物，所有我们能拿来比较的外物，都是我们的认识内容，都是我们的观念。然则相应说认为真的知识是观念与外物相对应，而实际上仍然是观念与观念的相应。因为所谓事物，也还是认识的内容，也还是观念。

我们现在所要介绍的融贯说，就是感觉到相应说有上述的缺点，而又找不出新的标准，只是对相应说的一种修改。融贯说的理论就是说，真的知识，就是观念与观念融会贯通，而能构成一个知识系统者。

相应说主张在辨别过去的知识之真伪时，要拿现在的事实对照一番，看其是否相符合，符合的即为真，不符合的即为假。融贯说主张在辨别现在的知识之真伪时，要拿过去的知识来比配一番。凡是新的知识与旧的知识相融会贯通而无矛盾时，即是真理；凡是其矛盾百出，不能相通者，即为假说。

这两种学说，我们如果加以分析，就会发现其中既有相同之点，又有相异之处。相同之点在于相应说主张旧的知识或早先已有的观念，要与新的事实相符合相对应，融贯说也主张新旧观念应该融会贯通。虽然相应说表面上似乎是观念与事实的相应，但照前面我们的分析，其所谓的事实实质上也还是观念。所以观念与事实的相对应、相符合，也就是观念与观念间的无矛盾、相融贯。这一点是相同的。其不同之点，似乎在于相应说的主旨在考验已有的知识是否与新的事实相对应，换言之，要考验旧的知识之真伪。而融贯说的主旨在于考验新的知识或观念之真伪，看它是否与旧的相合。相应说在于以新的知识考验旧的知识，而融贯说在于以旧的知识来考验新的知识，所以，在这一点上，两种学说的态度或办法是不同的。当然融贯说比相应说最主要的进步，在于认清并承认不透过认识作用而独立存在于外物的事实，我们无法拿来和我们的观念相比较。所以融贯说从根本上放弃了观念与事实相应的希望，退而求其次，只希望观念与观念间不相矛盾，而能说得通构得成一个大系统，就算得了。

我们上次讲到日常所用的真理标准，似乎都是相应说，我们所以加上"似乎"两个字，实在并不是采用相应说的标准。相应说的标准似是而非，平常用的，毋宁说都是融贯说。

何以言之呢？且拿历史的知识来作例子。我们现在要考证老子究竟是什么时代的人物。在孔子之先呢，还是在孔子之后，我们无法使年华倒流，再重演当时的事实。但历史学家仍然对此有真伪之辨。他们采取多种古代有关的记载，例如将老子的《道德经》的文体与《论语》的文体比较，大致承认老子晚于孔子，系战国时期的著作。我们仔细想想历史学家根据文学题材的观点、根据文化史的观念、根据战国时代学术著作的知识，断定老子必为战国时代的人，实在是根据融贯说的。因为说《道德经》是战国时代的著作与各个方面的知识都可以融会贯通，《道德经》能够成为历史知识系统里的一个部分。若属更早或更晚，似有矛盾之处，则不通。唯其能通，所以我们认为其立论为真，其有不同意此说者，必另外找出与此相通融的观念，然后才能予以推翻。

大致说来，历史上的考证，都是利用这条融贯说的标准。至于数学上的知识，不用说更是以融贯说为标准。我们在实际上找不出与"i"相应的东西，也找不到与"-1"相当的东西。但"-1""i"与负数、虚数等观念相协调，互相贯通，成为数学的严格的知识系统。我们都承认其为真理。其他无论哪种自然科学，有人创立新的理论，都必须与已有的理论系统不相矛盾才是。我们现在都承认医学上的知识比巫婆求香拜佛的办法更能治病，比较而言是真的。其所以然者，乃因西学的知识比巫婆的迷信更与其他自然科学如生物学、化学、生理学的知识相贯通。而中医的理论，大家认为不及西医的理论，也不过是因为中医的五行之说不及西医的说法接近其他科学知识而已。

以上把融贯说的大意介绍过了，现在我们来批评它。当然它的优点在前面已经大致说过了，现在只说其缺点，我们发现它也颇有困难之处。

所谓融贯，是说新经验必须加入旧经验的系统之内，契合无间，才算真；若是不能与旧知识融合，不能共同构成一个系统，则是假的。那么我们第一要问，这知识的系统本身是不是真的？这种说法，大致是假想原先已有的知识系统都是真的，所以与真的系统能相融贯的也是真的。但是否原有知识系统都是真的呢？如果有人会说谎，他说成一套，自成一个系统，然后根据这假系统再说些假话，并且与此系统融合无间，难道也能说是真的吗？比如，生死轮回之说是一种系统，根据这个系统而主张有天堂、地狱,人死后要过奈何桥,要喝迷魂汤,倒是与此知识系统相融贯,难道这就是真的吗?正因为不能保证原有的知识系统尽是真的,所以这个标准不大合用。融贯说者,也许会说,说谎话虽可成为一系统,但日久自然被揭穿,凡是假的系统,经过长期的考验、多方面的审核,必不能成立或存在。这句话的意思,不外是说,谎话这一类系统,遇到更大的系统,则破绽立现。之所以能存在,是因为它的系统太小了。

然则我们又有第二个疑问:究竟有没有绝对唯一的大知识系统可作为我们判断真伪的标准?换句话说,对于融贯说来说,只有绝对唯一大的系统,才能保证它无破绽。照道理说,小系统不必真,要看它能不能与较大的系统相融贯,而较大的知识系统,仍未必真,必须赖更大的系统以为定,层层放大,势必找到绝对唯一的大知识系统,才能说明得到绝对的真理了。而实际上我们所有的系统都是部分的,或相当大的,例如自然科学的机械观,未必能包括生物科学中的生机勃勃的各种事实,而生物学的各种事实也不能包括自然科学的事实。我们所有的知识系统,都是部分的,所以这些系统都未必真,而根据这些系统以定新知识的真伪,至多只能达到相对的真理,而无绝对的真理可言。

融贯说者,也许会说,诚然现在的知识系统都是部分的,现在的真理只能达到相对的程度,但不能说部分的知识系统不是渐趋于统一,而正在形成绝对的唯一系统;因此,不能说相对的真理就不是真理,因为它也正向绝对的真理的道路上迈进。这种说法,当然有道理,但是有一种事实也不可否认,那就是现有的许多部分的知识系统,并不必都是一个比一个大,层层节制,以趋于唯一的。相反,这许多系统,有时候竟是同等的重要,而属于相同的立场。所谓同等重要,意指其系统有同等的大小,并不是一个理论可以包括另一个理论,而是分庭抗礼的。例如,物理学里的相对论与牛顿的绝对论,究竟是否相对论能尽解绝对论所能解的事实,而较其更为融贯,我们不大知道,但至少我知道心理学的行为论者,与格式塔派、与机能派的理论,并不能由任何一说来包容他说。哲学里的唯心论与唯物论、意志自有论与机械论,乃至多元论与一元论,都有相类似的价值,它们不是相包容的。两个系统,其重要性或真理的程度相等,而其理论不同或竟相反,这岂不是有相反的真理了吗?

因为融贯说也有其如上的缺点,于是唯用论另创新说,以矫正前两说的短而扬其长。由此形成效用说。

(三) 效用说

实用主义倡导效用说,以解决真理的问题。效用说与相应说以及融贯说的立论都不同,相应说多半是经验论的主张,融贯说多半是理性论的主张。经验论在知识来源的问题上，主张知识由感觉经验而来，感觉经验必有其外在的对象，所以讲求知识与其对象是否相符。至于理性论，在知识来源问题上，主张知识之来源与外在感觉不甚相干，全在我们的理性。因此对于外界，自然得比较轻。融贯说，根本就是撇开外界对象不谈，只讲知识本身的系统。至于效用说，当然是实用主义的法宝，如果要详尽地讲效用说，也许像美国的哲学家潘莱（R. B. Penny）那样，先从实用主义的"观念"论讲起，但是在此处我们却要直接从真理论说起。

实用主义认为相应说对于真理的"真"字，其看法根本错误。相应说认为怎样才算"真"呢？凡是一项知识，与其所指的事实互相符合时，则这项知识就具有"真"的性质。一项知识，真与不真，就像一件东西红与不红、臭与不臭一样，是那件东西所本具有的性质，真也是一项知识所具有的性质。人类的知识，当然有真的与假的。换句话说，有些是与事实相配合的，有些是与事实不相配合的。那么知识就分成两大类：一类是具有真性的，一类是不具有真性的。正像我们可以把世界上一切东西分成两类：一类是红的，一类是"非红"的。

效用说认为这样看真伪，根本不可能，这样的分法也就不合理。为什么不可能呢？以前说过了，事实究竟与我们的知识相配与否，我们无从知道，我们只站在片面立场上，如何能说配合与否呢？根本不知道是否配合，就无从说哪些知识具有真性，哪些知识具有"不真性"或不具有"真性"了。也许有人要说，即令我们人类不能获知究竟哪些知识与事实相应，哪些不相应，但我们可以假想有一位神，它是第三者，它能在看到我们的知识的同时又能看到未透过我们之认识作用的事实，所以它可以断定，我们的知识哪些是真的，哪些是假的。这种说法，也是可理解的。但是，这样分别的真伪，不是我们所说的真伪，至少不是我们平常所说的真伪，不是我们凭人类的能力所能辨别的。

其实，融贯说也是不满于相应说这一点的，可是效用说与融贯说虽然都不满于相应说的"与事实相应"的主张，但两派各走不同的路子。融贯说到此处就彻底把外界的事物给撇开了，认为事实既无法琢磨，就根本不用去理会它，而只求知识与知识间互相融会贯通好了。可是效用说在这一点上与融贯说分道扬镳，它不放弃事实，却要用另外一种办法来与事实发生关联。这个与事实发生关联的办法是什么呢？就是"行动"。

效用说的意思，一项知识，放在那里不用，或者不动它，我们不能说它是真的，也不能说它不真。例如，我们说"这是一支粉笔"，粉笔放在那里不动，无所谓真伪，它本身没有真的性质，或不真的性质。我们至多只能说它具有白的性质、硬的性质，但是我们如果把这项知识变为行动，我们用它在黑板上写字，马上就看出来能不能画白条，也就马上显现出来真与不真。我们不能让粉笔自己说话，来辨明它是粉笔，但我们却能利用行动，让别的东西或其他的事实替粉笔说话。黑板就替粉笔说了话。凡是能在黑板上画白色的，我们就说"这是粉笔"这话是真的，否则这话就是假的。但黑板何以能为粉笔说话呢？这就在于行动，在于把一项知识变成一项行动。把"知"变为"行"，以显出"知"的真与不真，这真字乃是在动中看出来的。所以效用说的"真"，根本不是一种静止的性质，而是一种自己真实的历程。

关于"真"的性质，效用说用动的看法代替了静的看法，他们认为一项知识立在那里不动，无所谓真假，必须在动中才能把真的性质实现出来。这是对于"真"的性质的见解。

那么我们接着要问，在动之中，怎样动的情形就显得是真，怎样动的结果是假呢？就前面的例子说，动的历程是拿起粉笔在黑板上写字，而动的结果呢，有的能画白条是真的，有的不能画白条是假的，其真假完全在于其能否画白条。换言之，完全看它有无效用，有效用的为真，无效用的为假。真伪的标准，建立在其效用上，所以说是效用说。

这种效用说，分析下来，我们觉得有两个特点：第一，这种说法把"真"不当作一种静的属性，而把它当作一种动的历程。真不是一种既成的属性，而是一种需要去完成的属性。这种看法，无论相应说、融贯说，都不与它相同。那些说法都把真看成一种静的状态，在此状态下者，即为真。一种状态，是与事实相应；一种状态，是与旧观念相通。但此说认为如果不借助动，则与事实相应一说，根本看不到。与观念相通，也不是我们所要求的那种真。第二，这种学说，想出办法来接触到事实，这是别开生面之处。相应说，口口声声要与事实相应，但实在与事实无关，因为它利用认识来把握事实，则那事实仍是知的对象，仍是知的内容，仍然是知识，所以与事实无关。至于融贯说，差不多完全把事实丢开，只是观念与观念的事，所以当然与事实无关。可是我们平常所要求的真，还是对事实而言的真。效用说用间接的办法，即把行动请出来，作中间桥梁，在行动中显现出对实际有无效用，以对实际有无效用来断定其真伪。这种真伪，可以说是间接建立在事实上的，这一点也是其他学说所不及的。

不过平常对于效用说，有一项批评或讥讽，即有效用的未必真，真的未必有效用。完全依赖效用说来论真伪，恐怕弄得真伪不辨了。例如现在的各种流行的主义与主张，有好多我们如果用其他办法，可以断定其为伪，但是在事实上却十分有效。就拿法国路易斯十四来说吧，"朕即国家"依现在政治学的理论，当然知道是伪的，不是真理，但在当时，用来统治法国人的思想或对于法国的实际政治，的确很有效用。再拿目前这个世纪所流行的时代思潮来说，民族主义用来鼓励弱小民族的争求解放，可以说是很有效的。但是我们相信，等到将来，总有一天，人类不分民族的界限,真正实现世界大同,确乎要比现在按疆界划分民族好些。如果以这个观点来说,可以认为民族主义是一种宣传的伪说,不是真理。但现在有效用,根据效用说,它就是真理。希特勒的国家社会主义在未失败前有效用,我们能说它就是真理吗?这一类的例子不胜枚举,都是可推翻效用说的真理标准。不过,这种批评,是没弄清楚效用说的效用,究竟指的是什么。拿不真的理论来宣传,如果有效,乃是宣传的效用。我们断定一种知识的效用,可以从两方面看:一是拿这一知识来宣传,有效无效;一是这一知识本身指的事实,有效无效。戈贝尔所说的是真的,为什么呢?他说用国家社会主义来对付法国当时的人民宣传,必可收效。而果然收效,所以他是真的。他的真,在什么地方呢?在于他说"用国家社会主义宣传可刺激法国人"这句话。这句话有了效用,所以说是真的。至于"国家社会主义能救德国"则是假的,因为他没能有效。

此外,真的未必有效。首先,也许有人会举例子说,最真实的某种哲学思想,不必就能在人身上发生怎样的影响。这一点只要把效用的含义弄清楚就没有问题了。

其次,有人也许会提到,照你这个说法,对于真伪,必以能否有效用为准,会限制我们对知识的评价。凡事如果都要有效用,则我们平常的知识或者书本上的知识都一时无法辨认出真伪了。这样的批评,对于效用说,如果中肯,则对任何学说都中肯。我们采取相应说,不必把知识与事实一一对应;采取融贯说,不必把理论一一试通;则采用效用说,亦不必一一看其是否有效。而且,在这个地方,詹姆斯还特地提出来神救的理论,就是除掉直接的证实有效与否外,还可间接证实。能直接证实固然好,不证实,与证实而无效的,还是不同。这好比一项知识是钞票,钞票可以兑现的为真,不能兑现的为假。虽然钞票不必统统拿去兑换,但不兑换的,必须有能兑换的可能。有些知识,我们只要知道一经试验必有效用就相信其为真了,不必一一去试验。

再次,我们想到了我们中国人的思想,有与此派类似的,那就是王阳明的"知行合一"说。王阳明因为要提倡"行",所以说知就是行,行就是知,而且他说:"知之真切笃实处,即是行;行之明觉精察处,即是知。"又说:"只说一个知,已自有行在;只说一个行,已自有知在。"又说:"知是行的主意,行是知的工夫。"——王阳明可谓也是重行的,尤其对知而言,"知而未行,只是未知"。如果我们牵强地说,可谓"知而未行,只是不知其真伪,不知真伪,只是未知"。就此解释,可以说他也是利用行来辨明知的。但我们终觉王阳明重行,乃为的"行",而不是为的"知"——王阳明的知行合一,似乎可以说还是本着大学里所说的"博学、慎思、明辨、笃行"这些道理而来。这种理论,我们可以说是"经世致用"四个字的来源。中国儒家,主张立言不及立功,只有理论,不如实行,提倡行。就此分析,实用主义的实践并不一定提倡实行,不一定提倡实用,反而王阳明的知行合一说是重实用的。

四、认识的对象问题

我们说过,认识活动包括三个方面:一方面是认识的主体,一方面是认识的客体,另一方面是主客体之间的作用。前面所谓的知识来源,大致是属于能认识的主体者,而可能与标准等是主客两者之间的问题,剩下的是被知的客体。本章即讨论这个所知的客体,即要看一看认识的对象是怎么一回事。

关于认识的对象,我们大致可以提出来两个问题:第一个问题是,外界是否有个独立存在的事物被你认识呢?换句话说,我们可以设想,外界本来独立存在着,我们认识它也存在,不认识它也存在,它的存在与我们认识与否不相干。但我们也可以设想,外界是因我们有认识作用才存在的。如果我们不去认识它,它就无所谓外界了。好像外界是因我们的认识作用才产生出来的,这两种可能的说法,我们都要讨论。另一个问题是,外界是否像我们所认识的那个样子呢?这也有两种说法,可像,可不像。由这两个问题,就有好几种说法。

一种说法主张外界是完全独立自主的,不必靠我们认识它而存在,不认识它,它仍然默默无闻地存在在那里。这种说法顾名思义,也颇合理。因为既是认识的对象,当然不是靠认识而后存在的,靠认识而后存在,那只可说是认识的结果。这种主张一般称为实在论。实在论者在第二个问题上,分为两种见解。有些主张外界就是我们所见的那个样子,我们的认识既不是幻觉,就不该无中生有,所以外界如何,我们见到的就如何。这种说法的实在论,在哲学界被称为朴素的实在论。另有人发现这种见解不对,因为我们所认识的声音,外界本是空气的波动;我们所见的颜色,外界只有光波的震动;酸甜苦辣都是我们舌头的感觉,外界世界无所谓味道。所以他们主张外界的样子,不与我们所认识的相同。科学家大致都是实在论者,都主张外界有独立的存在,但都不是朴素的实在论者。因为他们根据科学研究,知道此处我们所见的,虽然明明是一张桌子,但外界存在却是一大堆电子,其中有无数的空隙与运动,其结构也正像我们的宇宙一样,于是主张外物和认识的不一样。哲学界称这种思想为批判的实在论。最初的科学家中还存留一部分人,他们认为外物的有些性质与我们所见的相同,有些与我们所见的不同,例如物体的颜色、声音、味道、冷暖,都靠我们的感觉,未经我们的感觉,外物本无所谓红、黄、黑、白,无所谓冷暖、香臭,但是我们虽不去认识它们,它们仍有大小、方圆、轻重、动静等性质。所谓重量、体积、形状、动静则与我们所认识的一样,我们认识也罢,不认识也罢,物体可以没有香、臭,却不能没有大小、形状等。于是早期的科学家,就把这种性质分开,对那些因我们认识而有的性质,如声音、味道等称为次性,对不因我们认识而独立自存的性质,如形状、大小、动静称为初性,初性是独立自存于外的,次性是经我们认识而始有的。这种分法,哲学家洛克就首先采纳了。可是后来在科学方面发现的愈多,愈知道外界与我们所认识的不同,所以可以说离朴素的实在论愈远了。

不过,无论哪种实在论,都有一个共同点,那就是外界是实实在在地存在于外的,不是我们认识作用所产生的。其最主要的理由,就是外界不能听由我们去支配。如果外界是我们认识的产品,是靠我们主观而存在的,那么,一方面,我们认识则有,不认识则没有,但事实上,我们不认识的东西,由别人间接证明它是存在的;另一方面,外在事物,我们对它没有办法。这里有一张桌子,我们对它无办法,只能觉得有桌子存在。所谓无办法,当然不是说不能把它搬走,但搬走了,或者毁掉了,却并没有把那个东西怎么样。这里的一个硬硬的东西,逼迫我们不能不承认它,不能不说它是实在的,如果你不相信它的实在,试着把头对着这个"不实在的桌子"碰碰看,头上马上就起一个大包。

现在的实在论者,大致基于外界是无论如何都是如此的这种感觉,乃肯定外界是独立于我们而存在的。至于是否就如我们所认识的那个样子呢?答案是已经都认为与原样无关了。新实在论者,不但承认外物如桌子是实在的,并且承认外物之间是有关系的。例如桌子在房子中,例如凡动物都是物,例如某一座山属于山一类,例如山有山的类,水有水的类。这都是外界有的,不是我们的认识作用所产生的。不过外界的事物,是实有或实在,而这事物间的关系,却是潜有或潜在而已。——康德主张因果关系、同类关系、主属关系,都是我们人类认识能力的范畴,将外界事物纳入这些范畴之中才有此类关系,故说关系是主观的,不是外界客观存在的。

实在论者的代表人物,在近世哲学之初,当推英国的洛克。现在英国大名鼎鼎的罗素,也是新实在论者。中国的新实在论者,如朱子、冯友兰先生。

另外一种对认识对象的看法,是主张所谓外界事物只是我们认识的内容。我们认识此处有一张桌子,这张桌子是我们所认识的桌子。普通人可以说我们认识的作用发生在眼睛与脑子里,我们的脑子那么小,如何能说这样大的桌子在认识之中呢?其实这种说法,乃误以为他们的认识内即是脑子内。试想,这张桌子在这里,不是我们觉得在此处吗?我们主观的知识,知道它在此处,如果没有人知道,则这张桌子在不在呢?我们无从说起,无法肯定其存在,直接说它不存在,也未尝不可,所以巴克莱曾说"存在即被感知"。

我们当然不能说,客观存在于主观里。但我们能说,客观由主观而存在。没有主观的认识，就无客观的外物。外物不是主观认识与否而万古长存的，它是靠主观的"观念"而存在的，所以哲学界称这种说法为"观念论"。

"idealism"这个字，在认识论与形而上学里都常用到。认识论凡主张认识对象靠认识内容而存在的，都称 idealism，译为"观念论"。而在形而上学中，凡主张万有的本体是精神，即连物质也是精神的表现者，亦称为 idealism，译为"唯心论"。唯心论与观念论，在学理上当然有很切实的关系，但其含义却大为不同。观念论对外界的讨论，只问它与认识主体的关系。换言之，只说外界是由主观认识而有现在这个样子，至于它本质上到底是心还是物，则不过问。至于形而上学的唯心论，则在单纯地讨论外界的本质性质究竟是什么，而主张万物唯心。这两种学说，异义而同名，不可不辨，所以提醒诸位注意。

巴克莱是极端的观念论者，他的代表名著是《视觉新论》。他对洛克所主张的物体的初性与次性的分别，根本否认。他说，不错，色、声、味都靠我们的主观才存在，离开主观的认识，无所谓声，也无所谓光，但次性与初性有什么根本的分别呢？如果不是人类的认识，恐怕也难说有形状和远、近、大、小等。他分析视觉发现，远近大小都与我们眼睛的调节有关，于是进而认为物体的性质，都是靠主观而后存在的，我们只有透过认识作用，才能认识外界的事物。所认识的，不是认识对象，而是认识内容，我们永远只见到认识内容，而不能认识独立于我们认识作用之外的对象。我们何所根据而一定说外界有个对象呢？既然无根据来说明外界有这张桌子，那么我们直接说它没有，不是更合理些吗？所以他说外界无有，有即是被感知而已。

不过问题在此处发生了。就是我们此刻看见这张桌子，我们认识它，它存在，到后来，我看不见它了，可是别人见到它，它到底算有呢，还是算没有呢？巴克莱认为只要有任何主观在认识，都可称为有。可是我们的常识又说，这张桌子虽然被锁在房间里，没有任何人见到，却也没有人偷去，而仍存在，但它却没被感知呀！是否即算是不存在呢？巴克莱到此暴露出了他的破绽，说此时有神在知觉，故仍存在。巴克莱到没有办法时竟然请出"上帝"来帮他。意思是说即令宇宙间没有人，万物仍存在，因为"上帝"仍存在。

其实，照着这种路子，走得更极端的，是我们中国的哲学家王阳明。他直接说，如果没有人认识，则外物根本就不存在。《传习录》上说："先生游南镇，一友指岩中花树问曰：'天下无心外之物，如此花树，在深山中自开自落，与我心亦何相关？'先生云：'你未看此花时，此花与汝心同归于寂。你来看此花时，则此花颜色一时明白起来，便知此花不在你的心外。'"这种说法，哲学上有称为"唯我论"的。

另外一派，既不赞成实在论认为外物是独立于我们认知而实在的，也不同意观念论认为外物是我们的认识作用之所生。此说认为在认识内容之外，难有独立存在的实在，这一点与实在论相同。又认为认识作用对外界的实在有所限制，有所规定，或有所范型，这一点又与观念论者相同。这一派就是康德所主张的"现象论"。

现象论认为我们认识外界有大地山河，并非凭空虚构出来的，当然外界有原因，就是因为外界有独立于我们的实在。不过我们无法认识到这个实在的庐山真面目，我们所认识的，都是我们自己的认识作用所生出来的。实在虽有但不可知，所知者皆为现象，本体不可知。所以就其虽说不可知而仍为有实在而言，与实在论相近；就其说所知皆是我们认识作用所生的现象而言，与观念论相近。

实在论完全看重外在，观念论完全看重主观。现象论认为认识的外界，有两种来源，材料是实在有的，其现在这个样子则是我们给予的。材料的原样不可知，所以说"物自体"不可知，所知的不是物自体，故曰"现象"。

康德在其《纯粹理性批判》里开宗明义就说"知识与经验以俱来"，这句话表示两层重要的含义：第一，肯定知识的可能；第二，制定知识可能的范围或限度。因为他说"知识与经验以俱来"这就意味着在经验范围里的知识是可能的，而超出经验范围的知识，则不可能。超出经验范围的，等于说超出我们耳闻目见的知识范围，对于知识范围以外的，我们不可能有知识。这种主张，在逻辑上应该不大成问题。成问题的是经验范围里的知识如何可能。

为什么说经验范围内的知识可能不可能，大成问题呢？因为所谓真正的知识，必须是普遍的、必然的。换句话说，任何人在任何时候任何地方都能同样适用，或者，都能得到同样的知识，而且都非得到同样的知识不可。例如"这是一张桌子"这个知识，无论何人在无论何时何地看见它，都非说"这是一张桌子"不可。而要想对于一件外物，任何人任何时候任何地方都非得到相同的知识不可，必须有两个前提：第一，外物须是同一不变的；第二，我们认识的能力，必须是人人相同的。否则外物变了，我们虽有相同的认识能力，没有相同的认识对象，自然不能有相同的知识。同样的，如果外物虽不变，但我们的认识能力，一人一样，也不能有相同的知识。所以要问经验里的知识，是不是可能，就要问外物是否始终相同，我们的认识能力是否人人相同。关于这两个问题，怀疑论者都曾研究过，他们发现外物既不能始终相同，我们的认识能力也不能彼此一致，于是得到了一个结论，即要想求得任何人在任何时候任何地方都能得到的知识，是不可能的。

现在要想肯定经验里的知识之可能，至少要能满足上面说的两个条件：一是必须能证明被认识的外界事物是始终不变的，换句话说，要证明外物并非变化无常的；二是要证明我们的认识能力是彼此一致的。

我们先研究外物是不是同一不变的问题。比如说，我们要想有"这是一张桌子"的知识,就要问这张桌子是不是始终是这张桌子。照怀疑论者说,对这张桌子,我们彼此永远见不到同一的桌子,为什么呢?因为我们每人所见的桌子,都是各人所见的桌子之相。我见的是我所见的相,你见的是你所见的相,我既不能借你的眼睛来看,我就无法见到与你所见相同的相。我们的眼睛从一个方位上看,就只能见到那个方位上所能见的相,彼此的眼睛距离可以很近,所见的相可以很近似,但绝不能见到相同的相,所以彼此所见的绝不是相同的外物。并且再进一步说,不但彼此不能见到同一的外物,就连同一个人,也不能见到同一外物,因为除非这个人的视点始终不动,否则一眨眼睛,再看外物时,方位不能完全不变,于是前后两次所见的相,就不能完全相同。所以同一个人,也不能两次见到相同的外物。于是怀疑论者说,我们根本就见不到同一外物,当然无法有相同的知识,比如说我们所见的根本就不是同一张桌子,我们如何能有"这是一张桌子"的知识呢?照这样说,经验里的知识似乎是不可能的了。

不过,我们现在要反问怀疑论者,假定你看过某一个外物一千次,见到过一千个不同的桌子,究竟在你的经验里,你觉得是"这张桌子的一个个形形色色的不同的相"呢,还是觉得你见到了"一千个不同的桌子相"呢? 如果你觉得是见到了一千个不同的桌子相,那就是说:"你睁开眼见到了一个桌子(外物)相,再睁开眼又见到了一个与刚才所见的完全无关的另一个相。"果真如此,则你睁开眼看着它时,桌子相存在;闭起眼时,桌子相就消灭了。怀疑论者不知为何如此大胆,竟敢把自己的表放在一个变化无常、一闭眼就要消失的桌子相上,而不怕它掉下来砸碎?恐怕怀疑论者也不会以为自己穿着的衣服,当自己不去看它时,衣服便不在身上了吧!所以就连怀疑论者,也要承认他是见到了"同一个外物的一千种不同的相"。就桌子来说,他也一定承认一千次所见的是"这张同一的桌子的一千个不同的相"。

如果怀疑论者承认一千次所见的是"这张同一的桌子的一千次的不同的相",那就好了。我们就可接着问:既然一千次所见的相,都是属于这同一张桌子的,你还能说认识不到同一外物吗?怀疑论者所以得到他的错误结论,说我们不能两次认识同一外物,实在由于两个错误:第一,他以为我们每次只能见到同一外物的不同的相,就误以为只能见到不同的外物;第二,他以为我们每次不能见到同一外物的相同的相,就误以为不能知道同一的外物。其实,根据我们的经验,每次所见的相虽然不同,但不同的相,我们仍知道是属于同一外物的不同相;而且,我们虽不能单纯地感觉到同一外物,却仍然知道同一外物。

同样道理,同一个人一千次所见同一外物的不同的相,无碍于我们知道同一外物;自然,两个人所见同一外物的不同的相,也无碍于彼此都能认识同一外物。所以,根据我们彼此不能认识同一外物的相同的相,并不能得出"没有同一被认识的外物"的结论。至于为什么我们感觉不到同一外物的相同的相,而仍能知道有同一外物呢。对于这个问题,康德有详细的解释,以后再说。

或者有人说,我们恐怕是先见到"一千个不同的桌子相",后来经验逐渐增加,见得多了,才想到这一千个不同的桌子相乃是一个桌子的一千个不同的相,最后所见到的,还是一千个不同的桌子相。关于这个疑问,我们因为都已饱有经验,不能回答,我们请天真烂漫单纯的孩子来回答。如果小孩一开始认识茶壶,见到十次有十个相,有的是从顶上看到的,有的是从底下看见的,有时见到壶把,有时见到壶嘴,他们所见的茶壶,应该是茶壶的各种相。小孩子把同一外物的多种相都同时放在一个茶壶上,就表示我们的经验在开始时,就是认识了一个完整同一的外物,虽然见到的相有不同,但知道它们都是同一外物的不同的相。

由上面的分析,我们得到的结论是外界有同一的外物被我们知道,这表示怀疑论所根据的第一项立论点不正确。接着我们再来检查第二项立论点,看我们的认识能力,是否果真是一人一样,彼此完全不相同,还是在不同之中,也有相同的情形。如果认识能力也有相同,则我们便知康德何以主张经验里的知识是可能的了。

怀疑论者说,感觉的能力各人不相同,从生理上说,感觉能力千差万别:有人耳聪目明,有人近视、散光、远视或斜眼;有人听到很小的声音,有人非大声音听不到;有人嗅到香的是香的、臭的是臭的,有人嗅到臭的是香的、香的是臭的;我们摸到纸上的高低起伏,不能辨别,瞎子却能利用轻微的凹凸而读出文字来,这的确是感觉能力的不同。而且就连同一个人的感觉能力,也因时因地不同。如果我们在工厂旁边整天听到轰轰的机器声,我们会习而不察;如果我们房间里有一架钟,整天发出嘀嗒嘀嗒的声音,我们不会察觉,反而当钟声停了,我们会不习惯。诸如此类的情况确实表示我们的感觉各个人不同,而且同一个人的感觉也在各时各地不同。

康德承认我们的感觉能力,在量上有大小,在质上有差别,因为感觉能力在质和量两个方面都不同,于是所认识的内容也不同。有人所见是红的,有人所见是绿的;有人闻到香,有人觉得臭。可是认识的内容,虽然千差万别,但无论所认识的是什么,无论何人,只要他是在认识外界的事物,他就必须在一个可以认识的条件下才能认识外界事物。换句话说,认识必有认识的条件,不在这个条件之下,我们就不能有认识,在这个条件之下,我们才能有认识,而这个认识的条件,是人人相同的。

说到认识的条件,就是必须有它才能认识,没有它就不能认识的那种条件。诸位也许马上会想到这个条件大概就是五官吧,我们有耳、目、口、舌、鼻,才能认识色香味,没有耳、目、口、舌、鼻就不能认识。但康德所说的认识的条件不是指五官,因为：第一，各个人的五官不同，我虽没有你那样明亮的眼睛，我仍可以看见外界；我虽没有你那样聪敏的耳朵，我仍可听见声音。必不可少的感官，到底以谁的感官为标准呢？既没有一定的标准，所以无法说那是必不可少的条件。第二，康德所说的这个条件，如果没有的话，则虽然你有明亮的眼睛、聪敏的耳朵，你还是看不见听不到，然则他所说的这个条件是什么呢？

尽管你有眼睛，你说能看见红的绿的，但这红、绿的颜色，必须在一个地点你才能看得见，为什么呢？因为不在任何一个地点的颜色，我们绝不能看见。不在任何一个地点的颜色乃是抽象的颜色之概念，绝不是我们感觉上的颜色。感觉上的颜色非在某一个地点不可。这个地点可以很近，也可以很远，可以在左，也可以在右，但总归要在一个空间的地点上。我们彼此所看见的同一外物的颜色也许距你远、距我近；也许你所见的颜色鲜明，我所见的颜色昏暗；也许你所见的是红色，我所见的是绿色。可是不管你看成的颜色如何千差万别，一定都是在一个地方的颜色，彼此所见的地方尽可不同，而相同的是所见的颜色同在空间里。远的地方是空间里的一个远处，近的地方是空间里的一个近处，彼此的远近不同，而彼此所见都在空间里，这是人人相同的。无论他的眼睛多么好，也看不见不在空间里任何一个地方的颜色。

换个方面说，尽管你有眼睛，你说你能看见红的绿的，但这红的绿的，必定具有形状，只有某一种形状的红或绿才能被看得见。你随便睁眼出去一望，看见红色绿色，这些红色绿色都是有形状的。或者是方的，或者是圆的，或者是不方不圆，虽不成个形状，但还是个形状。我们不能看见任何形状都没有的颜色。然而我们考察形状是怎么来的呢？不用说，这些形状是由外面的其他颜色把它圈起来的，外面的颜色做了背景，内部的颜色才形成某种形状。所谓外面里面，都是就空间而言的。在空间里，才能说外面里面，如果不在空间里，根本就无所谓"内"与"外"。所以我们看见外界的颜色，第一，必须在对应的地方，才能看见颜色；第二，必须有一定的形状才能看见颜色。而一定的地点与一定的形状，都是就空间而言的，所以，如果没有"空间"这个条件，则我们虽有眼睛却看不见颜色，所以空间是感觉的一个必要条件。

既然任何人都有感觉，则只要有感觉，就必定是在空间中感觉到的，然则"空间"这个条件，不是你有我无的，而是各人相同的。各人感觉的能力虽有强弱之别，但感觉成立的一个条件，如空间，则人人相同。

譬如，我们触到东西，我们非在某一个地点触到不可，因为无论在什么地点都不在的东西，我们绝不能够触到。又如，我们所嗅的东西，我们非在某一个地点嗅到不可，无论在什么地点都不在的东西，我们绝不能够嗅到。其他感觉也是一样，总之，凡是我们从感官所知道的东西，可以说没有一件不具有"空间性"。

以上是康德从我们千变万化的感觉内容之外，所找到的第一个感觉成立的条件，这个条件是人人相同的。此外还有一个条件，也是不认识则已，要认识就必须具备的。这第二个条件，就是感觉必须具有"时间性"。我们看见的颜色或嗅到的香味，非在某一个时候被我们看见、嗅到不可。为什么呢？因为无论什么时候都不在的色或香，我们绝不能够知道。而所谓"在某一时候"这句话的意思，就是说，这颜色，这香味，必须在某一时候进入到我们的不断流动着的心里。我们的心，从生到死，是连续不断地流动着的，并且总是从过去到现在再到未来这个方向流动着的。好比一条河流，不绝地流动。外界的事物，进入我们的感觉，就好比投入到这条河流里，任何一个感觉投进来，总是在这条河流的某一个节点上。

如果我们说，我没有在任何时候感觉外物，则你是并未感觉到外物。只要是感觉到了外物，必定是在某一个时候感觉到的。因为你不在某一时候感觉到外物，则那感觉的确是没进入你的意识之流。好比人在病危的时候，亲人走到他跟前，他大睁着眼睛却没看见这种场景，那个感觉并没有进入到病人的意识里。所以严格说来，他没有感觉，只要有感觉，总是在某一时候感觉的。所以"时间性"是感觉成立的第二个必要条件。

我感觉外物的时候，与你感觉同一外物的时候，虽然可以不同，或者你先看见这张桌子，或者我先看见这张桌子，可是我们看见这桌子，都要在时间里才能看见，虽然各人时间不同，但时间这一条件则是共同的。

康德承认，认识的内容是千差万别的。但他发现不管认识的内容是怎样的不同，都有两个共同的条件，就是说：第一，我们不能感觉到不在某一地点的东西，换句话说，感觉必须在空间性这个条件下才能成立；第二，我们不能不在某一时候感觉到东西，换句话说，感觉必须在"时间性"这个条件下才能成立。康德称"空间性"与"时间性"为直观的形式。所谓直观，就是指纯粹的感觉；所谓形式，乃是对感觉内容而说的。我们感觉的内容可以千差万别，可是这两大"形式"，却是人同此心，心同此理，人人相同的。

康德认为，我们认识外界严格地说，不能专靠感觉，专靠感觉我们并不能理解外界事物的意义。例如，我们看见这黑板的黑色，如果认识能力只限于感觉，则我们只是觉得看了那样的颜色而已，并不能理解它是黑的。又如，我们听见人说话，如果只靠感觉，则只听见一串声音而已。真正的知识，既需要感觉，更需要理解。康德已经指出，在感觉方面，有时间和空间两大直观形式是人同此心、心同此理、人人共同的。并且康德进一步发现，在理解方面，虽然表面上看起来，对于同一件事，你所理解的与我所理解的必不相同，就拿我在这里讲书而论，有人理解得透彻，有人理解得糊涂；可是康德发现，我们不理解事物则已，如果理解，则必定逃不出十二条途径，总不外乎依照十二条"路子"去理解。这十二条路子，他称为"十二范畴"。这十二个范畴到底是什么，其详细情形，我们以后还有机会说明，此处只略做说明。不过我们要知道一点，就是其对于理解，也像时空两大形式对于感觉一样，不在时间、空间里的，就不能感觉，同样的，不在这十二个范畴里的，我们就不能理解。任何人的感觉都必须在时间性、空间性上才能成立，同样的，任何人的理解，也都必须在这十二个范畴里才能成立。这十二个范畴也是我们认识能力上与另外的人同此心、心同此理的共同之处。

说到这里，我们要回溯以前的讨论了。以前分析的结果是，要想具有普遍的必然的知识，换言之，对于任何人任何时任何地都适用的知识，非满足两个条件不可：第一，要有被我们认识的同一不变的外物；第二，要有人人相同的认识能力。这两条件，怀疑论者认为不能满足，他们说外物不能两次同一，我们的感觉能力也不能彼此一致，于是否认认识的可能。而康德分析的结果发现：第一，我们虽然所感觉的是外物的许多不同的相，但我们既知道这许多相是同一外物的不同相，可见还是有被认识的同一外物；第二，我们的感觉内容虽然千差万别，但无论就感觉而言，还是就理解能力而言，都具有人同此心、心同此理的条件。在此条件下，才能有感觉，有理解；不在此条件下，则感觉与理解都不能成立。所以我们的认识能力，还有共同点。既然康德的分析满足了上述的两种条件，所以他遂进一步肯定经验里的知识是可能的。

康德肯定经验中的知识是可能的，要说的话我们都说过了，现在简单地说说他何以认为不在经验里的知识都是不可能的。照他的说法，我们感觉的时候，就把外界的感觉对象统统归纳安排在时间和空间这个大架子里了，我们理解的时候就把外界的现象又都依照十二范畴安排起来了。时空架子与十二范畴是我们认识能力成立的条件，没有它们，我们就不能认识，凡是认识的，都是经过我们的认识能力把它们安排过了的。没有经过安排，没有经过整理的外界，到底是个什么样子呢？我们如果能够有不带时空形式与十二范畴的认识能力，则我们可以利用这种能力来认识，但我们所有的认识能力，无论感觉也好，理解能力也好，它们都有先天生来就有的特性，于是没经过安排、没有经过改造过的外界，究竟是个什么样子，我们就无法得知了。

康德对于没有经过我们认识的外界，称为"物自体"。而"物自体"虽然有，但我们不能认识他究竟是个什么样子，所以他说"物自体"不可知。对"物自体"，他是一个"不可知论"者。

1962年

关于勃洛赫哲学的几个问题(草稿)

一、勃洛赫论希望

"理解了的希望"是勃洛赫(Ernst Bloch)哲学的中心概念之一。这个概念是企图巩固勃洛赫哲学的纲领的。"问题在于教会人去希望。"[①]"理解了的希望"就表示着这个教学历程的目标。

希望是什么意思呢?

他定义为:"理解了的希望或科学的预见是……批判的预见的辩证唯物主义知识,它与客观过程中介者相结合着。"[②]在《希望原则》里说它是"有预见作用的意识"[③],因为"理解了的希望"按照定义来说,应该是对于将来的科学预见,而且是建立在辩证唯物主义的基础上的。勃洛赫在序言里不仅要去教而且还要传,并证明它是可教的。每一伟大思想,当它站在它的时代最

---

① 《希望原则》,柏林1960年版,卷一,第13页。
② 《主观与客观》,柏林1952年版,第474页。
③ 《希望原则》,柏林1960年版,卷一,第130页。

高峰的时候,也都窥视将来,甚至有时候也窥视整个人类时代的事业。伟大的思想在它的本质问题里包含着一种永续的未被处理的东西,它试图解决一种未被清理的东西。这种未被清理的东西,乃是文化建立的哲学基础,文化遗产的新基础总是新近出现的,其中还有未被清理的东西。

关于这个科学的预见,勃洛赫有什么说法呢?

我们知道,它以"尚未被意识到的(东西)"为对象。尚未被意识到的东西是"……对未来者所预先意识到的,(是)新事物的精神诞生地"①。它是"……尚未出现的(东西)在一个时期和它的世界里的精神的再现……"②这种尚未被意识到的东西,主要地要在青年人中,在一个"时代变迁"里的社会意识中,以及在精神的生产性中去寻找。

"空想机能"就是指向尚未被意识的东西的。(什么是空想机能呢?)空想机能就是表现于幻想意象中的希望,但不是表现于随便一种幻想意象中的……而是表现在"那种能将现成存在的东西预见地推进其成为别样或成为更好的未来的可能性里去的"幻想意象中。③ 空想机能(在实际中)的相应物是"客观现实可能性",是"实在的将来属性"④。

空想机能(Utopische Funktion)站立在"世界历程的前线"。这个"前线"——时常谈到并使用过许多别的类似的名称(如"将来的开敞视野"等)——就是世界发展历程中现在向将来过渡的那一"边",也是现在存在着的东西改变自己的地方。空想的机能既然站立在前线上,所以是一种战斗(militant)的机能,它充满了"战斗的乐观主义"⑤。

我们还知道,空想的机能,即预见性的意识不仅现在是活动着的,而且早在马克思列宁主义形成以前就存在于一切社会意识的领域,或多或少地以一种未被意识的形式运行着。预见性的意识的活动广泛地出现于兴趣与意识形态、理想与寓言、象征、童话、艺术作品,以及各种社会、技术和科学的空想里。

那么这种预见性的意识,科学的预见该怎么实行呢?勃洛赫没有什么指点。他歌颂马克思、恩格斯和列宁为"最伟大的范例",说他们"用历史的透视眼光把握了"⑥现在的事物,但马上又说:"……但情况分析也只是通往积极现实的正确道路

---

① 《希望原则》,柏林 1960 年版,卷一,第 130 页。
② 《希望原则》,柏林 1960 年版,卷一,第 141 页。
③ 《希望原则》,柏林 1960 年版,卷一,第 159 页。
④ 《希望原则》,柏林 1960 年版,卷一,第 161 页。
⑤ 《希望原则》,柏林 1960 年版,卷一,第 217 页。
⑥ 《希望原则》,柏林 1960 年版,卷一,第 320 页。

的开始。它的目的始终是要阐明在事物发生的最后成因里既推动着又隐藏着的东西。"①

科学的预见不依靠对现实情况的分析,而要阐明在事物的最后成因里推动着而同时又隐藏着的东西,这是什么意思呢?这是因为照勃洛赫看来,事物的进一步发展不是根据当前的事实情况中所包含的客观规律,而是受动于历史和整个世界历程的最终目的。勃洛赫承认有个最终目的,它是"至善"(Summum bonum),它是"终极"(Ultimum)。一切发展都受这个最终目的所规定,在发展历程中所达到的每一阶段都是这个最终目的的一个不完全的体现(类似于亚里士多德的不动因的概念)。因为不完全,所以每一达到的发展阶段都含有缺欠(Mangel)。这个缺欠表现为主观原因或成因。它是一切发展的推动力,它体现于自然中并成为自然的主体,在社会中成为"那个"人。

勃洛赫在他的哲学里牺牲了世界的无限性,提出一个永远向一个目的推进的发展历程,所以猛烈抨击一切把世界历程视为循环往复的哲学观点。② 因为他认为这样子就封闭了新事物发生的门径。他认为一切循环论都是"替现实可能性筑起监狱"③,使它不能"生育"。相反的,他宣称"反循环和反圆圈原理"才是唯一"在哲学上合适的"④。

因此,勃洛赫认为:"如果世界是封闭的,内中充满了完成了的事实,那么就没有事物是能够按照意愿加以改造的。但世界里所有的不是它们,而只是一些历程,即一些动的关系,在动的关系中既成的东西并未完全胜利。实际的都是历程。"⑤

动的关系是怎样动的呢?勃洛赫看中了 G. 布鲁诺(Giordano Bruno)的物质概念里的动因。他说:"黑格尔重要是由于辩证法(以及与此相关联的),而亚里士多德及其左派重要是因为他们的物质概念。""在布鲁诺的哲学里主要的是,他坚持形式(活动)与物质的统一,物质自身是生产的……只是在他那里还缺少自然性的人(Mensch in der nature naturans)……尤其还缺少——由于阶级情况和泛神论里封闭的'泛'的限制——新事物的方面。"根据布鲁诺的活动与物质统一,他认为运动发展关系有主动因素与被动质料(Substrat)两个极端。由主动因素作用于被动质料而产生运动发展。这两种基本的两极,勃洛赫用了很多不同名称,比如成因与实用(Das-grund und Was-wesen)、本质与存在、潜能与潜能性(Potenz und Potenzialität)、

---

① 《希望原则》,柏林 1960 年版,卷一,第 320 页。
② 《希望原则》,柏林 1960 年版,卷一,第 221-223 页。
③ 《希望原则》,柏林 1960 年版,卷一,第 222 页。
④ 《希望原则》,柏林 1960 年版,卷一,第 222 页。
⑤ 《希望原则》,柏林 1960 年版,卷一,第 214 页。

实现者与现实性,等等。而其最高形式却是主体与客体。布鲁诺物质中所缺的"自然性的人",现在由他以"主体"的形式加进来。他明确表示主体是物质概念里的"螺旋点"。(他忘了辩证唯物主义的基本论点:运动的推动力是客观矛盾。)

勃洛赫也承认人的意志是人的精神生活的一种表现,正如一切意识现象一样是第二性的,他认为人的意志只是成因的最高发展。勃洛赫却又毋宁认为成因的作用在于人的活动(Wirken)。他说:"在正常的人的环境里,存在对于意识的独立性与存在对于人的劳动的独立性绝不相等。通过劳动对外在世界的中介,这个外在世界对于意识的独立性及其客观性就被扬弃的很少,正好借此来最后地予以定义(说明)。"①因此他显然是给予精神观念以优先的,虽然他也承认存在对于意识的独立性。

说运动具有一个片面的能动性(Agen),本只在具有意识的反映能力的物质方面才部分地有效,勃洛赫却应用到一切物质现实的现象上去,认为物质运动也都有一个能动者(Agens)。

那么现在说回来,我们可以理解勃洛赫所说的科学预见了,理解预见什么、为何这样预见不能给予实践上的指示。

前面已经引过:"……但情况分析也只是通往积极现实的正确道路的开始。它的目的始终是要阐明在事物发生的最后成因里既推动又隐藏着的东西。"②简单地说来,就是:科学预见不得仅限于当前情况的分析,它必须把捉所谓的主动者(勃洛赫时常称之为"紧张的"Intensive,或 Agens,即在人的行为以及一切物质现象里推动活动的东西)。他承认分析情况有一定的意义,但那只是科学预见的"开始",而主要问题在于对主动者紧张的(Intensive)的寻求。

但主动者,照勃洛赫看来,是隐藏在"生活了的当前的昏暗"中的。生活了的当前何以昏暗呢?勃洛赫又是依据人的精神生活的现象得出他的判断的。他说:"心脏跳动,血液循环,并不觉得是什么在使脉搏运行。甚至于如果不生发故障,就根本觉不出来我们的皮肤底下有什么。在我们身上致使其能刺激的(Was in uns reizfähig),并不刺激其自身……对于内部外部刺激的感觉也参与刺激出现为此刻(当前)(Jetzt)的点,参与该点的昏暗。正像眼睛在视觉神经进入网膜的那个盲斑上看不见东西一样,刚才被生活了的(东西)也不为一种感官所知觉。"③

---

① 《希望原则》,柏林 1960 年版,卷一,第 281 页。
② 《希望原则》,柏林 1960 年版,卷一,第 320 页。
③ 《希望原则》,柏林 1960 年版,卷一,第 312、316 页。

勃洛赫认为，即使对一切情况进行了深思熟虑，一个人的每个决定都还会含有冒险。因为只有行动发生之后，才能看出来究竟这个决定正确与否。其原因就在于"生活了的瞬间的昏暗"。而且并非最远的（东西）是昏暗的，而是最近的（东西）也完全是昏暗的，并且正因为是最近的、最内在的，所以它是昏暗的；在最近的里面寄存着具体存在之谜（Daseinrätsel）的症结……推动一切的而在其中又被一切推动着的存在者的此刻，是所有的一切中最没经验过的东西；它一直还在世界底下推动着，它构成实现者，而实现者是自身实现最少的东西。从这里面也看到最希望的事：还没有人正确地存在和生活在那里。因为生活的意思是当时俱在，不仅是以前或以后，不仅是事前的味道或事后的余味，它的意思是说真正地过这个日子，是说具体地对待这个当前（Jetzt）。①

在他看来，过去还没有多少人真正地过了他们的日子，除恺撒、歌德，当然还有马克思、恩格斯他们这些能纵观古今世界的人以外，还不懂得有意识地生活，因为他们的决定永远是在事后才证明正确或不正确。虽然在人的决定上有那么些错误，但人们从未停止他们的作为，因为在他们身上都有无限的乐观主义在觉醒着，而乐观主义的根源，勃洛赫认为在于对较好所作的希望。

"……并非所有的白昼之后都又是晚上，并非每个夜晚都有一个明天。只要在历史上和世界里还不是一切变为别样、变为更好的可能性都已穷尽，辩证幻想的历程尚未固定终止，只要现实可能的（东西）连同它的辩证幻想的历程尚未固定终止，只要愿望、意志、计划、预兆、象征、意图在历程中还有地位，即是说，这些还在历程中构成可能的乐土（Paradiese），那么所愿望的善的失败也还包含着它将来可能的胜利。"②人类行为的这个方面，即乐观主义的方面，它叫作适当的开敞性。"生活了的当前的昏暗"是有预见性的意识的"源泉"，"适当的开敞性"是它的"入海口"，而"源泉"与"入海口"是预见性的意识的两极。

勃洛赫肯定"在本质上从来的一切知识都是关涉着过去的，因为只有过去是可以考察的。新事物从来不在它的概念之内，新事物发生的前线位置于现在之中，而现在却始终是一个费解（Verlegenheit）。"③勃洛赫为了证明这一点列举了资产阶级的历史著作特别偏爱以过去的事情为例，说大部分的历史书里不谈最近的历史。他认为这主要是由于"病例局限"（即只注意过去的病情，而不知将来的病情发展）。

---

① 《希望原则》，柏林1960年版，卷一，第318-319页。
② 《希望原则》，柏林1960年版，卷一，第331页。
③ 《希望原则》，柏林1960年版，卷一，第308页。

二、勃洛赫的同一哲学体系

勃洛赫的世界观是从人出发的。把人从自然和社会关联里孤立出来单看一个抽象方面,他认为人首先是一个心理的东西,一个"欲望的东西"。他说:"人既是可移动的又是一个被圈围的欲望物,是一堆变动不居的愿望。"① 人类的生活就是受着这种欲望的驱使和决定,他所说的欲望不是弗洛伊德的性欲(Libido),而是食欲(饥饿 Hunger)。[作者旁注:人是欲望物,饥饿是关涉贫穷者最后的与最具体的主管(Instanz)。]

勃洛赫从物质自然和社会来说明人,相反的,他以心理学上的抽象的人来说明自然和社会,认为自然也是和人一样的欲望物。照他的看法,自然之所以运动发展,是由于一种非物质的力量在驱使着,因为在"事物里有一种孕育性的驱动力",一种"动原",在自然中有"趋于实现着的"东西。这种驱动的正在实现的力量或代表是内在于事物的,是一种世界意志。照他说:"正在实现着的(东西)当然也存在于……人类以前或人类以外的世界里,存在前于人类或外于人类的世界里,虽然它是无意识的或具有微弱的意识,但与人的主观潜力(Poteznz)出于同一个愿望根源。"② 就这样,勃洛赫一方面把人的主观方面独立化起来,并替自然世界找到了一个主观的意志,另一方面又给人与自然世界送来一个同一的神秘的根源。

这个根源,既是人和自然世界的底子,又是它们的推动者,他有时叫它构成根源(Das-grund)(使世界成为世界的底子)或构成因素,有时称为运动根源或运动因素。勃洛赫说:"世界毋宁是充满了对某种东西的禀赋(Anlage),对某种东西的倾向,某种东西的潜伏状态,而这种被愿望的东西即是愿望者的满足。"③"根源当然就是正在实现着的东西自身。"④

为什么说世界里充满了"天赋"的东西呢?这是因为天赋的东西只是一种可能性,是某一种东西的可能性,而某种东西在这个世界里尚未实现。世界的发展,不论在人类社会或在自然界都处于向着某种东西实现的可能过程中,所以在勃洛赫看来,这个世界不只是不完全的,而且是不现实的。现在的世界是一个"尚未",它的起源是一个"不","不"也就是"空",也就是"欠缺",他说"不"就是每一趋向于什么而运动的起源。自然世界因为空无所有,因为欠缺,所以要运动发展。所以勃洛

---

① 《希望原则》,柏林 1960 年版,卷一,第 62 页。
② 《希望原则》,柏林 1960 年版,卷一,第 269 页。
③ 《希望原则》,柏林 1960 年版,卷一,第 27 页。
④ 《希望原则》,柏林 1960 年版,卷一,第 223 页。

赫说："在饥饿中,在欠缺中,空就表现自己为空虚的洞。这个空虚的洞乃是原始的构成和推动因素,乃是有意愿的实现因素,它推动世界并维持着世界的运动。"[1]

勃洛赫认为自然界里所表现的世界根源的现象是一种主观的东西的现象,世界发展的最内在的东西是主观的东西,"在这个深层里,即在物质的最内在的里面存在着被视为自然的主体的那种东西的真理"[2]。但"自然事件的主体还没将自身呈现出来",即是说,"现实存在的主体因素自身尚未存在"[3]。它还"处于盼待的晨光曦微之中",这就是说,还未完全意识到主体。所以世界自己还是一个"神秘",勃洛赫称之为一种"实在神秘,世界万物本身还不是它,还正处于解决这个神秘的过程和中途。"[4]——这等于说,世界万物从无意识的或微弱的欲望出发,本身还正处于一种意识形成的过程中。(作者旁注:现实是一个神秘。)

勃洛赫根据他对世界的这种唯心主义的解释,把一切自然形象、一切物质形式都看成用精神观点构成的自然本质的表情。把自然形式都看成在其形成中的,在其实现尝试中的世界精神核心的符号。在勃洛赫看来,自然现象所表现的是情感性的精神。自然事物应该都是形成中的世界精神的自我预感的客观象征。勃洛赫写道:"世界自身充满了实在数字和实在符号,充满了负荷着意义的事物。"[5]

由于自然(世界)精神还正在形成过程中,所以它就梦想着它的将来,希望着它的将来。自然希望着它自己的完满,"对于尚未实现可能性的盼望、希望、愿望:这不仅是人类意识的一个基本特征,而且具体地看来,也是整个客观实在以内的一个基本(规定)"[6],所以勃洛赫在他的主要著作《希望原则》里,就试图以"希望"为基地、为中心概念,发展出他的哲学系统。"根据希望,根据这个作为最好的文化国度,有人居住而又如同南极地带从未开发的这个世界基点,可以搞出哲学来。"[7](作者旁注:盼望、希望是人与世界的基本规定。)(作者旁注:哲学就在这个希望中,勃洛赫要从这里弄出哲学。)

世界既有起始,当然就有终极,勃洛赫的世界起于"无",经过"尚未",那么止于什么呢？在勃洛赫看来,世界的终极目的是"全"或"一切"。但如果达不到这个"全",就归于"无"。所以勃洛赫写道:"那么,'尚未'、'无'或'全',被标明为最简

---

[1] 《希望原则》,柏林1960年版,卷一,第333-334页。
[2] 《希望原则》,柏林1960年版,卷二,第245-246页。
[3] 《希望原则》,柏林1960年版,卷一,第326页。
[4] 《希望原则》,柏林1960年版,卷一,第22页。
[5] 《希望原则》,柏林1960年版,卷一,第260页。
[6] 《希望原则》,柏林1960年版,卷一,第17页。
[7] 《希望原则》,柏林1960年版,卷一,第16页。

单化的名词,用以认识怀着意愿自身运动着的世界材料的三个主要环节。"①

勃洛赫的世界最后归宿就是它的起源:"终极就是成因……(Was-wesen)进入构成根源(Das-Grund)。"这样就达到了根源与本质的统一,就达到了基督教经院学派所说的作为上帝的那个本质与存在的绝对统一。这个绝对统一,照勃洛赫的说法,就是一切在一中,即是"同一"(Indentität)。(作者旁注:回归本原,天人合一。)

一切在一中的圆满无缺的"同一",就意味着运动发展的终止,或者说,"异化"(Entfremdung)的终止。在勃洛赫看来,最主要的是在"同一"中主体与客体的异化终止了。在勃洛赫看来主体与客体是"世界历程的两个方面"。世界历程是主体与客体间的辩证的相互作用,而这个历程的终极是客体的主体化。因为他一再强调"同一的预感的具体的现实定义(就是)……客体终止于被解放了的主体中,主体终止于不异化的客体中"②。只有客体不再异化,主体才能被解放出,才能是自由的,而客体是代表物质世界的,所以照勃洛赫的想法,达到最高的同一时,也就是通过主体化的历程,精神从物质完全解放出来独立自由的时候。

在这个天人合一的福祉无边的同一世界中,既然"希望"已经实现,多复归于一,运动已经终止,当然也就没有空间和时间。所以他说:"(现在)决定还没做出,事情的本身尚未出现。如果事情的本身已经出现,在世界里就不会存在这么乱七八糟的多,多是出于无的错综混乱;如果事情的本身已经出现,也就不会有时间上的生成毁灭和空间上的此疆彼界和僵死硬化(Erstarren),(时空)两者都是属于死亡的;而且如果事情已经出现,那么也就不会有什么历程。"③(作者旁注:终止多一。)

有时间空间变化运动的世界,还不能达到天人合一。他说:"自然不是一个'安排停当了的',而是还完全没廓清的工地,还完全没有妥善安排的人类之家(House),还完全没有设备妥当的工具。"④"谈到同一,那就是到达了自身的人和对他而言已经成功了的世界的同一。"⑤"在同一的故乡里,无论人对于世界或世界对于人都不是以一个外来人对待。"⑥"社会化了的人类和经人类中介了的自然互相连结,这就是把世界改造为家乡。"⑦而其"目的则始终是外加于自己发展着的物质

---

① 《希望原则》,柏林 1960 年版,卷一,第 333 页。
② 《主观与客观》,柏林 1952 年版,第 343 页。
③ 《主观与客观》,柏林 1952 年版,第 456 页。
④ 《希望原则》,柏林 1960 年版,卷一,第 264 页。
⑤ 《希望原则》,柏林 1960 年版,卷一,第 342 页。
⑥ 《希望原则》,柏林 1960 年版,卷一,第 228 页。
⑦ 《希望原则》,柏林 1960 年版,卷一,第 312 页。

中的人的自然化,自然的人道化"①。

三、勃洛赫的物质概念

唯物主义在本质上是与正确理解物质概念分不开的。而勃洛赫一再强调唯物主义对于所谓"辩证的物质概念"未曾作出贡献。相反的,他认为唯心主义倒是对物质概念有所阐明。他在尚未正式发表的论物质概念一书的手稿里感叹地说:"伟大的哲学体例(过去)很少是唯物质主义的……总而言之,凡是机械唯物主义所缺少的以及作为机械主义者所必然缺少的,在唯心主义里却找到了它的讨论……唯心主义者对于物质概念提供了很多新的东西。"②

勃洛赫认为有两种不同的对待物质的反应:一种是对实在的冷静的衡量分析,另一种是对于排除了上帝的此岸的信仰。前者把事物的现象掣碎了,后者"发生于事物的实际过程中"。③

这两种反应相当于物质概念本身的两个方面。物质概念指示两类的东西,不是指"一个根的",就是指"一个杆的"。"物质的根是贫瘠的——是原子振动,而不是光;是碳素的化合,而不是生命;是大脑的历程,而不是心灵;是生产和交换方式的变换,而不是关于国家主权、巴洛克建筑样式、议会形式和启蒙运动等思想观念。"④

但"辩证的物质"不仅包括向下的道路,通往根部,并且也包括向上的道路,通往杆部。根部的秘密诚然很有意思,但并不高贵——"钻研这些秘密是侦探家的事而不是灵眼人的事……"⑤物质的最重要的也是与熟悉哲学史有关的方面是作为杆部或(腹)枝部的物质。作为杆部的物质是"自己也刚才降生的一种实体的昂扬的枝杆"(发酵的腹部)。

那么现在对于勃洛赫就产生了一个问题:物质的根和杆都是物质,它们在自然界里彼此隔着一条鸿沟,怎样互相过渡联系呢?

勃洛赫不加批判地援引了自然科学家 Hermann Weyl(曾著《数学哲学与自然科学》《空间时间物质》等书)等人的话,就断言除三向度以外因果律根本无效,他道:"像莱欣巴赫这样的人也已毫不含糊地指出,客观上事物经常按照因果关系发

---

① 《希望原则》,柏林1960年版,卷一,第228页。
② 《物质概念》,第408页。
③ 《物质概念》,第749页。
④ 《物质概念》,第749页。
⑤ 《物质概念》,第750页。

生的，在各种次数（向度的）中只有次数（3）是唯一的一个。而现在既然绝大部分的次原子（Subatomic）运动都不在三度的坐标空间里进行，而在更高次数、更多向度的参数空间里进行，所以个别质点的因果决定性也就不得不放弃了。"①

但这样说来，微观世界就成了"一个非人的无底深渊了"，因为微观世界里不存在我们所居住于其中的三向度，于是因果决定性也就不得不愈来愈多地让位给勃洛赫所设想的那种（模糊的）非因果的或然性。至于宏观世界的情况怎么样呢？照勃洛赫的意见，由于爱因斯坦的相对论的学说，宏观世界变成非人类的世界了。

在自然界里，宏观世界和微观世界，物质的杆和根没有联合的可能性，那么整个世界怎么统一起来呢？勃洛赫认为，"在非人的四向度的世界的连续领域（Weltkontinum）与非人的现实了的原子空间的无底深渊这两者之间"②存在着人观世界或人的世界。这个中间世界"在两个无底深渊之间作为花朵（或者也作为'反花朵'）盛开着；在它以下的世界是不透明的间断地区，在它上面的世界是一个非人的连续领域的射影……"③人的世界就如同刀刃一样锋利地突出于这两个无底深渊之间，却倒是——用勃洛赫的话来说——茂盛的东西，是幸福的人的存在。为什么呢？因为人在这里是作为自然的中介者出现的。相反的，"物理学的物质是一种纯粹外于人的（物质），一种属于实在的上下边缘的（物质）……（在那里）缺少另外的非常具体的历史唯物主义的物质予以积极的映照，缺少我们人类世界这一块繁茂的东西"④。

因此，从作为根的物质过渡到作为杆的物质只在人观宇宙的领域里才有可能实现，即是说，只有在人与人以及人与自然的关系中才有可能实现。"从原子主义、机械主义的根的'不过'是没有道路过渡到作为杆的物质（或主体—客体）的，如果说有，那就是要从经济的即人道的唯物主义的根（才能过渡过去），因为在这里人即是'不过'同时不是'一切'……"⑤

由此可见，勃洛赫创造了一个统一物质的根与杆，并从而高居于物理学的物质之上的物质概念——社会物质的概念。"社会物质"也称"历史物质"，是人对自然的关系，是主体与客体的中介。他说："人与人以及人与自然的关系不是别的，正是马克思所说的特别的历史物质……马克思主义不仅向后是唯物主义，而且向前

---

① 《物质概念》，第 689 页。
② 《希望原则》，柏林 1960 年版，卷二，第 236 页。
③ 《物质概念》，第 696 页。
④ 《物质概念》，第 586 页。
⑤ 《物质概念》，第 753 页。

也还是唯物主义。但是它的物质是……人与人以及人与自然的关系。"①

勃洛赫这个物质概念已包括物质关系,而人在其中居于完全特别的主要地位。对于他的物质概念,勃洛赫曾经作过一个简要的叙述:"物质是怎样的情况呢?在它之中发生着不可分割的辩证运动,向愈来愈高的物质运动形式推动着,一直到有机物质、社会物质,甚至于到艺术作品,在艺术作品里意识形成了它的结晶体。这种运动绝不是物质永久运动于其中的一个往复循环。那么,如果不是世界沉沦于巨大的徒劳,或枉然(Umsonst),不是沉沦于 Entropie(熵)的毫无区分的单调一律,就是能力—物质(Energie-Materie)终于摆脱得了这个贬值,以至于它的任何一个属性都绝不会丧失,因此它在某个时候以铁的必然性毁灭自己在地球上的最高的花朵——思维着的精神,而在另外的某个地方和某个时候又一定以同一种铁的必然性把它重新产生出来。而且这个希望还可不必建筑在铁的必然性上,另外的某个地方和某个时间也还不是在星云和太阳底下,而就在最高花朵本身之内;只要最高的花朵终于结了果实,只要物质的主体终于也变成了主体的物质……物质正是那种其中没有人出现的东西的反面。它退而是人的发育滋生的身体,进而是人的幸福的基础。从这里出发,人的物质化与物质的人道化才有可能……"②

以上是勃洛赫的物质概念的大概。首先值得注意的是他对物质的二元论的看法。他认为物质的物理学结构、大脑活动历程、生产交换方式等属于物质的根,根是独立于主体之外的,谁只考虑物质的根,谁就是一位教条主义者。而他们所说的物质的杆,乃是物质中的主体或主体与客体的中介。其实他的物质之杆,就是谢林的"自然主体"的概念。

为了克服根与杆的二元论,勃洛赫创造了包括人与其环境间周围一切关系的"社会物质"概念。他说这是根据列宁在《唯物主义与经验批判主义》里提出的物质定义发展出来的,因为列宁在那里说:"物质就是通过它对我们感官的作用而产生感觉的那个东西,物质就是我们在感觉中所获得的那个客观的实在。"列宁自己说过,"说这样的概念会陈旧过时,那就是……一种幼稚的胡扯"。任何想扩大这个物质概念的企图,最后必然模糊物质与意识、唯物主义与唯心主义之间的界限。勃洛赫的做法正是这样,他把物质还原到"关系"。

历史上想在承认物质这个基础上模糊物质与意识的界限的试图已经很多,比如想把物质还原为历程、力量、能力等。如果把物质还原为客观历程,那么只要再过一小步就把意识也归属于历程之下了。历程这个概念所以是含糊的,就是因为

---

① 《物质概念》,第 736 页。
② 《物质概念》,第 755 页。

它混乱了物质与意识间的质的区别。将物质还原为力量,当然更加含糊,或者如有的学者那样把物质与精神一并类属于能力概念之下,认为是一个大收获,列宁说道:"这不是一种收获而是一种损失,因为它究竟应该以唯物主义的还是唯心主义的方法来进行认识论上的分析研究,这个问题并未由于武断地使用'能力'这个词而得到解决,相反的,倒是被混乱了。"①那么勃洛赫于今用"关系"来包括一切物质的关系从而也包括物质与意识的关系,他是根本取消了物质与意识间的质的区别。不错,规律、关系、时间、空间都是客观实在,但不是物质。规律关系等表示物质形态的一种客观联系。一种物质形态可以转化为另一种形态,但物质的一种形态却不可能转化为一种物质属性或关系。反过来,一种物质属性或关系当然也不可能转化为任何一种形态的物质。

其次,应该注意的是勃洛赫的人本主义的思想。在他看来,物质虽有各种形态,有原子、分子、植物、动物以至人类社会,但发展的终极目的是人,无机物之所以存在,都是为了向有机物转化,有机物也是为了向人类社会转化。人在无限的宇宙里取得一种超越一切的特殊地位。

人居于世界万物的中心,人要与全能的自然通力合作创造人的住家(Hause)。物质的发展是有定向的,愈来愈精神化,愈来愈去主观化,正如黑格尔的历程一样,物质发展最终趋于非物质的而完全消除其物质性。发展的动力不是物质本身的矛盾,而是非物质的主观方面的欲望,在社会里是"人类意志的主体",在自然界是"与人中介了的自然主体"。

他认为,在资本主义社会里人与自然是很陌生的,技术人员是作为自然的监视者、剥削者出现,而不是它的朋友。一旦技术人员注意不足,自然社会就会摆脱枷锁而解放自己,于是就造成了灾害事故。但自然主体本来不是暴力的东西,本是很友好的,很善意的,只是人自外于善意的自然主体。而在社会主义里,人与自然的这种外化的情况终止了,由于人与自然发生中介,就导致自然发生"共同生产性"(Unitproducktivität)。人就能与自然共建"人的住家"。"技术人员不再是欺侮者或剥削者,而成了与在社会方面自己中介了的并且与自然主体问题日益中介了的主体"②。自然与人既已友好,灾难事故也就消失,技术人员面对着本来被束缚的自然力量也就不再怀有恐惧之感。这就是发展的终极目的——"物质的主体变成主体的物质"。

虽然恩格斯在《自然辩证法》序言里,清楚地说明了物质运动的无限性,物质发

---

① 《唯物主义与经验批判主义》,法文本,第261页。
② 《希望原则》,柏林1960年版,卷二,第242页。

展是无始无终的往复循环,勃洛赫却认为那是机械主义的观点,他说:"机械唯物主义……不是真的,因为他作为机械论者只倡导一种愚蠢的、肯定是半边的狭隘的世界,无目的地循着生成毁灭的老圈子运动,封闭在永远同样的必然性的锁链上……但真实的敞开的世界是辩证唯物主义,它并不背负着一个机械主义的鸡蛋壳……"①

照勃洛赫的这种说法,宇宙是敞开的,它的物质是非封闭的,永远向更高级发展。无机物的目的是有机物,有机物的目的是人,全部物质的终极目的是人类幸福的实现。所以得出结论说:"它(物质)退即为他的(人的)萌芽的躯体,进而为他的幸福的基础。"

四、勃洛赫论可能性与必然性

勃洛赫用可能性代替发展规律性。他把世界说成处于进行中的未封闭的实验,永远追求空想。他的实验世界追求辽远的目标,但不认识实际辩证的质的飞跃,在质的飞跃中进步阶级履行它的使命,他看不透发展的辩证性。

在《希望原则》一书里,他把可能性与必然性非辩证地割裂开来。不错,他想说明可能东西的现实性,但他忽略了其与必然性的关系。他否认历史的可能性存在于一定社会秩序的规律里。勃洛赫的实验世界是非常无约束的,因它只关涉一般的空想的希望。其实,在一定的生产关系里,进一步发展的可能性将向哪个方向上发展,是可以以很高的准确性予以预料的。

但在勃洛赫看来,情形完全不一样,"……就连现实本质的必然性也仅仅才是——可能性……"②由于他在可能与必然之间筑起了一道高墙,他只能把现实的可能性理解为"希望的图景"和"含义深远的象征"③。

当黑格尔在他的逻辑学里说"凡是现实可能的,就不再能成为别的;在这个条件和环境下就不能出现别的什么"的时候,勃洛赫就批评他是"将来的不思想者"和"过去的循环辩证家",所以是"反动的"。换句话说,他认为新事物发展的规律性就是"对未来的不思想"和"循环辩证法"。

勃洛赫说:"人的或世界的'真正的'东西是在外面等待着的,存在于怕失败的恐惧中,存在于想成功的希望中。因为可能的事物既能成为无,也能成为有。"④既然可能的不就是必然的,所以勃洛赫就把"真正的"规定为新事物的实现在其中还

---

① 《希望原则》,柏林1960年版,卷一,第362页。
② 《希望原则》,柏林1960年版,卷一,第261页。
③ 《希望原则》,柏林1960年版,卷一,第261页。
④ 《希望原则》,柏林1960年版,卷一,第267页。

不可预料的状态。不像生存主义那样站在成功与失败的决定中间,勃洛赫是主张要有勇气"反对流入'无'之中的否定可能性"。但这种勇气常常出现于科学地认识到一个现实的可能性存在的时候,就是社会规律的客观性已为它铺平了道路而成为历史必然性的时候。

勃洛赫认为:"在科学史里,希望,连同它的积极相应物,即尚未封闭的存在规定性,无论作为心理的东西或宇宙论的东西,或作为从未存在过的可能的新事物的作用者(Funktionär),从来还没出现过。"[①]他认为他的哲学是向一片从来无人问津的新大陆的突破。它以研究想念、期待、希望为对象而超过马克思和恩格斯。他认为他所研究的正是列宁在"做什么"中称为"向前的梦想"的内容。

五、勃洛赫论历史唯物主义

勃洛赫要"从希望中,从世界上一片人烟稠密的良田沃土而又是人迹罕至的南极冰原上发展出哲学来"[②]。他一再强调他对希望的解释是站在辩证和历史唯物主义的基础上的。他对于历史唯物主义的基本问题,如社会和历史的本质、历史的推动力、历史的目的和意义,都有新见解,让我们看看他的"发挥、补充和更新"。

(一)论社会及其历史的本质

唯物主义对待事物是实事求是(Diese so zu nehmen wie sie sind)的。唯物主义的历史观是从社会的现在和过去,从人的实际具体存在出发。对待事物的一种哲学把握必须相当正确地以规律和范畴来反映其本质的关联,但勃洛赫的"现实本体论"对于规律和范畴却全不能明确地反映。在他看起来,社会乃是一般的"历程物质"的一个部分,是"社会的客观性",是"历史物质"。他通常称社会为"主体客体"关系,是作为主客中介的社会历程。至于社会的具体现实与现在,勃洛赫完全不感兴趣,他轻蔑地称之为"当前昏暗"或"现在的昏暗"。在当前,在这个"昏暗"中所发生的,都还不是真正的具体存在(Dasein),(作者旁注:马克思分析现实才是一个开始。)(作者旁注:历史不谈现在。)"因而也就发生稀奇的事:(根本)还没有人真正在这里面生活着"[③]。他所谓存在的重要层次不是过去的和现在的实际,而是"现实可能性"。勃洛赫认为历史里与过程有重要关系的不是过去和今天存在的,

---

① 《希望原则》,柏林 1960 年版,卷一,第 16 页。
② 《希望原则》,柏林 1960 年版,卷一,第 16 页。
③ 《希望原则》,柏林 1960 年版,卷一,第 319 页。

而是"可能的"、"尚未"、将来的、目的的,总之,恰恰是非实际的或非现实的。

历史唯物主义认为社会里决定一切其他社会存在领域的主要因素是物质财富的生产,也是人的存在的主要方面(马克思说"人是社会关系的综合")。而勃洛赫却认为决定社会存在的主要因素是,向"具体存在"倾挤的人的"自己(Selbst)"是主体的东西或"人"这类"本体论的基本概念",从而把社会的本质神秘化了。

科学的哲学的另一个重要任务本是解释各种不同现象间的因果关联和关系,发现现象发生的规律性。马克思和恩格斯的历史功绩正是他们发现了社会发展的原则和规律。即使在具有意识的人各自追求不同目的的社会里,作为人的个体行为的结果,作为各种社会生活条件最本质的相互关联的表现,客观规律也是有效的。但勃洛赫的哲学既然不是建立在客观现实上,而指向非实在的、可能的、新的、"尚未",所以他就在反对"规律形式主义"(Gesetze-Schematismus)的名义下,提出倾向概念来代替规律。所谓倾向,乃是相互作用的,用以破坏规律、扬弃规律(并将规律吸收进去)。因为照勃洛赫的看法,太重视事实里的规律乃是"从经验主义推演出来的社会主义的坏的事实感"[①]。

勃洛赫认为这个倾向概念正是马克思主义的基本性质,他曾说:"这种辩证历史的倾向科学,即马克思主义,就是关于实际以及实际中的现实可能性的一种中介了的将来科学。"[②]照他说,马克思主义就是一种"积极关于倾向的积极学问",一种有限具体的倾向科学。所以在他的所谓马克思主义的著作里,很少有对社会发展的主要因素、生产历程、具体历史的生产关系的具体分析;而特别强调的是关于劳动(工作)异化以及从"尚未"到"一切"的发展,因而将异化予以扬弃的玄思冥想(Meditation)。(作者旁注:利用马克思的倾向,说马克思主义是倾向学。)

(二) 论历史的动力

勃洛赫既然不承认社会的过去和现在的物质基础是社会的本质所在,于是就在物质生活条件及其主要因素以外,来寻求社会历史发展的推动力。他首先肯定过去的哲学(当然指马克思主义)还没认识到推动社会发展的东西,"一种活动的当前昏暗……还经常在世界的底下(Under der Welt)推动着"[③]。推动一切的,而且在其中一切在推动着的"存在的此时"(Das Jetzt der Existenz)还尚未为人所认知。历史历程还没达到关于历史历程的知识,而勃洛赫的哲学正是要成为作此阐明的

---

① 《希望原则》,柏林 1960 年版,卷一,第 161 页。
② 《希望原则》,柏林 1960 年版,卷一,第 310 页。
③ 《意义与形式》,1955 年第 3 期。

一步。他替这种推动力找到一个非常模糊的名字叫"致使因素"(Dass-Faktor)。致使因素是什么呢？勃洛赫干脆说就是空虚,"空虚是原始的致使因素、实现因素,它推动世界并保持世界于运动中"①。这个"作为尚未的无",出于"空"的,就是动力,"无……恰恰就是那个归根结底推动世界的东西"②。(作者旁注：动力是出于空的。)

这个"无"是要寻求为其自己适当体现所缺少的东西的,于是就起推动作用。(未满足的需要[饥饿的存在]——这就是进行倾挤而推动。③)因为世界上一切事物都希望实现和圆满④。至于在人的身上,这种动力表现在基本欲望里,首先是自我保存的欲望,即饥饿,这个饥饿欲望是最可靠的,是"相对地说最普遍存在的基本欲望"⑤。其次,从这个基本欲望里逐步地产生出来各种兴趣、"自我扩大的欲望"和要求满足的希望。他认为可以用这种生物学的欲望驱动作为出发点,以说明社会的发展。(作者旁注：动力需要于希望。)

而最重要的也是发展到最高度的意愿因素,在他看起来是希望、预料、向前（和展望）的梦想。他认为至今这些问题都还没进行过研究。"这个繁茂的问题领域在过去的哲学里几乎一个字都没提到。向前的梦想,如同列宁所说的,从来没考虑过……它直到今天在哲学上还没受到完全适当的注意。"所以他的主要著作就是要"从希望中……发展出哲学来"⑥。

他认为空想的想象(Phantasie)在实际中有它的相应物,那就是实在的可能性(Realmöglichkeit)。在实际中要求自我实现的"从禀赋中得来的"倾向和驱动,正与精神上的希望相当,希望是"尚未被意识的",而它的相应物是"尚未现成存在的"。目的是可以预料的,按照其实现的阶段之不同,它或多或少地有些空想性质,但"尚未现成存在的"与"尚未被意识的"之间的相应关系却是在整个世界里都适用的。

他的这个理论应用到社会和历史的问题上,就是明显的否定规律,蔑视经验和事实,代之以对于未来世界目标的冥想。这是完全违反马克思主义哲学的。

勃洛赫把自然和（社会）历史区分为两个不同领域,且两者没有共同的运动和发展规律。他承认自然界里的规律性,但认为社会事件的特征在于它的一次性。

---

① 《希望原则》,柏林 1960 年版,卷一,第 334 页。
② 《希望原则》,柏林 1960 年版,卷一,第 334 页。
③ 《主观与客观》,柏林 1952 年版,第 469 页。
④ 《主观与客观》,柏林 1952 年版,第 471 页。
⑤ 《希望原则》,柏林 1960 年版,卷一,第 82 页。
⑥ 《希望原则》,柏林 1960 年版,卷一,第 15-16 页。

他在论"进步"概念的分化一文里说:"现代物理为'宏观世界'的即天文学的关系所设想的、四向度的时空世界,一定不是有作为运动的存在形式的时间在其中流过的世界。同样的,物理时间(除 Entropie 的时间以外)缺少方向性的标志,甚至连一种可思议的一次性的标志都没有。"① 勃洛赫正如新康德主义者一样,强调历史事件的一次性,以便说明历史规律性的不存在。

(三) 论历史的目的与意义

勃洛赫的哲学既以希望为出发点,那么它对将来的兴趣就必然比对现在的兴趣大些,所有过去、现在和将来发生的事件都是向着一个目的"安排"的,都为一个目的所规定。那么它们的目的是什么呢?

他不得不承认目的是昏暗的,将来既然尚未显现,今天的考察就不能进入其中,就连一些关于倾向的知识也还不知道。"将来,尽管它有其一切前景的和视野的客观性,却参加着被生活了的当前昏暗,其参加的方式正是构成将来之所以将来的最本质的性质的东西:无法进行考察,就连一些倾向的知识也还相对地不知道"②,"将来的东西不是别的,就是我们放大了的昏暗,就是其枝杆滋生中的或在今后历史的扩大中的我们的昏暗"③。

但虽然如此,勃洛赫仍然认为这个昏暗是可以"足够地"予以预感的。可是他所能够"足够地"预感的是什么呢?有时说是"一般"(Ueberhaupt)和"一切"。"希望中最所希望的,称为最高的善(至善)的表示出……最终目的,乃是人类基本愿望的一般。"④ 而这个"一般"又是什么呢?有时说是"整体"(Totum)⑤,有时说是作为"世界历史的最后一章"的"至善"(Summum bonum)⑥,有时又说是 Unum Necessarium⑦。而比较确切的名词是"人道"(Humanum),"演化出来的……具体空想的人道"。因而可见这里问题在于人,在于人的实现。历史的目的是人的完成。

只要劳动人民能预感这个目的,这就是"历史制造者,劳动人民的自我把捉"⑧,其结果就达到"绝对适合于人的情况"⑨。在绝对适合于人的情况里,"回归

---

① 《进步概念的分化》,第 29 页。
② 《希望原则》,柏林 1960 年版,卷一,第 323 页。
③ 《乌托邦的精神》,慕尼黑 1918 年版,第 372 页。
④ 《希望原则》,柏林 1960 年版,卷一,第 342 页。
⑤ 《希望原则》,柏林 1960 年版,卷一,第 228 页。
⑥ 《希望原则》,柏林 1960 年版,卷一,第 190、329、342 页。
⑦ 《希望原则》,柏林 1960 年版,卷一,第 194 页。
⑧ 《希望原则》,柏林 1960 年版,卷一,第 223 页。
⑨ 《希望原则》,柏林 1960 年版,卷一,第 329 页。

于自己的人与成功的人的世界就彼此同一"①。"在同一的家乡里,人对世界或世界对人都不以一个陌生者(或外人)对待。"②但在尚未达到这个目的之前,勃洛赫认为人与自然之间是存在着一种敌对关系的,人是自然的压迫者和剥削者,而没有结为朋友,使自然主体成为"共同生产者"。

"人类历史的终点","往何处去的终极",照勃洛赫的看法是预先安排了的。"世界里充满了为什么的禀赋、对什么的倾向、成为什么的潜能,而这样被倾向的什么就是倾向者的满足。"③

根据这个世界和历史的目的,勃洛赫发展出世界和历史的意义来。他认为意义就是"远景,如同在改变的世界里可能的远景那样……","意义并不含在一个静态的现成性里,而在客观的客观性的现实可能性里和辩证的实现倾向里……"④这里是在说,意义不是与人的意识相联的东西,而是现成存在于客观历程、现实可能和将要实现的东西中,并且不仅现成存在于历史中,而且也在世界中。

意义既然是现成的、客观的,所以是"可以通过人而逐步地游离出来的"⑤,因而逐步地为人所认识。"在最初的开始中就已存在的人类历史意义,在于建立起一个自由的王国。"

---

① 《希望原则》,柏林 1960 年版,卷一,第 342 页。
② 《希望原则》,柏林 1960 年版,卷一,第 228 页。
③ 《希望原则》,柏林 1960 年版,卷一,第 27 页。
④ 《进步概念的分化》,第 41 页。
⑤ 《进步概念的分化》,第 51 页。

关于赫拉克利特的辩证法

一

古希腊伟大的唯物主义的辩证法论者赫拉克利特,其诞生距今已 2500 多年。

纪念赫拉克利特,和纪念今年恰好是诞生 400 周年的另一位伟大的唯物主义哲学家弗兰西斯·培根,同样具有重大的现实意义。培根的贡献在于他在西洋近世史初期提倡自然科学实验方法,从而沉重打击了中世纪经院哲学,有力地宣扬了唯物主义,但他也给唯物主义带进来非辩证法的形而上学因素。赫拉克利特的特殊功绩在于他是人类思想史里在古希腊朴素的唯物主义基础上明白表述了辩证法的第一人。

在 20 世纪的今天,当着垂死挣扎的帝国主义和一切反动派利用各式各样唯心主义哲学流派的诡辩向马克思列宁主义猖狂进攻的时候,我们应该纪念英国唯物主义的始祖培根[1],也一定要纪念辩证法的奠基人之一赫拉克利特[2]。

---

[1] 马克思:《神圣家族》,《马克思恩格斯全集》,人民出版社,1957 年版,第 2 卷,第 103 页。
[2] 《列宁全集》,第 38 卷,人民出版社,1959 年版,第 391 页。

赫拉克利特的辩证法是对古代希腊政治、经济、社会和文化种种方面剧烈变化的自发的肯定的反映。赫拉克利特约于公元前539年生于当时由希腊统治的小亚细亚海岸的商业城邦爱菲斯。希腊社会在公元前7世纪末6世纪初已经完全由氏族社会进入奴隶社会。一方面，奴隶主的残酷剥削和无情压迫，激起接连不断的、规模巨大的、有时延续达数年之久的奴隶起义，奴隶主与奴隶之间的阶级斗争达到了后来直至资产阶级兴起时所罕见的尖锐程度。另一方面，奴隶主阶级在奴隶不断反抗的压力之下，分裂为比较开明的民主派和坚持专制政体的贵族派。从这两派分别在雅典和斯巴达当权而分庭抗礼，以及在雅典两派本身互相倾轧更迭执政的事实，可见奴隶主两派之间的斗争也是极端尖锐的。再一方面，既不是奴隶又不属于奴隶主贵族的手工业者，以及由于海上交通日渐发达、希腊与东方国家贸易日益频繁而出现的大批商人，参加到民主派奴隶主一方的政治斗争中，使希腊社会的内部矛盾更加错综复杂。再加上随着贸易往来，又由商人带来对东方国家社会情况的了解，带来希腊本土所没有的各种科学知识，思想界也产生了激荡波动。而尤其突出的是，在公元前6世纪末，正当赫拉克利特的盛年，东方波斯国王大流士国势强盛，蓄意西侵，使希腊在对外关系上也处于战争一触即发的紧张状态。居住在爱菲斯的赫拉克利特所面对着的是这样一个矛盾百出、瞬息万变的客观现实，这就使他不能不在他的世界观里鲜明地表示他究竟赞同还是反对社会的发展进步，肯定还是否定世界的运动变化。

不错，赫拉克利特出身于贵族家庭，有很多记载说明他对一般的人民群众持有轻蔑的态度，这表示他反动的奴隶主阶级立场不变。但前面已经说过，奴隶主阶级内部分裂为民主派和贵族派，赫拉克利特对于他当时生活于其中的那个雅典式民主社会的法律，主张不惜以战斗来保卫，他重视工商业的发展，所以在政治上并不是完全站在反动的一方。相反，在世界观上，他正是以肯定发展变化的辩证法，来反对当时意大利南部两个贵族派奴隶主的御用学派——毕达哥拉斯学派和埃利亚学派——的形而上学的。赫拉克利特以唯物主义的辩证的世界观，与这两派唯心主义的形而上学的世界观分别进行了斗争。

当时以脱离客观事物而独立存在的"数"为世界实质的毕达哥拉斯学派，尽管费尽心机，想论证专制政体的正确，从而使之得以万古永存，但在充满剧烈斗争的现实面前，也无法完全否认社会乃至自然界里到处存在着各种各样的对立面。他们在不得不承认客观世界里包含着有限与无限、一与多、奇与偶、左与右、男与女、静与动、直与曲、明与暗、善与恶、正方与长方十个对立面之后，立即荒谬地硬说这十个对立面中各有一个象征着专制贵族的对立面是对立的主体，是对立的基础,永远占优势,永远起决定作用,力图这样来维护贵族派的利益,来取消对立面的斗争。赫拉克利特生于毕达哥拉斯本人之后大约30年,那么他所提出来的包含着鲜明的对立面斗争的辩证思想,应该说是他对毕达哥拉斯学派的十大对立学说这样"一些枯燥的、没有过程的、非辩证的、静止的规定"[①]的一个直接的回击。

赫拉克利特当时是两面作战。他在反对毕达哥拉斯学派之外,同时还用万物皆变的思想来反对埃利亚学派首创人色诺芬尼所提出的世界是一个单一永恒不动不变的存在的学说。他强调运动,认为运动变化中的事情,不是一成不变地永恒存在,而是既存在又不存在。正是为了与赫拉克利特的这种主张相对抗,埃利亚学派的巴门尼德就继色诺芬尼之后,扬言世界万物只有存在,没有不存在,而芝诺就更进一步诡辩地提出其著名的"飞矢不动"等概念上的矛盾,来否认客观事物运动的可能性。

赫拉克利特和毕达哥拉斯、埃利亚两派之间的反复论战,反映了古希腊社会进步与反动两派势力之间的剧烈斗争,也反映了哲学世界观上唯物主义和唯心主义之间的尖锐斗争,而斗争的焦点,集中表现在肯定还是否定辩证法。

二

"古代希腊哲学家都是天生的、自发的辩证法论者"[②],赫拉克利特的辩证法正是古希腊哲学家,特别是唯物主义的米利都学派哲学家的辩证思想的总结和发展。

在米利都学派的自然哲学里,一脉相承地表现着辩证思想的萌芽。甚至在反动的希腊唯心主义哲学里,也还流露出个别的辩证因素。就拿与赫拉克利特针锋相对的两派来说,例如,毕达哥拉斯学派认为"一"是奇偶数,因为一本身是个奇数,加到偶数上得出的结果还是奇数,而加到奇数上却得出偶数,这表示一既有奇数的性质,又因能够造成偶数而具有偶数的性质。奇偶数的观念包含有辩证的思想。再譬如说,芝诺为了否认客观事物的运动变化,曾经分析过运动概念的内在矛盾,并且揭示了事物本质与现象之间的矛盾关系,虽说不能像黑格尔那样把芝诺夸张为辩证法的发明人,毕竟应该肯定就在芝诺的形而上学里也含有一定的辩证思想猜测。但是,尽管如此,古代希腊的天生的、自发的、朴素的辩证思想,主要是表现

---

① 列宁:《哲学笔记》,第251页。
② 恩格斯:《反杜林论》,人民出版社,1956年版,第18页。

在唯物主义哲学家那里。赫拉克利特对此作了充分的吸取、明白的表述和进一步的发展。

现在让我们来检查一下赫拉克利特的辩证法包括哪些主要内容，以及这些内容是怎样发展形成起来的。

（一）他最基本的辩证思想是肯定运动变化的绝对性和普遍性

他认为整个自然界和任何个别事物都不是静止的，都在永不停息地变化着。据柏拉图的记述，他"在某一个地方说：一切皆流，无物常住；他把万物比做一道川流，断言我们不能两次走下同一条河流"[1]，因为万物流转，"走下同一条河流的人，经常遇到新的水流"[2]。恩格斯给我们指出，由赫拉克利特第一次表述出来的世界图景是："万物是存在着，同时又不存在着，因为万物皆在流动着，万物皆在经常变化着，万物皆在不断产生和消灭的过程中。"[3]

明确地提出流转变动，赫拉克利特的确是历史上第一个人。可是对于流转变化的认识，应该说早在米利都学派的万物根源学说里就已暗含着了。米利都学派三位大师都寻找能够作为世界万物之基础的本原物质。泰勒斯认为是水，阿那克西曼德认为是不固定者（通常多译为"无限"或"无限者"，列宁在《哲学笔记》里指出，译为"不固定者"是正确的），阿那克西米尼认为是气。这三人认为的万物根源虽然各不相同，有的是液体，有的是气体，但有一个共同之点，即都不是固定的东西，都不是固体。阿那克西曼德的"不固定者"，顾名思义，不用说是没有固定形体的；就是阿那克西米尼的气，甚至泰勒斯的水，也都不是固体，都是能够而且易于变形的东西。从他们都以易于变形的东西当作万物根源这一点看来，就可知他们都有万物流转变化的认识。赫拉克利特的功绩，在于把他们关于流转变化的认识总结出来，明白表述出来。

（二）"逻各斯"（logos，或译"道"）

万物都在流转变化，那么流转变化中间有没有规律呢？有，这就是"逻各斯"。赫拉克利特的"逻各斯"是指世界上一切事物运动变化所遵循的最普遍的规律。所以他说："万物都根据这个'逻各斯'而产生……"[4]甚至万物之中在希腊人看来最伟大的太阳，也不能例外，也必须遵循规律，所以"太阳不越出它的限度；否则，那

---

[1] 柏拉图：《克拉底鲁》篇，斯特方本，第402页。
[2] 《古希腊罗马哲学》，商务印书馆，1961年版，第20页。
[3] 恩格斯：《反杜林论》，第18页。
[4] 《古希腊罗马哲学》，第18页。

些爱林尼神——正义之神的女使——就会把它找出来"①。而且，还不止世界上的万物如此，世界本身亦复如此，也是按照规律运动的，因为"这个世界……过去、现在和未来永远是一团熊熊的活火，按规律地燃烧着，按规律地熄灭着"②。

规律的思想，在赫拉克利特以前的米利都学派里有过没有呢？有的，或多或少也已有了萌芽。阿那克西曼德已经见到，作为万物始基的"不固定者"变为有固定形体的世界和天体，再从世界和天体变为"不固定者"，是有一定规律的。他说过："这些天体和世界自产生以后，经过相当长的时间才灭亡，而且很久很久以来，它们就这样地循环不已。"③循环往复，就不是杂乱无章，不是变幻莫测，就是有规律。赫拉克利特也说："这个世界……熊熊的活火，按规律地燃烧着，按规律地熄灭着。"那么，两人之间的思想联系，是很清楚的。只是到赫拉克利特这里，关于规律的认识，已经不复是模糊的，而是明确的，已经第一次被表述出来，被称为"逻各斯"。

（三）关于转化的思想

赫拉克利特的著作残篇里保留下来很多说明转化的片断。比如他说："在我们身上，生与死、醒与梦、少与老都始终是同一的东西。后者变化了，就成为前者；前者变化了，又成为后者。"④生与死、醒与梦、少与老都是正相对立的现象，它们的转化，表示每一个现象都可以转化为它自己的对方。这是赫拉克利特的一个新的思想。在毕达哥拉斯的唯心主义里，如我们前面已经说过的，有了对立面，但那些对立面都是僵死的、固定的、不能转化的。

赫拉克利特的转化思想，照我们看，首先是从他的无物不变、万物流转这一基本认识里发展出来的。他所明白提到的转化现象，大都还是自然现象在时间里流转的结果。一个人，在时间里流转，就由少变老，由生变死；时间本身也是这样，日夜更替，寒来暑往。

他在残篇里还留下另一句有关转化的话："冷变热，热变冷，湿变干，干变湿。"⑤这种由一个对立面转化为另一对立面的认识，也还是与自然现象密切结合着的。但在这里，流转的观点已经比较少，而转化的观点已经更多。因为冷变热与热变冷，已经不是冬变夏和夏变冬，湿变干和干变湿也已不是通过雨变晴和晴变雨

---

① 《古希腊罗马哲学》，第28页。
② 《古希腊罗马哲学》，第21页。
③ 马科维尔斯基：《苏格拉底以前哲学家》，1914年俄文版，第1卷，第38页。
④ 《古希腊罗马哲学》，第27页。
⑤ 《古希腊罗马哲学》，第27页。

来表示的了。

从流转发展成转化，这是一个自然而然的发展，但同时也是一个深刻的、重大的发展。赫拉克利特的这一发展之所以具有深刻重大意义，一方面，因为转化是向其自己的对方变化，这种变化已不仅只是数量上的增减，这表示已有了由量变到质变的思想的萌芽。另一方面，因为对立面的转化即包含对立面的统一，而赫拉克利特恰恰是通过对立面的转化认识到了对立面的统一。这是他在辩证思想上超越其一切前人之处。

（四）关于真理的具体性或概念的灵活性的认识

在谈他的对立统一思想之前，我们先谈这一点，因为在一定意义上，这也是关于对立统一的初级认识。这方面，残篇里有两类例子：

他说："海水是最纯洁的，又是最不纯洁的：对于鱼，它是能喝的和有益的；对于人，它是不能喝和有害的。"①这就是说，海水既有纯洁的性质，又有不纯洁的性质，其本身包含着纯洁与不纯洁两种正相反对的性质，是纯洁与不纯洁这两个对立面的统一。这两个对立面是怎样的两个对立面呢？它们是海水这一事物和另外两个不同事物的关系的对立。一方面是海水对鱼来说——纯洁，另一方面是海水对人来说——不纯洁；纯洁与不纯洁，两个互相对立的性质，统一于海水之内，所以海水是对立面的统一体。要说海水究竟是纯洁的还是不纯洁的，就要看具体情况，看它是就哪一种关系来说的。

另一类例子是："善与恶是同一回事。医生们用各种办法切割、火烧以折磨病人，却向他们索取酬金。"②刀割与火烧都是恶事，都是折磨人的事，但当它们被医生当作一种医疗手术而加之于病人的时候，就变成好事了，因而还要索取酬金。在这里，刀割或火烧，不是包含着它跟两个不同事物发生的不同关系，而是它跟同一事物——人——的不同状态所生成的不同关系。刀割与火烧，对于同一个人，当他健康时，其关系为恶；当他患病时，其关系为善。善与恶这两个对立面在刀割和火烧里是统一着的。要说刀割和火烧究竟是善还是恶，就要看具体地是跟一个人的患病还是跟一个人的健康关联起来说的。

（五）关于对立统一的思想

在这里我们要说的比上面所说的那种对立统一更加深刻得多。赫拉克利特一

---

① 《古希腊罗马哲学》，第 24 页。
② 《古希腊罗马哲学》，第 24 页。

方面认识到每一事物都是与它自己的对立面互相依存的,换句话说,每一事物都是外在地跟它自己的对立面统一着的。另一方面,他又认识到每一事物在其内部、就其本质来说本身就统一着对立面。可以从下面两类语录里看出来:

他说:"如果没有那些非正义的事情,人们就不知道正义的名字。"① 又说:"疾病使健康舒服,坏使好舒服,饿使饱舒服,疲劳使休息舒服。"② 显然这是说,没有非正义,也就无所谓正义,没有疾病也就无所谓健康,没有坏事、饥饿、疲劳,也就无所谓好事、温饱和休息。每一事物都与它自己的对立面互相反对,但又必须有这个反对方面自己才能成立。对立面是事物自身成立的条件,所以任何事物总是存在于它自己与其对立面的联系中,总是相反相成。

他关于对立统一最深刻的话是:"我们走进又走不进同一条河流,我们存在而又不存在。"③ 我们既是我们又不是我们。一条河流,既是这条河流又不是这条河流。无论我们人或一条河流,本身都有继续存在与已不存在的对立,在其自身的本质中都是一个对立面的统一。从什么观点上看到每一事物都是既存在而又不存在的呢? 他这仍然是从万物流转、一切皆变的认识中发展出来的。一条河流既然流动着,它就永远有新水流来,有旧水流去,当我们涉足进去时,我们所遇到的总是新的水流,它早已不复是我们尚未涉足的那个河流了。所以说我们走不进同一条河流。这是一个方面。另一方面,这条流动着的河流,虽然永远是新水流来,旧水流去,每一瞬间都与前一瞬间不同;但在来水不多,去水不少,既没泛滥也没枯竭的情况下,它仍然作为一条河流而存在着。在这种情况下,我们就能够走进同一条河流。我们自身也是一样,作为变动不居的人,一方面,每一时刻的我都与前一时刻的和后一时刻的我不同,每一时刻的我都立即不复存在。但另一方面,我在没变化到死亡之前,我总是同一个我,我是在继续存在着。任何事物,总是绝对变化着的,所以,它的存在总是一个过程。过程中的每个部分,无时不变,而过程本身,以及全部过程,则相对地持续不变。变与不变、绝对与相对、部分与全程既是对立也是统一的,所以他说:"结合物既是整个的,又不是整个的(又是部分的)……"④

赫拉克利特把一切事物都视为对立面的统一,乃是一个极其深刻的见解。对于这一点,列宁曾评论说:"统一物之分为两个部分以及对它的矛盾着的部分的认识……是辩证法的实质。"⑤

---

① 《古希腊罗马哲学》,第 21 页。
② 《古希腊罗马哲学》,第 29 页。
③ 《古希腊罗马哲学》,第 23 页。
④ 《古希腊罗马哲学》,第 19 页。
⑤ 《列宁全集》,第 38 卷,第 407 页。

（六）最后而且最重要的一点是他关于对立面的斗争的认识

赫拉克利特不仅认识到每一事物都是对立面的统一体，而且更进一步发现事物的自身运动都是起于其内在的相互排斥着的对立面的斗争。对立面的斗争是一切事物之所以产生自身运动的动力源泉。他曾以最明确的方式表示："应当知道，战争是普遍的，正义就是斗争，一切都是通过斗争和必然性而产生的。"① 推动事物运动的斗争，在他看来，是普遍的，是必然的。而且，它不只是运动的推动者，并且是事物运动方向的决定者。他说："战争（斗争）是万物之父，也是万物之王。"② 万物之所以发生运动，固然完全起于它内部对立面的斗争，同时万物之所以各是这样的而不是那样的，也是由斗争来决定的；所以说，是斗争"使一些人成为神，使一些人成为人，使一些人成为奴隶，使一些人成为自由人"③。

赫拉克利特的辩证思想，虽说是朴素的，但分析起来，却具有这样丰富的内容。从他对当时社会现实的体验和对自然现象的直观，得出万物流转、一切皆变的观点，从流转而发展到转化，又从对立面的转化认识到对立面的统一，最后从对立面的统一见到统一体内部对立面的斗争是一切事物流转变化的动力。这样，他就能够转回头来，为他的万物流转找到了根据，找到了说明。就这一点说，赫拉克利特的辩证法不仅内容十分丰富，而且也有贯通一致的观点。

三

古代希腊，是辩证思想还没受到阻挠的、天然生长的时代。在许多哲学家的思想里自觉或不自觉地都有辩证的因素。可是赫拉克利特的辩证法，具有它自己的特征。总的说来，第一，赫拉克利特的辩证法虽然内容丰富，但毕竟是朴素的辩证法；第二，它是客观的辩证法，而更确切些，应该说，它是主观和客观同一的辩证法，是主客观同一于客观的辩证法；第三，它是唯物主义的辩证法，而不是唯心主义的辩证法，不像有些唯心主义哲学家所歪曲的那样。

（一）先谈第一点。赫拉克利特的哲学，包含着十分丰富的辩证论点，但绝大多数都是直观的结果，有总的看法而没有分析解剖，有正确的结论而缺少充分的论据。大家都知道，赫拉克利特在古代被公认为晦涩的哲学家，其所以晦涩难解，并

---

① 《古希腊罗马哲学》，第 26 页。
② 《古希腊罗马哲学》，第 26 页。
③ 《古希腊罗马哲学》，第 26 页。

不是像有些哲学家诬蔑地说他是由于蔑视平民而故弄玄虚使他们不懂,而是因为辩证的转化发展运动,在赫拉克利特本人也只是直观得来的、未经分析解剖的东西,对于别人就更不容易理解了。关于这一点,他自己不是没有自觉。他深深知道人们对他谈论"逻各斯"的话会全然不懂,所以他说:"这个'逻各斯'虽然永恒地存在着,但是人们在听见人说到它以前,以及初次听见人说到它以后,都不能理解它。……我在分别每一事物的本性并表明其实质时所说出的那些话语和事实,人们在加以体会时却显得毫无经验。"[①]此外,他的辩证思想的直观性和朴素性还表现在他表达他的思想的语言形式上。他遗留下来的著作残篇,绝大多数都是寓言式的话语。这不完全是文字体裁问题。寓言式的文体是表达笼统的认识的最合适的形式。他大量采用这种文体来表达自己的认识,正足以说明他的认识基本上是一些未加剖析、未曾分化的直观。

由于它是直观的结果,由于它只具有朴素的形式,赫拉克利特的辩证法不是没有局限性,它包含不少可以被误解的论点,甚至有显然不够彻底的地方,或易于导致谬误的倾向。例如:

(1) 关于对立面产生和谐的问题。赫拉克利特一方面深刻地认识到自然界普遍存在着斗争,另一方面好像又觉得和谐也是普遍的现象。在他谈论和谐时,他列举了许多不同方面的和谐,从自然现象到文化艺术,涉及的范围很广泛。据亚里士多德的记述,他说:"自然……是从对立的东西产生和谐,而不是从相同的东西产生和谐。例如自然便是将雌和雄配合起来,而不是将雌配雌,将雄配雄。艺术也是这样造成和谐的,显然是由于模仿自然。绘画在画面上混合着白色和黑色、黄色和红色的部分,从而造成与原物相似的形相。音乐混合不同音调的高音和低音、长音和短音,从而造成一支和谐的曲调。"[②]

这仿佛是说,世界上固然到处都是对立面的斗争,但斗争着的对立面却造成和谐,因而使斗争终止。假如亚里士多德的记述是确切的,则赫拉克利特所见的万物皆变,并不彻底,并非绝对,因为斗争产生运动变化,而运动变化的结局是和谐,反而是静止不动。所以历史上有很多哲学家认为在赫拉克利特的思想里对立面的和谐与斗争是自相矛盾的学说。

由于赫拉克利特的辩证思想是朴素的,那么上述误解之发生,可以说是自然的,是可以理解的。但如果我们仔细考察赫拉克利特的原意,显然这仅仅是一种误解。赫拉克利特有这样一段语录:"结合物既是整个的,又不是整个的,既是协调

---

① 《古希腊罗马哲学》,第18页。
② 《古希腊罗马哲学》,第19页。

的,又不是协调的,既是和谐的,又不是和谐的,从一切产生一,从一产生一切。"①对他这段话应该说明几点:第一,和谐并不意味着对立面的消灭。因为和谐仍然跟不和谐对立着,而对立面不消灭,对立面的斗争就不会终止;所以和谐的思想跟普遍斗争、永恒变化的思想并不冲突。第二,对立面造成的和谐,只是有条件的、暂时的、易逝的、相对的统一(一致、同一、均衡),这一点,他在另一段残篇里说得非常清楚:"互相排斥的东西结合在一起,不同的音调造成最美的和谐。"很明显,和谐就是指互相排斥的东西结合在一起,而互相排斥的东西结合在一起,用另外一个说法来表述,即是对立面的统一。第三,"既是和谐的,又是不和谐的"。这个和谐与不和谐的对立,应该含有矛盾的统一与矛盾的斗争互相对立的意思。

(2) 另一个与和谐有关的问题是由新近的唯心主义哲学家提出来的。② 他们认为赫拉克利特的作为变动原因的斗争只限于世界万物的范围之内,而作为万物之始基的火,融融一片,是一个大和谐。和谐的火本身不包含斗争,没有推动力。那么是什么力量使火变化,使之变为世界万物的呢?他们认为赫拉克利特没有提出这个问题,当然更没有给予解决。

这显然是有意识地利用赫拉克利特辩证思想的朴素性来钻空子。赫拉克利特视为万物本原的火,无论就古希腊时代的或就现代的观点来说,总是被了解为本身包含着最高度的内部斗争,所以具有自身运动。泰勒斯的水和阿那克西米尼的空气,作为本原物质,虽然都是可变动的东西,它们却可以变动也可以不变动,有流动的水和空气,也有静止的水和空气,但火则不能不动,没有静止不动的火。火是自身运动的,所以火之变化为世界万物,根本不需要另外的推动力。由于赫拉克利特以火为万物始基,而不曾明白表述之为"永恒运动着的物质",这就给反动哲学家以可乘之机,从事歪曲和非难。

其实他们之断言火是和谐的,不含有斗争,硬说斗争只限于世界万物之中,从而把火与世界万物绝对对立起来,把火排除于物质世界之外,这恰恰暴露了他们的唯心主义偏见,表示他们从一开始起就已把赫拉克利特的火当作非物质的东西罢了。

(3) 另一个问题是赫拉克利特的辩证法里有没有循环论的思想。关于这个问题,我们觉得确实值得考虑。因为,赫拉克利特既然认为世界万物的变化有上下两条道路:一方面是"土死生水,水死生气,气死生火"③;另一方面是由火变气,由气

---

① 《古希腊罗马哲学》,第19页。
② 参见雅斯贝尔斯:《大哲学家》,慕尼黑1959年版,第638页。
③ 《古希腊罗马哲学》,第26页。

变水，由水变土，而这"上升的路和下降的路是同一条路"①。那么这样的变化，岂不就是上下往复、循环无已吗？照他这样看法，世界上个别事物虽然都永不停息地生灭变化，而世界整体却周而复始，永远跳不出这个圆圈，因而也就不能说有绝对新的事物产生，也就没有真正的发展。

甚至据艾修斯②的记载，赫拉克利特还曾断言由 10800 个太阳年组成一个"大年"，每届所谓大年之期，"整个宇宙和一切物体……在一场总的焚烧中重新为火烧毁"③。显然，这是一向普遍流行于古代人思想中而一度明确出现于阿那克西曼德学说中的那种周期论、循环论的思想表现。有人怀疑这段记载未必真实，说与赫拉克利特的基本思想不合。而在我们看来，这段记载里的思想，毋宁说与赫拉克利特的观点恰恰是一致的。前面不是已经提到过，他把世界视为"一团熊熊的活火，按规律地燃烧着，按规律地熄灭"吗？所谓每隔 10800 年，只不过是对"按规律地"所作的一种具体猜测而已。宇宙按规律地燃而复熄、熄而复燃，这不是无始无终的周期循环是什么呢？也正是在这个意义上，赫拉克利特说："在圆周上，起点和终点是重合的。"④

（4）最后是关于赫拉克利特有没有相对主义倾向的问题。赫拉克利特已经认识到真理的具体性和相对性，这在上面已经说过了。他说海水既是能喝的又是不能喝的，蜂蜜既是甜的又是苦的。他认为海水和蜂蜜所以有这样相对的属性，是因它们处于不同的具体情况之下。所以应该说，赫拉克利特关于真理相对性的见解本是正确的，他自己并没把这种认识错误地发展为此亦一是非、彼亦一是非的相对主义。

可是古希腊的相对主义思想的滋长，不能说不部分地受赫拉克利特的影响。赫拉克利特的学生、他的学说的主要继承人、曾经做过柏拉图的老师的克拉底鲁，就是一个自以为发展了而实际是歪曲了赫拉克利特学说的著名的相对主义者。而且，照亚里士多德的分析，古希腊以宣扬相对主义为职业的诡辩学派，其思想渊源就有一部分是出于赫拉克利特。照亚里士多德说："普罗塔哥拉亦曾有类似上项想法的言语：他说过'人是万物的尺度'，其意谓各人所见便是真实。若然……同一事物便将可是可非，可善可恶……此意所本，盖一部分出于自然哲学家之教义，而另一些事例则出于世俗寻常之见。"⑤这里所说的自然哲学家，当然是伊奥尼亚

---

① 《古希腊罗马哲学》，第 24 页。
② 《古希腊罗马哲学》，第 16、18 页。
③ 《古希腊罗马哲学》，第 16 页。
④ 《古希腊罗马哲学》，第 28 页。
⑤ 亚里士多德：《形而上学》，商务印书馆，1960 年版，第 218 页。

学派,而主要则是指赫拉克利特。可见赫拉克利特的"反映物质过程的全面性和统一性"①概念的灵活性,被他自己的学生和后来的智者"加以主观的应用"②,就径直地成了诡辩。

(二)以上是谈赫拉克利特辩证法的第一个特征,即其朴素性和一些相联的问题。现在来看看它的第二个特征,看它何以是客观的辩证法,何以是主观和客观同一于客观的辩证法。这一点,主要可从他对"逻各斯"的看法上找出线索。在赫拉克利特那里,逻各斯是客观事物的运动规律,而同时又是主观思维的运动规律,两个规律互相联系,彼此统一。

在古希腊具有辩证思想的哲学家中,注意主客观之同一的要算是埃利亚派的芝诺。但他所揭露出来的是主观辩证法,而且他不是对它加以肯定,而是对它加以否定。他从否定主观辩证法出发,通过主客观同一的道路,进而否定客观辩证法。苏格拉底使用论辩的方法给道德概念下定义,在论辩中揭露对话人的概念上的矛盾,然后设法克服概念矛盾,逐步求得更一般的道德概念。苏格拉底是主观辩证法家,他从来不曾,也从来没有意图要去阐明客观事物的辩证法。柏拉图也讲辩证法,他讲的是理念的辩证法,所以他的结论是:"总之,一切理念既存在又不存在,既表现又不表现。"③柏拉图对其他方面的辩证关系,都不感兴趣,"但是如果有人首先单就这些理念本身如'等'与'不等'、'多'与'一'、'静'与'动'等各给予规定,然后又指出这些理念的本身如何可以既是同一的,又可以是有区别的,那我就会感到惊异了"④。柏拉图的辩证法只涉及理念,虽然理念在一定意义上是客观的。

赫拉克利特的"逻各斯"之为客观的运动规律,前面已经说得很多了。在他著作残篇里有"万物都根据这个'逻各斯'而产生"⑤的话。照艾修斯的记载,还有:"赫拉克利特断言一切遵照命运而来,命运就是必然性。——它宣传命运的本质就是那贯穿宇宙实体的'逻各斯'。"⑥还有:"……命运就是那循着相反的途程创造万物的'逻各斯'。"⑦这几段话,非常清楚地表明"逻各斯"就是客观存在的普遍规律。

但是,"逻各斯"不仅仅是客观规律,而且也是主观规律。赫拉克利特在有的地方直接把"逻各斯"理解为有规律的主观思维本身。比如他在一个地方说:"逻各

---

① 《列宁全集》,第 38 卷,第 112 页。
② 《列宁全集》,第 38 卷,第 112 页。
③ 《巴门尼德》篇,第 166 页。
④ 黑格尔:《哲学史讲演录》,第 2 卷,第 218 页。
⑤ 《古希腊罗马哲学》,第 18 页。
⑥ 《古希腊罗马哲学》,第 17 页。
⑦ 《古希腊罗马哲学》,第 17 页。

斯虽是人人共有的……"①在另一个地方则说:"思想是人人所共有的。"②可见在赫拉克利特那里,一方面,"逻各斯"就是客观规律,客观规律就是"逻各斯";而另一方面,"逻各斯"就是思想,思想就是"逻各斯"。只有遵循这人人所共有的思想或"逻各斯",人才能进行正确的思维和合理的语言,因为它像客观的规律一样,又是主观的规律。所以他说:"如果要想理智地说话,就应当用这个人人所共有的东西武装起来,就像一座城市用法律武装起来一样……"③

在这里,也许有人会觉得,赫拉克利特以前的哲学家,都只注意到客观而不曾单独提出主观来,那么赫拉克利特或许也还是主客未分,他所说的人人共有的主观规律恐怕仍然是主客未分状态下的客观规律。这一种疑虑是没有根据的。大家都知道,赫拉克利特是哲学史上第一个提出认识论问题的人。认识论问题的提出,必须以有对主客观明白区分的认识为前提,因为认识论的问题正是主客关系,所以他不会只达到主客未分的地步。而且,在他的著作残篇里遗留下这样的话:"我寻找过我自己。"④这明明表示他已把主观跟客观对立起来单独对待了。主观规律也像客观规律一样,是普遍的,所以他说"逻各斯"是人人所共有的;但主观规律又与客观规律不一样,它是属于主观自身的,所以他又说:"逻各斯是灵魂所固有的,它自行增长。"⑤可以断言,在赫拉克利特那里,不是主客未分,而是主观与客观已被明确地区别开来。

但是,主观与客观有区别,也有联系。灵魂所固有的"逻各斯",亦即思想,固然自行增长,但并非与客观无关;恰恰相反,客观运动全靠主观的思想来掌握。所以他说:"智慧只在于一件事,就是认识那善于驾驭一切的思想。"⑥认识了思想,就等于抓住了关键,一切客观运动变化就不难掌握了,这就是聪明。

当然,聪明人并不是全凭主观办事,思想之所以善于驾驭一切,并不是因为主观可以任意支配客观,而是因为主观能够认识客观的真实情况,根据客观规律来驾驭客观。他说:"思想是最大的优点;智慧就在于说出真理,并且按照自然行事,听自然的话。"⑦用意就在于说明这个道理。归根结底,主观必须符合于客观。

赫拉克利特的"逻各斯"既是万物的运动规律,又是思维的发展规律,两者是同

---

① 《古希腊罗马哲学》,第18页。
② 《古希腊罗马哲学》,第29页。
③ 《古希腊罗马哲学》,第29页。
④ 《古希腊罗马哲学》,第28页。
⑤ 《古希腊罗马哲学》,第19页。
⑥ 《古希腊罗马哲学》,第29页。
⑦ 《古希腊罗马哲学》,第29页。

一的,而又以前者为准。所以我们说,赫拉克利特辩证法第二个特征是客观的,是主客观同一于客观的。

(三)赫拉克利特辩证法的第三个特征是唯物主义的。赫拉克利特所见的万物流转着的世界是以火为物质基础的。他反对上帝创造世界的宗教迷信,反对世界由任何精神事物所产生的唯心观点。他断言:"这个世界对一切存在物都是同一的,它不是任何神创造的,也不是任何人所创造的;它过去、现在和未来永远是一团永恒的活火……"①列宁称赞这一段话为"对辩证唯物主义原则的绝妙说明"②。

唯心主义哲学家为了要对赫拉克利特进行唯心主义歪曲,就硬说他的火不是物质原则。比如黑格尔就坚持赫拉克利特是主张"变"的哲学家,认为他的哲学第一原则是变,而变是有与无的统一,是一个纯逻辑的概念。说赫拉克利特只是为了要给他的概念以"一个较富实在性的说明"③,才说这第一原则是火。仿佛在赫拉克利特的时代,人们还不习惯于使用逻辑概念说明世界万物,迫不得已,借用火作为一种象征,作为纯概念的一种"实在形态",以便人们容易理解。

其实这纯然是枉费心机的捏造。赫拉克利特的火,就是他所见的世界的物质本原,绝不是什么"变"的符号或象征,在赫托克利特之前,早就有毕达哥拉斯派以"数",埃利亚学派以唯一永恒不动不变的"有",当作宇宙本原了。"数"和"有",都不是物质原则,所以与其说使用观念性的东西来说明世界在当时还不习惯,倒不如说当时正是风气所趋。赫拉克利特假如真像黑格尔所说的那样认为"这个'变'就是原则",他就根本没有必要再提出一个本原物质——火,唯心主义的毕达哥拉斯派和埃利亚学派都没有这样做。

赫拉克利特不仅认为火是世界的物质始基,而且还断言火就是人的灵魂。这是人类第一次对主观精神进行唯物主义说明的尝试。他在著作残篇里写道:"这个火,是赋有思想的,并且是整个世界的原因。"④赋有思想的东西就是指人的灵魂。古人以素朴的眼光,发现精神现象生动活泼不具定形,推想是由火构成的。火愈炽热,就愈干燥、愈明亮,这时候灵魂也就愈生动、愈有思想,所以说:"干燥的光辉是最智慧、最优秀的灵魂。"⑤而当火变湿润,光芒暗淡下来的时候,灵魂也就不那么智慧和优秀,所以,"对于灵魂来说,变湿乃是快乐和死亡"。"一个人喝醉了

---

① 《古希腊罗马哲学》,第21页。
② 《列宁全集》,第38卷,第395页。
③ 黑格尔:《哲学史讲演录》,第1卷,第303页。
④ 《古希腊罗马哲学》,第25页。
⑤ 《古希腊罗马哲学》,第29页。

酒，便为一个未成年的儿童所领导。他步履蹒跚，不知往哪里走；因为他的灵魂是潮湿的。"①这些话分明表示赫拉克利特力图以物质的火来说明精神现象。不错，黑格尔也承认在赫拉克利特那里灵魂就是火，但他一方面不承认这里的灵魂即是人的主观精神，而硬说"……灵魂……是世界的自己运动的过程"②，另一方面又抹杀火的物质性而硬说所谓"最干燥的灵魂就是纯粹的火……就是生动性自身"。他之所以这样，无非是要把赫拉克利特的火解释成逻辑概念，从而把他的唯物的辩证法予以唯心主义化。

　　黑格尔自称他所以断定赫拉克利特的火不是物质原则，仅只是变的象征，是因为关于赫拉克利特究竟以什么为物质为始基，古人传说不一。他发现"最优秀的见证人"之中，亚里士多德固然说是火，而据塞克斯都·恩披里可说，另有一些人说是空气或蒸汽。他认为这不是偶然的错误，而"在赫拉克利特的具有深刻意义的概念里存在着超越这种障碍的真正出路"③。他的意思是说，赫拉克利特的哲学第一原则本不是火这一物质，而是变这一逻辑概念，赫拉克利特有时说它是火，有时说它是空气或蒸汽，无非是当作一种象征，根本无关紧要，所以随便说说。这真是牵强附会。事情很清楚，赫拉克利特之所以有时说是火，有时说是空气或蒸汽，与他对于火和蒸汽的关系的理解有关。他受古代科学知识的限制，对火与气和蒸汽的区分不够明确，有时把火从气中分别开来，有时则混为一谈，视为一物。我们这一推断，可以从他的著作残篇里得到证明。他有一段话说："土死生水，水死生气，气死生火。"④在这里，除土和水两种物质形态之外，有气有火。但照第欧根尼·拉尔修的记载，他认为"火浓厚起来变成液体（水），水浓厚起来变成土"⑤，在这里，除水和土外，只提到火而没提到气。拉尔修随后说，"至于空气，他却没有说明是什么性质"，而关于蒸汽，是有说明的。他说："火借纯洁的蒸汽而增加，水借黯淡的蒸汽而增加。"纯洁的蒸汽增加，火就增加，这里显然是赫拉克利特把火和纯洁的蒸汽混为一谈了，火就是蒸汽，蒸汽就是火。由于这个原因，他有时说是火，有时说是蒸汽，有时说是气；也正是由于这同一个原因，他有时说火、气、水、土四种，有时说火、水、土三种物质形态。所以，照我们看，关于赫拉克利特物质始基的传说不一，只能证明他对于火与气和蒸汽的物质特性有时混淆不清，而绝不能像黑格尔那样得出结论说，他所说的火不是物质的。

---

① 《古希腊罗马哲学》，第 29 页。
② 黑格尔：《哲学史讲演录》，第 1 卷，第 308 页。
③ 黑格尔：《哲学史讲演录》，第 1 卷，第 304 页。
④ 《古希腊罗马哲学》，第 26 页。
⑤ 《古希腊罗马哲学》，第 15 页。

近来唯心主义者歪曲赫拉克利特的火的物质性还有另一种手法，就是断言他的火是从东方波斯人的拜物教里的神火借用过来的。但是我们认为，如果从他的火的思想渊源上看，如果从他的火与米利都派唯物主义哲学的关联上看，则火的物质性是不可以被模糊的，而是更加清晰明确。大家知道，阿那克西米尼以空气为万物本原，而空气有两种变化——变稀薄和变稠密；当它变稀薄时就成为火，变稠密时就成为风；风再变稠密就成云，云再变稠密就成雨，雨再变水，水再变土，土再变石。在这里，我们有几点可以注意：第一，阿那克西米尼已经认识到物质状态的变化与温度有关，据普鲁泰克记载，阿那克西米尼明白说过，空气的稀化即是变热，稠化即是变冷。第二，阿那克西米尼的稠化过程和稀化过程连接一起所构成的物质系列，从稀薄到稠密是火、气、风、云、雨、水、土、石，这和赫拉克利特的"向下道路"中的物质系列——火、气、水、土，基本上是相同的。第三，阿那克西米尼的稠化序列虽与赫拉克利特的向下道路约略相当，而起点不同，他以气为起点；但是，他并非不知道还有比气更炽热的、更稀薄的物质，而且他所理解的最热和最稀的物质恰恰就是赫拉克利特以之为万物始基的火。从这几点看来，难道赫拉克利特的火是从哪里来的还不够清楚吗？赫拉克利特生活在小亚细亚的一个海岸城市爱菲斯，说他接受波斯拜物教的影响，当然不是不可能的；但他接受同属于伊奥尼亚的另一个相距很近的城市米利都的学术文化，岂不是更自然吗？照我们看，根据上面指出的线索，赫拉克利特的火，不是波斯拜物教的神秘的圣火，而分明是米利都学派本来已经提出来的朴素的物质的火。从古以来，赫拉克利特总是被视为和米利都的哲学家同属于伊奥尼亚学派，其理由也就在这里。

中国和外国都有一些人认为赫拉克利特的哲学和老子的哲学很相近：两个人都有物极必反、相反相成的辩证思想。两个人都提出运动发展的普遍规律：老子称之为道，赫拉克利特称之为"逻各斯"。但是，两个人也有一点很不相同，即在老子那里，道既是万物运动的规律，又是万物的本原；而赫拉克利特的"逻各斯"则只是运动的规律，不是宇宙本原，他另以火为宇宙本原。有些人认为，老子既然说"道之为物，惟恍惟惚。惚兮恍兮，其中有象；恍兮惚兮，其中有物"，可见，道也有物质基础，道本身应该就是物质的。关于老子哲学究竟是唯心抑或是唯物，现在还是一个争论未决的问题。可是，如果说，老子的哲学还可能是唯物的，那么，赫拉克利特和老子比较起来，既然他在相当于老子的道的"逻各斯"之外明确地提出它的物质基础——火，则无论如何，应该肯定，赫拉克利特的哲学是唯物主义的，他的辩证法是唯物的辩证法。

四

从赫拉克利特创立朴素的辩证法,发展到马克思主义科学的辩证法,这中间经过一段漫长的道路,这段道路本身也就是一个辩证的发展过程。赫拉克利特第一次表述了辩证法以后,在两千多年的悠久岁月里,古代希腊,只有亚里士多德"研究了辩证法思想的最基本的形式"[1]。中古经院哲学把他学说中"非常有意思的、活生生的、素朴的(新颖的)东西"[2]舍弃了,直到德国唯心主义兴起,辩证法才又重新滋长起来,而黑格尔乃是这一时候辩证思想的集大成者。所以,恩格斯说,由赫拉克利特奠立的"辩证法,直到现在还只被亚里士多德和黑格尔两个思想家比较精密地研究过"[3]。

因此,在我们简单回顾这段历史的时候,就不能不着重看看亚里士多德和黑格尔是怎样对待赫拉克利特的辩证思想的。

首先,大家知道,亚里士多德坚决反对柏拉图的理念世界。柏拉图的理念世界来自巴门尼德的永恒存在,而巴门尼德永恒不变的存在学说是赫拉克利特辩证思想的直接敌手;所以,亚里士多德反对柏拉图的理念世界,等于间接反击了巴门尼德,保卫了赫拉克利特。

为了要把柏拉图的理念世界溶化到现象世界里来,亚里士多德提出形式与质料的学说,说每一个别事物,都是它之可以成为这个事物的质料与它之所以为这个事物的形式的结合。房屋是房屋形式与房屋质料的统一。如果没有房屋的形式,砖石就仅只是质料,还不成其为房屋;而更重要的是,房屋的形式如果不与质料相结合,它就只是一个关于房屋的概念,根本没有客观存在。没有客观存在的某一事物形式,只有在质料中实现,才形成某一事物。世界就是由各种不同的形式的先后实现而构成的。亚里士多德的形式与质料学说,(1)否定了理念世界,肯定了现象世界的真实性;(2)肯定了现象世界的真实,也就肯定了客观世界的变化运动,并且也就间接地支持了赫拉克利特的辩证思想。

但是在形式从哪里来的问题上,亚里士多德动摇了。他一方面承认个别事物是第一本质,事物的类是第二本质,仿佛关于类的概念,亦即事物的形式,是从个别事物中得来[4];而另一方面,由于他没有真正懂得从个别到一般,从感性到理性的

---

[1] 恩格斯:《反杜林论》,第 18 页。
[2] 《列宁全集》,第 38 卷,第 415 页。
[3] 恩格斯:《反杜林论》,第 23 页。
[4] 亚里士多德:《分析前篇》,81B.2—81B.21。

转化,因而认为个别的房屋或人是变动的,一般的"房屋"和"人"是不变的,不变的不能出于变动的,一般不能出于个别。结果,他断言在事物的形成、实现中起主动作用的一般概念,亦即形式,不以个别事物为基础,而最后决定于理性、上帝。而且在亚里士多德那里,上帝成了形式的形式,不动的动因①。他认为万物不因内在矛盾斗争而运动,却被万物之外的上帝推动着。在这里,如果我们想到赫拉克利特曾经坚决地宣称:"战争(斗争)为万物之父,也是万物之王","一切都是通过斗争和必然性而产生的","这个世界……不是任何神所创造的……"我们就会清楚地看到:亚里士多德已经走到赫拉克利特的矛盾斗争学说的反面去,陷入形而上学了。

其次,应该谈到,亚里士多德不仅反对柏拉图,他还直接坚决反对赫拉克利特,并且他所坚决反对的又恰恰是赫拉克利特的对立统一这个辩证法中心思想。亚里士多德说:"传闻赫拉克利特曾说'同一事物可以为是亦可以为非是',这是任何人所不能置信的。"②照我们看,亚里士多德之所以反对,出于两个理由,但都不中肯。第一,他因反对相对主义而反对赫拉克利特。亚里士多德认为相对主义者"看到了自然界全在动变之中,就说'既然没有一时刻没有一角落不在动变,所以没有一事物可得确实地予以肯定'……如那个闻名已久的赫拉克利特派克拉底鲁所坚持的学说,可算其中最极端的代表。"③亚里士多德深信"事物之所以为该事物,宁依于质,不系于量,质出于事物之确定性,量则出于事物之不定性"④。"即便事物在量上并非恒等,我们总是凭它的形式认识每一事物"⑤。由此可见,亚里士多德反对赫拉克利特,实质上只是反对像相对主义者克拉底鲁那样的赫拉克利特。

第二,亚里士多德是从形式逻辑上反对赫拉克利特。照他说,赫拉克利特违反了矛盾律:"同一事物不能同时既是而又不是,或容许其他类似的相反两端。"⑥赫拉克利特说事物既是又不是,那就不能肯定任何事物,因为"它所肯定的只是:正不必为正,反不必为反——这样的定理自身就应是假的。世上苟有真是非,必将拒绝这些完全破坏合理语法的异说"⑦。但是,很明显,赫拉克利特的命题并不是一个形式逻辑的命题。这一点,亚里士多德本人也明明知道。

亚里士多德知道赫拉克利特的命题是一个辩证法的命题,旨在于解决自从巴门尼德提出变为不可能的学说后困惑了全部希腊哲学家的问题。他曾设想赫拉克

---

① 《形而上学》,第 82 页。
② 《形而上学》,第 62 页。
③ 《形而上学》,第 74 页。
④ 《形而上学》,第 219 页。
⑤ 《形而上学》,第 75 页。
⑥ 《形而上学》,第 216 页。
⑦ 《形而上学》,第 217 页。

利特的立论根据是:"'凡物必出于物,无物不能成为有物',此通则几为一切自然哲学家所公认。可是,倘先有全白者在,白就不能产生,而非白若先在,这却无妨于白的产生。因此辩难者这就可以说,先为不白,今而为白,白固由不白者来;若是,则其先必白与非白两存于此物。"①这就是说,由某物甲,变为一个白的某物乙,大家承认甲必先是白的,否则乙的白是无中生有;但如果甲是全白,那么变白了的乙就不能说是变白的。所以只能说甲不白。所谓不白,即是既白又是非白,是白与非白的统一(其先必白与非白两存于其物)。这样,乙的白就是从甲那里变来的,其白就不是无中生有,也不是由白变白了。

前面已说过,亚里士多德是肯定变动的现实世界的。他一方面要肯定变,一方面又嫌赫拉克利特这个用以说明变的既存在又不存在的命题违反矛盾律。怎么办呢?于是他提出了现实与潜能这一对著名的范畴来解决这个难题。大家知道,现实已是存在,而潜能还不是存在;但潜能不是存在,乃因它不是实在着,潜能同时又是"存在",因为它是潜在着。潜在的潜能,可变为实在的现实。于是,赫拉克利特说:事物是存在又是非存在。而亚里士多德则说:事物是现实又是潜能。他认为这样,事物可以现实地是一物而潜在地另是一物,而这样就不违反矛盾律,因为潜在毕竟还不是实在;但同时潜在又能向实在转化,潜在的某物变成现实的某物,既不是无中生有,也不能说是白变白,没有变。

亚里士多德自以为解除了赫拉克利特的"逻辑矛盾"。真的解除了吗?没有,也不可能。赫拉克利特的存在与非存在的对立统一,乃是一切事物具体存在的根本规律,不是一个形式逻辑里的问题,因而不可能从形式逻辑上来解决。企图从形式逻辑来解决是永远解决不了的。请看,亚里士多德好不容易找到"潜能"来代替"事物是存在又是非存在"中的"非存在",借以免除矛盾。但潜能本身怎样呢?潜能既是"非存在"(非实在)又不是"非存在"(潜在),这不仍然包含着一样的对立面、一样的矛盾吗?就连他自己也不得不承认"同一事物,在潜能中可以同时涵有一个对成的两端,但在实现时,就不能再涵有两端了"②。可见亚里士多德费尽气力所做到的,只不过是把矛盾对立面从现实搬进潜能而已。事实上,这恰恰证明,"对成的两端"是永远和普遍存在着的。

事情很有趣,亚里士多德一方面支持赫拉克利特,反对柏拉图,他以肯定现实世界的运动变化开始,后来竟陷入形而上学,把运动原因推到事物以外的上帝去;另一方面,他从形式逻辑出发对赫拉克利特大张挞伐,结果,不仅没有驳斥倒他,歪

---

① 《形而上学》,第218页。
② 《形而上学》,第72页。

打正着，反而以现实和潜能这一对范畴大大丰富和加深了赫拉克利特关于对立统一的辩证思想。

至于黑格尔，他对赫拉克利特的辩证法的看法，似乎可以用他自己的一句话来概括。他自称读到赫拉克利特时，就"像在茫茫大海里航行，这里我看见了陆地；没有一个赫拉克利特的命题，我没有纳入我的逻辑学中"①。真可说是推崇备至。

黑格尔既然接受赫拉克利特的一切命题，那么不用说，当然也要接受他的"事物既存在又不存在"这一对立统一的命题。事情也正是这样。因为这个命题是赫拉克利特辩证思想的核心，也成了黑格尔整个哲学体系的基础。可是现在摆在我们面前有这样一个问题：亚里士多德既然坚决反对过这个命题，黑格尔为什么没有站在赫拉克利特的辩证法立场上给亚里士多德以同样坚决的回击呢？为弄清这个问题，就得看看黑格尔对事物的同一性的看法。

在一定范围里，黑格尔承认亚里士多德之要求事物有同一性，乃是必要的。某一事物，只要它被认作一个事物，它就必须是这一个事物而不是什么别的事物，换句话说，每一事物总是这同一事物，每一事物总是自身同一的，每一事物总具有同一性。亚里士多德所要求的就是这个同一性。但是，黑格尔认为同一性有两种：一种是抽象的同一，另一种是具体的同一。抽象的同一是排除了具体事物的差异性的同一，具体的同一则是包含差异于其自身的同一。表示事物之抽象同一性的是抽象概念或知性的概念，表示事物之具体同一性的是具体概念，或理性的概念。抽象概念是由知性"或者凭借所谓抽象作用丢掉了具体事物所具有的多种特性的一部分而只举出一种特性，或者抹杀这些特性之不同处，而将多种特性概括为一"②。至于具体概念，则必须符合于具体事物的本原情况，在理性获得某一事物的具体概念时，"必须由这个对象去规定它自己"，因此，"概念，进而理念，诚然是与它们自身同一的，但是，它们之所以同一，只由于它们同时包含差异于其自身"③。抽象概念所表示的既是抽象的同一性，本身不包含差异，不包含对立，不包含矛盾，因而不发生内在运动，没有过渡④。所以，抽象概念的特性是"非此即彼"⑤。与此相反，具体概念所表示的"同一，首先必须有与一切别的东西的差别作为补充"⑥，它既然本身有差别、有对立、有矛盾，就有转化过渡，所以具体概念的特性是"亦此

---

① 黑格尔：《哲学史讲演录》，第 1 卷，第 295 页。
② 黑格尔：《小逻辑》，第 256 页。
③ 黑格尔：《小逻辑》，第 258 页。
④ 黑格尔：《小逻辑》，第 202 页。
⑤ 黑格尔：《小逻辑》，第 175 页。
⑥ 恩格斯：《自然辩证法》，人民出版社，1955 年版，第 177 页。

亦彼"①。那么显而易见,在黑格尔看来,当赫拉克利特说事物亦此亦彼时,他用的是具体概念,而当亚里士多德说事物只能非此即彼时,他所说的事物则是抽象概念、共相。

毫无疑问,黑格尔肯定,只有亦此亦彼的具体概念才能把握事物的生成变化,所以他认为赫拉克利特使用具体概念以表述生成变化,是"正确的、重要的"②,但生成变化必须是某一事物的生成变化,生成变化必须是被设定在共相上的,否则它就缺乏自身同一,缺乏确定性③。黑格尔认为即使在理性的思维里,非此即彼的知性概念也还是不可缺少的环节,因为它提供必需的确定性,只是不可停滞在这个环节上;如果只限于"以抽象的有限的知性范畴去把握理性的对象,并将抽象的同一性认做最高原则"④,那就是形而上学的方法了。而在他看来,亚里士多德也并没有停滞在这里⑤。

黑格尔区别了表示具体同一性和抽象同一性的两种概念,并且说明了它们的联系,这不仅有助于理解亚里士多德所以反对赫拉克利特的问题性质,而且在一定意义上也有助于认识辩证思维与形式逻辑的关系。

黑格尔本人,当然更不会停留在知性的抽象概念上。应该说,黑格尔的全部哲学体系就是建立在具体概念这一基础上的。亚里士多德斥责赫拉克利特的概念上有矛盾,黑格尔则断言:"在一切种类的对象里,在一切表象、总念和理念里,均可发现矛盾。"⑥而且正是"这种矛盾的性质,构成我们以后将要指明的逻辑学之矛盾进展的环节"⑦。黑格尔在他的逻辑学里,论述思维范畴的发展,对于赫拉克利特用以表示具体同一、对立面的矛盾统一的具体概念实际上做了极其详尽的发挥,使辩证法达到了马克思主义以前的最高峰。

不过,具体概念,在赫拉克利特那里,本是用以表示客观事物的具体同一性、客观事物内部的矛盾统一的东西,而黑格尔的逻辑学却把具体概念、逻辑范畴当作具体同一性本身,认为即是矛盾统一性的客观存在;于是,概念不反映事物,反而事物成了概念的外化。马克思指出,在这里,"黑格尔陷入幻想,把实在理解为自行总结、自行深化与自行运动的思维之结果"⑧。因为这样,黑格尔就背离了赫拉克利

---

① 黑格尔:《小逻辑》,第175页。
② 黑格尔:《哲学史讲演录》,第2卷,第289页。
③ 黑格尔:《哲学史讲演录》,第2卷,第289、290页。
④ 黑格尔:《小逻辑》,第120页。
⑤ 黑格尔:《小逻辑》,第120页。
⑥ 黑格尔:《小逻辑》,第143—144页。
⑦ 黑格尔:《小逻辑》,第143—144页。
⑧ 马克思:《政治经济学批判》,人民出版社1959年版,第163页。

特,他的逻辑学就成为本体论,他的辩证法就只能是唯心主义的辩证法了。甚至于,为了便于说明他自己的辩证法系从赫拉克利特那里一脉相承,竟不惜牵强附会,把赫拉克利特也说成一位唯心主义辩证法论者,这一点我们前面已经谈到了。他对赫拉克利特辩证法做了唯心主义歪曲,使人觉得,辩证法好像从来就是唯心主义的。

只有马克思主义,才给赫拉克利特所奠立的辩证法恢复了本来面目,才拯救出黑格尔唯心主义辩证法的合理内核,才将辩证法重新建立在唯物主义的基础上。

马克思主义的辩证法,已经完全不是赫拉克利特那时候的辩证法了,其内容已极大地丰富和加深,其性质已进入全新的阶段。不同的方面太多了。在这里我们只举一点,即马克思主义创始人在对待辩证法的态度上与赫拉克利特形成鲜明的对比:第一,马克思主义是科学的世界观,所以不再像赫拉克利特那样满足于天才的直观,而要求严格的科学分析。恩格斯指出"在古希腊人那里……还是把自然界当做一个整体而从总的方面来观察"[①],"无论这种见解怎样正确地抓住了现象的整个图画的一般性质,可是要解释整个图画所由构成的个别部分,则它实在是不够的"[②],"而在我们这里,却是严格科学地以实验为基础的研究的结果,因而也就具有确定得多和明白得多的形式"[③]。第二,马克思主义不仅要认识世界,更重要的是改造世界,所以不再仅限于以辩证法观察世界,并且进一步以之为革命的武器。列宁说:"将唯物辩证法运用于彻底改造全部政治经济学,运用于历史、自然科学、哲学、工人阶级的政策和策略,这就是马克思和恩格斯所最关心的事情,这就是他们所做的最本质的和最新颖的贡献,这就是他们在革命思想史上向前迈进的天才的一步。"[④]沿着正确的马克思主义道路前进,毛主席在领导中国革命和建设中无时无刻不在运用唯物辩证法,并在实践中光辉地发展了辩证法的理论,《实践论》《矛盾论》《关于正确处理人民内部矛盾的问题》等著作,都是经典的例证。

赫拉克利特的辩证法,是人类辩证思想的开端,但仅只是一个良好的开端。我们今天纪念这位辩证法的奠基人,必须认真学习、掌握和运用马克思主义的唯物辩证法,用以从事于当前的革命斗争和生产建设。

---

① 恩格斯:《自然辩证法》,第25页。
② 恩格斯:《反杜林论》,第18页。
③ 恩格斯:《自然辩证法》,第13页。
④ 列宁:《论马克思恩格斯及马克思主义》,莫斯科中文版,第57页。

费希特《全部知识学基础》(讲演稿)

一

费希特(1762—1814年)是德国古典哲学的重要代表之一。德国古典哲学从康德开始,到黑格尔大成,中间以费希特为其发展过程中的主要桥梁。费希特哲学一方面继承和发展了康德,另一方面激发和影响了谢林和黑格尔,构成了德国古典哲学从主观唯心主义走向客观唯心主义的转折点。

关于知识学的著作是费希特哲学体系中的重要组成部分。费希特的著作包括好多方面,因为他不仅是一位古典的、纯理论的哲学家,而且是一位热情洋溢的资产阶级的自由民主斗士和慷慨激昂的爱国主义者。所以费希特的很多著作,作为一位哲学家来看,不是纯哲学的。例如《告德意志国民书》《论学者的使命》等。当然,这些著作虽然不是纯粹论述哲学的,但其中也有很多重要的哲学思想,并不能像黑格尔那样,一笔抹杀,说凡是这样一些演说词或议论都毫不足道。相反,费希特从他的知识学的基本思想中引申出来的很多当时具有进步意义的,如关于自由的、教育的、国家观念的、反封建的思想,都生动具体地表现在那里。不过,话说回来,就费希特的哲学体系来说,集中的成体系的则确实是他的有关知识学的一些论述。

知识学是费希特的哲学体系。我们要讨论的这本书《全部知识学基础》(简称《知识学基础》),是他体系里的一系列著作之一。直接与他的体系有关的著作大约可分为两部分,一部分是探讨知识学本身的基本原理的,另一部分是这些基本原理的应用。应用部分包括:1795 年的《就理论能力略论知识学的特征》,该书是他的知识学在数学和经验科学方面的应用,实际上只谈了数学,相当于康德的先验分析;1797 年的《以知识学原理为根据的自然法基础》,该书是知识学在法学上的应用;1798 年的《以知识学原理为根据的伦理学体系》,该书是由他的知识学发展出来的伦理学。(在这里插几句,在应用部分,应该还有有关宗教的,这个他没有写,与他因为无神论问题而发生的争论可能有关。此外,他可能还设想写关于美学方面的。在 1798—1799 年的知识学的讲稿上,费希特曾做过另外一种编组,在那里,论美学和艺术的部分,占据很重要的地位。不像现在这样,只在他的伦理学体系里占有一个小角落。)至于《知识学基础》这本书,则属于知识学的原理部分,是论述基本原理的第一本系统的,也许是最系统的,但却不是唯一的著作。

费希特青年时代醉心于斯宾诺莎哲学,读了康德之后,就尽弃其所学而跟从康德。但他究竟觉得康德哲学里还有不够彻底、不够统一与不够自圆其说的地方。从 1793 年起,他自称发现了哲学的真正基础,决心自创体系。《知识学基础》这本书就是他发现了这个新的哲学基础以后的第一本有系统的著作。

费希特不是怀疑论者,他坚持有真理,坚持有绝对的统一,并且坚持真理或绝对统一的认识是可能的。他认为哲学体系的任务就在于把这绝对的统一的实在表述出来。困难在于怎样表述,在什么基础上表述,如何表述得明白确切。

1793 年冬,费希特在一封信中谈道:"我一生经历中最神奇的事情是……我已经发现了一个新的基础,从这个基础出发,全部哲学就很容易推演发展出来。"[①]这就说明了两件事情:第一,他承认在 1793 年以前,他为康德哲学所做的许多辩护经不起别人的指责,是站不住脚的都已"全部崩溃"了,所以才说,现在所发现的基础是新的;第二,确实从此时起,费希特开始了他的知识学的系统著作,并且自始至终坚持他此时发现的这个新基础。

《知识学基础》一书是费希特在 1794 年接替莱茵霍德(Reinhold)在耶拿大学担任教授时(当时他 32 岁),初次讲授知识学,临时印发给学生所用的讲授提纲。

---

① 舒尔兹(H. Schulz):《费希特通信集》,第 1 卷,第 318 页。

因此并非是其写了发表出来的完善的著作。甚至他规定书店发售这本书时,每一册都要得到他的批准,以免流入学生听众以外去。不过,虽然他认为这个讲稿"不完全,有缺陷",但是其中并没有"错误"。所以后来,进而在1802年两次再版。

费希特自觉这本书叙述他的知识学不够完全,所以后来不断地从各种不同角度上重写(或用别的方法重讲)知识学,他除《知识学基础》之外,先后在1794年写了《论知识学的概念》,1795年写了《略论知识学的特点》,1797年写了《知识学第一导言》《知识学第二导言》《知识学新论(或新述)》,1801年写了《知识学概论》,1804年写了《知识学》,1806年写了《关于知识学概念和知识学命运的情况》,1810年写了《知识学总纲领》。

他在1806年10月8日给Hardenberg的信中说:"我的终生任务,是要给知识学做一个完整清楚的叙述,这个任务没有完成,但已接近完成。"而根据他的儿子所说,他打算找一个安静的地方,把他从1793年冬天所想出来的知识学写出一部最后的定稿,然后他就再也不想发表任何别的了。但是这个计划没有来得及完成,他在1814年1月28日就去世了。

由此可见,最初写成的这部《知识学基础》固然不能够使费希特满意,但随后所写的十种知识学的作品,他一样地还是不完全满意。所有这些著作,没有哪一部能代表他的全部哲学思想,而且并不一定越晚期写的就越完善。事实上,早期的,就体系上说,反而是最完整的。因此,国内外的研究者一般都将1794年费希特的《知识学基础》这本书当作费希特的知识学原理的代表作。

二

《知识学基础》全书分为三个部分,第一部分为"全部知识学的基本原理",这里一共提出三条最基本的原理;第二部分为"理论知识的基础",其中包括一条原理(原书说是第一定理);第三部分为"实践知识的基础",其中应该说也包括一条原理和其他一些命题,但原书却一律称之为命题,共总从第二到第八,共七条命题。

从这个书目内容上,不难看出,费希特清楚地反映了他在哲学上受到斯宾诺莎和康德两人的影响是多么大。一方面,他虽然放弃了斯宾诺莎哲学的决定论观点,但在方法上仍然保留了斯宾诺莎从笛卡尔那里学来的几何学的方法,即从最高原理出发,逐步地根据逻辑推演出原理、命题来,并发展出全部的理论。另一方面,他虽然认为康德的体系不够完整,但康德所首先提出来的哲学对于知识论的重视,他是完全接受了。他认为所谓哲学,就是知识学,知识学就是所谓哲学。

费希特说,知识学也就是"知识的知识"或者"科学的科学"。他认为如果说我们人有各种各样的事实分配给各种各样的科学,那么什么是知识,则要求一个共同的、最高的、作为一切知识之根据的根本原理,使真正的知识成为可能。知识学就是要提供这个根本原理,以解决康德在《纯粹理性批判》中最先提出来的那个著名的"先验综合命题如何可能"的问题。

所以费希特在《知识学基础》一书中开宗明义第一句话就说:"我们必须找到人类一切知识的绝对的、最初的、完全无条件的基本原理。"接下来不久就说:"这条基本原理……既不是也不可能是我们的意识的一种经验规定,相反,毋宁是一切意识的基础,因为有了它才可能有意识。"很明显,这条基本原理是先验的,因为必须先有了它,然后才有经验意识。

寻找这条为一切意识之基础的先验的基本原理,就是《知识学基础》这本书的第一部分"全部知识学的基本原理"的任务。

现在让我们来看看费希特在这第一部分中所找出来的知识的先验原理是什么,以及是通过什么手段找出来的。

费希特开门见山地提出,人类一切知识的绝对的最初的基础是:自我的纯粹活动。自我也就是它的纯粹活动,纯粹活动也就是自我本身。就其存在来说,这个基础是自我;就其作用来说,它是纯粹的活动。人类的任何知识,没有不以自我的纯粹活动为根据的,不以自我的纯粹活动为根据,任何知识都不可能。

费希特认为,"'自我'的纯粹活动"既然是绝对最初的东西,它即是"不容证明、不容规定"的东西。因为如果有别的可以证明它、规定它,那这别的什么就是更加绝对的更加最初的了。所以,如果说到证明,说到规定,那必须是它自己证明自己,它自己规定自己。

《知识学基础》的第一部分"全部知识学的基本原理"中包括三条基本原理:

第一条:"绝对无条件的原理";

第二条:"在内容上有条件的原理"(在形式上无条件的);

第三条:"在形式上有条件的原理"(在内容上无条件的)。

这第一条所谓"绝对无条件的原理",即是费希特用以说明这"绝对的自我"是怎样自己证明自己和自己规定自己的。

三

现在让我们开始来谈《知识学基础》的第一部分"全部知识学的基本原理"的第一条"绝对无条件的原理"。看看费希特是怎样说明"自我"依靠它自己的纯粹活动而自己设定自己的。(即是说,"自我设定自己"。)

（这是费希特整个哲学体系的起点，特别重要，说明也比较繁琐，我们稍微详细点。）

费希特开门见山地告诉我们说：一切知识的基础是自我。但是要说明它，就必须从具体的知识说起。从原则上说，任何知识都足以说明自我，因为任何知识都以自我为成立的条件。但是选择来说明自我如何绝对自己规定自己的这个知识，最好是最简单的，同时最好是最抽象的，因为越抽象就越普遍，也越接近于这绝对的唯一的基础，说明也就最简捷。

再简单不过的知识，莫如"龙是龙""凤是凤""桌子是桌子""椅子是椅子"。这是任何有知识的、能做判断的人都绝对无条件、无待证明就承认的知识。这种知识很简单，但还太具体。如果抽去它们的具体内容，那就是逻辑里的同一命题：A 是 A，或 A＝A。所以费希特就以"A＝A"这个同一命题为代表说起，来说明自己规定自己的自我。

当然，当人们断言 A＝A 时，并不是断言一定有 A（存在着），只不过是说，"如果有 A，则它即是 A"。好比说，有没有龙，我们并不断言，但"如果有龙，则它一定是龙"。任何人都承认"A＝A"这一命题，这说明任何人都承认主词 A 与宾词 A 之间有一种必然相同的联系，即"如果……则……"的联系。这种必然联系，是每个有知识的人都承认的。暂且说它是(X)。

(X)是 A＝A 成立的先决条件。

那么这(X)是从哪里来的呢？有两点可以肯定：第一，它是由思维的主体，即自我所设定的。当我断言 A＝A 时，我必定已设定了这个(X)，否则我就不能说 A＝A。当然，我设定这个(X)并不是自觉的，而是无意识地设定了的，这一点后面还要提到。第二，它是自我在设定自身中发现的。当我断言 A＝A 时，我不是服从任何别人的原则而做此判断，我只是不能不如此判断。这样判断纯然是遵从我自己本身固有的一种无可避免的规律。总起来说，(X)是由自我设定的，并且是被设定在自我本身中的。

(X)是我做同一判断时必具的意识事实（经验事实），虽然我并不意识到它。作为意识事实的(X)，既然表示同一性的必然联系，它就一定要有被联系者。没有被联系者的联系，它就没有意义，不成为意识事实。(X)所联系的两个端项（被联系者），就是主词的 A 和宾词的 A。(X)所联系的端项，必然跟(X)本身存在于同一个领域中，不在同一领域中，它就不能发生联系。因此，进一步可以肯定，主词 A 与宾词 A 在自我中。而主词 A 与宾词 A 都在自我之中，那么自我的同一性就显现出来了。

据费希特看，在思维的主体——自我中，具有(X)[(X)是表示同一性的]，(X)

联系着主词 A 和宾词 A，两个 A 又都在自我之中，所以 A＝A，就表示自我是自身等同的。即设定 A 的自我等同于 A 在其中被设定的自我。也就是说，(X)是以自我的同一性为先决条件。

于是"A＝A"命题就通过(X)而蕴涵着"我＝我"命题。不过"A＝A"，变成"我＝我"，并不是像代数里那样代出来的。因为"我＝我"与"A＝A"大不相同。前面说过，"A＝A"命题，对于主词 A 并不肯定，只是说，如果有主词 A，则它一定是宾词 A。但"我＝我"命题则不然。因为，"我＝我"命题是蕴涵在(X)中的。而(X)是我们每一个做判断的思维主体所无条件地绝对设定了的，所以"我＝我"命题是绝对有效的。它不只在形式上是绝对的，而且在内容上也是绝对的。换句话说，它不仅断定在有了主词的情况下必定有宾词，而且它断言有主词，肯定主词的存在。

"A＝A"和"我＝我"的差别，这样就可表示得清楚，即："A＝A"并不肯定"A 是"（存在的），而"我＝我"则肯定"我是"（存在的）。"A 是 A"不能改为"A 是"，而"我是我"则直接等于"我是"。说"A 是"，不一定是真实的，例如说"龙是"（即"有龙"），是不真实的；但说"我是"（即"有我"），对于任何知识主体而言，都是绝对真实的。

说到这里，费希特算是找到了他的作为一切知识的基础的自我了。在他看来，自我是绝对的。但是，我们必须注意，所谓我是绝对的，是作为认识主体的自我，对于知识而言，是绝对的。但对于世界的知识是绝对的，并不等于对于世界是绝对的。从这里也可看得更清楚，费希特的哲学是"知识的知识"，而不是世界观。

话再说回来，前面已经证明了"我是"（即自我），"我是"是一个事实，是绝对地给定了的事实，即一个所与。这个事实是不能从任何事实中推演出来的起点，因此，"我是"这个事实必然是由自我自己设定的。自我设定自己，不依赖任何其他外因，所以自我的这种自身设定，即由自己设定自己的设定作用。由于我是，所以自我设定自己；由于自我设定自己，所以我是。

自我，既是绝对的事实，又是纯粹的活动；既是设定者，又是被设定者；既是主体，又是客体。

于是，费希特达到的结果是：人类一切知识的基础，同时也是他的知识学的起点，乃是事实与活动同一的自我，主体与客体同一的自我；而他的知识学体系的第一条绝对无条件的原理，即是"自我设定自己"。

这是第一条基本原理所得到的直接结果。最初提出来的"A＝A"，不能证明自我；相反，"A＝A"是依靠自我才证明真实的。"A＝A"命题证明是真实的，所以一切事物，凡能适用于"A＝A"命题的，都有实在性。所以从第一条基本原理中同时还得到了"实在性"范畴。

以上是知识学基础的第一基本原理。费希特在这里说明了他在1793年自称突然发现了哲学体系的"新基础"——自我。由于这是他整个哲学的基础,所以我们对于他的这个基础(或起点)所作的一些论述,说得比较详细点。下面,我们讲得比较简略。

现在谈谈第二条基本原理。

第一条原理,绝对无条件的原理是同一性原理,自我设定自己,我＝我。同一性是自身满足,不待他因的,因而是整个体系的起点。但仅仅有起点,体系还不能前进。起点只是逻辑推论上的大前提,只有大前提,还不能进行三段论式。所以还需要另外的原理。

第二条原理称之为"在内容上有条件的基本原理"。这条原理似乎要具备几种性质:第一,它不能完全无条件,如果完全无条件,那么一方面,构成另外一个独立的起点,就形成二元论,不能成为一个统一的体系;另一方面,如果完全不以第一条原理为条件,两条原理各自独立,不发生关联,那么还是不能以第一原理为出发点向前发展。所以,必须在一定方面是有条件的。第二,又不能完全是有条件的,因为如果完全依靠第一原理为条件,它就是第一原理所本有的,不能带来新东西,不能超出第一原理的范围,不能算是另一条原理。——所以这第二原理叫作"在内容上有条件的原理"。

"在内容上有条件",意味着"在形式上无条件"。

既是在形式上无条件,所以也像第一原理那样不能确定。因此,费希特还是采取直接从能表现这条原理的经验事实出发,来寻找自我的另一种方式的纯粹活动。这类经验事实,就是"黑的不是白的""大的不是小的",等等,用逻辑命题表示就是:差异或矛盾命题,"$-A \neq A$"。这是人人确认,不待证明的。而这个命题,足以表示出自我的第一种活动肯定同一性活动以外的另一活动。

有人也许要说这不是另一活动,因为"$-A \neq A$"可以通过"$A = A$"来证明,可以从"$A = A$"中推演出来,比如"$-A \neq A$"就等于"$-A = -A$"。而$(-A = -A) = (A = A)$,因而说这条原理是第一原理推演出来的。也就是说,自我的这一活动,仍然是"我设定我"的活动。

但是,这些人忘记了"$-A \neq A$"和"$-A = -A$"毕竟有一个根本的不同:一个是表示"等于",另一个是表示"不等于"。"等于"与"不等于",这是自我的纯粹活动的两个截然不同的方式。说"$A = A$"或"$-A = -A$",表示自我设定一个A与A相同一,而"$-A \neq A$"则表示自我给A对设一个($-A$)以相对立。等于不蕴涵着不等于,设定活动本身并不包含着对设活动,设定与对设这两种活动是彼此对立的。对设活动,就其为纯粹活动而言,和设定是同样绝对、同样原始、同样无条件的。

当然，从实质上说，对设所以为对设，是因为它与设定相对立；没有设定，根本就没有对设；在没有设定的情况下，单独的对设也就只是一个设定。而且，对设是在自我的统一意识中与设定相对立的，所以，这条原理在内容上说是有条件的。

这是从≠或对设的角度上说的，如果再从－A的角度说，那么一方面，就形式上它是对设的物品而言，对设既是绝对的、原始的，－A也是无条件的。但另一方面，－A又是有条件的，－A的实质是由A规定的。所谓－A，只不过是那种不是A的东西。我们只在知道A是什么的条件下，才知道－A是什么。

所以，费希特认为表现在第二基本原理中的自我的纯粹活动的第二种方式——对设活动，是绝对的、无条件的。但既然是对设，其所对设的内容则是有条件的，与原来设定的内容相对立。在第一原理中见到，自我原来所设定的，不是别的，只是自我本身，那么自我现在所设定的内容，也就只能是自我的对立面——非我。因此，自我径直地、无条件地对设非我（以与自我相对立），其是确定无疑的，也就像"－A≠A"之在意识经验的事实中是确定无疑的一样。

费希特认为"非我"是由自我无条件设定的，他认为那些以为非我（或－A）是从被表象的经验事物中抽象出来的说法，是肤浅的说法，说这种人必然是精神上的盲目。

总起来说，费希特的《知识学基础》的第二原理所表示的自我的第二种纯粹活动是"自我设定非我"。由于自我有设定非我以与自己相对立的活动，所以在日常的经验意识生活中就有"－A≠A"这个矛盾命题。费希特认为如果抽离去"－A≠A"这个命题的判断形式，而只注意其不相等同的性质，我们就获得了否定性范畴。

这就是说，第一原理是知识中的同一命题，实在性范畴；第二原理是知识中的矛盾命题，否定性范畴。

现在谈谈第三原理。

第二原理是在内容上有条件的，第三原理则是在形式上有条件的。

所谓在形式上有条件，是说可以从以上两条原理推演出来，或者说，自我的这种活动不是绝对无条件的、自发的，而是先行的那两种活动（即设定、对设）所给定了的，它非活动不可。但在内容上却是无条件的，即是说，活动任务虽然是给定了的，但怎样来解决这个任务，或者说，这个不能不实行的活动究竟是怎样一个活动法儿，则不是先行原理所给定了的，而是要由理性来无条件地以命令设定。

因此，这一原理与前两条不同，前两条在形式上都是绝对无条件的，无法推论出来的，所以都要从意识经验里，由自我径直地设定。而这一原理由于在形式上有条件，可以从前两条原理推论出来，所以无需找寻"A＝A"和"－A≠A"这样的命题，而可以直接从第一和第二两原理开始推演，一直推演到不能再行推演，到那时候,再求助于无条件的理性命令。

按第一原理,"自我设定自我",可是按第二原理,"自我设定非我",那么既设定了非我,显然就设定不了自我,所以非我与自我是互相矛盾的。单就第二原理而言,也是自相矛盾的。一方面,自我设定非我,是排斥自我的;另一方面,设定非我又需要设定自我,两者又是互相依存的。因为非我之设定,需以自我之设定为先决条件,没有自我则非我根本无意义。所以自我必须设定自我才能谈得上设定非我。照这样分析,则第二原理"自我设定非我",实际上表示的是"自我设定自我而又设定非我"。

这不仅是一个矛盾命题,而且还直接威胁到意识的同一性。

就第一原理来说,情况也是一样。"自我设定自我"包含着自我肯定一切设定于自我中的东西,而第二原理也在自我之中。由于第二原理包含在第一原理所设定的自我中,所以第一原理也是错误的。但是第一原理必须是真的,因为第一原理表示意识的统一性。

到了这里,就不能不出现一个第三种自我活动来解决 A 与 -A、存在与非存在、实在与否定这个矛盾,来保证意识统一性。所以自我的第三种活动(Y)是由第一种活动和第二种活动决定了的。问题只在这种(Y)活动以什么办法来解除这个矛盾。

解决的办法,依照理性的命令,只有一个,那就是,将对立面加以限制。人类精神的第三种活动(Y)即是限制活动。通过限制,那么自我所设定的自我,就是有限的自我;自我所设定的非我,就是有限的非我。自我与非我、实在与否定,诚然是对立的矛盾的,但它们不是完全的对立,而只是部分的对立。部分的对立是可以统一的。所以限制(活动)这个概念里就蕴涵着"可分性"。所以自我、非我、实在、否定,都是可分割的,都可以是部分的。通过可分性,原来那个"自我既设定自我又设定非我"的矛盾命题,就变成了"自我设定一个可分的自我与一个可分的非我"。矛盾由此统一了。

第一原理,"自我设定自我",这个被设定的自我是完整的、没有限制的,所以这个自我还不是有限的东西。第二原理,"自我设定非我",这个被设定的非我,也是完整的、没有限制的,所以这个非我也不是有限的东西。到了第三原理,"自我设定自我与非我相互规定",这个自我是受非我限制的自我,就意味着那不是非我的东西;非我是受自我限制的非我,就意味着那不是自我的东西。于是自我与非我都是有限的事物了。

既然是有限的事物,所以非我虽然相对于绝对自我(无限自我)而言是绝对的虚无;但与可分的(有限自我)而言,则是负量。既然是有限事物,所以自我虽然与绝对自我是同一的，而同时又是与绝对自我对立的。（自我，当有一个非我和它对立时，它自己则与绝对自我对立。）

自我与非我都是通过第三原理而成为有限的事物的。绝对的、无限制的东西，是不在我们意识之内的，我们对于绝对的自我，不能言说，没有意识；我们所意识到的，不是自我的实在，就是非我的实在，除自我与非我之外，我们更无任何其他实在。

第一条，"自我设定自我"，是实在性范畴，表现在我们的知识中是逻辑的同一原理。

第二条，"自我设定非我"，是否定性范畴，表现在我们的认识中是逻辑的矛盾原理。

第三条，"自我设定自我与非我相互规定"，是限制性范畴，表现在我们的知识中是什么逻辑原理呢？费希特说是"根据原理"。它有两种：

自我的一部分是非我，同一中有对立，这是区别的根据；

非我的一部分是自我，这就是对立中有统一，这是联系的根据。

我们的绝大多数知识，凡主词是有限的、有对立的，都是些根据命题，主词与宾词既有区别又有联系。

以上是《知识学基础》一书"知识学基本原理"的大概内容。

这一部分，是费希特哲学体系的主要部分。用繁琐的、学院式的、穿凿造作的逻辑推理，"论证"了他的哲学起点，也就是论证了他所谓唯一绝对的实在、自我。关于自我本身有好多问题可以谈，在这里，在结束这一部分之前，有一点似乎值得注意：他论证第一和第二原理所用的方法是一样的，而论证第三原理所用的方法与前不同。第一原理，他是确立了一个绝对的、有限的实在。"自我设定自我"是从日常经验知识倒推上去的，他从"同一命题"开始，只是他选择了一条捷径，"$A=A$"实在是用来代替"龙是龙""凤是凤"这样普遍有效性的知识的。从人的具体的知识倒推上去，找出这种知识成立的先决条件，说明非要有一个自我不可，通过这种办法，把他的哲学起点一切实在和自我确立起来。

第二原理，他要确立这个自我不只有实在性，而且还有否定性，办法也是一样。他从日常知识经验着手，倒推上去，只是为了简便起见，他没有使用"非白不是白"这类具体知识，而使用"$-A \neq A$"这一逻辑上的矛盾命题。通过这个矛盾命题的绝对性、无条件有效率性，倒推出来必定有个自我，"不知不觉"地、无条件地、自发地从事对设活动，设定与自我对立的非我。第一和第二两原理论证的方法都是倒推回去。[照费希特说，这两条命题都是不能论证的，因为自我的这两项活动，都是无条件的，也就是说无理由根据的。既无理由根据，当然就不能从任何更高的原理中推演出来。由此,第一和第二原理,也就是说自我的设定活动和对设活动,都是自我的无意识的动作。这个自我(其实在推论过程中,应说此时的自我),是无意识的。]

至于第三原理的论证方法就不同了:第三原理是从第一和第二原理顺着往下推演出来的。就是说,自我已经设定了自我,又对设起非我,互相矛盾了,破坏自我的意识同一性了,怎么办?于是自我在逻辑上"不得不",即是说,有条件地、有根据地,做出第三种活动:"设定自我与非我互相规定"。

推论方法的这种不同,牵涉到对费希特哲学的实质的评价问题,究竟是主观唯心主义,还是客观唯心主义?是一元论,还是二元论?

(1) 先简单提一下,我们知道,马克思主义经典作家早已明确指出,费希特是典型的主观唯心主义者。但是有好多学者认为他是客观唯心主义者。他们的理由,除去认为费希特的"绝对自我"不是个人的自我,所以不是主观的自我等之外,还认为从个人的意识经验分析出发的哲学,并不一定都是主观唯心主义哲学,但主观唯心主义哲学却不能不从个人的意识经验分析入手。而费希特首先确定的是自我,然后从自我推演出他的整个体系,而不是从分析个人的意识经验入手,所以费希特哲学不可能是客观唯心主义哲学。这就牵扯到费希特基本原理的方法问题了。

费希特是否是从自我中推演出他的整个体系呢?是的。但他的自我是从哪里来的呢?他不是像黑格尔那样一开始就捧出个"有"来,他是从个人的意识经验中分析(倒推)出来的。所以说费希特是主观唯心还是客观唯心,从自我的性质上寻找根据,那是对的。如果从他确定基本论点的方法上说,可以说,找不出他不是主观唯心主义的任何借口。

(2) 按费希特的体系,最初出现的、原始的是从事于两种无意识活动:设定与对设的纯粹自我。一直到第三原理,自我与非我互相规定,这时的自我和非我才是有限的,因而才是具体的东西,这时才出现我们日常经验中的"自我"。照费希特的体系,情况确实是这样。但因此有人认为在他的体系中"个人的经验的自我"是由纯粹自我产生出来的,所以是荒谬的。其实,费希特的哲学,只是知识的指示,不是世界观。在世界上,个人是首先的直接的所与,但在知识体系中,个人的自我本可以通过别的来加以说明。

(3) 第一与第二原理所用的方法相同,都是无条件的。即是说,自我无条件地设定了自我,又无条件地设定了非我。不错,自我是一个,非我是由自我设定的。就非我本身来说,它是自我的产物,所以,我们一般认为费希特是一元论,解决了康德的二元论问题。即是说,并不是在我们主观之外,另有一个不可知的"自在之物"存在着。"自在之物"归根到底也就是自我。

但费希特的一元论究竟一元到什么程度，我们觉得仍可以考虑。费希特与康德相比是一元化了，但与黑格尔相比，是不是可以说显得还有二元的痕迹呢？我们知道，黑格尔的逻辑学（这里插一句，《知识学基础》在费希特的体系中，相当于《逻辑学》在黑格尔体系中的地位和作用）只无条件地设定一个东西，那就是"有"。至于"无"，黑格尔就无需设定了，从"有"中就逻辑地推出"无"来。大家都知道，黑格尔推断绝对的"有"也就是绝对的"无"，在绝对的状态下，"有"与"无"并无差别。所以，"无"是从"有"中推演出来的，即是说，"否定性"是从"实在性"中推演出来的。黑格尔无条件地、绝对地只设定了一个"实在性"。否定性，即"无"，就是有条件的，就是推演出来的。而费希特则既无条件地设定了自我的实在性，又无条件地设定了自我的否定性。黑格尔的"无"是从"有"中推出来的，费希特的否定性则不是从实在性中推出来的。

四

下面我们谈《知识学基础》的第二部分：理论知识的基础。在正式进入这一部分之前，为了易于了解他以后的议论，我们需要先谈谈费希特的方法。

在第一部分之中，费希特确立的三大原理：

(1) 自我设定自我；（正题）

(2) 自我设定非我；（反题）

(3) 自我设定自我与非我相互规定。（合题）

这三大命题之间的关系，也表示着他的哲学方法。

首先，费希特认为（理论）知识的进一步发展，就在于成立新的有根据的命题（先验的综合）。费希特认为，如果仔细分析任何命题，一方面我们会发现每个表示相同的综合命题中都包含着一个差异，每个表示相异的命题中都包含着一个相同，同中有异，异中有同。当我们说"X＝Y"时，意味着在某一点上 X 不是 Y，如果"X＝Y"这个命题是绝对真的，则它就不会成为"命题"，因为我们根本没有一个 X 和一个 Y，我们或者有 X，或者有 Y，主词和宾词绝对同一，是同语反复，无意义。另一方面，一切表示不同的分析命题或对抗命题中也都蕴涵着相同之点，例如说 X 不是 Y、X 与 Y 不同，但其中蕴涵着相同点，中国人不是日本人，但两者既可比较，必有比较的共同基础，两者都是人。所以，凡是有根据的命题不是反题就是合题。综合命题和分析命题，都是根据命题，不过一种所依靠的是区别根据，另一种所依靠的是联系根据。

费希特在第二部分里，就是使用这种从分析中求综合的方法。他根据前面已经确定的基本原理,分析其中的矛盾,然后找出一个更高的概念来,作为种概念,把两种矛盾的对立面联合起来,统一起来。但这个种概念再加分析,它本身也还包含着矛盾的对立面,于是又得找出一个更高的种概念来统一这两者。就这样一步一步地分析了综合,综合了再分析,分析了再综合。整个第二部分就是这样发展出来的。(理论知识部分所达到的,也完全是有根据的命题。)

理论理性的过程,大体说,就是这样由分析(区别)与综合(联系)互为条件形成的。在理论理性中,继续地分析,继续地综合,这个过程发展下去,但总要达到一个地步,那时候再也找不出更高的种概念来进一步综合。这时,我们就必须停止我们的分析与综合,而借助于无条件的断言,终止于直观知觉。

反题与合题(分析与综合)都是有根据的,它们互为根据,但推到最后,不能继续循环推论的时候,它们的根据是什么呢？此时它们的根据就是本身没有根据的根据,那就是正题,正题就是直接断言。(所以,反题与合题,归根结底是以正题为条件的。)

费希特认为正题的一个特点是：它的主词是不可再分割的绝对的自我,比如说"人(自我)是自由的",这是正题,直接断言,不是从任何根据中分析综合而来的。费希特认为正题还有一个特点,就是涉及理想,如美、善、真这些,这些理念都不是从分析综合中得出来的,凡涉及这些理想的命题,都是正题。

我们大家知道,费希特的基本原理都是正题,这是费希特哲学的起点,这是整个体系运动发展的动力；这就是费希特《知识学基础》中的理论部分(由反题而求正题)和实践部分(由合题而求反题)的内容；而最后,整个体系的发展,还是从反题与合题复归于正题。所以正题是费希特哲学的起点,又是它的目标。

其次,谈理论部分本身。

这一部分,又可分为前后两段。前一段是从基本原理推导逻辑范畴,一共推演出了三个范畴(关系、因果、体用)相互活动——独立自主活动、自发活动。后一段说明理论思维的各种能力是如何依次序产生的,包括直观、想象力、知性、判断力、理性。

理论理性是理性的一系列一再超越其自身所设下的限制的行动。理论理性的本质就在于替自己设下界限,然后再超越这些界限。

(一) 范畴推演

基本原理部分达到的最后命题是："自我设定自我和非我相互限制(规定)"。

分析起来,这个命题包含有下列两个命题：

(1) 自我设定自我是规定着非我的；

(2) 自我设定自我是受非我规定着的。

前者，是实践知识的基础；后者，是理论知识的基础。理论理性活动时所使用的范畴，都是从作为理论理性之基础的命题"自我设定自我是受非我规定着的"(其中的矛盾及其统一)中推演出来的。

A. 非我规定自我 ⎫
B. 自我设定自我 ⎬ 关系范畴

(实在性的总和)

(正量、负量，相互消长)

"非我规定自我"：(其中的矛盾及其统一)

A. 非我本身有实在性 ⎫
B. 非我本身无实在性 ⎬ 因果范畴

(实在＝活动)(被动)

(自我既被规定，即为被动)

"自我规定自我"：(其中的矛盾及其统一)

A. 自我规定自我(能动) ⎫
B. 自我规定自我(被动) ⎬ 体用范畴

(尺度：能动的程度)

(实体　偶性)

(自我，就实体性而言，能动；就偶性而言，被动)

("我思"既为主动又为被动)

(二)"因果"与"实体"的矛盾及其统一

理论知识基础的基本命题(或出发点)是："自我设定自我是受非我规定着的。"

经过了上述的种种综合，矛盾依然如故。因为无论因果概念或实体概念，分开来都不说明它们所要说明的，因而矛盾依然存在：

(1) 如果自我设定自我为受规定的，则它就不是受非我所规定；

(2) 如果它是受到非我所规定的，那它就不是设定自我是受规定的。

如果依因果范畴那个命题，即自我是受非我的活动所规定，则自我就是有限的了；可是如果依实体范畴那个命题，即自我纯然是一独立自主的(不受非我影响的)活动，则自我又是无限的了。因此，自我既是有限的，又是无限的，这个矛盾必须统一。

(1) 因果范畴是有困难的。

尽管自我是完全受非我的活动所规定，则自我当然是被动的，自我当然是否定性的。但是自我虽受非我的限制和规定，它却并不是自觉其被动，并不是自觉其受规定，即是说，它并非自己设定其自己为受规定的，而只是我们研究这种限制的人才知道自我受到非我的限制。用费希特的话说："自我是受规定的，但并不是它规定它自己是被规定的。"

意思是说，用因果范畴来解释主客间的关系，只能说客体决定主体，但不能说这是主体所决定的，有意识的。因此，"自我设定自我是受非我规定着的"这个命题，因果范畴只解决了后一半。

（2）实体范畴也是有困难的。

按照实体概念，自我有力量（不用非我的任何行动）任意地在自身中设定一个"少量的实在性"（即否定性），以规定自己。

这意思是说，用实体范畴来解释主客间的关系，一切都属于实体，就与客体发生不了关系了。实体范畴只解决了前一半。

费希特认为唯物主义所代表的就是因果思想，认为自我受非我的限制，但不懂得自我是受即是它自身本身的那个非我所限制；而唯心主义所代表的则是实体思想，认定自我只受自己的限制，但不能说明自我何以会觉得自己是受非我所限制。

费希特解决"自我设定自我"与"非我规定自我"这一矛盾的办法是：

非我的规定的能动性，并不等于就是自我的被规定的被动性；自我的能规定的能动性，也并不等于即是非我的被规定的被动性。自我与非我之间的能动与被动不是完全一一对应的，不是完全相互消长的。这样，费希特就得出自我的一种"独立活动"，以与"互动与被动"相对立。

这样，自我的独立活动，既是无限制的（即自由的、自发的），又是有限的，即：它之发生，完全是自发的、无根据的，但发生之后则将受到对象的限制。

这种自发的活动，就是想象力（此与直观、与知性之间的想象力不同）。想象力是自发的、无意识的、无理由的和无限制的。但想象力的活动发生以后，就要受到（外物）的限制。费希特认为"独立活动"解决了实体与因果的矛盾，即解决了无限与有限的矛盾，它本身是既无限又有限的。

（当然，为什么想象力要受外物，即非我的限制，在此不能解决，那是实践理论部分的任务：自我，按其本质而言，是实践的。）

所以费希特认为理论自我的基本形式是表象和想象，实践自我的基本形式是努力和期望。

黑格尔因此认为费希特哲学是一个无限的应当，一个坏的无限的例证，一个永远不能解决的矛盾。这个矛盾就是自我与非我的统一与不统一。

（自我与非我是二元的，只在追求一元。）

费希特认为无意识的想象、表象作用，是理论的自我活动的基本形式。康德只认为我们人在认识世界时，是使用我们感性和知性本有的那些意识的形式和范畴来对客观现成的感觉材料进行加工，从而我们是现象世界的立法者。但费希特现在前进了一步，他认为感觉材料不能向人的认识能力以外去寻求，而应该也起源于我们的认识能力：原始的、无意识的表象作用、想象力。（我们是世界的创造者。）

费希特谈表象作用的产生、推演、发展以及通过这种作用而达到的感觉材料的、表象的外物的形成，简单说来是这样的：

自我是无限的活动，但纯然无限活动显不出它是无限的。这活动必须有所限制，才能显示出它本质上是无限的，于是自己设定了限制。自我的活动遭遇到这种限制时，一部分活动就不能继续前进，而折返于自我本身，这就是反射活动，而在认识上这就是反思。但自我的活动只是部分地此时此刻地受到阻碍而折返，自我的无限活动继续进行，等它遭遇到这折返回来的活动（反映），就对这折返回来的活动予以认识，这种认识就是直观。——而被直观到的这一折返活动，就被直观当作外来的，因而这折返（反射）活动就被认为有"外来性"，这就有了感觉。这是第一步。

这个直观活动，遇到作为感觉的第一次反射活动之后，当自我的无限活动再度遭遇到这反射回来的直观活动时，本来是一活动的直观，此时则沉淀成为一事实。自我的活动，于是认识这个直观事实，这个认识活动就是想象力。在想象作用中，直观的内容实质就被想象力按照空间关系安排呈现为图像（意象）。这是第二步。

顺便插一句，在康德那里，想象力是联系感性的时空形式和知性范畴的东西；而在费希特这里，感性形式和知性范畴都是想象力的不同机能。

自我的活动继续不已（永无停止），等到这无限活动再遭遇到折返向自我方向的想象力（活动）时，想象力本来也是活动，此时仿佛沉淀了。或者原来仿佛是水流，而此时冰冻起来了，于是想象的内容就被认为不仅是图像（意象），而且是实在的对象，被当成具体的外物，而且是感觉之所以产生的原因。这种认识活动（或这种认识能力，或此时的理性自我），就是知性。这是第三步。知性的特点，主要在于被想象力所认识的图像改变为引起感觉的、作为感觉之原因的对象。所以知性活动的基本形式是因果性范畴。

知性活动再反射回来，又遇到新的自我活动，新的活动就把这知性内容——对象，从意识它的主体中加以区别抽离，使意识与意识内容对立起来，发生对立关系，这种活动（或称为认识能力）即是"判断力"。这就产生了自我意识。

最后，比判断力更高的一种认识能力，是超越一切限制，并将限制加以抽象，进行反思，这种最普遍的能力，费希特说就是理性。到了理性，费希特认为自我的一系列理论行动就告终结了。（因为纯粹活动，已证明是这一切理论行动的深层根据。）

整个理论自我的体系,只是理性一再超越其自身设定的限制的一系列的行动:理论理性的本质,就在于替自己设下界限,然后再超越这些界限。

理论理性全靠把非我直观所得的感觉当作自我所设定的。而且这最初设定的感觉,完全是自发的、无理由的,而且是无意识的。理性的活动是有意识的活动,但它们却是从无意识产生起来的感觉开始的。

(在德国哲学里,这是第二次出现无意识。第一次是莱布尼茨,他把单子视为无意识的,他那个无意识是微弱的、低度的意识;而费希特这里的无意识是与后来的有意识行动正相对立的、绝对的无意识。它不可能有意识。如果有意识,它就不是起源,不是无条件的、绝对的。一切意识都是第二性的,意识内容是无意识给予的。)

理论理性虽然从无意识的感觉开始发展起来,却不能说明为什么自我一定要以自由的、无根据的行动来限制自己的无限活动,从而使整个过程必然地通过一切引申出来的形式而向前发展。——这种自设限制的理由根据,因而只能在于:自我,按其最深刻的本质而言,是实践性的。

因为构成纯粹自我的无限活动,如果无所为,则将空无内容。一种力量只在它克服抵抗中才表现出作用来。在感觉中所表现的那种自我的原始自身限制,全由于自我应该是一种无限活动,而作为无限活动就需要一种抵抗。所以,自我替自己设定限制,以便克服,这个事实是理论的自我的行动,但它表示:自我,归根结底是实践的。

五

下面来说《知识学基础》的第三部分"实践知识的基础"。

前面说过,实践知识的命题是"自我设定自我是规定着非我的"。费希特认为可以从这个命题出发,用第二部分同样的方法推演,但需另辟一条捷径。因为有一个主要矛盾(在有限的、作为智性的自我与无限的、绝对的自我之间),迫使我们不能不采取自我的实践能力来联系这两个矛盾的对立面。等到智性的自我与纯粹的自我联系统一起来,那么其他的对立也就容易统一了。

首先,自我就是自我,自我由于是自己设定的,故绝对是同一个自我。

但智性的自我(有表象能力的)本身也是一个单独的自我,与绝对的自我绝对不是同一个东西,因为智性的自我是一个特殊的有规定了的自我,它是与非我相对立的,绝对的自我既承认非我,就不能也设定自我。

因此,智性的自我与绝对的自我就不是同一个东西,反而相互独立;这就与自我的绝对同一性相互矛盾。此矛盾必须排除。

为了排除矛盾,使绝对自我的同一性得以保持,必须扬弃智性的自我,至少扬弃其对非我的依存性。但扬弃智性的自我对非我的依存性,只有在下列条件下才可能:即,自我由自己规定智性的自我所依存的(依赖他的阻碍,智性自我才成立)非我。这样,被表象的非我就是由绝对自我直接规定的,而能表象的自我则是由绝对自我间接规定的。于是,自我总是由自我所规定的。暂时,至少我们上述的命题:"自我设定自我是规定着非我的(即自我设定非我)"的下半截总算是证明了。

但"设定一个非我"与"限制自我",完全是一个意思(因为非我就是自我所不是的东西)。如果(按照我们的假定)自我无条件地绝对设定一个非我,即等于说,自我无条件地绝对限制自我本身。而自我本身中既有限制自己的原则,又有设定自己(按第一基本原理)的原则,在它自身中自相矛盾,自我就将不成其为自我了。所以绝对自我与智性自我的矛盾取消了,但自我与非我间的因果性也还是一个矛盾。

(到这里,更清楚地理解第二基本原理"自我设定非我"是先天的,不可用经验证明的。)

这个矛盾,换另外一个说法:

(1) 自我应该对非我有原因性,因为按照自我的本质,凡涉及自我的,没有不是自我自己所设定的。

(2) 但自我不能与非我有原因性,因为如果非我是自我的结果,则非我就不复是非我而变成自我本身了。

费希特认为一切矛盾,归根结底都是这一个绝对自我与有限自我的矛盾。我们必须在一个意义下,设定自我为无限的,而在另一个意义下,设定自我是有限的。解决这个矛盾只有这一个办法:它本身既是有限的,又是无限的。否则只有如斯宾诺莎那样,保留住有限的自我,而把无限的自我排除到我们以外。(他虽然推出去了,却不能答复我们的问题:为何我们会有关于"无限"的观念呢?)

无限的自我,其活动指向任何他物。不指向任何他物,就不能指向他自身。换言之,当它的活动返回于它自己本身时,自我是无限的。既然活动是无限的,活动的产品——自我当然也是无限的。(循环论证:无限产品,无限活动;无限活动,无限产品。)

有限的自我,其活动则不是直接指向他自己本身,而是指向一个对立的非我(第二、第三原理),这种活动就不是纯粹的,即是客观的活动(所谓客观的活动,就是替自己设定对象的,对象的"对"这个字好得很,恰当地表示了与一种活动的相对的东西),指向一个对象。

无限自我的活动称为纯粹的活动,有限自我的活动称为客观(对象)活动(因为指向对象)。

活动的这两方面,应该是同一个活动,同一个主体的活动。因此,在纯活动与客观活动之间最好有一个联络的纽带,意识可以借此从这一活动过渡到另一活动那里去;而这种联络纽带最好是一种因果关系。即是说:自我的返回自身的活动对于客观活动的关系,就像原因与结果的关系一样,这样自我通过纯粹活动之规定自己,就成为客观活动;因而,纯粹活动直接地(返回)趋于自我本身,但间接地涉及非我(通过那对非我有规定力的自我的种种规定);而如果能够这样,我们所盼望的因果关系就实现了。(纯粹活动与客观活动,如能通过因果关系而统一起来,则绝对自我和智性自我也就得到统一了。)

因此,首先就要求自我设定自己的行为与它借以设定非我的行为,其关系是一种原因对结果的关系。——但一般情况下,不发生这种关系,而毋宁正相反对。因为要想两种行为之间有因果关系,同时并存,则自我必须由自己设定自己,因而同时也设定非我,这就是说,在设定它自己时又不设定它自己。所以,设定非我,不能以设定自我为原因、为条件,所以无条件设定非我,完全是因为第二基本原理的规定,规定这种行为是无条件的。

因此,自我设定一个对象(非我)是无条件的,没有原因的。它设定对象完全出于自己,而不取决于它以外的任何他物。——至于自我,问题只在于有一个对象来限制自我,这就够了。而这个对象,限制在什么地方,则是没有规定的,那是由自我的自发性来决定的。(这里表示费希特完全否认他物的规定性,至少他不能说明这一点。)就自我之应受限制而言,自我是有限的,但因这个限制可以任意设定在无限中的任何地方,毫无规定,所以,就这一点而言,自我在其有限中又是无限的。

费希特认为:自我在设定一个对象的活动中(不管设定在什么地方),同时也在设定一个与这一设定对象的活动无关的、甚至相反的活动,暂时称之为(X)。(X)是什么样的呢? 有下列三个情况:

(1)这种活动不因对象而被扬弃。(并存的)

(2)这种活动是由自我无条件地建立于自我中的。

(3)这种活动也能超越一切可能的对象趋向于无限,并自己成为无限的。(因为照上面所说,对象是可以被设定于无限中的任何一个地方的。)

"因此,(X)活动就是自我设定在自己本身中的那种无限活动;而(X)活动对自我的客观活动的关系,就像原因和结果的关系一样。只是由于自我的一个活动受到了阻碍,对象才被设定下来;没有自我的这种活动,就没有对象。……"①

---

① 《费希特全集》,第259页。

"……因此,绝对自我总是无条件地一定与一个非我关联着的,这个非我就形式上说固然是非我(在自我之外),但就内容上说不应该是非我,因为它应该与自我完全一致。——但只要它在形式上应该是一个非我,就不可能与自我一致。因此,自我的涉及非我的活动就绝不是一个规定活动(本身能把非我规定的实际上与自我同一),而只是一种要规定的倾向,一种要规定的期望或努力。这种倾向和努力却是完全有法律效力的,因为它是由自我的绝对设定作用设定起来的。"①

"我们上述分析的结果可表述如下:自我的返回其自身的纯粹活动,就其与一个可能的对象的关系而言,是一种努力,并且按照上面的论证,是一种无限的努力。这种无限的努力是趋向于无限的,乃是一切对象之所以可能的条件;没有努力,就没有对象。"②

费希特通过这样的论证,认为实践的自我的基本形式是努力(意欲)、企求。(正如理论自我活动的基本形式是表象、想象等。)

自我的深刻本质是它的无限性,但这无限性不是存在上的无限,而是行动上的无限。因为如果自我是存在上的无限,它就不成其为无限,就与无限本质相矛盾了。

而且,这种行动上的无限,还不能有所完成,如果行动有所完成,那也就不是无限了。这种活动必须是永远达不到目的,所以这种行动,只是一种永远的努力。

自我为了实现它的无限性,不能不投入于有限中,所以自己就表现出无限的努力替自己设定界限,设定了界限,自我就是有限的,但设定界限这一努力本身,即企求规定界限(非我)这一努力本身,却是无限的。

费希特在说明了实践自我活动的基本形式是努力(意欲)之后,就进一步推演,发展出六个命题(每个命题是一条)。

第三命题:在自我的努力中,同时有一个与努力保持平衡的非我的反努力被设定起来。

第四命题:自我的努力,非我的反努力,以及两者的平衡必须设定。

第五命题:情感本身必须被设定和被规定。

第六命题:情感必须进一步被规定和被限定。

第七命题:冲动本身必须被设定和被规定。

第八命题:情感必须能被对立起来。

费希特在这里提出了情感,这是很重要的一点。在本书的第二部分里,理论只

---

① 《费希特全集》,第 454 页。
② 《费希特全集》,第 454 页。

是部分,重点发挥了自我的反思形式,这些反思形式完全是空的。它们的重要性在于它们本身包含的矛盾。因为通过这些矛盾,它们继续辩证地发展起来。

本书的第三部分"实践知识基础",才把原来空无内容的非我概念,发展成绝对实在,这个绝对实在是要在情感中体会的。它是我们情感上信仰的对象。(在宗教中为上帝信仰,在伦理中为良心呼声。)

就这一意义上说,《知识学基础》相当于黑格尔的《逻辑学》,它只是个"代数学"。但到最后,这空的形式充实了内容,落脚到绝对实在。

黑格尔批评费希特从"自我＝自我"开始,而最后则达到了"自我应该＝自我",这不啻说"自我不＝自我"。

六

以上是费希特《知识学基础》的大概内容,也可以说是他的哲学体系的基本框架。这本书对费希特的哲学体系来说,是重要的。如果我们不太夸张,可以说,它在费希特哲学体系中相当于《逻辑学》在黑格尔哲学体系中的地位。

但是,这本书的重要不仅限于费希特个人的哲学体系。它在德国古典哲学的发展过程中,具有重要的桥梁地位。对于整个哲学遗产,也有重要的贡献。最后,我们想就两点谈谈。

(一)本书提出的自我学说中的什么思想在德国古典哲学发展史上有过渡作用。第二,本书包含的哪些思想是费希特在整个哲学史上占有重要地位的根据。

首先看第一点,过渡作用表现在两个方面:一是主客关系上;二是发展概念上。

(1)从主客关系这个问题上看费希特这本书在康德、黑格尔之间的地位。

我们说过,费希特哲学是康德哲学的继承与发展。费希特称他的哲学为"知识学",这就表示他完全接受了康德的应该从分析主观认识来了解世界的主张。所以他说:"我从来都说,并且在这里重复地说,我的体系无非是康德的体系,即它包含着康德对现象的观点。……我说这一点……是为了说明真相以示公允。"

一直到1799年8月7日,康德亲自发表声明,表述费希特的"知识学"不是他的批判哲学为止,费希特始终自许是替康德解除非难,发现康德的真正精神。

费希特说他的体系包含康德对现象的观点,这就是说,费希特接受了现象世界是由我们的主观作用对自在之物加工制造的观点;现象世界在康德看来是主体和客体相加的结果。但虽然相加而生现象,但主体是主体,客体是客体,各不相涉,两者老死不相往来,显然是二元论。

但费希特和当时完全反对康德的人一样，认为自在之物既然是不可知的，不属于现象界的，就不应该是感觉的原因（因果范畴只涉及现象界）。因而否认有"自在之物"，他认为我们所认识的世界，无论是形式上还是内容上，都是自我的产物。于是把客观统一于主观，属于一元论。自我既是主体也是客体，既是意识也是存在，既是理智的，也是实践的，自我即是一切实在。自我创造非我，客体出自主体。

但是费希特的自我，虽说他自认为是在1793年冬天突然发现的，其实这是从康德那里继承下来的。费希特的自我，实在是脱胎于康德的统觉。康德的统觉，本就是感性和知性的共同根源。康德在《纯粹理性批判》中说："……人类认识有两个主干，它们也许是从一个共同的，但不为我们所知的根上长出来的，这两个主干就是感性和知性……"

不过费希特的自我不仅是感性和知性的共同根源，而且是理论与实践、理性与意志的共同根源，尤其是主体与客体的共同根源。因此，在主客关系上，费希特就克服了康德的二元论（老死不相往来），达到了以"自我"为基础的唯心主义的主体与客体同一的一元论。

但是在主客关系上，德国古典哲学的发展并未在费希特的同一哲学里停顿下来。真正的主客同一的同一哲学的代表谢林，就是在继承了费希特的主观唯心主义的主客同一学说的基础上，进一步发展成客观唯心主义的主客同一学说的。

费希特的自我，诚然是主体和客体的同一，黑格尔的说法为主体—客体，但他这以自我为代表的"主体—客体"却是"主观的主体—客体"。

到了谢林的"绝对的同一"，才从费希特的主观唯心主义转变到客观唯心主义。谢林在摆脱了费希特的羁绊而自创体系时，对他自己的"主体—客体"下定义说："最高的本源不可能是主体也不可能是客体，也不可能同时既是主体又是客体，而仅仅是绝对的同一性。"

这种绝对的同一，主体和客体在其中毫无差别的同一，这种如"夜间观牛，其色皆黑"的同一，诚如黑格尔所指出的那样，是不能发展运动的。只有到了黑格尔那里，才提出绝对精神，作为有差别的主客同一，所谓天人合一。

总起来说，在主客关系上，费希特在《知识学基础》中所提出的主观唯心主义的主客同一论，向上克服了康德的主客分裂的二元论，向下启导了谢林和黑格尔的客观唯心主义的主客同一论。费希特通过《知识学基础》提出的"自我—非我"，起到了承前启后的作用。

（2）从"发展"概念上看本书的桥梁作用。

康德以前的哲学：

a. 笛卡尔：精神物质二元论。（对立）

b. 斯宾诺莎：一切结合为一的关联。（统一）因果关系。

c. 莱布尼茨：对立与同一在单子发展中。（发展）和谐。

康德哲学：

a. "真正的哲学，在于追溯一个事物在一切时代里的差异性和多样性。"

b. 他是第一人，试看天体的演化。

c. 他分感性、知性、理性认识能力，分阶段、一步一步提高地进行分析与论述。

费希特哲学：

《知识学基础》的自我学说及其各种活动，乃费希特哲学的基本命题，是精神发展学说，精神发展又是整个世界发展的基础。

a. 自我的原始活动，即知识学的基本命题："自我设定""自我区别"和"对立统一"。一切存在都在自我中，自我区别，即"对立设定"，或"非我的设定"。在自我非我互相规定中，就必然地：一方面增加，则另一方面以同量减少；反之亦然。是可增减者，皆为可分者，所以费希特说："自我在自我中设定可分的非我以与可分的自我相对立。"

可分性是可觉性。但对于自我而言，则不可能有广度上的可分的部分，好像自我可以被分为一块一块的。可分性可能含有强度上的可分的程度。

自我与非我都是部分，并不是一块一块的，而是一个阶段一个阶段的，就自我而言，可分性即阶段性。（潜能与无潜能）

b. 自我与非我是同一个系列的两个环节、部分，即阶段，但这个系列有一个共同根源。由于自我包罗万象于自身（自我＝一切），所以这个系列就等于宇宙或世界的发展系列。

c. 先天形式和范畴，不是分析出来的，而是自我发展中必然产生出来的。这在黑格尔看来，是有史以来的第一次尝试。

谢林哲学（费希特对谢林的影响很大）：

a. 世界发展阶段：包括自我与非我——精神与自然界（前意识阶段）。

b. 自然哲学，当属于《知识学》范围，因为非我还在自我之中。

c. 1800年的"先验唯心主义体系"也还没有在原则上与费希特分家，但已包含分裂萌芽：世界发展的两个阶段——可分的自我与可分的非我，只是一个原始本质的（同一根源）的环节。而这个根本（同一）既是心与物，又不是心与物。此根源是"同一"、"绝对"、绝对同一。

黑格尔哲学：发展是他的基本思想，贯串全部哲学——"把全部自然的、历史的和精神的世界，都看成是过程，即在不断的运动、变化、改造和发展中来研究它，并企图揭示这个运动和发展的相互的内在联系。"

(二)《知识学基础》包含的哪些思想是费希特在整个哲学史上占有重要地位的根据。主要有两种思想有较大的贡献。

(1) 关于"对立统一"(辩证)思想。

对立统一思想在《知识学基础》里表现得非常突出。

首先,第一部分"全部知识学的基本原理"中,自我的设定、非我的设定和自我与非我的相互规定,表示实在性、否定性、限制性,构成正题、反题与合题。这显然是同一、差别相生相成思想的先声。

其次,对立统一思想,不但构成《知识学基础》一书的基本原理,而且是全书进行的主要方法。全书通篇都是在分析"自我"与"非我"的对立和矛盾,然后找出更高的概念来统一这两个对立面,从而发展出全部的体系来。例如:"关系"范畴、"因果"范畴和"实体"范畴,都是对立的统一。到第三部分实践知识的基础,更是把自我与非我,把理想与现实最后统一起来。

费希特对立统一的辩证思想,肯定对黑格尔有很大的影响。黑格尔逻辑学里的范畴,都是通过对立统一的辩证分析,发展出来的。黑格尔在辩证法上取得的成就是巨大的,费希特的范畴推演和黑格尔的辩证法思想相比,只是初步的、不完全的。但是,前面已经提到过,黑格尔正是对于这本书里费希特所作的"范畴推演"给予了极大的重视和很高的评价。(他认为这是有史以来对范畴所作的第一次合理的推演尝试。)

费希特本身肯定,其对立统一思想是受过康德影响的。康德在《纯粹理性批判》里提出理性的四个二律背反,这无疑是一件重要事件,正如黑格尔在《小逻辑》中说的:"就康德理性矛盾说之破除知性形而上学的独断,指引到思想的矛盾发展进程的方面而论,必须认作是哲学知识上的重大贡献。"因为,"统一物之分为两个部分以及对它矛盾着的部分的认识是……辩证法的实质。"但康德只走了一半路,只找出两个互相矛盾着的部分,而没有认识到这两个部分的矛盾是可以统一的,因此他不懂得"认识或把握一个对象,也就是要觉察到此对象为相反的成分之具体的统一"。在这一点上,费希特比康德前进了一大步。

(2) 关于"主观能动性"思想。

费希特在《知识学基础》中提出的"自我"学说,毫无疑问是主观唯心主义。可是他的主观唯心主义又与巴克莱的主观唯心主义不尽相同。巴克莱认为我们主观所感觉到的世界,其实在性的最后根据在于神,而神是永恒不变的最高实体。但费希特的万物实在性的绝对根源在于纯粹自我,而自我则又是纯粹的或本原的活动。

费希特认为主体是能动的,绝不是被动的。在费希特《知识学基础》的体系里,在实践部分中,自我是规定非我的。不错,在理论部分中,非我也规定自我,在一定意义上,可以说主体是被动的,但这个"非我"本身是由自我所设定的,所以,非我之规定自我,毋宁说是自我通过对非我的规定反过来也规定了自己。

主观能动的思想,在康德那里也有,主要表现在主观的感性形式和知性范畴对感觉材料的立法者的身份上。在康德那里,主观的能动性似乎是立法,或者加工,而到了费希特这里,表现在自我设定非我上,其能动性似乎可以说是创造、产生。

马克思在谈到十七八世纪唯物主义不承认主观的、能动的方面时指出:"能动的方面竟是跟唯物主义相反的被唯心主义发展了。"紧跟着,马克思就指出:"但只是被它抽象地发展了,因为唯心主义当然不知道有真正现实的活动,真正感性的活动。"这些批判本身所指责的,当然也应该包括费希特在内。

海德格尔

一、海德格尔其人

马丁·海德格尔是一位很有独到见解、思想深刻的哲学家。他从胡塞尔那里接受了现象学的方法,并在许多方面受到了克尔凯郭尔和狄尔泰的影响。除此之外,他还对过去伟大的哲学家进行了卓越的研究。其中他特别时常提到亚里士多德,并且对他做了一种非常别出心裁的解释。对于康德,他亦做了别开生面的研究,并出版了《康德与形而上学问题》一书。

很少有像海德格尔这样难懂的哲学家。它的困难不是由于语言上的不够严谨或者缺乏逻辑的结构。海德格尔永远都表现出一种极其严密的系统性质。它的困难倒不如说是出于他自己所创造的用以表达其见解的那些奇特古怪的名词。很多误解都从这里发生。他的哲学有时特别被新实证论者引为笑柄,原因之一就在于此。

二、问题与方法

海德格尔主要著作的用意在于具体地剖析存在的意义这个问题。在过去,这个问题不但被遗忘了,而且由于一般设想存在是不待说明就清楚明白的,所以根本就没有被真正地提出过。事实上,我们对于存在都有一个一般的约略的了解,但存在这个概念却是最不清楚的。存在,实际上不是像存在者那样的(东西),而是规定存在者之为存在者的东西。如果我们要说明关于存在的意义这个问题,那么我们就必须找出一个其含义非常易于了解的存在者来。于是我们就看到,这个问题(关于存在的意义)本身就是一种存在者的存在模式,而这种存在者,说起来就是我们本身。这样的一种存在(人的存在),海德格尔称为"定在"(Dasein)。因此,对被视为定在的存在者进行分析,就成了海德格尔(存在)研究的正式起点。

"定在"的特点在什么地方呢?定在也是一种存在者,但在它的存在中就关涉着这个(一般性的)存在自身。对存在有所理解本身就是定在的一种存在规定(即是说,对存在有所了解,即指出定在之所以为定在)。根据这个理由,定在就是"本体论的"(Ontologisch),至于一切别的存在者,就都是"Ontisch"(存在者层次上的)。存在本身呢,即定在对之发生这种或那种行动的那个存在(有)呢?海德格尔称之为"Existenz"。定在的本质,永远不能通过对一种含有内容的东西的一种命题(或陈述)予以规定。定在的本质,就在他的 Existenz 里,并永远能从这个 Existenz 里自然而然地清楚了解到。

Existenz 问题,永远只能通过 Existenziell(存在着这个活动)被解释清楚:对 Existenz 的这种了解,叫作"关于存在(问题)的"。相反的,存在(Existenz)的结构关联叫作"存在性",而对于"存在性"的分析叫作对存在性的理解。对存在性的分析,是关于定在的存在性质(非定在的存在者的存在性质,称为范畴)的一种解释,这种解释称为"定在存在的"——关于定在存在的分析,是基本本体论。它是任何本体论和一切科学的基础。

这种基本本体论的唯一可能的方法是现象学的方法。在这里所谓"现象"是指"靠自身表现自己者"。于是我们看到,这里的所谓现象,完全不是这个字的通俗含义(与本质对立的意义)下的所谓现象。现象学的字尾 logie"学"这个部分,是从 légein 来的,在这个地方有"存在者从其隐藏(含蓄)中拉出来的意思"。因为有很多现象不是还未被展现,就是还在隐匿着。于是现象学在这里就成了解释学。它被应用到 Existenz 上去以便解释 Existenz 的结构。

按照这种说法,哲学就是从定在的剖析、解释出来的普遍的现象学的本体论。由这种作为存在分析的剖析,就把一切从其中产生而又返回其中的哲学问题的线索与终点固定在存在上了。

但海德格尔并未走出他所谓的作为一种基本本体论的存在分析的范围。

三、在世界中的存在（In-der-welt-sein）

定在的标征是：它存在；它是我性的。即是说，它不能是某一类的样本，并且它对它的存在（Sein）有种种不同的作为。这种存在模式的基础就是"在世界中存在"。这种"在世界中存在"不是一种空间上、广延上的存在者的存在关系，也不是主观和客观的存在关系。对非定在（Dasein）的存在者，它有照料（Besorge）的存在性；对别的定在者，它有照顾（Fuersorge）的存在性。

世界不是由东西组成的，而是由工具（器具）组成的。就本质上说，工具总是"为点什么的"。工具的存在性叫作"有所为性"。有所为者永远与别的有所为者关联着。任何工具都指示着别的工具，也指示着工具的使用者。有所为者的存在性质是"被使用"。而使用最后总关联到一个"为着"，即是说，关联到定在。所以，定在是有所为者的可被发现性之所以可能的条件。任何工具都有它的地位，即是说，它是被安排的，被制造出来的。

在定在里，有一种去接近有所为者的基本倾向。但客观的距离并不与有所为者的远近一致；有所为者的远近，完全决定于照料（Besorge），因此，世界就是定在的一个本体论的规定。它只以存在着的定在的方式存在着。

但是，以往的本体论都错把有所作为者当作现成存在者，这种错误在笛卡尔那里表现得特别明显。但事实上，不但有所为性绝不以现成性为基础；相反的，现成存在者永远是一个"仅仅现成存在者"，是有所为者的一种缺陷的形态。

通过处于工作中的工具，别的定在也就都联起来了。定在的世界是"共同世界"。它的在世界中存在是"共同定在"。并且可以说，定在自身，就其本质而言，就是"共在"。如果说，定在对于工具的行为方式是照料的方式（关系），那么它对于别的定在（人）的行为方式（关系），就是照顾的。它不是把别人要照料的承接过来，就是能去帮助他使其从关怀（Sorge）中解放出来。而这种同感只有在共存的基础上才有可能。

四、在那里（Da）与关怀（Sorge）

定在不仅是在世界里，而且它本质上也是由"在世界里存在"所构成，它就是它的"在那里"（Da）。

只要把惶恐现象作为基础，"在那里"的构造整体就可以被把握。惶恐（Angst）

与恐惧（害怕）不同的地方是：惶恐的威胁不存在于任何地方。惶恐的根源（对象）就是世界自身。惶恐的原因就是"能在世界里存在"，所以从惶恐中就表明定在是实际上存在着的"在世界中存在"。但是，这个存在是永远"超越自己"的，所以作为定在的构造，不是别的，就是"Sorge"，定在所做的、所愿望的、所认识的一切，照料、照顾、理论、实践、意愿统统都是"Sorge"的表现。"Sorge"是定在的存在意义。

五、"人们"（das"Man"）与"趋于死亡"（Sein-zum-Tode）

以上对于定在的分析还不完全。因为它存在着一天，它就一天还达不到它的"完整"。在它的本质里，有一种永远的"未完结性"。只到死亡，才是定在的终结。但等到死亡的时候，定在又不能作为存在者理解了，而且我们永远不会对别人的死亡有一种真正的经验。此外，在死亡里，定在既不是完满了，也不是消失了：说死亡是一个终结，这个终结只意味着定在是一种趋于终结的存在，死亡是一种存在可能（性），一种最真正的、无所牵涉的可能。定在的存在本身（意义本身）是"趋于死亡"（Sein-zum-Tode），一旦定在开始存在，它就采取这种方式存在了。

正是因为这个，定在就感到惶恐。它逃遁到世界里去。由于对自己（的存在）感到惶恐，由于害怕去对付惶恐，它就在"人们"里找寻藏身处。"人们"（das"Man"）是一种存在性，存在的一种样式，它是定在的非本质的（非真实的）存在。在这种非本质的"人们"的存在里，它把自己交给一种中立物，由这种中立物来强制它的观点和行为。这个"人们"对于任何人来说都不是确定的什么，对于一切人的全体来说，也是如此。它的典型特征是它负责制定普遍性，它有一种使一切扯平的倾向。

"人们"替定在摆脱责任，让定在可以不做任何决定：因为是"人们"在那里做这做那，说这说那。"人们"是有诱惑性的，有镇定性的，有破除生疏性的。它表现在三个方面：(1)在语言里（口头语言里）；(2)在变化无常的好奇心，在漠不关心（心不在焉）和流动不居里；(3)在模棱两可里。所谓模棱两可，即不再能决定究竟含有什么不含有什么。这三个因素就是日常性的存在（"人们"）的特征。这种日常性的存在，叫作定在的"堕落"。就在此处，定在从它本身堕落下来，落到世界上。

定在之所以堕落到这个非本质、日常的、一种事实上非真的存在上来，是由于对死亡的惶恐。因为"人们"，它不容许思想的死亡，而只是谈论"人们死亡"。

六、超越与无

海德格尔只是大略地提示了一下他的形而上学的主题，这些主题都是很难正确地加以解释的。所以，我们在此也只能做一简略的概观。

定在(人的具体存在)对于非定在的存在物(万物)的关系是一种双重的超越关系。一方面,定在(人)是被扔到世界上来的,他受存在者(非定在)的决定:(所以说)世界超越定在。另一方面,定在又"塑造世界",所以它超越世界,超越存在者(万物)。这意思是说,是定在把这存在者从其隐含性中揭示出来而赋予(存在)意义、真理。没有定在,那么即使有存在者,也不会有存在(存在意义)。因此似乎正是这个"超越",构成定在的自性和本性:在的形成,就是形成于它超越存在者。(所以)定在的"本质"就是超越。

与此相关的还有另外一个定在的超越,即无的超越。无,不仅是一个逻辑上的,而首先是一个本体论上的范畴:不是因否定而有无,而是因无而有否定。一方面,定在(人)对无的关系是这样的:第一,定在没有根据(根源),他从无中来;第二,定在的终极是死亡,是无的另一个无底深渊;第三,定在的存在(意义)自身就是趋向死亡、趋向于无,定在本身就是无的。另一方面,任何非定在的存在者的存在(万物的存在)都是从无中弄出来的。其实,海德格尔应该说"无,有"。为了避免这个意义矛盾的说法,他说:"无,无其自身。"——就是由于这句话,他被好多学者,首先是新实证主义者所嘲笑。那么现在的问题是:无究竟是什么意思呢?下面可以略予说明:既然非定在的存在者刚刚是通过定在而生成(为存在),这个所谓生成是指通过定在而给予真理性。既然对于海德格尔而言,从定在那里(派)生出来的仅只是存在(意义),而不是存在者本身,那么我们也许就可以把这位哲学家的思想了解为:"无"可以被看成没有存在(意义)的存在者,一种完完全全(彻头彻尾)不可说的混沌。对于它,定在是唯一给予其结构和意义的"自然光明"。如果我们这个看法是对的,那么海德格尔的哲学就必须被了解为一种极端的内在哲学。在这种哲学里,任何意义都只依赖于定在(人)。不过,无论如何,这种内在哲学不应该在主观主义的意义上去解释。海德格尔说得很清楚:世界虽然是定在的一种投射,却是立于主观性与客观性之起源处的。

海德格尔关于自由的学说也与这种思想关联着。定在在超越里将自己构成为投射:超越就是自由本身。人们也可以说,定在就是自由。而且,既然任何意义、任何根据都来自定在,那么一切真理性的最后根据就是自由本身,海德格尔哲学里的最后一句话,似乎应该是"自由是根源的根源,根据的根据"。

关于海德格尔哲学的几个问题

一、存　　在

任何人都了解这里所说的"存在"的意思,这两个字是对一切存在着的东西的一个概括,它是一切存在物的概括。在这样普遍性的含义下,存在,作为客观实在的同义词,是一个不言而喻的自明的概念。

海德格尔不满足于这种不言而喻的自明性和普遍性。[①] 他认为正是这个概念在使用上的那种不言而喻性和在应用上的那种普遍性,要求我们去探讨存在并进而探讨存在的意义。他主张一定要重新提出存在问题和存在的意义问题。

海德格尔在《存在与时间》里说:"'存在'概念是不可定义的。"[②]存在的不可定义性是由于下列情况:"事实上,'存在'不能被理解为存在着的东西……"照海德格尔在一个作为注释的引文里所证明的来说,帕斯卡早已提醒过我们,说在"存在"概念

---

① 参见海德格尔:《存在与时间》,第 2 页以下。
② 海德格尔:《存在与时间》,第 4 页,1-14 行及其注释。

的任何定义里都必须使用"是"①这个字(存在是这个或者是那个),因而,那个要加以定义的字已经包含在它的定义里了。人们可以说,在这里下定义等于兜圈子。于是海德格尔就从中得出结论:"……我们只能断定,'存在'不是一种像存在物那样的东西。"从这里继续前进而得出来的总结其思想过程的结语是:"存在的不可定义性并不使存在的意义问题可以省略,而恰恰促进这个问题的提出。"②

现在就海德格尔的存在问题做如下说明。

(1)海德格尔虽然主张存在具有所谓不可定义性,但他自己却并不坚持他的主张。因为,如果说由于任何下定义的企图都一定是兜圈子,因而存在是不可定义的,即是说,由于下定义所须遵守的公式——存在是这个或是那个,首先必须予以定义才行,那么替存在的意义下定义也该陷于同样的命运。因为对于存在的意义问题,非这样回答不可:存在的意义是这个或是那个,但这样一来,令人讨厌的"是"字在这里出现了。因为,如果照海德格尔的说法,我们在存在的意义问题上并没有比在存在自身的问题上多走一步。

(2)因此,对存在的意义问题的答案不可能不被认为是建筑在一个先行给定了的存在的定义上的。海德格尔在稍后几页中自己也说:"首先必须把存在着的东西以它的存在来加以规定,然后才在这个基础上提出关于存在的问题,这岂不是在兜圈子吗?"海德格尔否认这里有圆圈,"但事实上,在我们所谈的这个问题的提出里根本没有圆圈。我们可以用它的存在来规定存在着的东西,而无须事先就有一个关于存在的意义的明确概念"③。但究竟为什么存在不能被规定为存在着的东西,而存在着的东西却能以它的存在来加以规定呢,这是海德格尔始终没有给予证明的问题。这一点他自己也承认:"在生存的分析法里,谈不上什么'避免'证明上的兜圈子问题,因为它根本不按照要求首尾一致的推理逻辑的规律去证明。"

(3)海德格尔的"存在"(das Sein)是一个由动词改成的名词,"存在着的东西",或简称为"存在者"(das Seiende)则是一个由现在分词改成的名词。④ 海德格尔将存在与存在者做了明确的区分,这种区分与康德所做现象与物自身之间的区分有着渊源关系。不过海德格尔的物自身概念已经是特别修改过了的。现在,暂且让我们指出下列这一点:如果某人有些东西,他就是一个所有者,而说他是个

---

① "存在"和"是"在西方文字里是同一个字。
② 这同一个思想还在后来不断地出现,比如:"因为事实上'存在'是不能作为存在着的东西而被接近地……"见《存在与时间》第94页,着重号是原文所加。
③ 《存在与时间》第7页,着重号为原文所加。
④ 在德文中,任何动词只要在前面加上一个中性的定冠词,就变成一个名词。

所有者时,人们是在说着他的有;同样,如果某人在思维,他就是一个思维者,而说他是个思维者时,人们就是谈论他的思维。如有什么存在着,它就是一个存在着的东西或存在者,而说它是个存在者,人们就是说它的在。这话也可以换另外的说法:当我使用存在这个名词时,我是在承认着我所谈论的那个在着的东西的客观实在。

(4) 我们前面已经指出,海德格尔自己并不按照他所说的"存在没有可定义性"的那种主张行事。他除了使用实质定义之外,也还使用了名义定义。照我们说,即使实质定义总不免要利用"某个东西是这个或是那个"这一公式,而名义定义是无须利用"是"来表示的。正因为这样,海德格尔时常把下列的说法当作是下定义:"这个或那个在专门术语上我们称之为……"由此,我们应该可以这样说,"存在"意味着对存在着的东西的一个概括。这个说法应该可以算是一个即使不完全而却临时适用的存在定义。

可是,海德格尔的存在却完全是另外的一种。对他的这种存在,人们显然不能做任何言说,因为他认为"存在就是超越,就是超越本身"①。海德格尔的存在就是不存在,就是无。② 他新近对这个问题所发表的言论关于他这个存在观没有丝毫的改变,反而使我们终于看清了他所说的存在究竟是什么意思,因为他说:"说到存在吗?——存在是什么呢?它就是自己。"③而这个"它自己"对他而言就等于"无名"。④ 海德格尔近来颇愿意把存在视为"生存于无名中",他这个新想法其实跟他早年的"被坚持于无中"是契合无间的。⑤ 于是我们看到,从有中跳出了一个无来。⑥ 但为了说明这个无不存在,他还需要有一个基础,他发现这个基础就是Dasein(现在,现前存在或当前的存在)。

为了深入理解海德格尔的存在问题,我们有必要回顾一下初期的希腊哲学。

---

① 《存在与时间》第 38 页,着重号为原文所加。
② A. "存在与无(不存在)同属于一类……因为存在自己本质上是有限的……"(《什么是形而上学》第 5 版,美因河畔福兰克佛,1949 年,第 36 页)。B. "但在这个……为什么里,就已经包含着关于什么存在,如何存在和存在(不存在,或者说,无)本身的一种前期的或初步的理解,即使这前期理解还不是概念的理解。"(《论理由的本质》,第 5 版,美因河畔福兰克佛,1949 年,第 45 页)C. "难道存在不是像无那样的东西吗?事实上,不是什么普通人物,而是黑格尔,他就曾说过:纯粹的存在(纯有)和纯粹的不存在(纯无)是同一个东西。所以当我们追问什么是存在的时候,我们不啻闯到了完全黑暗的边缘。"(《康德与形而上学问题》,第 217 页)
③ 《论人道主义》,第 19 页。
④ "如果人还想再度接触到存在,那他就必须先学会生存在无名中。"(《论人道主义》,第 9 页)
⑤ "实存(Da-sein)就是被坚持于无中。"(《什么是形而上学》,第 32 页)
⑥ 存在化为不存在,本质就在存在本身而完全不在人的现在里,如果人的现在是指认识的自我(ego cogito)的主观性的话。当人作为主体而进行无化的时候,即当他拒绝的时候,现在并不化而为无;只有当现在,作为人生存于其中的本质而属于存在的本质的时候,现在才化而为无,化为不存在。存在无化——而为存在。(《论人道主义》,第 44 页)

海德格尔也探究过希腊哲学,但我们的做法和他不同。不错,苏格拉底以前的哲学家所遗留下来的文献诚然只是些断句残篇,他们所提出的问题和所做的解答诚然还很不完全,但唯其如此,他们与希腊哲学后期的古典作家相比,问题表述更坦率得多,更本真得多。他们表述得特别清楚,他们所了解的存在问题还是一个科学问题,他们的本体论还是科学,只是到了后来存在问题才变成了一种"哲学的"、形而上学的问题。希腊哲学是以科学问题的形式开始的。

泰勒斯认为万物的根源是水,他用一种统一的实质的原理来说明可经验的存在。阿那克西美尼则设定了另一种根源:气。他究竟为什么用气来代替泰勒斯的水呢?在这里虽然表述得还很不清楚,但思维与存在的关系问题已经隐约可见了。思维既然是一种不可见的过程——如果可以说有思维过程的话——那就只有假定同样不可见的要素当作根源才能与思维相称。所以阿那克西美尼说:"正如我们的灵魂(它是气)之统治着我们那样,嘘气和空气也笼罩着整个宇宙。"①同时我们还可以注意到,希腊文里的灵魂"Ψυχη",有两种含义:原来的含义是嘘气、呼吸,到后来才通过"生命"概念过渡为今天通常意义下的"灵魂"。②

意识问题,虽然还只是在非常隐蔽的形式下初次出现,却也像存在学说本身那样是被唯物主义地理解。思维被视为与物质是同一种东西。恩格斯曾批判地谈到过这一点,他说:"古代哲学是原始的、天然生长出来的唯物主义。作为这样的唯物主义,古代哲学就没有能力彻底了解思维与物质的关系。"③

在巴门尼德那里,古代哲学之没有能力了解思维与物质之关系就表现得特别明显。可是,由于他对存在着的东西与不存在的东西做了截然的分割,似乎促进了唯物主义的存在学说向唯心主义的存在学说转变。巴门尼德所见的那种存在着的东西,如同他的哲学先驱者们所理解的那样,是以一种非存在的东西为背景建筑起来的,而这种非存在的东西本身既没有存在的可能,人们也不能对它进行任何思维。④巴门尼德当时还不知道不存在的东西是一种思维出来的概念,还不知道它是思维在取得了关于存在的特定经验之后,必然以此经验为根据而构成的概念。"不存在的东西""无",这种否定概念其实仅只是一个名称,它是被用以表示存在中与已被认识的部分相对的那个尚未被知的部分。认识的过程,就是继续不断地迁移已被认

---

① 《苏格拉底前的哲学家》,著作残篇以及材料来源。卡派尔译为德文加注释。第 4 版,斯图嘉特,第 95 页。

② 《苏格拉底前的哲学家》,著作残篇以及材料来源。卡派尔译为德文加注释。第 4 版,斯图嘉特,第 89 页。

③ 恩格斯:《反杜林论》,迪茨出版社,柏林,1953 年,第 169 页。

④ 可参见《苏格拉底前的哲学家》,著作残篇以及材料来源。卡派尔译为德文加注释。第 4 版,斯图嘉特,第 159 页。

知的与尚未被知的之间的边界线。这个意思,恩格斯曾经表示过:"在我们观察所达的范围之外,存在真的是一个未决的问题。"①不过,巴门尼德说:"但思维与思维的对象乃是同一个东西。"②我们从他这句话里可见他还没能把思维与存在区别开来。当然,巴门尼德的这句话绝不可被误认为就是那种听起来和它非常相似的主观唯心主义的论调。我们绝不可把它和贝克莱所说的"存在即被感知"混为一谈。对于巴门尼德说来,存在着的东西是物质性的③,在这一点上他和他的哲学先驱们完全一致。

这样,巴门尼德的思维与存在的关系问题就成了没能解决的悬案。因为他不知道存在在思维中反映的辩证关系,因而他认为思维与思维的对象合二为一,而尚未被知的东西就作为一种"不存在的东西"出现了。他经验到了思维与思维对象,他知道它们两者存在。但事实上凡存在的,都是存在着的东西或存在物,除存在物之外再没有别的东西。

但这种错误的论证却给唯心主义提供了一个简单的把柄,由于把重点从存在物迁移到思维上去,就使唯心主义取得了压倒唯物主义的优势。唯心主义阵营里的人得出的结论是:只有思维是存在物,只有思想是存在着的,而思想的对象、思想的客体,则是假象。

海德格尔也给巴门尼德做了一种唯心主义的解释,他说:"对现成存在的东西的纯粹的现成存在性而言,乃是一种纯朴的知觉,巴门尼德就已经以这种纯朴知觉为说明存在的依据了。"④这句话,用海德格尔的术语来说,意味着从海德格尔的观点来说巴门尼德的存在物是不存在的。按照海德格尔的名词含义,"现成存在的东西"并没有真实的存在,并不现在着。

顺便在这里也还应该提一下,海德格尔不仅没有理解巴门尼德有加以辩证改正的必要,而且他坚决反对把古代本体论发展为一种辩证法,即使这种辩证法最初纯然是唯心主义的,例如像在柏拉图那里那样。海德格尔并且完全不知道柏拉图的辩证法已以某种特殊方式在亚里士多德那里被保留下来了。所以他说:"'辩证法',本是哲学上一个真正的令人困惑的东西(他是指在柏拉图那里),现在(他是指在亚里士多德那里)变成毫无必要的东西了。"⑤

……

———————————————

① 恩格斯:《反杜林论》,德文版第 51 页,中文版第 43 页。
② 《苏格拉底前的哲学家》,著作残篇以及材料来源。卡派尔译为德文加注释。第 4 版,斯图嘉特,第 167 页。
③ 卡派尔指出:"……巴门尼德还没超出于他的唯物主义的思维方式的范围。"(见《苏格拉底前的哲学家》,其著作残篇以及材料来源。卡派尔译为德文加注释。第 4 版,斯图嘉特,第 159-160 页)
④ 《存在与时间》,第 25 页。
⑤ 《存在与时间》,第 25 页。

海德格尔的本体论,也是一种关于存在的学说。但他的存在乃是马克思和恩格斯所说的那种具有哲学意义的语言。在这样的一种语言里,表现为字句的思想都有一个独有的特殊内容。关于这一点,马克思和恩格斯还说过另外一段富有意义的话,从而对存在问题做了非常重要的提示:"费尔巴哈说……'存在,既然是建立在纯然不可言说的东西上的,它本身也就是一种不可言说的东西。诚然,它是不可言说的东西。但是在语言停止的地方,生活才开始,存在的秘密才展开。'我们由此可见,从思维到现实以及因而从语言到生活的整个问题,仅仅是哲学的幻觉里的一个问题,即是说,仅仅对于那种不可能了解其自身于生活之间的分裂假象及其起源的哲学意识而言,这整个问题才成为问题。而一旦这个伟大问题在我们的理论家的头脑中出现了,它就自然地非经历下列过程不可:终于有一位这样的游侠武士出去寻找一种字句,这种字句,作为字句,构成着从思维到现实的过渡,它作为字句,不再是一种简单的字句,而作为一种神秘的超语言的字句,走出语言,指示着它所表示的那个现象的客体……"①

那么存在是什么呢?

对于费尔巴哈来说,存在就是活的东西本身,就是变化不居的东西,就是永远在改变着的东西,它可以为人所体验而不能为人所言说:它就是人只是其一部分、一片段的那个巨大的无法形容的自然。

不可穷尽的客观实在,包括人在内——这就是费尔巴哈心目中的存在。其之所以无法形容,乃是因为它不可穷尽。但人不仅仅是自然的一部分、一片段而已,而且人也意识这个自然,并对自然的属性意识得越来越多。人之所以可能如此,完全是因为人类社会也在影响自然、改变自然并在自然的这个改变过程中改变着自己。这里存在着主观和客观辩证法之间的一种相互作用。

因此,马克思认为有必要纠正费尔巴哈。他在其著名的《关于费尔巴哈的提纲》里做了这项纠正,提出的论点是在各方面对费尔巴哈的一个超越。他们首先是给我们指出了关于存在的知识的真理标准。真理标准就是实践。只有从这样的一种土壤上才能生长出下列果实:"向来的哲学家都只是各式各样地说明世界,而问题却在于改变世界。"②

与此相反,海德格尔依然执着于字句。他的存在论的虚无主义,从他最近发表

---

① 马克思、恩格斯:《德意志意识形态》,第 476-477 页。
② 马克思、恩格斯:《德意志意识形态》,第 595 页。

的文章来看,已不容再有任何怀疑。他也深入地研究马克思主义,①但他本人仍坚持原来的立场:"……思维行动既不是理论的也不是实际的,更不是两种行为方式的联合。"②唯有唯一的一种媒介物可以使思维行动得以呈现,这种媒介物就是被绝对化了的、传统地继承下来的哲学语言。

二、定在(Dasein)

因此,思想家们,或者说,哲学家们——这两个名称在《德意志意识形态》里意义几乎完全相同——寻找关键词。海德格尔跟这些思想家们所走的是同一条道路,所以他就找了一系列这样的关键词。他把这些词叫作存在相。他的最主要的关键词,则是定在(Dasein)。

海德格尔认为"定在是一种特殊类型的存在者"③,是"出类拔萃的不同于其他存在者的存在者"④,是"存在者的存在"⑤,它是"这样地存在着,以至于我们须把它之存在着理解为某种像存在这样的东西。"它"在它的存在里跟这种存在具有着一种存在关系"⑥。对于这种存在关系,海德格尔做了如下说明:"定在可以这样或那样与之发生关系,并且永远在以某种方式与之发生着关系的那个存在(Sein)本身,我们称之为现实存在(Existenz)。"⑦

如果我们把海德格尔的话用一种比较简单的语言翻译出来,那么上面那句引文并不意味着什么别的,只不过是说定在跟它自身发生关系罢了。因为定在与现实存在(Existenz)之间没有任何意味上的差别。Dasein 这个词乃是高特舍德(Gottsched)在 1725 年时替拉丁文 Existenz 这个词创用的一个德文的翻译词。Dasein 与 Existenz,定在与现实存在,完全是同一个意义。海德格尔让定在跟现实

---

① "由于马克思知道异化,他达到了历史的一个本质的向度,所以马克思主义对历史的观点比其余的历史观点优越。但由于胡塞尔和萨特(就我看来)都没有在存在里认识到历史的本质性,因此,无论是现象学,还是生存主义,都没达到那个向度,而只在那个向度中,才有可能同马克思主义进行一种生产性的谈话。"(见海德格尔《论人道主义》,第 27 页)从上述这段话里,可以清楚地看出海德格尔是在试图把马克思主义生存主义化。因为对马克思来说,异化仅是一种征候,它在无产阶级的阶级意识里早已被扬弃了,海德格尔则把异化了解为典型的、一直在"一个人"里呈现着,而只能通过上升作用才能被克服而变为真正的现在的那种生存方式。总之,海德格尔研究了马克思,但理解还有偏差。
② 海德格尔:《论人道主义》,第 46 页。
③ 《存在与时间》,第 12 页。
④ 《存在与时间》,第 11 页。
⑤ 《存在与时间》,第 17 页。
⑥ 《存在与时间》,第 12 页。
⑦ 《存在与时间》,第 12 页。

存在发生关系,以便利用现实存在来解释定在,用一句著名的谚语来说,这等于是用 Pauvreté(法文的贫穷)来解释 Armut(德文的贫穷)。

然而海德格尔既然能对定在和它与它自己的关系说出这样的话来,就表明他所说的这种定在根本不是现实存在,只不过是意识,特别是自我意识罢了。海德格尔的定在,即是说,跟它自己的现实存在,亦即跟它的自身发生关系的定在,就是自我意识。正是这自我意识才使他能够把他自己的实际存在当作他自己的思考对象。

海德格尔的自我意识,构成着他的定在概念的核心。沿着这个方向前进,才发生像下列这样的定义:"实存并且就是每个我自己从来所是的那种存在者。"①也正是从这个立场出发,才能形成海德格尔首先在德语里使用的——这并不是说从此就使用起来了——"我性"(die Jemeinigkeit)这一概念。因为定在都是"属于各个我的"。定在具有"我性"②。

但是海德格尔自己既不愿意承认他的定在概念与意识有关系,更不愿意承认他的定在概念即是自我意识。他批判笛卡尔,说笛卡尔在他的"我思(故)我在"的命题里忽略了"'我在'的存在意义"③。但是他对笛卡尔基本命题的解释则是一种误解。他认为拉丁文的"我思我在"这个命题的前后两个组成部分,构成着一个互相依存不可分割的统一,如果把这个统一翻译成德文,照他看来,就应该是:自我——意识了的——存在(Selbst-bewusst-Sein,三节合起来成为一个德文词"Selbstbewusstsein",即是"自我意识")。

海德格尔为了要把"我在"的存在意义揭示出来,将笛卡尔的命题颠倒过来,使"我思(故)我在"变成"我在(故)我思"。④

一方面他并不抛弃"我在"的主观出发点,因为按照他自己的说法,定在与现实存在都以它们的"我性",即是说都以其与自我有关为特征;另一方面,他却暗暗地

---

① 《存在与时间》,第 53 页。
② 例如在《存在与时间》的第 42-53 页。
③ 《存在与时间》第 24 页。由于与他的存在主义基本立场相抵触,雅斯贝尔斯曾非常明确尖锐地提出:"笛卡尔把思维放到存在的领域里去了,他把思维和意识视为彼此等同的东西了。这就是说,那知道其自身的思维所能达到的,也正是一般说来意识所能达到的。然而一切可以说是我的意识的东西,都是现实的,都像'我在'一样地是现实的。所以思维就是意识,而思维的存在就是整个意识的存在,或就是意识现象学的全部对象……"(雅斯贝尔斯:《笛卡尔与哲学》,柏林版,1948 年,第 12 页。上文第一批着重号是作者所加,第二第三两批着重号是原文所有的)雅斯贝尔斯跟海德格尔完全一样,他也批评笛卡尔没有探讨"存在意义",他说:"但是,他的'我思故我在'命题里的存在意义,他根本没当作问题提出来。"(同上书,第 13 页。)
④ 他将笛卡尔的命题颠倒过来以后,还另外加了一些补充说明,例如:"如果'我思(故)我在',要想成为我们对定在做存在分析的出发点,那它就不仅需要颠倒过来,而且还需要对它的内容进行一种新的本体论的现象上的考验。"(《存在与时间》,第 211 页)

把"我在"偷换成为"定在"(Dasein)。

当然,他的定在概念之出自于一个进行哲学思辨的个别人的主观性这一发生过程,海德格尔本人是不会表示同意的。他毋宁会指出,他是把"在——世界中——存在"描述为定在的基本结构。①

照他看来,这个基本"结构"表示着定在与世界之间的不可分解的相互关联,但是,海德格尔给这个关联做了一种非常奇特的解释。

事实上,如果有人说,每个实存又都是永远存在于一个世界里的,那么照海德格尔的想法,这个人就是说错了,他所说的就是不符合实际情况,因为海德格尔完全不同意把定在与主体作为一方和世界与客体作为另一方彼此等同起来。

他在"在——世界中——存在"这个基本结构的底层另奠立了一系列的"存在结构"。所以,定在是"被扔到世界里来"②或"堕落到"③世界上来的。

海德格尔自称他借助"实存"这一关键词,已经对实际所与如存在、世界等进行了客观的把握,但事实上,这只表示对于一个正在抬高自身的自我意识的行动的一种主观反映罢了。

海德格尔的哲学,照他自己的看法,既避免了实在主义的错误,也避免了唯心主义的错误。对于实在主义,海德格尔是同意的,但他只是有条件地承认它的实在性论点,即是说,只当它的实在性论点不涉及外在世界而仅涉及"世界内的存在者的现成存在"④时,他才同意实在主义。至于实在主义的那些"本体论上的不通之论",他都予以驳斥,他谴责"它(实在主义)试图通过实在与实在之间的交互作用来从本体上说明实在"⑤。

当海德格尔检查其与唯心主义的关系时,表示拒绝唯心主义的论证结果,但他表示赞同在唯心主义里广泛流行的一种本体论分析。他说:"如果唯心主义强调存在与实在只'在意识之中',那么这就是表示它同意我们的说法,存在不能由存在者来予以说明。"⑥

海德格尔哲学与唯心主义的关联可以从以下这一段中获得更多的说明:"存在是不能通过存在者来加以说明的,而实在是只可能存在于对存在之理解中的,但这并不是说,我们因此就可以不去追问或探讨意识的存在(res cogitans)本身。按照

---

① 《存在与时间》,第 41 页。
② 《存在与时间》,第 135 页。
③ 《存在与时间》,第 175 页。
④ 《存在与时间》,第 107 页。
⑤ 《存在与时间》,第 107 页。
⑥ 《存在与时间》,第 207 页。

唯心主义的论点,应该说,对意识本身做本体论的分析乃是一种不可避免的预备任务。仅仅因为存在是存在于'意识里'的,即是说,仅仅因为存在只在定在中才是可理解的,所以定在才能够以概念来理解存在的属性,如独立性、'自在性'、一般实在性等。仅仅因为这样,'独立的'存在者,作为世界内的会晤者,才能全面地得到接近。"①

这一段文字包含着海德格尔关于绝对非实在概念的全部草案。他既然认为"实在只可能存在于对存在的理解中",那么现实就在意识中化为乌有了。贝克莱的出发点必须从感觉和知觉转移到判断。"存在即被知觉",变成了"存在即被认识"。

以上所述,我们可以再总结如下:海德格尔拒绝通过从存在者到存在的这条道路来理解存在,他认为要想了解存在,就必须探讨存在本身。然而不论他如何盼望能做到这一点,事实上,他却只能通过一个存在者以达到存在。因为他称之为"定在"的那个东西真正说来就是一个存在者,甚至具体说来,不是什么别的存在者,而正是他自己。海德格尔当然会反对这样把自己理解为一个存在者,认为这样地理解自己为存在者乃是一种执着于"本体界"的做法。但是如果我们跟随着他进一步进行他那些被转移到"本体论"里去的分析,做一些批判考察,则我们不可能发现别的,只能发现,被他称为"定在"的存在者与存在者自己的自我意识即是一个东西。

三、无

海德格尔在进行思维的时候,特意让他的思维孤立于一切现实事物之外。他的这种脱离现实的思维我们可以大致做如下的概括:由于他不相信我们能就日常所用的那种存在概念把握住存在的本质含义,他就把存在概念的一切具体性统统剥离,以便达取存在的意义。他认为任何存在者,即任何现实存在着的东西,都不能有助于了解存在。

他认为必须这样思维存在。事实上这样思维出来的存在根本是没有的。于是他在通往这种存在的道路上不得不设立许多中间站,每个思维者"自己的"实存就是一个中间站。但是,就连这种实存——定在,即是说,就连这种表现于各种各样的形象中的"可变的和有限的"具体而确定的存在,海德格尔也不是从它的具体方面,而是从它的抽象方面来理解的。即是说,不是把它当作与许多方面发生关系的有生命的东西,而是把它当作一种状态来理解的。由于他将定在限定为"我性",即是说,限定为主观性,于是他所说的定在就在一种抽象过程中升华而成为空洞的自我意识。客观的存在和客观的定在一样,都被非客观化了。

---

① 《存在与时间》,第 207—208 页,着重号为作者所加。

从海德格尔的存在、有中产生出了关于无的思想。在这一方面,海德格尔受到了胡塞尔的影响。胡塞尔完全把自己限制在一个由纯粹的理想所与构成起来的对象世界里,并将这样构成起来的对象世界,当成他的哲学的无尽宝库。胡塞尔开辟了通往虚无的道路,海德格尔所需要做的,只是把胡塞尔的理论再进一步地发挥。胡塞尔对无的论述可以从下面这一段中获得说明:

"另一方面,整个的时间空间世界,即人和人类的自我成为其所隶属的低一级的个别实在的那个整个时空世界,按照它的意义来说,乃纯然是人的意愿所构成的存在,因此,这样的一种存在,仅仅具有一种为意识的存在所具有的那种第二性的、相对的意义。……它是一种由意识在它自己的经验里建立起来的存在……但除此之外,则是一个无……"①

海德格尔就是要给这种由意识建立起来的,这种由意愿所构成的,亦即仅在一种意识活动里才能经验到的存在赋予客观性。海德格尔使存在等于不存在,使有等于无。在存在与无之间,没有像黑格尔的"变"那样的中介,但又没有对立性,反而认为无是存在的本质("但是这个无,乃是存在的本质"②)。

海德格尔从克尔凯郭尔那里借用了"忧惧"这个概念来揭示无的内涵。指出"忧惧"乃是定在的基本情绪,并且认为"忧惧显示着无"。

"无"这个概念只可能是因对原先存在于某处的东西的否定而制造出来的概念。但在海德格尔那里,无变成了一种实在的什么东西了。他说,"存在于某处"(Da-sein)在德文里联合成一个单一的名词,就是 Dasein(即定在——作者注),意思就是"被置入于无中"③。并且他认为,无在忧惧情绪中把存在的本质传递给我们。④ 虽然他在某些地方认为人们不能对无提出问题,不能把无当作仿佛是一种存在着的东西而予以追问⑤,但他却在另外的地方谈论着无,最终他给无一个界定:"无自身不"⑥。(这个"不"字,nichten,在这句话里是一个动词,它是海德格尔硬把"不"nicht 加上 en 造出来的一个字。在德文中,硬把"不"字用作动词,其义不同。)于是我们现在终于知道无是什么了:无所以为无,乃因为它不。

---

① 胡塞尔:《有关纯粹现象学和现象学哲学的一些观念》,第 117 页。
② 《什么是形而上学》,第 41 页。
③ 《什么是形而上学》,第 32 页。
④ "存在的深邃而尚未展开的本质,是在真实忧惧中由无传递给我们的,而如果没有这个存在,则一切存在物都停留于不存在之中。"(《什么是形而上学》,第 41 页)
⑤ "对无的追问——无是什么和无如何存在——就使被追问的对象变成它的对立物"。(《什么是形而上学》,第 25 页)
⑥ 《什么是形而上学》,第 31 页。

存在主义哲学

一、代 表 人 物

存在主义是当代西方的主要精神思潮之一,最近显得非常兴旺,特别是在法国与意大利。在德国,早在 1930 年前后存在主义就已产生了强烈的影响。对存在主义是很难做一般的叙述的。因为多个被作为存在主义看待的学说彼此差别很大,所以在叙述存在主义哲学的时候似乎最好先把被认为属于这一派的哲学家们罗列出来,然后设法找出他们的共同之点。

至少有几位当代哲学家会被毫无异议地列为存在主义者:即马塞尔、雅斯贝尔斯、海德格尔及萨特,他们又一律皈依克尔凯郭尔,虽然在时间上相隔如此之大,但一般都认为他是一位很有影响力的存在主义者。根据新近的研究,发现还有很多其他的作家也都代表类似的学说,例如西班牙的批评家 Miguel de Unamuno(1864—1936)、俄国的小说家 Dostoevskiy(1821—1881)、奥地利女诗人 Rainer Maria Rilke(1875—1926)。在今天持有存在主义思想的哲学家(思想家)中,应该提到著名的新教神学家 Karl Barth 和两位主要以法文著作见称的俄国人 Nikolai Berdyaev 和 Leo Sohestow。至于这个学派的先驱和在哲学上重要性较小的当代信徒，不在此一一罗列，本节只详细讨论四位普遍被视为存在主义者的大哲学家，而其中萨特的思想与海德格尔大有关联，也就比较少讨论些。在存在主义的发展史上有下列主要日期值得注意：1855 年克尔凯郭尔逝世；1919 年雅斯贝尔斯发表《世界观的心理学》；1927 年马塞尔发表《形而上学日记》；同年海德格尔发表《存在与时间》；1932 年雅斯贝尔斯发表《哲学》；1943 年萨特发表《存在与虚无》。

二、理论来源

前面已提出克尔凯郭尔的著作对于存在主义具有重要奠基作用。在他生前，这位基督徒的丹麦哲学家还没能产生什么影响。他之所以在 20 世纪里被重新发现，是因为他的主观的悲剧的哲学思想和当代的时代精神有着内在的关联。比如马塞尔在形成其与克尔凯郭尔相近的观念时，还根本不知道这位丹麦人的著作。

克尔凯郭尔没有建立过自己的体系，他尖锐地反对黑格尔哲学，否认黑格尔所谓的协调的可能性，即是说，否认正与反的对立有在一个理性的较高的合中被扬弃的可能。他主张存在先于本质（存在对本质的优先性），并且显然是第一个把"存在"这个词按"存在主义"的意义使用的人。他是一个极端的反理智主义者。照他看来，上帝是不能从思维道路上达到的，基督教的信仰是矛盾百出的，任何想把它予以理性化的企图都是对上帝的累赘，克尔凯郭尔提出一个惶恐（Angst）的学说，并把这一学说与人对上帝完全孤独和人类命运是悲剧的学说联合起来。他认为瞬间就是一时和永久的一个统一。

除克尔凯郭尔外，胡塞尔和他的现象学对存在主义的形成非常重要。海德格尔、马塞尔和萨特都应用现象学的方法，虽然他们并不同意胡塞尔的论点或基本态度。事实上，尽管胡塞尔在他的研究里把存在问题撇在一边，但他却与存在主义密切相关。

存在主义也受生命哲学的影响，或者可以说，它更加发展了生命哲学，特别是在现实主义、时间分析、理性主义批判和自然科学批判方面。

最后，新形而上学也对存在主义产生很强的作用。所有的存在主义者都提出典型的形而上学的实有（sein）问题，其中有几位，如海德格尔，对于古代和中世纪的大形而上学家具有很精湛的研究。在他们努力追求"自己存在者"的时候，存在主义者也痛切地驳斥唯心主义。

因此，存在主义是从反抗19世纪思想的两大当代思潮（反理智主义、反唯心主义）中发生出来的，而同时又受当代思想的一个广泛的典型趋势，即形而上学的影响。

三、共 同 特 征

（1）当代存在主义哲学家的主要共同点是：他们都是从一种很难准确规定，而有时显然各不相同的所谓"存在的"经验出发。这种经验，比如在雅斯贝尔斯那里，是对存在脆弱性的感受，在海德格尔那里，是对"趋向死亡"的体会。存在主义者们对于他们的哲学从这种经验出发这一点并不隐瞒，因此，存在主义哲学就完全具有——即使海德格尔——一种十足的个人经验意味的特征。

（2）存在主义研究的主要对象是所谓"存在"。他们对这个词的含义很难规定，但无论如何是指特有的人的存在方式。只有人真正说来，很少这样称呼的，毋宁被称为"定在"(Dasein)、"生存"(existing)、"我"(ich)、"为己存在者"等才具有存在。不，更确切地说，人并不具有存在，他就是存在。如果人（他）有一本质，那么这本质就是存在，或者，本质从存在而来。

（3）要用绝对的实现主义的观点去了解存在。它永不存在（是），它是在自由中创造自己，它在变。它是一个"设计、投向"(Entwurf)。在每一瞬间，它都比它的原状况多些（或少些）。这个论点时常由存在主义者予以加强，因为他们认为存在是与时间性联在一起的。

（4）存在主义这种实现主义与生命哲学的实现主义不同点在于：存在主义者把人看成纯粹的实现（性），而不是像柏格森所见，那种广泛的（宇宙的）生命（泉）流的一种表现。这个实现性并且还要从创造性这种意义上去理解：人自由地创造自己，他就是他的自由。

（5）不过，如果从此推想存在主义所见的人是自己封闭起来的，那又不对。作为一个不完全的和开敞着的实在，他似乎是与世界，特别是与别人，在本质上最紧密地关联着的。这种使命的依赖性（与世界、与别人）是一切存在主义哲学的代表都承认的。这即是说，一方面，人的存在是镶嵌在世界里的，所以人永远具有一个难定的情况(Situation)，更进一步说，人永远就是一个情况。另一方面，又承认人与人之间有一种特殊的联系，而这种联系就如情况一样，构成（人这个）存在的真正的存在（实有）。海德格尔的"共同定在"(Mitdasein)、雅斯贝尔斯的"交通"和马塞尔的"你"(Du)都有这个含义。

（6）所有的存在主义者都反对在主观和客观之间加以区别，并从而否定在哲学领域里理智知识的价值。照他们看来,真正的知识不从理解得来,而必须从体验实在中得来。而这种体验,主要是通过惶恐(Angst)。人就是由这种惶恐经验认识到他的有限性,认识到在被抛入而注定要死亡的世界里,他(人)的地位的脆弱性。

除上述这些共同特征之外,当然还有别的特征。在其代表人物之间也存在着深刻的差别。比如马塞尔与克尔凯郭尔一样,都是坚决的有神论者,而雅斯贝尔斯的态度叫人很难说他究竟是有神论,还是泛神论,或是无神论,这三种倾向都被雅斯贝尔斯斥责过。至于海德格尔的哲学,则似乎是无神论。萨特,则竭力在阐发一种公开的系统的无神论。

不同存在主义哲学的目的和方法也很不相同。海德格尔想建立一种亚里士多德意义下的本体论,并像萨特一样,应用一种很严格的方法。雅斯贝尔斯斥责在烛照存在的范围内建立任何本体论,但同时却也在搞形而上学,所使用的办法是一种相对松弛而不严格的方法。至于马塞尔,固然在目标的确定上与雅斯贝尔斯很相似,却始终保留在现象学的考察(方法)这个水平上。

1963 年

雅斯贝尔斯哲学(讲演稿)

一、雅斯贝尔斯这个人

雅斯贝尔斯本来是德国人。1883年出生于德国小城奥尔登堡。他的家族世代经商务农,他的父亲是一位法学家,曾任当地高级警官,后来当上一家银行的董事。雅斯贝尔斯30岁之前在海德堡大学和柏林大学学医,并且当了好几年精神病医生。30岁以后开始在海德堡大学教书。1919年出版了其第一部重要著作《世界观的心理学》。在这本书中,他探讨了一种新的哲学心理学,并借助于克尔凯郭尔和尼采的某些基本思想,思考了他后来毕生所研究的许多问题。此后,雅斯贝尔斯先后出版了三卷本巨著《哲学》(1932年)、《理性与生存》(1935年)、《生存哲学》(1938年)等著作。

雅斯贝尔斯的哲学有其社会背景,同时也有其哲学史上的来源。雅斯贝尔斯在其哲学思想的形成上,如其所言,受康德的影响最大。事实上康德对于世界的现象性的说法,雅斯贝尔斯都直接接收过来,并当成其哲学的起点。在他看来,"康德是真正的哲学家"。此外,克尔凯郭尔、叔本华、尼采和社会学家马克斯·韦伯也是他时常引证的人。除此以外,他有时提到的四个人也值得注意:新柏拉图主义者普洛丁、布鲁诺、斯滨诺沙和谢林。也许可以说,雅斯贝尔斯不仅是受到康德强烈影响的存在主义哲学家(这一点同法国的萨特受黑格尔影响很不相同),而且是一个新柏拉图主义者。

雅斯贝尔斯今年虽然已经80岁了,但他的哲学活动并没有停止。前几年还在巴塞尔大学开课讲康德,现在正在忙于完成他的《哲学逻辑》和《伟大哲学家》。

我们今天只描绘一个雅斯贝尔斯哲学的基本轮廓。

二、虚无的世界

雅斯贝尔斯否认他有哲学体系,因为照他说,哲学的问题不是"知"的问题,而是"行"的问题。当然,他所说的"行",与马克思在《关于费尔巴哈的提纲》里所说的,哲学不仅要认识世界,而且更重要的在于改变世界,毫无共同之处。因为雅斯贝尔斯的"行"乃是内心行动,他要教人如何过内心的哲学生活。

事实上,雅斯贝尔斯的确不注意说明他的哲学体系,特别是,就连好多基本概念,其意义也都在不断地变动。我们在介绍他的哲学大概情况的时候,将勉强顺着下面这个线索说起。首先,说说他所见到的虚无的世界。然后,直接说到他教人使用这种方法去享度的人生。因为世界是虚无的,所以人生就是荒谬的。最后谈他的哲学的性质及其问题和影响。

在虚无的世界这一部分主要谈三个基本概念:世界、大全和现实。

(一)世界

雅斯贝尔斯不多谈世界。因为世界归根到底是一个虚无,谈来谈去一场空,而且越谈越空,反倒没意思。他说:"我愈是坚决地去把握世界,就愈觉得自己在这个世界里无家可归……"可世界又是一个铁一般的实在,他还活在这个世界里,他也不能不谈。于是在他的《哲学》一书的第一卷《世界阐释》里,一开始也谈了世界。

同别的哲学家一样,雅斯贝尔斯认为在我们面前"存在着一个世界,那么世界究竟是个什么东西呢?"这是从泰勒斯以来的2500多年里一切哲学要解决的头一个问题。人人都觉得有鸟语花香,有大地山河。对景生情,人们自然而然发生疑问,寻求究竟,探索本原。古往今来,哲学家们已经提出了很多答案。有的说是水、火、风、气,有的说是物质、精神,还有的说是元素、原则,等等,真是众说纷纭、莫衷一是。

在雅斯贝尔斯看来,各种说法都对也都不对。都对,因为水、气、火、元素等,都是世界里的事物,用它的一部分来说明全体,总不能说全错;都不对,因为他们都是用世界里的事物来说明事物的世界,没说出究竟来。不错,每一个事物,都是一个存在着的东西,都是存在者(Seiendes),但都不是存在本身。每一个存在者都体现着存在,但其本身并不就是存在。所以在他看来,过去的哲学都是所答非所问。

每一个事物,连同包括全部事物在内的世界,都不是存在本身,都是存在者。这种东西,在雅斯贝尔斯哲学里,叫作 Dasein(定在)。意思就是说实实在在地存在那里的东西。

这里必须立即区别一下,Dasein(定在)这个字,在别的存在主义哲学家那里也都使用。比如海德格尔也用 Dasein,但海德格尔的 Dasein 与雅斯贝尔斯的 Dasein 大不相同。海德格尔的 Dasein 专指人,雅斯贝尔斯的 Dasein 则泛指一切事物,当然也包括人。海德格尔的 Dasein 大致相当于雅斯贝尔斯的 Existenz。

关于这个定在的世界本身,在雅斯贝尔斯看来,是支离破碎、不能统一也不能穷尽的。他把世界分成四个领域:物质世界、生命世界、心灵世界和精神世界。这四个领域完全不同,各有各的特性和规律,彼此完全不相连属。只从这一点来说,雅斯贝尔斯的世界图景是多元的。

不过雅斯贝尔斯似乎不愿承认他的世界是多元的。世界虽然分裂成四个领域,但这四类定在显然都体现着同一个存在。就它们都是存在的体现者而言,它们背后还有个一,它们都同出于这个一。他说:"两千五百年来……尽管有各式各样的哲学思维,有互相矛盾的真理主张,但都不妨碍在本原上有一个一在起着作用。这个一,没有人掌握过,但一切时代都围绕着它做过严肃的郑重的努力。"① 显然他想把哲学的根本问题搬到物质、精神这些领域以外去,搬到存在上,使他的哲学站到更高一层楼上,以超越唯物唯心的区分。

(二) 大全

前面说了,世界和世界里的一切事物,一切存在者,都不是存在本身,都是 Dasein(定在)。那么 Dasein(定在)是个什么东西呢?在雅斯贝尔斯看来,Dasein(定在)就是对象性的东西,就是"在那里"的东西,也就是"摆在我们面前的东西"。而已经摆在我们面前的东西都是形成了的东西,都是 Gewordensein(即海德格尔的 Vorhandensein 现成存在)。那么它们又是怎样形成的呢?雅斯贝尔斯在这里

---

① 《导论》,第 17 页。

直截了当地搬出了康德,说它们是由于人的把捉,由于人的认识而形成的。人的认识作用,天生地要把存在制造成为定在,将其摆在我们面前,使之成为我们的对象、客体。如果没有与我们认识的主体对立的对象、客体,我们根本就不可能有认识。一旦认识,就形成了对象,所认识的,就是对象,就是定在。我们认识到哪里,哪里就属于定在这个范围之内。

因此,我们生活在定在的世界里,就好像是生活在我们自己认识所及的一个视野里。我们永远是在我们所认识的东西所形成的一个视野、一个包围圈子里,永远也跳不出这个圈子。如果我们还想进一步再看看这个包围圈以外是什么,经我们一看,经我们一认识,那外面原来不是我们认识对象的东西,就跟着马上变成了被认识了的对象,变成了被形成了的事物(Gewordensein),钻进了我们包围圈的新边界,因而我们仍然还在我们所认识的事物这个圈子里面。

"大全"这个概念,雅斯贝尔斯看得很重。在他早期的重要著作《哲学》(1932年)里,还没有这个思想。在《理性与生存》(1935年)里第一次谈起,到《生存哲学》(1938年)和预计六卷本的《哲学逻辑》的第一卷《真理论》里就花费了九牛二虎之力予以论述。这个概念对雅斯贝尔斯虽然有用,但究其根本,完全是一个形而上学的虚构。

就像经典作家早已正确地指出的那样,人类社会的历史已经表明,人类的科学认识永远不断地在将人类向前推进,永远不断地把尚未认识的与已经认识的中间的界限向尚未认识的那一边推移。每推移一步,就表明一次已知的与未知的之间没有原则上的区别。

但雅斯贝尔斯却认为有一条原则上的界限,人们通过认识永远过不去。这真是画地为牢。在这一点上,使人想到古代哲学里的著名论点。说最擅行走的人也追不上在他前面几步的乌龟。雅斯贝尔斯说,存在在我们认识面前是节节后退的。

现在再来说这个大全的性质。

雅斯贝尔斯认为,随着我们认识的进步,我们可以向四面八方发展,我们的包围圈可以向四面八方扩大,但是仿佛我们在一个大皮球里面,不管我们在其中把皮球吹胀得多大,我们总还是在皮球的内部。这就是说,总还是有一个外。这个人的认识所永远和绝对跳不出去的大皮球,以及皮球的外面,合在一起,就是雅斯贝尔斯所说的"大全",或者叫"无所不包者"。

(1) 大全包罗万象、至大无外,包含着一切人所认识的对象,但其本身却不是认识的对象。所以雅斯贝尔斯说:"大全是这样一种东西,它永远仅仅透漏一些关于它自身的消息——通过客观存在着的东西和视野边界,透漏出消息来。"

(2) 大全自己虽然不是对象,但一切对象却都要依靠它来把自己烘托出来。

所以说"它（大全）是那样一种东西，自身并不显现，而别的一切东西都在它的里面对我们显现出来；它同时又是那样一种东西，由于它的缘故，一切事物不仅成为它们各自直接显现的那个样子，而且还是透明的。"（须知，这里所说的"由于它"，是"由于我们体验到了它"的省略。）

显然，这样的大全，就仿佛是它所包含的一切对象的一个"背景"。因为是"背景"，所以他说："大全，对我们的意识来说，始终是昏暗的，恍兮惚兮的。"

现在的问题是，雅斯贝尔斯讲这个大全有什么用意呢？在雅斯贝尔斯看来，这是哲学上的一个基本训练。"因为这种基本（训练）活动，并不是去认识一个新的可以把握的东西（对象），而是通过思维的协助使我们的自我意识发生变化。"用对象的方式来思维非对象性的大全，如果我们做到了这一似乎在逻辑上说不通的事，那么在我们心中一种存在意识就明亮起来了。在这个时候，照他所说，"我们进入了可能性的最大空间。我们所认识的一切存在者（事物）都因为同这个空间有了关系而获得一种深远含义，它们都是从它那里向我们显示其自身，借此向我们透露存在……"

这些话分析起来，无非是说：（1）大全是一种非对象性的东西。（2）非对象性的东西是不能用对象性的思维方法来认识的，而于今，我们竟然能够懂得了它，足见我们的意识已经起了变化，开始使用另外的方法，而改用这种新方法乃是雅斯贝尔斯哲学上的一个基本点。（3）会了这个基本点之后，我们就能通过定在世界里的事物体会出什么是存在本身了。当人能透过事物来体会存在的时候，照他说，物就是"透明的"。透明，就是能透过它看到背后的东西的意思。

其实，就其用处说，是透明的，可以透亮；而就其本身说，乃是虚幻的。雅斯贝尔斯在另外一处曾坦白地说："对于以前的本体论来说，万物都只是那些被思维的东西，对哲学来说（当然指他的哲学）……万物有就像没有了一样。"为什么会是这样呢？不是物变了，感觉不到了，而是"我"变了。"大全的体会，不是研究结果，仿佛从此以后可以言说了，它毋宁是我们意识的一种态度。不是我们的知识改变了，而是我们的自我意识改变了。"可见，根本在于我们的自我意识改变了。而自我意识的改变，实质上是方法的改变。

（三）现实（真正的存在）

雅斯贝尔斯利用定在事物的被认识性、形成性和现象性，把我们的现实世界化为乌有了，可他又不愿意承担虚无主义的名号，于是就不得不替我们另外寻找现实——真正的存在。于是只好无中生有，把绝对不可能认知的虚无说成现实。

要把虚无当成现实来加以言说，不是一件容易的事情。因为按雅斯贝尔斯的说法,实实在在摆在我们面前的现实事物,之所以化为虚无,是因为它们是被认识了的。那么如今要说出什么是现实,当然也要首先认识这个现实,而一认识,不就又不是那个现实了吗?所以,雅斯贝尔斯认为,真正的存在、现实,只有靠各人自己去体验,体验到的,用不着说。至于体验的方法,就是打断科学的理智的认识,直接跳过去,超越过去。总之,如果继续走理智认识的道路是不行的。因为那样充其量是把定在的圈子无限扩大,而永远也跳不出圈子,最后总是失败。所以必须另寻他路。这个他路就是"存在意识"。这个"存在意识"不同于我们普通的理性认识,而意味着一种"体验"、洞察和觉悟,"通往现实的道路,是一种利用范畴而又超越这些范畴的道路"。通过它们,就可以使我们飞跃、超越过去的东西。这是方法论问题,此处不多谈。

那么从什么地方跳起呢?只能从理智认识失败的地方——至大无外的大全跳起。大全是我们从此寻找现实、真正存在的出发点。但现在应当补充说一下,大全不止一个。本来大全当然只有一个,但当我认识了大全的时候,我就处于世界之外,于是就有主体客体之分。所以大全就变成了两个:一个是客体的大全——世界;一个是主体的大全——我。我本身也像世界一样,是一个永远追究不透的无底深渊。因此,要向真正的存在,向现实跳跃,可以有这两个出发点。

尽管出发点是两个,但跳出去却落到同一个现实里。因为这个现实是唯一的,既是世界的真实无妄,也是我的人生真谛。从世界跳跃,是外跳,就超出世界,达到超越存在;从自我跳跃,是内跳,就跳出活生生的我,进入自我意识,变成自我存在。前者在最辽远,后者在最切近。但最辽远和最切近的,联在一起,浑然一体,本是一个东西。(又存乎吾心,又塞乎天地之间,简直是孟子的神秘的"浩然之气"。)

话说回来,这个现实(从世界出发,就是超越存在)虽不能说,但雅斯贝尔斯毕竟也还是给我们捎回来了一点消息。

第一,现实(超越存在)是有统一性的。不过,这种统一性和定在世界里的统一性不同。它不同于我们所追求的科学知识的统一,所谋取的世界组织的统一,所建立的人生理性的统一。事实上,这些统一,到头来,都不可能,都要失败。雅斯贝尔斯说:"如果有统一性的话,统一性只存在于超越存在之中。""在超越存在之中,真正的统一性就好像是世界上一切变化无常的统一性的枢纽。"

第二,现实(超越存在)不是有可能性的,而是"无可能性。"必须理解这里说的可能是什么意思。雅斯贝尔斯在此颠倒了常识,把我们处于因果联系之中的现实事物说成是可能。在他看来,我们通常所认识的现实事物,我们都能找到它之所以成为如此而不是如彼的来龙去脉和因果联系。假如这个现实事物,其当初成为它现在这个样子的那些条件和情况不存在或有了变化,它就本来可能不是现在这个样子,而可能成为另一个现实事物的。所以我们所认识的现实事物,由于它具有被认识性,就具有一种可能性的性质。凡是我们认识的任何一种现实事物,都只是实现了众多可能的一种可能。

至于雅斯贝尔斯的现实,用他自己的话说,就是"现实所在的地方,那里就不复有可能。现实就是不再能被变成为可能的那个东西"。如果我们把这些联串起来,就会发现:(1)现实世界不是可能世界;(2)可能世界里存在因果关联问题;(3)现实世界中没有因果性,没有规律可言。

第三,现实(超越存在)不是无时间性的。照我们通常的想法,他这种彼岸的现实应该像柏拉图的理念世界那样是永恒的、静止的、没有时间的。但雅斯贝尔斯却明确反对这种想法,他说:"永恒的现实不可被理解为一种无时间的持续物,不可被当作一种在时间中常住不变的东西。对我们来说,现实毋宁是一个过渡。"

那么是向什么过渡呢?现实本身既然没有可能、没有区别、没有他物,它又能向哪里过渡呢?答案只能有一个,那就是向定在过渡回来,从无到有。"它(现实)走向定在,而它作为定在又将立即重新离开它的定在","任何时刻都可能是个完成,而完成同时又是终结和没落"。总起来看,现实每时每刻都来往折腾于自己与定在之间。有与无随时在交替、转化,现实(超越存在)随时变为定在,定在也随时转为现实(超越存在)。

据我们看,雅斯贝尔斯在这里有几层用意。(1)直接地解决哲学史上柏拉图这些人提出来的两个世界的关联问题。柏拉图自己没能解决,他的现象世界怎样参与、分有理念世界的问题。雅斯贝尔斯现在表示:现实每时每刻都在动,不像理念那样是静止的,它自动地就会成为定在,随时又会从定在那里回来。(2)间接地表示,他的现实不是柏拉图式的理念,不是理性方面的东西,而是情意方面的冲动。(3)更间接地,同时也顺便表示,由现实的时间性、历史性说明每一时刻出现的定在(即我们的具体事物)都各具有自己的独特含义。用他自己的话说,历史上每一时刻都"完成不可代替的东西"。

关于虚无的世界,就说这一些。雅斯贝尔斯根据一般的主观唯心主义的观点,把"存在即被知"这个论断颠倒过来,更进一步直接宣称:"被知的即不存在。"于是摆在我们面前的现实的这些桌椅门窗、纸墨笔砚,都变得"透明"了、消失了、虚无缥缈了。而看不见摸不着的彼岸世界,反倒成了真实无妄的世界。雅斯贝尔斯的下一步工作,也是他的主要任务,就在于引出在他看来虚无缥缈而我们和他自己却实实在在地生活于其中的这个现实世界,把我们活生生的人,送进在他看来真实无妄而实际上是无底深渊的虚无世界里去。

三、荒谬的人生

雅斯贝尔斯的虚无世界,是他的荒谬人生的理论根据。同时,反过来,也是他的荒谬人生的保证。只有荒谬的人,才能看到虚无的世界。

从前面的介绍中,我们已可见雅斯贝尔斯的世界有两层:此岸的世界和彼岸的世界。那么要跳出能认知的、假的世界,进入不能认知的、真的世界,就有两条道路可走:一条是从世界向外跳;另一条是从自我向内跳。然而虽说如此,但实际上真正可行的却只有一条路:那就是要我们人来跳。从我们人自己出发,向里面跳,返归自身。等到我们人返归自身成为真人的时候,真的世界也就出现了。所以,雅斯贝尔斯的哲学同很多讲直接经验的哲学一样,其根本问题乃是人生("修养")问题。

(一)人的根本问题

康德哲学中有两个世界:一个是现象世界,可知的;另一个是物自体世界,不可知的。就其为我们认识的外在原因来说,物自体世界是客观存在于主观认识之外的,是客观的东西。但到了雅斯贝尔斯这里,他把它(物自体世界)一把拉到主观方面来了。前面讲的那个现实,超越世界,只要我们返身向内,体会自我,就能达到。所以他说:"哲学的任务在于从本原上窥见现实,把握现实,并且是通过我如何思维地对待我自己的办法——内在行为——去把握它。"只要通过"内在行为",回到我的真我,也就见到了真世界。这样一说,也就等于取消了康德的物自体。

根据这个论点,雅斯贝尔斯就得出结论:"人是什么?人就是要成为人,就是成为人这一过程。"人的根本问题,就在于回到自己内心里来。

在这一点上,可以说雅斯贝尔斯的重点和萨特不完全相同:萨特认为人生意义在于向前走,而雅斯贝尔斯却是回头走。所以萨特认为人的主要问题在于创造自己,人首先只是个存在,然后问题在于创造本质。而雅斯贝尔斯却认为人的主要问题是回到自己,是他自身。(当然,和萨特一样,雅斯贝尔斯也主张自由抉择,人是"在路上",但重点不同。)

回到自己,必然要离开不是自己的那种东西。雅斯贝尔斯认为看起来像是人自己而实际上不是人自己的东西,就是人的定在。那么人的定在又是什么呢?就是我们马克思主义者所说的"社会关系的总和",就是人的社会性。在雅斯贝尔斯看来,社会性的人不是真人。"但是,作为社会的我,就不是我自己。"一句话:做一个真人,就要脱离社会,脱离客观世界。

这个脱离,这个分裂,是雅斯贝尔斯对于人的看法的基本原则。在这个基本原则上,雅斯贝尔斯同黑格尔这样的所有理性主义者根本对立。比如黑格尔相信主观精神和客观精神既对立也统一,相信两者在历史中就能统一,相信个人可以同一个民族、一个社会统一,得到最高的完成。但雅斯贝尔斯则认为个人不从社会中分离出来,个人就丧失了自己;与社会分离是人之所以为人的基础。

在雅斯贝尔斯看来,所谓一个真人,就是一个哲人。哲人的起点是对于人的定在感到惶惑,因惶惑才能跟社会分离开来。从前有些哲学家认为哲学起源于对外界的惊讶、怀疑等。在雅斯贝尔斯看来,惊讶和怀疑只能产生科学思想,增进科学知识。只有惶惑之情才能产生哲学态度,才能使人被吓回来,退回自身。

因为,在他看来,人的定在是非常令人灰心丧气的。人的实际生存不能不在世界里。世界里的势力都想主宰我们,使我们跌倒:对未来的害怕,对既得利益的患得患失,对可怕的可能性的忧心。有些不如人意的情况,我们还能够设法躲开、逃掉。但有些情况是我们人,作为定在,绝对摆脱不了的。用他的话说:"但也有些处境,即使其一时现象变了,其强制力量掩盖起来了,但它们的本质却始终不变:我不能不死,我不能没有痛苦,我不能不斗争,我不能不受偶然性摆布,我无法避免地要牵连到罪恶之中。我的定在的这些基本情况,我们称之为'边缘处境'。"在雅斯贝尔斯看来,这样的"边缘处境",乃是我们人的定在的基本情况。

这些边缘处境包围着存在着的定在——人,使之困居于其中的铜墙铁壁,他们是使人毁灭的原因。它们将矛盾、不安、犹疑、恐惧、作呕、无聊注入人生中来,生活就毫无意味,同时也毫无办法了。这样生活的人"是永不停息、永无止境地向前追求的冲动,他没有终极目的,自知没有意义,特别是因为他心目中明白地知道他的末日"。在边缘处境中,死是最边缘的。因为明明知道有朝一日总要死,而且无论如何也不会不朽,即使建立伟大的勋业,也是枉然。"从他的行为、事业、声明、影响中他可以获得一个时间稍长一点的第二持续时期,但他不能自我欺骗,他明白地知道,就连这第二个时间上的持续,也将在世界万物沉寂之中归于绝对终止。"

看来,似乎完全绝望了!

不,在雅斯贝尔斯看来,这恰恰是我们人成为一个人的机会。绝望正是一个转折点。他说:"对于边缘处境,我们对付的办法有二:要么进行掩饰(闭着眼睛);要么从悲观绝望中把自己重新建立起来,我们在我们的自我意识的一念之转中,变成我们自己。"

他反对斯多葛学派消极地对待死亡的冷淡态度,认为那是闭着眼睛,那是怯懦。

那么应当怎样对待边缘处境呢?要大睁着眼睛,朝着这种边缘处境走去。要勇敢,要有气魄,这样就跳过了它的包围。

他认为:"边缘处境的本原带来一种基本冲动,在失败中争取通往存在的道路。"又说:"人怎样体验失败,对于人成为什么样的人,是有决定意义的。"又说:"他怎样体验自己的失败,说明他将成为什么样的人。"

前面就已看到,在科学中理智地认识世界,失败了,从大全中产生了存在意识,从而体验到超越存在。现在,由于理智上认识到人生的处境,想躲是躲不了的,又一次失败。但也是同一个失败,使自我在自我意识中产生一念之转,回头来意识他的自我,达到自我存在。所以,失败在雅斯贝尔斯哲学中占有重要地位。失败愈大,愈有机会成为真人。

真正的人(的存在),雅斯贝尔斯称之为 Existenz。

(二) Existenz(实存):真正的人的存在

Existenz,在雅斯贝尔斯哲学里的含义,最接近克尔凯郭尔的 Existenz。那么,它究竟是一个什么东西呢?它也像超越存在一样,不能用范畴来表述。因为它不是对象。

雅斯贝尔斯说:"人永远比他所能被认识的多一点。"此话就在表示这个 Existenz。因为一个人,有他的生物性质、社会关系、定在方面,有他同别人一样的心理结构,即为雅斯贝尔斯所说的一般意识。这些都能认识,都能言说,只有多的那一点,不能言说。

不过,不可言说,还是要阐明。雅斯贝尔斯在《哲学》第 2 卷中阐明 Existenz 的时候,使用了从康德的范畴论引用出来的,却又与它们对立的,与海德格尔的那些 Existentiale 差不多的"概念"。

比如说:

实存	Existenz
因果关系	互相交往
量的大小	质的等级
必然性	完成了的一瞬间,时间
可能性	未决定性

现在让我们再找几个散见于各处的假定义:

(1) "自我存在就是生存,或实存,Existenz。我,作为这样的东西,在任何方式下也不可能成为一个可探究的对象,我不能认识我,即毋宁我要么真实地成为我,要么丧失我……"

(2) 它是"永远不变成对象(客体)的本源,是我思维和行动之所自出的那个东西"。

（3）"仿佛是个轴心，凡我所是的东西以及对我来说其所以在世界中取得真正的存在意义的东西，一切一切都围绕着这个轴心旋转。"

（4）"属于历史特殊性的个人的东西。它（历史特殊性）仍然是以普通的范畴来理解的；其所以要设定一个限度，只因为个体由于它的事实性的无限性，而是无限的不可言说的。"

（5）是"同自己发生关联并在其中同超越存在发生关联的那种东西"。

（6）"人的自由自在，我称之为 Existenz。"

分析起来，前三条无非表示"主体性"。（没有它，我就不是我，思维与行动之所自出，一切客体围绕着旋转的轴心。）后面三条，表示这个主体是自由的、历史性的、还有神性的。（自由＝无可能，历史＝时间，神性＝统一。）

雅斯贝尔斯转弯抹角总不敢直说，我看能不能直截了当地说：Existenz 在雅斯贝尔斯那里就是个人的自我意识。

马克思在谈论费尔巴哈把宗教的本质当成人的本质时指出："人的本质，不是单个人所固有的抽象物。就其现实性来说，它是一切社会关系的总和。"雅斯贝尔斯现在等于说：人的本质，不是社会关系的总和，而恰恰是个别人最最抽象的属性。（人就是人的自我意识）

在这里特别值得注意的，似乎是 Existenz 的历史性。雅斯贝尔斯想说，每一个人，作为 Existenz，都是历史的东西。这个东西不是一般的、持续的、永恒的，而永远都是一时的、有限的、具体的、独一无二（不可代替）的。是跟随着时间前进的，而且各人有各人的时间。所以雅斯贝尔斯不大说 Existenz，而更常说 mögliche Existenz。

雅斯贝尔斯特别强调这一点，显然像我们在谈到他的"现实"的时间性时提到的那样，还是为了解除一个难题：两个世界，即经验的具体的人和他这样抽象的 Existenz 怎么联系的问题。

但是，很显然，雅斯贝尔斯这样来定义 Existenz，并不能使 Existenz 改变它的抽象性，也不能使它和经验世界接触。因为，不错，照他看来，一个时刻有一个时刻的 Existenz，每个时刻的 Existenz 都是产生于（体会于）当时的定在的处境，但是经验中的处境，只有那个使用理智思维的定在的人才经验得到。当这个时候，人还在使用理性的思维来经验他的处境、经验他的失败的时候，他还没有打断他的理智思维，还没有开始使用他的所谓哲学思维，还没有明亮起"存在意识"，那就是说，他还没有回到他的 Existenz。只要成为 Existenz，就表示他已经打断了他的理智思维，已经丢掉了时间里的经验世界，摆脱了其当时的处境。

雅斯贝尔斯显然是要通过 Existenz 的历史性把经验世界（实存）拉到 Existenz

里来,沟通两个世界,以避免两个世界的分裂。我们看来,他当然做不到。

如果真的由历史性把实在世界又拖进 Existenz 里来,那么比如说,在 Existenz 这里,当然也就有因果关系、可能性,等等。可是这一些,雅斯贝尔斯不是都已经排除到 Existenz 之外去了吗?

所以,他强调历史性,仅只表示 Existenz 的一次性(独特性、不可代替性、一去不复往性),这更加突出了 Existenz 的非理性性质。(还有一点值得注意,历史性并不是进步性;相反,它反对进步。每一时刻都是一个新的开始。作为人,没有进步可言。)雅斯贝尔斯本人也同意"非理性"的性质,不过他说是仅在某一个意义下。

总之,在我们看来,雅斯贝尔斯所说的做一个人,要成为他自己,达到一个 Existenz,只不过是说,人要加强自己的纯粹自我意识。而且这个自我意识,还并不是一般的自我意识,而是各人自己的,每一个时刻都从头开始的那个自我意识。

(三) 内心的行为

真正的人既是纯粹的自我意识,那么作为真正的人而生活着,其最主要的内容就是内省自己,对自己进行哲学思维,自己对待自己。这就是雅斯贝尔斯所说的不要"忘我"。在他看来,平常的人,熙熙攘攘、忙忙碌碌,而把自己给遗忘了、失掉了,完全成为了生产机器的零件,不知道还有一个"我"字。所以,要做一个真人,回到自身,首先就要进行他的所谓的"内在行为",反省自身以提高境界,成为 Existenz。

雅斯贝尔斯在讨论人的问题时,从分裂开始,并以分裂告终。他把人的行为分为内在和外在两个各不相干的部分。外在行为就是按照日常方式那样去做,只要增加内在行为,那么砍柴舂米,莫不是道。那么内在行为有什么好处呢?第一是感到自由自在;第二是觉得与超越者(上帝)同在,有上帝支持;第三是产生爱心;第四是无所畏惧,视死如归。

在雅斯贝尔斯看来,当一个人感觉到他的"我"时,他首先是因为觉得在一切行为之中有他自己的责任。有责任感才有自我意识。而责任感是同自由分不开的。没有采取行动、作出抉择的自由,就没有责任可言。当我对自己有所要求,也就是说,要负责任时,我就意识到我的自由。所以,雅斯贝尔斯说,自我的实存(Existenz)就是自由。

可是,自由又是从哪里来的呢?照他看来,就在这个自由抉择的最高峰上,人会体会到这个自己本身不是从自己创造出来的,因为每个人都可以想到,他自己的存在本来是可能不存在的。那么,在这个时候也就最明确地体会到超越存在——上帝,体会到自己的自由是受到上帝的支持的。他说:"在这个时候,我们就在我们的自由中感觉到自己是由超越者给予的。人愈是真正自由,就愈确信上帝。"自由就是无条件地接受上帝引导。

关于自由与上帝的问题，不必在此多说，大家只要回想一下康德在《实践理性批判》中谈到的自由意志和上帝存在，就可相信这又是从康德那里来的。只是证明的方式不全一样而已，差别在于不谈不朽。

体会到上帝，也就体会到人的爱心。"爱生于同超越者（上帝）的联系中，恨（爱的反面）生于同超越者（上帝）的断绝联系。"生于与上帝联系的爱心，本质上是积极的、建设性的，要求存在；而相反的，当人与上帝断绝联系时，要求的是虚无，所以雅斯贝尔斯说"恨心是造成喧嚣的、使存在消失于实存中并使实存本身也遭到毁灭的灾难"的一种力量。

爱心，一方面把真正的人（Existenz）同上帝联系着，另一方面还把（真正的）人同别人（当然指真人）联系着。这样，人与人之间也就"心心相印"，产生会心的交往。雅斯贝尔斯一方面鼓吹每个人成为他自己，自我存在；另一方面又甚至认为如果没有人与人之间会心的交往，每个人也就不能成其为人。这看起来矛盾，特别是同他反对"社会的我是我"的说法相矛盾。实际上它所说的交往不是指社会中的交往，而是指内心中的体现爱心的这种交往，因此，这种交往乃是一种纯粹的内在行为。

这里的爱心有两层含义：一方面是他把对于上帝的爱偷运进自我里来，另一方面也表示他受到叔本华的"爱的事业"观念的巨大影响。从这里也使我们更清楚地看到，他所讲的既是世界的本原又是人的本源的所设唯一的 Existenz——现实，那个不可言说的东西，乃是情意交融的冲动，跟理性是正相对立的。

雅斯贝尔斯认为这样的人，就是深入本原，回到了自己的家，达到了超越的境界，天人合一，而不是主客统一，是完全在主观方面的统一。

而对于死亡，在雅斯贝尔斯看来，真正的人首先体会到死亡不是和生存分离的东西，死亡一直渗透到生存的每一时刻里。死亡虽然在客观上是在生存的终结处，可是在主观上它对每一时刻的生存都起着决定性作用。他认为，像斯多葛派那样把死亡视为纯属未来的事情，与现在毫不相干，因而采取完全忽视的态度，不符合真实情况，只是自我蒙蔽。

并且，前面说过，雅斯贝尔斯的"现实"（真的存在，存在的本原）不是无时间性的，它在时间过程中的每一瞬间都是现实的一次特殊实现，每一瞬间都是一时和永恒的统一（这里说的显然不是有限时间构成着无限时间的那种意义下的统一）。每一瞬间就是一个独特的、无可代替的完成。在这个意义下，有意识的生和有意识的死，对于永恒的实现和充实，是同一回事，有同样的意义。体会到这一点，就是体会到会死、能够死、英勇地死，视死如归，无所畏惧。

现在我们可以说约略看到了雅斯贝尔斯所理解的人的真谛了。他认为，人的死亡，英勇地死，不能是有目的，不能是有所为的。目的和意义，一切价值，都是从纯粹的自己本原这里产生出来的，如果这个死还是为了另外某种目的，不管它是多么高尚的目的，这种死也不是出于本原，也不是天人合一境界里的死，不是哲学的死。所以，雅斯贝尔斯三番五次地表示："学习哲学就是学会死亡。"

（四）日常生活

雅斯贝尔斯说内外结合，那么有了内心生活的人，表现出什么样的外在行为呢？雅斯贝尔斯提示了好多。首先从 Existenz 的时间性来说，每一个时刻都是实现，"完成每天的任务"。在完成这些任务时，可以按照科学技术的规律进行，因为科技本来就是关于定在方面的知识，在这方面是有用的。

顺便说说对科学的态度。雅斯贝尔斯不像海德格尔那样反对科学。海德格尔在弗莱堡校长就职演讲中说："科学从来就不是必要的。"但是雅斯贝尔斯对科学也给出了一个评论："只有不涉及价值的科学，才是老老实实的。"这就意味着，参加生产劳动的人们，只要老老实实地按照科学技术的规律完成每天的生产任务就好了。

雅斯贝尔斯害怕大家听了他的一派出世思想的哲学教导，一心想独来独往，遗世独立。于是他又特别指出："献身于世上的实际事物，就是献身于上帝的媒介。""因此，只在我们同时卷入世界之中时，我们才是真正的独立。我抛弃世界，并不能就使我的独立性得以实现。在世界中保持独立，毋宁意味着一种独特的处世态度：（这就是）在世界上同时又不在世界上，入于世界之中同时又出乎世界之外。"

雅斯贝尔斯又教给大家一种看待具体事物的神秘眼光，那就是把它们都看作显示神意的象征。不要把它们看得太实太死，要空灵，要把它们看成"密码"。上帝通过这些"密码"给我们打电报，大家要从密码中倾听上帝的声音。当然雅斯贝尔斯否认这只是一种诗意的想入非非的神秘态度。在他看来，只要我们体会了大全，抛弃了理性思维，事事物物都是密码，人人都会阅读，个个都能从中听到上帝的声音。"在这个时候，我们将能痛苦而不嗟叹，绝望而不沉沦，震动而不颠覆。"

在一篇论"哲学的生活"的文章的结尾，雅斯贝尔斯用一个比喻描绘搞哲学的人的神游物外的情景：

"过哲学生活的人，通过实际经验、个别科学、范畴学说和方法论，熟悉了陆上的安全地带并且在这个大陆的边缘之内，以平稳的行程遍游了观念世界之后，像一只蝴蝶一样,终于飞临海岸,朝着海面飞去,奔向一艘海船,想跟随这艘船只远涉重洋,观光他在自我存在中所体会到的那个超越界。(他所追随的这艘船只——哲学思维和哲学生活的方法——对他来说是可望而不可及的。他竭尽全力,也许只表现出一些晕头转向的古怪动作来。)我们都是这样的蝴蝶,当我们离开大陆时,我们就完了,但是我们不乐意老待在那里。因此,在那些满足于安坐大陆之上的人看来,我们的飞翔十分不平稳,也许是十分可笑的。只有那些懂得我们的烦闷的人,才理解我们的行动……"

雅斯贝尔斯哲学概观

一、特征及其影响

雅斯贝尔斯是第一批以存在主义哲学方向下的著作与广大读者群众见面的哲学家之一，但他也是所有这些人中建立最紧密的、与形而上学最接近的（哲学）系统的一人。因此，我们于今最后来讨论他。他早年是精神病医生。1919年出版的重点著作《世界观的心理学》一书是他自此以后从事哲学工作的一个过渡。他的主要巨著是1932年出版的三卷本《哲学》。除此之外，他还在1935年与1938年出版了两本讲演稿，把他的思想做了扼要的综合叙述；他还有好多关于哲学史方面的重要论文以及讨论科学学说和大学问题的论文。

他的思想，整个说来，比多数其他的存在主义哲学家都更为平稳。比如，对于科学他就留了一个比较大的余地，并且对科学理论做了很深入的讨论。他的书，用一种比较简单的语言写出来，没有使用其他作家使读者遭遇很大困难的新名词，但内中却蕴藏着很丰富的精彩分析。他与他的哲学同行不同之处在于他显然想创立一种形而上学和一种自然神学。除此而外，他具有一切存在主义哲学家所共有的信心（见解）和基本态度。

雅斯贝尔斯自称其最依附的哲学家是康德。事实上，康德的哲学前提在雅斯贝尔斯的哲学里都接收了过来。克尔凯郭尔、尼采和社会学家韦伯显然也是他的见证人。但特别必须注意的有四个人：普洛丁（Plotin）、布鲁诺（Bruno）、斯宾诺莎（Spinoza）和谢林（Schelling）。无疑的，雅斯贝尔斯不仅是一个很受康德影响的存在主义哲学家，他并且也是——也许首先是——一位新柏拉图学派的人。

二、存在的寻求

在本质上说，哲学就是形而上学：它提出存在问题作为自己的问题。雅斯贝尔斯的态度说从一开始就既是本质论，又是形而上学的。但存在却绝不是如通常所以为的那样，是现成的。"如果以为存在是每个人都能知道的，那就是愚蠢之至。"在这一方面，雅斯贝尔斯接受了他认为其他人无可比拟的"真正的哲学家"康德的两个基本论点。一方面，他赞成意识命题：没有无主观的（无主体的）客体，只要是客观的，总是通过意识才产生的，因而客观存在永远是一个假象。另一方面，他接受了康德关于观念的学说，并加以发挥：（他认为）整体对我们不是现成的，因此，康德的三个观念（世界、灵魂、上帝）就成了三个"综括者"。凡是我们认识的，都是在一个地平线的范围内成为我们可认识的，而包括一切地平线的，就是不可认识的综括者，首先是世界这个综括者，然后是我自己这个综括者，最后是全部综括者，即超越（性）。与这两个基本特征相结合着的还有一种存在的经验，一种也许可以说是雅斯贝尔斯思想核心的经验：关于一切存在的支离破碎性的经验。世界本是一永恒的废墟，世界实际不成为整体性。存在（Existenz）永远实现不了。只有作为历史的、可能的存在——人，才是现实的。（作者旁注：时间性，现实的可能性。）存在（Sein）的真正的现实性一直退缩到它在超越性里才站住。但超越性又不是客观现成的，它只在一切客观实在（存在）的破碎中才对我们是实际的。所以我们通过一切的失败，包括寻求自身在内，才达到存在（Sein）。而"失败是最后的"。

关于存在（Sein），我们可以从三重意义上来谈。首先，我们发现存在就是Dasein，就是客观的；其次，我们看到存在是"为己存在"，它在根源上与一切事物（东西）存在不同，而可以被称为 Existenz（＝海德格尔的 Dasein）；最后，我们还有自在者，这个"自在者"既不能由客观存在也不能由"我"来把捉——这就是超越性。

这三种存在方式是存在的三个极，而我就在这个存在中发现我。无论我把哪一种存在作为出发点,我总归是找不到存在的整体。因此,哲学的任务就是一种超越工作。超越工作以三种方式进行:在世界观(世界说明)中,在存在阐明中,在形而上学中。第一种方式(世界观),把世界(存在的光耀)从它所依靠的客观成分中高举起来并走到不能够再逾越的边缘上;第二种方式(存在阐明)的超越工作是从作为客观存在的我(Dasein)、作为心理学对象的我出发,它超越到真正自己的我,到存在(Existenz);最后,第三种方式(形而上学)里的超越工作只对从客观存在走出来的 Existenz 而言才是可能的,它过渡到(绝对)超越(上帝)。

这三种(超越)方式,都是为了要克服(消除)主观与客观的对立,以便寻得真的存在。不用说,这种办法用理性是办不到的。雅斯贝尔斯在他的哲学里,就是在寻找主观和客观所依附的据点。在这个领域里,当然,再没有概念了,语言也再没有意义了:人们在思想里说话,但这思想却没有意义。语言本是指明应该从哪里走的方向的指标,可是此时它不再是这种指标了。

三、世 界 观

哲学的世界说明(观)总是想要把每一根据经验世界观而产生的世界的完整性予以粉碎。它指明世界景象的统一是不可能达到的。因为在世界里有四种实在面:物质、生命、灵魂和精神。凡此四者都是实际的,如果是在一种不同于其他存在层次的意义下的话,它们是客观实在性(对象性)的不同方式:在这各层次不同方式中有时有一种跳跃(现象)。这种分散思想,比如说,对于解释世界的研究而言,可以说是理所当然的,但它却与精神的意识站在二律背反上。诚然,是有一种倾向:或者把精神或自然绝对化,并从而否认其另一实在,但妥协性的世界解释还是比较符合事实并且也是承认四个实际面的存在的。这四者是不能归结到一个统一的原则的——即使无机存在也不能。

统一性的缺乏也表现在技术行为、护理、教育和政治里:随便什么地方,到处都有不可逾越的限界。雅斯贝尔斯利用分析一个医生对待病人的不同态度来说明这一点。他从而指出,没有一种(态度)能够足够。他进一步又分析自然科学的意义与价值,而承认对自然科学的批评论点;然后,他又对精神科学和科学分类做分解检查。结果是:任何科学分类都是相对的。正像世界不能推论自己——因为它没有根基——一样,那么世界观(解释)也不能从科学推论上得来!

对于自己推论自己的哲学的世界观(解释),情形也是一样:实证主义和唯心主义。实证主义是机械思想和必然知识的一种绝对化,它根本不了解它自己。实证主义的生活,因为下列这一点就证明是不可能的:它卫护自己。——它卫护自己这一点,从实证主义观点看来意义就是矛盾的。但唯心主义也有与实证主义同样的片面和错误。两者都去回答究竟"是什么"这个问题:整全与普遍;它们完全错看了存在(Existenz),并把个体只当作一个对象看待。他们认为存在是一种被证明了的和可以证明的。(这样)人的决定(决意作用)在他们的道德学里就失去了它的根源。世界解释指明,一个有效的世界观是一个不可能。

但是,正由于它的失败,这个努力就对存在的哲学有用。要想从这个困境中摆脱开来,只有两条出路:不是退回到权威和启示,就是前进到哲学的独立(性)。哲学和宗教的对立因而在神学和哲学的思想里被变成了明确的分离。作为一种信仰的说明,两者都不能坚持有强制性的知识。但是,人们必须在两者中间做一抉择:不是投入权威的怀抱,就是要冒自己的危险而坚持客观存在(Dasein)。在哲学思维与宗教之间存在着一种斗争。但如果哲学和宗教双方都是真的,都不坠入客观知识,那么一方都要尊重另一方为可能的真理,虽然它们互相不能了解。

四、存在(Existenz)(自我意识)

在神秘术语里的所谓"灵魂",在哲学术语里就叫"存在"(Existenz)。它是一个与全部世界存在对待着的存在。它并不存在着,而是可以并应该存在着,这个存在就是我自己。它是世界万物的一个"突破"并且只在行动中存在。人们会在边缘处境(死亡、痛苦、斗争和罪过)中,会在历史意识里,在自由里和在交通里,遇到这种"突破"。

在思想上将生存弄确定,就是存在烛照(的光耀工作)。但对于这种烛照(光耀),其思想工具却必须有一种独特的性质。因为生存不是一种对象:我永远不能对我自己说我是什么。这种光耀(烛照)的思想永不能把捉生存的实在,因为生存(Existenz)的实在只存在于实际行动(作为)中。并且,如果不仅被思维而且作为超越到生存的思想被思维着,那么它本身就是一种生存的可能性,这就能够把捉可能的生存。

生存烛照的方法是:引导到边缘,到只还有空虚的边缘去;把逻辑的、心理学的和形而上学的语言客观化;最后,发明一种特别的普遍。通过后者这种发明,就构成一种语言,在这种语言中,生存的可能性就意在言外地透露出来,并构成一种生存的形式图式。这种图式只作为向存在要求的导线才有意义。

靠这样的一种图式,生存才能通过一个自己的范畴,被整体描写出来。这种范畴与康德的范畴正相反而能应用到客观存在(Dasein)上。生存的实在不服从于规律,而是绝对历史性的。它起于它自己的本源,即是说,这自由存在着;存在,在这里的意思是"决定"。生存不是一成不变的,而是在时间里成全(磨炼)自己。它不知道什么是相互的因果性,而只知道有交通(意识交流),在它中间,不是与一感觉相应的什么东西是实在的,而是在决定的瞬间里的无条件性是实在的。生存的等级(在这里)是与(客观)存在的大小对应着的;与客观的可能性对等着的,有作为对将来的可决定性的、选择的可能性,这可能性就是我的生存自身;与(客观)实在的必然性相对待着的,有在瞬间里充实了的时间;至于与无限的时间对待着的,则有永恒的存在。生存(Existenz),不是客观的、不可测量的、不可经验的、不普遍有效的,而是在它根源上就是自由的。任何生存,都有它的时间,就在时间中,有着生成与飞跃。

在雅斯贝尔斯所作的许多关于存在(Existenz)的假定义中(实际的定义本是不可能的),下列的这一个可以说是最合适的:

"生存,它永不成为客体,就是我思想和我行为的根源,是我在思维过程中所谈到的,而这种思维过程却一无所认知;生存(Existenz)就是自己对自己作为并且从中以达到其超越的那个东西。"

但如果想把存在作为主观性去了解,那将是一个很危险的错误。实际上,它表现自己于它打破对象与自我这个"存在圈"上。它居于这种区别的彼岸:通过哲学思辨,客观性和主观性才成为问题。生存向两方面倾挤,即客观的和主观的。哲学思辨的目的在于客观性的(悬空的)重新取得。大家了解,雅斯贝尔斯自己在讨论客观性问题时,是不知道用一种客观的术语来表达自己的。

如要想更确切地界定存在,就必须了解交往、历史性和自由(它就是存在)这些概念。

五、交　　往

不错,存在出于自己,但却不仅仅出于自己和依靠自己:只有在交往中,才有存在。我只在交往中。雅斯贝尔斯区别了好多种客观存在的交往,人作为客观存在体就在这交往中存在着。所有这些交往都有它的边缘,而这些边缘的彼岸就居住着存在的交往。存在的交往是我作为自己的一种显现而同时实现的过程。在它中间,自己互相创造着,为自己而存在着。交往是一种相爱的斗争。存在就在交往中为了完全彻底的显现而斗争。但是这种斗争,是一种特殊的斗争,从来不想要优越和胜利:个个都献身为一切别的。交往还不是爱,但都是它的源泉;没有存在的交往,爱(情)就成问题。只要交往不被终止,那么交往的相爱斗争也就永不停留。它(交往)似乎是无中生有的一种生成,但它的最终目的却无法知道。

甚至于交往还可以变成看得见的，比如在统治与服役中（忠诚与仁慈，谦卑与负责），在社交活动中（社交是交往的一种客观条件），在讨论中（如果这种讨论是指互相迁就谅解），甚至于在政治往来中（如果这种往来不被绝对化了）。交往也在哲学中占有一特别重要的位置。雅斯贝尔斯在他首要著作的导论中说："我们不是从孤独中，而是从交往中进行哲学思辨。人们如何对待别人（作为个别的对个别的），这就成了我们的出发点。"没有交往，哲学思维是不可能的。在哲学上，一个思想之所以为真的，就要这个思想历程对交往有所促进。（作者旁注：真为标准！）所以哲学真理的本源和实际都存在在交往里。其理由是：哲学思维（活动）是存在（Existenz）的一种动作（Akt），而存在本身呢，其根本又生长在交往里。情况既然如此，于是就不可能有一种作为哲学系统的有效真理，因为真理系统也要通过自我完成的过程才能达到，并且只有在末日，当时间与过程统统都废弃的末日，才将实现（自己）。

六、处境与历史性

生存（Existenz）永远是生存在一个处境里的。所谓处境，据雅斯贝尔斯的意思，就是一个主体把它作为客观实在而感兴趣（有利害关系）的一个实在。而这个实在对于该主体而言，是他的限制或活动范围。

处境是可以改变或撇过的，但也有不能改变逃避不掉的处境，这就是"所谓"边缘处境。它们不是我们所能改变的，它们是最后的，我们遇到这种处境是定然要失败的。这种处境是不能被知道的，只是对生存而言，是可以感觉得到的。作为客观存在，我永远存在于一定的处境里；那么这些处境是什么呢，即下列的：死亡，苦难，斗争，罪恶。我们通过在我们中间可能的生存（Existenz）的完成已对边缘处境作反应：我们变成我们自己。（变成我们自己的）办法是：我们大睁着眼睛走入边缘处境。只有在边缘处境里存在，整体的实现才能完成。换句话说，实际的存在就是历史的实在，它停止一切言说。

因为，存在就是历史性。在历史性里，我洞察到我的意识的两重性：我只作为时间客观实在（而存在），同时，我又不仅是暂时的。但这两个方面，在（我们人的）存在（生存）意识里本来就是合二而一。历史性就是客观实在和生存（Existenz），必然与自由的统一：在历史意识中，绝对必然就如同无阻挠（绝对）的自由一样被扬弃了。如果我不作为客观实在存在着，那么生存就将是无，因为没有无客观实在的生存。但如果我不是作为生存在存在着，那么我就不存在，所以说，历史性就是时间（实在）与永恒（生存）的统一。生存既不仅是永恒，也不是无常，而是一个有常在另一个之中。生存的这个性质，在"瞬间"里表现得最清楚：瞬间是无常与永恒的同一，是实际的瞬间到永恒现在的深化。

由此可见：在历史意识里被把捉的，是存在(Sein)，而绝不是共相。而且，历史性是不能被思维的。但是，正因为它是不能被思维的，它就不是"非理性的"(Irrational)，因为非理性的只能是点儿什么否定(消极)的(东西)，而绝对历史性的(东西)却完完全全是积极的。这个积极的(历史性的)东西是存在意识的负荷者，它是源泉而不是边缘；它是根本，而不是残余。

七、自由与罪过

存在"就是"自由。此处所谓自由，是在与决定论与非决定论问题完全不同的平面上的。因为决定论与非决定论两者都把客观存在(Objektive Sein)当作了一切存在，从而将自己弄丢了。存在的自由(生存自由)，则不是客观的：它既不能被证明，也不能被否定；它既不与知识，也不与武断，更不与规律相同一。但没有知识、武断(随意)与规律，又没有自由。我在做决定成为我自己这个存在的选择中觉察到自由。既然它与存在(生存)同一(既然它就是生存)，所以它根本就是不能被了解的。对我自己而言，我是确实知道有它(的存在)，但不是在思想里，而是在生存里。因此，自由于是就好像是武断(随意)与必然的一种矛盾的统一：(因为)我能，因为我必须。在选择中是自由的，而我就通过它来约束我，实现并担负其后果。这不是由于一种经验实在而起的约束，而是由于在选择的瞬间的自我创造而起的约束性。因此，正如没有无客观实在的存在(Existenz)一样，也就没有绝对的自由。

因为我知道我是自由的，于是我就认识到我是罪过的。但罪过对于自由而言，不是什么外来物：它就在我的自由中间并且由于我之有自由。因为我们是生存在一种活动中，而这活动就是它(罪过)的真正根源：要想生活着，我就必须想望，必须行动，甚至于不行动也已经是一行动。可是通过选择和行动，我把捉其一(可能)，即是说，我必须放弃(拒绝)另一可能。而这另一(可能)乃是人们。通过生存的决定，我就陷于罪过中了。这个罪过粉碎着完成中的存在的任何自我辩护。这个罪过(变化)是任何别的(罪过)的基础。它是无可避免的，它就是存在自身。

八、超越(Transzendenz)道(形而上者)

客观存在(Dasein)没有根底，是支离破碎的；生存(Existenz)是一无限的不够，它只于关涉超越时才存在，否则根本就不存在。一切作为成分的和作为自由的存在(Sein)都是一存在,而不是 das 存在。真正的存在,就是超越。它是绝对的不客观的(不为对象的)和隐含的。

(超越)的形而上学在处理的时候就必须使用象征(符号):关于它的思想(活动)在逻辑上完全崩溃。存在(超越)与不存在(有与无)在它之中经常地互相转化变换,在神学里和在哲学里面,超越作为形而上学的客观性出现着而且经常互相斗争着。但是,真正的形而上学的方法是采取三条路中的一条,这三条路是:

1. 形式地超越(活动)的道路;
2. 存在的关涉;
3. 数字的阅读(艺术的方法)。

在形式超越里不仅客观存在(Dasein)的范畴,而且连存在(Existenz)自身也被超越了。差不多无可避免地要把上帝作为人格思维,但上帝的神性仍然是隐含(不显)的。

对超越的存在关涉是:存在的抗拒与趋归,降落与升腾,白日的法则与黑夜的激情,多与一。在这些关涉中,两归法的学说已经很出名了。(按他说)我们在客观存在里的存在(Sein),好像在受两种力量的牵引:白日的规则命令并促进清晰与忠实,想在世界中实现;而黑夜的激情却是要在世界里毁灭,是自己的一种冲动,它突破一切秩序,它就是黑暗,它的建立基于与现实的结合性上,在母性里,在种族里。它(夜的激情)的表现就是情欲。两个世界是互相关涉着的,但在任何存在(生存)中都不能有一综合。——在多与一的学说里,雅斯贝尔斯不承认一性或多性可以应用到种性上。超越是一,但无论一神论也好,多神论也好,都同样是不够的。甚至于连对上帝说到人格都是不可以的,因为人格只可与别的人格而言,而神性却是(绝对的),没有相类的。

在所有这些争论中,雅斯贝尔斯都可以说是普罗提诺(Plotinus)的门徒。雅斯贝尔斯认为的神性完完全全是新柏拉图主义的神性,是隐含的,不可认知的,超越一切范畴的绝对的一。它即使超越,同时又存在于客观存在(Dasein)和存在(生存 Existenz)之中。不过,在他的关于数字的学说里,虽说仍然主要地保留了新柏拉图派的传统,却蕴涵了一些新的东西。

九、数字阅读与失败(即是特殊思维)

形而上学的最主要的办法是数字阅读。数字,是将超越带到现在来的存在,而又不必超越变成客观存在或主观存在(生存)。在数字中,象征与所象征的分别是不可能的:它把超越带到现存在,但它并不是可以解释的。它始终是多义的。对于数字,没有一普遍的解释;任何一种解释永远是对于生存(Existenz)的一种解释。因为阅读数字的地点,就是存在(Existenz)。它(阅读)在我们的行动中完成自己,我们在这种阅读中把捉到一种我们所争取的存在。(在阅读中)没有强制性的知识。

没有(什么)不能为数字的(东西):一切客观存在,自然与历史,意识、人本身,他与自然及其世界的统一,他的自由等,都可以是超越的数字。数字阅读的语言就是艺术。(作者旁注:哲学就是艺术。)但哲学的思辨也是数字阅读。因此,就连上帝证明也是数字的一种思辨的阅读,它的源泉就在于生存(Existenz)的存在意识中。但是,超越(上帝)永不能证明,而只从其中产生。超越(上帝)的决定的数字就是客观存在的消失——失败中的存在。

经验告诉我们,失败是最终的:一切都归失败。但在人的处境中失败的,是生存自身。此外,还有真失败与假失败之分。所以,如果人们想失败,特别是,如果人们想一切事物终结,那么这就是非真的失败。真的失败,完成自己于建设一个世界于客观存在中,是完成自己于想典型、想永恒中,但却明知而故犯地趋于没落。这个真失败就是永恒化,并可变成为存在地实现的数字。只有预先假定时间的持续是价值判断的尺度,并且世界的客观存在被绝对化了时,失败的意识才会产生消极性。

失败是必然的。坚持和持续都必然是可破裂的,如果自由(存在)的话。因为自由只通过对抗自然而存在,它必须作为自然或作为客观存在(自然)而破裂。数字阅读只在客观存在失败中——在一切哲学失败中才是可能的;特别是,如果有限的应该是真正的栖身所,那么它就必须是片断破碎的。(作者旁注:无限就在有限中。)雅斯贝尔斯似乎认为:每一(任何)有限存在的失败,正意味着神的无限性,即唯一真实存在的无限性的最高显现和证实。只在一个全部沉沦中,他(神)才能被看得到。因此之故,这个哲学的"解答"是"哲学思辨就是学死",其口号是"在失败中去经验存在"。

十、总 结 语

生存(存在)主义哲学显然是自十九世纪终结以来同时反抗实证主义和唯心主义,以图处理具体存在并给予人及其问题应得地位的那种(思想)运动的逻辑结果。无疑的,这种倾向(运动)在历史上是再激烈(极端)没有的了,因为在十九世纪里被忽视的人于今在这种哲学里立于中心地位了。(作者旁注:因自然科学勃兴。)生存主义哲学是名副其实(货真价实)的人格主义哲学。它是人格主义哲学,因为它在人的问题上投射一种新的光芒，也许甚至可以说在这个领域里带来完全新的观点。在一种完全特别的意义下，它也可以说是一种具体的哲学。在它特别强调人的问题中，在它的寻求存在自身、寻求具体与存在中，在它想克服现象学的解释（世界解释）的努力中，它（生存哲学）事实上显然是一伟大的精神力量。

它在哲学的技术方面的意义也是同样重大的，生存哲学的著作中包含着大量的心理学和现象学的令人惊讶的分析。就在这方面，它们（这些著作）也对哲学的丰富作出重大贡献，而这种贡献很可能将在哲学思想中具有永不磨灭的意义。

那么，它的价值就在这里了：它重新把人的存在问题提出来并围绕着人的现象进行其个别的分析。但相反的，凡是这些哲学家对更深刻的问题进行钻研，并试图建立其形而上学的时候，那么就处处值得我们严肃地考虑。

从它的结论的偏差中，可以清清楚楚看出来，生存哲学的系统里含有一个二重因素。这就是说，一方面，哲学的态度完完全全是正统式的——比如雅斯贝尔斯的新柏拉图主义；另一方面，他们使用新的思想工具和一种他们大家一致的特殊的方法来发挥这种（哲学）态度，也就是这种方法，首先引起许多批评。

（由此可见）生存哲学包括两个因素："生存的经验"和解释这种经验的道路。两者对我们都有特殊、独到的振奋作用。因为毫无疑问的，恐惧、死亡、自杀等经验是很有意思并至为重要的。引起人们对于人的生存的这一方面予以注意，我们实在必须归功于生存哲学。但打算把整个哲学集中在这样黯淡的经验上，这是不是含有病态的意味呢？就这一点而言，生存哲学是否可以说是欧洲人的一种恐惧的暂时表达，一种生根于灾难的病态的暂时表达呢？它在第一次世界大战战败后的德国曾盛极一时，而现在又在为战争所蹂躏的法国和意大利流行，这个事实似乎颇能证实我们的这种猜想。

另外，解释的办法也未尝不稀奇。一开始，他们就主张，在真存在的领域里，理性完全无能为力，即是说，在生存（Existenz）与超越的领域里，理性失灵，因为它们都不是它（理性）的现象。对于这些存在物，（超越、生存）是不能有所言说的。在此，我们联想到维特根斯坦（Wittgenstein）的话，他说："对于不能言说的，就必须缄默。"因为，尽管他们的理论是说不能言说，而生存哲学家们却仍继续不断地在谈论生存（Existenz）。在这一方面，几乎使人从他的哲学思辨（工作）联想到艺术活动（即觉得彼此无异）。事实上，生存哲学就可以被视为将艺术态度扩大到形而上学领域上来的一种尝试（企图）。艺术一点也不保证其内容的真理性，恐怕再没有比这句话（事实）更不能令人满意的了。

生存哲学家对这种非难的答复是：指明在他们面前敞开了另一种真理，一种"生存的"真理。但是，这种真理不是客观的。基本上是说，它仅是个人经验的一种描写，而这种描写，除思维者而外对任何人都不应该有什么价值。所以，如果情形是如此，那么就很难说所有这些描写除去它的艺术价值而外还有何种意义。

结果也似乎是不能令人满意的。标志着现代（思想）的特征的两分法，并没被化消，反而被更尖锐化起来了：生存(Existenz)和单纯的存在（两者）没有什么共同的。生存在世界这个现象和生命始终还是一个秘密。从来没有人把人与其周围的鸿沟划分得如此之深。同时，观点还不免是片面的：解释一切并不是用存在的观点，而是用生存的观点。

尽管生存哲学讨论的问题那么重要，其分析得那么深入（透彻），但对于绝大多数的哲学家而言，生存哲学（本身）或多或少令人有些失望了。它的热切的愿望似乎是以一种很怨尤的失败而结束了。基于这种理由，有很多思想家发现自己非另走别路不可，这另外一条道路与生存哲学同样地许诺能达到具体和人生（人的存在）的问题，而似乎又没有它的缺点：这条道路，就是现在的形而上学的道路。

雅斯贝尔斯论不可知主义与人生问题

卡尔·雅斯贝尔斯(Karl Jaspers)是存在主义哲学开山祖师之一,他的哲学以人生作为研究的根本问题。其基本问题是"无、破坏者,看不见的,死亡"。这些东西他称为人的"边缘处境"。他以死亡这类人生问题,作为他哲学的基本问题,因此,他提出了"搞哲学就是学会死亡"。

1919 年出版的第一本哲学著作《世界观的心理学》就已经开始了他对人生问题的探讨。

1931 年,以"小旗丛书"第 1000 卷这个特别有意义的卷数出版的《当代的精神状况》一书(英文译本为 1933 年出版),名书直接叫作《现时代里的人》。他在这本书中明确提出了以下几点:a)真正的存在是不可知的东西,是"无名"。b)人类和个人的命运和前途是不可预测的。c)处在这样的时代里,我们每个人应该做一个"自我存在"。

1932 年出版的三卷本的《哲学》,是他的主要著作。其中最重要的是第二卷,阐明人的存在、人的生存的那一部分。

1935 年,出版《理性与生存》(方法论)。

1938 年,出版《生存哲学》。

1947 年,出版《真理论》(方法)。

1948年,出版《哲学信仰》(方法)。

1949年,出版《历史的起源与目标》。

1950年,出版《哲学导论》。

1951年,出版《估计与展望》。

1957年,出版《伟大哲学家》。

雅斯贝尔斯的哲学与别人哲学的不同之处在于:一般的哲学都只提供知识(对于世界、对于人生),而他的哲学提供一种实践人生的办法。也就是说,他讲的是怎么搞哲学,怎么从事哲学活动,怎么过哲学的生活。如果说别人的哲学是讲世界观、人生观,那么他的哲学就是讲他的这种世界观,讲如何改变人的生活态度,达到一种新人生境界。——至于究竟是什么样的人生境界呢,他说具体描述是不可能的,因为那是不可言说的,只能是各人自己去亲身体会。他只把人领到大门口,门里面到底是什么样子,就要自己去看。

在此,不妨以雅斯贝尔斯对整个世界的看法或者说他的哲学体系为例,来说明他的哲学的特征。当我们这样做的时候,必须事先说明,雅斯贝尔斯自称是不讲体系的。确实他也不重视体系。不过,我们根据他的主要著作,并参考他后来发展了的思想,可以约略描出一个轮廓。这是一个很难说清楚的东西,我们试验着用简短几句话说说看。

雅斯贝尔斯认为哲学的开始,总归是这个老问题,即人们觉得"存在着点什么"。那么,存在点什么呢?答案在于主体与客体的分裂。许多哲学都提出了答案,从泰勒斯以来,古今哲学家认为大地山河,万象纷纭,从本质上说,有的说是水,有的说是气,有的说是火,还有的说是物质,说是精神,说是活力,说是原素,说是历程,等等,不一而足,也莫衷一是。各家各派的说法虽然极不相同,几千年来没有得到一致的意见,但是他们有一个共同点:"它们都把存在当成某种对象、客体,而同我(人)(认识主体)对立着的东西,是我把它当成与我对立的客体。"对象都是确定的对象,比如水、火,甚至物质、精神,世界上的一切一切,都是存在着的东西。存在着的东西,只是存在的表现、存在的结果,就不是存在本身。(这里是不是已经含着把"存在"当成事物的属性了呢,暂且不去深究这个问题。)雅斯贝尔斯把这种存在的东西,即存在者,称为"实存"(Dasein),说它们不是存在(Sein)本身。

在这里必须立即说明一点,雅斯贝尔斯哲学里使用的"实存"(Dasein)这个词,德国另一位存在主义哲学开山祖师海德格尔(Heidegger)也使用过。可是两个人的含义是不同的。海德格尔的Dasein,总的说来,相当于雅斯贝尔斯哲学中的另一个词"Existenz"。它是海德格尔哲学里的一个关键性的概念。当然,海德格尔用这个词有时含义也不确切,有时他用"日常的实存"这个词,在这一意义上就同雅斯贝尔斯的 Dasein 相同了。雅斯贝尔斯认为实存虽不即是存在,但它可以说是存在的一种,一种存在方式。他认为一共有三种存在方式:实存是一种;另外一种是自我存在,如果用黑格尔的名词,即自为存在;还有一种是自在存在。

雅斯贝尔斯认为,哲学开始的问题"存在着点什么"的重点不应该放在"什么"上,而应该放在"存在"上。哲学首先要追问的是"什么是存在"。但是存在本身,不是对象,不是特定的东西,而是我们人的思维认识只能认识成为我们对象的东西。

在雅斯贝尔斯看来,不是我们认识的,都是对象。全部对象,自然的、社会的、思想的,都属于世界,世界也是一个对象,也是一个大的实存。我们的理性是一个矛盾的东西:一方面,凡是由它认识的东西,都被弄成对象,搞出的结果,仿佛我们是生活在对象形成的大包围圈里,周围全被对象包围着;另一方面,理性又迫切要求我们突破现有的视野,向前推进。可是无论我们的理性推进到多么深远的地方,那里永远还是一个对象,背后还有更深远的地方未被我们的理性所探索透。雅斯贝尔斯说:"对我们来说,存在永远没到尽头,永远是没封闭的;它把我们引向四面八方,而四面八方都是无边无际的。它永远让我们去发现另有新的有规定的存在。"

这种认识——世界是无限的,认识是无止境的,不认识的东西永远在认识过程中变成认识了的,由已知的再发现未知,已知与未知之间的限界永远向前推移,知识就永远向前发展,人的世界就永远在扩大、加深。雅斯贝尔斯由此在认知与无知的相对的界限之间,划了一条绝对的界限,从而得出了这样的结论:可知的世界是有限的,在世界之外,有一个永远绝对不可知的世界。这个世界是我们用理智绝对不可能到达的。这样就替世界划了一个边。这是一个方面。

另一方面,雅斯贝尔斯在他的"哲学"的第一部分——"世界解释"里,又分析这个世界内部的形形色色的 Dasein"实存",发现它们的统一性也是永远不能由理性得到的。雅斯贝尔斯把世界里的各种实存分为四类,说它们是分属于四个领域或四个层次(这也是普通的看法),即:物理的、生命的、心灵的(内心经验)和精神的(理性)。分为四类不同的实存,这本来也没有什么不可。但是他的主旨在于强调实存没有统一性,在于强调统一性不能被认识。雅斯贝尔斯坚决认为这四个领域是不相联属的。比如,物理世界的规律不能应用于生命世界,同样,生命世界的规律不能应用于心理世界、精神世界。在雅斯贝尔斯看来,世界上的这四类领域,有自己独特的范畴,互不相通。

但是,这是不是表示雅斯贝尔斯是主张多元论(否认一元)的呢?并不能这样说。雅斯贝尔斯的主旨,不在承认世界的统一性,而是要说明世界的统一性是人的理性思维达不到的。他这只是要在世界外部给世界划出一条理性思维界限之外,再在世界内部划出一条理性思维的界限,从而根本否定理性。这就是他的非理性主义的手法的表现。——如果只就世界的统一性来说,他毋宁也是主张一元的,不过,这种一元并不统一于世界之内任何一种实存,用他自己的话来说,并不把"任何一种实存绝对化",他心目中的一元,是统一于世界以外的另一种超越的东西。在这里,我们可以联想到新柏拉图主义者普罗提诺(Plotinus)的流出说:世界上的精神、心灵、生命、物质都是神的流出物。在神、世界之外的超越存在这一点上,它们仍然是统一的。

雅斯贝尔斯说:"两千五百年以来……尽管有各式各样的哲学活动,有种种矛盾的和排斥的真理主张,却并不妨碍在本原上有一个大一在起着作用,这个大一,没有人掌握过,但一切时代都有郑重的努力围绕着它。"

在雅斯贝尔斯看来,当我们的认识不断前进的时候,我们就会发现在这不统一的世界(实存)底下,在它的外边,有个永远到达不了的(大全)统一的完全的东西,这个东西不是实存,不是存在的有限方式。这个东西,雅斯贝尔斯称之为"大全"。

"大全"这个概念,在雅斯贝尔斯的哲学里是后来发展出来的概念。在他 1932 年出版的《哲学》那本书里,还没有这个思想。到《理性与生存》(1935 年)里他才第一次提出来,到《生存哲学》(1938 年)("到智慧之路")做了重要阐述,在 1947 年《真理论》里才充分发挥。

"大全"是个什么东西呢?

第一,它是一切对象显现时的空阔无边的"背景"。其所以是背景,因为它本身绝不是对象,所以他说:"大全对我们的认识来说,始终是昏暗的,恍惚的。"

第二,它依靠对象把自己显露出来。这就是说,对象依靠它为背景显现出来,它本身也是反过来依靠对象才成为背景。如果没有对象,也就无所背景了。所以他说:"大全是这样一种东西,它永远仅仅透漏一些关于它自身的消息——通过客观存在着的东西和视野的边界而透露出来。"

第三,在它这个背景之下,对象就增加了新的意义。所以他说:"它(大全)是那样一种东西,它自身并不显现,而别的一切东西都在它的里面对我们显现出来。(但)它同时又是那样一种东西,由于它,一切事物不仅成为它们各自直接显现的那个样子,而且还是透明的。""我们进入了可能性的最大空间。我们所认识的一切存在物都因与这个空间有了关系而获得一种深远含义(他们都是从它那里向我们显示其自身,借此向我们透露存在,其自身却并不是存在)。"

把世界追问到边缘上,我们就发现了包围着世界、在世界底层的大全。那么我们人自己呢？我们人（主体），也是世界里的一个存在物，所以人也是实存。就其为实存而言，人是生物学的、社会学的研究对象。我们还可以从其他无尽方面继续追问，对于我们人的认识也可以继续深入，但认识到哪里，哪里就是我们人的表现、现象，实存就仍然在实存的范围之内。不但我们的社会关系、社会行为，就连我们整个肉体，更进一步说，就连我们关于外物的思想意识、关于我们自己的自我意识，也都属于人的实存的范围之内。这个范围，这个边界，我们人的认识是永远超不过的。这个边缘就是我们关于我们人的知识的背景。这个背景就是我们人的大全。所以，雅斯贝尔斯说：大全是整个的，但分析起来，由于我们的（对象性）认识有个基本情况，即总是分为主客两个方面，所以大全也就以两个方式出现，一个是世界（客体）那一方面的大全，一个是我们人（主体）这一方面的大全。

　　雅斯贝尔斯认为，对于世界的说明，只能做到这一点。但是这样做，究竟有什么用处呢？他说："它（思维），并不给我们带来新的对象，从我们通常的世界知识角度来说，它是空洞的。"

　　但却并非完全没有用处。他认为这样来体会大全，就可以"使我们的存在意识发生变化"。过去对于存在都是用本体论的概念去把握的，"对于从前的本体论来说，世界万物都是那些被思维的对象；对于哲学（他的哲学）来说，万物同时又都为大全所渗透，或者说，万物有就像没有了一样（透明）"。在这里，雅斯贝尔斯也像海德格尔一样，认为别人的哲学是本体论，他说："从康德起，任何这样的本体论都被抛弃了"，"因为本体论只说明存在，是把它论述存在时所设想的存在还原到一个最初的存在"。而雅斯贝尔斯的哲学则"先对大全做一种说明，而这个大全则是以后所可能论述的存在的根据和本原"。

1979年

Der rationelle Kern in der Hegelschen Darstellung der "Wesenheiten oder Reflexionsbestimmungen"
（黑格尔关于"本质性或反思规定"论述的"合理内核"）

Die "Wissenschaft der Logik" ist, wie allen bekannt, eines der schöpferischsten Hauptwerke von Hegel, ein Werk, worin der objektive Idealismus und die Dialektik miteinander eng verbunden sind. In diesem Buch hat Hegel durch eine umfangreiche Betrachtung des "Wesens" das dialektische Gesetz von der Einheit der Gegensätze intensiv erörtert. Die Betrachtung des "Wesens" bildet, sofern sie die Auffassung der Essenz der Dialektik anbelangt, einen äußerst wichtigen Teil des ganzen Buches. Die Frage der "Wesenheiten oder Reflexionsbestimmungen", die dialektischen Hauptkategorien Identität, Unterschied und Widerspruch eingeschlossen, mit denen wir uns hier auseinandersetzen möchten, nehmen wiederum einen bedeutungsvollen Platz ein bei der Betrachtung des "Wesens", weil sie sich nicht allgemein auf die Dialektik, sondern auf den Kern der Dialektik beziehen. So finden wir, eine Untersuchung der "Wesenheiten oder Reflexionsbestimmungen" ist zur Förderung der Studien über die eigentliche Dialektik sowie für die richtige Bewertung der Hegelschen Philosophie von großer theoretischer Bedeutung.

I

Was meinte Hegel mit dem Begriff Reflexion?

In seiner "Wissenschaft der Logik" erörterte Hegel die Identität, den Unterschied und den Widerspruch und bestimmte sie als "Wesenheiten oder Reflexionsbestimmungen". Deshalb scheint es uns notwendig klarzumachen, was Hegel mit dem Begriff "Reflexion" eigentlich meinte. Dann könnten wir vielleicht die wirkliche Bedeutung der von Hegel behandelten Begriffe Identität, Unterschied und Widerspruch besser begreifen.

Es ist wohl bekannt, da Hegels "Wissenschaft der Logik" ein Buch ist, worin Ontologie, Erkenntnistheorie und Logik auf der idealistischen Grundlage, d. h. auf eine umgekehrte Weise, zusammenfallen.

In der "Wissenschaft der Logik" bedeuten Ontologie und Logik zwei sich durcheinander ausdruckende Seiten derselben Sache. Die Hegelsche Ontologie ist charakterisiert durch das Schlulsystem der Logik, und die Hegelsche Logik besitzt den ontologischen Sinn. Hier hält Hegel die Logikbegriffe, die die Entwicklung des menschlichen Erkennens kennzeichnen, nicht wirklich für die Abbilder des Wesens der objektiven materiellen Welt in der sich unaufhörlich vertiefenden menschlichen Erkenntnis, sondern im Gegenteil für die Urtypen des Weltalls. Und infolgedessen sei das Weltall keine Materie, sondern die logische Idee. Die Erkenntnistheorie der Hegelschen Philosophie ist durch ihre ontologie und Logik bedingt. Was das Erkennen betrifft, handelt es sich offensichtlich nur darum, die Idee zu erkennen, während die Philosophiegeschichte, als der Kristall der Erkenntnisgeschichte, nichts anderes als die "Rückkehr" zur absoluten Idee bedeutet. In all diesem hat sich das objektiv idealistische Wesen der Hegelschen Philosophie ganz deutlich ausgedrückt.

Da jeder Grundbegriff in der "Wissenschaft der Logik" diese dreifache Bedeutung haben muss, macht der logische Begriff "Reflexion" selbstverständlich keine Ausnahme, sondern kann in der Ontologie nur ein objektiv idealistischer Begriff sein. Er drückt keine Eigenschaft der objektiven materiellen Welt aus, sondern ist selber ein Moment der absoluten Idee, die von Hegel für den Grund der objektiven materiellen Welt angesehen wird. Vom erkenntnistheoretischen Gesichtspunkt aus, kann der Begriff "Reflexion" ebenfalls nur einen solchen umwegigen Erkenntnisprozess darstellen, der sich die absolute Idee zum Ziel setzt und sich ganz anders als der auf der praxis beruhende Widerspieglungsprozess des dialektischen Materialismus äußert.

Aber der Begriff "Reflexion" enthält trotz alledem noch reichliche dialektische Gedanken. Ihr Gipfel ist der glänzende Gedanke der Bewegung, Veränderung, den Hegel durch diesen Begriff in alle Gebiete der Ontologie, Erkenntnistheorie und Logik einführte.

Durch den Begriff "Reflexion" entwickelte Hegel vor allem den dialektischen Gedanken der "selbstbewegung" und "unendlichen Bewegung". Am Anfang des zweiten Buches, beim "Wesen", hat Hegel schon herausgehoben, "Das Wesen… ist das, was es ist", "durch seine eigene, die unendliche Bewegung des Seins;"① das Wesen "als die unendliche Bewegung in sich" und "in dieser seiner Selbstbewegung" ist Reflexion.②

Ohne Zweifel ist der hier von Hegel herausgehobene Gedanke der "Selbstbewegung" und "unendlichen Bewegung" sehr wichtig, sehr merkwürdig. Aber er ist doch nicht Hegels eigene Entdeckung. Die Materialisten vor Hegel, z. B. die französischen Materialisten des 18. Jahrhunderts, erwähnten allgemein schon, vom materialistischen Standpunkt aus, die "Selbstbewegung" und die "unendliche Bewegung".

Was Hegel durch die Betrachtung des Begriffs "Reflexion" ausgezeichnet beitrug, besteht darin, dass er die dialektischen Erbgüter in der Philosophiege schichte übernahm und entwickelte und davon ausgehend seine originellen, tiefsinnigen, nie dagewesenen Gedanken über Natur, Bewegungskraft und Ursprung der Bewegung

---

① Hegel: "Wissenschaft der Logik", hrsg. v. G. Lasson, 1951, Leipzig, 2ter Teil, S. 3.
② ibidem. S. 13.

darlegte.

Die Bewegung, die Hegel mit "Reflexion" begriff, bedeutet mehr als das, was die französischen Materialisten des 18. Jahrhunderts erkennen und zugleich auch einen großen "Sprung" demgegenüber, was die antiken Philosophen mit ihrer naiven Dialektik darstellten. Nach Hegel ist die reflektierende Bewegung nicht bloß die "Selbstbewegung" des Wesens, sondern auch eine ins Wesen selbst eindringende "unendliche Bewegung". Diese Bewegung ist kein sich mechanisch wiederholende Bewegung ohne qualitatives Werden, ohne übergehen und Sprung, sondern eine, die durch das Moment der dialektischen Negation zum reicheren und tieferen Wesen werdende und übergehende "unendliche Bewegung" ist, selbst in dem scheinbar als "unmittelbare Reflexion" anlangende Bewegungsprozess, oder anders gesagt, in der zu noch nicht tiefgehendem Wesen führenden Bewegung, geschieht diese auch durch Negation oder qualitatives Werden. Hegel sagte: "Die reflektierende Bewegung hingegen ist das Andere als die Negation an sich, die nur als sich auf sich beziehende Negation ein Sein hat. Oder indem diese Beziehung auf sich eben dies Negieren der Negation ist, so ist die Negation als Negation vorhanden, als ein solches, das sein Sein in seinem Negiertsein hat, als Schein."[①] Daher ist die reflektierende Bewegung, ihrem eigenen Sinn nach, wie Hegel sehr dunkel, aber sehr tiefsinnig sagte, eine "Bewegung von Nichts zu Nichts und dadurch zu sich selbst zurück."[②] Auch hier ist Hegels Ansicht von Dialektik und Idealismus miteinander verbunden. Einerseits legte er eine Bewegung aus Nichts dar, was seinen rein idealistischen Gesichtspunkt ausdrückt. Anderseits aber unterstrich er die Bewegung zu Nichts, und ließ damit eine dialektische Auffassung der Bewegung erkennen. Das heißt, das Nichts im sogenannten "Nichts zu Nichts" enthält noch den Sinn der dialektischen Negation, des Aufhebens. In diesem Sinne ist also die Bewegung "von Nichts zu Nichts" eine Bewegung der Negation zur Negation der Negation. So sagte Hegel bereits in seiner "Phänomenologie des Geistes": "Durch diese Bewegung werden die reinen Gedanken Begriffe und sind erst, was sie in Wahrheit sind, Selbstbewegungen,

---

① Hegel: "Wissenschaft der Logik", 2ter Teil, S. 13.
② ibidem. S. 13.

Kreise, das, was ihre Substanz ist, geistige Wesenheiten."① Die Richtigkeit und Tiefsinnigkeit der Hegelschen Auffassung von der Bewegung liegt darin, dass er nicht dabei stehenblieb, die Bewegung nur von der Quantität aus zu erfassen, sondern sie durch das Moment der dialektischen Negation, nämlich vom qualitativen Werden und Sprung aus begriff.

So zeigt sich deutlich, dass die "Selbstbewegung" und die durch dialektische Negation in sich selbst tief eindringende "unendliche Bewegung" des Wesens ein Leitfaden ist, nach dem die eigentliche Bedeutung des Begriffs "Reflexion" verstanden werden kann. Es ist daraus auch nicht schwer zu verstehen, warum Hegel die Reflexionen in "setzende Reflexion", "äußerliche Reflexion" und "bestimmende Reflexion" einteilte.

In Wirklichkeit sind seine setzende Reflexion, äußerliche Reflexion und bestimmende Reflexion nichts anderes als drei voneinander unterschiedene und miteinander verbundene Stufen oder Formen der Reflexionsbewegung. Hegel bezeichnete die "setzende Reflexion" einmals als "die Unmittelbarkeit als ein Rückkehren", ein anderes Mal wieder "nur als Rückkehren oder das Negative ihrer Selbst".② Dadurch wollte Hegel lediglich zeigen, dass das, was diese Reflexionsbewegung erreicht, noch das Wesen auf der primären Stufe ist und ihre Erkenntnis noch oberflächlich. Die Wesenserkenntnis der "äußerlichen Reflexion" ist schon etwas tiefer gegangen, überschreitet jedoch noch nicht die Grenze der Unmittelbarkeit. Erst die "bestimmende Reflexion" zeigt, dass die Reflexionsbewegung wirklich tief ins Wesen selbst angelangt oder, besser gesagt, die Wesenserkenntnis hervorgebracht ist. Denn diese Reflexion macht die Reflexion zur Negation selbst und gleichzeitig zur "Selbstreflexion". Das heißt, nur dann geht die Reflexion durch die Negation der Negation umwegig und kreisend ins Wesen selbst hinein. Ungeachtet der Form seiner Darstellung scheint hier deutlich zu sehen, dass Hegel bereits vermutete oder erriet, dass das vernünftige Erkennen auch ein vom oberflächlicheren zum tieferen, vom niedrigeren zum höheren Wesen schreitender Entwicklungsprozess ist.

Es ist nicht schwer zu verstehen, diese Hegelsche Vermutung in Bezug auf

---

① Hegel: "Phanomenologie des Geistes", hrsg. v. G. Lasson, 1928, Leipzig, S. 31.
② Hegel: "Wissenschaft der Logik", 2ter Teil, S. 15.

den Entwicklungsprozess des vernünftigen Erkennens ist ein genialer Gedanke und von tiefer theoretischen Bedeutung. Sie spielte nicht nur in der menschlichen Befreiung vom Empirismus sowie von der metaphysischen Betrachtungsweise eine wichtige Rolle; sondern bedeutete auch für die Entwicklung der rationellen Naturwissenschaften und jeder rationellen Wissenschaft ein tiefsinniges Voraussehen.

Nun möchten wir zum Schluss dieses ersten Betrachtungsteiles noch kurz Hegels Darstellung der Negation erwähnen, weil sie mit der Frage, die hierunter betrachtet werden wird, in enger Beziehung steht.

Wie wir alle wissen, läßt Hegel in allen Teilen seines großartigen Systems, das sich von der "Phänomenologie des Geistes", anbildet, der Negation einen äußerst wichtigen Platz in der Dialektik zukommen. Zu Beginn der "Wissenschaft der Logik" betonte Hegel: "Es ist dies Resultat, in seiner positiven Seite aufgefasst, nichts anderes als die innere Negativität desselben, als ihre sich selbstbewegende Seele, das Prinzip aller natürlichen und geistigen Lebendigkeit überhaupt."① Es ist klar, dass Hegel hier der Negation wirklich einen außerordentlichen Platz gab. Was er unter der "Selbstbewegung" und "aller natürlichen und geistigen Lebendigkeit" verstand, ist der Prozess der Bewegung, Veränderung und Entwicklung aller Dinge, die die absolute Idee zum Grunde haben, und alle dies Prozesse setzen ihre "innere Negativität voraus". Es ist gerade diese Behauptung, wodurch Hegel die "Reflexion" und "Reflexionsbewegung" bestimmte. Er stellte also ganz deutlich fest: "die Negativität des Wesens ist Reflexion."②

Wie soll man aber die von Hegel herausgestellte "innere Negativität" richtig begreifen? Unserer Meinung nach ist die von Hegel ausgesprochene "innere Negativität" nicht etwas der Newtonsche erste Trieb, Welcher als der allmächtige Gott innerhalb der Dinge latent vorhanden ist. Negation ist kein isoliertes Bestehendes; sie enthält ihre eigene Gegenseite in sich selbst. Negatives und Positives sind zwei in jeder Einheit miteinander koexistierende Seiten, diese Einheit ist Widerspruch. Daher ist die sogenannte "innere Negativität" in der Tat

---

① Hegel: "Wissenschaft der Logik", erster Teil, S. 38.
② ibidem. S. 5.

ein Ausdruck der Widersprüchlichkeit.

II Der innere Grund der Bewegung, Veränderung und Entwicklung

Hegel hat nicht nur durch seine Darstellung des Begriffs "Reflexion" die "Selbstbewegung" und "unendliche Bewegung" behandelt und deren qualitative Natur, d. h. deren Entwicklung mit qualitativem Werden und Sprung, und zwar auf der Grundlage des objektiven Idealismus erläutert, sondern auch die Frage, wie es die "Selbstbewegung" und "unendliche Bewegung", die Entwicklung mit qualitativem Werden und Sprung überhaupt gibt, durch seine Lehre von der Einheit der Gegensätze, oder anders gesagt, durch seine Lehre vom Selbstwiderspruch der Dinge genial beantwortet. Er hat mit aller Deutlichkeit herausgestellt: "Er aber ist die Wurzel aller Bewegung und Lebendigkeit; nur insofern etwas in sich selbst einen Widerspruch hat, bewegt es sich, hat Trieb und Tätigkeit."① So sehen wir, dass Hegel seine Lehre von der Widersprüchlichkeit der Dinge gerade in seiner Darstellung der "Wesenheiten oder Reflexionsbestimmungen", also zu der Kategorien "Identität", "unterschied" und "Widerspruch", konzentriert ausdrückt.

Seit der Renaissance, sogar vor der Entstehung der klassischen deutschen Philosophie, traten schon in der Geschichte der Philosophie verschiedene philosophische Systeme mit dialektischen Elementen in sich auf, so z. B. die von Bacon, Descartes, Spinoza, Leibniz, Diderot u. a. Aber diese Systeme kamen von ihrer metaphysischen Beschränktheit noch nicht ganz los. Auch unter den klassischen deuschen Philosophen hat nur Hegel der Metaphysik einen vernichtenden Schlag versetzt. Die metaphysische Charakteristik der philosophischen Systeme vor Hegel drückt sich darin aus, dass sie die formal logischen Sätze von der Identität, dem Widerspruch und dem ausgeschlossenen Dritten in verschiedenem Grad zur Weltanschauung und Methodologie machten, und also alle Dinge der Welt als isoliert, stabil und starr betrachteten. Sie wichen der wichtigen Frage des Widerspruchs innerhalb der Dinge, wie sie von antiken Philosophen dargelegt war, ganz aus, erkannten nur die sich mechanisch

---

① Hegel: "Wissenschaft der Logik", 2ter Teil, S. 58.

wiederholenden Bewegungen an, verstanden aber überhaupt nichts von der Entwicklung mit qualitativem Werden und Sprung, selbstverständlich noch weniger von der wahren Ursache der Bewegung, Veränderung und Entwicklung.

Die richtige Haltung, durch die Hegel seine hervorragendsten Beiträge zur Dialektik machte, äußert sich eben darin, dass er der Frage nicht auswich, sondern sich bemühte, die Probleme des Widerspruchs zu begreifen und zu bewältigen. So war er in der Lage, durch die Kritik der metaphysischen Weltanschauung und Methodologie, wenn auch auf verzerrte Weise, die innere Ursache der Bewegung, Veränderung und Entwicklung der Dinge herauszustellen. Wie wir oben gesehen, hat Hegel gerade in der Darstellung der "Wesenheiten oder Reflexionsbestimmungen" die Metaphysik, welche die formal logischen Gesetze zur Weltanschauung und Methodologie macht, relativ gründlich kritisiert. In seiner Kritik hat Hegel nicht nur die Absurdität der Metaphysik entblößt und analysiert, sondern auch eine systematische Theorie des Widerspruchs begründet, was die Gründlichkeit der Hegelschen Kritik beweist. Der Kern dieser Theorie (auch der der Dialektik) besteht darin, die Einheit der Gegensätze, also die Widersprüchlichkeit als allgemein, absolut anzuerkennen, und sie zur inneren Ursache der Bewegung, Veränderung und Entwicklung aller Dinge zu machen.

Es ist, wie allen bekannt, die Essenz des dialektischen Gedankens in dem ganzen System Hegels, in der Einheit der Gegensätze der Dinge den Gegensatz zu begreifen und im widerspüchlichen Gegensatz der Dinge die Einheit der Gegensätze zu begreifen und daher die inneren Verbindungen und Gesetze der Bewegung, Veränderung und Entwicklung der Dinge zu begreifen. Da dieser dialektische Gedanke alle Teile des ganzen Systems Hegels durchdringt, kann man diesen seiner Gedankengesetze in allen einzelnen Teilen des Hegelschen Systems vorfinden. Aber Hegels Darstellung der "Wesenheiten oder Reflexionsbestimmungen" ist zur tieferen Untersuchung dieses Gedankens besonders wichtig, weil das, was Hegel hier diskutierte, gerade die Theorie der Einheit der Gegensätze ist.

Die Begriffe "Identität", "Unterschied" und "Widerspruch", auch "Verschiedenheit" und "Gegensatz" eingeschlossen, die von Hegel zu "Wesenheiten oder Reflexionsbestimmungen" als konkrete Begriffe zusammengefasst werden, sind zweifellos ganz andere als die von Identität, Unterschied und Widerspruch in der formalen Logik, aber sie sind, gemäß Hegels Bestimmung dieser konkreten Begriffe, untereinander auch unterschiedlich. Wir sind jedoch der Meinung, dass die Unterschiedlichkeit dieser Konkreten Begriffe in Hegels Auffassung ihre Bedeutung erst unter der Voraussetzung hat, dass sie Einheiten der Gegensätze, also nur die unterschiedlichkeit der Formen von Einheiten der Gegensätze, des Formen von Widersprüchen sein.

In dem Widerstreit zwischen Dialektik und Metaphysik sind die zwei Fragen wichtig: ob die Identität auch den Widerspruch in sich enthält und ob die Verschiedenheit auch eine Art Widerspruch ist. Die Wichtigkeit dieser Fragen besteht darin, dass diese Fragen sich darauf beziehen, ob man an der Dialektik gründlich festhalten kann oder nicht. Unserer Meinung nach hat Hegel, der große Meister der Dialektik auf diese zwei Fragen eine positive Antwort gegeben und damit die Konsequenz seines dialektischen Denkens bewiesen.

Was die Identität betrifft, behauptete Hegel, die Identität sei eine konkrete Identität, die die Triebkraft der Bewegung, Veränderung und Entwicklung in sich enthält. Diese Identität schließe die Verschiedenheit nicht aus, sei nicht außerhalb der Verschiedenheit, sondern, wie Hegel verstand, "an ihr selbst, in ihrer Natur dies sei, verschieden zu sein."① Die Identität ist "nur vereinigt mit der Verschiedenheit."② Dies besagt, sie hat als wahre Identität nur darum die Triebkraft der Bewegung, Veränderung und Entwicklung an sich, weil diese Identität in sich selbst die Widersprüchlichkeit hat und die Einheit der Gegensätze mit der Verschiedenheit in sich selbst ist, während die Identität in dem formal logischen Satz der Identität hingegen, wie Hegel es zeigt, abstrakte, starre Identität ist. Diese Identität ist eben darum so, weil sie nur die Bestimmung der subjektiven Seite ist, "ohne Wahrheit." Denn eine solche Identität, die die Verschiedenheit ausschließt, oder anders gesagt, die Sachlage a = a, die durch den Satz der Identität ausgedrückt wird, ist in der Tat überhaupt nicht vorhanden. Um diese Behauptung zu beweisen, rührte Hegel sogar die Erfahrung an. Er sagte: "…denn die Erfahrung enthielt vielmehr die Identität in Einheit mit der Verschiedenheit und ist die unmittelbare Widerlegung von der Behauptung, dass

---

① Hegel: "Wissenschaft der Logik", 2ter Teil, S. 28.
② ibidem. S. 30.

die abstrakte Identität als solche etwas Wahres sei."① Daraus sehen wir, die Identität ist von Hegel als eine Form der Einheit der Gegensätze als eine Form des Widerspruchs betrachtet.

Der Unterschied sowie die in ihm enthaltene Verschiedenheit und Gegensätzlichkeit, als konkrete Begriffe, sind bei Hegel auch etwas ganz anderes als der abstrakte Unterschied(a ist nicht -a), wie es der Satz vom Widerspruch in der formalen Logik ausdrückt. Und er ist ebenfalls ganz anders als der abstrakte Gegensatz (entweder a oder -a), wie es der formal logische Satz vom ausgeschlossenen Dritten ausdrückt Die abstrakte Verschiedenheit und der abstrakte Gegensatz sind wie die abstrakte Identität auch eine subjektiver einseitige Bestimmung, "ohne Wahrheit", weil es in der Tat auch überhaupt keine Verschiedenheit und keinen Gegensatz gibt, die die Identität ausschließen.

Hegels Ansicht nach ist der Unterschied, Verschiedenheit und Gegensatz mit eingeschlossen, nicht nur nicht außerhalb der Identität, sondern "er ist dies erst in Beziehung auf die Identität, aber vielmehr enthält er als Unterschied ebenso sie und diese Beziehung selbst."② Diese Beziehung zwischen Verschiedenheit, und Identität, sowie die zwischen Gegesatz und Identität ist keine Vermischung, sondern eine Einheit der Gegensätze. "Das Unterschiedene ist das, was es ist, eben nur in seinem Gegenteile, der Identität."③ Die Gegensätze als das Positive und das Negative in der Einheit sind noch mehr in der Beziehung der Einheit der Gegensätze zur Identität. So ist es nun klar, dass die Verschiedenheit sowie der Gegensatz bei Hegel die Formen der Einheit, der Gegensätze, des Widerspruchs sind. Es ergibt sich aber daraus die Frage: Warum die Verschiedenheit wieder Verschiedenheit genannt wird, wenn sie der Widerspruch ist? Zu dieser Frage hat Hegel in der "Wissenschaft der Logik" eine exakte Erklärung gegeben. Er zeigte, die Verschiedenheit sowie der Gegesatz sind nur noch nicht entwickelt, noch nicht auf die Spitze des Widerspruchs getriebener Widerspruch. Hegel schrieb: "Der Unterschied überhaupt ist schon Widerspruch an sich; denn er ist die Einheit von solchen, die nur sind, insofern sie nicht eins sind, —und die Trennung solcher, die

---

① Hegel: "Wissenschaft der Logik", 2ter Teil, S. 30.
② Hegel: "Wissenschaft der Logik", 2ter Teil. S. 33.
③ ibidem. S. 34.

nur sind als in derselben Beziehung getrennte."① gegenüber Unterschied ist selbstverständlich die Identität, als eine Form der Einheit der Gegensätze oder des Widerspruchs, in einer noch weniger entwickelten, noch mehr latenten Stufe.

Aber Hegels Ansicht nach ist das übergehen der Dinge, die den Widerspruch in sich enthalten, notwendig. Und die Dinge an sich müssen sich in die Dinge für sich entwickeln. Daher sagte er. "Näher den Unerschied der Realität genommen, so wird er aus der Verschiedenheit zum Gegensatz und damit zum Widerspruch, und der Inbegriff aller Realitäten überhaupt zum absoluten Widerspruch in sich selbst."② Er hat gleichzeitig behauptet, nur wenn die Widersprüchlichkeit der Dinge sich vollkommen entwickelt bis zu einer Stufe, die für sich ist, das heißt bis zu einem Zustand des Widerspruchs, wo das übergehen der Gegensätze auftritt, dann könnten die Dinge erst eine merkwürdige Veränderung des qualitativen Werdens und Sprungs erhalten. Hegel unterstrich: "Die Mannigfaltigen werden erst, auf die Spitze des Widerspruchs getrieben, regsam und lebendig gegeneinander und erhalten in ihm die Negativität, welche die Inwohnende Pulsation der Selbstbewegung und Lebendigkeit ist."③ Diese Worte von Hegel, umgekehrt genommen, zeigen auch deutlich, dass die Verschiedenheit der widerspruch ist. "Die Mannigfaltigen", die verschiedenen Dinge in der Welt, stehen im Widerspruch gegeneinander, nur hat dieser Widerspruch unter ihnen verschiedene Formen.

Kurz gesagt, Hegels Darstellung von Identität, Unterschied und Widerspruch hat klargestellt, dass die Einheit der Gregensätze als die Widersprüchlichkeit der innere Grund der Bewegung, Veränderung und Entwicklung aller Dinge ist und dass die Bewegung, Veränderung und Entwicklung aller Dinge sich von einem Widerspruch immer weiter zu einem ancleren verwirklichen. Trotz der objektiven idealistischen Verzerrung und Mystifizierung bleibt dieser rationelle Kern der Hegelschen Dialektik eine epochemachender, ausgezeichneter Beitrag zur Entwicklung des dialektischen Gedankens und versetzt der Metaphysik einen vernichtenden Schlag. Es ist zu betonen, dass Hegels Haltung in dieser Frage in Bezug auf den dialektischen Kern ziemlich gründlich und konsequent ist, da er

---

① Hegel: "Wissenschaft der Logik", 2ter Teil, S. 49.
② Hegel: "Wissenschaft der Logik", 2ter Teil, S. 61.
③ ibidem. S. 61.

nicht nur um allgemeinen die Einheit der Gegensätze, den Widerspruch, als den inneren Grund der Bewegung, Veränderung und Entwicklung aller Dinge erklärt, sondern auch darauf hinweist, dass die Einheit der Gegensätze, der Widerspruch, verschiedene Formen hat, dass wahre Identität, Verschiedenheit und Gegensatz die Einheiten der Gegensätze sind und Widersprüchlichkeit haben oder dass die selbst Widersprüche sind, nur in verschiedener Form. Unserer Meinung nach ist selbstverständlich dieser Gedanke zum Festhalten an der Dialektik und zur Bekämpfung der Metaphysik von großer Bedeutung.

Ⅲ Croces Verfälschung der Hegelschen Philosophie

Wir kommen, hier noch kurz auf den Neuhegelianer Croce zu sprechen, denn die Fragen, die er in seiner Bewertung der Hegelschen Philosophie hervorhob, sind immer noch von aktueller Bedeutung für unsere heutige Erforschung der Hegelschen Philosophie.

Croce hat sich, wie allen bekannt, in seinem berühmten Buch "Lebendiges und Totes in Hegels Philosophie" die wichtige, für die Bewertung der Hegelschen Philosophie unerläßliche Aufgabe gestellt, das Schätzenswerte (Lebendige) vom wertlosen (Toten) zu unterscheiden, Daher maßte er sich an, Verteidiger des Schätzenswerten und Vertilger des Wertlosen zu sein. Aber es verhielt sich in dieser Hinsicht doch ganz anders.

Vom marxistischen wissenschaftlichen Gesichtspunkt aus, ist es klar, das "Lebendige" in Hegels Philosophie kann nur der darin enthaltene Kern der Dialektiksein, und das "Tote" sind der Idealismus sowie der Mystizismus, die ein konservatives System ausmachen und Hegels Dialektik zu ein in der Wirklichkeit untaugliches Monstrum verzerren. Wir müssen daher nur die harte Hülle, den Hegelschen Idealismus und Mystizismus zerbrechen und den rationellen Kern, die Dialektik, als das "Lebendige" in Hegels Philosophie retten. In der Tat ist bereits bewiesen, dies ist die einzig wissenschaftliche Einstellung bei der Forschung über die Hegelsche Philosophie.

Im Gegensatz dazu hat Croce das "Lebendige" und das "Tote" in Hegels Philosophie nicht tatsächlich ihrem eigenen Wesen nach untersucht, sondern durch seine willkürliche Verzerrung den rationellen Kern der Hegelschen

Dialektik, besonders die Lehre von der Einheit der Gegesätze, beseitigt. Nun wollen wir uns mit Croces hauptsächlichen Kunstgriffen auseinandersetze.

Als erstes sehen wir, dass Croce sich bemüht hat, Schätzenswertes und Wertloses in Hegels Philosophie umzukehren. Wie oben erwähnt, ist eine Dialektik, die sich mit dem Idealismus und Mystizismus vereinigt, nichts anderes als ein Monstrum, das in der revolutionären Praxis untauglich ist. Eine solche Dialektik schadet, wie Marx bewies, den wirklichen Interessen der Bourgeoisie nicht und ist daher nicht nur erlaubt, sondern wurde sogar zu etwas Modernem in der kapitalistischen Welt. Croces Einstellung in der Bewertung der Hegelschen Philosophie zeigt sich gerade darin, dass er diese Unbrauchbarkeit der Hegelschen Dialektik festlegte. Er hielt hartnäckig am Hegelschen Idealismus und Mystizismus fest und behandelte und pries solches Wertlose in Hegels Philosophie als ewig "Lebendiges". So sagte er: "Aber der Geist sub specie aeterni, mit dem die Philosophie zu tun hat ist die ewige, außerhalb der Zeit seiende ideale Geschichte. Er ist die Reihe der ewigen Formen von Entstehen und Zugrundegehen, welche, wie Hegel gesagt, ohne Entstehen noch Zugrundegehen ist."① Das heißt entgegen der Ansicht von Marx: "… dann aber gibt Hegel sehr oft innerhalb der spekulativen Darstellung eine wirkliche, die Sache ergreifende Darstellung"② meinte Croce, was wichtig ist, sei die starre und mystische Spekulation selbst. Überdies ließ Croce, wie die vorhergehenden Neuhegelianer Bradley, Royce u. a., das Wertlose in Hegels Philosophie anschwellen, ging sogar rückwärts von Rationalismus Hegels bis zum Intuitioniamus und ging vom objektiven Idealismus Hegels herab bis zum subjektiven Idealismus. Croces "Philosophie des Geistes" predigte eifrig die Intuition als Ausgangspunkt, betrachtete die wirkliche Welt als Schein des Geistes und negierte die Materie und deren Begriff. Croce behauptete, die bloße Materie sei für den Geist nicht vorhanden, sondern etwas, das als eine bloße Grenze der Intuition vom Geist vorausgesetzt wird. ③ Es ist leicht zu verstehen, dass Croce das Wertlose und das Schätzenswerte in der Hegelschen Philosophie umkehrte, lediglich um mit dem

---

① Croce: "What is Living and What is Dead in the Philosophy of Hegel", tr. by D. Ainslie, 1915, London, p. 93.
② K. Marx § Ft. Engels Werke, Bd. II, 1958, Berlin, S. 63.
③ K. Marx § Ft. Engels Werke, Bd. II, 1958, Berlin, S. 63. 3.

"Toten" das "Lebendige" zu bekämpfen und dadurch die marxistische Rettung des rationellen dialektischen Kerns Hegels zu verhindern.

Ferner sehen wir, das Hauptmoment im rationellen Kern der Hegelschen Dialektik, das von Croce mit konzentriertem Feuer angegriffen Wurde, ist gerade die Lehre von der Einheit der Gegensätze.

Aber nach Hegel, insbesondere seit der Geburt des Marxismus, drang die Lehre von der Einheit der Gegensätze immer weiter in alle theoretischen und praktischen Gebiete ein und wurde ihre Wahrheit immer mehr anerkannt. Bei dieser Sachlage hätte man es als dem gesunden Menschenverstand widersprechend angesehen, wenn man immer noch die Tatsache der Einheit der Gegensätze geradeswegs abgeleugnet hätte. Eben deswegen negierte Croce Hegels Lehre von der Einheit der Gegensätze nicht. Im Gegenteil erteilte er dieser Lehre sogar ein gewisses Lob, um der zeitströmung entgegenzukommen. Aber sein Lob ist nicht aufrichtig, und die Wahrheit ist seine Entstellung und Ablehnung.

Behandeln wir nun zuerst den von Croce gegen Hegel erhobenen Vorwurf und zeigen dann, was für ein Lob ihm gespendet wurde. Croce warf Hegel vor, dass er in seiner Philosophie "einen gründlichen Fehler" begehe, d. h. die Verschiedenheit nicht vom Widerspruch unterscheide, sondern die beiden gleichstelle. Croce meinte dazu: "Die Theorie von den Unterschieden und die Theorie von den Gegensätzen sind ihm (Hegel) ein und dasselbe geworden."[①] Nach Croce sollte Hegels Lehre von der Einheit der Gegensätze nicht zum ganz allgemeinen Gesetz der Welt gemacht werden, weil diese Lehre Hegels nur Gegensätze, und Widersprüche, aber nicht Unterschiede, die etwas ganz anderes als Gegensätze und Widersprüche sind, erklären könnte. Um die Unterschiede zu erklären, sollte man eine sogenannte "Theorie von den Unterschieden" anwenden, die etwas ganz anderes als die Hegelsche Lehre von der Einheit der Gegensätze sei. Croce war daher der Ansicht, da Hegel die Theorie von der Einheit der Gegensätze gebrauche, um alles zu analysieren, so sei "ihm diese Wahrheit überall vorhanden"[②], was doch eine Überschreitung des Anwendungsbereiches, einen "Mißbrauch" dieser Theorie von der Einheit der Gegensätze bedeute.

---

① Croce: "What is Living and What is Dead in the Philosophy of Hegel", p. 95.
② ibidem, p. 96.

Wenn man Croces Vorwurf gegen Hegel als einen Spiegel ansieht, so spiegeln sich darin deutlich die Größe Hegels sowie die Kleinheit Croces wider. Denn Hegel blieb, sofern es Verschiedenheit und Widerspruch betrifft, nicht bei der Oberfläche der Verschiedenheit der Dinge stehen, sondern erkannte durch die Oberfläche der Verschiedenheit hindurch die innere Widersprüchlichkeit der Dinge. Hegel setzte die Verschiedenheit dem Widerspruch nicht ganz gleich, oder anders gesagt, verwechselte den Begriff "Gegensatz" nie mit dem Begriff "Unterschied". Er erkannte dagegen offenbar an, dass Verschiedenheit und Widerspruch ungleich sind. Aber dies ist nur eine Seite der Sache. Außerdem erkannte er auch an, dass sie ihre Identität als gemeinsamen Grund haben, d. h, alle beide Einheiten der Gegensätze sind. Also, bei allseitiger Betrachtung dieser Frage bedeutet die Ungleichheit von Verschiedenheit und Widerspruch nur dies: die beiden sind nichts anderes als Einheiten der Gegensätze in verschiedener Form; und daher muss man zugeben, dass Verschiedenheit selbst eine Art Widerspruch ist.

Im Gegensatz dazu ist als Prinzip, an dem Croce in seinem Streit mit Hegel festhielt, in Wirklichkeit, in Wirklichkeit ein Prinzip der Metaphysik, die die Sätze von der Identität, dem Widerspruch und dem ausgeschlossenen Dritten zum Grund der Weltanschauung und der Methodologie macht. Von diesem Prinzip ausgehend, konnte Croce selbstverständlich nur auf der Ebene des oberflächlichen Erkennens stehenbleiben und behaupten: Verschiedenheit sei Verschiedenheit, Widerspruch sei Widerspruch, Verschiedenheit sei kein Widerspruch, es gebe entweder Verschiedenheit oder Widerspruch. usw. Nun wird klar, dass Croce den tiefen dialektischen Gedanken Hegels, wodurch jene oberflächliche Grenze durchbrochen wurde, als "einen gründlichen Fehler" erklärte, beweist nur, dass er starrköpfig am metaphysischen Standpunkt festhielt.

Aber wie pries Croce dann Hegel? Wenn man in dieser Lobrede seine Erklärungen der Hegelschen Lehre von der Einheit der Gegensätze betrachtet, wird man schon etwas Verstecktes darin finden. Man kann z. B. bemerken, dass Hegels Einheit der Gegensätze, in der Terminologie Croces zur "Synthese der Gegensätze" wurde. Ist dies nur eine Wortänderung seinerseits, die mit dem Wesen der Sache nichts zu tun hat? Nein. Hier handelt es sich eigentlich darum, dass Croce einen Begriff einschmuggelte, nämlich den dialektischen Begriff Hegels durch seinen scheinbar dialektischen, aber in Wirklichkeit metaphysischen Begriff ersetzte. Bei Croce schließt, anders als bei Hegel, der Gegensatz die Identität überhaupt aus. Er meinte z. B. ,dass die helle und die dunkle Seite der Geschichte keine Identität hätten, die Geschichte nur die des Lichtes sei, "die Finsternis selbst keine Geschichte hätte" 1) dass ebenfalls die Wahrheit und der Irrtum keine Identität hätten, dass das eine das andere ausschließe, dass vom übergehen ineinander keine Rede sei. Das heißt, bei Croce könnten die Gegensätze nicht in eine Einheit zusammenkommen, noch ineinander übergehen, sie verhielten sich gegeneinander ausschließend wie "entweder dies oder das", sie stellen eine absolut entgegengesetzte dar. Es ist leicht zu sehen, dass all dies die typisch metaphysische Auffassung von Gegensatz oder Widerspruch ist. Und es ist ebenso leicht zu 1) Siehe ibidem, p, 106. verstehen, warum Croce in seiner Erläuterung des Verbindungsverhältnisses der Gegensätze nicht das Wort "Einheit", sondern "Synthese" gebrauchte. Indem Croce die Möglichkeit des Zusammenkommens der Gegensätze in einer konkrete Einheit ausschloß, konnte die Vereinigung der Gegensätze in seinen Augen auch nur eine äußerliche Verbindung oder eine mechanische Zusammenfügung sein. Darin liegt eben das Wesen seiner sogenannten "Synthese".

Aus der obigen Erörterung kann man wohl ersehen, dass Croces Deutung der Hegelschen Lehre von der Einheit der Gegensätze vielmehr darin besteht, dass er seine, eigene Metaphysik in Hegels Philosophie einführte, Hegels Lehre von der Einheit der Gegensätze durch Metaphysik verfälschte und Hegels Dialektik verdrehte. Hierin eigentlich vesteht die Lobrede, die Croce Hegel zollte.

Die Zeit geht vorwärts. Der Marxismus entwickelt sich. Die kritisch Rettung des rationellen Kerns der Hegelschen Dialektik durch den Marxismus führt weiterhin zu neuen Erfolgen. Und gleichzeitig ändern auch alle anti-marxistischen philosophischen Richtungen weiterhin ihre Form und ihre Kunstgriffe, den Marxismus durch die Verfälschung der Hegelschen Philosophie zu bekämpfen, nach wie vor unverändert fortgesetzt. Wir haben hier deswegen Croces Verfälschung der Hegelschen Dialektik kurz analysiert, was sich hoffentlich als nicht ganz nutzlos erweisen wird.

1980年

黑格尔关于"本质性或反思规定"论述的"合理内核"[*]
——兼评克罗齐对黑格尔的歪曲

尊敬的主席先生：

女士们、先生们：

我感到很荣幸，能够在这里作一个发言。对于这个安排，我向大会主席团表示深深的谢意。国际黑格尔大会，这次是第十三次举行，由于种种原因，我们中国人才第一次参加，因此我要趁此机会向邀请我们前来参加这次会议的大会东道主南斯拉夫塞尔维亚科学院表示衷心的感谢。我们第一次来参加会议，主要目的之一是在会上多了解世界各地近年来黑格尔哲学研究的进展情况及其新的成果。这几天来，许多与会者围绕着此次大会的中心议题：同一、区别和矛盾的问题，已经从不同的角度发表了重要的意见，我们很受启发。现在，我代表也来参加此次大会的我的同事王树人先生和我本人，作为意见交换，简略地讲一点我们的想法。我们发言的题目叫作：黑格尔关于"本质性或

---

[*] 本文系作者1979年在南斯拉夫举行的第13届国际黑格尔大会上的发言。

反思规定"论述的"合理内核"——兼评克罗齐对黑格尔的歪曲。

大家知道,《逻辑学》是黑格尔最富创造性的代表作,是一部客观唯心主义与辩证法紧密结合在一起的著作。在《逻辑学》中,黑格尔通过"本质论"的巨大篇幅,集中论述了对立统一规律问题。因此,就把握黑格尔辩证法的实质和拯救其合理内核而言,"本质论"乃是《逻辑学》中极为重要的部分。本文所讨论的"本质性或反思规定"问题,即"同一""区别"和"矛盾"问题,在"本质论"中又居于重要地位。因为,这些问题不仅涉及一般的辩证法问题,而且涉及辩证法的核心问题,涉及全面理解和彻底坚持辩证法的问题。所以,深入探讨"本质性或反思规定"的问题,对于正确评价黑格尔哲学、推动辩证法的研究、划清辩证法与形而上学的界限,无疑都具有重要的理论意义。这里,我们拟从以下三个方面,对于黑格尔在"本质性或反思规定"论述中的"合理内核"做一初步探索。

一、从"反思"(Reflexion)概念谈起

黑格尔把"同一""区别"和"矛盾"作为"反思规定",或称之为"本质性"。因此,为了把握黑格尔关于"同一""区别"和"矛盾"的真实含义,有必要明确黑格尔关于"反思"概念的真实含义。

大家知道,黑格尔的《逻辑学》是以唯心主义为基础的本体论、认识论和逻辑三者统一的哲学体系,或者更确切地说,它是歪曲和颠倒了历史、认识论和逻辑三者统一的哲学体系。

在黑格尔的《逻辑学》中,本体论和逻辑的意义,不过是一个问题的两个方面,或者说它们是互为表里的一个东西,即黑格尔的本体论是以逻辑推演系统为表征的,而他的逻辑具有本体论的意义。在这里,黑格尔不是把标志着人类认识发展阶段和水平的逻辑范畴,如实地看成人类对于客观物质世界本质不断深入的反映,却相反说成是世界的种种原型。这样,世界本身就不是物质,而是逻辑理念了。至于说,黑格尔哲学的认识论意义,则完全是以其本体论和逻辑意义为前提的。因此,在他看来,所谓认识就不过是对于理念的认识,而作为认识史结晶的哲学史就不过是向绝对理念的"回复"罢了。显然,所有这些都充分表现了黑格尔哲学的客观唯心主义本质。

由此可知,黑格尔《逻辑学》中的基本概念,也必然具有上述本体论、认识论和逻辑三重意义。就黑格尔的"反思"概念而言,它在本体论和逻辑的意义下,也只能是一个客观唯心主义概念,它不是客观物质世界性质的反映,而是作为客观物质世界本原的绝对理念的一个环节或一种根本性质。同样,在认识论意义

下,"反思"概念所显示的曲折过程,归根结底也是为了认识或"回复"到绝对理念,因此,"反思"的认识过程与以实践为基础的辩证唯物主义反映论也是根本不同的。

但是,"反思"概念还包含有丰富的辩证法思想。这些辩证法思想集中表现为,黑格尔通过"反思"概念,从本体论、认识论和逻辑的各个角度揭示了运动、变化、发展的光辉思想。

首先,黑格尔通过"反思"概念,揭示了"自己运动"和"无限运动"的辩证法思想。在"本质论"的开头,黑格尔就明确指出,"本质之所以是本质","是由于它自己的运动,即有之无限运动"①,本质"作为自身中的无限运动","在它的这个自身运动中就是反思"②。毫无疑问,黑格尔揭示的"自己运动"和"无限运动"的思想,极其重要,非常令人注目。但是,这一点并不是黑格尔独特的发现。大家知道,早在黑格尔之前的唯物主义者,例如18世纪的法国唯物主义者,已经从唯物主义立场一般地指出了"自己运动"和"无限运动"的思想。

黑格尔通过"反思"概念所做的杰出贡献,在于他继承和发展了哲学史上的辩证法思想,在运动的性质、动力和源泉等问题上提出了大大超过前人的独创的深刻思想。

黑格尔借"反思"概念所表述的运动,突破了18世纪法国唯物主义者对于运动的形而上学的理解,同时比起古代哲学家对于运动所做的朴素直观的辩证描述,也是一个巨大的飞跃。在黑格尔看来,"反思"概念所显示的运动,不仅是本质的"自己运动",而且是向本质自身内部深入的"无限运动"。这种运动,不是那种没有质变、没有转化、没有飞跃的机械重复的运动,而是经过辩证否定的环节,向着更加丰富和深刻的本质"变和过渡"的"无限运动"。即使在取得作为"直接反思"的映象这种运动过程中,或者说在达到尚属粗浅的本质的运动中,也是经过否定或质变进行的。如黑格尔所说:"进行反思的运动则是作为**自在的否定**那样的他物;这种否定只是作为自己与自己相关的否定时,才具有一个有。或者说,由于这种对自身的关系正是否定的否定,所以这里便有了作为**否定的否定**,它作为这样一个东西,即在其被否定中具有其有,即作为映象。"③因此,"反思运动"的实质,用黑格尔一句晦涩然而意义深刻的话来说,就"是一种从**无到无**并从而回到自己本身的运动"④。在这里,黑格尔的观点,也是辩证法和唯心主义结合在一起的。一方面,他提出从

---

① 《逻辑学》下卷,中文版,第4页。
② 《逻辑学》下卷,中文版,第14页。
③ 《逻辑学》下卷,第14-15卷。
④ 《逻辑学》下卷,第15页。

无开始的运动,表现了"无中生有"的唯心主义立场;另一方面,他提出发展到无的运动,又表现了关于运动的辩证观点。就是说,所谓"从无到无"的"无",还包含有扬弃式的辩证否定的意义。因而,在这种意义下,"从无到无"的运动,乃是从否定到否定之否定的运动。黑格尔对于运动的这种认识,其合理和深刻之处就在于,他没有停留在只是从量的方面来把握运动,而是通过辩证否定的环节深入到从本质的方面即从质变和飞跃来把握运动。关于这一点,黑格尔早在《精神现象学》中就已经一般地指出来了。如他所说,"通过这样的运动,纯粹的思想就变成**概念**,而纯粹思想这才真正是纯粹思想、自身运动、圆圈,这才是它们的实体,这才是精神的本质性(geistig Wesenheiten)"。①

由此可见,本质"自身运动"和通过辩证法的否定深入自身的"无限运动",是理解"反思"概念的真实含义的基本线索。只要抓住这个线索,对于黑格尔在划分"建立的反思""外在的反思"和"进行规定的反思"时所做的晦涩表述,就不难把握其中的基本含义了。

实质上,黑格尔通过"建立的反思""外在的反思"和"进行规定的反思"所阐述的,不过是他的"反思运动"既相区别又相联系的三个阶段和三种形式。黑格尔把"建立的反思",一会儿称为"回归那样的直接性",一会儿又称为"反思""自己的回归和否定物",翻来覆去,也不过是说,这时"反思"运动所达到的结果还处于初级本质阶段,所得到的本质认识也比较浅薄。黑格尔所谓的"外在的反思",则是指"反思运动"仍然没有超出"直接物"或初级本质的界限,因此认识也比较肤浅,没有真正深入本质自身。在黑格尔看来,只有"进行规定的反思",才表现"反思运动"真正深入到本质自身,或者说达到本质认识。因为它使"反思"成为既是否定本身,又是"自身反思"。也就是说,只有此时,"反思"才经过否定之否定,曲折地或"圆圈"式地深入本质自身。撇开黑格尔论述的外在形式,在这里似乎可以看到,黑格尔实质上猜测和透露出,理性认识也是一个由浅入深、从比较低级的本质进入比较高级的本质的发展过程。

不难理解,黑格尔关于把理性认识作为由浅入深的发展过程的猜测,是一个极其天才的思想,具有深远的理论意义。它不仅对于把人们从经验论和诸如物质"不可入性"等形而上学眼界里解放出来起了很大作用,而且对于理论自然科学和任何理论科学的发展也具有深刻的预见。

作为这一节的结尾,我们略微再谈一下,已经提到的黑格尔关于否定的论述。因为,这一点与本文下一部分所论的问题密切相关。

---

① 《精神现象学》上卷,中文版,第22页。

我们知道，在始于《精神现象学》所形成的庞大哲学体系的各个部分，黑格尔都极其重视否定在辩证法中的地位和作用，在《逻辑学》的开头，黑格尔就强调指出："这个结果（指辩证法——引者注），**从它的肯定方面来把握**，不是别的，正是这些思维规定的内在**否定性**、自身运动的灵魂、一切自然与精神的生动性的根本。"① 可以看出，黑格尔在这里确定给了否定以异乎寻常的重要地位。他所说的"自己运动"和一切"自然与精神的生动性"，就是指以绝对理念为本原的一切事物运动、变化、发展的过程，而所有这些过程都是以它们的"内在否定性"为前提的。黑格尔正是以此作为论据来规定"反思"和"反思运动"的。他明确指出，"本质的否定性即是**反思**"②。

然而，应该怎样正确理解黑格尔所说的"内在否定性"呢？我们认为，黑格尔所说的"内在否定性"，并非像牛顿的第一推动力那样，是一位潜藏在事物内部力大无穷的神。否定并不是孤立自存的东西，它本身就包含自己的对立面。否定与肯定是相互依存的，共处于任何统一体的两个方面。这种统一体就是矛盾。因此，所谓"内在否定性"，实质上乃是矛盾性的表现。

二、运动、变化、发展的内在根据

黑格尔通过对于"反思"概念的论述，在客观唯心主义基础上，歪曲地揭示了事物的"自己运动"和"无限运动"，以及这种运动不仅表现为量的方面，而且表现在质的方面，即表现在质变和飞跃的发展。但是，事物何以会"自己运动"和"无限运动"，何以会有质变和飞跃的发展？黑格尔以事物本身是对立面统一，即用事物自身矛盾性学说，天才地解答了这个问题。他明确指出："矛盾则是一切运动和生命力的根源；事物只因为自身具有矛盾，它才会运动，才具有动力和活动。"③我们看到，黑格尔关于事物自身矛盾性的学说，正好集中反映在他的"本质性或反思规定"的论述里，即关于"同一""区别"和"矛盾"诸范畴的论述里。

众所周知，自文艺复兴以来，在西欧哲学史上，虽然在德国古典哲学之前，也出现过一些具有辩证法成分的哲学体系，例如培根、笛卡尔、斯宾诺莎、莱布尼兹、狄德罗等人的哲学体系。但总起来说，这些哲学体系都还没有摆脱形而上学的束缚。即使是德国古典哲学，也只有黑格尔哲学给了形而上学以毁灭性的打击。在黑格

---

① 《逻辑学》上卷，第39页。
② 《逻辑学》下卷，第6页。
③ 《逻辑学》下卷，第66页。

尔之前，许多哲学体系的形而上学特征，主要表现为，它们都在不同程度上以形式逻辑的同一律、矛盾律和排中律作为世界观和方法论，从而把世界上的万事万物看成孤立的、静止的和僵化的。因此，这些哲学体系，完全回避了古代哲学家们提出的关于运动中矛盾的重要问题，一般讲来，它们除了承认机械重复的运动，不知道有质变和飞跃的发展，当然更不知道运动、变化和发展的真实原因。

黑格尔对于辩证法所做的最杰出的贡献，恰恰在于他不像以往许多哲学家那样回避矛盾问题，而是力图揭露和理解各种矛盾问题，所以，他能够通过批判形而上学的世界观和方法论，以歪曲和颠倒的形式揭示出事物运动、变化、发展的内在原因。我们看到，正是在"本质性或反思规定"的论述里，黑格尔对于把形式逻辑规律当作世界观和方法论的形而上学进行了比较彻底的批判。黑格尔批判的彻底性表现在，他在批判中不仅揭露和剖析了形而上学的荒谬，而且实质上创立了关于矛盾性的系统学说。这个学说的核心（亦是辩证法的核心），就在于坚决承认对立面统一即矛盾性是普遍的、绝对的，并构成一切事物运动、变化、发展的内在原因。

大家知道，在事物对立面的统一中把握对立面，以及在事物矛盾的对立中把握对立面的统一，从而把握事物运动、变化、发展的内在联系和规律，这是贯串黑格尔整个体系的辩证法思想精华。由于这个思想贯穿黑格尔体系的各个部分，所以，从黑格尔体系的各个部分都可以探讨他的这个宝贵思想。但是，黑格尔关于"本质性或反思规定"的论述，对于探讨他的这个思想是更为重要的。因为，黑格尔在这里所做论述，正是关于对立面统一学说本身。

不可否认，黑格尔归结为"本质性或反思规定"的"同一""区别"和"矛盾"，其中包括"区别"之中的"差异"和"对立"，作为具体概念，不仅与形式逻辑意义下的同一、区别、矛盾等根本不同，而且依据黑格尔对于他的这几个具体概念的规定来看，它们之间也是有差别的。但是，根据我们的理解，在黑格尔的意义下，这几个具体概念的差别，只能是在这样一个前提下的差别，即它们都是对立面统一即矛盾。因此它们的差别，只能是对立面统一形态的差别，即矛盾形态的差别。

在辩证法与形而上学的争论中，有两个重要的问题，即同一包含不包含矛盾？差异是不是矛盾？这是关系是否彻底坚持辩证法的重要问题。我们认为，辩证法大师黑格尔对这两个问题做了肯定的回答，表现了他的辩证法思想在这一点上的彻底性。

就同一而言，黑格尔认为，真实的同一是具体的同一，含有运动、变化、发展的动力之同一。这种同一不排斥差异，不在差异之外，"而是在它本身，在它的本性中有差异的"，"总是与差异联合的"[①]。也就是说，作为真实的同一，其所以含有运

[①] 《逻辑学》下卷，第 33、34 页。

动、变化、发展的动力,就在于这种同一本身具有矛盾性,它是本身包含有差异的对立面的统一。相反,黑格尔指出,形式逻辑同一律所指的同一,是抽象的、僵死的、不动的同一。这种同一其所以如此,恰恰在于它只是主观片面的规定,"不具有真理"。因为,排斥差异的同一,即同一律所说的 a＝a 的情形,实际上根本不存在。对于这一点,黑格尔甚至援引经验加以证明,他说:"经验宁可说是包含了与差异统一的同一,并且直接驳斥了说抽象同一本身是某种真实事物的主张,因为在每一经验中总是出现了上述主张的反面。"① 可见,黑格尔是把同一当作对立面统一的一种形态,即矛盾的一种形态加以论述的。

同样,在黑格尔那里,区别及其所包括的差异和对立,作为具体概念,与形式逻辑矛盾律所坚持的抽象区别(a 不是非 a),以及排中律坚持"非此即彼"的抽象对立(或是 a,或是非 a),也是根本不同的。像抽象的同一一样,抽象的差异和对立也是一种主观片面的规定,"不具有真理"。因为排斥同一的差异和对立,实际上也是不存在的。

在黑格尔看来,真实的区别,包括差异和对立,不但不在同一之外,不排斥同一,而且"要在与同一的关系中才是区别",或者宁可说,"它既包含同一,又包含这种关系本身"②。但是,差异、对立各自与同一的关系,并不是混合关系,而是对立面的统一。"差异物恰恰只有在其对立面中,即在同一中,才是它所是的那个东西"③。对立作为统一体中的肯定物与否定物,更是与同一处于对立面统一的关系之中。可见,黑格尔把差异、对立也明确地视为对立面统一的一种形态,即矛盾的一种形态。

但是,差异既然是矛盾,为什么又称为差异？ 如果说差异是矛盾,又是一种什么样的矛盾？ 对于这类问题,黑格尔在《逻辑学》中已有确切的说明。他认为,差异以及对立,还不是一种展开的矛盾,更不是达到矛盾尖端从而处于转化状态的矛盾,而是一种尚未展开的自在矛盾。黑格尔写道:"区别一般已经是**自在的**矛盾;因为它是那些由于并**不是**一才有的东西之统一——又是那些只作为**在同一关系中**被分离才有的东西之分离。"④ 显然,与区别相比,同一这种对立面统一的形态,或矛盾形态,则处于更加没有展开、更加潜在的阶段。

但是,在黑格尔看来,自身具有矛盾性的事物的转化是必然的,自在的东西总要发展到自为的东西。因此,他认为:"假如更仔细地看待实在的区别,那么,区别

---

① 《逻辑学》下卷,第 34 页。
② 《逻辑学》下卷,第 38 页。
③ 《逻辑学》下卷,第 38 页。
④ 《逻辑学》下卷,第 55 页。

就将从差异变为对立,并从而变为矛盾,一切实在的总体也总是变为绝对的自身矛盾。"① 同时,他还认为,只有当事物的矛盾性充分展开,达到自为阶段,也就是达到对立面转化的这种矛盾状态,事物才能呈现出显著变化那种蓬勃的发展,才有质变和飞跃的运动。诚如黑格尔所指出的:"多样性的东西,只有相互被推到矛盾的尖端,才是活泼生动的,才会在矛盾中获得否定性,而否定性则是自己运动和生命力的内在脉搏。"② 黑格尔的这段话,反过来也指明,差异就是矛盾。"多样性的东西",即世界上千差万别的事物,都处于相互矛盾之中,只是它们之间的矛盾具有不同的形态罢了。

总之,黑格尔对于"同一""区别"和"矛盾"的论述,揭示了对立面统一即矛盾性,乃是一切事物运动、变化、发展的内在根据,事物的运动、变化、发展总是从一种矛盾进展到另一种矛盾,从而给了形而上学以毁灭性的打击。尽管这个合理内核由于黑格尔以客观唯心主义为基础,被歪曲和神秘化了,但对于辩证法思想的发展仍然不失为一项划时代的杰出贡献。值得强调指出的是,黑格尔在这个涉及辩证法核心的问题上表现得相当彻底,他不仅一般地指出了对立面统一即矛盾性,是一切事物运动、变化、发展的内在根据,而且指出了对立面统一即矛盾性具有不同的形态,即指出了一切真实的同一、差异、对立都是对立面统一,都具有矛盾性,或者说,它们本身就是矛盾,只是形态不同而已。这个思想对于彻底坚持辩证法、反对形而上学,其重要意义是不言自明的。

三、克罗齐对于黑格尔的歪曲

在这里,我们之所以要重新提起新黑格尔主义者克罗齐,理由在于,克罗齐在评价黑格尔哲学时所提出的问题,对于我们今天探讨黑格尔哲学,仍然具有一定的现实意义。

大家知道,克罗齐的一本有名的书,叫作《黑格尔哲学中的活东西和死东西》。在这本书里,克罗齐提出了评价黑格尔哲学所不能回避的重要原则问题,即要区分黑格尔哲学中的精华和糟粕,并标榜自己维护黑格尔哲学的精华并剔除其糟粕。但是,实际情形又是怎样呢?

从马克思主义的科学观点来看,黑格尔哲学中的"活东西"只能是其中所包含的辩证法合理内核;黑格尔哲学中的"死东西"则是构成其保守体系的唯心主义和

---

① 《逻辑学》下卷,第69页。
② 《逻辑学》下卷,第69页。

神秘主义，而且正是这种保守体系歪曲了辩证法的本来面貌，使得黑格尔的辩证法变成实际上不适用的畸形儿。因此，只有打碎黑格尔唯心主义和神秘主义的坚硬外壳，才能挽救作为黑格尔哲学中的"活东西"的辩证法的合理内核。事实证明，这是对于黑格尔哲学所采取的唯一科学的态度。

相反，克罗齐不是按照黑格尔哲学的本来面貌，如实地分析黑格尔哲学中的"活东西与死东西"，而是通过随心所欲的歪曲，扼杀黑格尔辩证法的合理内核，特别是他的对立面统一学说。下面，就让我们来剖析一下克罗齐所采用的主要歪曲手法吧。

首先我们看到，克罗齐极力颠倒黑格尔哲学中的糟粕与精华。如前所述，辩证法在黑格尔唯心主义和神秘主义形式下，不过是一种在实践中不能发挥革命作用的畸形儿。因为，珍珠被粪土埋没了。这种辩证法，正如马克思曾经指出的，由于它无损于资产阶级的现实利益，所以不仅能得到允许，甚而成为资本主义世界的一种流行品。我们看到，克罗齐在评价黑格尔哲学时所持的态度，恰恰是为了保持黑格尔辩证法的不适用状态。因此，他便死抓住黑格尔的唯心主义和神秘主义不放，并把黑格尔哲学中这些糟粕当作长生不老的"活东西"，提到首位加以颂扬。如他所说："但哲学所考察的在永恒状态里的精神，在时间之外的永恒的理想史。它是生和灭的永恒形式的系列。像黑格尔所说过的，这是永远不生不灭的。"①就是说，在克罗齐看来，重要的不是"黑格尔常常在思辨的叙述中做出把握事物本身的、真实的叙述"（马克思语），而是僵死的神秘的思辨本身。不仅如此，克罗齐像先前的新黑格尔主义者布拉德雷、鲁一士等人一样，还对于黑格尔哲学的糟粕加以膨胀，从黑格尔的理性主义倒退到直觉主义；从黑格尔的客观唯心主义下降到主观唯心主义。克罗齐的"心灵哲学"学说，狂热地宣扬从直觉出发，把现实世界硬说成心灵的显现。他否定物质和物质概念，而声称："单纯的物质对心灵为不存在，不过心灵须假定这么一种东西，作为直觉以下的一个界限。"②不难理解，克罗齐之所以要颠倒黑格尔哲学中的糟粕与精华，膨胀作为"死东西"的糟粕，就是用黑格尔哲学的"死东西"反对它的"活东西"，并以此来对抗马克思主义对于黑格尔辩证法合理内核的批判拯救。

其次我们看到，克罗齐所集中歪曲和打击的，是作为黑格尔辩证法合理内核主要之点的对立面统一学说。

但是，在黑格尔之后，特别是在马克思主义诞生以后，对立面统一学说，越来越

---

① 克罗齐：《黑格尔哲学中的活东西和死东西》，中文版，第53页。
② 克罗齐：《美学原理》，中文版，第5页。

广泛地渗透到理论和实践的各个领域,它的真理性也愈益为人们所认识。在这种情况下,如果正面否认对立面统一现象的存在,就会陷入违背常识的窘境。因此,克罗齐没有正面否定黑格尔的对立面统一学说;相反,为了迎合时代潮流,他甚至对黑格尔的对立面统一学说还进行了一些称赞。然而,克罗齐的称赞是假,歪曲和反对是真。

让我们先从黑格尔所受的责难说起,然后再说到克罗齐对黑格尔做了怎样的称赞。克罗齐责难黑格尔哲学犯了"一种根本性的错误",这种错误就是黑格尔没有把差异与矛盾区分开来,而把它们混淆成一个东西。用克罗齐的原话来说,就是黑格尔"把相异概念的理论和对立面的理论看成同一东西"[①]。克罗齐认为,黑格尔的对立面统一学说,不能作为世界的最一般的法则,因为据说,黑格尔这个学说只能说明对立面、矛盾,而不能说明与对立面、矛盾根本不同的差异。为了说明差异,则需要一种与黑格尔的对立面统一学说根本不同的理论,即所谓"相异概念"的理论。因此,克罗齐认为,黑格尔应用对立面统一的理论分析一切,"他觉得在他的面前,这个真理无处不在"[②],那是超越了对立面统一理论的适用范围,是对于这种理论的"滥用"。

克罗齐的责难说明了什么呢?我们看到,如果把克罗齐的责难当作一面镜子,那么在这面镜子里恰恰鲜明地照出了黑格尔的伟大和克罗齐的渺小。因为,就差异与矛盾而言,黑格尔没有停留在事物差异的表面上,而是透过差异的表面洞察到事物内在的矛盾性。黑格尔并不像克罗齐所歪曲的那样,认为差异完全等同于矛盾,或者说把"对立概念"与"相异概念"加以混淆;相反,他明确承认,差异与矛盾有差别性,但这只是问题的一个方面。此外,黑格尔还认为,差异与矛盾还是同一性,有共同的根据,即它们都是对立面统一。因此,如果全面地看待这个问题,则所谓差异与矛盾的差别性,就只不过表明它们是不同形态的对立面统一而已,从而必须承认,差异本身就是一种矛盾。

与此相反,克罗齐责难黑格尔时所坚持的原则,实质上,仍然是把同一律、矛盾律和排中律作为世界观和方法论的形而上学原则。根据这种原则,克罗齐当然只能停留在浅薄的认识水平上,而认为差异就是差异,矛盾就是矛盾,差异不是矛盾,或是差异或是矛盾,如此等等。至于克罗齐把黑格尔冲破这种浅薄界限提出的辩证法的深刻思想宣布为"一种根本的错误",则只能说明克罗齐在这一点上仍然停留在形而上学的立场罢了。

---

① 克罗齐:《黑格尔哲学中的活东西和死东西》,中文版,第 55 页。
② 克罗齐:《黑格尔哲学中的活东西和死东西》,中文版,第 55 页。

那么,克罗齐又是怎样称赞黑格尔呢?关于这一点,只要看看克罗齐在赞扬声中对于黑格尔的对立面统一学说的解释,就不难理解其中的奥妙了。令人注目的是,黑格尔的对立面统一,在克罗齐的笔下变成了"对立面的综合"。这是不是克罗齐用词混乱,从而只是一个不牵涉事情本质的字眼问题呢?不是。问题的实质是,克罗齐在这里用貌似辩证法实则形而上学的概念,偷换了黑格尔的辩证法概念。与黑格尔相反,克罗齐所说的对立是排斥同一的。例如他认为,历史中的光明面与黑暗面没有同一性,历史只是光明的历史,"黑暗本身是没有历史的"[①];真理与错误也没有同一性,非此即彼,谈不上两者的相互转化;等等。就是说,在克罗齐看来,任何对立物既不可能共处于一个统一体,也不可能各自向着对立的方面转化,对立就是非此即彼的"你死我活",就是绝对对立的"二律背反"。不难看出,这是关于对立或矛盾的典型的形而上学观点。在弄清楚克罗齐所谓对立的真正含义之后,对于他在谈及对立面联结时,为什么用"综合"而不用统一,也就容易理解了。既然,克罗齐排除了对立物有达到具体统一的可能性,因而在他看来,对立面的联合也只能是一种外在的联系、机械的凑合。克罗齐所谓"综合"的实质,也正在于此。

从以上分析亦可约略看到,与其说克罗齐解释了黑格尔的对立统一学说,不如说他是把形而上学强加在黑格尔的头上,用形而上学篡改了黑格尔的对立统一学说,曲解了他的辩证法。这就是克罗齐给予黑格尔的真实称赞。

时代在前进,马克思主义在发展,马克思主义对于黑格尔辩证法合理内核的批判拯救,不断取得新的成绩;与此同时,各种对抗马克思主义的哲学流派也不断改变形式。然而,克罗齐借歪曲黑格尔哲学以对抗马克思主义的基本手法,仍然作为一种手法被沿用着。因此,今天我们在这里重新剖析一下克罗齐对黑格尔的歪曲,也许不无裨益。

(与王树人合写)

---

① 克罗齐:《黑格尔哲学中的活东西和死东西》,第60页。

约瑟夫·鲍亨斯基

　　约瑟夫·鲍亨斯基（Joseph Bochénski）是西方资产阶级哲学界的一位异常活跃的人物。他是瑞士弗赖堡大学的逻辑教授，主编逻辑杂志，发表逻辑史著作，同时又是新托马斯主义哲学积极的吹鼓手；他从不系统地阐述自己的哲学思想，而是通过广泛评论当代各家哲学流派，采取"以破为立"的手法，表明自己的观点。他卖力地攻击辩证唯物论，可以说是西方反马克思主义哲学中最主要的代表之一。他在大学除当教授外还兼任各种职务，在校外到处做报告，参加座谈，还在广播电台上连续发表哲学通俗讲演；他既是知识界的学者，又是教会里的神父。第二次世界大战时，他"投笔从戎"，赢得了反法西斯战士的声誉。战后，在百忙之余他每周一次地为波兰流亡者们主持弥撒，替背叛祖国的反动派加油打气。鲍亨斯基就是这样一个有着多重身份、从事各种活动、世界知名的哲学家。

　　鲍亨斯基活动在西欧，原籍却是波兰。他1902年8月30日生于朱斯佐夫，1926年在波兹南大学经济系毕业。1927年成为天主教多米尼克修会会士。1928年到瑞士弗赖堡大学研究哲学，1931年取得博士学位。随后转学于罗马的安哲利岗神学院,1934 年取得学位后留任该院讲师,翌年升任逻辑学教授。1940 年参加在意大利登陆的盟军波兰部队当"随军司铎"。1945 年复员,受聘回弗赖堡大学任副教授,1948 年升正教授。1950—1952 年间兼任文学院院长,其后又被选任为每两年一换的该校校长。多次到美国印第安圣母大学等校作为交换教授讲学。

鲍亨斯基在 20 世纪 50 年代的著作,主要的有《古代形式逻辑》(1951 年)、《形式逻辑——逻辑问题的历史陈述及其文献》(1956 年)、《欧洲当代哲学》(1954 年)、《哲学思维之路》(1959 年)、《苏俄辩证唯物主义》(1950 年)、《苏联哲学的教条主义基础》(1959)。

除了逻辑以外,鲍亨斯基的各种著作,始终围绕着一个目的,就是诋毁马克思主义哲学,而其办法也简捷了当,就是千方百计论证上帝是实际存在的。按他的如意算盘,只要能说明实际上存在着一个上帝,则在哲学两条路线斗争中精神第一性就确定了,而物质世界也好,辩证法也好,就可以不攻自破。鲍亨斯基不愧为托马斯主义的后起之秀,他忠实地按中世纪托马斯·阿奎那把哲学当成"神学的侍仆"的遗教,力图在 20 世纪来完成他的祖师爷的未竟之业。

他这个以哲学为神学效劳的态度,是旗帜鲜明的。他说:"我们在一系列的哲学沉思中,最后才来探讨绝对者,亦即哲学家们常说的无限者问题。我们所以要在末尾才谈,乃是因为上帝问题——所谓绝对者实际上即指上帝——对哲学家来说,不是像对宗教信徒那样处于开头的地位。哲学家在经历了有限的、尘世的现存事物王国的漫长旅途之后才到达上帝。"① 话说得多么干脆,照他看,哲学和神学一样,都是论述上帝问题的学问,差别只不过是上帝在神学里是开宗明义,而在哲学里则是归根结底,如此而已。

哲学史的长期争论迫使他不得不承认,从上帝的概念来推论上帝的实际存在,即,从上帝概念之为无所不包,而无所不包者必然包含存在这一属性,进而推论上帝是存在着的,这种本体论的论证方法已经破产,于是他摆出尊重科学的样子,说上帝存在的证明应该"建立在经验的基础上"②。经验中最基本的事实,在他看来是变化的,例如绿苹果要变黄变红,新鲜的会变烂腐。世界上一切实际存在着的东西,没有不变化的。那么推动这种变化总得有一个根本的动力。他在这里说的总驱动力,不是什么新东西,正是古代亚里士多德的"不动的动因",也就是近代怀特海的"创造性力量"。鲍亨斯基呢,也还差一点点算是没有直呼之为上帝。

---

① 鲍亨斯基:《哲学思维之路》,1964 年,德文版,第 114 页。
② 《哲学思维之路》,第 117 页。

鲍亨斯基认为这种创造性力量诚然足以说明世界万物之所以日新月异，但还不能说明万物为什么按这个样子变异而不按那个样子变异。即使有人说这是因为有着这样的而不是那样的自然规律，他认为这也不过是把问题推移变换一下，并没说明为什么实际存在着这样而不是那样的自然规律，为什么恰恰实际存在着这样一个世界，或者为什么根本会实际存在着一个世界。到此，鲍亨斯基断言，答案只能有两个：一个是存在主义无神论哲学的答案，认为实际上有这样的世界，其中万物存在着是毫无道理可说的，是荒谬的。在他看来，存在主义者看到了事物实际存在的非必要性、无充足理由性，所以萨特说"人是被扔到这个世界上来的"，乃是一种合乎逻辑的结论①！可惜逻辑学家鲍亨斯基不太能够接受这种所谓合乎逻辑的结论，因为他认为哲学和科学都是以世界有理性为前提的。假如世界是一个毫无道理可讲的荒谬，岂非逻辑学家也就没有用了，那么总该给世界万物的如实存在找出个理由才行，因而只能得出他的另一个答案了，即"必须承认上帝的实际存在，因为没有一个造物主，人们就不能理会经验上认识到的事物的实际存在"②。"必定有一个上帝——一个统治世界万物的势力来规定世界的进程，而且这是一种无限的势力"③。

在这里，我们用不着去揭露他的这番高谈阔论无非是宇宙论证明和自然神学证明的老办法的新杂拌。只说，就连他自己也不能不承认他的上帝的处境是颇为为难的。一方面，他说上帝必须是实在的，存在于时空里的，可是在一定意义上又是观念性的，因而是超时间、超空间、永恒而普遍的；但另一方面，上帝又是一切存在物中独一无二的、最最个体性的。面对着这个局面，"我们要么说上帝像其他存在物一样，只不过在各个方面都无比地更为高超，要么必须承认我们对它不能有任何认识。但第一种说法显然是错的，上帝不能是像其他存在物那样的东西。而第二种说法也是错的，因为我们对之一无所知的东西，我们也就不能说它是实际存在的。逻辑告诉我们，当我们说这个某物存在着时，我们已经赋予了它以一种属性；而一个空无属性的 x，就不能说是存在着"④。那么，怎么说才不错呢？他表示鉴于这种困难，古往今来的哲学家都在寻找上述两说之外的一条中间道路，那大概不会是错的了。但这条中间道路到底是什么，他讳莫如深，只说："我不能在这里深入谈论它，只想提醒大家注意一点，即，今天，多谢数理逻辑的成就，我们比任何时

---

① 参见《哲学思维之路》，第119页。
② 鲍亨斯基：《欧洲当代哲学》，1917年，德文版，第246页。
③ 《哲学思维之路》，第113页。
④ 《哲学思维之路》，第121页。

候都能对它理解和表述得更好些了。"①请看,鲍亨斯基竟然打出了数理逻辑的科学旗号来糊弄人!

鲍亨斯基从他自己也说不清的上帝出发,发挥他的宗教的目的论的历史哲学。上帝是统治世界的,在他看来上帝同世界万物有两层关系,因为一切实际存在的东西都有两个方面的情况:一是它的"所在"(Sosein,即指本质);一是它的"定在"(Dasein,即指实际存在)。就每一事物规定自己所以异于别的事物的那个"所在"而言,上帝同世间事物的关系是事物分享着上帝的本质(据说这与柏拉图的理念之只作为事物的模本大不相同),因此上帝并不能改变任何事物的所在亦即本质,上帝不能叫某事物不是该事物。但就事物的实际存在而言,上帝同事物的关系就不同了。事物在世界上实际存在与否,完全取决于上帝的自由意志,这就是说,世界上过去、现在和将来出现什么和不出现什么,全看上帝愿意不愿意。这样一来,整个世界历史的发展,就都以上帝的意志为转移。所以他直截了当地说:"从这个总观点出发,全部世界历史的出现,乃是上帝的一个永恒的、自由制定下来的计划的实现。"②鲍亨斯基就想这样轻而易举地从根本上否定历史自身发展的规律性,否定唯物史观。

既然世界历史是实现一个计划,当然它就有目的。在鲍亨斯基看来,世界万物,其本质是不能改变的,是有必然性的,而它们的实际存在没有道理可说,是非必然的。那么上帝呢?不同。只有上帝,无论它的本质(或所在),还是它的实际存在,都是必然的。因此,由上帝所制定的世界历史计划,就在于让世界万物也达到本质与存在的统一,像上帝自己一样。照他说:"这就很清楚,世界进程有一个目标。这个目标不可能是别的,只能是而且必然地是上帝本身所显示的那个东西,即,上帝自己。"③这倒确实是很清楚的:基督教宣扬有朝一日"世界的末日"要到来,于是天国降于人世,而鲍亨斯基通过其哲学也表明,历史发展的终极归宿是上帝,可以说是异曲而同工。

为适应他在本体论和历史观上神学观点的需要,鲍亨斯基在托马斯主义通常不大发言的认识论上也开了腔,搞了个折中主义。首先他煞有介事地反对辩证唯物主义的反映论,把反映论所阐明的主客体之间的辩证认识关系曲解为机械的被动的照相。这一点可以不去谈它,因为他毕竟也承认人类知识来源于感性和理性(他称理性作用为精神作用)。新托马斯主义者的一个共同特点是竭力同科学搞妥

---

① 《哲学思维之路》,第 122 页。
② 《欧洲当代哲学》,第 247 页。
③ 《欧洲当代哲学》,第 247 页。

协,这里表现的就是他勉强迁就科学的一面。可是与此同时,他又坚持还有另外一种知识来源,那就是"启示"。比如关于上帝,他说"哲学只能把上帝视为世界的本原,对上帝的内在生活则丝毫不能有所阐述。这样一种知识之所以可能,只是由于有启示和信仰"①。他又保证"启示的内容不会与科学学说发生抵触,因为世界和启示来自同一个真正的全知全能的上帝"。如果说在资本主义初期,有的哲学家曾主张让科学和宗教互不干扰、并行不悖,那是想在中古神学的淫威之下为科学争得一席立足之地,那么在科学昌明的20世纪,鲍亨斯基还要在科学知识之外保留着"从天上掉下来的"知识,这是在为什么争天下,应该是不言而喻的了。

他在同一本书中断言有上帝的启示,理由是:虽然"哲学完全是由自然的经验出发,纯粹按照理性进行的,但哲学并不提供任何根据以否定启示的可能性"。以"不能否定"为理由,来进行肯定,在他看来,就是逻辑态度而不是宗教态度。反之,"共产主义哲学家们尽管以最大的愤怒否认基督教上帝的存在,却又坚持认为世界是无限的、永恒的、无涯的、绝对的。他们的态度正如任何人一望而知的那样,在好些地方是典型的宗教态度!"②宗教态度、教条主义态度是鲍亨斯基加给辩证唯物主义的主要罪名之一,仅仅由于辩证唯物主义没有像他一样肯定有上帝的启示,而认为人能认识世界并能改造世界,就被宣判为"这不仅是一个错误,这是一个罪恶"③。

鲍亨斯基为反对辩证唯物主义写过两本书。他认为辩证唯物主义在自由问题上是自相矛盾的,因为"布尔什维克作为自然科学唯物论者不论自己怎么说,他们基本上是决定论者:他们不承认偶然,不承认自由意志,他们坚持一切都是物质的一种作用。但同时他们作为马克思主义者宣扬人类解放,鼓动履行革命义务,极力强调人的意志的重要,即是说,他们违反着他们的唯物论和决定论给予精神价值和自由以最大的重视"④。由于马克思主义哲学是这样一种"原始粗野的自相矛盾的大杂烩,根本不可能构成哲学批判的对象"⑤。这真可谓极尽轻蔑之能事了。但是,鲍亨斯基为什么不愿意去学习和体会马克思主义关于必然与偶然的辩证关系的大量论述呢?恩格斯曾精辟地阐明了自由与必然的关系的问题,难道鲍亨斯基连《反杜林论》都没读过吗?绝对不会。那么他凭什么理由号召人们"必须把辩证

---

① 《欧洲当代哲学》,第248页。
② 《哲学思维之路》,第115页。
③ 鲍亨斯基:《苏俄辩证唯物论》,1950年,法文版,第166页。
④ 《苏俄辩证唯物论》,1950年,法文版,第156页。
⑤ 《苏俄辩证唯物论》,1950年,法文版,第157页。

唯物主义看作不仅是一种错的和坏的学说,而且是一种撒旦的、魔鬼的学说"①呢!

当着今天马克思主义在全世界不仅为千百万劳动人民所掌握,而且已迫使任何一个哲学流派不得不对它的强大影响充分重视的时刻,鲍亨斯基认为对马克思主义哲学光破口大骂还不够,还需要来个虚张声势。他硬说"实际上全世界一切哲学家都在摒弃和斥责共产主义的这种意识形态"②,这就不禁令人联想到毛泽东同志说过的一句话:"他们不但需要欺骗别人!而且更需要欺骗自己,不然他们就不能过日子。"

30年前,我在弗赖堡大学学习时,大家注意到鲍亨斯基这位逻辑教授,精力充沛,勤奋好学,博览群书,有点觉得他就像约翰·路易斯评论让·保罗·萨特那样,"他这个人本身比他的学说好得多"③。那么,他的哲学为什么越走越斜,反动到了这个地步呢?不可能有别的解释,只能从他的资产阶级立场上找原因。从他身上,再一次证实,在阶级社会里,各种哲学观点无不打上阶级的烙印。

---

① 《苏俄辩证唯物论》,1950年,法文版,第166页。
② 《哲学思维之路》,第67页。
③ 约翰·路易斯:《萨特尔与马克思主义》,见《今日马克思主义》杂志,1961年4月号。

1981 年

《精神现象学》在黑格尔哲学中的地位*

山东省哲学界举行学术研讨会,纪念德国古典哲学的集大成者黑格尔逝世150周年。我能从外地赶来参加讨论非常高兴。今年(1981)9月,北京哲学界举行了一次学术讨论会,纪念康德《纯粹理性批判》一书出版200周年和黑格尔逝世150周年,由于我们邀请了几位外国学者来参加,西方的,特别是德国的报纸非常注意这件事,因为这是新中国成立以来前所未有的,他们的标题是:黑格尔的世界精神到了北京。我们今天可以引用这个话说"黑格尔的哲学思想到了济南"。这次讨论会的举行,一方面说,是粉碎"四人帮"的思想禁锢、思想解放的表现,另一方面,更主要的是山东省从领导到哲学工作者,上下一致重视马克思主义的三大来源之一,即德国古典哲学的研究工作。据我所知,在全国各省市举行的学术会议中,这还是独一无二的,我作为一个哲学工作者,愿在此向山东省的哲学界表示祝贺。

我今天发言的题目是:《精神现象学》在黑格尔哲学中的地位。

---

* 本文系作者于1981年参加山东省哲学界举办的纪念黑格尔逝世150周年学术研讨会上的发言稿。

黑格尔的哲学是客观唯心论，这一点是毋庸置疑的，但在他的唯心论中还存在有合理的内核，这合理的内核是什么呢？是辩证法。黑格尔哲学最大的贡献是从唯心主义的形式，第一个最完全最详尽地论述了辩证法。

毫无疑问，黑格尔的辩证法最集中地体现在他的逻辑学里。马克思正是在批判地继承了黑格尔辩证法的基础上建立其自己的唯物主义辩证法的，从这一意义上说，研究马克思的辩证法就要重点研究黑格尔的逻辑学（包括《耶拿体系草稿》《逻辑学》及《哲学科学全书纲要》的第一部分，这第一部分被称为"小逻辑"）。逻辑学在黑格尔哲学里的中心地位，是显而易见、不言而喻的。现在论述黑格尔哲学体系有两种不同意见：一种认为全体系就是百科全书所包含的三部分，即逻辑学、自然哲学、精神哲学；另一种认为它的体系的核心是逻辑学，逻辑是"代数学"。不管采取哪种看法，逻辑学都是主要的、重点的，是灵魂。所以列宁说，不理解黑格尔的逻辑学，就不能完全理解马克思的《资本论》。所以，列宁在第一次大战期间，战火纷飞的年代，流亡在瑞士的时候，还详尽地阅读、摘录和评述了黑格尔的三大本逻辑学。

但是我们也应看到，1932年才发表的马克思写于1844年的《1844年经济学哲学手稿》里，对黑格尔《精神现象学》一书做了详细的论述和深刻的评价。19世纪中叶以后，在黑格尔被德国哲学界当作"死狗"看待的时候，马克思却公开承认自己是黑格尔的学生，并在他早期著作中大量使用诸如"异化"这类精神现象学里的哲学概念。由此可见，马克思（至少在早期，如果像有的学者证明的那样，即使在后期、成熟时期）受到黑格尔的影响，而这一影响主要来自黑格尔的精神现象学。马克思在《黑格尔辩证法和哲学一般的批判》一书中的第10页说："试看一看黑格尔的体系，我们必须从黑格尔的《精神现象学》开始，《精神现象学》是黑格尔哲学的诞生地和秘密。"而恩格斯也认为：精神现象学"也可以叫作精神胚胎学和精神古生物学类似的学问"。马克思和恩格斯是直接批判继承了黑格尔的哲学思想、建立了唯物辩证法的人，他们在研究黑格尔哲学时都非常重视精神现象学，这是一方面。

另一方面，一些资产阶级哲学家，比如勃劳赫就认为《精神现象学》是黑格尔最晦涩、但也最深刻的著作。西方当代黑格尔权威，《黑格尔全集》理论、批判版的主编Poggeler教授，更是把《精神现象学》推崇到无以复加的地步。他说："尼采有句名言：'可能人类会有一个更高级的状态，到那时，欧洲人民会被各族模模糊糊地遗忘，但是欧洲还会继续活在三十本非常古老但永不陈旧的书籍里。'假如真有那么一天，像尼采所说的那样，那么我们敢说，黑格尔的《精神现象学》，将是这三十本古老而不陈旧的书籍之一。"

更为重要的是，这本书的命名也清楚地说明了《精神现象学》的重要地位。在这本书 1807 年版的扉页上原著的标题叫作"科学的体系,第一部分,精神现象学"。黑格尔在随后 1812 年出版的《逻辑学》(即"大逻辑")第一版序言中还清清楚楚地讲:"我决意在包含'现象学'的科学的体系的第一部分之后,继之以第二部分,这第二部分,将包括逻辑学和两门具体的哲学科学,即自然科学和精神科学,这样,科学的体系就可以完备起来。"(科学的体系的第二部分,实际上就是 1817 年出版的《哲学科学全书纲要》。因为全书正是由逻辑学、自然哲学和精神哲学这三部分组成的。)

科学体系的第一部写的是精神的"现象学",按现象学的字义来说,是相对于本体论(在黑格尔这里,是逻辑学)而言的,因为现象学研究现象,而本体论研究本体、本质、实体(或形而上学)。那么以现象而寻求本质,以用求体,精神现象学应该是精神本体论或形而上学的一个前奏或序言,是达到后者的一个引论或准备。

所以,黑格尔在 1807 年 5 月 1 日写信给谢林时,首先就提到这本书"作为第一部分,真正讲来,只是导言"。当然,导言,对于体系正文而言是一个导言,而作为导言性的论述,其本身也可以成为一门科学(本身也可成为一个体系)。所以,黑格尔又自称"这条到达科学的道路,本身已经就是科学"。正如学习游泳固然是为了达到会游泳,但学游泳这件事情本身,也成为一门成体系的游泳学习法。但问题不在这里,而在于它既是体系的导言,又是该体系的一部分。因为 1808—1811 年,在《精神现象学》出版之后,黑格尔到纽伦堡当中学校长,为高中学生讲授"哲学纲要",纲要当然是指体系本身,其中就有一小部分叫作"精神现象学纲要",这就使精神现象学导言的地位模糊起来。而且还不止于此,在 1817 年出版的《哲学科学全书纲要》里,在其第三个环节"精神现象学"中(即第 413—439 节),黑格尔又把精神现象学列为主观精神的三个环节之一,这就是说,主观精神包括心理学、精神现象学和人类学。而且这里讲述的精神现象学,并不是名称的混同,其内容也已独立成书,与作为体系的导言的精神现象学基本一致,知识稍稍减一点,只讲了其中意识、自我意识和理性三个阶段。这样,精神现象学就既是黑格尔哲学体系的导言(第一部分),又是黑格尔哲学体系的第三部分(主观精神)的一个小小的组成部分。因此,精神现象学在黑格尔哲学里的地位,就被黑格尔本人弄混乱了。

此外,还有一个问题,更使精神现象学没办法(或不易)将自己摆在黑格尔哲学里的一个适当地位上,也许可以说,根本摆不上。不仅说它是体系的一个导言不行,说它是体系的一个组成部分也不行,甚至于使人觉得它是与黑格尔哲学体系性质相反、彼此格格不入的东西。

这个问题是:如果从黑格尔哲学以"逻辑学"为起点来说,它这个体系是唯心主义的先验论,而精神现象学呢,照有些人的看法,如斯退士(W. T. Stace)以及麦克塔加尔(Mctagart),它所表现的是黑格尔的经验论的思想。这也不是歪曲黑格尔,按照黑格尔自己的提法,《精神现象学》的原名就叫作《意识经验科学》。究竟黑格尔从何时起决心把他的哲学体系的导言叫作《精神现象学》的,现在已不得而知。根据考证,他在1806—1807年的冬季学期的课程预告中,第一次提到他要开"精神现象学"这门课。而在1807年出版《精神现象学》时,他最初用的是"科学的体系,第一部分,精神现象学",后来,据说全书已经印成,在装订过程中黑格尔改了主意,连同交付印刷的前言,写了一个字条交给装订工人,提出要把标题换了,所换的标题就是"意识经验科学"。只是由于时间仓促,装订过程凌乱,黑格尔送来的指示,未被工人充分注意,因而一部分书上没换,一部分书上换了。换上了的那一部分书上至今还能看到有"意识经验科学"这个字眼。而且,黑格尔在《精神现象学》的"导论"的最后部分,也说精神现象学这条通往科学的道路,"就其内容来说,乃是关于意识的经验的科学"。关于"经验"的科学显然是与"先验"论风马牛不相及的了。

至于说黑格尔哲学体系是唯心主义先验论,这也是有根据的。黑格尔的唯心论就其表现来说,逻辑学在他的体系里是最根本的,列于自然哲学和精神哲学之先,逻辑范畴是自然界的精神事物的"灵魂"。逻辑学所讲的范畴(如有、无、变、质、量、一、多、现象、本质、原因、结果、同一、差异、矛盾……),这本来是客观事物的关系和特征在人的头脑中的反映,客观事物的关系和特征是第一位的,概念、范畴是第二性的。但按照黑格尔的体系,则正好颠倒了过来,他认为逻辑的范畴是第一性的,自然界和人类社会生活却是第二性的、派生的。恩格斯在《路德维希·费尔巴哈和德国古典哲学的终结》里指出:在黑格尔那里,"我们在现实世界中所认识的,正是这个世界的思想内容……思维能够认识那一开始就已经是思想内容的内容"。恩格斯这里所说的"思想内容"就是黑格尔的"逻辑学"中的纯思想、纯概念,之所以说它们"一开始就已经是思想内容的内容",是就这些纯思想、纯概念是尚未表现为自然界和人类社会的一种思想性质的东西而说的。抽象的、独立自存的所谓第一性的逻辑范畴,是根本不存在的,是脱离了实践经验的东西,是从天上掉下来的,这不是唯心主义先验论吗?恩格斯在批判杜林所抄袭的黑格尔的先验论时指出:"……杜林先生的相反观点是唯心主义的,它把事情完全头足倒置了,从思想中,从世界形成之前就永恒地存在于某个地方的模式、方案或范畴中,来构造现实世界,这完全像一个叫作黑格尔的人。"黑格尔本人在耶拿时期,也曾明白地把逻辑学课程叫作"先验唯心论"或"思辨哲学"。思辨也是含有纯思维的先验的意思的。英国的黑格尔专家芬德莱不同意黑格尔是先验论者的说法,说黑格尔重视自然和历史的研究,所以说他有"真正的经验主义",甚至说"在黑格尔那里有和马克思一样多的唯物主义"。(见芬德莱《黑格尔再思考》)

是的，黑格尔很重视经验事实，他在《精神现象学》里讲的也确实是所谓经验，当然，他所描绘的经验（意识的经验）并不是真正的经验。说他不是先验论者，我们也可以同意，不过，还要看怎么理解的。关于这个问题正是我们要解决的问题。下面会讲，这里不谈了。这里要谈的只是单从他的哲学体系本身来说，逻辑学的范畴是全体系的起点，是第一性的东西，是先验的。而逻辑学的先验论性质与精神现象学的经验论性质，显然是不相容的。那么精神现象学，既不能是体系本身的某个环节或组成部分，又不能是它的导言、前奏，甚至同整个体系水火不容，它处于什么样的地位呢？

这是所以发生"精神现象学"的地位问题的原因。当然，我们也可以说，在每一个哲学家那里，多部著作中的内容、观点不一致，也是常有的事，一个人的哲学思想也是发展的，也会变化的。精神现象学是否可以说是他早期的思想、早期有经验论的思想，后来到逻辑学，就产生了先验论的思想？我们觉得不像。当黑格尔写作《精神现象学》时，他已经对他的哲学体系有了明确的设想，紧接在《精神现象学》一书完成之后，他就着手写《逻辑学》，所以，两部著作的分歧看来不是由于认识上的变化，这种分歧是黑格尔有意识地安排了的。

逻辑学与精神现象学讲的东西不同，各有各的对象……（以下文稿遗失——编者注）

黑格尔关于主体的思想

哲学里的主体问题，同认识论一样古老，因为认识就是指主体和客体的关系，不谈主体，可以有本体论、宇宙论，等等，但不能有认识论。从笛卡尔提出"我思故我在"这一哲学出发点以来，近代哲学以认识论为重点，主体问题也就成了哲学的关键问题。

一种哲学对主体的看法，在某种意义上决定着该哲学的性质。从主体与客体的关系来看，比如：主体从属于客体（客观世界），还是相反，谁是第一性，这就有唯物论与唯心论之分；重视物质客体的，把主体与客体的关系视为纯被动关系，这关系又包括侧重点是主动的还是被动的、同一还是不同一等，就有机械唯物论与辩证唯物论之分。从主体本身的性质上来看，包括知情意这一内容，是个别现实的还是普遍抽象的，是经验的还是先验的、思辨的，等等。现代的各种哲学流派，例如存在主义、现象学派、逻辑实证论在内，几乎没有不从主体这个问题出发的。

我谈黑格尔关于主体问题的思想，也是从这里看黑格尔哲学的全体。今天不可能从它的全面谈，只是谈两点：一点是他的主体与康德的主体的关系问题；另一点是顺便从这个问题上谈到他的《逻辑学》与《精神现象学》这两本重要著作的关系。

一

相对于黑格尔而言,康德哲学里认识的主体——自我,占据特别突出的地位和作用,这是大家都熟知的。在《纯粹理性批判》里,正是由于康德重视主体(在认识中的作用),同时又承认外界事物不以人的意志为转移的存在,所以康德哲学陷入心物二元论。正是康德从主体的认识能力入手对主体在认识能力中的作用进行分析,康德自称他在哲学里实现了一场哥白尼革命。所以说,康德哲学是主观唯心论。(黑格尔在他的哲学体系里,在逻辑学里,没有突出主体,他从存在或者说有的问题开始,谈到本质,最后谈到概念。)

从《纯粹理性批判》开始,康德就说,我们的知识与经验同时开始。这里的"我们",就是你和我这样的主体,这种主体是个别的、现实的,就是你的自我、我的自我这样的东西。这样的自我,是我们产生经验的一方,是与经验联在一起的。从这个意义上讲,康德的主体是有血有肉的,有鼻子有眼的,能感觉的,有知觉的,有理智的,也就是有知性的理性的主体。这是十七、十八世纪在欧洲,包括稍后的德国,工商业发达、资本主义兴起、个人解放和个性发现的结果。

康德不仅讲到人有感性(感觉),而且指出感觉本身还具有两种固有的时空形式,不仅讲到人有知性,而且列举了人人都有的知性范畴。每个人在认识客体时,都能用感性形式来整理感觉材料,每个人都能用知性范畴来规范我们的表象,形成我们的现象世界,使我们能认识现象里的事物。所以康德的主体(自我),是能动的,是客体的主宰,是现象世界的立法者。这样的主体,如此现实、如此个别、如此重要,以前的哲学家没有说过。不用说,康德提出这样的主体,一反过去被动的、经验论的主体,是一个贡献。

但这里出现了一个问题:康德的主体,虽是个别的、经验的,却有共同的感性形式、共同的知性范畴,形式是普遍的,范畴是普遍的,这些形式和范畴应用到现象界的一切事物上又都产生必然性,那么这种具有普遍性的、必然性的形式和范畴都是怎么来的呢?我们且不说感性的时间和空间这样两个普遍必然有效的形式,只就知性的因果关系这类范畴来说,显然,不可能由个别的主体从他的个人经验中归纳出来。对这个问题,康德明白说出来的解答是:范畴都是先验的。没有明白说出来的是:他所说的具有这些先验范畴的主体是普遍的,有客观性的。从康德《纯粹理性批判》这个认识论体系来说,需要有一个支柱,一个逻辑上的主体。整个主体,整个自我,实际上乃是一个抽象的先验的自我、先验的主体。黑格尔在论述康德的"悖谬的论证"时说的一段话，虽然并不是主要论述康德的主体性质，但我觉得在一定意义上，他说出了康德体系里的主体的真实性质。他说："我是我的思想之空的先验主体，康德这是说的反话，我觉得可以正用，所以康德哲学又称为先验主观唯心论。"

黑格尔的最主要的著作，表明他的哲学特点是"逻辑学"。大家都知道，黑格尔是客观唯心论者。他认为世界本源是"世界精神（绝对精神）"，整个逻辑学是讲世界精神怎么从存在发展起来的，从存在发展到本质，从本质发展到概念，全部是精神，所以是唯心论。书中暗含着世界精神，很少或者说没有涉及主体问题。精神、意识本是属于主体方面的，但是他所述的精神是世界精神，是世界的本源，至少从表面上说，不是与客体相对的个别的、现实的主体。所以说他是客观唯心论。（从一定意义上说与自我或主体无关。）

但这是表面，实际上，黑格尔在《精神现象学》序言里明确地说："实体即主体。"现象学讲的就是意识的发展史。意识就是主体。

黑格尔在《逻辑学》里讲的从存在到本质到概念，既是逻辑，又是认识论。从认识论的角度说，所讲的也都是范畴，与康德的知性范畴体系相似又不相似。有两点不同：第一，黑格尔的逻辑概念范畴，同时又是本体的内容结构；第二，康德的范畴只是排列，而黑格尔的范畴则是有辩证法的推演运动发展。但从逻辑范畴这个角度说，黑格尔的范畴学说是接着康德的范畴学说讲的，是对康德范畴学说的发展。康德的范畴有个主体，先验的主体。黑格尔的范畴是否也有个主体呢？黑格尔在《逻辑学》中没有明白地提出主体，那是世界精神。世界精神，在黑格尔看来有对立面，但它是与自身的对立统一，对立面就在其自身，无所谓主体客体问题。但是，在黑格尔《精神现象学》序言里（这是在《精神现象学》一书完成之后，即 1807 年写的），却一再讲，实体即是主体。

"全部的事情在于：不把真理的东西理解和表述为实体，而把它如实地理解和表述为主体。"

逻辑学的范畴体系是表示实体的，但这个实体，有建立自身的运动，是活的，实体正是主体。他说："活的实体，只当它是建立自身运动时，或者说，只当它是自身特征与其自身之间的中介时，它才真正是个现实的存在，或者换个说法也一样，它这个存在才真正是主体。"

黑格尔说绝对即精神，实际上就是要表述，他的实体、他的绝对，就是精神。而这活的精神，在黑格尔哲学里，就是主体。

黑格尔的主体，在他的体系里，严格说来，没有客体、精神的发展运动，不由外物推动，起于自身矛盾。它只有它自己的它在，它与它在的关系是自身反思的关系、自己与自己的关系。从这一点来说,黑格尔体系里的主体与费希特的主体很相似,费希特的主体是自我,自我产生非我,而与非我既对立又统一。黑格尔的主体思想,更多受费希特的影响,较少受康德的影响。

二

黑格尔与费希特克服了康德的二元论,费希特在他的知识学里讲了主体自身的发展变化,可是黑格尔在他的逻辑学里却回到了康德知性范畴的做法,凭空地从存在范畴开始,讲起了范畴体系。康德的范畴是先验的,因为他没讲范畴如何来于经验,而是讲它是经验成立的条件,是先验的。那么黑格尔的范畴是不是也是先验的,凭空来的呢?如果是这样,那就是从费希特的倒退。但我们说,黑格尔讲的范畴确实是只讲范畴本身的推演变化发展,但不是凭空来的,不是先验的,而是有经验来源的。那么,他在什么地方讲范畴的经验来源的呢?这就牵扯到逻辑学与精神现象学的关系问题。以我的意见,精神现象学的真正含义(对黑格尔来说),就在于交代逻辑学里所讲的范畴是主体,用黑格尔自己的话来说,是如何从自然意识,逐步发展成为哲学意识,哲学意识又如何一步一步获得这些范畴。

(以下文稿遗失——编者注)

主体问题与康德、黑格尔(提纲)

1. 主体问题在哲学中的重要性(从近代哲学至今)
(1) 从笛卡尔开始,"我思故我在"。
资本主义反封建的社会背景。(个人解放)
(2) 到现在,各种流派也都从主体出发。
2. 德国古典哲学都重视主体,从康德起始
(1) 先验论认识论,主体规范客体,立法者。
(2) 主体是现实的、个别的,个人的感性和知性。(经验的)
(3) 但由于形式和范畴是先验的,这个主体就不是个别的,不是经验的,主体因而也不是经验的,而是先验的。
(4) 黑格尔评论康德的主体,说是逻辑上的条件。
主体不是实体。(实体还是外物)
3. 黑格尔一反康德,说"主体才是实体","实体就是主体"
(1) 黑格尔是客观唯心论——世界精神。
(2) 逻辑学既是逻辑,又是认识论,又是本体论。
从"有→本质→概念"。
概念是起点,又是终点,绝对概念→绝对→本原。
自然哲学与精神哲学,都是逻辑学的应用。
(3) 精神是能动的,自身矛盾发展的主体,普遍的,客观的。

(4) 但与康德相反,绝对的主体虽是普遍的,却是个体的。

(5)《精神现象学》对我们的启发。

原名"科学体系的第一部"。

后定为"意识经验学"。意识即主体。(精神)

4. 现象学与逻辑学的关系(与黑格尔体系的关系)

(1) 导论,不是体系本身。

(2) 体系是普遍精神的推演。(自身关系)范畴的推演,达到绝对。

(3) 导论是起点,说明普遍精神的起源。(在体系外面)

(4) 普遍精神不是枪里射出来的,不是天上掉下来的,是形成出来的。说它是临时拼凑的,是不对的。

(5) 个体与普遍是结合着的,即是个体的古生物学。

(6) 通过个体与自然社会的相互关系,出现不同时期的意识形态,在意识形态中,个体意识向哲学意识逐步提高,直到各形态取得的各范畴。

范畴的形成是一步步达到今天这个样子:

a. 黑格尔的范畴不是像康德的范畴那样一成不变。

b. 黑格尔的范畴之间有必然的关系。(有机的)

c. 范畴是先验的,(对个体而言)又不是先验的,(对族类而言)所以说是"意识的经验学"。

5. 黑格尔的意识经验科学与费希特的知识学

(1) 康德:有外物而无自我。

(2) 费希特:有自我而无外物。

(3) 黑格尔:虽无外物,只有精神,实则精神主体是在与外物的交往中发展的。

1982年

康德的范畴论

康德在近代哲学重视认识论的背景下,提出了自己不同于亚里士多德的范畴学说,作为他全部认识论的一个重要组成部分,来解决其所谓的"先天综合判断如何可能"的问题,亦即当时的唯理论和经验论都解决不了的科学知识的普遍必然有效性是怎么来的问题,具有重大的历史意义和深远的影响。

康德看到,唯理论者认为普遍必然的知识来自人类固有的"天赋观念",这脱离了人的感觉经验,不合乎认识的实际;经验论者认为科学知识所以普遍必然有效,是因为它是从众多的经验中归纳出来的,而实际上人的经验不可能穷尽,因而也不可能具有普遍必然性。康德一反常规,不在所认识的客体身上找根据,转过来在认识主体身上寻求保证,认为科学知识的普遍必然有效,是人在认识时以自己的先于经验的范畴赋予经验的。这确实是认识论史上的一次哥白尼式的革命。

康德批评唯理论和经验论,但从一定意义上说,他又是它们的继承者。唯理论认为普遍必然的知识只能来自"天赋观念",不能出于杂乱模糊的经验;经验论也认为普遍必然的真理不能得自经验归纳。两派都认为经验中没有普遍必然的真理。康德的批判哲学继承了它们,也强调普遍必然不能得自于经验而只能来于"先验"。

康德的范畴论是涉及广泛的重大问题。在这里我只就它在认识论上的意义和影响以及我们如何看待它,简单谈点看法。

大家知道,按康德的认识论,人的知识并不是客观事物在认识主体的意识里直接反映出来的东西,而是主体的感性在时空里接受外物的刺激,产生出感觉材料(或经验),然后由我们的理智以其自己的范畴,对该经验材料进行判断,从而加工制造出来的产物。它的内容是感性的、从外物那里得来的,它的形式则是认识主体提供的。我们关于外物的概念所以能与外物相一致,不是因为我们对外物的概念符合于外物,而是由于外物符合我们的纯粹理智概念、范畴。我们有关外物的知识的普遍必然有效性,就是由认识主体的纯粹理智概念、范畴保证的。

这个范畴学说,至少有两点应该肯定:第一,被范畴加工制作的经验材料是从外物那里来的,这表明它承认不依存于主体的外物的存在,这是唯物主义的想法,符合一般人的常识。第二,更重要的是它指出了认识主体在认识过程中的主动性。大量科学研究证明,主体处于完全被动状态是不可能获得任何知识的。康德的范畴学说里所表明的即是这种认识主体的主动性。康德有句大家都熟悉的著名比喻对此说明得最清楚:"但理性之受教于自然,非如学生之受教于教师,一切唯垂听教师之所欲言者,乃如受任之法官,强迫证人答复彼自身所构成之问题。"康德强调人在认识中的主动性,来克服唯理论的主观主义的片面性和经验论的机械主义的片面性,不论是否真正解决了认识论的老大难问题,但至少给认识论史展开了一个全新的局面,把认识论推向了一个新的水平。应该说,从这个意义上,怎么样强调康德的功绩,都不过分。

还有一层,康德范畴学说对黑格尔的影响也应提一下。康德的先验范畴同唯理论的"天赋观念"不同,他不承认任何具体的知识内容是天赋的,只承认知识的形式是"先验的"。天赋内容是个别的,先验形式是普遍的,是一切知识不可缺少的先决条件。

这一点不同很重要,对黑格尔的影响甚大。黑格尔正是从这里发展了康德,他强调的也是这个具有普遍必然性的思维形式(范畴)。具体而言,黑格尔继承了康德范畴的主动性,同时又发展了范畴之间的必然联系。我们可以说,代表德国古典哲学顶峰的黑格尔的逻辑学,就是在康德的基础上发展起来的范畴演绎体系。

在康德那里,这些先验范畴(思维范畴)统摄于统觉、自我意识,可这仍是从知识论上看的。在黑格尔那里,它们则充分发展为绝对知识、绝对概念,这已是本体论上的最高实体,主宰世界的客观的绝对精神。——这就是说,黑格尔不满足于康德的普遍必然的认识,而把康德的普遍必然性同时当作事物本质的真实本质。因此,黑格尔的自身发展运动着的辩证法,既是认识论又是本体论。

(以下文稿遗失——编者注)

1983 年

"异化"与马克思的经济学说

"异化"是黑格尔哲学的秘密,黑格尔将它"作为推动原则和创造原则的否定性的辩证法"①,用以表示主体客体化、精神对象化的过程。对于"异化"在马克思思想发展过程中的作用,目前国外有两种观点②:一种认为"异化"是马克思理论学说的基础,以英国学者何维内里可为代表,他说:"马克思后期著作仅仅是将他在其漫长思想发展的早期阶段所做出的种种结论联结起来而已。马克思在经济、社会和历史方面从事的各种研究,只不过是他对黑格尔政治哲学的批判中引出来的结论的必然结果。"另一种认为:"异化"只是马克思早期未成熟阶段思想探索上的概念,马克思在其后期著作中已经完全予以放弃了。但通过学习《1844 年经济学哲学手稿》和《资本论》,对这个问题我有一些看法。

恩格斯在《卡尔·马克思〈政治经济学批判〉》一文中说:"经济学所研究的不是物,而是人和人之间的关系,归根到底是阶级

---

① 《精神现象学》译者导言,1962 年版,第 26 页。
② 《哲学译丛》,1978 年第 5 期。

和阶级之间的关系,可是这些关系总是同物结合着的,并且作为物出现……"①人和人的关系作为物出现,这是社会经济的异化,马克思对这种异化有一个从形式到本质的认识过程,这一过程可以从《1844年经济学哲学手稿》到《资本论》中看出来。

一、"异化":直观与形式的表述方式

在《1844年经济学哲学手稿》中,异化已不作为黑格尔式的本质展开过程,而是作为社会经济矛盾的直观形式的表述方式。

可以看出,马克思已经完全受到费尔巴哈的影响,站到了黑格尔哲学的对立面,普列汉诺夫在谈到黑格尔派解体过程的时候指出:"伟大的德国唯心主义者没有能够理解社会关系的真正本性,找到它的现实的基础,他们把社会发展看成是必然的、合乎规律的过程,而在这方面他们是完全正确的。但是当说到历史发展的基本动力时,他们诉诸绝对理念,认为绝对理念的诸属性应该是这个过程的最后的、最深刻的解释。这就是唯心主义的软弱方面,哲学革命首先反对的也就是这个方面:黑格尔派的极左翼坚决反对的'绝对理念',……在反对绝对理念时,青年黑格尔派首先用人的独立性的名义,用终极的人的理性的名义。"②在这些青年黑格尔分子中,费尔巴哈是最杰出的代表。

马克思在《1844年经济学哲学手稿》(简称《手稿》)的序言中指出:"从费尔巴哈才开始了积极的人本主义的和自然主义的批判。费尔巴哈的著作是黑格尔精神现象学和逻辑学以来唯一的著作,包含着真正的理论的革命,其影响越是无声无息,则越是殷实、深刻、包罗万象而持久。"③

在《手稿》的哲学部分,他更具体地指出:"费尔巴哈所做出的成就:其一,证明了哲学不外是被弄成思想的并且在思维中详为展开的宗教,所以应该同样被判决为人的本质的疏远化(异化)的另一种形式或定在形式;其二,建立真正的唯物主义和现实的科学的基础,在其中费尔巴哈把(人对人)的社会关系,同样地弄成了理论的基本原则;其三,因为他在否定之否定(它主张自己是绝对的肯定者)的对立面设立那安定在自己本身上并且积极地在自己本身上建立基础的肯定者。"④——这三点成就中,特别是第三点,对于我们了解马克思在《手稿》中对异化所持的观点具有特别重要的意义。下面就结合《黑格尔辩证法和哲学的一般批判》部分,探讨

---

① 《马克思恩格斯选集》,第3卷,人民出版社,1972年版,第123页。
② 《论一元论历史观的发展》,1961年版,第100页。
③ 《1844年经济学哲学手稿》,1956年版,第2页。
④ 《1844年经济学哲学手稿》,1956年版,第122页。

马克思是怎样站在费尔巴哈的立场上对黑格尔的"异化"进行批判的。

马克思首先指出费尔巴哈的伟大成就是将对宗教的批判与对哲学的批判结合了起来。费尔巴哈"证明了哲学不外是被弄成思想的并在思维中详为展开的宗教",这里所说的哲学,就是指黑格尔式的唯心主义思辨哲学,由于它是一种宗教,因此是人的本质的异化的"另一种形式或定在方式",因此是必然被否定的。其次,马克思肯定了费尔巴哈恢复唯物主义历史权威的功绩,把"人对人"的社会关系作为理论的基本原则,以代替黑格尔抽象的绝对理念。马克思接下来肯定了费尔巴哈的再一功绩,就是他在否定之否定的对立面设立一个植根于自己本身之上的肯定者。这一点对于我们理解马克思当时的"异化"思想是关键的。

显然,马克思在这里说的否定之否定,就是指费尔巴哈所理解的黑格尔的辩证法。马克思在《手稿》中批判黑格尔的辩证法是从《精神现象学》开始的,他称《精神现象学》为黑格尔哲学的真正起源和秘密,而精神现象学的最后结果是"否定性的辩证法作为运动着和产生着的原理",可是否定性的辩证法的表现是什么呢？就是"异化"。于是我们可以说,所谓"在否定之否定的对立面设立那安定在自己本身上并且积极地在自己本身上建立基础的肯定者",实际上就是说费尔巴哈对黑格尔异化观的批判。

马克思在《手稿》中指出黑格尔的"否定性的辩证法","只不过是替历史的运动发现了抽象的、逻辑的、思辨的表达而已,这还不是人类作为一个被设想的主体的现实的历史,而不过是人类的产生的表演发生的历史而已"[①]。而所谓"人类的产生的表演发生的历史",就是人类意识方面的历史。

马克思在《手稿》中从两个方面批判黑格尔的异化观。

(1) 批判他的异化的纯思辨性。马克思说:"例如当他把财富、国家权力等当作人类的本质异化了的诸本质来理解时,他那时的这种了解只不过发生在它们的思想形式中而已……它们是思想的东西,从而是纯粹的即抽象的哲学思维的东西的'一个异化而已'。"[②]马克思接着说:"所以异化——它形成着外在化的真正的核心和外在化的扬弃——是在思想本身的范围内沿顺自己和回向自己,意识和自我意识,客体和主体的对立。换言之,是抽象思维和感性现实或现实感性在思想本身上的对立。"[③]因此,作为异化之对象应被扬弃的不是现实而是思想。正如马克思随后所说的:"黑格尔在哲学中扬弃的定在并不是现实的宗教、国家、自然,而是已

[①] 《1844年经济学哲学手稿》,1956年版,第123页。
[②] 《1844年经济学哲学手稿》,1956年版,第125页。
[③] 《1844年经济学哲学手稿》,1956年版,第125页。

经作为知识的一个对象的宗教本身即教义、法学、国家学和自然科学。"①显然这种理论中潜伏着"无批判的实证主义和同样无批判的唯心主义",这对于急于摆脱对宗教的批判而要直接向现实开火的马克思来说,当然不以为然。

(2) 这种理论把作为异化的主体仅仅视为意识和自我意识,而不是作为人的本质。马克思说:"主体始终是意识和自我意识,或者毋宁说,对象只不过作为抽象的意识、人类只不过作为自我意识表现出来,所以出现的异化的个别的形象只不过是意识和自我意识的各类的诸形象而已。"②马克思又说:"自我意识的疏远化(异化)没有被认作人的本质的现实的异化的表现。"由于主体不是费尔巴哈的"人的本质",而是黑格尔的意识,所以就是"脱离了现实的精神,脱离了现实的自然"。

这样,马克思从两个方面批判了黑格尔的异化理论,这种批判一方面表明马克思当时的出发点还是费尔巴哈的人本主义哲学,另一方面表明他在积极寻求对现实制度的批判武器,而这后一方面就决定着马克思很快就要跳出费尔巴哈的圈子,走向历史唯物主义。

马克思对黑格尔异化观的肯定:不因批判而全盘否定,认识到有合理内核。

马克思指出:"所以在黑格尔精神现象学及其最后结果——否定性的辩证法作为推动着和产生着的原理——上,伟大的东西是黑格尔把人类的自己的产生当作一个过程,把对象化当作对立化,当作外在化并作为外在化的扬弃来把握着;所以他把握着劳动的本质并把对象化了的人类、把真实的因而是现实的人类作为自己的劳动结果来理解着。"③这也就是说,在黑格尔的异化理论中,人类的形成被看作是一种历史的过程,一种矛盾发展的过程,一种由外在规定支配着的过程。所以,尽管马克思当时是一个费尔巴哈分子,但他是借助异化理论来研究社会现象并用来批判资产阶级政治经济学即国民经济学的。这一点在《手稿》中有具体表现,这里只取其中"异化了的劳动"一节加以剖析。

首先,马克思在该节中以劳动的异化来解释国民经济学中提出来而没有被解释的事实。当然,马克思的劳动,已不再是黑格尔的"劳动"。我们知道,黑格尔也是把劳动作为本质主体的,但他的"劳动"不是指人类的生产劳动,"黑格尔唯一知道和承认的劳动是抽象的精神劳动"④,由这种劳动所异化的对象当然仍带有思辨属性。至于马克思在《手稿》中作为异化主体的劳动,已不是这种精神劳动,而是一般的人类劳动。这既说明他比黑格尔前进了一步,又说明他还没有脱离费尔巴哈

---

① 《1844年经济学哲学手稿》,1956年版,第139页。
② 《1844年经济学哲学手稿》,1956年版,第127页。
③ 《1844年经济学哲学手稿》,1956年版,第127页。
④ 《1844年经济学哲学手稿》,1956年版,第128页。

人本主义哲学的影响。

其次,马克思以一般的人类劳动为主体,对异化劳动进行了三种规定。

(1) 劳动者同他的产品相异化——就劳动结果所做的规定。"劳动所生产的对象,劳动的生产品作为一个疏远的存在,作为不依赖于生产者的势力对抗着劳动[者]。"①从劳动这个本质异化出的存在,即劳动产品不属于劳动本身。这就是劳动者与其产品相异化。

(2) 劳动者同他的劳动相异化——就劳动本身所做的异化规定。"劳动对劳动者是外在的即不属于他的本质,因之,他在他的劳动中并不肯定自己,反而否定自己,并不感到幸福,反而感到不幸,并不展开自己的肉体的和精神的劲力,反而使他的肉体受到苦刑并使他的精神濒于荒废,因此劳动者在劳动外才觉得在自己这边,而在劳动里面就觉得在自己外面。"②

(3) 劳动者与他的族类相异化——就劳动者对其族类所做的异化规定。"人的族类存在,把自我和他的精神的族类能力弄成一个对他异己的东西,弄成他的个人生存的手段。异化了的劳动把人自己的身体从人那里异化出来,就如同把他以外的自然、把他的精神本质、把他的人的本质异化出来一样。"③这里说明人的社会现实与人类互爱的关系(如费尔巴哈所说)相异化。人只是为了谋生才需要社会,而不是为了人类的相爱。

马克思借助这三个异化观点得出结论:"劳动者经过异化、外化了的劳动,产生着一个对劳动无缘的、站在劳动以外的人和这劳动的关系。劳动者和劳动的关系产生着资本家即普通的雇佣主和劳动者的关系。所以私有制是外在化了的产品、结果,必然的后果是劳动者和自然以及和自己本身的外在关系。"④

马克思通过异化的规定,揭示了私有制经济的一些矛盾,但关于"究竟人怎么会使他的劳动外在化、异化"这一命题,要到后来他创立的经济学说中才得到解决。这是在19世纪50年代末,而不是在写作《手稿》的40年代。

这三条规定,同样反映出马克思受费尔巴哈的影响。第一条规定劳动者与其产品的异化,是反映了经济现实的,其他两条都是从抽象的人的本质出发,这就使马克思在《手稿》中的"异化"理论,只停留在直观地表述现象矛盾(劳动是一般劳动,非雇佣劳动;劳动者是抽象的,非雇佣劳动者;产品是一般产品,非包含剩余劳动价值的产品)。

---

① 《1844年经济学哲学手稿》,1956年版,第52页。
② 《1844年经济学哲学手稿》,1956年版,第55页。
③ 《1844年经济学哲学手稿》,1956年版,第59页。
④ 《1844年经济学哲学手稿》,1956年版,第69页。

二、异化：前提的转换

1845 年是马克思思想发展史上的一个转折点。它以批判费尔巴哈始，以形成历史唯物主义终。

这年春天写的《关于费尔巴哈的提纲》(简称《提纲》)，是对费尔巴哈，也是对他前期观点的批判。恩格斯称之为："包含着新世界观的天才萌芽的第一个文件。"

（1）《提纲》里说："费尔巴哈是从宗教上的自我异化，从世界被二重化为宗教的、想象的世界和现实的世界这一事实出发的。他致力于把宗教世界归结于它的世俗基础。他没有注意到，在做完这一工作之后，主要的事还没有做啊……对于世俗基础本身首先应当从它的矛盾中去理解，然后用排除这种矛盾的方法在实践中使之革命化。"①

这里说的费尔巴哈的宗教异化问题的直观性，也适用于马克思《手稿》中对劳动异化所做的规定。过去用异化来认识宗教、经济、劳动等范畴，马克思批判了这种直观形式性的方式，提出要从客观现实本身的矛盾中去理解该事物，并将这种认识用于指导实践，促进现实的转化，这就要求将异化建立在对现实事物本身的矛盾分析上。

（2）《提纲》还批判了费尔巴哈人本主义哲学的本质："人的本质并不是单个人所固有的抽象物。在其现实性上，它是一切社会关系的总和。"②虽然费尔巴哈曾将人作为类的概念来理解，这就含有"人与人"的社会关系的认识萌芽，但只有马克思才将人的本质做了具体的规定。即是说，作为异化之主体的，应是人类特定的社会关系。指出异化是现实东西的异化，以及指出人的本质是社会关系的总和，这两点，后来在《德意志意识形态》中做了进一步的阐发。

《德意志意识形态》的"费尔巴哈"一节中提出了两个前提：

（1）《手稿》中被抽象族类化了的"人"，在这里转变成了现实的个人，即"不是处在某种幻想的与世隔绝、离群索居状态的人，而是处在于一定条件下进行的现实的、可以通过经验观察得到的发展过程的人"。③

（2）《手稿》中"抽象的本质"，在这里转换成了"他们的活动和他们的物质生活条件"。④"所以我们首先应当确定一切人类生存的第一个前提也就是一切历史的

---

① 《马克思恩格斯选集》，第 1 卷，人民出版社，1972 年版，第 17 页。
② 《马克思恩格斯选集》，第 1 卷，第 18 页。
③ 《马克思恩格斯选集》，第 1 卷，第 31 页。
④ 《马克思恩格斯选集》，第 1 卷，第 24 页。

第一个前提,这个前提就是:人们为了能够'创造历史',必须能够生活。……因此第一个历史活动就是生产满足这些需要的资料,即生产物质生活本身。"①

在这里,马克思已把一般"劳动"具体化为"人的物质生产活动",生产实践是人类基本的实践活动。"受分工制约的不同个人的共同活动产生了一种社会力量,即扩大了生产力。由于共同活动本身不是自愿的而是自发地形成的,因此这种社会力量在这些个人看来就不是他们自身的联合力量,而是某种异己的、在他们之外的权力。关于这种权力的起源和发展趋向,他们一点也不了解;因而他们就不再能驾驭这种力量,相反地,这种力量现在却经历着一系列独特的、不仅不以人们的意志和行为为转移,反而支配着人们的意志和行为的发展阶段。"②这是马克思对异化的精辟议论。

异化力量本身是由人们的相互作用产生的,但人们在物与物的关系背后看不出人与人的关系,因而这种力量"对他们说来一直是一种异化的统治着他们的力量"。于是人们就只能永远处于"必然王国"。马克思以毕生精力揭示资本主义社会异化,越出哲学范围,分析大量经济材料,他的《资本论》是在 19 世纪 50 年代末完成、60 年代出版的。1845 年这一阶段他还没有完成对经济现实的异化的本质的揭示,但已有了正确的基点。

三、异化:本质的揭示

恩格斯说过:"马克思过去和现在都是唯一能够担当起这样一种工作的人,这就是,从黑格尔逻辑学中把包含黑格尔在这方面的真正发现的内核剥出来,使辩证法摆脱它的唯心主义外壳,并把辩证方法在使其成为唯一正确的思想发展方式的简单形式上建立起来。马克思对于政治经济学的批判,就是以这种方法作基础的。"③

黑格尔《精神现象学》的各种现象、形态、范畴……是从绝对理念、主体、精神……异化出来的,马克思则把立足点改到现实的物质世界上,从资本主义社会的商品、资本、剩余价值等物化的外形中,分析出资本主义社会下的本质关系,从而揭示出资产阶级与无产阶级的对立的人与人的关系。这就把黑格尔的唯心主义异化概念改造为唯物主义辩证法。

---

① 《马克思恩格斯选集》,第 1 卷,第 32 页。
② 《马克思恩格斯选集》,第 1 卷,第 39 页。
③ 《马克思恩格斯选集》,第 2 卷,人民出版社,1972 年版,第 121-122 页。

应当指出,马克思在后期著作(如《资本论》)中使用"异化"一词已经很少,这只说明他通过掌握大量经验材料,运用抽象思维这把解剖刀已经得心应手,在现实矛盾的分析中,已不必求助于异化这一带有神秘色彩的术语。相反,《资本论》通篇都是在研究资本主义社会的异化问题,并达到了对其本质的科学揭示。

《资本论》中的三大异化:
(1) 商品关系中人与人的关系的异化
(2) 货币形态中人与人的关系的异化 　　　　三大拜物教
(3) 资本所表现的资本家与劳动者的关系的异化

劳动的二重性是"理解政治经济学的枢纽"[①]。二重性即具体劳动和抽象劳动,个人劳动和社会劳动,创造使用价值的劳动与创造价值的劳动。

(通过劳动二重性,就揭开物与物关系中人与人的关系这一本质。)

先看商品:

劳动产品一旦变成商品,就具有了神秘的外衣。就不仅具有使用价值,而且有了交换价值;不仅满足个人欲望,而且与他人发生关系,甚至支配他人。其所以能交换,乃因劳动中有抽象劳动,有社会劳动。但劳动者在商品交换时并没意识到是在交换他们的抽象劳动,而是以商品的物的形式进行交换。所以马克思说:"人类劳动的等同性,取得了劳动产品的等同的价值对象性这种物的形式。"[②]"由于生产者只有通过交换他们的劳动产品才发生社会接触,因此,他们的私人劳动的特殊的社会性质也只有在这种交换中才表现出来。"[③]"因此,在生产者面前,他们的私人劳动的社会关系就表现为现在这个样子,即,不是表现为人们在自己劳动中的直接的社会关系,而是表现为人们之间的物的关系和物之间的社会关系。"[④]——通过商品二重性,马克思就解决了人与人的社会关系如何异化为商品关系的问题。

关于货币:

货币是商品交换的结果。在物与物的交换中,以某甲物换取乙物,以乙物的使用价值的形式来表现甲物的价值;反之,以乙物换取甲物,是以甲物的使用价值表现乙物的价值(抽象劳动)的。随着商品交换的发展,必然要求以某一特定商品的具体形态来表现各种(一切)商品的价值,以该特定商品可以换取一切其他商品,这种特定商品(如金、银等)就成为通用于各商品之间的货币。货币比商品更具有神秘性,它所体现的人与人的社会关系的异化,更令人迷惑,但通过马克思的商品二

---

① 《资本论》,第1卷,1975年版,第55页。
② 《资本论》,第1卷,第88页。
③ 《资本论》,第1卷,第89页。
④ 《资本论》,第1卷,第89页。

重性的理论,同样可以倒推出其中所蕴涵的人与人的社会关系,即同样可以看出是人与人的社会关系的进一步异化这一本质。

关于资本:

马克思在谈到资本出现的历史条件时说:"有了商品流通和货币流通,绝不是就具备了资本存在的历史条件,只有当生产资料和生产资料的所有者在市场上找到出卖自己的劳动力的自由工人时,资本才产生。"①

(马克思在分析资本形态所表现的异化的实质时,是严格遵循他在 1845 年所确立的原则,即把作为异化主体的人的相互关系放在特定的社会条件下加以考察。)

在上述历史条件下,货币转化为资本,劳动力变成了商品。劳动力既是商品,所以它有使用价值和价值,其使用价值是为资本家创造剩余价值,其价值是维持其自身的再生产所需要的一般劳动。劳动力的使用中所创造的价值大于其自身价值,这就是劳动力这一商品的特点,即能使价值增值。所以马克思说:"表现为最初行为的等价物交换,已经变得仅仅是表面上的交换。因为第一,用来交换劳动力的那部分资本本身只是以不等价物而占有的别人劳动产品的一部分;第二,这部分资本不仅必须由它的生产者,即工人来补偿,而且在补偿时还要加上新的剩余额……"②

(这就是资本主义剥削的关系,资本是物,但它的物化的形式下体现着剥削的社会关系。这就是资本拜物教的秘密。这是马克思从异化了的形式(现象)下找出来的异化的实质。黑格尔是展出主体的异化形态;马克思是倒过来,从异化了的形态揭示异化的主体。当然不是黑格尔的圆圈所回归的主体——绝对理念,而是现实的、阶级社会下的活生生的人。)

马克思说:"生产资料的集中和劳动的社会化,达到了同它们的资本主义外壳不能相容的地步,这个外壳就要爆炸了,资本主义的丧钟就要敲响了,剥削者就要被剥夺了。"③

马克思在《资本论》中对异化本质的揭示说明:一方面,把马克思后期著作看作是其早期著作的再版的看法是不正确的,因为只是有了正确的方向,还不能代替具体科学领域里的分析研究;另一方面,说马克思早期后期著作没有关联,是割裂开来的看法,也是不正确的。

---

① 《资本论》,第 1 卷,第 93 页。
② 《资本论》,第 1 卷,第 640 页。
③ 《资本论》,第 1 卷,第 831 页。

1984年

费希特

德国古典哲学是法国资产阶级革命在德国的思想反映,由康德创始,到黑格尔而集大成。费希特居于他们之间,从19世纪后期起被大多数哲学史家看成是这段哲学发展中一个过渡现象、微不足道的插曲。[①] 但康德反映的是法国前革命时期的德国进步思想,哲学里还流露着不少德国软弱资产阶级的妥协性。黑格尔在早期著作里表现了鲜明的革命倾向,后来也走向与普鲁士君主制的妥协。唯独费希特代表德国资产阶级最激进的分子,用他富于辩证法的唯心主义哲学体系,反复论证了资产阶级民主自由、人道思想,并以殉道者精神公开抨击封建专制和反动教会,唤醒德意志民族为反抗背叛法国革命理想的拿破仑入侵而奋起决战,他始终是当时德国最杰出的自由战士和思想家。当恩格斯说"我们德国社会主义者却以我们不仅继承了圣西门、

---

① 例如:文德尔班只把他列为康德哲学的追随者之一;罗素说他只是德国民族主义的理论奠基人,在哲学上毫不重要。新近对于这种偏见,东德的布尔(Buhr)、西德的劳特(Lauth)和柏耶尔(Beyer)都发表论著,提出批评。

傅立叶和欧文,而且以继承了康德、费希特与黑格尔而感到骄傲"①的时候,是深刻理解费希特哲学的历史意义的。即使今天,我们马克思主义者仍然有必要充分了解费希特的思想,以经典作家为榜样,批判地继承这一全人类的文化遗产。

一、费希特为自由拼搏斗争的一生

约翰·戈特利布·费希特(Johann Gottlieb Fichte,1762—1814)的一生可分三个阶段:第一阶段是他为穷苦生活挣扎和为民主自由斗争的青少年时期,到31岁,他的哲学思想基本形成;第二阶段他在耶拿大学任教五年,进行了辉煌的学术活动,也同反动派发生了层出不穷的冲突;第三阶段在柏林,继续完成并改写他的哲学体系,而主要是举行公开讲演,进行爱国思想教育,直至他突然病死。

(一)青少年时期至 31 岁

1762 年 5 月 19 日,费希特生于普鲁士上劳西茨(Oberlausitz)的一个乡村拉梅瑙(Rammenau)。父亲是织麻布带子的手工业者,姐妹七八人,他自己居长,家贫,9 岁前为家里牧鹅,协助生计。他的这个平民出身,对他的思想意识影响极其深远。即使到他担任大学教授以后,大部分时间还是和普通人打交道,一半以上的著作是通俗讲演的讲稿。费希特始终穿网口鞋,蓄短头发,保持平民装束,终生以属于平民而自豪。

费希特所受最早的教育是在他家乡的教堂里。他从 8 岁起,每星期听牧师瓦格纳(Wagner)的布道,大家都知道他听后能背诵如流。9 岁那年,济本爱欣(Siebeneichen)地区的男爵米勒提兹(Miltitz)有一次到拉梅瑙访友,顺便也想参加以布道出名的瓦格纳的礼拜,他来迟了,很遗憾。村人告诉他,牧鹅童费希特能给他全部复述。他在友人庄园大厅里听了 9 岁费希特有声有色的"布道",惊叹不已,决定资助费希特上学。于是费希特于 1771 年开始,先后在尼德劳(Niederau)和迈森(Meissen)读书。

1774 年他 12 岁,被转送到波尔塔的贵族学校(Schulpforta)学习。这里是纨绔子弟的乐园,却是费希特的牢笼。他由于出身低贱,备受同学的欺侮凌辱。读了《鲁滨逊漂流记》后,他决心经汉堡逃亡出走,梦想找个自由生活的去处。这次逃学是他对现实社会的第一次反抗,虽是消极的,也显示出他坚强的叛逆性格。不料刚上路不久,就被发现。押回学校后,经校长出面干预,改善了他的处境,这才一直读

---

① 《马克思恩格斯选集》,第 3 卷,人民出版社,1972 年版,第 378 页。

到毕业。在中学期间,对他影响比较深的有两个人:一是对狂飙运动起过作用、为古典时期做了准备的诗人克洛普斯托克(Klopstock),一是莱辛(G. E. Lessing)。莱辛的著作作为贵族学校的禁书,费希特是借来秘密阅读的,其中体现出的对绝对的真与善的信念以及对历史的理解,都在他思想里留下了不灭的痕迹。

1780年秋,费希特入耶拿大学,翌年转学到莱比锡,都是研究神学。这从他童年读书的奇特遭遇来看,是很自然的。但他在整个大学阶段,只是个挂名学生。因为米勒提兹死后,助学金断绝,他不得不在萨克斯附近许多人家为私人补课以资糊口。他事后回忆说:"我在莱比锡居留期间,一无所获,因为我为维持生活必须把自己的全部时间耗费在别的事情上去。"① 个人的失望、家庭的抱怨、社会的歧视,使他走投无路。1788年生日(5月19日)前夕,他决心弃学回家。不料这使他绝处逢生。一到家就接到诗人魏斯(Weisse)的来信,推荐他到瑞士苏黎世(Zürich)一个人家教书。从此他走上了许多德国伟大的思想家当家庭教师的老路。

上大学时费希特哲学观点的形成和发展,至今知道的不多。有的传记作者说他最早是斯宾诺莎主义者,但根据并不是很充分。只是此时他确已表示过深信"一切都有不可避免的必然性"②,具有决定论的倾向。另外,从早期著作中流露的唯灵论情调,可以推断他已读过莱布尼茨的著作,而且决定论也许是他认为该是莱布尼茨的原理的必然归宿。还有,他在《不眠之夜的浮想》一文里谈到的一些改革教育的想法,表明他已经接触过著名教育学家裴斯塔洛齐(Pestalozzi)的思想。③

1788年秋,费希特来到苏黎世的奥特(Ott)家,教一个10岁男孩和一个7岁女孩。上任不久,他发现在孩子教育问题上同主人有矛盾,而且深感责任重大,就决定连同孩子的父母也拉进他的教育圈子。费希特每天一边教孩子,一边观察记录他认为父母在教育其子女时所犯的错误,写成《错误教育目睹记》,每周拿出来交请主人看了照着改正。这等于主人每周要受家庭教师一次教训,但费希特始终受到敬重。所以在一年半后他提出辞职时,主人虽没强留,却诚恳地要求和他保持联系。他同意了,并且长期和这家人通信。

在苏黎世,费希特结识了好多朋友,其中重要的一个是狂飙运动宗教方面的代表人物拉法特(J. K. Lavater)。也就是通过他,费希特认识了他早年景仰的诗人克劳普斯托克的一家亲戚拉恩(Rahn),并和这家的女儿玛丽娅相爱以至订婚。据他自己说,玛丽娅没有任何外表的美,也没有光辉的精神教养,但费希特深切了解和

---

① 见1781年费希特的信。
② 见1785年1月28日致友人函。
③ 《裴斯塔洛齐全集》德文版第17卷第311页上说过"让国王人头落地吧,只要这样流出的国王的鲜血能使人民注意人权"。费希特后来在柏林发表的《对德意志国民讲演》里充分发展了裴斯塔洛齐的教育思想。

赞赏她的为人。① 果然日后玛丽娅对他的事业帮助很大。

1790年费希特离开苏黎世，重返莱比锡。这回，他是雄心勃勃并很想有一番作为的。可是，首先，他给当局的上书没有下文；然后，想创办修辞学校又没办起来；而打算当作家也只留下一批写了没发表的小说遗稿。他在致友人信里说："一无所成。那么多的肥皂泡，竟连一点泡沫子也没给我留下。"②不得已，费希特重操旧业，给一个大学生补习哲学课程。这是费希特一生中，特别在哲学上，最重大的转折点——他开始研究康德哲学。几个月后他函告其未婚妻说："我已通过某种纯属偶然的动因而完全投身于康德哲学的研究。这种哲学制约了我身上异常活跃的想象力，使理智取得压倒的重量，我的整个精神得到无法形容的提高。"③在另外的信里他说："自从我读了《实践理性批判》，我已生活在一个全新的世界里。"④不过费希特接受的不仅是康德的道德学说，而且是批判的哲学方法。1791年春，他给友人(Achelis)信里说："这种哲学，特别是它的道德部分(但这部分如不先读《纯粹理性批判》是不可能弄懂的)，其对一个人的思维方法的影响，是不可想象的。"这对费希特创立知识学体系有决定性的影响。

费希特本打算花几年时间把康德哲学通俗化，使之深入影响一般平民的实际生活，并决定这年底首先写成一篇阐明"判断力批判"的文章，准备次年复活节发表。后来因家庭发生变更，临时改变计划，1791年4月他赴华沙担任普拉台(Plater)公爵夫人的家庭教师。女主人态度高傲，费希特不能与之相处，他于6月底离开华沙，转往柯尼斯堡(Königsberg)，专诚拜谒使他精神得到新生的当代伟人。

7月4日，费希特初次见到康德。本来，康德在《实践理性批判》里已经表示了信仰的必要，并且指出认识以启示为基础的宗教本质的新道路，但他自己到此时还没有进行探讨，哲学界都在期待着他的宗教学说的发表。费希特自信已经彻底掌握了康德的思想，并且有力量独立地在这个领域里向前推进。于是，他以仅有的一点余钱，留住在柯尼斯堡，匆匆写成《对一切启示的批判》一文，于8月18日送请康德审阅。康德发现文章表述的正是他自己的想法，而文笔之流畅又是他自己所缺少的，非常满意，因而高兴地把他的两位挚友介绍与费希特相识。一位就是最早对康德批判哲学发表评论的人舒尔茨(Schultz)，另一位是第一部康德传记的作者博罗夫斯基(Borowski)。由于费希特此时生活已陷于困境，于是康德建议，由博罗夫

---

① 见于费希特1791年3月5日致弟函。
② 见于致苏黎世友人阿舍里斯函。
③ 1790年9月5日信。
④ 致老同学魏斯宏(Weisshuhn)的信，转见《费希特生平》，第1卷，第107页。

斯基把这篇《对一切启示的批判》介绍给哈同(Hartung)出版社出版,另由舒尔茨推荐他到但泽附近的克罗科夫(Chrokow)的公爵夫人那里当家庭教师。费希特于同年9月26日离开柯尼斯堡去但泽就职。

1792年4月初,《对一切启示的批判》出版。出于偶然的原因,书上漏印了作者的姓名[①]。又由于书的内容显然是康德的观点,这就使期待康德发表宗教哲学的读者,特别是在耶拿,有理由信以为书的作者就是康德本人,不署名是故意的。耶拿的《文汇报》甚至以肯定无疑的口吻写道:"只要读过柯尼斯堡的哲学家为人类做出不朽贡献的哪怕最小的作品的任何人,都会立即认出那篇论著的高贵作者。"不得已,康德于7月3日在《文汇报》上发表更正声明:"《对一切启示的批判》的真正作者是神学候补生费希特。"作者问题虽已澄清,但这本书继续成为哲学界讨论的对象。这第一本著作使费希特声名大振。

1793年,欧洲政治进入高度的对立。法国正由罗伯斯庇尔推行恐怖统治。普鲁士是沃尔纳(Wollner)当政,而德国资产阶级对1789年革命理想激起的同情高潮,普遍退落,开始转入相反的方向。就在此时,费希特为结婚而第二次来到苏黎世。他写了第一批政治文章,其中《纠正公众对法国革命的评断》可以说是德国哲学家对法国革命最直接最激进的一篇评价。随后,他又写了《向欧洲君主们索回至今被压制的思想自由》,从自由概念中推论现存国家的改造的合法性。在这里,他以雄辩的言辞,阐述了康德以哲学体系、席勒以诗的形式所表达的世界公民的自由概念。但是应该注意的是,也就是在此同时,费希特自己的哲学体系已经蕴酿成熟。1793年年底到1794年年初,他第一次在苏黎世对志愿听众做了"知识学"的公开讲演。1794年4月25日拉法特听后给他写信说:体系完整,论述明晰,费希特是他所认识的最精辟的思想家。显然,费希特已成为当时最重要的康德主义者。

(二) 在耶拿大学时期

费希特1794年复活节到耶拿大学,接任莱茵霍德(Reinhold)遗留下的康德哲学讲座,这使他结束了多年的浪迹生活,开始了一段光辉的学术岁月。开始时的环境是极其顺利的:大学生欢欣鼓舞地期待着他来;魏玛政府里有上自奥古斯特(K. August)公爵,下至部长大臣歌德(Goethe)和沃格特(Vogt)的大力支持;大学里有各科重要教授的热烈欢迎。费希特的就职演说《论知识学或所谓哲学的概念》博得了普遍赞赏。

费希特把自己的学术活动分成两部分:课内的正式教学和课外的公开演讲。

[①] 据舒恩(Schon)考据,漏印作者姓名,并非出于偶然,而是出版社的商业考虑。

在哲学课堂上,他正式讲授"全部知识学基础"课,取得极大的成功。莱茵霍德的最得意门生福伯格(Forberg)在日记中说:"莱茵霍德走后,他的哲学,至少在我们中间,跟着死去了。'未名哲学'在学生头脑里已消失得一干二净。对莱茵霍德的倾慕,从来没有达到景仰费希特这样程度。"施莱芬(Schleffen)回忆说:"费希特的讲演,精辟、确切、清晰,我完全被他的主题抓住了,我必须承认,我从没听过类似的讲演。"①

费希特在耶拿大学任教总共5年,而他哲学体系基本方面的主要著作,如《全部知识学基础》(1794年)、《略论知识学特征》(1795年)、《知识学原理下的自然法基础》(1796年)、《知识学原理下的道德学体系》(1798年),都是这时完成的。另外,他还写了《闭关的商业国家》的一部分。从1795年起,费希特还同尼塔迈尔合办了《哲学杂志》,这对当时的思想界的影响是巨大的。费希特的前任莱茵霍德后来也竟成了知识学的追随者;谢林则是以费希特信徒的身份开始他的学术生涯的;施莱格尔(F. Schlegel)把知识学评论为他那个世纪最伟大的成就之一,比之以法国大革命和歌德的《威廉·麦斯特》。

但费希特并不以此为满足,课外另给青年学生做通俗讲演。"论学者的使命"就是他第一学期正课以外讲的。这种每周一次的晚间公开讲演,轰动了整个大学上上下下,当初席勒(Schiller)开课时出现过的情景,费希特又重复经历了,大学里最大的讲堂容纳不下听众,走廊里、院子里、窗台上、桌椅上,到处挤满了人。在这一点上,费希特性格里完全相反的两种因素显现出来了:他一方面热爱抽象的哲学思辨,另一方面又急切希望直接对社会产生实际影响。影响确实极大,麻烦却也随之而来。不久,敌视费希特民主自由思想的反动派,就从这里打开缺口,对他进行种种陷害。费希特先后经历了三场严重的冲突,终于被赶出耶拿。

第一场冲突就是起因于安排在星期日的这种课外讲演。费希特实际上把课外公开讲演看得比课堂哲学课更重要,认为这有助于直接改变校风,改善道德习尚,属于他的职业义务。由于原来的讲演时间和别人的正课时间抵触,他就选了星期天的一个小时,起初在上午九至十时,后来又改为十至十一时,尽量同教会主持的祈祷仪式错开。为了慎重,他事先还曾请示过大学当局,答复说:"并无星期日不得讲课的规定","既然允许星期日上演喜剧,怎么会不准做道德讲演呢"。可是,费希特的讲演刚一开始,早就对他的《对一切启示的批判》有异议的宗教裁判所,就向魏玛当局提出控告,说他故意捣乱礼拜,干扰宗教体制。上级也同意这是"公开反对国家礼拜的一个蓄意的步骤",判由耶拿大学勒令其停讲。费希特认为这是大学

---

① 参见 J. H. Fichte:《费希特生平与书信集》,第1卷,第216-233页。

事先批准的,对判决不服,写信给学校当局申辩,其中说到,巴彻(Batsch)教授不是还在每星期日都举行物理学讨论会吗。校委会里多数人同意费希特的申辩,最后公爵下达旨谕说:"讲演有益于教化,指责毫无根据,应毋庸议。"费希特胜诉,于1795年2月3日重新开讲,再把时间改于每星期日下午三至四点。因为礼拜绝不会在下午举行,借以彻底消除反动派的借口。

第二场冲突发生在他同大学生会之间。当时耶拿的大学生会是由三个秘密学生团体结合而成,在大学生中间抱成一团,自成体系,目无别人,为所欲为,而美其名曰这就是学术自由。大家都装作若无其事,谁都不愿意捅这个马蜂窝。费希特是第一个对此表示不满的教授。他在公开讲演里反复地阐述什么是真正学术自由,希望有朝一日他们会有所醒悟。果然,后来大学生会三派的代表一起来见费希特,表示愿意解散团体,并请费希特主持他们的悔过宣誓。费希特认为自己不应该是这个宣誓的主持人,答应在大学生会与学校当局之间进行调解,要他们去见校长。学生怕受处分,不愿意去。费希特就自己去同他的好友卸任校长私下商量,不料转辗相传,事闻于公爵,公爵下令正式成立一个专门委员会来调查处理这件事。这样一来,反动派就乘隙挑拨离间,说费希特从中两面三刀,并煽动一个团体于1795年年初抄了他的家,羞辱了他的夫人,还扬言要捣乱他的讲演,进行夜袭以危及他的生命。为了他的安全,公爵特准费希特离校暂时避开。他移往奥斯曼施泰特(Osmannstedt)村庄期间,写了《略论知识学的特征》和《自然法》的第一部分。直至夏季事态平息,他才回校。在这次冲突中费希特表面受了挫折,但多数学生支持他,另自成立了"自由人协会"。学校风气从此逐渐改善,真正的学术自由逐渐建立起来,对整个德国严肃的科学研究起了很大促进作用。

第三场冲突最严重,涉及面很广,终于导致他离开耶拿。这就是所谓"无神论事件",本质上也还是捍卫学术自由的问题。

1798年福伯格向费希特主编的《哲学杂志》投稿,寄去一篇《宗教概念的发展》文章,认为:康德从道德和实践上确立了宗教的基础,把宗教理解为一种理性信仰;其实,宗教是实践的,由善良行为所构成,根本不需要什么信仰,信仰上帝,既不能通过经验,也不能通过思辨来论证;因此信仰这一概念,归根到底,只是语言游戏。费希特发现这是一种"怀疑主义无神论",并不认同。他不愿压制不同观点拒绝发表,而要加编者按语,但作者又不同意。他就自己另写了一篇文章《论我们信仰上帝统治世界的根据》,于1798年杂志第一期上同时发表。他表示,宗教固然构成于道德行为(这是同福伯格一致之点),但道德行为和对于超验的道德世界秩序的原始信仰是同一回事,而道德世界秩序和上帝又是同一回事,所以宗教就是信仰。但费希特的敌人不仅不愿看见福伯格的怀疑主义无神论和费希特在此表示出的泛神论思想区别,反而阴谋策划,开始了一系列诽谤中伤的步骤。

第一步,匿名散发一篇叫作《一个父亲就费希特和福伯格的无神论写给儿子的信》,控诉费希特以无神论毒害其子女。这封信没有出版处,著者只署名一个字母"G",散发地点故意选的是当时著名神学家迦布勒(Gable)居住的地方,用这些蛛丝马迹使读者猜想文章是迦布勒写的,利用迦布勒的声望,加重打击分量。迦布勒识破这个阴谋,亲自在报上辟谣并谴责这种行为可耻。因而此计未能得逞。于是第二步,促使萨克斯政府出面,提出法律控告。第三步,在德雷斯登所有报纸上刊登新闻,把事情公之于众。费希特迫不得已写了两篇申辩:一篇叫《费希特的呼吁》,另一篇叫《对无神论控告的法律答辩书》。他在《费希特的呼吁》里说:反对者把上帝想象为命运的主宰、幸福的施主,想从它那里得到福利,归根结底,他们心里想的不是上帝,而是他们自己……我们的哲学不承认暂时的无常的东西的实在性,是为了使永恒的东西的实在性取得完全的尊严,其目的和基督教是一致的。反对我们的人把基督教义改变成为一种令人发指的幸福学说,所以他们才是真正的无神论者。费希特的这些辩驳,无助于消除敌意,法院要传讯他,当局考虑要撤他的职。事情发展得这么奇特是很明显的,名义上控告无神论,实质上是反对民主自由思想。费希特认为撤职是对学术自由的公开压制,还不如自请辞职,可这一辞职,事情就更加复杂了。资产阶级进步思想家、原先赞同聘请费希特的魏玛政府大台柱歌德,态度大变,认为这是对政府的要挟,说"如果我儿子竟敢这样对一个政府说话,我也要投反对票"。这里反映的是当时德国资产阶级思想家普遍的软弱性。魏玛政府原曾想用警告杂志主编的方式,以安抚萨克斯政府,息事宁人,于今按歌德的建议,于1799年3月29日决定撤了费希特的教授职务。

费希特的解职是耶拿大学的重大损失,更是对学术自由的重大打击。学生曾两次联名写信给当局,请求挽留,都没有结果。但歌德后来在致施罗塞(Schlorser)的信[①]里承认:"我很遗憾,我们不得不失去费希特。……他是人们见过的最有才干的人物之一。"但"他竟敢在他的《哲学杂志》上,使用与圣礼上通用语言相矛盾的话来谈论上帝和神灵!""(学校里)一种隐隐的不快笼罩着一切人的心头,大家都在悄悄地向外张罗,终于胡夫兰(Hufeland)到英戈尔施塔特(Ingolstadt),保罗和谢林到维尔茨堡(Würzburg)去了。"他没说的还有,尼塔迈尔(Niethammer)、沃尔特曼(Woltmann)和伊尔根(Ilgen)也都走了。

---

① 《歌德著作集》魏玛版,第30卷,第117页。

（三）在柏林和战争年代

1. 初到柏林

费希特被解职后，原想迁居鲁多夫施塔特（Rudorfstadt），因为那里的男爵很尊重他，但此时受魏玛方面的压力不敢接纳。正在此时，普鲁士的大臣道姆（Dohm）路过耶拿，造访费希特，告诉他，普鲁士方面都认为耶拿对他的处理不当，如他去柏林，可能问题不大。于是 1799 年 7 月 30 日他乔装旅游，只身来到柏林。

当天，柏林政府就知道了。对是否准他居留，不敢决定，就呈报普鲁士国王。据费希特给夫人的信①中说：国王讲"如果费希特是个循规蹈矩的公民，不搞什么危险勾当，可以准许他安心在我的国家定居。如果他真同可爱的上帝作对，可爱的上帝自会对付他，我不管这个事"。于是，费希特又找到了一个新的安身之处。

但喘息未定，8 月 7 日耶拿《文汇报》（Allgemeine Literatur-zeitung）上发表了康德一篇批评费希特的声明，说费希特的"纯粹的知识学，不多也不少，恰恰就是纯粹的逻辑。而纯粹逻辑是从不妄想涉及知识的实质的，总把知识内容抽掉。要从逻辑中提炼出实在的客体，那是徒劳的，而且也从来没有谁妄作此想"。又说："在此我必须提醒，有人擅自以为我的意图只在搞出一个先验哲学的初步准备，而不是纯粹理性的哲学体系本身，我实在是不可理解。"②这显然与康德自己说过的话相矛盾。费希特没做公开答复，只给谢林写了一封很有节制的私人信，其中对康德仍然称为"可尊敬的人"，没有一句怨言，只做了几处澄清。结语表示，坚信一切哲学体系的历史制约性，但愿他自己和朋友们永远不忘记这个信念。③ 这时候谢林是支持费希特的。

在柏林，他的头一件工作是写《人的使命》，其中第三部分谈信仰问题，显然在申述他在无神论案件中所持的观点。接着把《闭关的商业国家》写完，这本书是他的资产阶级"理想国"。

然后，他不断地重讲和改写知识学。

1801 年 5 月 3 日致谢林的信里说："知识学尚未完成，因为最高的综合，诸精

---

① 1799 年 10 月 10 日信。
② 据梅迪库斯（Medikus）考证，1798 年 4 月 5 日康德致 Tieftrunk 的信中说，知识学他只通过读别人的书评知道一点，而且此后很长时间他没能并且不曾设法研究过知识学。因此认为，那个声明是别人代拟的，而康德出于某种原因同意了的。
康德在《纯粹理性批判》里说："纯粹理性的哲学，或者是根据一切先天纯粹知识来分析理性能力的一种初级准备，这就是批判，或者是纯粹理性的体系，这就叫作形而上学。"——德文版第 869 页。
③ 《费希特生平和书信集》，第 2 卷，第 163 页。

神世界的综合,还没有搞。当初我准备进行这项综合时,人们正大喊我无神论。"[1]

从 1802 年起,费希特长时间没发表著作。这是因为他痛感当时世风不正,没有人认真读书,与其当著作家,不如当演讲家,更能用具体生动的方式阐述思想,激发人心。这时,演讲可以说已成为他精神生活的组成部分,讲演确实也是他直接发挥作用的有力手段。在柏林,听众不限于青年,更多的是很有社会地位的人,有知名学者、政府官员,甚至还有当权的政治家。当 1804 年冬季他讲"现时代的根本特点"时,除施勒特(Schrötter)、拜姆(Beyme)和阿尔滕斯坦(Altenstein)这样一些学者和要人外,还有后来搞起"神圣同盟"的那个奥地利帝国总理、当时的驻柏林大使梅特涅(Metternich),也曾是从不缺席的听众。

2. 动乱的岁月

1804 年,俄国的哈尔科夫(Charkow)大学和巴伐利亚(Bayern)的兰茨胡特(Landshut)大学请他任教,他都未就。1805 年 4 月初,应聘去普鲁士的埃朗根(Erlangen)大学担任教授,说定夏季在埃朗根授课,冬季仍回柏林专做公开讲演。在埃朗根的哲学课内,费希特讲的是一般导论性的哲学全书,课外讲了《论学者的本质》,后来讲完《至乐生活指南》时,1806 年普法战争已迫在眉睫。

这年 7 月,在德国土地上成立了由拿破仑扶植的莱茵联盟,德意志帝国被肢解。唯一的希望就在普鲁士建立北方联盟,成为德国抗击拿破仑的最后堡垒。对这场战争的重要,费希特说过:"通过它,问题会得到决定。要么是,人类自开始以来为了道德、艺术、科学和信仰而经过无数牺牲所取得的那些东西,将维护下来,并按人类发展规律继续成长;要么是,诗人所咏吟的、哲人所思虑的、英雄所建立的东西,统统沉沦于一种根本不自知其想要什么、只知道肆无忌惮为所欲为的专横意志的无底深渊中。"[2]但不幸的是,从 1806 年 10 月 14 日耶拿战役到 1807 年 6 月 1 日菲德兰(Friedland)战役的短短几个月里,普军节节败退,溃不成军。1807 年 10 月 27 日,拿破仑以征服者的姿态踏进柏林。

战争一开始费希特就申请作为随军讲演员参战,国王委婉拒绝,说他的雄辩才能也许胜利后会用得着。他此时拟就的对战士的演讲词里的自我介绍说,完成当前这个任务,他不愿用语言更愿用行动。"但是现在,既然他只能演讲,愿他的讲演就是利剑和闪电。在这些讲演过程中,他将尽他所能以最大清晰和郑重,来讲出会在敌人法庭上被判处死刑的那些真理,但他绝不因此而怯懦地躲避,相反,他当着

---

[1] 《费希特生平和书信集》,第 2 卷,第 342 页。
[2] 《费希特全集》第 3 部,第 2 卷,第 10 页。

诸位面前发誓,或者同祖国一起自由地活着,或者随同它的灭亡也一起死去。"①费希特的申请未得到批准,于是10月中旬他离开柏林,转往柯尼斯堡,在那里任临时教授。课余,帮助施勒特创办《威斯塔》(Vesta)杂志,宣传爱国主义。同时继续研究裴斯塔洛齐,认为他所提倡的教育体制中,有医治人类病态的良药。

柯尼斯堡于1807年6月13日被法军占领。此前三天,费希特才转往丹麦,到达哥本哈根那一天,正是普法媾和。费希特原想等待敌人撤出柏林才回去,但和约规定法军一直驻到战费赔偿付清时为止,遥遥无期。于是8月底费希特重返柏林。

3. 自由战争与费希特之死

费希特回到柏林,认为他在《现时代的根本特点》里所说的"罪孽完成"和"公正开始"的时刻已经到来。国家的败落使每个没有丧尽天良的人觉醒了。德国民族曾因道德堕落而沉沦,现在会靠自己的内在力量而复兴的,这是一派生机。他的具体行动有两个:一是发表公开演讲,一是筹建柏林大学。

从1807年12月13日起至1808年3月20日,费希特每星期日晚间在柏林科学院发表"对德意志国民的讲演",连续14次。当时柏林的法国占领军曾为散发一份微不足道的爱国传单而枪杀一个书商。费希特是知道他的危险的,他在日记里写道:我所追求的是全体国民的振作奋发,个人安危早已置之度外。假如我因演讲而死,则我的家庭,我的儿子得有一个为国殉难的父亲,应亦无上光荣。也许正是由于他这种视死如归、无所畏惧的精神,在占领军的刺刀底下发表爱国主义讲演,他竟安然无恙。这件事,历史做了双重的嘲弄。一方面,费希特作为从1807年开始筹建到1810年正式成立的柏林大学的第一任当选校长,于1812年2月因教学计划与当局意见不合呈请辞职时,教育大臣舒克曼(Schuckmann)的签注意见是:费希特因发表"对德意志国民的讲演",在法国当局心目中早是臭名昭著的坏人,应予批准。另一方面,此后不到一年,深受费希特演讲激励的国民,就开始了抗击拿破仑的德意志解放战争。

1813年夏爆发了德意志解放战争,费希特在同年4月曾像1806年战争时一样请缨参战,又没获准。这次费希特无法在战场上做的事,却以教授的身份在课堂上做了。战争爆发前不久,他做了"论真正战争的概念"的讲演,大声疾呼:"哪里普遍的自由和每个个别的自由受到威胁,哪里就有真正的战争。……因此每一个人都要亲自参加,而不是由别人代替……这是生与死的搏斗。"②

---

① 《费希特全集》第3部,第2卷,第509页。
② 《费希特全集》第2部,第2卷,412页。

格罗斯贝伦(Grossbeeren)战役,大败法军,保卫了柏林,但挤满全城的伤病战士中流行起恶性时疫。费希特夫人满怀着与费希特一样的热情,奋不顾身地参加了伤员护理工作。1814年1月13日,她不幸感染上了恶性发烧,随后又传染给费希特。在费希特昏迷的间隙中,听说布吕歇尔(Blücher)大军已渡过莱茵河,北方盟军已突入敌方国土,他最后一次感到自由胜利的喜悦。费希特于1814年1月27日逝世,时年52岁。

二、费希特思辨的哲学体系——知识学

(一) 知识学以自我为出发点

费希特把自己的哲学叫作"知识学"(Wissenschaftslehre)。这个名称明显地表现出他的哲学来源——康德哲学。康德认为各种事实都已分配给各种科学去研究,唯独各科学的知识本身有待哲学去说明,康德就是以认识论作为哲学的中心问题。不过费希特更进了一步,不仅以认识论为哲学的中心问题,而且将认识论当作哲学本身。费希特认为说明知识的哲学不外乎两种立场:一种是从认识客体解释知识主体,以外物说明意识,这叫独断论,实际上就是指唯物论;一种是从知识主体解释认识客体,以意识说明外物,这叫唯心论。折中主义的中间路线是没有的。从马克思主义观点来看,费希特倒是看到了哲学的两条对立的根本路线。但费希特不懂得意识是高度组织起来的物质的属性,认为独断论没有可能从外物的存在推论出意识及其各种表象,因而唯一可能的立场只有唯心论,因为意识毕竟是我们最切近的东西,具有最大的确定性。于是费希特就采取唯心论的立场,他的知识学就是他的唯心论的哲学。

知识学并不研究个别知识的正误之类的问题,那是科学的任务;知识学探讨的是知识一般的发生。费希特要弄清知识是怎么发生的,知识成立须有什么先决条件,知识有哪些基本要素,它们是怎么来的,它们彼此之间有些什么关联,等等。在这方面康德的批判哲学做过重要工作,费希特认为康德从我们的知识经验中分析出一大批知识得以成立的先验要素是他的功绩。但康德做得还不够,至少还有两个缺点:一是他还得借助他自己也承认其为不可知的外物、物自体;一是这些先验要素是从经验中分析出来的,不可能尽举无遗,而且它们都是孤立的。康德没想到挖掘它们之间的必然关联,因而不找出其间必然联系,就永远不能科学地把它们统统分析出来,知识的问题也就永远不能彻底解决。因此,费希特认为必须从它们之间的必然联系上通过逻辑演绎的方法一步一步把它们都推导出来,包括所谓物

自体在内,才能解决问题,而这就必须构成一个逻辑严密的哲学体系。他认为他的知识学就是这样一个足以说明一切知识之基础的演绎体系。①

一个严密体系要求有一个最高的、最明确无误的、可以凭其独特的性质逐步推演前进的出发点,这是不言而喻的。费希特在耶拿大学的前任、当时最重要的康德派哲学家莱茵霍德,早就做过这方面的努力,由于找不到这样一个最高原理,他的"未名哲学"失败了。因此,费希特给自己制定的首要哲学任务就是发现这样一个统一的体系出发点。康德自己在《纯粹理性批判》里提到过具有统摄感性和知性作用的统觉(Apperzeption),在《实践理性批判》里又有一个表现于道德行为中的自由意志,它们是各不相干的,但费希特显然从中受到了启发,终于自认为为知识找到了出发点。② 这就是自我。

费希特赋予"自我"以这样的含义:首先,自我不是个别人的经验意识,而是纯粹的自我意识一般,是先于个别经验而为个别经验之得以成立的前提条件。其次,这个有时也叫绝对自我、纯粹自我、无限自我的普遍自我意识,并不是现成存在着的意识事实。因为现成事实总是有规定的,总受别的东西所规定,而如果它是受他物规定的,则那些起规定作用的他物就比它更高、更原始,它就不符合要求,不能充当最初的起点。还有,它既然不是可为他物规定的意识事实,就必定是凭自己本身而存在的,这就是说,它必须自己把自己设定起来,而这就意味着它本身是一种行动。他将这个纯粹的意识活动命名为本原行动(Thathandlung)。

我们通常会把行动设想为某种存在的活动,总是先思维事实、存在,然后思维该事实、存在的活动或作用。费希特的自我学说恰恰与常识相反,把存在与活动的关系完全颠倒过来,使之头脚倒置。自我不是以存在为依据,反而是存在的生产者。他说:"因为自我的自身设定,是自我的纯粹活动——自我设定自己本身,而凭着这种纯粹的自身设定,自我才存在。"③这样的自我纯粹活动既然是在一切事实、存在之先的,最原始的,因而当它活动着的时候,还没有我们人的经验,它是先验的东西,是无意识的意识,所以费希特说它"没写下病案"。因此它如何行动以建立自己本身从而成为一切知识的基础,我们在日常经验里并不知道,要靠我们通过对知识的思辨分析才能了解。知识学就是从事这项工作的,所以就真实意义上说,它是一部意识发生史。

---

① 知识是体系这一思想,黑格尔在《精神现象学》里做了发挥,并赞许是他超出康德的重大功绩。
② 费希特于1793年冬在一封信里说:"我一生经历中最感幸运的事情是⋯⋯⋯我已发现一个新基础,从此出发,全部哲学就很容易推导出来。"舒尔茨(H. Schulz):《费希特通信集》,第1卷,第318页。
③ 《费希特全集》,第1卷,第94页。

（二）以自我的本原行动作为知识学的基本原理

费希特分析自我，以最初的三个行动步骤作为知识学的三条基本原理。

第一步，自我设定自己本身。这个本原行动是一切知识的首要基础，可以从最简单的知识亦即"A＝A"这个同一命题入手分析出来。A＝A 是任何能做判断的人都无条件地承认其为明确无疑的。不过，当我们做"A＝A"的判断时，实际上有没有 A 我们是不管的，我们只是判定"如果有 A，那 A 就是 A"。"A＝A"的有效性不在于 A 是什么，而在于"如果"与"那就"之间的必然关联上。这个关联，首先，即在自我之中并且是由自我无条件地设定的，因为 A 是在自我之中，而依据这个关联对 A 进行判断的是我。然后，它所表示的是在自我之中有某种东西是永远自身同一的。费希特认为这个永远自身同一的东西归根结底是自我本身：我曾假定主词 A 的存在，我又对宾词 A 进行判断，在宾词位子上的我必然自发地重新直观在主词位子上的我，而在我自己的直观之下，我就是同一个我。因此他认为"A＝A"所依据的明确无疑的关联就是"我是我"并不是"A＝A"的一个实例。它们的不同处在于，"A＝A"只在主词被设定的特定条件下才能成立，而"我是我"无需这样的条件，是无条件的，因而"我是我"无需这样还可进一步表述为"我是"，亦即有我。于是他认为自我在进行一切设定之前，头一个不自觉的行动就是自我设定自己本身。自我设定自己，是因为它存在着；反过来，它存在着，是因为它设定自己。这里出现的是实在性范畴，它是一切肯定判断的基础，因而是知识学的第一绝对无条件的基本原理。

第二步，自我设定非我。费希特认为设定非我也是自我的一个无条件的自发行动，它表现在日常知识里是"－A≠A"这样的矛盾命题。有人也许以为"－A≠A"可以表述为"－A＝－A"，而"－A＝－A"也就是"A＝A"，只不过用－A 替换了 A，所以可从"A＝A"这一判断行动里推演出来，算不得另外一条基本原理。但他认为等于表示的是同一，而不等于表示的是差异，所以设定非我的行动与设定自我本身的行动性质截然不同，也是无条件设定的。但就所设定的内容来说，－A 以 A 为条件，没有前者就没有后者可言，所以他认为这第二步行动是形式上无条件而内容上有条件的。否定性范畴就是由自我无条件地设定非我这里来的，一切否定判断都以此为基础。

第三步是"自我在自身中设定一个可分割的非我与一个可分割的自我相对立"。费希特认为自我这第三步行动与前两步行动有本质的不同，前两步行动都是形式上无条件的，而它在形式上已是有条件的。这是因为，第一步行动设定了自我，第二步行动设定了非我，于是在同一个绝对自我中设定起来的既是自我又是非我,是自我就不可能是非我,是非我就不可能是自我。这是矛盾,为了解决矛盾,自我就不得不采取第三步行动以保证普遍的自我意识的统一。一方面,这第三步行动既然是为了解决前两步行动造成的矛盾,它就是前两步行动所决定了的,就不是自发的,因此它在形式上是有条件的。另一方面,自我这第三步行动虽然是为了解决矛盾而采取的行动,但如何解决这个矛盾却不能从两步先行活动中推导出来,必须无条件地听从自己的理性命令,所以这一行动虽然从形式上说是有条件的,从内容上说反而是无条件的。理性指出的唯一可行的办法是将设定起来的自我与非我都加以限制,这样,自我就产生了限制性范畴。限制意味着可以分割。自我成了可分割的、有限的自我,非我成了可分割的、有限的非我,两者于是可以同在一个绝对无限的自我之内对立地同时并存。费希特认为这条基本原理反映在逻辑里就是根据命题。康德批判里"先验综合判断是如何可能的"这个主要问题在这里得到了答案。

可以注意的是,知识学的上述三条基本原理,一方面是自我的三步本原行动的概述,另一方面也显示着费希特建立他的哲学的方法。他曾表示知识学从它自身中吸取它的方法,意思就是指基本原理中显示出来的方法。他认为:第一条自我设定自己的同一命题,是一个正题;第二条自我设定非我的矛盾命题,是一个反题;第三条自我设定可分割的非我与可分割的自我相对立,这一根据命题是一个合题。"正如没有合题就不可能有反题或没有反题就不可能有合题那样,没有正题就不可能有反题和合题。"三条基本原理从正题开始,经过反题,再到合题,是一个发展进程。合题是对正题与反题构成的矛盾的解决。全部知识学就是按正、反、合的步骤找出自我及其必然行动中所含的矛盾,逐步予以解决。旧的矛盾解决了,又生新矛盾,又作新解决,这样不断发展前进。毫无疑问,正反合进程,含有一定的辩证思想因素,并为后来黑格尔建立自己的概念辩证法时所吸收和发展。不过,我们从知识学基本原理中即能看出,这完全是"形而上学改装了的、脱离自然的精神"的唯心主义辩证法。

(三) 理论自我与世界的产生

知识学根据第三基本原理发展前进。第三基本原理表示,自我设定一个可分割的非我与一个可分割的自我互相对立、互相规定。这里自然包含两种情况:一、自我设定自己是规定非我的;二、自我设定自己是被非我规定的,或者说,自我设定非我是规定自我的。前者是自我规定非我,规定非我的自我,费希特称之为实践自我;后者是自我被非我规定,被非我规定的自我,费希特称之为理论自我。讨论实践自我的活动的,他称之为实践知识学,我们认为,这一部分是他的人生观;讨论理论自我的活动的,他称之为理念知识学,实际上这是他的世界观。当然这两部分根本上是同一回事,只不过侧重点各有不同。

费希特认为理论自我本身包含的矛盾在于它受非我所规定。非我是自我的对立面,既然自我是活动,非我就应该是受动的。怎么非我成了活动,自我反是受动的呢?费希特认为这涉及世界是怎么回事的问题。解决这个矛盾,历史上有过各种观点。主要的有:一种主张非我是实体,本身具有原始的活动性,所以非我能规定自我。世界是第一性的。例如:斯宾诺莎的独断实在论。另一种主张自我是原因,自我的受动只是出于自我本身无根据的活动,我们人是第一性的。例如:贝克莱的独断的唯心论。这两种观点,在费希特看来,本身都有不可解决的矛盾。前者违反自我的活动,后者同非我没有关系。要解决理论自我的矛盾,需要弄清理论自我作为活动的独特性质。

费希特认为,自我按其本性是全部的活动,至于非我的活动,只是由自我让渡给它的。在多大程度上自我把自己的活动让渡给非我,就在多大程度上非我是活动的,自我是受动的。非我的活动是它接受活动转让的结果,自我的受动是由于它的活动的外化。自我受非我活动所规定,实际上是间接地受自己活动所规定。这样,自我的活动总量不变,所以是绝对的无限的活动;而当它将部分的活动让渡出去或外化出去时,它就在量上不完全,因此它又是有限的活动。反过来说也一样,自我中的活动部分地让渡出去了,本身中部分地建立起受动性了,所以它是有限的。但自我的这种受动性既然不能是由非我的活动设定的,只能是由自我的活动绕道非我而间接设定,那么,这受限制的亦即有限的自我也就是非我,它们还有什么区别呢?而它们原是对立的,必须彼此有别。费希特认为,只当受限制的自我是非我所绝对不能是的东西时,即,只当它本身不是绝对的或无限的活动时,它才可能显出同非我的区别。因此,理论自我的活动必须既是无限的,又是有限的。说它是无限的,是因它是完全自发的,不是受任何东西的制约而产生的;说它是有限的,是因为它只要一出现,总与一个客体、非我联系着。它是完全自发而又与一个客体联系着的一种活动。

现在的问题是,理论自我的这个客体究竟是怎么回事。前面说过,它不是本来具有活动性的实体,所以不是自我的受动性所产生的实在根据。那么它是什么呢?费希特认为它是受非我所规定的理论自我在设定自身的受动性时,必然地由自己想象出来的实在根据。这是因为自我受非我所规定,这就要求自我是受动的,这又要求自我把自己的活动部分地让渡出去,这又要求在其自身之外有一个接受其活动的接受者,而这个活动接受者就是自我的客体。这个客体本来不是主体之所以受动的实在根据,只是**被想象为**自我受规定的实在根据。

客体,作为实在根据,是主体想象的结果。制造表象的能力,就叫**想象力**。

费希特认为:"设有这种奇妙的能力,人类精神里的任何东西都无法解释,而以这种能力为根据,人类精神的整个机制就可很容易地建立起来。"①因此,想象力在他看来是理论自我的**基本能力**。

想象力怎么竟把它自己的产品当成它的客体了呢?这是因为它对自己制造产品的活动无所意识。当我们无意识地进行想象时,我们想象出来的产品(图像)就会在我们面前呈现为实在的客体。

费希特认为我们的现实世界就是无意识的想象力的产品。但这个想象世界并不因此而是幻觉,而**毋宁**是一切实在、唯一可能的真理。费希特说:"我们现在得出了这样的教导:一切实在都是想象力制造出来的。就我所知,我们当代最伟大的思想家之一,也提出过同样的教导,他称实在为想象力的幻觉。但幻觉必与真理相反,必须予以避免。但是现在,既然已经证明——这是我们体系应该证明的——**我们的意识、我们的生活、我们的存在**,作为自我,其可能性是建立在上述想象力的**行动上的**,那么只要我们不把自我抽掉,这种幻觉是抛弃不掉的。而抽掉自我是自相矛盾的事,因为抽象者不可能把自己本身也抽掉。因此,它并不骗人;相反,它提供的是真理,唯一可能的真理。"②

到此,理论自我创造世界的论据已经完成,让我们再来简单回顾一下理论自我本身的发展历程。理论自我一共经历六个发展阶段,最初是感觉,然后是直观,再到想象力而世界出现,然后是理智,接着是判断力,最后达到理性。

(1)感觉:自我不仅存在着,而且是自为的存在;它不仅是无限的纯粹活动,而且对自己的活动进行反思。活动因反思而中断,就是受到了限制。自我发觉第一次反思带来的限制,产生受到强制、无能为力的情感。理论自我就进入第一发展阶段,成为感觉。

(2)直观:自我继续活动,又对第一次反思进行反思。由于自我在第一次反思时不能同时反思其反思,所以第一次反思及其造成的感觉在进一步的反思面前呈现为外来的东西。由于自我起初对它自己的活动无所意识,它就对这仿佛是外来的东西进行反思,这时的自我就是处在直观状态。费希特说直观是"一种沉默的、无意识的静观(Kontemplation)"。

(3)想象力:自我对直观进行反思,把直观当成模型加以模拟,构成具有空间组织的图形,想象成为客观的事物、现实的世界。这在前文详细论述过了,这里补充两点:一、范畴起源于想象力,与客体同时发生,不像康德认为的那样来自知性;

---

① 《费希特全集》,第1卷,第208页。
② 《费希特全集》,第1卷,第227页。

二、想象出来的客体所以具有确定性,费希特认为是出于想象与直观之间的一致性。想象力模拟直观,只是**再生产它已生产了的东西**。

（4）理智：到想象力为止,自我始终处于无意识状态。从理智或知性(Verstand)起,自我开始思维活动,这时所反思的是现实的客体,反思的结果得到关于客体的概念。

（5）判断力：理智可以对特定的某个客体进行反思,也可以不反思,可以把握它,也可抽象它；对客体的某些标志能予以联合,也能加以区别。这种能自由游移于理智的不同活动之间的自我,就是判断力。

（6）理性：自我作为判断力既然能对某个客体进行抽象,它也就能对一切客体进行抽象。抽掉一切客体而反思判断力本身的自我,就达到了理性。这时它意识到任何客体都是可抽去的,意识到它的本质就是纯粹的主体活动性。对理性的意识,就是自我意识。越是在纯粹的自我意识中,自我就越感到摆脱客体的活动自由,越体会到它除了受自己本身所规定外不受任何客体规定。如果说它毕竟感到是受到某种客体所规定的,那实际上也只是受自己所规定,也就是说,"自我设定自己为受非我所规定"。于是理性自我从它的终点回到了它的起点。

（四）实践自我与人生的目的

实践自我不是同理论自我对立的,它实际上贯穿在理论自我的发展历程里。理论自我着重说明自我如何创造世界,实践着重说明自我如何从它创造的世界里重返它自身。而在前节理论自我里讲到由理性转为自我意识时,也就接触到实践自我如何返回自身了。自我本是无意识的意识,返回自身,自我就成了真正的意识；而且有了自我意识,这是自我的提高,不是复归原状。

实践自我按费希特的定义就是"自我设定自己是规定非我的"那个自我。自我设定自己,而所设定的自我又规定非我,这表明自我始终处于设定、规定的主动状态。从这个意义上说,实践自我的活动是无限的。但设定其自己的自我,毕竟跟规定非我的自我不同,由于规定非我,这就使自我本身有了规定,而有规定的自我是有限的自我。所以实践自我本身包含着无限的自我与有限的自我的对立。

这个有限的实践自我,其所以有限,是因为它规定非我。但它的有限性与理论自我的有限性有本质上的区别,因为理论自我是被非我所规定的,理论自我至少形式上处于受动状态,非我与理论自我的关系是原因与结果的关系,理论自我的有限性是必然的。至于非我与实践自我的关系,则不是因果的必然关系,因为实践自我可以规定非我,也可以不规定非我,而规定不规定非我,主动权在实践自我手里。实践自我由于规定非我而成为有限的,在费希特看来,这是出于它自己的目的。

自我本是无限活动,它不可能有别的目的,唯一可能的目的是显示自己活动的无限性,这就是所谓自身目的。因此实践自我规定非我的目的,就在于通过成为有限的以便显示它是无限的。这个目的从一定意义上说是能够达到的,因为实践自我规定非我,这个活动使实践自我成了有限的。但它永远不停地规定非我,在这永远不停中就显出它的无限性了。

不过从另一方面说,这个目的又是达不到的。这是因为,实践自我规定非我,它要把非我规定成什么呢?无非是要把非我规定成为与自我一致的。虽然非我本是自我所设定的,但被设定的非我是与自我相对立的,对立的东西可以在某种程度上互相转化,然而要完全一致,那是不可能的。实践自我规定非我,其目的既然达不到,那么规定也就不成其为规定了。费希特说:"只要它在形式上是一个非我,就不可能与自我一致,因此,自我涉及非我的那种活动就绝不是一种能把非我规定得实际上与自我等同的规定活动,而毋宁只是一种要规定的倾向、要规定的努力。不过这种倾向、努力,却是完全合法有力的,因为它是由自我的绝对设定活动所设定的。"① 这种努力,"按照上面的论证,是一种无限的努力"②。

正如理论自我的基本能力是想象力,费希特认为实践自我的基本性质是永恒的努力。努力(Streben)表现出来就是冲动(Trieb),冲动总伴随着感情(Gefühle)。

关于冲动,在后面讲到费希特的伦理学说时还将谈到。对于感情,有必要在这里指出它在体系里的重要含义。在论述理论自我时,费希特列举了直观、想象力、判断力等反思,这些反思形式都是空的。他只在实践知识学里,提出感情,才把空无内容的概念充实起来,终于发展出绝对实在。绝对实在只有在感情中才能体会到。伦理里的良心、宗教里的上帝,归根结底都是感情上的事情。

知识学的体系,费希特自认为到此又回到了自我,也提高了自我,圆满完成。唯心主义者黑格尔讥笑他的自诩,说他从"我是我"开始,最后却在永恒的努力中达到了"我应当是我",而这等于说"我不是我"。列宁正确地指出:"康德、费希特的观点(特别在道德哲学中)是目的的观点,是主观应有的观点。"③

三、知识学原理下的社会政治思想

费希特和黑格尔一样,亲自谈到过他的哲学和当时社会现实特别是法国革命的关系。知识学的蕴酿成熟,同费希特论法国革命和争取思想自由的政治论文落

---

① 《费希特全集》,第1卷,第262页。
② 《费希特全集》,第1卷,第262页。
③ 列宁《哲学笔记》,第256页。

在同时,不是偶然的。① 1793年费希特已经认识到,通过法国革命,社会发展已达到一个全新的更高阶段,哲学必须跟上时代发展,对资产阶级革命所争取的政治自由做出哲学解答。所以他说"我的整个哲学体系自始至终是分析自由的概念"。他的抽象的思辨的知识学有着明显的现实社会背景,并不单纯是康德的批判哲学进一步发展的思辨产物。康德属于前法国革命年代的哲学家,他的哲学任务主要还是对准数学、物理学的,而费希特活动时期正当法国革命的高潮,所以他的伦理社会政治观点是他的哲学的重要组成部分。

(一) 动机论的伦理学说

费希特的哲学体系以自由意志为中心概念,因此他全部社会思想的基础是他的伦理学。他在知识学问世四年后出版的《知识学原理下的道德学体系》,是依据实践自我对资产阶级个性解放所要求的自由意志进行理论上的论证。

自我是无限的纯粹的活动,这是他在知识学里开宗明义就讲了的。自我的纯粹活动分向心的和离心的两个方向,设定了自我本身,也设定了自己的对立面即非我,以作为自我的限制。自我进入意识之后,就分为理论的和实践的两个方面。自我的一方面活动,为限制所阻,凭着理论自我的想象作用产生出关于非我的种种知识。自我的另一方面活动,力图不断地超越限制,继续其无限活动,这就是由于实践自我进行不断的努力(Streben)。没有不断超越限制的努力,也就没有实践的自我。实践的自我在限制面前两种感觉并存:一方面感觉到压抑,产生强制感(Gefühl des Zwänge);另一方面由于自己在努力超越限制,它又意识到自己的力量。而这种力量感(Kraftsgefühl),费希特认为是真正的生命原理,实际上也就是资产阶级所以能够反抗封建专制的信心根据。力量感虽然是一种主观意识现象,但在意识进行反思时,它又是自我意识的对象。这个在意识内部具有主观客观双重性质的力量感,就其客观存在来说,费希特称之为冲动(Trieb)。他说:"我是……自然,而我的自然是一种冲动。"②当然,绝对自我,或者说,纯粹自我,作为无限的纯粹的活动,也是一种冲动,不过那是无意识的原始冲动(Urtrieb)。实践自我不仅本身是冲动,而且它还意识到自己是冲动。费希特认为伦理问题从这里才发生。

---

① 费希特在1795年致友人的信里说得很明白:"它发生于当时(法国)正在以外在力量为政治自由而战斗的年代,它是通过同我自己的一切根深蒂固的成见的内部斗争而产生的。它不是没有起作用,它的价值使我有了提高,在我内部发展出力量以把握这个事件。由于我在写文章论述这场革命,仿佛是对我的报酬,我心中出现了这个体系的第一个闪念。"——转引自东德《统一》杂志1962年第4期第66~67页上布尔(M. Buhr)的论文。

② 《费希特全集》第2部,第2卷,第107页。

实践自我的冲动,作为力量感,本身包含着意识到这一力量的主体和所意识的客体两个方面,它在实践自我的意识里就一分为二:费希特把作为意识主体的冲动叫作纯粹的冲动,把被意识到的冲动叫作感性冲动。冲动总有所指向,纯粹冲动是指向本身的,但感性冲动在意识中已客体化,它的指向是外物,不从外物中有所享受是不能满足的。这样就出现两种冲动或冲动的两方面之间的矛盾。为了解决矛盾,实践自我不得不一再地改变自己感性冲动的指向。矛盾不断地发展,冲动的指向不断地改变,费希特就推演出一个包括各式各样冲动的冲动系列。到了所谓交替冲动,它所要求盼望的是实践自我的被动感觉与能动感觉的交互更替。当实践自我中能动感变换为被动感的时候,感性冲动仍旧与力争无限自由行动的纯粹冲动在实践自我内部互相矛盾;但当被动感变换为能动感的时候,感性冲动就与纯粹冲动两相一致,分裂为二的冲动又重新联合统一起来。到了这时,实践自我本身的矛盾消除,就出现费希特说的"冲动与行动一致"。他这里说的"冲动"是指感性冲动,这里说的"行动"是指纯粹冲动。努力争取"冲动与行动一致"的这种冲动,费希特称为伦理冲动,它所盼望的是完全的行动自由。

　　对于作为伦理冲动的实践自我来说,自由不是既定的事实,而是盼望的目标。实践自我并非已经是自由的,而是应当是自由的。自由对它是一个应当,它自身是应当自由的意志。费希特说:"我把自由分为三类:先验的自由,它是一切理性精神所同样具有的、是理性精神所以成为最初的独立的东西的那种能力;宇宙的自由,它是一切存在不赖任何他物、单纯依赖自身而实际所处的状态——它是无限精神所独具而任何有限精神所没有,但又是一切有限精神的最终教化目标的那种自由;政治的自由,它是每个国家都应该有的、除了自身赋予的东西外不承认任何法律的权利。"①这里说的先验的自由,是指他在知识学里通过知识分析而回溯出来的那个作为一切知识经验先决条件的绝对自我的行动自由。宇宙的自由就是他在伦理学这里的将实践自我当作道德行为的最终目标来追求的那种意志自由。费希特划分的这三个层次的自由,清楚地显示自由这个概念如何贯串着他的全部思想,同时也说明他终生为之奋斗的资产阶级政治自由,是如何以他的伦理思想以及更进一步以他的思辨哲学为理论根据的。

　　费希特把自由视为人性的本质所在。人应被教化得认识自由对人之所以为人的崇高意义,否则人就算不得有人性,只有奴性。他呼吁学者负起教化的责任,因为:"人性在我们这里迄今还没有得到那么深入的教化,我们甚至还处于半人性或

---

① 《费希特全集》,德文版第6卷,第80页。

奴性的低级阶段。我们甚至还没有成熟到能感觉到我们的自由和能动性。"①而且，费希特认为，具有人性的人，不仅必须意识到自己的自由，而且更要尊重别人的自由。"人不得利用有理性的人作为达到自己目的的手段，甚至不得利用他们作为达到他们自己的目的的手段。在贯彻自己的目的时，对待别人不得像对待无生物或动物那样不考虑到他们的自由。"②无视别人自由的人没有人性，只有奴性，"任何人，自以为是别人的主子，其实自己就是一个奴隶……只有想让自己周围的一切人都有自由的那种人，自己才是自由的。"③费希特就是这样把自己当成人伦道德的根本课题，而且他的人道主义思想也扎根在这里。

在伦理领域里，自由是意志在行动上力量的表现。

费希特认为意志的懒惰（Trägheit）是人类的首恶。懒惰必然带来怯懦（Feigheit），这是第二大恶。因为意志薄弱者不仅听任自己的私情摆布，而且在强者面前不敢坚持独立人格，必然表现为奴颜婢膝，而且总以巧言令色来欺骗对手，因此第三大恶是作伪（Falschheit）。其他各种恶行也是这样来的。总之，在费希特看来，万恶之源是惰性，主要的善要靠行动来表现。"只有人的行动，才是决定人的尊严的东西。"④费希特曾蔑视那些大讲内心道德涵养的人，说看见别人堕落而不采取行动加以制止。"行动，行动——这就是我们生存的目的。"⑤强调实际行动，这是他的伦理学说的一个重要特点，同时也恰恰反映出他本人不同于所有其他德国古典哲学教授们，而能见义勇为的个性特征。⑥他终生充满拼搏斗争的经历，正是他这伦理信念的身体力行。

费希特提倡道德实践，号召仁人志士行动起来，挽救他称之为"罪恶完满"时代的社会风尚。按理说，他该会提出行动的外在标准。但他是一个动机论者。怎么行动？只讲动机，不管后果。他认为只要凭"良心"（Gewissen）行事，动机好，效果就绝不会坏。因为良心是一种明确的自我感觉，他说："这种感觉决不骗人，因为它发生于我们的经验自我与纯粹自我完全一致的时候；而纯粹自我是唯一真实的……只当我是一个道德本质时才可能有这种确定感。"⑦他这里说的"经验自我与纯粹

---

① 梅迪库斯：《费希特选集》，第 1 卷，第 237 页。
② 梅迪库斯：《费希特选集》，第 1 卷，第 237 页。
③ 梅迪库斯：《费希特选集》，第 1 卷，第 237 页。
④ 费希特：《人的使命》。
⑤ 费希特：《论学者的使命》。
⑥ 现代存在主义者雅斯贝尔斯曾诬蔑费希特说："他在哪里，就在哪里惹是生非。"雅斯贝尔斯带着一个犹太妻子，能在希特勒屠杀犹太人的纳粹政权下安然无恙，生存下来，其逆来顺受的本领，费希特是没有的。
⑦ 《知识学原理下的道德学体系》第 3 章，1798 年版，第 165 页。

自我一致",也就是上文所说的"感性冲动与纯粹冲动一致",这时候我们就是有道德意识的人,而这种意识"乃是对于我们的高级本性和绝对自由的意识"①。显然,费希特当作自由行动之依据的"良心",仍是康德的主观的形式的"无上命令"。

不过费希特毕竟不是像康德那样讲求"独善其身"的道德家,他的激进思想使他的伦理要求最终在于"兼善天下"。如果说康德也曾考虑过各按自己无上命令行动的"世界公民"的社会作用,那么他不过立下了一条戒规:不得把别人当成手段而应看成和自己一样的自身目的。这一思想费希特接受了,但感到还不够。因为康德心目中的社会显然是由"各行其是"的个体凑集起来的群体,个人之间只有"己所不欲,勿施于人"的消极关系,没有共同的奋斗目标,不能说明为什么个人要有为别人、为族类、为更高的理想而积极献身的精神。在这里,费希特前进了一步,提出一个最高的统一的"伦理世界秩序"。每一个人都是这个最高精神世界的一员,既是它的分别体现,又都以它为共同的归趋。"良心"既是自身规定,又是受它所规定的;既无所为,又有所为。各按"良心"行动,实质上也就是在履行由它规定的"使命"。使命这个词在德文里是 Bestimmung,兼有规定和使命的双重含义,费希特认为很合用,因为这表示他给个体所立的伦理戒律,不完全是形式,也具有内容。黑格尔也讲"使命",他是从历史意义上讲的完成历史使命是出于理性的机巧或诡计,费希特讲的"使命",含有明显的伦理含义,为了实践自我的争取实现与纯粹自我的复归同一。总的来说,费希特的伦理学,讲个人的意志如何应该是自由的,为的是论证资产阶级的个人如何应该从封建专制的压迫下得到独立自主,实现个性解放。但就其论证的全过程来看,仍然是主观动机论的。

(二) 伦理的国家观

德国政治现实的严峻和形势的剧烈变化,使费希特对国家本质的看法不断地改变。由于他从伦理观念出发,他的国家观越变越具有伦理的性质。最初,从1793年发表第一批政治论文到1796年出版《知识学原理下的自然法基础》,他的国家观还几乎完全是卢梭的契约论的观点。那时他是反君主专制的民主激进派。1799年,他被封建和教会联合的反动势力赶出耶拿大学以后,一度产生了小国寡民自给自足的梦想。1800年出版《闭关的商业国家》,表明他的国家观点起了明显的变化。1806年普法战争开始,他对偏居一隅的普鲁士公国曾寄予极大希望,视为德国的最后堡垒,不料拿破仑的法国军队长驱直入,短短几个月,整个德国陷于崩溃。1807年他开始发表"对德意志国民的讲演",直至1814年病死,他对国家的

---

① 《费希特全集》第2部,第2卷,第142页。

看法再度改变,终于把国家看成一种伦理的实体。

当费希特还是一个契约论者时,他首先用知识学的原理论证自我的多数性,自我不是一个,而是众多的。因为自我只在其自由地发挥作用时才算是存在,而自由是自身规定,自身规定以外来规定为条件,因此,自我之外必有另外的自我。众多的自我各是自由者,就都要求承认别的自我也是自由者,从而要求他们的自由范围彼此有所划分。国家就是这样一个自我情愿借以划分其自由的法权共同体。在这样的国家,公民与国家有三种关系:首先,通过履行公民义务而成为国家的成员、国家主权的部分所有者;其次,在权利方面既受国家保障又受国家限制;最后,如果违背了他的义务,逾越了权利界限,须受法律制裁。至于公民为何要遵守法律,那是因为契约本身已含有遵守契约的意义。

任何时候,只要国家不能履行它的上述职责,不能公平地保障公民的自由权利,那时国家就丧失了存在的意义。为了人权的名义,必要时完全应当以暴力将其推翻。费希特反对德国封建专制制度、论证法国革命的合法性就是根据这个观点,所以他把法国革命描绘为"关于人权和人的尊严这些伟大的字眼的瑰丽的映象"。

费希特向封建君主索回思想自由时,用的也还是契约论的国家观。他认为个人不仅仅是国家的公民,因为个人只把涉及外在行为的一部分权利通过契约让渡给国家,国家有义务保护个人的全部权利,但个人的权利并不全属于国家管辖之内。思想自由就是属于个人的。因为思想自由是构成具有自由意志的个人人格的组成部分,而独立自主的人格是订立契约的条件,不可能让渡。让渡了思想自由,契约就不能成立,国家就失去存在基础,所以君主完全无权压制思想自由。有人说君主压制的不是思想自由,只是言论自由,只是传播思想的自由,那么著书立说的思想传播权,是否可以让渡呢?费希特说,思想自由以精神的自由发展为条件,没有思想的自由传播,就没有精神的自由发展,也就没有思想自由。压制言论自由就是压制思想自由。

如果说费希特此时心目中的国家也已有了一些带有伦理性质的迹象,那也是极其个别的。例如,他把刑法建立在一种偿罪的思想基础上,刑罚要考虑犯罪本人的悔恶和对别人的劝善的作用。再比如,他已主张国家有义务保证每个公民有靠劳动谋生的基本权利。

1800年费希特出版《闭关的商业国家》,表明他重视了国家的伦理性质。他已不认为国家只是保障个人权利或保证个人自由竞争的管理机构。国家主要应该把全部劳动的组织权掌握在手里。劳动是公民的基本权利,也是义务,社会上不容有不参加劳动的人。国家应保证每个公民都有工作可做,每个公民都能分享到国家全部收入中自己应得的劳动报酬。他按劳动工种把公民分为农民、工人和商人三个等级,分别承担生活资料的获取、制作和交换。各行各业都"应该无所恐惧地、心情舒畅地工作,有闲暇时间陶冶自己的精神"。当然另外还有一些人从事文化、国防方面的工作。此外,作为这种组织劳动的前提,国家要掌握全部对外贸易,以保证生产资料的供应和产品的销售。他设想在这个闭关的国家里,诚然,个人国际交往切断了,奢侈品进口限制了,生活舒适用品减少了。但土产的民族特征鲜明了,伦常风尚纯化了,而且由于贸易平衡,公共福利有保证,饥荒可以消除,国家内外安全得到巩固。他对国家的这种设想,与他以前说"福利我们指望他(上帝)"时对国家的想法显然已大不相同。

这种国家在保障资产阶级自由平等权利的职能上显然相应地有所减弱。比如,不能自由选择职业,不能自由决定生活水平,最明显的是不能自由从事国际贸易。有的哲学史家说他在国家观上比卢梭的契约论的思想对于发展壮大新兴的资产阶级力量,反而后退了,就是根据这一点说的。不过我们只要承认,费希特始终是一个德国小资产阶级思想家和代言人,那么在反对封建特权的斗争中软弱动摇,这是阶级本性决定的,不是不可理解的。有一个问题确实很重要,那就是:这样闭关自守的国家,没有自由的对外交往,怎么发展国际关系、实现世界政治、促进全人类的利益呢?费希特就此提出了一个后来日益明确的想法作为答案:人类根本利益的增进,不能靠商业,而只应靠科学,凭着它,唯独凭着它,人类在它完成了其他一切分化进程之后,将会而且应该持续地亲密团结,休戚相关。

再后来,费希特的国家观又有了进一步转变,这是因为在拿破仑战争中警察国家陷于崩溃,又给费希特关于政治生活须以伦理为基础的思想提供了新的刺激。他承认当时军事上的失败与德国经济落后、政治分裂、军械粗劣有关,但更主要的原因是精神低落道德败坏。因此,他认为德意志民族国家统一和复兴的唯一希望,唯在提高精神力量,只要精神上能胜过敌人,就能创造出物质条件,在政治、经济、军事上胜过敌人。费希特本来长期怀有在伦理基础上建立世界主义国家的意图,此时国难深重,他的德意志民族意识空前觉醒,于是他痛切地考虑这样一个问题:是否一个民族,一个国家,也像个别的人格一样,有义务为实现唯一最高的"伦理世界秩序"去完成它特殊的精神使命呢?

1807年年底,在发表"对德意志国民的讲演"时,他给德意志民族阐明了他这样的思想:德意志民族由于它的本原性(Ursprünglichkeit)天生负有实现人类道德理想的使命。并且出于民族偏见,他认为德意志民族在语言、哲学、文化各种业绩中已非常接近于这个理想。至于当时德意志民族的衰落退化,那正是它起死回生的希望所在。德意志民族不必指望任何外力,只要恢复民族自信心,依靠自己的文化传统和道德信念,振作精神,奋发图强,就一定能够重建德国,完成自己的神圣使命。费希特用他火一般的雄辩语言,在群众中间激发起了高度的爱国主义精神。几年以后,就有大批的自由战士以无比的英勇为重建德国进行了殊死战斗。

这时,费希特终于彻底改变了他对国家的观念,深信:国家本质上是伦理至善的一种体现。人权是否得到保障,生产如何安排组织,都属于次要的事,国家最根本的任务在于发展文化教育事业,提高国民的道德品质。国家要在"本国之内实现最高尚最纯洁的道德,从而推广及于其他国家"①。这是整个"人类由物俗的动物前进而成为纯洁的高尚精神的唯一道德"②。因为这样,费希特在他的后期,提出了与柏拉图的《理想国》中一个相当近似的看法,即特别重视为国家进行教育和传播文化的学者等级。从 1794 年在耶拿起,后来又在埃朗根和柏林,费希特反复讲述"学者的使命",而越到后来就越倾向于认为学者在国家里肩负着最重要的任务。这里又一次显示费希特在国家观上离开卢梭的资产阶级平等的思想越走越远。费希特把国家单纯视为负有使命,通过文化教育措施提高国民的文化和品德,以实现伦理世界秩序的一种组织。这种观点既反映了当时德国现实政治的要求,也是他唯心主义哲学必然的结论,其片面性和错误是一望而知的。

正是由于费希特把国家视为一种伦理组织,负有实现他所说的最高伦理目的的使命,所以他认为国家一旦完成了它的使命,就没有继续存在的理由根据。他说:"国家中的生活,并不属于人的绝对目的。……国家也和人类一切典章制度一样,纯粹是为奠定一个完善的社会的手段,其目的在于它自身的消亡。"③历史唯物主义科学地预见到共产主义在全世界实现之日,国家即将自行消亡。费希特关于国家消亡的论断,形式上虽然相似,实质上毫无共同之处,纯属没有现实意义的唯心主义幻想。他自己也承认:"现在无疑还不是国家消亡的时候,究竟要经历多少年代才消亡,我也不知道。"④所以,这至多只反映他有些唯心主义辩证法的思想而已。

(三) 目的论的历史观和宗教思想

1. 历史观

费希特关于国家自行消亡的见解,直接是说国家之类的社会组织都在一定程度上体现着最高的伦理理想,到使命完成了,它的存在也就停止。这也表明他认为人类社会有一个奔向最高目标的历史发展过程。而且作为唯心主义哲学家,费希特不可能理解社会发展的动力在于经济基础中生产力与生产关系的矛盾;相反,

---

① 参见《对德意志国民演讲》第 12 讲。
② 参见《对德意志国民演讲》第 12 讲。
③ 费希特:《学者的使命》,商务印书馆,1980 年版,第 17 页。
④ 费希特:《学者的使命》,商务印书馆,1980 年版,第 17 页。

他把人类历史看成理性[①]为了追求最高目标而走过的经历,历史发展有它的目的。

历史的目的就在于最自由地发挥理性的作用,实现"理性王国"。他说:"人类的世间生活的目的在于它自由地按理性安排它的一切关系。"[②]他深信人类理性的威力,认为依靠人类在科学文化上的努力,终有一天整个人类将自己掌握自己的命运,它将服从自己的理想,绝对自由地从自身做出只要它想做的一切。在这一点上他与卢梭有根本的差别。卢梭把现实社会的不平等、不道德归咎于理性发展带来的文化,他设想人类社会应该返回质朴无文的原始状态。而费希特则以高度的乐观主义瞻望人类理性享有充分自由的美好前景。

费希特按照他所说的理性所处的状态,进行了历史分期。最初是理性本能的阶段,此时理性的活动完全是自发的;后来是理性权威的阶段,理性此时感觉到有外来的理性势力,被迫盲目服从权威;再后来是理性解放的阶段;等到理性开始独立思考,这叫理性知识的阶段;最终目的是达到理性艺术阶段,此时理性憧憬着"人类的永恒原型",自由地创造作为伦理艺术作品的理性生活。费希特认为每一个历史时期都各有其基本特征。第一阶段的人类社会的特征是"天真无邪";第二阶段由于盲从权威,丧失理性,其特征是"初生邪恶";第三阶段无视权威,对族类漠不关心,以自私自利为行动原则,所以具有"罪恶完满"的特征;第四阶段人类认识到自己的使命,朝着至善进发,它的特征是"开始向善";最终时期的特征是"至善完成",这也是人类历史的最高理想。而各个历史时期的特征都是伦理的。

费希特在分析当前时代的基本特征时认为,他自己所处的时代属于"罪恶完满"的历史第三阶段。他列举大量自私自利的事实,说明德国社会道德风尚败坏到了极点。但同时他又奔走呼号,要求人民群众觉醒,各自负起使命,奋起救亡图存,相信德意志民族一定能够复兴。从他的坚强信念中可以看出,费希特已经唯心主义地猜测到历史辩证发展的必然性,"罪恶完满"之后紧接着到来的必然是"开始向善"的历史时期。而且,他的社会历史分期直接就是以理性发展的状态为标准来划分的。可见费希特的历史观里已经明确地包含着后来为黑格尔所系统阐发了的逻辑与历史统一的思想。

另外,他分析理性的发展,以伦理状态为分期标准,实质上依据的是个体对族类的关系:历史初期,个体发展不能再本着自己的理性本能行动,于是听从族类的权威支配;随后个体觉醒,反抗族类统治,又导致不承认任何权威的无政府主义状态;然后个体基于理性的洞见,自愿服从族类的理性,而又不因此牺牲个体的自我

---

① 从1801年讲的知识学起,费希特开始用"理性"的概念代替"自我"。
② 《费希特全集》第3部,第2卷,第7页。

价值。因此他对个人与社会之间的辩证关系的思想,就他那个时代来说,也是值得注意的。特别是,这一点直接涉及费希特对启蒙运动的态度问题。大家都知道费希特和康德一样,对启蒙运动的评价不高。这是因为启蒙思想带有费希特所说的人类历史第三阶段的许多特征,费希特曾尖锐地抨击过各行其是的无政府主义,反对过无理想的自我陶醉,批判过快乐主义及其功利学说。如果说费希特对启蒙运动并不是持完全否定态度,那应该说,他是肯定启蒙运动为人类理性赖以上升到更高阶段的独立思考做了必要的准备。在费希特看来,近代的思想运动应以个性解放始,而以理性的伦理性格终。

2. 宗教观

费希特的宗教观可以说是他的道德观、历史观的深入发挥。如上所述,他认为人类历史发展的终极目标是"理性艺术"时期,此时有理性的人自由地创造作为其艺术作品的理性生活。他把人类历史的发展顶点比喻为理性的艺术创作,是意味深长的。艺术创作者心目中必先有一个要通过创作来体现的图像,这个图像就是他在伦理学说里讲的"伦理世界秩序"。这个秩序的秩序,就是"人类的最高原型"(Urbild),就是神性生活,就是上帝。

在历史上,"理性艺术"时期前面,照费希特所说,是"理性知识"时期。就个人来说,也可以用来比喻同一个人在尚未上升到宗教观点以前的状态。费希特认为知识是上帝启示它自身的唯一形式,这个意思早在他的知识学体系里就暗示了。理性认识自己,也就是认识上帝。理性知识亦即理性的自我意识,在费希特看来,尽管是上帝启示自己的唯一形式,但本身却具有使上帝隐而不显的性质。他说:"我们对那个直接的神性生活一无所知,因为意识只要一插手,它就变成一个僵死的世界……我们看不见它,总只看到它的外壳。我们看到的是石头、草木、动物。如果我们升高一些,我们看到的是自然律、道德律,但毕竟永远不是它。"①这种外壳,就是知识的概念,"概念是世界的创造者"。所以理性的知识虽然已经走到上帝面前,却由于它的反思形式,由于知识里的概念,自己形成一堵隔墙,"我们的眼睛总遮挡住我们的眼睛"②。看不见上帝,我们就只能信仰。难怪谢林批评费希特在《人的使命》第三卷里把信仰当作通往绝对亦即上帝的方式,是由于他没能从他的知识概念出发找到绝对。③ 不过费希特虽然承认知识的形式是一堵隔墙,自己遮住自己,看不到上帝,但终究知识还是通往上帝的关键。如果你知道上帝,而且"如

---

① 《费希特全集》第 2 部,第 3 卷,第 472 页。
② 《费希特全集》第 2 部,第 3 卷,第 472 页。
③ 谢林之所以反对,是因为他认为,相当于上帝的绝对,既不能通过知识,也不能通过信仰,而只能通过直观来把捉。

果你自己对它忠诚,你就在你的心里找到它"①。因为知识自筑的隔墙是可以消失的,"只要上升到宗教的立场,一切遮挡就都消失;世界连同它僵死的原则就离你而去,神性本身就以它原始的形象、以生活、以你自己的生活,重新进入你的心"②。上帝的原始形象就是神性生活。理性艺术的创作者,憧憬着神性生活,自由地塑造自己的理性生活,这样的生活就是上帝,"因为活的上帝就在它的活生生中"③。

费希特把人的世界观分为五个由低而高的等级,用我们现在的话说,就是人的精神有五个高低不同的境界。他认为一个人,即使具有较高的境界,站到了道德立场上,不论他有多么高的德性,也总盼望自己的行动能取得实际成果。可是外在成果永远是没有把握的,对于成败,人总不能完全无动于衷。只有摒弃对外在成果的指望,内向于自己本身,以求心安理得,自己才与本原同一,这才是站到了宗教的立场。这时,只有成败利钝在所不计,才能享受怡然自得的"至乐生活"(Seliges Leben)④。人在至乐生活里,心中充满的是爱。跟本原复归于同一,就是上帝爱;和同类之间的统一,就是人爱或博爱(Menschen liebe)。他说"爱是高于一切理性的,它甚至可以说就是理性的源泉和实在的根源,而且是生命和时间的唯一创生者"⑤。海涅形象地论述费希特为:"他从一个唯心主义的巨人,一个借着思想的天梯攀登到天界,用大胆的手在天界的空旷屋宇中东触西摸的巨人,竟变成了一个弯腰曲背、类似基督徒那样不断地为了爱而长吁短叹的人。"⑥这个论断就是针对发表上述宗教思想时的费希特说的。

费希特发表爱的演说时确实是弯腰曲背老态龙钟了吗?不像。当时他不满44岁,正当年富力强所谓血气方刚的年龄。他是不是因精神上未老先衰而长吁短叹了呢?也不像。当时拿破仑入侵德国是箭在弦上,法普第一次决战只是时间问题,费希特以火一般的爱国热情为唤醒德国广大群众而大声疾呼,是应该还嫌不够的。⑦ 他讲不计外功而转向内心以寻求生活至乐,确实是悲观消极、逃避现实、遁入空门的说教吗?更不像。费希特是德国古典哲学家中即使担任大学教授期间也从不间断其联系社会现实的通俗讲演的人,正是他为关心现实斗争而发表的讲演,使他赢得德意志民族英雄的巨大声望,对当时的德国政治起了直接的进步的作用。

---

① 《费希特全集》第 2 部,第 3 卷,第 472 页。
② 《费希特全集》第 2 部,第 3 卷,第 472 页。
③ 《费希特全集》第 2 部,第 3 卷,第 454 页。
④ 费希特论述其宗教观的书,就是以《至乐生活指南》为名。
⑤ 《费希特全集》第 2 部,第 543 页。
⑥ 海涅:《论德国宗教和哲学的历史》(出版社和出版年份不详),第 135 页。
⑦ 费希特自己说,他讲宗教问题的《至乐生活指南》和痛陈时势艰危的《现时代的根本特点》,以及在敌人刺刀下号召德国奋发图强的"对德意志国民讲演"是合成一组的通俗讲演。

那么他讲宗教信仰,讲人爱、神爱,讲与绝对、上帝同一,讲内心的至乐,如此等等,是为了什么呢?在我们看,一方面,海涅的形象性语言多少有些夸张了费希特哲学的演变。我们认为,从理论上说,他的宗教说教正如前面说过的,是他唯心主义的哲学体系沿着本乎良心的伦理学说和奔向至善的历史观点继续前进所必然会得出的结论。他自己也在结束他对爱的论述时紧接着说:"这样一来,我就终于申述了一种关于存在、关于生活和关于至乐的学说,亦即阐明了真正思辨的最高实在的观点。"① 另一方面,就其实际用意说,我们觉得海涅是把费希特完全误解了。费希特讲宗教信仰,不是宣扬出世思想,而是呼吁人们忘怀个人的利害,提高再提高其精神境界,为族类、为崇高理想以殉道者忘我的献身精神在即将到来的精神战役中完成自己"神圣的"使命。他讲演的实际效果证明了这一点。

费希特的神,作为伦理世界秩序,虽然也有统辖世界的作用,却不是基督教通常所讲的具有人格性、实在性的上帝。正因为这样,反动教会早于1798年就以此为借口,掀起"无神论案件"对他进行迫害。他的上帝,只要是"活生生的"最高伦理理想,那它就是一切经验自我都应该返回到的那个作为纯粹活动的绝对自我。就这个意义来说,费希特的上帝现在是他的哲学体系的最高点,原先也曾是它的出发点,首尾是一致的。当然海涅提到费希特后期有些变化,他说的也对。早年时,上帝在费希特的哲学体系里没有明显的论述,而后来在《人的使命》和《至乐生活指南》里讲的很多。不过,这种变化只表示费希特前后期对同一个哲学体系阐发的重点有了变化。与其说是由于他同他曾猛烈抨击过的反动教会谋取妥协,不如说是他的知识学必要的发展演变的当然结果。

四、费希特知识学的发展演变

从1794年发表《论知识学或所谓哲学的概念》起,到最后于1813年秋在柏林作《知识学的引导讲演》止,费希特对知识学前后有十几次不同的讲稿,有的在生前发表,有的是遗作,每一次讲稿都是从不同角度不同重点的改写。② 他虽于1806年自称"我十三年前就有了的这些哲学见解,尽管可能发生一些变化。却自那时以来

---

① 《费希特全集》第2部,第542页。
② 按年代排列有:《论知识学或所谓哲学概念》(1794年)、《全部知识学基础》(1794年)、《知识学特征概念》(1795年)、《知识学第一导论》(1797年)、《知识第二导论》(1797年)、《知识学新陈述的尝试》(1797年)、《关于最新哲学的明晰报告》(1801年)、《1801年讲的知识学》、《1804年讲的知识学》、《关于知识学的概念及其至今遭遇的报告》(1806年)、《知识学概略》(1810年)、《1812年讲的知识学》、《1813年春讲的知识学》、《知识学的引论讲演》(1813年秋),此外1800年的《人的使命》也是一部知识学通俗讲演稿。

丝毫没有改变"①。但是,哲学史家大都认为他离开耶拿到柏林以后,即从1800年起,知识学不是像他自以为的那样没有改变,而是由于问题的逐渐展开,终于出现了很大的重点转移,整个体系的面貌起了变化,虽然并不能说因此使费希特变得像个基督徒一样。

  问题的发生还是围绕着他的哲学起点。费希特在《全部知识学基础》一书里,从我们的日常经验知识推演出一切知识都以一个无所不包的意识,亦即绝对自我为其能够成立的前提条件。我们的意识既然不能超出意识以外去,就只能把绝对自我当成最初的东西。费希特此时的注意力是集中于论证世界是起于意识。但是绝对自我这一无意识的意识,据费希特说是本原行动,它是没有行动者的行动,它本身没有实在性,却是一切实在的根据。一切事物的实在,都靠这个本身不是实在的绝对自我来设定。这种想法不能满足要求一个最高实在的一般唯心论者的要求。因为由不实在所设定的实在,能是实在的吗?其实这个问题费希特在发表他第一部知识学著作后不久,由于各方面的反应,就考虑到了。②

  知识学不谈最高实在,其起点是没有实在性的行动。这在不习惯于知识学思辨的人想来,总觉得不踏实,因为一切由无行动者的行动所设定的事物也都不实在,甚至连自己的思想以及自己本身也说不上是实在的了。③ 费希特在1800年曾设身处地代表这样的人做过下列表述:"无论在我之外或在我之内,没有持久的东西,有的只是不停的交替变换。我不知道有什么存在,甚至也不知道我自己的存在。没有存在——**我自己**根本不知道什么,也不是什么,一切都是图像或画面:它们是唯一存在着的东西。而且它们按画面的方式知道自己,漂浮过去,而且不是在任何东西面前漂浮过去。它们凭着自己,画面和画面联合起来,没有所画的东西,没有意义,没有目的。我自己就是这样的一幅画面,甚至不是,而只是画着这些画面的一幅混乱的画面。一切实在变成了一场怪梦,没有被梦的生活,也没有做梦的人。"④费希特这一长段话所表述的,客观上虽是暗指流行已久的那种以观念、印象等的联合来说明实在的联想主义对世界的认识,却同时也说明他感到他自己初期的知识学还有阐明得不够充分的地方,有必要进一步发展,讲清楚这些知识现象的本原。一年之后他讲的知识学里开始提到"绝对",实际上就是要解决这个任务。

  知识学为什么要讲绝对,是不是认为绝对是比绝对自我更高的东西,应该将其当作哲学起点了吗?在费希特看来,那就是退回他所说的独断论,知识学就不成其

---

 ① 《费希特全集》第2部,第3卷,第399页。
 ② 在1797年的《知识学第一导论》和《知识学第二导论》都已有所表现。
 ③ 参见海涅《论德国宗教和哲学的历史》中关于费希特夫人是否存在的讥讽。
 ④ 《费希特全集》第2部,第245页。参见《人的天职》,商务印书馆,1947年,第85页。

为知识学了。所以费希特在提出"绝对"的同时,仍旧坚持他原来的唯心主义观点,把哲学严格限制在知识所及的范围之内。他举例说:"当你体会你关于两点之间只有一条直线这个意识时,你最先觉察到的恰恰就是你对自己的把握和渗透,这是自明的行动(Akt der Evidenz),而这就是我的基点。"①这种自明的行动是无条件的,不能由任何别的来说明,因而他称之为绝对的认知或知识。他说"由于我们在知识学里,也许在知识学以外的一切可能知识里,只达到知识,不能超越知识,所以知识学不能从绝对,而必须从绝对知识出发"②。出发点不变,推演方法也没变,知识学的基本性质就不会变。

至于提到"绝对",费希特解释说,那只是为了分析研究上需要,至少可以说明绝对知识不就是绝对。绝对是完全无规定、无关系、无限制的。凡是用绝对来作定语的词(如绝对自我、绝对知识等),后面被规定的这个词,反过来就把绝对拉进同它的关系之中,从而使绝对丧失了绝对性。不过与此同时,费希特已在严肃地考虑阐明绝对的问题:诚然我们最高只能达到绝对知识,但无疑我们终究还能超过绝对知识去思维绝对,至少还能把绝对设想为与绝对知识不是一回事;因此,"也许,绝对不是自在自为地进入我们的意识,而只是在它被提出来的那种关联中,即作为知识的形式,而进入我们的意识"③。这个考虑对费希特来说关系重大,因为他后来在绝对知识与绝对本身之间发展出一种辩证关系,从而明确地给绝对在知识学中安排了一个需要它去坐的位子,使绝对知识取得支持,具有了"真正思辨的最高实在性"。这就是后期知识学的主要变化和特征。

费希特发展出的绝对知识和绝对两者的辩证关系是这样:一方面视它们为等同的,另一方面又把它们区别开来。两者原来是同一无差别的,知识的原本就是以自身为依据的绝对。知识所以从这本原状态中产生出自己,是因为它自由地照亮了这本原状态,结果才在知识中出现绝对与绝对知识的区别。但出现这个区别,同时也就证明了绝对知识隶属于绝对。绝对知识必须把绝对当成高于自己的原始根据,而自己则只是它的表现。他说:"在我看来很清楚,绝对只能有一个表现(Ausserung),一个绝对的、唯一的、单一的、永远同一的表现,这就是绝对知识。"④早期的知识学专讲这个表现,后期知识学才着重阐述绝对本身。费希特在 1804 年的知识学里把绝对比作光,绝对知识是照亮作用。在 1810 年的知识学里,绝对被叫作上帝,绝对知识比为它的图像、画面或图式(Schema)。他说:"如果有知识……而没有上帝,

---

① 《费希特—谢林通信集》,1968 年法兰克福版,第 127 页。
② 《费希特全集》第 2 部,第 12 页。
③ 《费希特全集》第 2 部,第 13 页。
④ 《费希特—谢林通信集》,1968 年法兰克福版,第 153 页。

那就可以有上帝,因为除上帝而外再没有不可陈述的东西,这就是说,图式并不是存在……这样一种表现乃是图像或图式。"① 费希特在前期著作中,反复说明现实世界是我们知识的现象,到了这后期,进一步又反复论述我们的知识是绝对的现象。这就是知识学前后的变化。

知识学体系的这种发展演变,当然不会不表现在他的通俗著作里。在通俗著作里,绝对曾在不同场合被规定为"伦理世界秩序"、"可知者的体系"(System des Intelligiblen)、"精神的王国"、"纯真生活"等,性质是一样的。费希特在《至乐生活指南》里说:生活,就其源于自身而言,它就是绝对的基本性质。不过在能知的意识里,生活的真纯统一变化成了有区别的生活内容。"那么,这种变化的绝对唯一的关键是什么呢?"他自己解答说,就在于知识,或者说,认知行动。"知识,作为一种识别行动,造成差别,使生活内容各具特性。……因此,生活里本来直接就是神性生活的那种东西……通过概念,就变化成为持久的现成的存在……因此,生动活泼的生活就是那正被变化着的东西;而持久和静止的存在,则是它在这变化中取得的一种形态(Gestalt)……即,我们所说的世界。因此概念是真正的世界创造者。……至于概念的彼岸,即是说,未经概念把握的真相呢,什么也不是,并且永远不变成什么,因为活的上帝就在其生动性中……"② 这段话概述了"世界出于知识,而知识本于绝对"这一知识学发展的全过程,其中间环节是知识。而其中特别值得注意的是,费希特在宗教学说里提出来的上帝,正如他在知识学里提出的绝对一样,完全不是永恒静止的存在,相反,乃是作为绝对认知作用之本原的那种活生生的实在性。由此可见,知识学的前后两期,只是对同一个"意识史"的两个方面的分别重点论述。所以,知识学从内容上看,确实有了前期后期的变化,但就它这个唯心主义体系的完整及其独特性来看,正如他自己所说,是首尾一致的,没有改变的。有的哲学史家说费希特后期的思想不仅变了,甚至是从"行动哲学"回到了"存在哲学",从康德回到了斯宾诺莎。③ 这显然是不恰当的论断。

五、结 束 语

上文简要论述了费希特哲学思想的一些主要方面。现在让我们就他的哲学体系的特点、体系里包含的辩证思想,以及他的哲学在他本人身上的表现做个初步的总结。

---

① 《费希特全集》第 2 部,第 696 页。
② 《费希特全集》,第 5 卷,第 454 页。
③ 德国著名哲学史家文德尔班是这种意见的典型代表。

（一）就他的体系来说,知识学是具有德国古典哲学特点的唯心主义。列宁教导我们:"唯心主义的实质在于:把心理的东西作为最初的出发点;从心理的东西引出自然界,**然后再**从自然界引出普通的人的意识。"①费希特的哲学正是这样做的。它宣称在我们这些普通人尚未出现之前就先有了一个自我创造出我们生存于其中的自然界,"这种理论的诡辩是如此明显,真叫人不好意思去分析它"②。因为这是违反理智正常的人的经验的。

费希特自己在《知识学第一导论》里也说过:"如果一个哲学的结论与经验不相符合,那么这个哲学一定是错误的。"因此他不会不注意他的唯心主义与普通人日常经验所代表的唯物主义观点不相符合。而如何解决这种不相符合,就成了他的唯心主义的重要课题及其特点。

近代哲学史里,在他之前,从理性的心理东西出发建立哲学体系的有笛卡尔。但"我思故我在"只引出了能思维的精神,然后不得不请上帝出面保证有广延的外物,终于陷入心物二元论。从感觉的心理东西出发来建立唯心主义的有贝克莱,他主张外物的"存在即被感知",我们不感知时外物就不存在了,结果搞出个荒谬的唯我论。笛卡尔和贝克莱一个根据主体的理性,一个根据主体的感觉,虽有不同,但他们的共同点在于都以个别的主体的心理事实为根据。费希特改变这种做法,他从自我出发,但这个自我却被说成不是个别的经验的主体,而是作为一切经验之基础的普遍的先验的主体。他的自我,正如后来谢林的主客同一体和黑格尔的绝对精神一样,是"形而上学改装了的脱离自然的精神"。这是他为解决他与唯物主义的矛盾预设下的一个伏笔。

然后,自我设定非我,外物世界就由先验的自我**无意识地**创造出来。自我是先验的,其创造世界的过程又是无意识的,于是我们这些普通的经验自我就不知不觉地只从现象上看问题,把外物世界当成不依赖于我们而独立自存的。这种对外物世界的唯物主义观点,费希特叫实在论。他承认"这种实在论是我们每一个人,甚至最坚决的唯心论者,在行动时也不能回避的"③。费希特就是这样在他的唯心主义哲学里给唯物主义保留了一个地盘,为的是不使他的唯心主义同经验不相符合。但被他容纳的唯物主义观点,他认为只属于"生活"范围里的事,与思辨的"哲学"不在一个层次上。他说:"我们只要不把自己上升到哲学抽象的高度,或者从这个高度重新下降到生活机制里来,总之,只要我们明确地不进行哲学思维,那我们面前

---

① 列宁:《唯物主义与经验批判主义》,第225页。
② 《唯物主义与经验批判主义》,第65页。
③ 《费希特全集》,第1卷,第455页。

的一切就都是实在。……囿于这种成见,人就不能知道人是什么了。我们必须跳出生活,转到它外面去。这种跳出现实生活,就是思辨。"①

费希特为坚持其唯心主义又不得不迁就唯物主义而提出的这种"哲学"与"生活"等级层次不同可以彼此"过渡"的论点,后来胡塞尔(E. Husserl)在他的《欧洲科学危机和先验现象学》里提出来加以详细地论述,并且被许多现代唯心主义流派采用为欺骗群众的手法。

(二)关于他的辩证法思想,主要有两点应该特别提出来,这就是发展的思想和对立统一的思想。

1. 费希特关于发展的观点。首先,是他把矛盾视为发展的动力。康德看到二律背反是理性的矛盾,却不知道这正是概念辩证发展的动力。费希特的知识学从三大基本原理起,自始至终由矛盾推动着发展前进。其次,认为发展是普遍存在于自然、社会和思维之中。② 康德在前批判期就提出天体演化学说,有人说他比达尔文早一百年提出进化论。他认识到自然界里有发展,但不知道精神世界里也有发展,他的四组知性范畴虽说有正、反、合的辩证关系,但它们都是定性分析的结果,不是可以推导出来的必然规定。黑格尔则相反,他的所有的范畴都是按概念的发展推导出来的,却不承认自然界有发展。最后,也是最重要的是,我们从费希特用理性的发展标志来划分人类社会历史,可以看出,他比黑格尔更早地猜测到逻辑与历史发展的一致性。③

2. 费希特的对立统一思想。首先,表现在自我与非我的对立统一中。自我与非我互相规定、互相转化,自我的活动可以外化或过渡于非我,使自我本身的活动转化为自我的受动。其次,他的认识论就是主体受动性与能动性的对立统一的实例。想象力无意识地创造出具有因果范畴的外物时,外物作为非我规定着自我,认识主体对认识客体的反映是必然的。但当我们运用理智、判断力和理性来认识外物时,我们有充分的能动性,而且依次发展,主体能动性越来越高。再次,他的实践又是理性与意志的对立统一。实践以理性为手段,认识到个体自我是如何以下降的方向从纯粹自我那里发展出来的;而实践又是凭意志或冲动,重新以上升的方向努力争取返回纯粹自我,不受外物干扰,不计成败利钝,完全根据应当而行动,从必然王国转入自由王国。不言而喻,费希特的这些辩证法思想,都是建立在他的唯

---

① 《费希特全集》,第 5 卷,第 342 页。
② "自然界在自己的永恒的转化洪流中迅速地前进着。当我还在谈我所观察的环节时,它已经消逝了,一切又都起了变化;在我能抓住这个环节以前,一切都已成为另一种样子。"
③ 费希特的《现时代的根本特点》发表于 1804 年;黑格尔的《精神现象学》完成于 1806 年秋,出版于 1807 年。

心主义基础上的,必须予以唯物主义的改造,使之从头脚倒置中解脱出来。但正是这些辩证思想,作为批判继承的文化遗产,令恩格斯引以为骄傲。

由于费希特的哲学里具有丰富的辩证思想,他成为德国资产阶级哲学家中极为罕见的能够坐而言起而行的人、重视实践的人。费希特像康德一样,接受并发挥了卢梭关于人是目的而不是工具的思想。他崇尚自由和民主,倡导振奋德意志民族精神中的爱国主义,正是以此为基础的。费希特这些激进的社会政治思想,在当时具有巨大的进步意义,并且对后世产生了积极的影响。

1986年

《全部知识学基础》译者导言

费希特生平、思想简介

《全部知识学基础》(Grundlage der gesamten Wissenschaftslehre)是德国古典哲学重要代表之一费希特(Johann Gottlieb Fichte,1762—1814)的主要哲学著作。在费希特的哲学体系里,这本书的地位和作用约略相当于《逻辑学》在黑格尔哲学体系里的地位和作用。它的构思成熟于1793年,当时费希特正在苏黎世撰写为法国革命辩护和争取思想自由的政治论文。费希特自称《全部知识学基础》是上述政论文章的额外收获。所以说,正如马克思、恩格斯指出的那样,这本书表明德国古典哲学乃是法国革命在德国的反映。但是,由于种种历史的原因,费希特只是作为德国的民族英雄为我国各界人士所熟知,他的哲学思想却没有受到应有的重视,更不用说对费希特哲学思想的深入研究了。康德作为法国革命前的哲学家,为法国革命开了先声,而黑格尔则反映了法国革命后的社会政治状况,只有费希特正逢法国革命高潮,他的哲学浸透了革命所宣扬的主要精神,即自由。费希特曾说过,他自己的哲学体系自始至终是对自由的分析。

因此,正确评价费希特哲学在德国古典哲学中的历史地位,是一项严肃而迫切的任务。《全部知识学基础》将为完成这个任务,提供一份主要的材料根据。这里,我们将对费希特的生平事迹和哲学思想做一系统而简要的介绍。

一、为自由而斗争的一生

费希特,1762 年 5 月 19 日生于普鲁士上劳西茨(Oberlausitz)的一个乡村拉梅瑙(Rammenau)。父亲是一个手工业者。由于家贫,费希特 9 岁前为家里牧鹅,他早年的贫苦生活对他一生的思想发展影响极深。他一直为他的平民出身感到自豪。

济本爱欣(Sibeneichen)地区的男爵米勒提兹偶然发现费希特聪慧异常,遂资助他上学。费希特 1771 年入学,1774 年到波尔塔的贵族学校学习。由于他出身低贱,备受同学欺侮。在此期间,对他影响颇深的有两个人,一个是诗人克罗普斯托克,一个是莱辛。

1780 年,费希特入耶拿大学,翌年转学到莱比锡学习神学。这时他的资助人去世,他在经济上陷于绝境,学习时作时辍,无所收获。1788 年秋,费希特终于弃学到苏黎世当家庭教师。在苏黎世,费希特结识了狂飙运动的重要成员拉法特,与之过从甚密,通过拉法特,认识了拉恩一家,并和玛丽娅·拉恩相爱,以至订婚。据费希特自己说,玛丽娅没有任何外在的美,也没有很高的精神教养,但却非常赞赏她的为人。

1790 年,费希特重返莱比锡,由于原先计划的事业一无所成,只好再当家庭教师,同时为一个大学生补习哲学。这时,费希特开始研究康德哲学。可以说,这是他一生最重要的转折点。他在给未婚妻的信中写道:"这种哲学,特别是它的道德部分(但这部分如不先读《纯粹理性批判》是不可能弄懂的),其对一个人思维方法的影响,是不可想象的。"

1791 年 8 月,费希特赴柯尼斯堡(Königsberg)拜谒康德。他将匆匆写成的《对一切启示的批判》一文送请康德审阅,深受康德赞赏。康德除推荐他到但泽担任家庭教师外,还推荐他把论文送到哈同出版社出版。1792 年,该书出版时漏印作者姓名,一度被哲学界误以为是康德本人的著作,后来真相大白,费希特遂被公认为是最重要的康德主义者。

1793 年,费希特再到苏黎世。针对当时政治思潮的低落,发表了《纠正公众对法国革命的评断》和《向欧洲君主们索回至今被压制的思想自由》等激进文章。与此同时,他自己的哲学体系也臻于成熟。同年底,他在小范围内试讲过他自己的哲学。

拉法特在听讲后表示,费希特乃是他所见到过的思想最敏锐、最严密的哲学家。

1794年复活节,费希特被耶拿大学聘为教授,接任莱茵霍德留下的康德哲学讲座。这以后的几年是费希特集中从事学术活动的几年。他把自己的学术活动分为两部分:在课内为哲学系学生讲授"全部知识学基础"课;在课余为全校学生做通俗讲演。《论学者的使命》就是他第一学期课余讲演的讲稿。

费希特在耶拿大学任教五年,出版了下述哲学著作:《全部知识学基础》(1794年)、《略论知识学特征》(1795年)、《知识学原理下的自然法基础》(1796年)、《知识学原理下的道德学体系》(1798年)。此外,还写成阐发他的"理想国"思想的《闭关的商业国家》一书的大部分。

费希特的激进民主思想和对教育事业的献身精神,赢得了耶拿大学师生的热烈欢迎,但也激起教会和封建反动势力对他的仇恨。他们制造种种事端,对他进行百般诬蔑陷害,终于在1799年把他赶出了耶拿大学。费希特不得已迁居柏林。他在柏林撰写了《人的使命》和续写完了《闭关的商业国家》一稿,并对《全部知识学基础》做了重要的改写,这时,已是1801年了。但费希特在柏林的活动重点不是著述,而主要是进行公开的讲演。他认为,在当时的社会风气下,一个演讲家比著述家更能以具体生动的方式振聋发聩,唤醒人心。《现时代的根本特点》、《论学者的本质》和《至乐生活指南》都是他当时对广大群众公开讲演的讲稿。

1806年,普法战争爆发,费希特申请以随军讲演员身份参战,被国王婉言拒绝。1807年,法军攻占柏林,普鲁士战败媾和,费希特重返柏林。1807年年底,费氏在柏林科学院公开发表了对德国政治现实产生巨大而深远影响的讲演"对德意志国民的讲演",连讲了14次。当时,柏林的法国占领军枪杀了一个散发爱国传单的书商,费希特是知道自己的危险的,但他在日记里写道:"我所追求的是全体国民的振作奋发,我个人的安危早已置之度外。假如我因讲演而死,那也是无上光荣。"

1810年,费希特就任他参加筹建的柏林大学的第一任校长。

1813年夏,爆发了德意志解放战争,在格罗斯贝伦战役中,大败法军,保卫了柏林。其时,柏林城内挤满了伤病战士,恶性时疫流行,费希特不幸受到传染,于1814年1月27日病逝,时年52岁。

二、思辨的哲学体系

(一)知识学以自我为出发点

费希特把自己的哲学叫作"知识学"。这个名称明显地表明他的哲学渊源于康德。但是他比康德更进一步,认为认识论不仅是哲学的中心问题,而且就是哲学本身。他认为说明知识的哲学,不外乎两种立场:一种从知识客体解释知识主体,以外物说明意识,这叫独断论,亦即唯物论;一种从认识主体解释认识客体,以意识说明外物,这叫唯心论。折中主义的中间路线是没有的。费希特坚信唯一可能的立场只能是唯心论,他的知识学就是唯心论的哲学。

知识学并不研究关于个别知识的正误之类的问题。费希特认为,那是科学的任务。知识学探讨的是知识的一般发生的问题,是要弄清楚知识是怎样发生的,知识成立需有什么先决条件,知识有哪些基本要素,它们是怎么来的,它们彼此之间有什么关联,等等。费希特认为康德哲学至少有两个缺点:一是康德的物自体学说;一是康德的先验要素是从经验中分析出来的,不可能尽举无遗,而且它们之间没有必然的关联。费希特认为必须从这些先验要素之间的必然联系上通过逻辑演绎的方法一步一步地把它们都推演出来,包括所谓的物自体在内,而这就必须构成一个逻辑严密的哲学体系。他认为他的知识学就是这样一个足以说明一切知识之基础的演绎体系。

费希特认为一个严密的科学体系要求有一个最高的、明确无误的,可以凭其独特的性质逐步推演前进的出发点。因此,他给自己制定的首要哲学任务就是发现这样一个统一体系的出发点。他认为知识学的出发点只能是自我。但这个自我不是个别人的经验意识,不是现成存在着的意识事实,不是受任何他物规定的意识事实,而是凭自己本身而存在的,它本身只是一种使其自身得以存在的行动。费希特把这个纯粹的意识活动命名为本原行动(Thathandlung)。

费希特的自我学说与常识相反,它把存在与活动的关系完全颠倒过来。自我不是以存在为根据,反而是存在的生产者。他说:"因为自我的自身设定,是自我的纯粹活动——自我设定自己本身,而凭着这种纯粹的自身设定,自我才存在。"① 因此,自我如何行动以建立自己本身从而成为一切知识的基础,我们在日常经验里并不知道,而要靠我们通过对知识的思辨分析才能了解。知识学就是从事这项工作的,所以知识学实际上是一部意识发生史。自我的本原行动是一切知识的基本根据,其最初的三个行动步骤则是知识学的三条基本原理。

第一步,自我设定自己本身。这个本原行动是一切知识的基础,可以从最简单的知识亦即"A=A"这个同一命题入手分析出来。他认为"A=A"所依据的明确无疑的关联就是"我是我"。但"我是我"并不是"A=A"的一个实例。它们的不同之处在于,"A=A"并不表示实际上是否有 A,而"我是我"却表明实际上肯定有我,这是无条件的,因而"我是我"还可以进一步表述为"我是",亦即"有我"。因此,他认

---

① 《费希特全集》,第 1 卷,第 94 页。

为自我在进行一切设定之前,头一个不自觉的行动就是设定自己本身。自我设定自己,是因为它存在着;反之,它存在着,是因为它设定自己,这里出现的是实在性的范畴。它是一切肯定判断的基础,因而是知识学的第一个绝对无条件的基本原理。

第二步,自我设定非我。设定非我也是自我的一个无条件的自发行动,它在日常知识里表现为"$-A \neq A$"这种矛盾命题。费希特认为"$A=A$"中的"等于"表示的是同一,而这里的"不等于"表示的则是差异,所以设定非我的行动和设定自我本身的行动在性质上是截然不同的。自我设定非我的行动在形式上也是无条件的,而在内容上则是有条件的,因为$-A$以A为条件。否定性范畴就是由自我无条件地设定非我这里来的,一切否定判断都以此为基础。

第三步,"自我在自身中设定一个可分割的非我以与一个可分割的自我相对立"。第一步行动设定了自我,第二步行动设定了非我,于是在同一个绝对自我中设定起来的既是自我又是非我,而是自我就不可能是非我,是非我就不可能是自我,这是矛盾。为了解决矛盾,自我就不得不采取第三步行动以保证普遍的自我意识的统一。第三步行动既然是为了解决前两步行动造成的矛盾,它就是前两步行动所决定了的,就不是自发的,因此它在形式上是有条件的。但是,第三步行动如何解决矛盾却不能从先行的两步活动中推导出来,必须无条件地听从自己的理性命令,因此,它在内容上反而是无条件的。理性指出的唯一可行的办法是,将设定起来的自我与非我都加以限制。这样,自我就产生了限制性范围。限制意味着分割。自我成了可分割的、有限的自我,非我成了可分割的、有限的非我,两者于是可以在同一个绝对无限的自我之内对立地同时并存。这条基本原理反映在逻辑里就是根据命题。

知识学的上述三条基本原理既是自我的三步本原行动的概述,又是知识学自身赖以建立起来的方法。第一条自我设定自己的同一命题是一个正题,第二条自我设定非我的矛盾命题是一个反题,第三条自我设定可分割的非我与可分割的自我相对立的根据命题是一个合题。这是一个发展过程。全部知识学就是按正、反、合的步骤找出自我及其必然行动中所包含的矛盾,逐步加以解决的。旧矛盾解决了,又产生新矛盾,又加以解决,这样不断发展前进,构成了知识学的严密统一的逻辑体系。这里,无疑包含有一定的辩证思维因素,这些因素后来被黑格尔吸收和发展为概念辩证法。

(二)理论自我与世界的产生

知识学第三条原理表示:自我设定一个可分割的非我与一个可分割的自我互相对立、互相规定。这里显然包含两种情况:一、费希特把在自我规定非我中规定非我的自我叫作实践自我；二、把在自我被非我规定中被非我规定的自我叫作理论自我。讨论实践自我的活动的乃是实践知识学，讨论理论自我的乃是理论知识学。这两部分可以说就是他的人生观和世界观，当然两者在根本上又是同一回事。

费希特认为理论自我本身包含的矛盾在于它受非我所规定。要解决理论自我的矛盾，就必须弄清楚理论自我作为活动的独特性质。

自我本质上就是全部活动，非我的受动是由自我让渡给它的。自我在多大程度上把自己的活动让渡给非我，非我就在多大程度上是活动的，自我就在多大程度上是受动的。非我的活动是它接受转让给它的活动的结果，自我的受动是由于它的活动的外化，自我受非我活动所规定，实际上是间接地受自己活动所规定。这样，自我的活动总量不变，所以它是绝对的无限的活动；而当它将部分的活动让渡给非我时，它就在量上不完全了，因此，它又是有限的活动。自我把自己的活动部分地让渡出去时就必然要求在其自身之外有一个接受其活动的受者，而这个活动的受者就是自我的客体。这个客体并不是主体之所以受动的实在根据，只是被想象为自我受规定的实在根据。因此，客体（即非我，世界）作为实在根据，乃是主体（即自我）想象的结果。主体制造表象的能力，就叫想象力。费希特认为想象力这种奇妙的能力乃是理论自我的基本能力。人类精神的整个机制就是根据想象力建立起来的。而我们的现实世界就是理论自我的无意识的想象力的产品。但是在他看来，这个想象的世界并不因此而是幻觉，而**毋宁**就是一切实在，是唯一可能的真理。费希特说："我们现在得出了这样的教导：一切实在都是想象力制造出来的。就我所知，我们当代最伟大的思想家之一，也提出过同样的教导，他称实在为想象力的幻觉。但幻觉必与真理相反，必须予以避免。但是现在，既然已经证明……我们的意识、我们的生活、我们的存在，作为自我，其可能性是建立在上述想象力的行动上的，那么，只要我们不把自我抽掉，这种幻觉是抛弃不掉的。而抽掉自我是自相矛盾的事，因为抽象者不可能把自己本身也抽掉。因此，它并不骗人；相反，它提供的是真理，唯一可能的真理。"①

理论自我在创造世界的同时，自身有一个相应的发展历程，包括好几个发展阶段。

第一阶段是感觉。自我不仅仅作为无限的纯粹活动，而且是只可能以自己的活动为对象的活动，这是一种反映式反思，活动因反思而中断，从而受到限制。自我发觉第一次反思带来的限制，产生了受到强制而无能为力的情感。理论自我就进入了第一发展阶段，成为感觉。

---

① 《费希特全集》，第1卷，第227页。

第二阶段是直观。自我继续活动，对第一次反思进行反思。由于自我在第一次反思时不能同时反思其反思，所以第一次反思及其造成的感觉在第二次反思面前呈现为外在的东西。由于自我起初对它自己的活动无所意识，它就对这仿佛是外来的东西进行反思。这时的理论自我就处在直观状态。直观是"一种沉默的、无意识的静观"。

第三阶段是想象力。自我对直观进行反思，把直观当成模型加以模拟，构成具有空间组织的图形，想象成客观世界。范畴起源于想象力，和客体同时发生，而不是来自知性；想象出来的客体的确定性出于想象与直观之间的一致性。想象力模拟直观，只是再生产它已生产了的东西。

第四阶段是知性或理解力。自我在此之前始终处于无意识的状态，从知性起它才开始进入意识，这时它所反思的是对它而言的现实的客体，反思结果得到关于客体的概念。

第五阶段是判断力。知性可以对某个特定的客体进行反思，也可以不反思它，可以把握它，也可以抽象它；对客体的某些标志能予以联合，也能加以区别。这种能自由游移于知性的不同活动之间的理论自我，就是判断力。

第六阶段是理性。抽掉一切客体而反思判断力本身的自我，就达到了理性。这时它意识到一切客体都是可抽去的，意识到它的本质就是纯粹的主体活动性。对理性的意识，就是自我意识。越是在纯粹的自我意识中，自我就越感到摆脱客体的活动自由，越体会到它除了受自己本身所规定外不受任何客体规定，也就是说，越意识到"自我设定自己为受非我所规定"。于是理论自我从它的终点回到了它的起点。

（三）实践自我与人生目的

理论自我着重说明自我如何创造世界，实践自我着重说明自我如何从它所创造的世界里重返自身。自我本是无意识的意识，返回自身自我就成了真正的意识，而且有了自我意识，这是自我的提高，不是复归原状。

实践自我就是"自我设定自己是规定非我的"那个自我。实践自我本身包含着无限的自我和有限的自我的对立。实践自我的有限性与理论自我的有限性在本质上是不同的。实践自我的有限性乃是出于它自己的目的。实践自我规定非我的目的就在于通过成为有限的以显示它是无限的。这个目的从一定意义上说是能够达到的，但从另一方面说，这个目的又是达不到的。费希特说："只要它在形式上是一个非我，就不可能与自我一致，因此，自我涉及非我的那种活动就绝不是一种能把非我规定为实际上与自我等同的规定活动，而毋宁只是一种要规定的倾向、要规定的努力。不过这种倾向、努力,却是完全合法有力的,因为它是由自我的绝对设定活动所设定的。"①这种努力"按照上面的论证,是一种无限的努力"②。实践自我的基本性质是永恒的努力。努力表现出来就是冲动,冲动总伴随着感情。只有感情才把空无内容的概念充实起来,终于发展出绝对实在。绝对实在只有在感情里才能体会到。伦理中的良心、宗教里的上帝,归根结底都是感情上的东西。这样,知识学体系从自我出发,至此又回到了自我。

三、知识学原理下的社会政治思想

费希特的伦理社会政治观点是他的哲学的重要组成部分。通过法国革命,社会发展已达到一个全新的阶段,哲学必须跟上时代的发展,对资产阶级革命所争取的政治自由做出哲学的解答。费希特承担了这个伟大的历史任务。他说:"我的整个哲学体系自始至终是分析自由的概念。"他的抽象的思辨的知识学有着明显广泛的现实社会背景,并不单纯是康德哲学的进一步的发展。

(一) 动机论的伦理学说

费希特哲学体系的中心概念是自由意志。他的伦理学就是根据实践自我的理论对资产阶级个性解放所要求的自由意志进行理论上的论证。

自我是无限纯粹的活动,通过活动自我进入意识之后,分为理论的和实践的两个方面。实践自我为了继续其无限活动,力图不断地超越限制,这就是实践自我进行不断的努力。实践的自我在限制面前两种感觉并存:一方面感到受压抑,产生强制感;另一方面由于自己在努力超越限制,它又意识到自己的力量。这种力量感乃是真正的生命原理。力量感虽然是一种主观意识现象,但在意识进行反思时,它又是自我意识的对象。这个在意识内部具有主客观双重性质的力量感,就其客观存在来说,费希特称之为冲动。实践自我不仅本身是冲动,而且它还意识到自己是冲动。伦理问题从这里才发生。

实践自我的冲动作为力量感在实践自我的意识里一分为二:作为意识主体的冲动即纯粹活动,它是指向自身的;被意识到的冲动即感性冲动,它在意识中已客体化,它指向外物,不从外物中有所享受是不能满足的。这样就出现两种冲动或冲动的两个方面之间的矛盾。为了解决这个矛盾,实践自我不得不一再改变自己感

---

① 《费希特全集》,第 1 卷,第 262 页。
② 《费希特全集》,第 1 卷,第 262 页。

性冲动的指向,从而构成一个包括各式各样冲动的冲动系列。到了所谓交替冲动时,实践自我的被动感觉与能动感觉交互更替。当实践自我中的能动感变换为被动感时,感性冲动仍旧与力争无限自由行动的纯粹冲动在实践自我内互相矛盾,当被动感变换为能动感时,感性冲动就与纯粹冲动两相一致,分裂为二的冲动又重新联合起来。这时,实践自我本身的矛盾消除,出现了"冲动与行动一致"。努力争取"冲动与行动一致"的冲动就是伦理冲动,它的目的是完全的行动自由。

对于作为伦理冲动的实践自我来说,自由不是既定的事实,而是盼望的目标。实践自我并非已经是自由的,而是应当是自由的,自由对它是一个应当,它自身是应当自由的意志。

自由可以分为三类:先验的自由,即作为一切知识经验先决条件的绝对自我的行动自由;宇宙的自由,即实践自我当作道德行为的最终目标来追求的那种自由意志;政治自由则是以伦理的实践自我的自由意志为基础的。

费希特把自由视为人性的本质。人应当被教化得认识自由对人之所以为人的崇高意义,否则人就没有人性,只有奴性。具有人性的人,不仅必须意识到自己自由,而且更要尊重别人的自由。只有想让自己周围的一切人都自由的人,他自己才是自由的。费希特就是这样把自由当成人伦道德的根本所在,而他的人道主义思想也扎根于此。

费希特说:"行动,行动——这就是我们生存的目的。"强调实际行动,乃是费希特伦理学说的一个突出的特点。他认为意志的懒惰是人类的首恶,怯懦、作伪这些罪恶也是来源于惰性,善就是行动,"只有人的行动,才是决定人的尊严的东西"[①]。

费希特提倡道德实践,号召仁人志士行动起来。但是,他是一个动机论者,只讲动机,不管后果。他认为只要凭良心行事,动机好,效果就不会坏。因此,费希特当作自由行动的依据的良心,仍然是一个类似于康德的主观形式的"绝对命令"。

但费希特与康德毕竟也有不同,他要求"兼善天下",提出了一个最高的统一的"伦理世界秩序"。在这个秩序里,每个人都是这个最高精神世界的一员,既是它的个别体现,又都以它为共同的归宿。良心既是自身规定,又是受它所规定的,既无所为,又有所为。人各按良心行动,履行由它规定的使命。

(二)伦理的国家观

费希特最初作为一个契约论者,认为国家乃是一个自我情愿借以划分其自由的法权共同体。在这种国家,公民与国家有三种关系:首先,通过履行公民义务而

---

① 费希特:《人的使命》。

成为国家的成员,国家主权的部分所有者;其次,在权利方面既受国家保障又受国家限制;最后,公民如果违背其义务或逾权须受法律制裁。任何时候,如果国家不能履行上述职责,就丧失了其存在的意义。为了人权的名义,必要时完全应当以暴力将其推翻。所以费希特把法国大革命描绘为"关于人权和人的尊严这些伟大字眼的瑰丽的映象"。

1800年,费希特出版《闭关的商业国家》一书,表明他重视国家的伦理性质。这时,他已不认为国家只是保障个人权利或保证个人自由竞争的管理机构,国家主要应该把全部劳动的组织权掌握在手里。国家应该保证每个公民都有工作,每个公民都能分享到国家全部收入中自己应得的劳动报酬。劳动是每个公民的基本权利和义务,社会上不容有不参加劳动的人。他按劳动工种把公民分为农民、工人和商人三个等级,分别承担生活资料的获取、制作和交换,另外还有一些人从事文化、国防等方面的工作。作为这种组织劳动的前提,国家要掌握全部对外贸易,以保证生产资料的供应和产品的销售。在这个闭关的国家里,民族特征鲜明了,伦常风尚纯化了,而且由于贸易平衡,公共福利有保证,饥荒可以消除,国家的内外安全得到巩固。但是,这种国家在保障资产阶级自由平等权利方面显然相应地有所减弱。费希特作为一个德国小资产阶级的思想家在这点上落后于卢梭是可以理解的。

费希特本来长期怀有在伦理基础上建立世界主义国家的意图,当时国难深重,他的德意志民族意识空前觉醒,于是他痛切地考虑这样一个问题:是否一个民族、一个国家,也像个别人格一样,有义务为实现唯一最高的"伦理世界秩序"而完成它的特殊的精神使命呢?!

1807年年底,在"对德意志国民的讲演"中,他阐述了这样的思想:德意志民族由于它的本原性天生负有实现道德理想的使命。这时费希特深信国家的本质乃是至善的一种体现。国家的根本任务在于发展文化教育事业,提高国民的道德品质。这是整个"人类由物欲的动物前进而成为纯洁的高尚精神的唯一道路"①。费希特后来特别重视为国家进行教育和传播文化的学者阶层,就是这些思想的表现。

费希特把国家视为一种伦理组织,负有实现他所说的最高伦理目的的使命,所以他认为国家一旦完成了它的使命,它就没有继续存在的理论根据了。

(三) 目的论的历史观和宗教思想

在历史观上,费希特认为人类历史乃是理性发展走过的历程。历史的目的就在于最自由地发挥理性的作用,实践"理性王国"。他认为"人类的世间生活的目的

---

① 费希特:《对德意志国民的讲演》第十二讲。

在于它自由地按照理性安排它的一切关系"。① 他深信人类理性的威力,认为依靠人类在科学文化上的努力,总有一天整个人类将自己掌握自己的命运,使之服从自己的理想,绝对自由地从自身做出它想要做的一切。

费希特根据他所说的理性所处的不同发展状态,对历史进行了分期。第一个时期是理性本能的阶段,此时理性的活动完全是自发的,而人类社会是"天真无邪";第二个时期是理性权威的阶段,由于盲从权威而丧失理性,人类社会于是"初生邪恶";第三个时期是理性解放的阶段,这时人类社会无视权威,以自私自利为行动原则,具有"罪恶完满"的特征;第四个时期是理性开始独立思考的理性知识的阶段,这时人类认识到自己的使命,"开始向善";第五个时期是理性艺术的阶段,此时理性憧憬着"人类的永恒原型",人类社会达到"至善完成"的最高理想,也是历史发展的最终目的。

费希特唯心主义地猜测到历史发展的必然性,不过他的历史观具有浓厚的伦理性质,因此,他虽然是法国革命最热烈的拥护者,但当拿破仑推行对外扩张政策时,他坚决号召德意志国民奋起抗击。他认为他当时所处的德国社会是"罪恶完满"的时代。但按历史的必然,一个"开始向善"的历史时期即将到来,而且必将对人类发展作出特殊的贡献。这一思想后来被纳粹分子严重歪曲和利用。

在宗教观上,费希特对宗教的观点可以说是他的道德观、历史观的深入发挥。费希特把人类历史发展的顶点比喻为理性的艺术创作,是意味深长的。艺术创作者心目中必先有一个要通过创作来体现的图像,这个图像就是他在伦理学说里所讲的"伦理世界秩序"。这个秩序的秩序,就是"人类的最高原型",就是神性生活,就是上帝。

费希特认为知识是上帝启示它自身的唯一形式。理性认识自己,也就是认识上帝。理性知识虽然具有因概念而使上帝隐而不见的性质。但终究只有知识是通往上帝的关键,因为到了理性艺术的高度。知识自筑的隔墙是可以消失的,"只要上升到宗教的立场,一切遮挡就都消失,世界连同它僵死的原则就离你而去,神性本身就以它的原始的形象、以生活、以你自己的生活,重新进入你的心"。理性艺术的创造者,憧憬着神性生活,自由地塑造自己的理性生活,这样的生活就是上帝,"因为活的上帝就在它的活生生之中"②。

费希特认为宗教是人的精神所能达到的最高境界。只有站在宗教的立场上人才能摒弃物欲,享受怡然自得的"至乐生活"。这时人心中充满的是爱。复归于本

---

① 《费希特全集》,第2卷,第7页。
② 《费希特全集》,第3卷,第454页。

原就是上帝爱；与同类统一，就是人爱或博爱。

关于神、上帝、绝对，在费希特早期的知识学里没有专门的论述，只在 1800 年以后，特别在《人的使命》《至乐生活指南》里才讲得很多。因此，有人认为他的知识学有本质不同的前期和后期之分。但从一定意义上说，他的宗教论点乃是他的唯心主义哲学体系沿着本乎良心的伦理学说和趋于至善的历史观点继续前进必然会得出的结论。他自己就说："这样一来，我就终于申述了一种关于存在、关于生活和关于至乐的学说，亦即阐明了真正思辨的最高实在的观点。"①

（四）知识学的发展演变

费希特从 1794 年发表《论知识学或所谓哲学的概念》起，到 1813 年秋的柏林遗作《知识学引论讲演》止，对知识学的体系前后改写过十几次。由于问题的逐渐展开，重点转移，整个体系的面貌确实发生了变化。

如上所述，知识学本来不谈最高实在，其起点是绝对的自我，而自我是连它本身的实在也有待它自己来设定的、没有实在性的行动。对于这种学说，不习惯于知识学思辨的人是不会感到满足的，因为由无实在性的行动所设定的一切，能是实在的吗？费希特在 1800 年曾设身处地代表这样的人抱怨过："一切实在都变成了一场怪梦，没有被梦的生活，也没有做梦的人。"②1801 年他在知识学里开始提到"绝对"，就是要解决这个问题。因此有人认为知识学后来变了。

但是，费希特认为，当我们体会我们自己对某一事物的意识时，我们最先觉察到的恰恰是我们对我们自己的把握，这是一种"自明行动"，而自明的行动乃是无条件的、绝对的认知活动，或者说"绝对知识"。因此他坚持"由于我们在……一切可能的知识里，只达到知识，不能超越知识，所以知识学不能从绝对而必须从绝对知识出发"③。直到 1806 年，费希特还自称"我十三年前就有了的这些哲学见解，尽管可能发生一些变化，却自那时以来丝毫没有改变"④。

那么，费希特后期提出来的"绝对"究竟在知识学里居于什么地位，起什么作用呢？实际上他只是为绝对知识提供一种"真正思辨的最高实在性"而已。绝对知识和绝对的关系，在费希特看来是这样的："绝对只能有一个表现，一个绝对的单一的、永远同一的表现，这就是绝对知识。"⑤这就是说，没有绝对知识，没有绝对的认

---

① 《费希特全集》，第 3 卷，第 546 页。
② 《费希特全集》，第 3 卷，第 245 页。
③ 《费希特全集》，第 3 卷，第 12 页。
④ 《费希特全集》，第 3 卷，第 399 页。
⑤ 《费希特和谢林通信集》，1968 年，法兰克福，第 153 页。

识活动,也就没有绝对可言。他曾于 1804 年写道:绝对好比是光,绝对知识好比是光的照明作用。没有照明作用,就无所谓光。而照明作用和光是同一回事。如果说两者之间有区别,也是由于照明作用而区别出来的。诚然我们绝不能超出绝对知识的范围,但我们毕竟还能越过绝对知识去思维绝对,即至少还能把绝对设想为与绝对知识不是一回事,从而使绝对知识取得一种思辨上的支持。费希特在早年的知识学里直接从本原行动、绝对知识出发,来建立他的哲学体系,到了后期提出了绝对,又反复阐述没有绝对知识就没有绝对。这就是知识学前后期的着重点的变化。但就费希特唯心主义体系的整体来看,则确实像他自己所说的那样,并没有什么本质上的变化。

四、结 束 语

最后让我们就费希特的哲学体系的特点及其所包含的辩证思想进行一点总结。

1. 就费希特的体系来说,知识学是具有德国古典哲学特点的唯心主义。列宁说:"唯心主义的实质在于:把心理的东西作为最初的出发点;从心理的东西引出自然界,然后再从自然界引出普通人的意识。"[①]费希特的哲学正是这样做的。他宣称在我们这些普通人尚未出现之前就有了一个创造我们生存于其中的自然界的自我。这是违反普通人的日常经验的。费希特本人也注意到这个问题,他说:"如果一个哲学的结论与经验不符合,那么,这个哲学一定是错误的。"为了解决这个矛盾,费希特改变了笛卡尔和贝克莱的以个别的经验的主体的心理事实为根据的做法。他从自我出发,但这个自我却被说成不是个别的经验的主体,而是作为一切经验之基础的普遍的先验的主体。然后,通过自我设定非我,外物世界就由先验的自我无意识地创造出来了。只是由于自我是先验的,它创造世界的过程又是无意识的,所以我们这些普通的经验的自我就不知不觉地只从现象看问题,把外物世界当成不依赖于我们而独立存在的东西。费希特把承认外在世界独立存在的唯物主义叫作实在论,他认为"这种实在论是我们每一个人,甚至最坚决的唯心论者,在行动时也不能回避的"。但是,费希特认为这种唯物主义观点只属于"生活"范围,与思辨的"哲学"不在一个层次上,不过这两个层次彼此可以互相"过渡"。他说:"我们必须跳出生活,转到它外面去。这种跳出现实生活,就是思辨。"费希特这种为唯心主义辩解的手法,正如列宁指出的,是如此可笑,真叫人不好意思去分析它。

[①] 《列宁全集》,中文版,第 14 卷,第 227 页。

2. 费希特的哲学体系包含了丰富的唯心主义辩证法思想。这里只提其中的三点：第一，关于发展的观点。首先他认识到康德视为理性之谬误的二律背反、矛盾，乃是概念发展的动力，他的知识学体系就是根据概念的矛盾推导出来的。其次，他认识到发展是普遍存在于自然、社会和思维之中的。康德虽然认识到自然界是演化着的，然而不了解范畴之间的发展关系；黑格尔阐述了概念发展的体系，却否认自然界发展变化。费希特比黑格尔更早地猜测到逻辑和历史的统一。第二，关于对立统一的思想。例如：自我与非我的对立统一，认识与实践的对立统一，自由与必然的对立统一，等等。第三，他是德国古典哲学家中唯心主义地发挥人的主观能动性思想最为突出的人，也是其中以资产阶级民主自由思想从事社会活动最为激进的人。他的哲学思想和实践活动在当时曾起过巨大的进步作用。

雅斯贝尔斯

卡尔·雅斯贝尔斯(Karl Jaspers,1883—1969),是德国存在主义哲学的最著名的代表人物之一。

1933年德国纳粹党上台后,海德格尔当上了弗赖堡大学的校长,其时可谓踌躇满志,他的学说也由此风靡一时。而这时雅斯贝尔斯却因其妻是犹太人而遭受迫害,著作被查禁,教授职务被免去,全家被迫迁居瑞士。战后,海德格尔的著作在欧洲又得到了进一步的传播,影响更为扩大,法国存在主义者萨特、华尔等人纷纷追随海德格尔。相比之下,雅斯贝尔斯却是门庭冷落,追随者不多,他的最重要的代表作《哲学》三卷本迟至1969年才出版了第一卷的英文版,而他还有几万张重要的手稿至今尚未整理出版。萨特嘲讽他,说他除了替克尔凯郭尔"做注释以外,没有做一点什么"[1]。华尔对他的评价也不高,他认为:"雅斯贝尔斯的哲学是克尔凯郭尔哲学的一种世俗化的概括。"[2]现在,整个存在主义的浪头在西方已经大大衰退,谈论雅斯贝尔斯的情况就更为鲜见了。

---

[1] 萨特:《辩证理性批判》,第1卷,商务印书馆,1963年版,第6页。
[2] 华尔:《存在主义简史》,商务印书馆,1964年版,第6页。

但是，人们却都公认雅斯贝尔斯同海德格尔一样，也是存在主义哲学的奠基人。

这是因为：首先，从时间上来推算，雅斯贝尔斯比海德格尔还要早些提出较为初步而系统的存在主义学说。海德格尔的《存在与时间》出版于 1927 年，而雅斯贝尔斯早在 1919 年就出版了他的自称是当代存在主义的第一本著作的《世界观的心理学》，他认为这本书已经奠定了他"未来思想的根基"。其次，如果从思想内容方面来看，我们认为，雅斯贝尔斯的哲学也是一种更为完整、更为纯粹和单一的存在主义学说。说它完整，是因为整个存在主义哲学的基本思想在它那里大致上都已经被包罗无遗了；说它纯粹和单一，是因为它基本上没有掺进其他的三教九流的杂质，可以说，它的每一个思想和表述，都带有典型的存在主义的味道。所以，我们甚至还可以说，雅斯贝尔斯的哲学乃是整个存在主义哲学的一个缩影。

因此，分析和考察雅斯贝尔斯的存在主义的哲学思想，对于我们了解和把握整个存在主义的哲学思潮，将会是有意义的。

一、雅斯贝尔斯的生平和著述

1883 年 2 月 23 日，雅斯贝尔斯出生在靠近北海海岸的奥尔登堡。他的家族世代经商务农，他的父亲则是一位法学家，曾任当地的高级警官，后来又当上了一家银行的董事。雅斯贝尔斯后来在回顾他的童年生活时曾说："我们是在注重真理、忠诚、事业、可靠等品格的环境里长大的，并且没有教会的宗教生活。"[①]

据雅斯贝尔斯自己讲，他从少年时起就在思考人应当如何生活的问题，17 岁时读了斯宾诺莎的书，后来又读了康德的书。这些对于他日后哲学思维的发展都有一定的影响。大概是由于遵从父亲的旨意，1900 年雅斯贝尔斯进入海德堡大学学习法律，与此同时，又初步接触了流行一时的当代实证哲学。当时的实证哲学受经验科学的影响很大，排斥对世界本原和人生意义的探讨，这使雅斯贝尔斯深感失望，他认为这种哲学"太无关痛痒，太缺乏魄力，太不看现实了"[②]。他认为："呈现在我面前的哲学乃是伪科学"[③]，"1901 年我在大学里寻求的哲学令人沮丧"[④]。同时，雅斯贝尔斯对于研究法律也不感兴趣，因此，几年之后，他转而学习医学，试图

---

① W.考夫曼：《存在主义：从陀思妥耶夫斯基到萨特》，1957 年英文版，第 159 页。下引此书，不再注版本。

② 雅斯贝尔斯：《生存哲学》，1971 年英文版，第 6 页。下引此书，不注版本。

③④ 雅斯贝尔斯：《哲学》，第 1 卷，1969 年英文版，第 6 页，以下凡引该版只注页码。

深入具体的社会生活,在科学中解除自己对人生的苦闷。1909年,他当上了海德堡大学精神病院的实习医师,从此专攻精神病学。1913年,雅斯贝尔斯出版了《普通精神病理学》一书,并于同年当上了心理学讲师。雅斯贝尔斯认为,他的《普通精神病理学》一书的意义在于从事一种方法论的探讨。在临床精神病学的研究中,雅斯贝尔斯受到了胡塞尔的现象学方法的影响,并获得了一些成效。雅斯贝尔斯曾回忆他那时请教胡塞尔的情形。他曾问胡塞尔现象学的哲学含义究竟在哪里,胡塞尔这样回答他:"你正在正确地使用这种方法呀!就这样干。你没必要懂得它是怎么一回事,这确非易事。"①

1914年,爆发了第一次世界大战。战争不仅给社会带来了严重的破坏,而且给人们的心灵造成了不可弥合的创伤。雅斯贝尔斯对此叹道:"大战以前那种既富于崇高的精神性而又素朴的有如天堂般的生活,再也无法回复了。在这时期,哲学变得比以往更加重要了。"②因为在他看来,毕竟只有哲学才能真正解决人生和社会问题。雅斯贝尔斯开始读克尔凯郭尔和尼采的哲学著作。他对这两位存在主义的哲学先师极为推崇,说在他们身上,看到了他所梦寐以求的东西,也看到了当代哲学的发展前景。从此,雅斯贝尔斯开始了他的认真的哲学思考。1919年,雅斯贝尔斯出版了他的第一本重要著作《世界观的心理学》。在这本书中,雅斯贝尔斯探讨了一种新的哲学心理学,并借助于克尔凯郭尔和尼采的某些基本思想,思考了他后来毕生所研究的许多问题。他说:"在《世界观的心理学》中,我试图系统地提出人类可能有的一切信仰、世界观和态度。"③这时他的存在主义哲学已具雏形。他曾这样说道:"这种心理学不再只是事实和事件的法则的经验陈述,而是心灵上的可能之物的一个轮廓。这个轮廓给人一面镜子,告诉人他能成为什么,能获取什么,能够达到什么境地。这种见识乃是我们达到自由的一种手段,让我们在内在活动中自由选择我们所真正需求的东西。"④

1922年,雅斯贝尔斯开始讲授哲学,然后,又当上了哲学教授。他对别人说,他的哲学与大学里的其他的那些哲学是不一样的,他有权利告诉青年人,什么才是哲学,从而把他们的注意力放在真正的哲学家的伟大之处。因为科学终究不能回答人生的意义问题,"凡是在科学里寻找他的人生意义、他的行动指南,寻找存在本身的人,都不能不大失所望。于是只好回过头来,再请教哲学"⑤。雅斯贝尔斯认

---

① 雅斯贝尔斯:《哲学》,第1卷,第6-7页。
② W.考夫曼:《存在主义:从陀思妥耶夫斯基到萨特》,第160页。
③ W.考夫曼:《存在主义:从陀思妥耶夫斯基到萨特》,第182页。
④ W.考夫曼:《存在主义:从陀思妥耶夫斯基到萨特》,第160页。
⑤ 雅斯贝尔斯:《生存哲学》,第9页。

为,只是在这时,在他已经近 40 岁的时候,他才真正开始他的哲学生涯,"我是先当了哲学教授尔后才开始研究哲学的"①。

此后经过整整 10 年的哲学思考,雅斯贝尔斯于 1932 年出版了他的哲学名著《哲学》。雅斯贝尔斯认为,在他的全部著述中,他对这部三卷本的巨著是最为满意的。他说,他之所以把这部巨著名之为《哲学》,是因为它就是哲学。在雅斯贝尔斯看来,只有实践的哲学,即行动哲学或人生哲学才具有真正的哲学的意义。而他的《哲学》则正是这样一种哲学,它是对人的自由问题的理解,它是对人的生存方式的探讨。他希望这部著作能够指明人的生存的思维空间。《哲学》三大卷的标题分别是"世界的哲学展示""生存的阐明"和"形而上学"。雅斯贝尔斯对这三卷的内容分别做了解释:"在世界的哲学展示中,借助于一种必然的超越,我认清了一切实存的表象(卷一);越过这一基础,在生存的阐明中,我使自己认识到了自己到底是什么以及可能是什么(卷二);最后,在形而上学中,我又越过这两个前提而走向超越存在,我追寻着诸条思维之路,循此存在本身便将其自身展现于我(卷三)。"②在这里,雅斯贝尔斯简要地概括和说明了他的存在主义哲学的整体结构及其基本思想线索。雅斯贝尔斯以后的一些哲学著述,都不过是对这些内容的进一步引发和阐释。

1935 年,雅斯贝尔斯又出版了他的另一部重要著作《理性与生存》,这本书系统地阐述了他的"哲学逻辑",实际上全面发挥了他对当代的哲学基本问题的看法。他说,他的哲学逻辑"自觉地属于我们新唤起的哲学思维"③。1938 年,雅斯贝尔斯的又一部重要著作《生存哲学》问世了,这本书实际上是他的《哲学》的简写本,也是我们借以了解雅斯贝尔斯存在主义哲学的一本入门读物。

此后,雅斯贝尔斯还发表了其他许多哲学著述,如《哲学的永定界域》(1948 年)、《历史的起源和目标》(1949 年)、《智慧之路》(1950 年)、《我们时代的理性与反理性》(1950 年)等。

雅斯贝尔斯一生对哲学史做过大量研究,并通过这一研究来阐发他自己的理想,先后写下了《马克斯·韦伯》(1921 年)、《尼采》(1936 年)、《谢林》(1955 年)、《大哲学家》(1957 年)等多种著作。研究哲学史的问题对于他的思维发展起了很大影响。

雅斯贝尔斯在第二次世界大战以后,积极参加了各种社会政治活动。他斥责

---

① 雅斯贝尔斯:《哲学》,第 1 卷,第 10 页。
② W.考夫曼:《存在主义:从陀思妥耶夫斯基到萨特》,第 183 页。
③ W.考夫曼:《存在主义:从陀思妥耶夫斯基到萨特》,第 184 页。

纳粹德国的法西斯暴行,主张消灭战争、争取和平,揭露资本主义世界的垄断统治和各种严重的社会问题。他先后写下了《德国的罪责问题》(1947 年)、《原子弹与人类的未来》(1958 年)和《德国向何处去?》(1966 年)等著作。与此同时,他却对马克思主义始终采取一种敌视态度。

到了晚年,雅斯贝尔斯致力于探讨一种"世界哲学",企图在他所制定的思维模式和程序中,把各种哲学思维统一起来,以求得哲学世界的"大同"。为此,他写下了《哲学的远见》(1949 年)、《哲学的信仰与启示》(1962 年)等著作。

雅斯贝尔斯一生共出版了 30 本著作,此外,他还留下了大量的重要书信和三万多页的手稿。

1969 年 2 月 26 日,雅斯贝尔斯于瑞士去世。

二、雅斯贝尔斯的哲学观

雅斯贝尔斯本是半路出家搞起哲学来的,但却操哲学之业至终,甚至把哲学当作与他生死攸关的事情。他曾说:"哲学是维系我们生命的思维,没有哲学我便不能生活。"[①]那么,对于他来说,哲学到底意味着什么呢?哲学的意义究竟何在呢?

雅斯贝尔斯和其他存在主义者一样,强调在一些主要的哲学问题,而首先又是在哲学观问题上自己的观点与传统哲学的本质区别。实际上,他认为只有他自己才创造了真正的哲学。因此,在雅斯贝尔斯的著述里,凡是不加限制词地提到哲学的地方,都指的是他自己的哲学。雅斯贝尔斯给他自己的哲学起了一个名称,叫"生存哲学"。为什么叫"生存哲学"呢?简单地说,就是因为他的哲学试图解决人的生存问题,同时也是因为"生存"乃是他最重要的一个哲学概念。生存哲学一词,在雅斯贝尔斯看来,是"用一个有区别性的名称作为标志",其意义还在于"可以把当前哲学的性质突出出来"[②]。显然,在哲学观上,反映了雅斯贝尔斯基本的哲学态度和倾向。

(一) 关于哲学的起源

雅斯贝尔斯说,历史上所有的哲学不外乎起源于三个方面,这就是奇异、怀疑和震惊。

1. 奇异

在雅斯贝尔斯看来,奇异乃是人对自然现象产生疑问的一种态度。人首先对

---

① 雅斯贝尔斯:《哲学》,第 1 卷,第 10 页。
② 雅斯贝尔斯:《生存哲学》,第 30 页。

他所遇到的陌生东西感到奇异,然后才逐渐去探索月亮、太阳、星球的变化和万物的起源。奇异能够迫使人去认识,因此,奇异便是能够使人产生哲学思维的一种起源。它并没有什么实用的目的,而仅仅是一种自我满足,是人对其生活需要的觉醒,是人对万物、苍穹和世界的自由自在的一瞥。

2. 怀疑

雅斯贝尔斯认为,怀疑是人在奇异之后产生的,是人对业已形成的知识的批判检验,正是在这种批判检验中,产生了人的哲学思维。没有彻底的怀疑,便不会有真正的哲学活动。这种怀疑也不是为了某种实用目的,它同样是一种自我满足,使人忘乎所以。

3. 震惊

雅斯贝尔斯说,在奇异和怀疑之后,逐渐意识到人的某种边缘处境,从而引起了人的震惊,提出了追问自身的问题,这乃是哲学的最深刻的起源。所谓边缘处境,也就是人的某种危难境况,是人面对痛苦、面对绝境、面对死亡时的一种意识状况,它要求人们在此情境中奋起拼杀、背水一战。正是这种面对着边缘处境的震惊,产生了最深刻的真正的哲学。

雅斯贝尔斯所谓哲学起源的三个方面,实际上是指产生哲学思维的三个不同层次。他认为,在第一个层次上产生了古希腊的哲学家,在第二个层次上产生了近代的哲学家,而他自己则是在第三个层次上产生出来的最深刻的真正的哲学家。在他看来,真正的哲学应该是起源于震惊的,或者说,只有震惊才能产生真正的哲学,而他自己的哲学正是属于这一类。

(二) 关于哲学的本质

哲学是什么?几千年来人们在这个问题上争论不休。实际上,在一定意义上可以说,对于哲学的规定本身就是哲学,并且一定的时代的哲学观,总是能够最集中地反映出一定的时代的哲学思维的本质特点。当代所有的存在主义哲学家,无一不对探讨哲学观问题深感兴趣,雅斯贝尔斯则更是如此。但是,要是让雅斯贝尔斯来给哲学下一个定义,他却回答说:"我们没有哲学定义,因为哲学不能用别的什么来规定。没有一个可以把哲学当作它自己一个种属的高一级的类。哲学只能自己来规定自己……"[①]甚至在他的那部最著名的《哲学》里,雅斯贝尔斯也始终没有给哲学下个明确的定义。他只是说:"我名其为《哲学》,因为它就是哲学。"[②]实

---

① 雅斯贝尔斯:《哲学与科学》,见《存在主义哲学》,第149页。
② 雅斯贝尔斯:《哲学》,第1卷,第10页。

际上,这里面真正的原委在于,他认为哲学并不是某种自成体系的东西。在他看来,哲学乃是一种思维活动或行动,而不是一种凝固的概念或知识。既然如此,当然就不能说明哲学究竟是什么。但是,哲学的本质却并不是不能把握的。在他看来,哲学既不同于科学,也不同于宗教,因为科学乃是一种客观性的思维,而宗教又是一种绝对性的信仰,哲学与它们都是不一样的。雅斯贝尔斯认为,正是在与科学和宗教的区别中,哲学表现出了它的本质特点。

1. 哲学与科学

雅斯贝尔斯认为,20世纪初以来,在哲学思维的发展进程中,经历了一个哲学→科学→哲学的曲折路线,即"因对腐朽的哲学感到失望而走向实际的科学,又从科学重新返回真正的哲学"[①]的过程。最初,由于自然科学发展的影响,哲学就变成了"科学的哲学"。"它以认识论来研究整体的认识,以一种仿照科学理论、借用科学方法设计出来的形而上学来说明整个的世界万物,以一种普遍有效的价值学说来规定整个的人生理想。"[②]但是,这种哲学仅仅说明普遍的东西,不能说明实际具体的人生。而在当时,又出现了这样一种情况:人们"愿意严肃认真地生活,他们寻找隐藏含蓄着的现实,他们盼望认知可以认知的东西,他们试图通过他们对自己的了解达到他们的根源"[③]。这样,人们就抛弃了这种哲学,转到实际科学方面来了。但是,尽管人们在科学中获取了许多具体有效的知识,然而科学终究不能回答人生意义,也不能探求作为世界本体的存在本身的问题,所以人们最后又重新回到了哲学中来。不过这却是一种能够解决实际具体人生问题的哲学。雅斯贝尔斯说,正是由于经过了这么一个反复,人们便对哲学与科学的关系有了一个正确的认识,"它必然要在形成今天可能的哲学方式时起着决定性作用"[④]。

从雅斯贝尔斯本人的经历来看,他早年曾主攻精神病理学,一直喜欢思考科学问题,尔后又转到了哲学方面来,因而他对于科学与哲学的关系等问题甚感兴趣。他说:"科学应当作为哲学的工具。"[⑤]在他看来,科学对于哲学的意义就在于:

(1) 只有认清了科学的道路,才能明确哲学的性质,防止哲学仍旧保留科学研究的事实知识。

(2) 依靠科学所提供的现象知识,我们才能够对世界有明晰的认识。如果从事哲学思维的人不深入到科学中去,则他始终像个瞎子。

---

①④ 雅斯贝尔斯:《生存哲学》,第9页。
② 雅斯贝尔斯:《生存哲学》,第5页。
③ 雅斯贝尔斯:《生存哲学》,第4页。
⑤ W.考夫曼:《存在主义:从陀思妥耶夫斯基到萨特》,第172页。

(3) 哲学思维必须采纳科学的态度。如果丧失科学的态度,同时也就是丧失哲学思维的真实性。

因此,在雅斯贝尔斯看来,哲学与科学应当统一起来。在他有关"哲学"的言论中,就曾专门论述过这一问题。

不过,在雅斯贝尔斯那里,关键的问题在于要通过对哲学与科学关系问题的阐述来讲清楚他对哲学的本质的看法,因此,特别需要指出他对哲学与科学所进行的区别:

(1) 不同的研究范围和界限。

雅斯贝尔斯认为,科学的研究范围和界限有三个特点。第一,科学的事实知识并不是关于存在的知识。科学知识是特殊的知识,它涉及一定对象而不涉及存在与本身。因此,科学是最无知的,因为它对存在本身一无所知。第二,科学知识不能给生活提供任何目标,它提不出人生的价值标准。第三,科学不能回答它自己的意义问题。雅斯贝尔斯说:"哲学只在科学技术失灵的时候才发言说话。"[①] 在他看来,明确了科学的范围和界限,同时也就看出了哲学本原的独立性。在这个本原上,人们便可以体验到科学所不能告诉我们的东西,这便是存在、人生的目标和价值标准以及它本身的意义问题。哲学能够阐述它自己的意义,它通过对人生的思考,并根据自己的价值标准,来回答存在的问题。

(2) 不同的思维方式。

雅斯贝尔斯认为,科学是研究经验事实的。它乃是一种"知性"的思维方式,其本性就是在主体—客体关系的形式中思考对象,其结果就导致了人的"物化"。但是,哲学的任务是"从本原上去观察现实,并且我在思维中对待我自己的办法,亦即通过内心行为去把握现实"[②]。这种所谓"我在思维中对待我自己的办法",也就是要使"思维变成对现实自身之体验"[③]。在这种体验中,"我体会到一种多于思维的东西"[④],他把这种哲学的思维方式称为"理性"。这样,哲学和科学在思维方式上的区别就表现为所谓理性和知性的区别。其实,雅斯贝尔斯所宣扬的哲学的理性,恰恰是一种反理性主义的思维方式。

(3) 不同的真理观。

雅斯贝尔斯认为,科学追求一种普遍有效的真理,即所谓的正确性。但是,"这种正确性,在其普遍的有效性方面,并没有完全使我们成为真正的人类——而只是

---

① 雅斯贝尔斯:《生存哲学》,第61页。
② 雅斯贝尔斯:《生存哲学》,第3页。
③④ 雅斯贝尔斯:《生存哲学》,第14页。

知性的动物"①。而哲学则不然,哲学真理追求的乃是现实的具体的东西,这便是所谓真实性。这种"真实性不只是正确性。它只显现于从事哲学思维的理性面前"②。在雅斯贝尔斯看来,"洞察真实性的本质,当然也就看清科学与哲学的关系"③,因为正是在这两种真理观上,反映出了哲学与科学的区别。对此,他曾这样述说:"这是两种真理,一种真理绝不能加以言语形容,它只能按照第七书信,单单由思维来予以照亮,并且只能在人与人之间彼此交往心心相印的有利瞬间里,才由思维把它点燃起来使之明亮;另一种真理是用语言文字书写下来的,是每一个人都不能不接受,而又可以普遍了解的,是为一切有理解力的人所了解而抽象地呈现着的。这两种真理之间,距离是多么大啊!"④

雅斯贝尔斯从以上三个方面把哲学与科学区分开来了。这反映了他关于哲学本质的认识的一个侧面。可以看出,雅斯贝尔斯的中心意思是要说明哲学不是一种客观性的思维,而是一种个人的纯粹的内心反省。

2. 哲学与宗教

雅斯贝尔斯认为,科学不研究终极的存在或抽象的存在本身的问题,但是哲学对之却要加以研究,他把这种存在叫作"超越存在",即超越于客观性之上的存在。在他看来,因为超越存在超越了客观性,所以我们不能像科学的方式那样对它加以客观认识,而只能凭借所谓"哲学信仰"来加以确信和想象。但是它又决定着一切,人要成其为人,就要面向超越存在,审视它,倾听它的信息。因此,超越存在乃是世界的根据,是人的最终目的,是生活的本原性的东西。"全部哲学思维都是指向一个目标,既获得对超越存在的确信"⑤。显然,正是由于这种确信,在雅斯贝尔斯那里就使得世界得以说明,从而也就使得他的哲学得以说明。但是,这也正如他本人所说:"从超越存在而演绎出包括我们自己在内的整个世界,乃是想象的。创造观念是原始秘密的表现,是不可思议性的表现,是通过一种没有原因的原因而使问题消逝不见。"⑥

在这里,人们不禁要问,这种基于"哲学信仰"的超越存在与基于宗教信仰的上帝有什么区别呢? 在雅斯贝尔斯那里,哲学与宗教是不是有关系呢?

雅斯贝尔斯承认他的哲学与宗教是有关系的。他说,哲学不能没有宗教,宗教

---

① W.考夫曼:《存在主义:从陀思妥耶夫斯基到萨特》,第 174-176 页。
② 雅斯贝尔斯:《哲学与科学》,见《存在主义哲学》,第 149 页。
③ 雅斯贝尔斯:《哲学与科学》,见《存在主义哲学》,第 149 页。
④ 雅斯贝尔斯:《哲学与科学》,见《存在主义哲学》,第 151 页。
⑤ W.考夫曼:《存在主义:从陀思妥耶夫斯基到萨特》,第 179 页。
⑥ W.考夫曼:《存在主义:从陀思妥耶夫斯基到萨特》,第 227 页。

也不能没有哲学。人不论是把自己囿于哲学还是囿于宗教之中,都会变成独断的、狂热的,最后,由于失败而变成虚无的。因为,哲学能够给宗教提供良知,而宗教又能使哲学充满丰富的内容。因此,他坦率地说,他的哲学绝不反对宗教。

但是,雅斯贝尔斯又不认为他的哲学就是宗教。为了说明哲学的本质,他又对哲学和宗教做了一些区别。

(1) 从其表现形态来看:在宗教中,上帝乃是感性的现实;而在哲学中,超越存在则只是一种密码和象征。

(2) 从其实现方式来看:在宗教中,上帝为神话和天启所把握;而在哲学中,达到超越存在的步骤由每一个人自己来完成,其方式是不可预测的。

(3) 从其所显现的真理价值来看:在宗教中,上帝的语言对一切人都有效准,它是现实性的确定;而在哲学中,超越存在的语言并不对一切人都有效准,它只显现为历史事实。

通过以上三点,哲学便表现出区别于宗教的本质特点,这便是:哲学讲的是具体个人情境中的可能性、具体性和历史性,它与宗教所讲的天国中的现实性(即无可能性)、普遍性和绝对性相对立。

既然在雅斯贝尔斯看来,他的哲学不同于宗教,那么,他的哲学信仰中的超越存在又究竟是怎么一回事呢?他对于超越存在的哲学信仰,实际上乃是一种自我信仰。因为他所说的超越存在,并不是指世界以外的一种客观存在着的神秘力量,而是指在人内心中提高人的精神境界的某种主观力量,是某种内在于人自身而又超越于人,从而使人超越的东西。他正是要借助于人自身中的这样一种所谓的超越力量从而使人成为"真人"。实际上,他所说的"真人"不过是尼采的所谓"超人",人通过面向超越存在的超越就可以成为这种超人。雅斯贝尔斯曾说:人类"是一种拥有超乎他解决问题之能力的动物","一个人必须有勇气试图解决超乎他能力的问题"[①]。在他看来,人之所以能够超乎他的能力,并不在于那个天国中的上帝,而恰恰在于那个存在于人自我中而又超越了自我的超越存在,显然,雅斯贝尔斯是把自我神秘化了,这无疑仍然是一种神秘主义。同时,也反映了其存在主义的典型特征。

通过对于哲学与科学、哲学与宗教的区别阐述,雅斯贝尔斯说明了他对哲学本质的看法:它是人的个体存在的一种非客观性、非理性的思维形式。

(三) 关于哲学的基本问题

哲学的基本问题从来都是思维与存在的关系问题。但是,雅斯贝尔斯却在另

[①] W.考夫曼:《存在主义:从陀思妥耶夫斯基到萨特》,第211页。

一个意义上来看待这个问题。在他看来,所谓思维,应当是一种不具有任何客观意义的人的主观体验,他称之为"理性";所谓存在,应当是一种不具有任何客观意义的人的主观精神状态,他称之为"生存"。雅斯贝尔斯认为,他的哲学的基本问题乃是人的问题,具体说来,便是所谓理性与生存的问题。可以说,雅斯贝尔斯的全部哲学,都是从各个不同角度来谈论这一问题的,他有一本很有名的书就名为《理性与生存》,是专门讲他的理性与生存的哲学逻辑的。那么,为什么要使用"理性"与"生存"这两个词呢?雅斯贝尔斯曾解释说:"'理性'与'生存'这两个词之所以被选用,是因为它们以最透彻、最纯粹的形式向我们表达出澄明黑暗、掌握生活基础的问题。"[①]显然,以思辨的抽象的哲学形式反映出对于现代人的生活境遇的关注,这正是当代存在主义思潮的一个典型特征。

生存(Existenz)是雅斯贝尔斯哲学的一个核心概念,他用以指人的一种非理性的主观精神的存在状态,这种存在状态用他的话来说,就是可能存在和应该存在,即所谓人的超越性和自由性。他认为,这便是人的真正的本质。尽管雅斯贝尔斯只是把他的《哲学》第二卷名之为"生存的阐明",但从一个更广阔的范围来看,实际上他的整个哲学都不过是一种"生存的阐明"。正因为这样,雅斯贝尔斯把他后来的另一部重要著作叫作《生存哲学》。

也正是基于同样的原因,我们可以把雅斯贝尔斯的哲学称为"生存哲学"。

雅斯贝尔斯提出"生存"这一概念,一方面是出于他对现代人的生存状态的关注,另一方面则是基于他对存在问题的哲学思考。在他看来,全部人类哲学史都是探讨存在问题的,而正是在这种探讨中,作为一种非理性的主观精神的存在状态,生存在其隐蔽的根源处逐渐向我们显露出来了,那种包围着希腊诸神的不可理解的命运就是根源于这种存在。哲人苏格拉底也曾聆听过不可理解的神灵的可怕声音;尔后亚里士多德又深入地思考了存在的问题,他在分析了疯狂这一现象后指出,诗人、哲学家和情人的疯狂来自于一种高于理性的非理性的存在。雅斯贝尔斯认为,亚里士多德的分析在哲学史上是很有意义的,这正是生存哲学的一个历史开端。"在当今这个时刻生存成了表示哲学特征的字眼,然而它本身只不过是一种古老哲学的一个形态。"[②]

我们知道,黑格尔在他的《逻辑学》的"本质论"里就曾明确使用过 Existenz 即实存这一概念。不过,黑格尔所讲的实存与雅斯贝尔斯所讲的实存含义有所不同,前者主要是指具有某种规定性的物,而后者则是指具有某种规定性的人。黑格尔

---

① W.考夫曼:《存在主义:从陀思妥耶夫斯基到萨特》,第 210 页。
② 雅斯贝尔斯:《生存哲学》,第 96 页。

所表述的实存的基本意思被包含在雅斯贝尔斯对生存的基本规定中。不过,它并没有着重意指雅斯贝尔斯所说的生存的最基本的特征,即人的非理性的主观精神的存在状态。

事实是,雅斯贝尔斯的生存这一概念,乃是直接受到克尔凯郭尔的影响。他说:"生存这一概念,通过克尔凯郭尔而具有了一种意义,由这个意义我们看到某种蔑视一切确定的知识并具有无限深度的东西。生存不可以用诸存在物的存在的陈旧意义来意会,它要么就什么都不意指,要么就来自克尔凯郭尔所宣称的意义。"① 对于雅斯贝尔斯来说,克尔凯郭尔的一个重要概念就是"生存着的思想者"或"主观的思想者",从哲学史来看,他的这个概念是他在同黑格尔的斗争中形成的。克尔凯郭尔反对黑格尔的"系统的思维者"即普遍的、抽象的思维者,他认为,黑格尔所说的系统的思维者乃是这样一种思维者:他在一种纯粹思维的媒介中运动,而不再关心他的实际存在中的特殊需要和前提。而克尔凯郭尔本人所说的生存着的思维者则是另外一种思维者:他的思维是受他的生存的特定任务和困难所决定的,因而他的思维不是目的本身,而是为他的生存服务的。抽象的思维者以纯理论的态度思维,所以在他的认知活动中是"漠无利害关系的";而主观的思维者则不然,由于他的思维植根于对他自己的生存有燃眉之急的特殊危险中,所以他内在地参与他的思维。因此,克尔凯郭尔说:"客观的思维者对待思维着的主体及其生存是漠不关心的;主观的思维者(生存着的思维者)却对他的思维有本质的利害关系(兴趣),可以说,他就生存在他的思维里。"② 实际上,克尔凯郭尔所讲的就是把人的主观存在和人的主观思维合为一体,从而反对黑格尔客观唯心主义的绝对精神。克尔凯郭尔的这一思想,在雅斯贝尔斯对于生存问题的进一步思考中起了很大作用,由此,他又考虑了理性的问题以及理性与生存的关系问题,他说:"与生存紧密联结在一起的,是另一东西……这就是所谓理性。"③

在雅斯贝尔斯看来,既然人的存在不过是一种主观精神的存在,那么,这种存在的思维方式就绝不可能是一种具有客观性的认识形式,而只能是一种人的纯主观的内心体验,是一种自由的活动,"是超越一切界限的东西"④。雅斯贝尔斯认为,那种客观的认识不过是一种知性,而只有那种在我们看来是非理性、反理性的东西才是所谓真正的理性。他说:"努力去吸取非理性与反理性的东西,通过理性来使之成形,把它变成一种理性的形式,到最后,显示它与理性事实上为同一之物,

---

① W. 考夫曼:《存在主义:从陀思妥耶夫斯基到萨特》,第 210 页。
② 《克尔凯郭尔全集》,德文版第 11 卷,第 115 页。
③④ W. 考夫曼:《存在主义:从陀思妥耶夫斯基到萨特》,第 222 页。

这是合乎哲学要求的。"①因此,在雅斯贝尔斯那里,非理性就是他所谓的理性,或者说,他是把非理性理性化了。

对于雅斯贝尔斯来说,更重要的在于他所谓的理性与生存的关系。在他看来,这个关系"并不提示着这两者的对立,相反,它指示着这两者的关联,而这个关联,实际上又不止于关联"②。按照雅斯贝尔斯的意思,这个关联有以下两个方面:

(1) 理性与生存是彼此遭遇、不可分开的,一个消失,另一个也就消失。

(2) 唯有透过理性,生存才是明显的;也唯有透过生存,理性才能具有内容。如果没有理性,生存就是不活动的、沉睡的,并且好像是不在的;而如果没有生存,理性就将失去作为理性的任何基础,缺乏决定性的动力。理性只存在于可能的生存的活动中。

雅斯贝尔斯总结说:"理性与生存不是两个对立的势力,不是两个彼此争胜的对立力量。每一个都是透过另一个才存在的。它们相互展开,透过对方,彼此才获得清晰性和现实性。"③

我们看到,雅斯贝尔斯在这里企图说明,为了要解决人的生活基础的问题,就应该把人的主观精神的存在状态与人内心的自我体验统一起来,使人通过其内心的自我体验不断提高其主观精神的存在价值,从而成为在至高的精神境界中生存着的真人。这样,通过理性与生存的关系的问题,雅斯贝尔斯把他的哲学的基本问题引导到人的问题上来。可以认为,这正是他对于克尔凯郭尔和尼采的非理性主义的进一步理论化的发展,也是他的生存哲学的主观唯心主义和非理性主义倾向的一个自我表白。

综上所述,可以看出,从整体上或从根本上来说,雅斯贝尔斯对于哲学的看法是错误的,因为:首先,他把哲学产生的原因仅仅归结为个人的心理变化,归结为人的某种抽象的内心体验,而不对它进行社会历史性的说明和具体的分析;其次,他把哲学的本质看作是人的一种主观的、非理性的行动,因此,尽管他试图把哲学与科学和宗教区分开来,却终究无济于事;最后,他把哲学的基本问题抽象地归结为人的问题,与此同时,又用理性与生存这样一个公式把人的问题加以彻底的非客观化、非社会化和非理性化,因此,这就决定了他的哲学到头来解决不了任何问题。

---

① W. 考夫曼:《存在主义:从陀思妥耶夫斯基到萨特》,第 185 页。
② W. 考夫曼:《存在主义:从陀思妥耶夫斯基到萨特》,第 210 页。
③ W. 考失曼:《存在主义:从陀思妥耶夫斯基到萨特》,第 225 页。

三、雅斯贝尔斯的哲学本体论

雅斯贝尔斯从他的基本的哲学态度出发,认为一切传统哲学都不涉及具体的人生问题,因而都是"本体论";而他的哲学则没有什么本体论。他认为,他所谈论的本体已经渗入了人的主观性,所以,就不再是什么本体论了。他说,他的哲学"不是关于本体论的,而是攻击性的,它不认知所是,而是说明大全。重要的是特殊的内容和解释"①。然而,雅斯贝尔斯并不能因此就否认他的哲学所具有的本体论内容;相反的,他的本体论,构成了他整个哲学体系的理论框架。可以说,在现代西方哲学中,整个存在主义流派都是以他们的本体论作为理论基础的。例如海德格尔就直称他的哲学为"基本本体论"。尽管雅斯贝尔斯并不像海德格尔那么坦率明确,但他却也像其他存在主义哲学家一样,从唯心主义的意义上对本体论问题做了阐发,同时他的本体论也带有其鲜明特色——以"生存"为其核心概念,以"大全"的不同模式为依据建构其整个的理论框架。所以不妨把雅斯贝尔斯的本体论称作"生存本体论"或"大全本体论"。

雅斯贝尔斯的本体论所思考的,最初看来好像是抽象的存在本身的问题,而与所谓传统哲学没有什么区别。关于这一点,他曾说过:"越过无限的特殊和部分的事物而追求存在本身,这既是最初的思维方式,又往往是最新的思维方式。当亚里士多德说'诚然,什么是存在,这是过去、现在并将永远发生的总是成为疑问的问题(《形而上学》,1028B)'时,就是这个意思。"②但事实上,雅斯贝尔斯的本体论与所谓传统的本体论所思考的存在,其意义是不尽相同的。雅斯贝尔斯所思考的是以人的生存为核心的存在问题,他说过:我们要基于人的存在的单纯基础从事哲学思考,忘记了人的存在就意味着滑向虚无(《理性与生存》)。可以说,雅斯贝尔斯的全部本体论,都是与人的存在相关的。

(一) 什么是存在?

存在这一概念可以说是雅斯贝尔斯进行哲学思考的出发点,同时也是他的本体论的逻辑起点。事实上,雅斯贝尔斯在哲学道路上,始终都在思考存在的问题。他的几部主要的哲学著作都对这个问题进行了阐述。不过,他前后著作中的表述是不尽一致的。例如,在1932年出版的《哲学》中,他曾强调过存在的三种方式,即

---

① W. 考夫曼:《存在主义:从陀思妥耶夫斯基到萨特》,第183页。
② W. 考夫曼:《存在主义:从陀思妥耶夫斯基到萨特》,第212页。

"客观存在"——时空客体的存在,"主观存在"——人的自我存在,"自在存在"——世界彼岸的存在。而在1938年出版的《生存哲学》中,雅斯贝尔斯则没有再使用这三种存在的概念了。

那么,雅斯贝尔斯是怎样来说明存在的呢?他明确反对唯物主义的主张,认为凡客观存在的事物都不是存在;相反,事实上他认为只有不在存在中的所谓存在才是真正的存在。他说:"凡是成为我们的对象的任何事物,宛如从存在的黑暗背景中趋近我们。每一个对象都是一个确定的东西,但绝不是一切存在。凡是被认为对象的任何东西都不是存在。"①具体的个别的事物不是存在,那么,一切事物的总和呢?雅斯贝尔斯的回答仍然是否定的,他说:"客观的研究,都是向着一个新的全体发展,但每一全体永远不能成为整个的和真实的存在。"②在说明这一问题时,雅斯贝尔斯喜欢打这么一个比喻:我们好像永远是生活在我们知识的一个视野里,但是我们又永远也达不到一个在那里不再有视野边际的地方,因此,对于我们来说,存在永远没有尽头,永远是未封闭的,它把我们引向四面八方,而四面八方又都是无边无际的。这就是说:"不论什么,凡是对我来说成为对象的,它就是其他存在中的一个有规定的存在,它就只是存在的一个方式。当我思维存在的时候,比如说,把它当作物质,当作能力,当作精神,当作生命,如此等等——所有这些可以思维的范畴都已尝试过了——我最后总是发现我已把出现于整个存在之内的某一有规定的存在方式绝对化了,使之成为存在自身。但是,任何被认识了的存在,都不是存在本身。"③在雅斯贝尔斯看来,所谓世界,代表的是一个被认识的客观存在,也即为我们的存在,因而是非存在;而所谓存在,代表的则是一个抽象化了的空间。显然,他在这里所讲的存在,不是具体的存在的存在,而是抽象的非存在的存在,即存在于非存在之中的存在。它的特点是,不能被看到、摸到,也不能被思维所把握,而只能靠想象和信仰去把握。可以说,传统的唯心主义哲学家往往是把存在与思维同一起来,他们的公式是思维即存在;而雅斯贝尔斯与之不同,他的公式是思维即非存在。不过这不是他们的本质区别。传统的唯心主义哲学家把思维同存在等同起来,雅斯贝尔斯则是把信仰同存在联系起来,他们都否认了客观存在,在这一点上,他们都是共同的。

在雅斯贝尔斯那里,既然对存在是不能做任何规定的,那么就必须用一个词来指称它,这就是他的所谓"大全",其意思是"无所不包者"。雅斯贝尔斯是这样解释大全的:"它不是我们某一时候的知识所达到的视野边际,而是一种永远看不见的

---

①② W.考夫曼:《存在主义:从陀思妥耶夫斯基到萨特》,第176页。

③ 雅斯贝尔斯:《生存哲学》,第17页。

视野边际,不仅如此,一切新的视野边际又都是从它那里产生出来的。"①在解释了大全之后,雅斯贝尔斯才能给存在下一个"完美的"定义:"存在是指无所不包的大全所代表的那个至大无外的空间。"②

(二) 大全

通过大全来说明存在,这大概是雅斯贝尔斯的一个"创造"。他曾说过,今天的哲学真理,多数表现为将旧思想翻新,只有少数表现为新的基本概念的形成。他认为,大全就是这样的一个新的基本概念。雅斯贝尔斯曾对他使用"大全"这一概念的意图做过解释:"我们总是生活在一个界域里,但是,正由于它是一个界域,所以便指出了还有某些其他的东西围绕着这一界域,因此,这便引出了大全的问题。"③显然,他所思考的大全问题,乃是存在的无定界或无限的问题。

那么,大全都有些什么特点呢?

(1) 大全永远仅仅透露一些关于它自身的消息——通过客观存在着的东西和视野的边际透露出来,但它从来不成为对象。因此,"我们可以从哲学上领会它,但不能客观地认识它"④。因为,"一切样式的大全,当它们变成研究对象并且仅仅是研究对象时,就好像消沉自毁了;当它们以研究对象的形态而成为可看见和可认知的东西时,就好像气绝身死了"⑤。

(2) 大全自身并不显现,而一切别的东西却都在大全里面向我们显现出来,"以便使思维的结果不是产生出一种关于什么东西的知识,而是呈现出一个色彩特异而又永无尽头的空间"⑥,从而使"我们所认识的一切存在物都因与这个空间有了关系而获得一种深远的含义,它们都是从它那里向我们显示其自身,借此向我们透露存在,其自身却并不就是存在"⑦。

(3) 大全不仅能够使一切事物按照其本来的样子直接显现出来,而且还使它们都成为透明的。"这个空间虽然不能被认知,它却显现为一种好像在透视着一切被认知的存在的东西。"⑧因此,"对哲学来说,万物同时又都被大全所渗透,或者

---

① 雅斯贝尔斯:《生存哲学》,第 18 页。
② 雅斯贝尔斯:《生存哲学》,第 14 页。
③ W.考夫曼:《存在主义:从陀思妥耶夫斯基到萨特》,第 211 页。
④ W.考夫曼:《存在主义:从陀思妥耶夫斯基到萨特》,第 175 页。
⑤ 雅斯贝尔斯:《生存哲学》,第 23 页。
⑥ 雅斯贝尔斯:《生存哲学》,第 22 页。
⑦ 雅斯贝尔斯:《生存哲学》,第 19 页。
⑧ 雅斯贝尔斯:《生存哲学》,第 24 页。

说,万物有就像没有了一样"①。

雅斯贝尔斯认为,从对大全的阐述中,就能发现"哲学"(即他自己的哲学)和"本体论"(即传统的哲学本体论)的本质区别。因为在他看来,"本体论"是从概念上认知存在,而"哲学"则是把存在照亮了;"本体论"把存在理解为客观事物或意义单位,而"哲学"则把存在作为至大无外的空间,作为一切客观存在于其中而向我们显现的空间;"本体论"指出一种内在性思维中直接可以看得见的东西,哲学则是间接地在超越性思维中触及存在。正是由于这种区别,所以雅斯贝尔斯说,体会大全"是一个否定的步骤","是打破我们的世界这个窄狭范围的第一个步骤"②,因此,"大全的观念,毋宁说是一种破坏性的观念,它根除了我们日常思想中的所有的自然客观性"③。

无疑,所谓大全,不过是雅斯贝尔斯的一个理论上的虚设。对此,雅斯贝尔斯并不讳言。他曾说过:大全的体会,不是研究结果,仿佛从此以后可以言说了。它毋宁是我们的意识的一种态度。不是我们的知识改变了,而是我们的自我意识改变了。显然,雅斯贝尔斯这是把自我意识强加于现实。

在雅斯贝尔斯看来,对于大全的说明是很有意义的,这正是他的处心积虑之处。概括起来看,他对其意义至少有这么两点估计。

第一,雅斯贝尔斯认为,阐述大全,能使我的存在意识发生变化,"凭借它,我们盼望能把我们自己从我们根据一个知识而产生的存在意识的枷锁里解放出来"④。这就是说,它使我认识到,一切所谓的客观知识,都不过是现象知识,而不是关于存在本身的知识。例如,人类学并不认识人的真实的活生生的实际存在,艺术学并不把握真正的艺术现实,宗教学也并不把握真正的宗教现实。这样,"我们就有一种与一切特定的知识不可相提并论的存在意识明亮起来了,我们进入了可能性的最大空间"⑤。在这个空间中,一切都是不确定的,都是可能的,可供选择的,因此,"大全并不给我以可知性,它让我保持着我的自由"⑥。显然,雅斯贝尔斯所讲的存在意识的变化,正是这个自由的变化;他所讲的那个明亮起来的存在意识,正是这个自由意识。我们要注意的是,这正是他的整个自由哲学的一个本体论的论证。

第二,雅斯贝尔斯认为,阐述大全,是彻底发展哲学思维的"预备条件",是"哲

---

① 雅斯贝尔斯:《生存哲学》,第 22 页。
② 雅斯贝尔斯:《生存哲学》,第 28 页。
③ W.考夫曼:《存在主义:从陀思妥耶夫斯基到萨特》,第 229 页。
④ 雅斯贝尔斯:《生存哲学》,第 18 页。
⑤ 雅斯贝尔斯:《生存哲学》,第 19 页。
⑥ 雅斯贝尔斯:《生存哲学》,第 23 页。

学逻辑的任务之一"。这也就是说,阐述大全是建构其整个哲学体系的一个基本前提。他说,传统哲学的本体论之说明存在,"是把它论述存在时所设想到的存在还原到一个最初的存在",而他的哲学"则先对大全做一种说明,凡以后在论述存在时可能谈到的都以这个大全为根据和本原"①。如果说,存在是雅斯贝尔斯的本体论的逻辑起点的话,那么大全则是其实际的前提,它需要时时把雅斯贝尔斯后面所谈到和引申出来的东西与之作相应的对照,把大全作为其整体背景。在这一意义上说,大全确实又是雅斯贝尔斯本体论思想的一个大全,因为他的本体论思想都无所不包地包含在这个大全之中了。

(三) 不同的大全样式

在雅斯贝尔斯那里,抽象的大全同一不过是一种理论的虚设,说明不了任何问题。雅斯贝尔斯的目的还是要通过对不同的大全样式的具体化,来逐步展现他所谓的"现实"。

雅斯贝尔斯认为,大全是会"因某些现象的客观性而分裂成为不同的大全样式"②的,这就是世界、普遍意识、实存、精神、生存,以及超越存在。这是一个由低级层次向高级层次排列的大全样式的序列。他说:"在思考关于暂时性的存在时,人们必须不断地历经大全的各种样式。我们不能够停留在任何一个样式上面。"③下面我们也来"历经"一下这些样式。

1. 世界

世界是什么? 雅斯贝尔斯不愿多谈世界,他说:"被认识的世界是我十分生疏的东西,我和它有距离。"④在他看来,世界归根到底是个虚无。他说,我愈是坚决地去把握世界,我就愈觉得自己在这个世界上无家可归……因此,"整个地看,世界是不能信任的"⑤。

可是世界毕竟是个实在,他还活在这个世界上,因此他也不能不谈,于是在他的《哲学》第一卷"世界的哲学展示"里,一开始也谈了世界。

"世界究竟是个什么东西呢?"从 2500 年前的泰勒斯以来的所有哲学家都在问这么一个问题。人人都觉得有鸟语花香、大地山河,对景生情,触景发思,不能不产生疑问,寻求个究竟,找到个本原。有的说本原是地、水、火、风,有的说是物质、精

---

① 雅斯贝尔斯:《生存哲学》,第 22 页。
② 雅斯贝尔斯:《生存哲学》,第 19 页。
③ W. 考夫曼:《存在主义:从陀思妥耶夫斯基到萨特》,第 231 页。
④ 雅斯贝尔斯:《哲学》,第 2 卷,1970 年德文版,第 4 页。
⑤ 转引自《国外社会科学》,1981 年第 1 期,第 24 页。

神,还有别的一些说法。在雅斯贝尔斯看来,各种说法都对也都不对:说都对,是因为地、水、火、风、物质、精神等,都是世界里的事物,用世界的一部分来说明全体,总不能算全错;说都不对,是因为这些说法都是用世界里的事物来说明事物的世界,没说出个究竟来。因为,每一个事物,都只是一个存在着的东西,都仅仅是存在着,但并不就是存在着的世界本身,所以在雅斯贝尔斯看来,过去的哲学都是答非所问。

因此,雅斯贝尔斯认为,世界不能用具体的事物来描述,而必须用抽象的大全来加以说明,世界就是大全的一个样式,它代表着我们的存在,它的特点是主观与客观相关联。

雅斯贝尔斯把世界划分为四个领域:物质世界、生命世界、心灵世界和精神世界。这四个领域各不相同,没有联系,画地为牢,因此,世界的图景是多元的。这样,雅斯贝尔斯一方面因其支离破碎而把世界排斥在哲学的研究范围之外;另一方面,又反映了他的多元主义、相对主义的思维特征,为他的个人主义和虚无主义的人生观作出一个初步的印证。

2. 普遍意识、实存、精神、生存

雅斯贝尔斯认为,世界乃是存在自身在其中向我们显现的那个大全。此外,还有一个我们人本身所是的那个大全,它包括普遍意识、实存、精神和生存。显然,这是雅斯贝尔斯对于与世界相对应的"我"(即人)的不同状况的一种描述。

所谓普遍意识:雅斯贝尔斯说,如果我是一个与其他主体本质上相同的主体,那我即是普遍意识了。[1] 像其他唯心主义哲学家一样,雅斯贝尔斯认为意识是第一性的东西。他说:"任何东西只有在呈现于我们意识之前而为可经验的对象时,才是对我们存在的。凡不呈现于我们意识者,凡是根本不接触我们的认知者,对我们而言,则可谓一无所有。"[2] 但是,雅斯贝尔斯又认为这种普遍意识太空洞了,对于所谓的现实人生太没有实际意义了,因此,"为了返回现实,就要从空洞的意识前进一步走到现实的人的实存"[3]。在他看来,所谓人的实际存在总要比空洞的普遍意识更接近于现实。

所谓实存:在雅斯贝尔斯看来,实存就是人的实际存在。一方面,实存显然与那种空洞的普遍意识是不同的;另一方面,实存与那种客观性的世界则更是截然不同。因为,这种实存是不能被当作客观对象而加以认识和把握的,"如果被视为

---

[1] 雅斯贝尔斯:《哲学》,第1卷,第54页。
[2] W.考夫曼:《存在主义:从陀思妥耶夫斯基到萨特》,第214页。
[3] 雅斯贝尔斯:《生存哲学》,第20页。

客观对象,我本身所是的实存的大全也就变成了像客观世界那样外在的东西;一旦我们的实存成为研究对象时,我们就落入客观世界之中……在这种情况下,我们只是被视作其他许多物中的一种物,而不是真正的人"①。雅斯贝尔斯认为,这样一来,我便毫无个体性可言了,毫无感情和意志可言了。但是,我分明是一个真正的人,一个走向现实的人的实存,其特点是既实际存在而又有个性。说它是实际存在的,因为"这种实存有始有终,有自身还有环境,在它的环境里,或者艰苦卓绝而坚持奋斗,或者心身俱疲而逆来顺受,既有快乐也有痛苦,既有恐惧也有希望"②。说它是有个性的,因为"实存经常与普遍有效的真理对不上口径"③。

所谓精神:精神在雅斯贝尔斯那里是人本身所是的大全的第三个样式。他说:"精神是知性的思维、活动和情感的整体——这个整体不是知识的封闭的对象而是理念。"④他认为,不论是普遍意识也好,还是实存也好,毕竟都还是片面的。人不仅是一个普遍意识,也不仅是一个实存,他同时还是一个"整体",这就是"精神"。这也就是说:"我还不仅只是实存而已,现实的我又是一个精神,凡意识所思维的东西和作为实存的那些现实的东西,一切一切,都能被吸收到这个精神的各种观念性的整体里。"⑤显然,精神是普遍意识与实存的一个合题,它显示了人的更加完美丰富的精神性,构成了一个具有知、情、意的人的理想形象。然而,作为一个整体,"在精神里,既有因处于整体中而深感满足,也有因永不圆满而备受苦痛"⑥,因此,"精神将维持、加强并产生一切事物对一切事物的关系,不排除任何事物,而给予一切事物以地位和限制"⑦。这就说明了精神是一个趋于完成而又永不完成的整体,它体现了人的自我完善性和开放性。

所谓生存:雅斯贝尔斯认为,普遍意识、实存、精神均属内在存在,"它们代表着三个不同的起点"⑧,前后相续使人从一种混沌的意识状态上升到一种完满丰富的精神状态。然而,到了精神这一层次里,由于精神所特有的开放性,便出现了超出内在自我的可能,这也就是超越到人的生存状态的可能。雅斯贝尔斯说:"当我超出了我的内在自我,我便成为与其他生存共在的生存。"⑨在他看来,生存与精神

---

① W.考夫曼:《存在主义:从陀思妥耶夫斯基到萨特》,第214页。
② 雅斯贝尔斯:《生存哲学》,第20页。
③ 雅斯贝尔斯:《生存哲学》,第41页。
④⑦ W.考夫曼:《存在主义:从陀思妥耶夫斯基到萨特》,第216页。
⑤ 雅斯贝尔斯:《生存哲学》,第20页。
⑥ 雅斯贝尔斯:《生存哲学》,第40页。
⑧ W.考夫曼:《存在主义:从陀思妥耶夫斯基到萨特》,第217页。
⑨ 雅斯贝尔斯:《哲学》,第1卷,第85-86页。

的区别就在于：精神仍不过是知性的形态，而生存则不再是知性，它属于理念的范围；精神是一个整体，而生存则"打破所有的整体而永不到达任何实在的全体"①。因此，生存实际上乃是一种非理性的纯粹的精神存在，在雅斯贝尔斯那里，它乃是人之所以成为真人的最高层次。人之作为真人，就必然要成为一个生存。这也就是说："在大全的一切样式中，自我只能真正地自觉为生存。"②

3．超越存在（现实）

在雅斯贝尔斯看来，在世界的背后，在人的内心深处，有一个彼岸世界，叫作"超越存在"，它就是纯粹抽象的存在本身。这个超越存在，只有成为生存的人才能领悟它的存在，倾听它的召唤，因此，它的存在是靠人的确信和信仰来把握的，它存在于人的非理性的状态中。同时，也只有确信和信仰了这个超越存在，人才能够最终成为生存，成为真人。雅斯贝尔斯说，我们总想知道我们是什么以及可能是什么，然而若仅仅专注于人自身，就会造成一种过度的现象，而把那些对人来说至为重要的东西忽略了。所以人是不能在他自身的基础上被了解的，只有在我们的内心深处虚设一个彼岸，才能由此而把生存的真理指示出来，因为"我们愈坚决地是我们自身，我们就愈明确地经验到，我们之所以是我们，并不是由于我们自身的力量使然，相反，我们是被赐予我们的"③。因此，一方面，"只有透过生存，超越存在才不会变成迷信，而能够表现为真正不至于消失的实在"④；另一方面，"只有当我们认识到超越存在乃是使我们真正成为我们自己的力量时，我们才是生存"⑤。生存与超越存在的这种关联关系，乃是雅斯贝尔斯哲学中的一个十分重要的问题。

在雅斯贝尔斯那里，超越存在所在的那个地方，或者说，到达了（领悟了）超越存在的那种状况，就叫作"现实"。也可以说，超越存在就是现实。他说："现实一直往后退，一直退到超越存在那里才不再后退。"⑥这就是说，现实是意识所不能把握的，越意识就越渺茫，只有到超越存在那里才能够找到它。所以，"哲学思维的最终问题，还是追求现实的问题"⑦。显然，雅斯贝尔斯是把并非客观存在的当作真正的存在，把并非客观现实的当作真正的现实，因而，他的哲学乃是一种颠倒了的哲学，我们在理解他的所谓现实时，也必须颠倒过来看。

雅斯贝尔斯宣称现实有三个特点，即无可能性、历史性、统一性。

---

① W.考夫曼：《存在主义：从陀思妥耶夫斯基到萨特》，第320页。
②⑤ W.考夫曼：《存在主义：从陀思妥耶夫斯基到萨特》，第219页。
③ 雅斯贝尔斯：《生存哲学》，第68页。
④ W.考夫曼：《存在主义：从陀思妥耶夫斯基到萨特》，第220页。
⑥ 雅斯贝尔斯：《生存哲学》，第76页。
⑦ 雅斯贝尔斯：《生存哲学》，第65页。

所谓无可能性:"现实自身所在的地方,那里就不复有可能。现实就是不再能被变为可能的那种东西。"①

所谓历史性:"永恒的现实不可被当作一种无时间的持续的他物,不可能当作一种在时间里常住不变的东西。对我们来说,现实毋宁是一个过渡。"②

所谓统一性:"世界中的统一性,是根据超越存在中的统一性而得到理解的;我们又是通过我们生命实现中的绝对统一性来体会唯一的上帝的。所以,在超越一切内在统一性的超越过程中,统一性就是现实性自身。"③

雅斯贝尔斯通过现实的这三个特点,究竟要说明什么呢?这正是问题的关键所在。

雅斯贝尔斯说:"只有当我成为我自己时,我才取得这种关于现实的经验。超越存在,当我作为可经验的世界事物时,它的发言我是听不见的,只有当我是一个生存时,它的发言我才能听得到。我自己的现实,取决于我如何认识现实和我把什么当作现实来认识的方式。我们如何去接触那无可能性的现实,我们如何在我们的历史性里并且通过这历史性亦即统一性而掌握现实,其方式决定着我们对现实的接近。"④

雅斯贝尔斯这一段话的意思是说,只有当我成为生存时,我才能到达现实、成为现实,或者说,我的生存就是我的现实。因此,我的生存状况,完全是与现实相对应的。显然,这就是他的生存说的实质内容。可以认为,现实的这三个特点,正是为了说明他对生存本身的本质规定。

所谓无可能性这一现实的特点,雅斯贝尔斯乃是指在现实那里,没有客观思维的可能性。他认为,现实乃是本原,是第一位的东西,人是不能通过客观思维去把握它的,因为这种客观思维只能使人窒息而死。如果人企图去思维现实,那么现实就不再是现实了,在这样的一瞬间,我们就会产生虚无的感觉。那么,怎么办呢?我们便只有通过我们的自由,通过超越以达到现实,并使我们由此而成为生存。因此,无可能性这一现实的特点就规定了生存的自由性与超越性。自由与超越,这正是雅斯贝尔斯所谓人的现实的第一个本质特征。

通过历史性这一现实的特点,雅斯贝尔斯实际上阐明了生存的另一个本质特征,即生存是要通过自我选择的,是变动不居的,是不能加以确定的。为什么呢?雅斯贝尔斯说:"我要跟我生存于其中的那个在时间里具体显现着的现实合为一

---

① 雅斯贝尔斯:《生存哲学》,第 69 页。
② 雅斯贝尔斯:《生存哲学》,第 72 页。
③ 雅斯贝尔斯:《生存哲学》,第 76 页。
④ 雅斯贝尔斯:《生存哲学》,第 78 页。

体,从而深入于本原。"① 因为现实乃是显现为历史的,所以,"人只在他是历史的时候,才是现实的"②。这种现实的生存的历史性,说明"人的历史没有可能的终极状态,没有一个完成的期限,没有目标。任何时候都可能是个完成,而同时又是终结和没落"③。因此,生存在每一瞬间都是历史上一个现实的完成,同时又是另一个现实的开端。显然,雅斯贝尔斯的这一思想与整个存在主义思潮的"存在先于本质"与"自我选择"的基本精神是完全吻合的。

通过统一性这一现实的特点,雅斯贝尔斯实际上阐明了生存的最后一个本质特征,即生存永远处于一种追求某种统一性的冲动之中。他认为,世界是没有统一性的,"如果有统一性的话,统一性只存在于超越存在中"④。但是,人的生存恰恰就是要追求这种统一性以成为现实的,现实的人就是要统一于超越存在之中。显然,雅斯贝尔斯的统一性,也就是他所讲的返回和复归本原。然而,我们看到,由于他所说的本原并不在世界之中,他所说的统一性也并不是世界的统一性,因此,他的这种追求只能是一种盲目的追求,他的这种冲动也只能是一种非理性的冲动。他自己也承认他对于这种统一性的追求是:"愈追求愈渺茫。"⑤ 而这种盲目的追求和非理性的冲动,却也正是现代存在主义思潮的一个鲜明特点。

通过以上的分析,可以看出,雅斯贝尔斯所说的生存乃是作为纯粹意识的人本身,在一定意义上,它颇类似于弗洛伊德的"本我"、胡塞尔的"纯粹意识"和萨特的"反思前的我思",只不过他的生存略多一些行动的意义和人格的色彩罢了。与此相对应,雅斯贝尔斯所说的超越存在(现实)则是指作为纯粹存在的人本身。他在这里所考虑的中心问题,就是通过人的纯粹意识,返归本原,达到人的纯粹存在。因此,他所讲的生存与超越存在相互关联,不过是在讲人的纯粹意识与人的纯粹存在的关系而已。然而,不论是人的纯粹意识也好,还是人的纯粹存在也好,都不过是对人的本性的一种错误的极端抽象,他的这种哲学逻辑是根本不能成立的。

通过对大全样式的逐一考察,雅斯贝尔斯的大全便一览无余了。他本人曾这样描述他此刻的心情:"当我给我自己照亮了大全这个无所不包的空间时,我仿佛把围绕着我的黑暗的牢狱墙壁变换成了透明的;我瞭望到了远方,一切存在着的东西都能呈现在我的当前。——然后,当我确切掌握了存在借以向我自显的那种

---

① ② 雅斯贝尔斯:《生存哲学》,第 73 页。
③ 雅斯贝尔斯:《生存哲学》,第 72-73 页。
④ 雅斯贝尔斯:《生存哲学》,76 页。
⑤ 雅斯贝尔斯:《生存哲学》,第 74 页。

真理时,我仿佛走到哪里就有光跟我到哪里,我就自由自在。"① 可见,雅斯贝尔斯的心情是何等的兴奋呵,他在庆贺反对所谓传统的本体论的胜利!然而,这不正是一种地地道道的精神胜利法吗?

(四)密码

雅斯贝尔斯把所谓超越存在的问题诉诸信仰,这无疑是很荒诞的。为了修补这一显见的错漏,他又为他的信仰做了进一步的解释和辩护。他说他的信仰并不是盲目的信仰,而仅仅是一种通过个人的知觉和经验而产生出来的信仰。他说:"现实只能通过有信仰的知觉、有信仰的经验来把握,除此而外,别的道路都行不通。"② 因此,他又强调说:"现实是当前现在着的,但只当每一个自身存在的人能够通过自己的现实来认知它时,它才当下存在。"③ 这就是说,每个人的信仰总是各自不同的。那么,每一个自身存在的人又是怎样通过这种有信仰的知觉和经验来把握现实的呢?雅斯贝尔斯在这里提出了"密码"的问题,他说:"只有把存在当作密码来谛听,才能领悟看来毫无疑问的现实的真义。"④ 可见,在他看来,密码是极为重要的,它关系到我们能否领悟现实的问题。

所谓密码是怎么回事呢?雅斯贝尔斯说:"对哲学来说密码就是超越的现实在世界里的形象。"⑤ 这也就是说,密码就书写在我们的世界之上,它携带着超越存在的信息,我们通过个人的经验领悟了密码,就会看到超越存在的形象。为什么密码不能明说呢?为什么世界与超越存在之间的连通非要采用密码的形式呢?他说,这是因为存在着一个矛盾:一方面,现实如果要为我们所把握,它就必须具有语言,必须可以言说;而另一方面,因为语言是一种思维的形式,而它的内容就是一种被思维了的东西,所以,语言的使用就会立即重新把现实当作一个可能来思维,这样,当然就会歪曲了现实。因此,现实的语言形式就必须是一种既思维同时又停止思维的思维所具有的形式。也就是说,一方面,使人们在思维中去把握现实;另一方面,又使人们在思维中抛弃思维的形式。这样,就只有通过密码的暗示,使得超越存在为我们所领悟。由此可见,雅斯贝尔斯为了自圆其说,是怎样地费尽心机了。

雅斯贝尔斯认为,对我们来说,超越存在什么都不是,因为凡是对我们存在着的东西都是以实际存在的形态存在着的。同时,超越存在又是一切,因为世间的一

---

① ② ③ 雅斯贝尔斯:《生存哲学》,第 84 页。

④ 雅斯贝尔斯:《生存哲学》,第 83 页。

⑤ 雅斯贝尔斯:《生存哲学》,第 85 页。

切事物都可以充当密码,都携带着超越存在的信息。日月星辰、江河山岳、鱼虫花草,都证明了超越存在的存在。因此,超越存在是无所不在的。我们看到,雅斯贝尔斯的说法,形式上很像是斯宾诺莎的泛神论观点。斯宾诺莎认为神存在于世界上的万物之中,万物都能感应神的存在。雅斯贝尔斯少年时就喜欢读斯宾诺莎的书,他的密码的思想可能是受到了斯宾诺莎的启发。不过,雅斯贝尔斯的神乃是他的极端抽象了的人本身,同时他明确规定,其神灵的感应物叫作密码,并且进一步认为,这种密码是由自身存在的个人来谛听的,这就显然与斯宾诺莎的学说大不相同了。

雅斯贝尔斯认为,所谓密码有三个特点:第一,在世界上的一切东西都可以充当密码;第二,密码是不能以别的东西来加以解释的;第三,密码不是一种具体的、可把握的东西。

值得注意的是,雅斯贝尔斯讲密码,是要每一个人在自己的生存现实中去理解它。他说:"超越存在,对于哲学思维活动者来说,虽然是暗含着的,却是作为现实而当下存在着的。不过,超越存在究竟说了些什么,其含义始终是隐晦的,我们必须勇敢地、负责地理解它,因为上帝绝不直接明说。"[①]那么,怎么去理解呢?雅斯贝尔斯说:"它最有决定意义的语言,乃是通过我的自由自身所表示出来的语言。"[②]这样,他便把对密码的理解,诉诸人的自由本身,用人的自由去理解密码,去接近其抽象本质,去触及超越存在,去达到现实,而这些内容便构成了雅斯贝尔斯的人生哲学。在他那里,本体论的内容只是说明了问题,而解决这些问题,还要靠人生哲学。因此,对于雅斯贝尔斯来说,其本体论的内容也就必然与其人生哲学发生关联,构成其本体论的理论基础。人生哲学在雅斯贝尔斯那里,也叫作真理论。他说:"真理是指达到向我们显现的存在的道路。"[③]这就是说,要达到现实,关键还在于我们如何把握人生的真理。

四、雅斯贝尔斯的人生哲学

在雅斯贝尔斯那里,人生哲学、真理论和生存的阐明是同一个意义上的规定,因为在他看来,人生哲学就是要述说人生的真理,就是阐明生存的问题。但是,雅斯贝尔斯又宣称他的人生哲学并不像过去所做的那样通过表象为人提供一个客观的形象,也不提出可以用来判断是否为真人的标准,因为"任何想象出来的关于完

[①②] 雅斯贝尔斯:《生存哲学》,第 80 页。

[③] 雅斯贝尔斯:《生存哲学》,第 14 页。

满人生的形象,从思想来说,都是残缺不全的,而从现实来说,都是不能完满实现的"①。人只是作为一个可能的生存,因而不是绝对,不能确定。应该说,雅斯贝尔斯的声明是符合他的基本哲学主张的。不过,他却不能不违反他的初衷,去想象一个他所理想的人生形象,去趋赴一个他所理想的人生境界,否则他的人生哲学以至于他的全部哲学都将毫无意义。事实上,雅斯贝尔斯正是试图以他的人生哲学给人们指出一条生存之路的。

雅斯贝尔斯的人生哲学的中心问题是人的本质问题。他说:在世界上,只有人才是我可以接近的实在。人是一个所在,在这个所在并且透过这个所在,任何实在的事物才完全对我们存在。不能成为属于人类的,就归于虚无。因此,"人是什么以及人能成为什么,是人类的一个基本问题"②。

(一) 新人道主义的任务

雅斯贝尔斯认为,康德曾提出过四个极其重要的哲学根本问题:①我能够知道什么?②我应该做什么?③我可以希望什么?④人是什么?而在雅斯贝尔斯的那个时候,这些问题又以新的形式被重新提了出来。"这些问题的形式之所以改变,是由于我们所处的这个时代所产生的生活方式使然的。"③

雅斯贝尔斯无疑是敏锐地感受到了他所处的那个时代的一些特点及其各种复杂的社会矛盾。在他看来,这些特点和矛盾集中地表现为人性的丧失,用他的一句话来说就是:"人显然是在走向虚无。"④他描绘了他的那个时代的一幅可怕的画面:技术的发展使人不成其为人,人丧失了自己,成了机器的一个功能,可以像机器零件一样随意配换;科学的发展产生了科学的迷信和对科学的极度憎恨,原子弹正在威胁着整个人类世界;人们都成为政治机器的牺牲品,在这种政治机器里,好像只是一些无情的官僚主义的公务人员在例行公事,一切人都将在这样的政治机器之下被碾得粉碎;人仿佛就是一张纸,仅仅一份证明书、身份证、判决书、等级划分证件,就能使人获得幸运,或使人受到限制,或使人遭到毁灭;人的生存、工作和生活方式,仿佛都处于不可预料的外来势力的支配之下,如果我们想知道是谁在那里发号施令,则我们根本找不到司令台;群众形成泛滥为患的洪水,他们是一些听任别人支配的信从者,出于一种莫名其妙的信仰狂热,而效忠于某一个领袖或某一个政党……总之,这些都象征着人类正在陷入无底深渊。雅斯贝尔斯写道:"技

---

① 雅斯贝尔斯:《生存哲学》,第 27 页。
② W.考夫曼:《存在主义:从陀思妥耶夫斯基到萨特》,第 168 页。
③ W.考夫曼:《存在主义:从陀思妥耶夫斯基到萨特》,第 166 页。
④ 《存在主义哲学》,第 227 页。

术和政治已经把几千年传留下来的精神状态几乎完全摧毁了。现在已经再也没有共同的西方世界了,再也没有共同信奉的上帝了,再也没有有效准的人生理想了,再也没有那种虽在彼此敌对中、虽在生死决斗中仍然使大家相互之间有同仇敌忾之感的东西了。今天西方的共同意识,只能用三个否定来加以标志,那就是历史传统的崩溃、主导的基本认识的缺乏、对不确定的茫茫的将来的彷徨苦闷。"[1]雅斯贝尔斯认为,现代人正是处于这样一种实际条件之下,面对着这样一种人生状况,人们就必然需要一种人道主义。他说,人道主义基本上是一个教育问题,它以最纯粹的形式和最简单的办法把最深刻的人生内容教给青年。因此,今天虽然存在着对人类生存的可怕威胁,但同样也存在着一些伟大的人生现实:爱的力量、英雄气魄、深刻的信仰。而人道主义就是达到这些伟大的人生现实的真正道路。

但是,雅斯贝尔斯又认为他的人道主义与传统的人道主义不同,乃是一种"新人道主义"。他说,对于他的这种人道主义"具有决定意义的是,人道主义不是最终目标,它只创造一种精神世界,让每个人能够,而且必须在这种精神世界里争取他自己的独立生存"[2]。这种对于人的独立生存的争取,在雅斯贝尔斯看来,便是他的新人道主义的任务,便是他所谓的达于人的本质的手段,"因为人之所以为人的本质,并不在于他的可加以确定的理想,而首先在于他的无穷无尽的任务,通过他对任务的完成,他就趋赴于他之所自出和他之将返回的本原"[3]。

所谓本原,也就是雅斯贝尔斯所说的人的根源性。返归本原,是他人生哲学的一个带有根本性的思想。在这里,我们看到在雅斯贝尔斯和萨特之间的一个有趣的对比:雅斯贝尔斯和萨特都说要在行动中去确定人的本质,去寻求人生的意义,但他们的路线却不一样。萨特认为人的本质在于自己的创造,人首先是个存在,尔后去创造自己的本质;雅斯贝尔斯则认为人的本质在于返归本原,人首先是个实存,尔后返归自己成为真人。也可以说,萨特是向前走去创造人,雅斯贝尔斯则是向后走去返归于人。当然,他们都强调人是在"路上",主张自由选择,都具有浓厚的行动哲学的色彩,因此,他们的基本思想倾向都是相同的,可谓殊途同归。

返归本原,这实际上是雅斯贝尔斯的"新人道主义"的一面旗帜,是他的人生哲学的主旨。在他看来,这就是解决康德的那四个问题的通灵法宝。

关于"我能知道什么",雅斯贝尔斯认为,在人的根源性上,对这个问题的回答就意味着哲学要否定客观思维。在他看来,哲学是研究人的,但人乃是一个本原,

---

[1] 《存在主义哲学》,第 240 页。
[2] 《存在主义哲学》,第 217 页。
[3] 雅斯贝尔斯:《生存哲学》,第 27 页。

不仅是自然和历史的产物。事实上,人比他对自己所能认知的还要多些,人是不能从客观上加以认识的那种自由。因此,"人之所以为人,不能从我们所认知的东西上去寻找,而应该穿过他身上一切可认知的东西,单单从他的起源上予以非对象性地体验"①。这就是说,当我们从本原(根源性)上来看待人的时候,"我能知道什么"这个问题便不言自明了。

关于"我应该做什么",雅斯贝尔斯认为,如果从根源性上来把握人,那么我们就会看到,人总是生活在一定的存在方式之中,他要与其他人交往、与超越存在交往、与世界交往,交往就规定和限制了人的行为。因此,"康德所提出的这个问题,不再为无上命令所充分解答,而必须为每一伦理行为的基础以及交往的知识所补充"②。这就是说,只有返归本原,我们才能回答"我应该做什么"的问题。

关于"我可以希望什么",雅斯贝尔斯认为,如果我们现在还像康德一样再问这个问题,那是不够的。过去人们对这个问题的认识都是肤浅的,他们只就人本身来谈人的希望,没看到人类的基础。只有把握住人的根源性后,我们才能看到,人是与超越存在相关联的,因而人便有了一种确定的信心,正因如此,所以对人来说,"一切希望都是可能的"③人因而便是自由的。因此,希望就在本原那里。

最后,关于"人是什么",雅斯贝尔斯认为,当我们从根源性上来看待人的时候,要想给人描绘出一幅形象来就成为不可能的。因为任何关于人的形象,都已经是对人的一个限制,而本原的人是不能有任何限制的。人就是不能从客观上加以认识的自由。但是,人在本原上是与超越存在相关连的,因此,我们若问"人是什么",就要问"超越存在是什么"这一更为根本的问题。我们作为一个人,对我们自己来说,是永远不完满的,我们永远不是我们自己的唯一目标,我们总是趋向于超越存在。因为这个超越存在,我们自己就跟着提高了,同时我们也就透彻地意识到我们的虚无性了。因此,在人的本原上,对人的问题的解答就变成了对超越存在的问题的解答。

总之,从以上几个方面来看,雅斯贝尔斯的意思是说,对康德的问题的解决都可以统一于他的返归本原的任务之下。在他看来,因为人脱离了他的本原了,不成其为人了,所以要返归回去,成为真人。显然,他所谓的返归本原,实际上就是要回到纯粹抽象的自我中去,离开不是自己的那种东西——这就是我们通常所说的人的社会性。雅斯贝尔斯曾说过,作为社会的我,并不是我自己。因此,他所讲的返

---

① 雅斯贝尔斯:《新人道主义的条件与可能》,见《存在主义哲学》,第230页。
② W.考夫曼:《存在主义:从陀思妥耶夫斯基到萨特》,第167页。
③ W.考夫曼:《存在主义:从陀思妥耶夫斯基到萨特》,第169页。

归本原,根本上就是要脱离社会;他所讲的真人,就是一种真正抽象的人。由此可见他的"新人道主义"的唯心主义实质了。因此,雅斯贝尔斯所谓的返归本原当然只能是他的哲学的一种幻想。

那么,在雅斯贝尔斯那里,人怎样才能返归本原而成为真人呢?这里,雅斯贝尔斯又幻想了一个所谓边缘处境,在他看来,人只有在边缘处境中,才能返归本原,成为真人。

(二) 边缘处境

雅斯贝尔斯自称,边缘处境是除大全之外他的又一个创造性的概念,也是他的人生哲学的一个重要思想。他曾说过:"惊愕和怀疑之后,逐渐意识到这些边缘处境,乃是哲学最深刻的根源。"[①]

雅斯贝尔斯认为,作为一个实存,人就一定要在一种处境之中。他说:"因为实存是处境中的一种存在,所以我永远不能跳出处境,除非我又进入另一处境中去。"[②]因此,在他看来,处境是人所不能摆脱的。

那么,什么叫作处境呢?雅斯贝尔斯下了这么一个定义:"一种现实,不仅是自然规律的,而且尤其是具有意义的现实,它不是就心理而言,也不是就生理而言,而是同时就身心两方面而言的具体现实,它对我的实存意味着或者有利或者有害,或者是机会或者是限制,那么这种现实就叫作处境。"[③]由此看来,所谓处境乃是指人的实存状态的某种现实关系,它对人的活动能够产生一定的作用。此外,人对处境也可以起作用,使之变得于己有利。显然,处境这一概念使人的有限性更加明确,因为处境总是说明人的实存的有限性,是对实存的一种规定。因此,人永远不能摆脱处境,而总是为某种处境所限制。

不仅如此,雅斯贝尔斯还认为,处境有内外两个方面,既包括外在的环境,也包括人所处在的某种特殊的精神状态,这就是人心理上的某种情调。这种情调在人身上每时每刻都有,仿佛是某种不以意志为转移的外在东西,人永远也摆脱不了某一情调的纠缠。雅斯贝尔斯所说的这种情调,海德格尔实际上也谈过,后者在"实存的分析"中所说的基本情态其实就是这个东西。

雅斯贝尔斯谈处境是为了进一步引申出边缘处境。那么,边缘处境又是怎么回事呢?他认为,一般来说,人虽然不能摆脱处境,但处境是可以改变和变换的,但

[①] 雅斯贝尔斯:《哲学导论》,见《国外社会科学》1981年第1期,第24页。
[②] 雅斯贝尔斯:《哲学》,德文版,第2卷,第203页。
[③] 雅斯贝尔斯:《哲学》,德文版,第2卷,第202页。

也有一种处境不能改变和变换,同时也是不得而知的,因此不能避免,这就是所谓的边缘处境。在他看来,边缘处境"除了其表现而外,它们都并不改变。它们由于涉及我们的实存,是最终确定、不可更改的。它们是不可透视的。在我们的实存里,我们看不到它们背后还有什么。它们像一堵墙,我们撞到它们而失败。它们不能由我们来予以改变,只能弄清楚,它们是不能从另外一个处境来说明和推导的。它们属于实存本身。"①在此,雅斯贝尔斯强调了边缘处境的两个特点:一是属于实存本身,一是在此必然要失败。

为什么要冠之以边缘来说明这样一种不可更改和不可避免的处境呢?雅斯贝尔斯认为,正是由于其边缘性,所以才使得这样一种处境对于人具有特殊的意义。所谓边缘乃是实存的边缘,它对于实存来说是一个限界、一堵墙壁,我们必然要撞到这个边缘上,我们必然要失败,这就是我们的命运。这乃是为我们作为实存本身的特点所规定的。边缘不是某种在人以外并从外面来限制人的东西,相反,边缘乃是某种在人的内在本质中规定着人的东西。所以,边缘处境既不可更改,也不可避免。

但是,雅斯贝尔斯又说,这种边缘处境乃是使人真正成为一个人的契机,乃是使实存变为生存的一个决定性的条件。因为正是在这种被边缘撞回的处境下,我才能被抛回我自身,体验到我自己存在于因被大全所包围的局限性中。在他看来,这种对于大全的体验,便是可能的生存的根源。所以他说:"大全乃是可能的生存的根源亦即条件。"②他还指出,因为大全乃是可能的生存的条件,而我必须把这个可能的生存实现出来,因此,我在边缘处境中也就体验到可能的生存,也就是说,体验到自由,并在自由中体验到一个无条件的(绝对的)可能存在与应该存在。由此可见,自由,这才是雅斯贝尔斯给我们上的最后一道菜。

那么,具体来说,人又是如何被"撞回"的呢?雅斯贝尔斯说,当人撞到边缘上以后,在他的边缘处境的逼人的现实面前,到处体会到:现存状况并不联结为和谐的有意义的整体。这就是说,现存状况里所出现的种种矛盾,不能由思维而联结起来,这些矛盾甚至显得在原则上是不可克服的。这说明和谐的世界观和人生观都是不可能的。"在我们的实存的边缘上被感受到、被体验到、被思维了的处境,把实存的内在矛盾、二律背反统统展现出来了"③因而人们在边缘处境面前,感到每一种知识、每一个行动的理由根据都成了疑问,感到在那里产生了一种不够和欠缺,感到他自己的实存像是处于陌生的异乡似的,举目无亲,流离失所。"在那里没有

---

① 雅斯贝尔斯:《哲学》,德文版,第 2 卷,第 203 页。
② 雅斯贝尔斯:《理性与生存》,1935 年德文版,第 29 页。
③ 雅斯贝尔斯:《世界观的心理学》,1960 年德文版,第 287 页。

固定的东西,没有不容怀疑的绝对,没有撑持每一经验和每一思维的支柱。一切都在流逝,都存在于成问题的东西的无休止的运动之中,一切都是相对的、有限的、分裂成对立面的。"① 因此,我的生活乃至最内在的根据都被震撼了,我们的理性彻底崩溃了。但是,雅斯贝尔斯认为,这种理性的崩溃,正是边缘处境的意义之所在,因为只有在这种崩溃中被逼得无路可走的理性,才能使现实以及生存取得它们真正的表现,使人陷入不安,看到人的实存处于绝望之中,从而激发人的生存作出最大的奋勉。在这种处境中,人便找到了自己,从而成为真人,实现了生存。所以,他说:"体验边缘处境和去生存,是同一回事。"②"只要我们睁大着眼睛迈进边缘处境,我们就成为我们自己了。"③

　　雅斯贝尔斯认为,存在着四种边缘处境,就是死亡、苦难、斗争和罪过。所谓斗争,乃是指实存与生存之间的对抗,乃是"为实存的斗争"。没有斗争,就没有生存,而同时,斗争又摧毁着生存,"以它的暴力行动折断那么多可能性"④。人越是卷入到为实存的斗争中,人就越是远离生存的可能性,而生存的可能性要联系到超越存在才能实现,因此,为实存的斗争是不能产生可能的生存的。在雅斯贝尔斯看来,只有死亡才是使生存得以实现的条件。他认为,生存通过为实存的斗争而在实存中丧失了,这就出现了死亡的问题。所谓死亡,即意味着现象中的消失,意味着离开实存而进入到可能的、纯粹的超验界中去。在死亡中,实存中断了,而我们的实存被切断以及它的片断性,恰恰使我们有可能从死亡处境出发来认识实存的局限性。此时,我们便站到实存与生存的分界线上,看到了我们的实存的边缘,望到了包围着我们的实存的那个无边无际的大全,确定了我们的现实立场,从而成为真正的自身,成为生存。因此,雅斯贝尔斯说:这时我们是"把死亡当作一种一直渗透到当前现在里来的势力而坦然承受下来"⑤。正是基于这样一种态度,他甚至认为从事哲学即是学习死亡。"如果说从事哲学活动就意味着学会死亡,那么,这不是说我因想到死亡而恐惧,因恐惧而丧失当前现在,而是说,我按照超越存在的尺度永不停息地从事实践,从而使当前现在对我来说更为鲜明。"⑥ 这就是说,只有在死亡面前,我才能够真正地生活。因此,雅斯贝尔斯主张人们对未来要抱有一种悲观态度,要准备失败,要面对死亡,因为只有在这样的边缘处境之中,人才能感到无路可走,因而背水一战,生存才是可能的。所以他说:"谁以最大的悲观态度看待人

---

① 雅斯贝尔斯:《世界观的心理学》,第 229 页。
②③ 雅斯贝尔斯:《哲学》德文版,第 2 卷,第 204 页。
④ 雅斯贝尔斯:《世界观的心理学》,第 289 页。
⑤⑥ 雅斯贝尔斯:《生存哲学》,第 81 页。

的将来,谁倒是真正把改善人类前途的关键掌握在自己手里了。"①

在雅斯贝尔斯看来,就是在这种边缘处境里,一切假面具都脱落了,一切官样文章都扯碎了,一切表面现象都消失了,而显现出人的真实存在,即人的自我实现的自身存在来。无疑,这正是他所谓的人的理想的形象。如果说,雅斯贝尔斯的所谓边缘处境不过是他的人生幻境的话,那么他所谓的人的自身存在也只不过是他的人生幻象而已。在这里,更多地表现了他的人生哲学的抽象的内容,更多地反映了他的新人道主义的唯心主义本质。

(三) 人的自身存在

在雅斯贝尔斯看来,人处在边缘处境上,看到了边缘,才能真正认识自己,同时,人也才能真正成为人自身。认识自己与成为人自身,乃是一个同步过程。当然,雅斯贝尔斯所讲的认识,绝不是一种理性认识,因为,在他看来,人不能被当作理性认识的客观对象,人总是比他所能认知的还要多些。所以,他认为,既不能把我当成一般意识,也不能当成某种经验现象。既然如此,那么倒退回来,总还有一种对我自己的关系,一种对我自己的新的认识办法,这便是人的自身反思。那么,这种自身反思的特点是什么呢?雅斯贝尔斯说:"在我所作的一切客观努力都失败之后,如果我说到'我自己',那么我指的就不再单纯的是什么,而是做什么……我把我联系到我身上,但不是考察我,而是作用于我。"②因此,"'认识你自己!'这不是要求在一面镜子里知道我是什么,而是要求对我发生作用,使我成为我是个什么人。"③在这里,我们看到,雅斯贝尔斯把人的所谓自我实现强加于自我认识之上,因而充满了行动哲学的色彩。可以说,他是用实践理性取代了纯粹理性,用人生哲学取代了认识论,这正是整个存在主义思潮的一个基本特征。

雅斯贝尔斯讲人在自身反思中自我实现,那是要实现一个什么样的自我呢?这就是他所讲的我自身或人的自身存在。实际上,我自身或人的自身存在都不过是对他的生存的进一步说明,是对他的生存的进一步抽象化。

雅斯贝尔斯说,当我说"我"时,如果我是把我当作呈现于空间中的客观躯体,那么这个我或身强力壮,或虚弱无力,或充满生趣,或情绪低沉,或生动活泼,或安宁闲静,或享乐,或受苦。但即使把这些加在一起,成一整体,也还并不就是我。我

---

① 雅斯贝尔斯:《估计与展望》,见《存在主义哲学》,第 257 页。
② 雅斯贝尔斯:《哲学》,德文版,第 2 卷,第 35 页。
③ 雅斯贝尔斯:《哲学》,德文版,第 2 卷,第 38 页。

并不就是我的客观躯体。因为所有这一切都可变,而我却还是我。在这里,雅斯贝尔斯否定了人的本质的客观实在性。

雅斯贝尔斯又说,如果像马克思那样,把我当作是社会生活的联系或社会关系的总和,那么这也即是说,我的职务、我的权利和义务,便构成了我的存在。这在雅斯贝尔斯看来,当然是不以为然的。他说,诚然,我们的社会统治着我们,仿佛一个人的社会环境变了,他的本质也就会变。但我作为社会的我,毕竟不是我自己。我只有被抛出世界,才可在灾难中觉醒,归于自身。在这里,雅斯贝尔斯又否定了人的本质的社会性。

那么,雅斯贝尔斯究竟是怎样阐明人的自身存在的呢?他究竟是怎么规定人的本质的呢?

雅斯贝尔斯说:"如果我们想进一步阐明自身存在,那么它的含义将是:自身存在不再是孤立的我之存在,它是在交往之中;自身存在不再是可代替的纯理智,它只在此时此地的历史一次性中;自身存在不再是经验性的实存,它只是作为自由而存在着。"① 在这里,雅斯贝尔斯所讲的交往、历史一次性和自由这三点,分明就是他对人的自身存在的最本质的规定。

1. 交往

雅斯贝尔斯所谓的交往,主要是指作为个体存在的自我之间的交往。他曾这样自问自答:"人与人之间的交往如何可能?"因为"我只有在与别人的交往中才存在着"②。这就是说,只有别人存在着,只有与别人交往,我才能够存在,"因为真正的自身存在虽然是出于自己本身却并非自己一个存在着"③。那么,人与人之间交往的前提是什么呢?那就是:交往的双方都必须能够成为自身存在。"如果别人在其行动中不成为他自身,那我也不成为我自身。别人屈从于我,使我也不成为我;他统治着我,情况也一样。只在互相承认中我们双方才成长为我们自身。只有我们共同一起,我们才能达到我们每人所想达到的东西。"④ 显然,雅斯贝尔斯的这一思想沿袭了康德所主张的把别的一切人都视做自身目的,而不当作手段的思想。

雅斯贝尔斯认为,交往乃是出于人的一种冲动。他说:"我们的理性具有追求统一的冲动,这就使我们不把表现于散乱中的各式各样的现实当作真正的现实,而只把表现于统一中的现实当作真正的现实。"⑤ 但是,当人体会到他的自身存在这

---

① 雅斯贝尔斯:《哲学》,德文版,第 2 卷,第 49 页。

②③ 雅斯贝尔斯:《哲学》,德文版,第 2 卷,第 51 页。

④ 雅斯贝尔斯:《哲学》,德文版,第 2 卷,第 57 页。

⑤ 雅斯贝尔斯:《生存哲学》,第 75 页。

一本原时,他就立即看到支离破碎,因为他看到要完满地实现自身存在是永远也办不到的;同时,生存的个人所持的真理也是多种多样的,因此,人就必须要求交往,在交往中以追求现实的统一性。所以,雅斯贝尔斯说:"人的生存的基本特征就是想在人与人的交往中达到使一切人乃至最辽远的人也都联结起来的那个大一。"①

在雅斯贝尔斯看来,交往确实有着深刻的哲学含义。他说:"并不是语言上的交接,也不是友好与和气,而是对全体的显示之不断的迫切需要,才能达到人与人之间的交往之路。"②但是,在他看来,这种交往却总是不够的,所以,阐述这种交往便是他的一个十分重要的任务。他说:"哲学的心境起于人与人之间缺乏交往的那种经验。"③"生存的阐明起于交往不够的经验。"④那么,为什么交往不够呢?这是由于人的孤独。雅斯贝尔斯承认,在他年轻的时候,他就有一种孤独的意识。他感到,孤独对于人来讲是最为有害的,而只有交往才是人所最迫切地需要的。他说:"只要有一个人能够成功地实现从未圆满的交往活动,那么,一切都成了。"⑤在他看来,"在可能的生存之间的碰头、接触或路过中,我们会意识到一种本质的、超过世界上一切概念性事物的含义,而我们往往并不真心理解它。错过了一次交往,之所以被当成一项丧失,就是因为一只伸出的手,没有真正被我们握住,而只是社交式地把握了。……对生存意识而言,交往是真正的存在,而不仅仅是一时的联系。交往中的每一挫折和失败,就如同是真正的存在丧失。"⑥在这里,他已经把交往同存在的本体论联系起来了。

雅斯贝尔斯虽然主张交往,但他并不要求取消孤独,并不希望因与别人交往而把自己完全敞开。事实上,在他那里,交往始终以孤独为其根据。"不发生交往,我就不能成为自己;不保持孤独,我就不能进入交往。因交往而取消了孤独,总要生出新的孤独。而如果我本人不再是交往的条件,则这新的孤独是不会消失的。"⑦因此,在雅斯贝尔斯看来,这种交往,就必然是一种寓孤独于交往中的"爱的斗争":"这种交往,作为爱,不是不分什么对象的盲目的爱,而是清醒的斗争着的爱;这种交往,作为斗争,是在一场斗争中争取自己的和别人的生存的斗争。"⑧他认为,就在这种爱的斗争的交往中,便有一种无可比拟的团结,既有孤独又有联系,既把自

---

① 雅斯贝尔斯:《生存哲学》,第 75 页。
②③⑤ W.考夫曼:《存在主义:从陀思妥耶夫斯基到萨特》,第 173 页。
④ 雅斯贝尔斯:《哲学》,德文版,第 2 卷,第 57 页。
⑥ 雅斯贝尔斯:《哲学》,德文版,第 2 卷,第 58 页。
⑦ W.考夫曼:《存在主义:从陀思妥耶夫斯基到萨特》,第 61 页。
⑧ W.考夫曼:《存在主义:从陀思妥耶夫斯基到萨特》,第 65 页。

己敞开又把自己实现,这便表现了作为自身存在的人的一个本质特征。

综上所述,雅斯贝尔斯的交往理论中有以下几个问题值得注意:

(1)雅斯贝尔斯讲人的交往,乃是由他对所谓现实的统一性的规定所决定的,或者说,所谓现实的统一性,乃是他的交往理论的本体论根据。因此,他所谓的交往,既表现了他的人生哲学的伦理原则,又反映了他的人生哲学本身所带有的本体论意义。

(2)表面上看,雅斯贝尔斯的个体的交往与克尔凯郭尔的个体的孤独是截然相反的,但实际上,雅斯贝尔斯在这一点上仍不过是对克尔凯郭尔的一种沿袭,因为雅斯贝尔斯在阐述交往时,首先确认了个体的孤独。

(3)雅斯贝尔斯谈交往,绝不是要给他所谓人的自身存在赋予一种社会的意义,他根本排斥人与人之间关系的社会性。在他看来,仅仅是两个个体的交往,就足以说明人与人之间全部关系的本质。他离开社会关系谈人的交往,正如离开社会关系谈人的存在一样,都是把人的本质非科学地抽象化了。实际上乃是对于人的一种否定。

不过,雅斯贝尔斯在他的交往理论中毕竟还没有更多地涉及他对自我存在本身的看法。而在他对人的历史一次性和自由的规定中,更全面、更彻底地暴露出他的主观唯心主义的思想观点和存在主义的思想倾向。

2. **历史一次性**

雅斯贝尔斯说:"人只有他是历史的时候,才是现实的。"①他正是根据现实的历史性这一特点,作出了人的历史一次性的规定。

所谓人的历史一次性指的是:人不是一种可以加以确定的固定不变的现实,人的本质没有可能的终极状态,而仅仅取决于某一瞬间的条件。它一去不复返,不可替代,而仅仅是消逝中的当下现在。可见,他的历史一次性既表明人的有限性,又表明人的个体性。

雅斯贝尔斯认为,在一种普遍的意义上讲,历史性与被抛弃性乃是同义语,它表示人被抛弃到这个世界中来,发现自己被安置到一种他不曾寻找的处境中去,而且这种处境的一次性的特点,总是为理性所大惑不解的。所以,人的历史一次性这一特点,便必然与普遍性、规律性、重复性相对立了。"因为如果我不在我自己的历史性里去认真地生存,反而使我的历史性沉沦于一个唯一的、普遍的历史性中,则生存的历史性一定不能保有它自己所有的直接的超越的根源。"②这也就是说,生存将不再成为生存。因此,雅斯贝尔斯认为,人乃是一个"例外"。所谓例外,便是

---

① 雅斯贝尔斯:《生存哲学》,第73页。
② 雅斯贝尔斯:《生存哲学》,第86页。

与众不同,"就是对任何样式的普遍性的实际突破"①。

在这里,雅斯贝尔斯试图用例外来说明人的历史一次性的特点。但是他又认为,例外不是关于一种如此这般存在着的东西的范畴,可以让我借以定义一个人,因为如果人是可以定义的,人也就将失去历史一次性的特点了。同时,他还认为,真正的例外并不是对某种模式的一种单纯的变异,那只是任意的例外。真正的例外毋宁是在时间实存中不可分割的隶属于大全的真理的东西。在最极端的情况下,首先曾被认为是最陌生的东西从而被认为是例外的那种东西,是一种独特,其实就是我们自己,因为只有这种例外才是最好地说明了人的历史一次性的特点。

由此,我们看到,雅斯贝尔斯讲人的历史一次性,实际上就是强调人与众不同的个体性、自我性,从而为他的主观唯心主义和个人主义寻找理论上的论证。在他看来,只有个人的现实才是真实的、第一位的。他说:"以个人的现实为基础,我才能为人类全体而生活,否则人类全体只是个想象的东西。……这是因为这个人类全体的精神是建立在个别人的真实性上的,是建立在无数个别人实现其日常生活时所做的历史决断的无条件性上的。"②显然,雅斯贝尔斯企图把人民群众这个历史发展的主体缩小为抽象的人的存在个体,把人类的伟大历史进程归结为人的个体的历史一次性的进程,否定人类的历史普遍规律。这正是他的历史一次性理论的根本错误之所在。

3. 自由

同其他一切存在主义者一样,雅斯贝尔斯也大谈所谓自由,自由乃是他的人生哲学的一个核心内容。

在雅斯贝尔斯看来,真正的现实就是不能被思维为可能的那种存在,因此,思维便在无可能性的永恒现实面前停止下来。但是,思维又"永远给我们在时间性的现象里创造可能性的空间,以便我们在其中保持我们的自由和我们的希望"③。因此,在这个思维的可能性的空间里,自由的问题便出现了。

在雅斯贝尔斯看来,自由的问题是事关重大的,他说:"自由不是许多现象中的一种现象,而是一切人的命脉。"④"如果我看到人的自由,我就会看到人的尊严。"⑤他认为,人之所以成为作为自身存在的人,就是因为他是自由的,正是自由把人和他物区别开来。所以他说,尽管人总是有限的,"但是,由于有自由与超越,

---

① 雅斯贝尔斯:《生存哲学》,第 44 页。
② 雅斯贝尔斯:《新人道主义的条件与可能》,见《存在主义哲学》,第 256 页。
③ 雅斯贝尔斯:《生存哲学》,第 72 页。
④ 雅斯贝尔斯:《论自由的危险与机会》,见《存在主义哲学》,第 222 页。
⑤ 雅斯贝尔斯:《新人道主义的条件与可能》,见《存在主义哲学》,第 230 页。

人的有限性就不同于世界上其他事物的有限性而成为一种独特的有限性"①。同时,也正是自由,把人的实质同人的生存从本质上区分开来,"当我们涉及自由的时候,我们就在行动上和思维上同时进入了另外一个空间向度"②。

所谓自由,在雅斯贝尔斯看来,便是可能性。人生活在大全中,产生了一种存在意识,从而面对着超越存在之后,便进入了可能性的最大空间,成为自由的。不过,人的这种自由的方式乃是"自己被赐予了自由的"③,这似乎与萨特的说法不尽一致。萨特有一句名言:"人是被判定为自由的。"其实,从其实质来看,这两个人的思想是一致的,都认为是一种既属于自己而又高于自己的力量使人成为自由的。这种力量,在萨特那里,叫作"反思前的我思";在雅斯贝尔斯这里,则叫作"超越存在"。正是在这个意义上,雅斯贝尔斯说:"我们觉察到,这种助力不是一个在客观世界中有所表现的事件。它不是从外面来的什么,因为它就是我们自己。"④

雅斯贝尔斯认为,人仅仅被赠予了自由还是不够的,还要切身体验和证明这种自由,才能真正有一种自由意识。他说,自由的可能性,同时也就是不自由的可能性。自由受不自由的压抑才显出它的消极的冲动来。我们作为自身存在,不能忍受不自由的可能性,而正是在这种不可忍受中体验到自由。那么,又如何证明这种自由呢?他认为:自由的证明不依靠知识,而依靠行动;不依靠某个人一次性的行动,而依靠天长日久随时随地的一次性行动,即依靠个别人自己的不断的生存。总而言之,雅斯贝尔斯认为,人是在其自己的生存中体验了自由,意识到自由,自由就包含在人的生存的行动之中,"自由不在自身存在以外"⑤。

为了进一步说明这种自由,雅斯贝尔斯又对自由和与其相关的几个概念间的关系做了一些解释。

(1) 自由与任意

雅斯贝尔斯认为,人是自由的,就是说人的选择或抉择是自由的。我有我的选择,"我就是进行着选择的存在"⑥。"在大全的样式里进行哲学活动,乃是一种抉择活动。"⑦但是,究竟怎样选择才能算作自由呢?这就必须要做到任意,没有任意便没有自由。所谓任意便是不加任何考虑,想怎么干就可以怎么干,甚至用掷骰子的办法来作出决定,这也是自由,因为掷骰子的结果虽然受概率的制约,但我采取

---

① 雅斯贝尔斯:《新人道主义的条件与可能》,见《存在主义哲学》,第 233 页。
② 雅斯贝尔斯:《论自由的危险与机会》,见《存在主义哲学》,第 215 页。
③④ 雅斯贝尔斯:《论自由的危险与机会》,见《存在主义哲学》,第 231 页。
⑤ 雅斯贝尔斯:《哲学》,德文版,第 2 卷,第 167 页。
⑥ 雅斯贝尔斯:《时代的精神状态》,第 132 页。
⑦ 雅斯贝尔斯:《生存哲学》,第 26 页。

掷骰子这一办法则是任意的、随意的。只有当人真正是任意的,才真正是自由的。

(2) 自由与规律

雅斯贝尔斯说:"没有规律,也就没有自由。"①从这里看,似乎他的自由乃是服从于客观规律的,其实不然。在他看来,规律并不表示人所不可回避的客观必然性,只不过是人的某种行为规范。这种规范,人既可以遵从也可以不遵从。当我遵从某种规律行动时,我似乎受到了规律的约束,其实此时我仍是自由的,因为这时我是自由地愿意遵从该种规律的,我所遵从的乃是我愿意遵从某种规律的那个意愿。由此我们看到,雅斯贝尔斯谈自由与规律,完全把两者的辩证关系割裂了。规律实际上被置于自由以外,与自由无关,所以自由的人遵从或不遵从它没有关系。但是,如果规律既可以遵从也可以不遵从,就完全失去了其原有的含义,而自由也就成为纯粹的抽象的自由了。所以雅斯贝尔斯在这里谈自由、谈规律,不过是歪曲概念、玩弄概念游戏罢了。

(3) 自由与必然

雅斯贝尔斯说:"任何方式的自由,其意义都与约束相对立,而束缚作为必然性乃是自由的阻力或自由的规律或自由的根源。自由意识在与必然性的对立中或在与之的统一中发展出来的。"②在这里,似乎颇有一些辩证关系,但是他仍然是把自由与必然割裂开来了:选择本身是自由的,只是我一旦做了选择就必然要按此选择进行下去,实现并承受着选择的后果。在这个意义上,人生所做的每一个选择,都显得是某种一经完成就不能收回的最终的东西,呈现出一种自作自受的必然性。由此可见,雅斯贝尔斯对待客观必然性,也与他对待客观规律一样,歪曲了概念的含义,单纯从主观方面表示了一种"不撞南墙不回头"的无可奈何而豁出去了的人生态度。"通过至今我的所作所为而曾被安置到我的正在进行着的行动中的那种必然性,实际上是由我来规定我自己的必然性。"③"我成为我所愿望的那个样子。"④因此,我仅仅是受我的愿望的约束,只要我愿意,那么我干什么都是自由的,这就是雅斯贝尔斯所讲的自由与必然的关系。显然,这种处世态度,对自己是不负责的,对社会是危险的。

既然雅斯贝尔斯所说的"规律"和"必然性"不过是人的某种主观意愿,那么,用这样的规律和必然性来"约束"的所谓自由,当然就只能是一种任意性,一种他耻于公开承认的那种绝对自由。也可以说,他的自由是一种在个人的主观意识中的行

---

① 雅斯贝尔斯:《哲学》,德文版,第 2 卷,第 179 页。
② 雅斯贝尔斯:《哲学》,德文版,第 2 卷,第 191 页。
③④ 雅斯贝尔斯:《哲学》,德文版,第 2 卷,第 195 页。

动自由。

不过,雅斯贝尔斯在谈论自我的自由时,也口口声声谈论所谓他人的自由,甚至谈论所谓社会的自由。然而他的立足点仍然是作为个体的自我。在他看来,我是一个自我,他人也是一个自我,社会呢?就是无数个自我所组成的空间。因此,他谈论他人的自由也好,谈论社会的自由也好,实际上都仍然是谈论某种自我的自由。

显然,雅斯贝尔斯既不懂得自由与规律、与必然性的关系,也不懂得人的存在的社会意义,而仅仅把社会看作是保障自我绝对自由的可能性的空间。可见,他是站在个人主义和利己主义的立场上来看待社会的。

以上,我们考察了雅斯贝尔斯关于人的自身存在,即人的本质的三个特点的规定。不难看到,雅斯贝尔斯的工作是与康德提出的问题息息相关的。他所讲的人的交往,乃是在企图回答康德的"我应该做什么"的问题;他所讲的自由,乃是在企图回答"我可以希望什么"的问题;而他又把康德的"我能知道什么"的问题改换成"我能成为什么"的问题,并用他的历史一次性来回答这个问题,因为在他看来,对人来说,重要的不是知,而是行,是自我实现。同时,雅斯贝尔斯对这三个问题的回答又都是指向同一个最根本的问题的,这就是康德的最后一个问题"人是什么"。他所说的人的自身存在的三个特点企图从不同方面来说明"人是什么"。但是我们看到,雅斯贝尔斯的全部努力都在于根本否定掉人的存在的客观性和社会性,因此,他是根本不可能科学地回答"人是什么"这个问题的。他以新人道主义为旗号的整个人生哲学,也是根本不可能给人们指明一条生存之路的。

五、雅斯贝尔斯的哲学方法论

方法论是生存哲学的一个重要的组成部分。雅斯贝尔斯说:哲学是"方法上的思维"①。"哲学按照方法进行活动,并且对于自己的方法还有所了解。"②那么,雅斯贝尔斯生存哲学的方法又是一种什么样的方法呢?

雅斯贝尔斯生存哲学的方法和传统哲学认识论的理性方法不一样,它是一种反理性的方法,在这一点上,他和其他存在主义者的主张是共同的。雅斯贝尔斯把他的哲学方法叫作"超越"或"飞跃"。他说:"哲学(按:即他的生存哲学)的方法都是超越对象的方法。从事于哲学即是从事于超越。"①为什么这个"超越"或"飞跃"

---

① 《哲学导论》,见《漫话哲学》,载《哲学译丛》1981年第4期。
② 雅斯贝尔斯:《估计与展望》,见《存在主义哲学》,第147页。

这么重要呢？这是因为：第一，在雅斯贝尔斯看来，它是与人的自由、人的生存状态密切相关的。他说："这个飞跃决定着我的自由。因为自由是通过超越而达到超越存在的。"②这也就是："肯定的自由产生于飞跃中所达到的生存。"③第二，"超越"又是构成他整个哲学体系各部分之间的一种"联系"。他说："我们对于世界的哲学展示、生存的阐明和形而上的区分推导于存在（不仅仅是实存）的不同的模式，而这种区分的方法论的根据却在于超越。"因此，"这种超越的模式给我们的哲学联系提供了系统性原理，这种哲学联系便是我们划分三个部分的根据"④。雅斯贝尔斯在这里的意思是说，他的哲学体系划分为三大部分，那么，是什么把这三大部分联为一体的呢？它们的内在根据是什么呢？便是超越！正因为如此，所以他不惜笔墨，对他的"超越"的含义做了缜密而繁琐的说明。

（一）超越的一般性含义

关于超越的一般性含义，雅斯贝尔斯从以下三个方面做了说明。

1. 超越的界说

所谓超越，从根本上说，就是要"超越客观性"。雅斯贝尔斯认为，人一方面要超越客观世界，另一方面还要超越认识的客观形式，超越理性思维。他甚至主张他的方法要抛弃所有的范畴。他说："哲学上通往现实的道路是一条利用范畴而又超越这些范畴的思维道路。"⑤因此，超越是完全自由的，是不受任何东西束缚的。总之，哲学就必须超越所有的客观性。他认为有三种不同意义上的超越：一种是逻辑的超越，一种是实际的超越，一种即是他所谓的哲学的超越。他说，当我主观意指某物时，那么这便是第一种意义上的超越，它使我们的主观意识与对象发生关系，因此，只要我们在意识着，这种逻辑的超越便发生着。显然，这种超越在实际上不过是指人的意识活动的一个基本事实。他又说，当我们在考虑某个概念的实际用法时，这便是第二种意义的超越，即实际的超越。无疑，这种超越仍不过是指概念与现实对象的某种对应关系。雅斯贝尔斯认为，在这两种意义上，客体独立于主体，客体依然是客体，即使主体不存在了，客体却依然存在。因此，它们都并没有真正超越客观性，都并不是真正的超越，不如说是"转移主观性"（trans

---

① 雅斯贝尔斯：《估计与展望》，见《存在主义哲学》，第 147 页。
②③ 雅斯贝尔斯：《生存哲学》，第 25 页。
④ 雅斯贝尔斯：《哲学》，第 1 卷，第 76 页。
⑤ 雅斯贝尔斯：《生存哲学》，第 76 页。

subjectiveness)好了。雅斯贝尔斯宣称,他之所谓哲学的超越,并不考虑主观意识或概念与客观对象的相互关系,并不是要把人的主观性转移到客体上来,而是恰恰相反,要根本超越我身内身外的一切客观性,从而进入到非客观性之域,进入到那种毫无遮拦、自由自在的纯粹的精神境界。他认为,只有他的这种超越,才是真正的超越。

2. 超越的起源

那么,怎么会有超越呢?雅斯贝尔斯认为人和动物不同:动物在任何情况下都不具有自我选择的能力,它存在着,但仅仅是它自身,它满足于自己的客观存在,这就是所谓的动物性;而人并不仅仅存在着,他能够选择,他必须超越其身,超越其客观性,超越因而也可以说是生存的冲动,而这正是人之作为实存的特点。所以他说:"超越是真正的实存中的精神运动。"[①]但是雅斯贝尔斯又认为:"超越在实存中并不是一个既定的事实,而是自由的机会。"[②]这也就是说,超越就是可以为人所选择、为人所创造的。当人仅仅还是一个实存的时候,他还没有完全超越其客观性,这时,他知道什么是丧失和死亡,但这一切并未使他震颤。他生活着,似乎死亡并不存在;他存在着,好像从来如此。然而,"生存的本质就在于它不仅仅是实存"[③]。人面对着自己实存的安稳状况,会产生一种莫名其妙而又无可救药的不安,这种不安便是超越的起源。这样,一方面,超越不过是人所选择、人所创造的一种自由的机会,人既可以超越,也可以回避超越;另一方面,由于人对于自己实存状况的内在不安,所以人又必须选择超越,创造超越,从而彻底超越一切客观性。只是在这时,人才能够达到真人的境界。

3. 超越的结果

雅斯贝尔斯说,人对他的实存状况不满意,因此要超越,以彻底摆脱其客观性。那么,超越的结果又如何呢?他回答说,那就是把世界上的一切都变成了现象,整个世界都成了现象世界;改变了我的实存状况,使我成为生存,从而在这种超越中,达到超越存在。显然,这种关于现象世界和超越存在的思想,表现出康德对他影响的痕迹。对此,雅斯贝尔斯本人也直言不讳。他说过,康德向非客观性的超越为我们展示了一个光辉的范例。雅斯贝尔斯是热衷于效法康德的。他说,超越有真的超越,也有假的超越。假的超越是企图使我到达彼岸的客体,即到达非世界的存在;而真的超越既没有客观目标,也没有主观目的,其概念不是表现一种境况,

---

[①][③] 雅斯贝尔斯:《哲学》,第 1 卷,第 79 页。

[②] 雅斯贝尔斯:《哲学》,第 1 卷,第 77 页。

而仅仅是表现一种功能。过去人们只是企图在形而上学中思考彼岸的物自体,譬如物质、单子、上帝等,他认为,这便是假的超越,而康德则改变了超越的方向,确定了对物自体客观认识的不可能性。在"先验逻辑"中,康德把他的超越,即他所使用的"先验方法"同企图达到彼岸世界的那种超越区分开来。通过他的超越,世界就成了只是显示了我的那个世界,我也就成了只是显示我自己的那个我,从而使所有的客观存在都变成了现象,使主体与客体都变成了现象,从而非客观化。雅斯贝尔斯认为,这正是康德的思想实质。他说:否则"如果我错误地把康德的思想视为一种客观化势力的话,我将不能理解康德"①。同时,这也正是他本人所效法的那种超越的理想结果。他说:"现实世界的概念其实就是表达了我们的一种界限感。它说明了超越乃是离开世界,但不是引我出世而到别的什么地方去。"②正是这种把一切非客观化、现象化的结果,使人从根本上悟出了在世的存在的意义。"我得到了一种内在的震颤,由此而使我对客观事物的态度发生了变化——尽管最初只是形式上的变化。"③这种"对客观事物的态度"的变化,颇有些"看破红尘"的味道,就是说,把客观事物都看作是虚幻不实的。因此"尽管最初超越还仅仅是形式上的,还没有什么内容,但它却已经使我变成了另一个人"④。什么样的人呢?难道不是一个主观唯心主义者、一个相对主义者、一个唯意志论者吗?

综上所述,可见雅斯贝尔斯的所谓超越,是指人由客观世界进入非客观之域,由客观存在变为非客观存在的一种精神活动,它表现了雅斯贝尔斯主观唯心主义的方法论特征。在对超越的一般性含义进行阐释之外,雅斯贝尔斯还更进一步地论及了超越的各种不同的具体模式。在他对超越的具体模式的虚构中,也就更进一步暴露出他主观唯心主义的方法论特征。

(二)超越的具体模式

雅斯贝尔斯宣称,他所谓的超越有各种具体的模式。他说:"为了使我们的思想具有内在秩序,我们就必须接受超越的不同模式。"⑤因为存在的模式不同,所以到达各种存在模式的超越的模式也就各不相同。只有通过一系列具体的超越才能到达不同的存在,直至最高或最终的存在,即超越存在。

雅斯贝尔斯区分了超越的三种模式,即世界展示的超越、生存阐明的超越以及

---

① 雅斯贝尔斯:《哲学》,第 1 卷,第 80 页。
②⑤ 雅斯贝尔斯:《哲学》,第 1 卷,第 82 页。
③④ 雅斯贝尔斯:《哲学》,第 1 卷,第 81 页。

形而上学的超越。这三种模式的超越彼此间前后相连,相互渗透,不可或缺,是一个由世界到达超越存在的完整的超越过程。不仅如此,在这三种模式的超越中,后一种超越又总是比前一种超越包含有更丰富的内容,给前一种超越赋予更新的含义。雅斯贝尔斯宣称:从这三种模式的超越中,可以看出他的哲学反思的秩序性和明晰性。

1. 世界展示的超越

雅斯贝尔斯认为,只有超越于世界之外,才能把世界向我们彻底展示,我们才能明白世界原来是现象,这便是世界展示的超越的内涵。这是很重要的一个超越,因为"这种康德式的超越是我们的哲学的基本功能"①。

雅斯贝尔斯说,人生活在世界上,总要不断地展示世界的真实面貌,展示世界的本原,因此,永不停歇的世界的展示对我们来说便是生活的一种必然性,它满足我们对客观知识追求的欲望。在世界的展示中,我们总是不断地到达世界的边界,又总是没有到达世界的边界。世界究竟是什么样子,人们不知道。自然科学和历史科学对于世界的展示不过是一种"天真的冲动",其展示永远都是有限的、相对的,因而不是超越。它们仅仅是到达了空间和时间的一定边界,而在这个边界的后面,又总是存在着人们通行和进一步探讨的可能性。当我们遇到这样的边界时,它们推醒了我的实存,它们让我感到吃惊,但仅此而已。它们仅仅是向科学家们的挑战,但并不引起我们的哲学活动。哲学所要超越的,不是某一尺度的时间和空间,而是整个客观存在,是科学研究永远不能企及的绝对的边界。这种绝对的边界阻止了科学研究的任何可能性,"但却给哲学的超越敞开了大门"②。因此,世界展示的超越乃是哲学的事情,它即超越世界而又不丧失世界,从而在世界之外把世界向我们彻底展示了,使之透明了。于是,我们的存在意识便会发生变化。

2. 生存阐明的超越

如果说雅斯贝尔斯的世界展示的超越是要向外超越实存的世界的话,那么他的生存阐明的超越则是要向内超越实存的自我,消除自我的客观性,达到所谓无客观性可言的生存境界。这也就是说,要从经验的自我超越到内在的自我。这种超越要借助于意识,生存显现于意识之中。在雅斯贝尔斯看来,所谓经验的自我或实存的自我有两种表现:第一,它仅仅是一种普遍意识;第二,它仅仅是一种我的自身。作为一种普遍意识,它乃是一个客观的旁观者,眼前一片茫然,不可能看到任何生存;作为一种我的自身,它是心理学的研究对象,是孤立的客观个体,其存在

---

①② 雅斯贝尔斯:《哲学》,第1卷,第83页。

是不彻底的,不能揭示出本质的存在。于是,雅斯贝尔斯认为有必要进行他的生存阐明了。关于前者,雅斯贝尔斯说,普遍意识企图获取普遍有效的真理,但是,在阐明生存中,我不知道什么普遍有效的真理,我只知道对于我来说是真理的真理,真理没有任何定义。关于后者,雅斯贝尔斯宣称,生存的阐明是阐明我自身,它已超出了我的自身的实存状况,它是超然的、自由的,因而不囿于自身,它与其他生存处于关联之中,不具有客观性。这样看来,普遍意识也好,我的自身也好,因其都具有客观性,不是透明的,所以要通过对生存的阐明来超越之,这种阐明"并不给我以客观性的支持,但事实上却能使我行使一种更为透明的超越"①。因此,雅斯贝尔斯的生存的阐明的要点就在于强调生存具有历史性,即具有不可替代的具体性以及超然性。生存不是普遍意识,也不是我的自身,阐明了这一点,或者说,意识到了这一点,我就超越了,透明了,由实存超越而为生存了。"在无条件性的行为中确信其自身,作为一种绝对意识而充满其自身,不再具有作为主观性或客观性的实存的特点。"②这样,雅斯贝尔斯就完成了他的第二个超越。

3. 形而上学的超越

在世界展示的超越中,雅斯贝尔斯超越了世界,把世界展示为现象,那么,现象的本质是什么?也就是说,在这现象世界的背后是什么?在生存阐明的超越中,雅斯贝尔斯又超越了实存的自我,达到了生存,那么,这种生存所想象的是什么?它存在的根据是什么?雅斯贝尔斯说,这就是他的形而上学的超越所要解决的问题。无疑,雅斯贝尔斯是要追求一个最后的存在,即他所谓的超越存在。他说,超越存在是完全纯粹的存在,它不是实存那样的客体,也不是像可能的生存那样,显现于意识之中,它不是意识所能把握的,其超越不是通过意识来实现的,它要超越这一切。它是由生存所想象的,"它想象着不在意识中而处于彼岸,完全另一样的东西"③。懂得了这一点,我们就完成了形而上学的超越,从而达到了最后的存在,即超越存在。在雅斯贝尔斯看来,在这种超越存在的境界里,既毫无客观性,也不能对之有所意识,但是,它却是一种终极存在,给现象世界以根据,给人的生存以希望,给他自己的哲学以一个神秘的、绝对的、但却是理想的终结。

就这样,雅斯贝尔斯通过他的三个超越,最终达到了他的超越存在。这三种超越是相辅相成的,每一种超越都是其他超越的前提、铺垫或升华、提高。三种超越虽然角度和内容不尽相同,但实质却是同一的,都出于生存的冲动。对此,雅斯贝

---

①② 雅斯贝尔斯:《哲学》,第1卷,第85页。

③ 雅斯贝尔斯:《哲学》,第1卷,第87-88页。

尔斯强调说:"在所有这三种超越模式之后,都存在着生存的冲动。"① 正是这种生存的冲动,这种生存对于世界、自我和彼岸世界的冲动,构成了他的生存哲学的方法论原则。

显然,雅斯贝尔斯的超越,乃是一种非理性的思维或观照,通过这种方法,雅斯贝尔斯试图摆脱任何客观的认识和理性的思维,以达到他的虚无主义的理想之域,并完成他的整个哲学体系的建构。但是,雅斯贝尔斯的这一切企图,对于人类的现实生活来说,却是没有任何积极意义的。

六、雅斯贝尔斯的历史观和社会观

在前面对雅斯贝尔斯的人生哲学进行评述时,我们集中考察和分析了他对人的看法。在他那里,人不过是个体存在。事实上,这种人的个体存在是雅斯贝尔斯全部哲学的基石和核心。而他的历史观和社会观,则不过是他对人的看法的一种外部的折射,甚至可以说,在一定意义上,雅斯贝尔斯的历史观和社会观,乃是他的人生哲学的一部分,是对他所谓的人的个体存在的一种补充说明。

(一)历史观

雅斯贝尔斯是非常注重研究历史的,或者说,他是通过对历史的研究来阐发他的基本哲学思想的。在《论历史的起源和目的》一书中,他就系统地阐发了他的历史观;在他的《我对于批评的答复》一文中,也专门讨论了历史的意义问题。他在一篇演讲中曾这样说:"如果我们希望弄明白我们自己是什么,那么对于我们来说,没有任何现实比历史更为重要了。历史让我们在人类所能有的最广阔的方面来观察人类,使我们明了我们的生活建立于其上的那些传统的内容,让我们看出对于我们自己的时代应该运用一些什么标准。同时,一面解除我们的那些不自觉地被套上的束缚,一面教导我们认识人的种种崇高的能力和不朽的工作。"②

1. 历史的含义及其意义

雅斯贝尔斯是在一个什么样的意义上来谈论历史的呢?他的历史的含义究竟是什么呢?在他看来,历史乃是人的主观的历史,因为只有这样的历史,才是纯粹的、真实的,才不致被种种偶然的事件所淹没。而人们一般所说的客观历史,不过是一些历史的表面现象,是虚幻不实的。针对这种客观的历史,雅斯贝尔斯说道:

---

① 雅斯贝尔斯:《哲学》,德文版,第 1 卷,第 89 页。
② 雅斯贝尔斯:《哲学家所见的人类历史》,见《哲学译丛》1964 年第 11 期。

"如果我们作为个体眼看我们的生命随着纯粹短暂现象的浪潮漂流,被卷入种种偶然事件和不可违抗的情况的旋涡……那么,我们就会感觉到非挺身起来击败全部历史不可。"① 我们看到,雅斯贝尔斯实际上混淆了历史的本质和现象,从而得出了他的唯心主义结论。为了使他所说的这种主观的历史,在表述上有别于人们一般所说的客观的历史,雅斯贝尔斯特地在历史和历史性这两个词中间做了一个区分。他规定说,历史一词的内涵则是指客观的、在时间内流逝的事件总和,而历史性一词的内涵则是指某种创造历史的主体的独特结构。历史表现着实存的时间性、有限性,而历史性则是生存本身的一个规定性。雅斯贝尔斯认为,过去的哲学几乎完全把注意力指向客观的历史,而他的生存哲学则通过其历史性,来着重阐明人生的真谛。在他看来,这是一个具有决定性意义的哲学问题。对人来说,重要的不是客观的历史,而是主观的历史性。"历史性对于我来说是我可以达到绝对存在的唯一方式"②。可见,雅斯贝尔斯从根本上否定了客观历史的重要意义,这就清楚地表明了他对于历史的唯心主义态度。

雅斯贝尔斯用他所谓的历史性取代了客观的历史,这实际上并不仅仅是表明了他的唯心主义的历史观,他的用意还在于要以此来作为他论证其生存哲学基本思想的一个理论说明。例如,如前所述,他把历史性作为现实的一个基本特点,因为在他看来,现实是完全超离于客观历史之上的。因此,"我只有通过历史性才能确切体会到真正的超越的存在"③。例如,雅斯贝尔斯还试图用历史性来说明人的抉择的必然,因为在他看来,没有抉择便不会有历史性的形成。他说:"把历史性扩展到一切现实上,意味着一切存在着的东西,之所以是如此,乃是由种种抉择造成的。"④ 由此看来,尽管雅斯贝尔斯所谓的历史性也是一个表示过程、表示时间性的概念,但已经不再具有本来的客观意义了。在他看来,这种历史性才具有真正的历史的意义。因此,他也常常在这一意义上来使用"历史"这一概念。

在雅斯贝尔斯看来,历史对于人来说,乃是超越存在向我们显示、向我们说话的一个过程,因为"只有通过超越存在,虚幻无常的实存才能成为历史的实质"⑤。而所谓历史事实,都无非是一些密码,是一些最能显示人生的历史性、独特性和超越性的密码,通过这些历史的密码,我们领悟到超越存在的语言。所以他说:"超越存在可以每时每刻都从其本原上来加以历史地理解,而且它只显现为历史

---

① 雅斯贝尔斯:《哲学家所见的人类历史》,见《哲学译丛》1964 年第 11 期。
② 雅斯贝尔斯:《哲学》,德文版,第 2 卷,第 112 页。
③⑤ 雅斯贝尔斯:《生存哲学》,第 74 页。
④ 雅斯贝尔斯:《哲学》,德文版,第 2 卷,第 135 页。

事实。"①

雅斯贝尔斯认为,这便是历史的意义,因为它说明"历史乃是借以显示出人是什么、可能成为什么、将会成为什么、能够做些什么的场所"②。同时,它也说明"历史乃是借以显示出——在人的彼此交往中显示出——某种神性的存在的场所"③。在雅斯贝尔斯看来,这样来理解历史才能彻底摆脱历史的客观性的因素,从而真正成为人的自身存在的主观的历史。

2. **历史的发展及其目的**

在雅斯贝尔斯看来,既然历史不过是人的主观的历史,那就是说,历史是为人所创造,为人所选择的,因而,不存在一个单一性的历史发展进程,不存在一个确定的历史终极目的。历史的发展完全是盲目的、随意的,是不同的个人在其各自所做的不断的历史性中,自由抉择的总汇。他写道:"对于历史的意义这个问题的任何答案如果将这个意义说成是有待于达到的某种目的,那么这个问题就不可能得到解决。"④因为,"任何一种目的都是特殊的、暂时的、可以更改的。要将整个历史解释成一种单一性的、起着决定作用的现象,那就只能以忽略本质性的东西为代价才能做出这种解释。"⑤

雅斯贝尔斯据此认为,这个世代的人就必须重新选择和创造历史,因此人类历史就必定是重建的和重复的。他说,就精神实质来说,人的最本质的内核可以说谈不上有什么变化和进步等内容的差别。在人的一切最后抉择中,在对待死亡的行动中,在决断能力和全力以赴的无条件性中,如果想完成得比历史上可能已经完成的更完善些或不同些,那就是一种错误估计。就人生抉择来说,没有进步可言,任何世代的人都是同样直接面临着这些抉择和任务。这里就是某种无条件性的东西,它不受历史潮流的影响,亘古以来,永远保持一样。显然,雅斯贝尔斯是在用他的唯心主义语言,表达出他的历史循环论的错误观点。

3. **历史的进程及其命运**

雅斯贝尔斯不仅否定了历史的进步,而且进一步认为历史的进程是不可知的。"我们正在走向将来,而这个将来是一个不可知的、整个说来没有决定的将来。"⑥到头来,历史总是以失败而告终。他以一种悲观主义的态度来看待人的未来,哀叹

---

① 雅斯贝尔斯:《生存哲学》,第85页。
②③④⑤ 雅斯贝尔斯:《哲学家所见的人类历史》,见《哲学译丛》1964年第11期。
⑥ 雅斯贝尔斯:《新人道主义的条件与可能》,见《存在主义哲学》,第234页。

道:"人们意识到:我们枉费心机,永远把自己一次又一次地坐落在一个火山口上,这个火山之将要爆发是肯定的,只是不确定在什么时候什么地方怎样地爆发。"①因此,我们不过"仿佛是处于死刑缓期执行时期的人"②。他认为:"对未来的彷徨苦闷是意识到整个的威胁而产生出来的。"③

所以,不要对未来抱有什么幻想了,不要对历史存有什么奢望了。但是,雅斯贝尔斯又不承认他已绝望,因为,在他看来,我们毕竟还有当前现在,把握住当前现在,这就是历史的全部意义之所在。他说:"由于世界进程是不可透视的,由于直到今日最好的东西已经失败,而且可以重新失败……所以一切涉及辽远将来的计划和行为,都被打断,以便于在此时此地创造定在,赋予定在以灵魂……当前行动,这是真实的东西,而归根结底,这是对我说来始终肯定要去做的唯一的行动。"④显然,这里反映出人们当时对未来彷徨苦闷而不企图寻找出路的一种复杂的心理。

我们终究是要失败的,但失败了又有什么要紧。因为"世界历史不是最高法庭。失败不能算是否定真理的论据,真理是植于超越存在的。我们领悟历史,却从历史的船头将锚抛向永恒"⑤。我们无可奈何,只能回到永恒的精神境界中去。这真是半是安慰,半是挽歌!我们看到,雅斯贝尔斯先是在主观中展开自己的历史,然后,一方面用人的自由选择为历史的发展打开大门,另一方面又用人的失败为历史的进程奠定了终局。结果是,人在历史终结的地方进入永恒,遁入空门。人类的历史就是如此轮回往复,循环不已。显然,雅斯贝尔斯的这种历史循环论,是不符合历史发展的客观进程的。

(二) 社会观

如果说雅斯贝尔斯把历史当作人的一种内在的东西,即认为历史存在于人的主观思维之内,是人的内在抉择在过去时间里的显现的话,那么,他却又把社会当成人的一种外在的东西,当成了一种为人所陌生的对立物。因此从根本上说,他是反对社会的——反对社会存在、反对社会意识、反对社会的主体即人民群众。

1. 反对社会存在

雅斯贝尔斯虽然不得不承认人是生活在社会即"世界"之中的,但是他却认为,

---

① ② ③ 雅斯贝尔斯:《新人道主义的条件与可能》,见《存在主义哲学》,第243页。

④ 雅斯贝尔斯:《时代的精神状态》,德文版,第187页。

⑤ 雅斯贝尔斯:《哲学家所见的人类历史》,见《哲学译丛》1964年第11期。

社会对于人来说，仅仅是一个"外壳"。人到世界中来，并非是出于自己的意愿，而是身不由己地被抛进到这个世界中来的，从而成了一个"世界里的存在"。人并不是产生于这个世界，人与世界都同样原始，这是一个不可去除的二元性。因此，在人看来，世界就呈现出前所未知的陌生性、不安全性、袭来的威胁性和危险性。世界与人之间，就总是包含有一种紧张的对立关系。

但是，不管怎样，人生活在社会之中，毕竟已经成为一种社会存在了，雅斯贝尔斯称之为"社会的实存"或"素朴的实存"。他悲叹道：在当前时代中，"什么也没保留下，只还剩有社会的实存……作为这个社会的我，我成了一切人一样的人"①。这就是说："在素朴的实存中，我做一切人所做的，信仰一切人所信仰的，思维一切人所思维的。意见、目标(志向)、惶恐、欢乐，不知不觉地从一个人传染给另一个人，因为在这里出现了对一切人进行的一种原始的毫无疑问的同一化。"②这种所谓人的同一化也就是海德格尔所说的"大家"或人一般。在雅斯贝尔斯看来，所谓同一化正是人的社会化的后果，正是人的社会性的特点。而人只是独特的、个别的、与众不同的，只能是一种自身存在。所以人就必须彻底冲破同一化，消除社会性，使人的社会存在变为自身存在。而其道路和方法就是前面已经谈到过的"返归自身"和"超越"。

2．反对社会意识

社会意识这个范畴，在雅斯贝尔斯的表达中，常常被称为"权威"。

所谓权威是什么意思呢？雅斯贝尔斯认为："各种样态的大全中的真理同世界上的强大势力以及代表这些真理具有这种势力的人的高等地位之彼此配合在一起，乃是真正权威的本质。"③这就是说，权威乃是指某一时期占统治地位的社会意识。

在雅斯贝尔斯看来，社会意识与个人意识是相对立的。用他的话来说就是，权威和例外之间有着一种紧张关系，它们是"一对彼此极端矛盾的对立面"④。因此，从根本上来说，个人意识是抗拒社会意识的。他说，个别的人在最初时都是依附于权威的。然而，当他逐渐成熟之后，他就在自我反思的过程中体会到自己的起源。雅斯贝尔斯是这样描述这一过程的："在他的发展过程中，他需要依靠，他生活在尊敬和规矩之中，当他还不能本着他的起源替自己做决定的时候就听从别人替他做出的决定。在他的解放过程中，他的起源从自己的心里逐步发展，越来越有力而

---

① 雅斯贝尔斯：《哲学》德文版，第 2 卷，第 30 页。
② 雅斯贝尔斯：《哲学》德文版，第 2 卷，第 51 页。
③ 雅斯贝尔斯：《生存哲学》，第 50 页。
④ 雅斯贝尔斯：《生存哲学》，第 52 页。

明亮,终于他以完全的确信在自身中听到真理的声音,到了此时他就会自由地掌握这真理以反对外部强加给他的权威。"① 不难看出,雅斯贝尔斯的思想实质是要反对人的意识的社会性,而主张一种完全抽象的个人意识,这显然是错误的。

3. 反对人民群众

与他的自我个体相对立,雅斯贝尔斯把群众通称为"别人"。在他看来,别人乃是相异于我自身的,他们是不负责任的,会使个别人的自我意识丧失独特性,从而破坏人的生存。因此,他们是当代的真正危险。

在《估计与展望》与《时代的精神状态》等许多著述中,雅斯贝尔斯都讨论了现代群众的破坏作用。他称群众运动乃是"泛滥为患的洪水"。他叹道:在现代世界中,"人的实际存在变成了群众的实际存在,个别的人已经消失于人的类型之中。……现代人已经丧失了自己,而由于他汇入到一种强大势力的洪流之中,就日益产生出一种在'我们'中的自我感。"② 雅斯贝尔斯认为,在这种"我们"中,是没有生存的,而要想打开突破口进入生存,就要靠个别人从群众实存中回头是岸。因此,人"逃生于这种独立性中","仿佛就是逃生于诺亚的方舟之中"③。这样,他才"不至于与这个世界同归于尽"④。在他看来,个别的人丧失了独特性而沉沦为群众实存,乃是失掉"本真";而人要想上升到真人就必须在群众实存中保持独特性,这就是"复己"。雅斯贝尔斯说,失真乃是一个长期的状态,而复己则只是一个过程。人每时每刻都会重新堕入失真状态中,所以人就必须每时每刻争取复返自己的本真,而不能与群众与伍。在这里,雅斯贝尔斯表达了他的极端个人主义的思想观点。

雅斯贝尔斯说过:"过哲学生活的人,通过实际经验、个别科学、范畴学说的方法论,熟悉了大陆上的安全基地并且在这个大陆的边缘之内,以平稳的行程遍游了观念世界之后,像一只蝴蝶一样,终于飞临海岸,朝着海面飞去,奔向一艘海船,想跟随这艘船只远涉重洋,探索大一,观光他在自我生存中所体会到的那个超越存在。他所追扑的这艘船只——哲学思维和哲学生活的方法——对他来说是可望而不可即的。他竭尽努力,也许只表现出一些晕头转向的古怪动作来。我们都是这样的蝴蝶。当我们离开大陆,我们就完蛋了。但是我们不乐意老待在那里。因此,在那些满足于安坐大陆之上的人看来,我们的飞翔是十分不平稳的,也许是十分可笑的。只有那些懂得我们的烦闷的人,才能理解我们的行动……"⑤

---

① 雅斯贝尔斯:《生存哲学》,第 49 页。
② 雅斯贝尔斯:《新人道主义的条件与可能》,见《存在主义哲学》,第 227 页。
③④ 雅斯贝尔斯:《新人道主义的条件与可能》,见《存在主义哲学》,第 249 页。
⑤ 雅斯贝尔斯:《哲学导论》,德文版,第 126 页。

雅斯贝尔斯的这一段话,实际上也可以拿来作为他的全部哲学的结语。在这段话中,他描述了他的"哲学生活"的心境,道出了他的哲学的希望与苦闷,反映了他既希望改变现实而又找不到出路的悲怜处境和矛盾心理。在他的一生中,他看到了资本主义社会的种种矛盾和危机,看到帝国主义战争给人们带来的深重灾难。他还曾亲身遭受了纳粹法西斯的迫害,感受了丧子之痛,体验到了种种悲观与失败。作为一个医生,他能够医治好精神病患者;但是,作为一个哲学家,他却不能医治这个社会的弊病。他不能勇敢地面对现实、改造现实,他看不到出路何在,只能在内心世界中寻找安身立命之所。除了苦闷,他只有希望而已。他把自己的希望遥寄于那个超越存在之上。但那个超越存在究竟是个什么样子,他却是不知道的。他只能想象着、信仰着它的存在,因为那是他心境中一块幽静的圣地、一座"乌托邦",但当他睁开眼睛后就什么都看不到了。他想成为一个强有力的真人,但这个真人并不生活在现实世界里,而是生活在精神的虚无中。他漫无目的,四处乱飞,只不过是一只随时可能跌落进大海的小小蝴蝶而已。他要反抗这个世界却又自知无力,他要逃避这个世界却又逃避不掉,因此,他的希望实际上是与绝望无异的。他的生存哲学并不能给人指明一条生存之路,而只能把人引入歧途。

(与方鸣合写)

1987 年

费希特传略

> 什么样的人，就会选择什么样的哲学。
>
> ——费希特
>
> 这个无产者的孩子（指费希特——引者）从头到脚都是个革命者。
>
> ——费·梅林

费希特（Johann Cottlieb Fichte，1762—1814）哲学比哲学史上许多哲学体系更具有个人的特征，这个哲学乃是费希特的个性和生活的表现。海因里希·海涅曾写道："关于康德我们只要考察一本书就行了。但对费希特除了书以外还要观察这个人，在这个人身上思想和信念是统一的，并且以这种伟大的统一性作用于同时代的人们。所以，我们不仅要解释一种哲学而且还要说明一个个性，也就是说，这个哲学是受这个个性制约的。"① 因此，我们要想了解费希特的哲学，就不能不对费希特这

---

① H.海涅：《论德国宗教和哲学的历史》，商务印书馆，1974年版，第115页。

个人、对他的生活和个性做一番彻底的考察。

在费希特身上,永远有两种倾向在互相冲突着:对最深奥的思辨进行沉思默想的天才学者和洋溢着火山熔岩一样的热情为自由战斗的实践活动家之间的冲突。一方面,费希特写作了最抽象、最晦涩的《全部知识学基础》;另一方面,他发表了一系列热情洋溢、激动人心的演讲,如"对德意志国民的讲演""论学者的使命"等。这两种倾向在他身上交织着,贯穿在他的一生之中。这恰恰是他的生活和个性的生动写照。

从表面上看,费希特是一个性格倔强、有点古板的人,气质上带有一股学究气。实际上这种特点在很大程度上只是他的本性的表面上的和偶然的东西。我们常常忽视的是费希特性格最深刻的特点——自尊和驯顺。如果说费希特常常表现得很自信,那么,这只是因为他感到自己是强有力的。即使他的自尊和驯顺,也像孩子似的那样单纯和纯洁。正如马克思所说的那样,费希特的利己主义是纯洁的。在这些外在特点的下面,隐藏着他的真正的本性,那就是对于真理和正义的奋不顾身的爱和激情。

我们在后面叙述费希特的生平和学说的时候,读者将会看到,费希特的这些内在和外在的个性特点是如何影响着他的生活道路的。这些东西,一方面使他成了德国最出色的才子之一[①],一方面又给他招来了无穷的磨难。

约翰·戈特利布·费希特作为德国资产阶级的最激进的代表,用他的富于辩证法思想的唯心主义哲学体系,反复论证了资产阶级民主自由、人道的思想,并以殉道者的精神公开抨击了封建专制制度和反动教会,唤醒德意志民族为反抗背叛了法国革命理想的拿破仑入侵而奋起抗战,他始终是当时德国最杰出的自由战士和思想家。

费希特的一生可以分成三个阶段:第一阶段是青少年时期到 31 岁,他的哲学思想基本形成;第二阶段,他在耶拿大学任教,进行了辉煌的学术活动,也同反动派发生了层出不穷的冲突;第三阶段在柏林,继续完成并改写他的哲学体系,而主要是发表公开演讲,进行爱国思想宣传,直到突然病死。

青少年时期至 31 岁

1762 年 5 月 19 日费希特生于普鲁士上劳西茨州的拉梅瑙村。父亲克里斯丁·费希特是一个贫苦的织麻布带子的手工业者,母亲约翰娜·多洛苔·苏里希是一个平民的女儿。费希特是长子,弟妹共 8 人。家庭贫困,费希特牧鹅为家里添补一些收入。海涅说过,贫穷就坐在费希特的摇篮旁。小约翰异乎寻常的聪敏,具有非

[①] 《歌德著作集》,第 30 卷,魏玛版,第 117 页。

凡的记忆力,在其他的农村儿童中显得出类拔萃。费希特很早就显露出演说的才能和热情。费希特所受的最早的教育是在家乡的教堂里。从8岁起,费希特每星期都听牧师瓦格纳的布道,他为这些布道所打动,以至他能有声有色地复述它们。有一次,济本爱欣地区的男爵米勒提兹到拉梅瑙村访友,顺便也想参加以布道出名的瓦格纳的礼拜,但他来迟了,布道已经结束。村里的人告诉他牧鹅少年费希特能给他全部复述布道。米勒提兹在友人家里听了9岁的费希特的"布道",惊叹不已,决定资助费希特上学。这是费希特一生的转折点。费希特从1771年开始,先后在尼德劳和迈森读书。

1774年,费希特转到波尔塔的贵族学校读书,这里是纨绔子弟的乐园,却是费希特的牢笼。学校把他交给一个老学究管教,这个老学究的专制和周围同学的欺侮凌辱,使费希特大吃苦头。一个偶然的机会,他读到了笛福的《鲁滨逊飘流记》,决心经汉堡逃亡出走,梦想找一个秘密的小岛过一种自由自在的生活。这次逃学是他对现实社会的第一次反抗,虽是消极的,但也显示了他坚强的叛逆性格。不料刚上路不久,就被发现,押回学校。经校长出面干预,改善了他的处境,这才一直读到中学毕业。在中学期间,对他影响比较深的有两件事值得一提:一是他父亲给他的《刀枪不入的西格夫里特》一书,书中的英雄深深地打动了费希特。正如恩格斯所说的那样:"在西格夫里特的传说中,这样有力地感动我们的是什么呢?并不是故事本身,也不是使青年英雄作了牺牲品的那种卑鄙的背叛行为,而是贯注在青年英雄身上的那种深刻的意义。西格夫里特是德国青年的代表。既然胸中跳动着还未被生活条件所驯服的心,我们大家就知道这意味着什么。我们大家都感觉到那种对于丰功伟绩的渴望,也感觉到那种对传统的反抗……我们始终厌恶那永无休止的动摇,厌恶在新事业面前的市侩式的恐惧,我们想冲到广阔的自由世界里去,我们想忘记重重顾虑,为争取生命的花冠——丰功伟绩——而斗争。"① 这段话似乎是对费希特中学期间精神生活的生动写照。二是他秘密阅读莱辛的著作对他的影响。车尔尼雪夫斯基说过:"莱辛的人格是这样高贵、崇高,同时也这样和蔼而卓越,他的行动是这样无私和热情,他的影响是这样巨大,以至人们越深入地研究他的本质,就越坚决、越毫无保留地敬重他、爱他。"② 莱辛对绝对的真与善的信念以及对历史的理解,在费希特年轻的心里留下了不灭的痕迹。

1780年,费希特入耶拿大学,翌年转到莱比锡大学,都是学习神学。他在整个大学阶段都只是一个挂名学生。因为1774年5月米勒提兹死了,他当时只有35岁,

---

① 马克思、恩格斯:《论艺术》第4册,人民文学出版社,1966年版,第414页。
② 冯至等:《德国文学简史》,人民文学出版社,1959年版,第90页。

虽然他在遗嘱中交代继续资助费希特,但费希特到大学后不久这种资助就断绝了。费希特不得不为私人补课以维持生活。个人生活的失望、家庭的抱怨、社会的歧视,使他陷入困境。1788年生日前夕,费希特决心弃学回家,不料这却使他绝处逢生。费希特一到家就收到诗人魏斯的来信,推荐他到苏黎世教书。从此他走上许多德国伟大思想家当家庭教师的老路。

我们对费希特上大学这8年期间的哲学观点的形成和发展所知甚少。有些传记作者说他最早是斯宾诺莎主义者,虽然并没有多少直接的证据,但他此时确已表示过他深信"一切都有不可避免的必然性"[①]。另外,从他早期著作中流露出的唯灵论情调,可以推断他必定读过莱布尼茨的著作。这也许使他认为决定论应该是莱布尼茨原理的必然归宿。在《不眠之夜的浮想》一文里,费希特谈到了自己关于改革教育的想法,表明他很熟悉瑞士著名教育家裴斯塔洛齐的思想。

1788年秋,费希特拿着魏斯的推荐信到了苏黎世的奥特先生家,给一个10岁的男孩和一个7岁的女孩当家庭教师。执教伊始,他就发现在孩子教育问题上同主人有矛盾,于是他决定把孩子的父母也拉进他的教育圈子。费希特每天一边教孩子,一边观察记录他认为父母在教育其子女时所犯的错误,写成《错误教育目睹记》,每周拿出来请主人看了后照着改正。这等于主人每周要受家庭教师一次教训,但他始终受到敬重。一年半多以后,他提出辞职,主人虽没挽留,却诚恳地要求和他保持联系。他同意了,并且长期和这家通信。

在苏黎世的一年多时间里,费希特结识了许多朋友,其中重要的一个是狂飙运动宗教方面的代表人物拉法特。通过他,费希特认识了他早年景仰的诗人克罗普斯托克的亲戚拉恩一家人,并和这家的女儿玛丽娅相爱以至订婚。据他自己说,玛丽娅没有任何外表的美,也没有高深的精神教养,但深深了解和赞赏他的为人。

1790年费希特离开苏黎世,重返莱比锡。这次重返莱比锡他雄心勃勃,很想有一番作为。可是,一连串的挫折使他灰心丧气。他在致友人的信中说:"一无所成。那么多的肥皂泡,竟连一点泡沫也没给我留下。"[②]这时,恰好有一个学生表示愿意向他学习康德哲学,为生活计,他答应了,于是开始研究康德哲学。这是费希特一生中,特别是在哲学上最大的转折点。促使费希特研究康德哲学的外部因素似乎是偶然的,但是,这也表明他的精神发展已经达到了这一点。我们可以指出他在1790年写的一篇文章的片段证明这一点,文章的题目是《关于宗教和自然神论的格言》。在文章中,他认识到在理智和心灵之间存在着巨大的分歧。理智只看到

---

① 费希特1785年1月28日致友人的信。
② 致苏黎世友人阿舍里斯的信。

上帝和人同样被限制的那种必然性。罪恶并不是人应该受到谴责的东西,它及其结果同样不可避免地是个人本性的表现。相反地,心灵不能用这种体系加以满足。那么,应该做什么呢？唯一能做的事情就是给思辨划一条不可逾越的界限。这里,明显地表明他已经接近了康德的思想。几个月以后他在给未婚妻玛丽娅的信中写道:"我已通过某种纯属偶然的动因而完全投身于康德哲学的研究。这种哲学制约了我身上异常活跃的想象力,使理智取得压例的重量,我的整个精神得到无法形容的提高。"在致友人的信中他写道:"自从我读了《实践理性批判》,我已生活在一个全新的世界里。"①费希特对康德哲学最感兴趣的是它的实践理性和方法。因为他发现在《实践理性批判》中,精神本身已经创造了这个世界,而且摆脱了这个世界的专横的必然性。1791年春,他在致阿舍里斯的信中写道:"这种哲学,特别是它的道德部分……其对一个人的思维方法的影响,那是不可想象的。"

　　费希特本来打算花几年时间把康德哲学通俗化,使之能深入影响一般平民的实际生活,并决定在1790年年底首先写成一篇阐明《判断力批判》的文章,准备次年复活节发表。可是,这时他已一文不名,只好于1791年4月远涉华沙给普拉台公爵夫人当家庭教师。家庭教师未能博得仁慈的女主人的欢心,或者说是没有博得一个刁钻的女仆的欢心。他的鞠躬礼行得不够文雅,缺少法国派头,因而被认为不配当一个波兰小容克地主儿子的教师。对于这种侮辱费希特威胁要进行控告,女主人害怕了,付给费希特一笔赔偿费。费希特接受了这笔钱,急急忙忙带着这笔钱赶往柯尼斯堡去拜谒使他精神得到新生的当代伟人——康德。

　　1791年7月4日,费希特见到了康德。本来,康德在《实践理性批判》里已经表示了信仰的必要,并且指出认识以启示为基础的宗教本质的新道路,但他此时还没有来得及对此进行探讨,哲学界都在期待着他的宗教学说的发表。费希特自信已经彻底掌握了康德的思想,并且有力量独立地在这个领域里向前迈进。于是以他仅有的一点余钱,留住在柯尼斯堡,匆匆写成《对一切启示的批判》,于8月18日送请康德审阅。康德发现文章表述的正是他自己的观点,而文笔之流畅又是他自己所缺少的,非常满意,因而高兴地把他的两位挚友介绍给费希特。一位是最早对康德批判哲学发表评论的宫廷牧师舒尔茨,另一位是第一部康德传记的作者博罗夫斯基。由于费希特此时生活已陷入困境,康德于是建议由博罗夫斯基把《对一切启示的批判》的手稿交给哈同出版社出版,另由舒尔茨推荐他到但泽附近的克罗科夫的公爵夫人那里当家庭教师。费希特于1791年9月26日离开柯尼斯堡去但泽就职。

---

　　① 致老同学魏斯的信。

1792 年 4 月,《对一切启示的批判》出版。由于书上没有印作者的名字,而且书的内容显然是康德的观点,人们都认为书的作者就是康德。康德于 7 月 3 日在《文汇报》上发表声明:"《对一切启示的批判》的真正作者是神学候补生费希特。"这本书使费希特在学术界站稳了脚跟。

1793—1794 年两年多的时间里,费希特发表了《纠正公众对法国革命的评断》和《向欧洲君主们索回至今被压制的思想自由》的论文。头一篇文章可以说是德国哲学家对法国革命最激进的评价;后一篇文章则从自由概念中推论改造现存国家的合法性,阐述了世界公民的自由概念。在这个时期,费希特自己的哲学体系已经蕴酿成熟了。1793 年年底到 1794 年年初,他第一次在苏黎世以"知识学"为题对听众做了公开讲演。人们认为他的知识学体系完整,论述明晰,思想精辟。

耶拿大学时期

经过了多次的到处漂泊,并在长期寄居瑞士之后,费希特终于在耶拿大学找到了一个固定职位,接任莱茵霍德遗留下的康德哲学讲座,于是他的光辉的时代就从这里开始了。费希特于 1794 年复活节到耶拿大学就任,他的就职演说"论知识学或所谓哲学的概念"博得了普遍的赞赏。耶拿和魏玛是当时德国精神生活的中心。魏玛有宫廷和文学,耶拿有大学和哲学。在魏玛我们可以看到德国一些最伟大的诗人,在耶拿我们可以看到德国一些最伟大的学者。

费希特在耶拿大学任教总共 5 年,他的一些主要哲学著作都是在这期间完成的:《全部知识学基础》(1794 年)、《略论知识学特征》(1795 年)、《知识学原理下的自然法基础》(1796 年)、《知识学原理下的道德学体系》(1798 年)、《闭关的商业国家》的一部分等。从 1795 年起,他还同尼塔迈尔合办了《哲学杂志》。他除了课内正式教学外还在课外给青年学生做通俗讲演。"论学者的使命"就是他第一学期在课外讲的。在这一点上,费希特性格里完全相反的因素显现出来了。他一方面热爱抽象的哲学思辨,另一方面又急切希望直接对社会产生实际的影响。影响确实极大,麻烦也就随之而来。不久,敌视费希特民主自由思想的反动派,就从这里下手,对他进行种种陷害。经历了一系列的冲突,费希特终于被赶出了耶拿。

最后一场冲突最严重,涉及面很广,终于导致费希特离开耶拿。这就是所谓的"无神论事件",本质上还是捍卫学术自由的问题。

1798 年在费希特主办的《哲学杂志》上刊登了萨尔菲尔德的一个学校教师名叫福伯格的一篇论文,题名为《宗教概念的发展》。该文认为:康德从道德和实践上确立了宗教的基础,把宗教理解为一种理性信仰;其实,宗教是实践的,由善良行为构成,根本不需要什么信仰。信仰上帝,既不能通过经验,也不能通过思辨来论证。因此信仰这一概念归根结底只是语言游戏。费希特认为这是一种"怀疑主义无神论",他不同意这种观点,于是另写了一篇文章《论我们信仰上帝统治世界的根据》,与该文一同发表。他认为,宗教是由道德行为构成的,但道德行为和对于超验的道德世界秩序的原始信仰是同一回事,而道德世界秩序和上帝又是一回事,所以宗教就是信仰。但是费希特的敌人根本不管福伯格的怀疑主义无神论和费希特的泛神论思想的区别,反而阴谋策划进行了一系列诽谤中伤活动。费希特在1799年5月22日致莱茵霍德的信中指出了这种造谣中伤的卑鄙目的:"我不相信他们是追究我的无神论,他们把我当作一个开始用通俗易懂的语言表达自己见解的自由思想家(康德的幸运在于他那晦涩的文体)和一个声名狼藉的民主主义者来加以迫害。他们害怕独立自主性,就像害怕幽灵一样,他们暗暗地感到我的哲学正在唤起这种精神。"①

萨克斯选帝侯政府没收了福伯格和费希特的论文。费希特的敌人匿名散发了一篇文章《一个父亲就费希特和福伯格的无神论写给儿子的信》,控告费希特以无神论毒害青年。这促使萨克斯政府出现,对费希特提出法律控告。接着又在德雷斯登所有报纸上刊登新闻,把事情公之于众。费希特迫不得已写了两篇申辩:《费希特的呼吁》和《对无神论控告的法律辩护书》。他在《费希特的呼吁》一文中说,反对者把上帝想象为命运的主宰、幸福的施主,想从它那里得到福利,归根结底,他们心里想的并不是上帝,而是他们自己。我们的哲学不承认暂时的无常的东西的实在性,是为了使永恒的东西的实在性获得完全的尊严,其目的和基督教是一致的。反对我们的人把基督教教义变成了一种令人发指的关于幸福的学说,所以他们才是无神论者。费希特的这些辩驳,无助于消除辞意,反而得罪了更多的人。他的倔强的性格在这里帮了他的倒忙。法院要传讯他,当局要撤他的职。费希特认为撤职是对学术自由的公开压制,他提出辞职。这样一来,事情就越发不可收拾了。魏玛政府根据歌德的建议,于1799年3月29日撤销了费希特的教授职务。

在柏林和战争年代

1799年7月30日费希特乔装旅游,只身来到柏林。普鲁士国王对此表示默许。

8月7日,耶拿《文汇报》发表了一篇康德批评费希特的声明,说费希特的"纯粹知识学,不多也不少,恰恰就是纯粹的逻辑。而纯粹逻辑是从不妄想涉及知识的实质的,总把知识内容抽掉。要从逻辑中提炼出实在的客体,那是徒劳的"。"在此我必须提醒,有人擅自以为我的意图只在搞出一个先验哲学的初步准备,而不是纯

---

① 海涅:《论德国宗教和哲学的历史》,商务印书馆,1974年版,第134页。

粹理性的哲学体系本身,我实在是无法理解。"① 费希特对此没有作公开答复,只给谢林写了一封信,作了几处澄清。

在柏林,费希特头一件工作就是写《人的使命》,其中第三部分谈信仰问题,显然还在为他在无神论案件中的观点进行申诉。接着,他把《闭关的商业国家》写完。然后,他不断重讲和改写知识学。1801 年 5 月 3 日在致谢林的信里,费希特写道:"知识学尚未完成,因为最高的综合,诸精神世界的综合,还没有搞。"②

从 1802 年起,费希特长期没有发表著作,而主要是进行讲演。这时,讲演已成为他精神生活的主要部分。1804 年冬季他讲了"现时代的根本特点",听者如云,反映强烈。

1805 年 4 月,他应聘就任普鲁士埃朗根大学教授。课内讲的是一般导论性的哲学全书,课外讲了《论学者的本质》,接着又讲了《至乐生活指南》。

1806 年 10 月普法战争爆发,1807 年 10 月 27 日拿破仑以征服者的姿态进入柏林。费希特在战争开始时请缨参战,被国王委婉谢绝。于是,费希特于 1806 年 10 月中旬离开柏林去柯尼斯堡,在那里任临时教授。同时帮助施勒特创办《威斯塔》杂志,宣传爱国主义。

1807 年 6 月 13 日法军占领柯尼斯堡。费希特 6 月 10 日离开柯尼斯堡去哥本哈根,8 月底又转回柏林。

费希特回到柏林后主要进行两项活动:一是发表公开演讲,一是参与筹建柏林大学。

从 1807 年 12 月 13 日至 1808 年 3 月 20 日,费希特连续 14 次每周日晚在柏林科学院进行"对德意志国民的讲演"。在这些讲演中,费希特号召德国人民为祖国自由、民族独立和德意志民族重新统一而斗争。这些讲演使费希特获得了巨大的声望,法国侵略者对他也无可奈何。这些讲演在德国人民反对外国侵略者的斗争中起了鼓舞作用。

但是,这些讲演也表明费希特远离了他曾热心捍卫和论证过的资产阶级民主主义思想。在以后的年代里,德国反动派屡次引证这些讲演为他们的军国主义做辩护。

1810 年费希特就任他所参与创建的柏林大学的第一任校长。1812 年 2 月,费希特因教学计划与当局意见不合而呈请辞职。

1813 年夏爆发了德意志解放战争。费希特再度请缨,又没获准。战前,他进

---

① 参见《西方著名哲学家评传》,第 6 卷,山东人民出版社,1984 年版,第 100 页。
② 《费希特生平和书信集》,第 2 卷,第 163 页。

行了"论真正战争的概念"的讲演,大声疾呼:"哪里普遍的自由和每个个别的自由受到威胁,哪里就有真正的战争。……因此每一个人都要亲自参加,而不是由别人代替……这是生与死的搏斗。"①

格罗斯贝伦战役,大败法军,保卫了柏林,但全城挤满了伤病战士,恶性时疫到处流行。

费希特夫人满怀着与费希特一样的热情,奋不顾身地参加了护理伤病员的工作。1814年1月13日,她不幸感染上了恶性发烧,随后又传染了费希特。从此费希特一病不起。在他昏迷的间隙中,听说布吕歇尔元帅统率的大军已经渡过莱茵河,北方盟军已突入法国领土,费希特最后一次感到自由胜利的喜悦。费希特于1814年1月27日逝世,享年52岁。

马克思说过,德国哲学乃是法国革命的德国理论。这个"哲学革命"的最杰出的历史活动家之一就是费希特。他的学说反映了德国资产阶级争取民族统一和以资本主义改造德国的进步愿望。因此,我们在概述了费希特的生平之后,不能不对他的哲学和社会政治观作一简要介绍。

首先,关于他的知识学。费希特关于知识学的著作按年代排列有:《论知识学或所谓哲学的概念》(1794年)、《全部知识学基础》(1794年)、《知识学特征概论》(1795年)、《知识学第一导论》(1797年)、《知识学第二导论》(1797年)、《知识学新陈述的尝试》(1797年)、《关于最新哲学的明晰报告》(1801年)、《1801年讲的知识学》、《1804年讲的知识学》、《关于知识学的概念及其至今遭遇的报告》(1806年)、《知识学概略》(1810年)、《1812年讲的知识学》、《1813年春讲的知识学》、《知识学的引论讲演》(1813年秋),此外1800年的《人的使命》也是一部知识学通俗讲演稿。

在《纯粹理性批判》中,康德给自己提出了以下的问题:具有普遍必然性的理论判断怎么是可能的呢?纯粹数学、纯粹自然科学和哲学怎么是可能的呢?也就是说,由科学表述的并构成科学的重要内容的概括、范畴、规律等的本性是什么呢?费希特在知识学里以更一般的形式表述了这个问题:科学怎么是可能的?科学据以存在、发展的条件是什么呢?科学认识的原则、方法、界限是什么呢?因此我们可以明白,费希特为什么把自己的哲学称为知识学,亦即科学理论、科学认识的逻辑。但是,费希特不仅把知识学理解为理论认识的科学,而且理解为关于一切现存事物和在未来科学中可能存在的事物的起源的学说,是关于存在和认识的最有共同性基础的学说。费希特认为科学、认识乃是能动的、有创造力量的活动。

---

① 《费希特全集》第2部,第2卷,第412页。

费希特认为康德哲学有两个缺点：一是他还得借助他自己也承认其不可知的外物、物自体；一是他的那些先验要素是从经验中分析出来的，不可能尽举无遗，而且它们都是孤立的。费希特认为必须从它们之间的必然联系上通过逻辑演绎的方法一步一步把它们都推导出来，包括物自体在内，才能解决知识的问题。而这就必须构成一个逻辑严密的哲学体系。费希特认为他的知识学就是这样一个足以说明一切知识之基础的演绎体系。

费希特认为一个严密的科学体系要求有一个最高的、明确无误的、可以凭其独特的性质逐步推演前进的出发点。他认为知识学的出发点只能是自我。这个自我不是个别人的经验意识，而是纯粹的自我意识一般、绝对自我、纯粹自我。费希特把这个纯粹的意识活动命名为本原行动。知识学的任务就是通过对知识的思辨分析来阐明自我如何行动以建立自己本身从而成为一切知识的基础的，因此知识学实际上是一部意识发生史。

自我的本原行动作为知识学的基本原理，它最初的三个行动步骤乃是知识学的三条基本原理。

第一条原理，自我设定自己本身。这个本原行动是一切知识的基础，因而是知识学的第一个绝对无条件的基本原理。它是一个正题。

第二条原理，自我设定非我。自我设定非我也是一个无条件的自发行动。它是一个反题。

第三条原理，自我在自身中设定一个可分割的非我与一个可分割的自我相对立。第三步行动是为了解决前两步行动造成的矛盾而产生的，它就是前两步行动所决定了的，就不是自发的，因此它在形式上就是有条件的。但是，由于它是遵从理性的命令而产生的，所以它在内容上又是无条件的。它是一个合题。

全部知识学就是按正、反、合的步骤找出自我及其必然行动中所包含的矛盾，逐步加以解决的，从而构成了知识学严密统一的逻辑体系。

费希特把自我规定非我中的规定非我的自我叫作实践自我，把自我被非我规定中的被非我规定的自我叫作理论自我。讨论实践自我的活动的乃是实践知识学，讨论理论自我的乃是理论知识学。理论自我着重说明自我如何创造世界，实践自我着重说明自我如何从它所创造的世界里重返自身。理论自我在创造世界时有一个相应的自身发展历程。它一共经历了六个发展阶段：感觉、直观、想象力、知性、判断力、理性。实践自我的基本性质是永恒的努力，努力表现出来就是冲动，而冲动总伴随着感情。只有感情才把空无内容的概念充实起来，终于发展出绝对实在。绝对实在只有在感情里才能体会到。伦理中的良心、宗教里的上帝，归根结底都是感情上的东西。这样知识学体系从自我出发，至此又回到了自我。

在费希特这些抽象的议论中，毕竟包含了一系列极其重要的和真正辩证法的结论。

关于费希特的辩证法思想，主要有两点应该特别提出来：一是在人的活动中主观的东西向客观的东西的转化的思想；二是关于发展和对立统一的思想。

其次，关于费希特的社会政治观点。

费希特的伦理社会政治观点是他的哲学的重要组成部分。费希特的哲学体系的中心概念是自由意志。他说："我的整个哲学体系自始至终是分析自由的概念。"他认为自由乃是人性的本质。人应当被教化得认识自由对人之所以为人的崇高意义，否则人就没有人性，只有奴性。具有人性的人，不仅必须认识到自己的自由，而且更要尊重别人的自由。只有使自己周围的一切人都自由的人，他自己才是自由的。这也正是他的人道主义思想的核心。

费希特最初作为一个社会契约论者，认为国家乃是一个自我情愿借以划分其自由的法权共同体。所以他把法国大革命描绘为"关于人权和人的尊严这些伟大字眼的瑰丽的映象"。后来，他特别强调国家的伦理性质，深信国家的本质乃是至善的一种体现。国家的根本任务在于发展文化教育事业，提高国民的道德品质，这是整个人类由物欲的动物前进而成为纯洁高尚的精神的唯一道路。

费希特认为人类历史乃是理性发展的历史。历史的目的就在于最自由地发挥理性的作用，实现"理性王国"。他认为人类尘世生活的目的在于自由地按照理性安排它的一切关系。他深信人类理性的威力，认为依靠人类在科学文化上的努力，总有一天整个人类将自己掌握自己的命运，使之服从自己的理想，绝对自由地从自身做出他想做的一切。费希特唯心主义地猜测到了历史发展的必然性。他认为人类历史经历一系列必然的发展阶段，将最终达到"至善完成"的崇高境界。

费希特哲学在德国唯心主义哲学发展史上一直被当成康德和黑格尔之间的桥梁受到人们的冷落。近20年来，特别是20世纪80年代以来，在德国以劳特、在日本以隈元忠敬为首的费希特复兴运动正在引人注目地崛起。他们的观点是，费希特是康德之后唯一的体系思想家，谢林和黑格尔只是落伍的、康德以前的独断论的回声而已。因此，德国唯心主义的历史必须重写。这是值得我们重视的一个重大问题。

（与程志民合写）

Leibniz' Interesse für chinesische Kultur
（莱布尼茨思想与中国传统文化）

I

Heute ist es keine wunderbare Sache, dass jemand Interesse an der Kultur eines fremden Volks hat, einschließlich der chinesischen Kultur. Denn mit der Entwicklung der Verkehrsmittel ist die Welt verkleinert und die Distanz zwischen Ländern abgekürzt.

Aber ich möchte sagen, dass Leibniz' Interesse für chinesische traditionelle Kultur eine großartige Sache ist.

1. Die weite Distanz. Im siebzehnten Jahrhundert, wo Leibniz lebte, war China für Deutsche wie ein entferntestes Land. Alles, was in diesem fremden Land passierte, hatte mit wirklichem Leben von ihnen nichts zu tun. So gab es dadurch im allgemeinen weniger Interesse für China.

2. Kultur in eigener Art. China ist ein geschlossener Staat. Obwohl die Entwicklung seiner Kultur nicht all

unbeeinflusst vom fremden ist, behält sie stets ihre einzigartige Tradition und demnach ist sie ganz anders als die westliche Kultur, die mit Christum als Zentrum ist. Deshalb ist es schwer, Interesse der westlichen Leute für chinesische Kultur zu erregen.

3. Das sprachliche Hindernis. Da die chinesische Sprache zum Piktographie zählt, verstehen sie nur wenige Leute. Wenn man sagt, dass während der Zeit vom Leibniz einige Missionare die chinesische traditionelle Kultur empfohlen und einige wenige chinesische Werke übersetzten haben, war es dennoch indirektes Verständnis, das die persönlichen Vorurteile der übergebenden enthielt.

Gerade in diesen Umständen interessierte sich Leibniz für chinesische traditionelle Kultur. Vom Alter von 20 Jahren bis zum Tode hatte Leibniz Vorliebe für chinesische Philosophie, fast lebenslang.

Leibniz' Kenntnis über chinesische kulturelle Gedanken sollte vom italienischen Missionar Nicolos Lougobandi (Ankunft in China 1597, Tod in China 1654) und vom französischen Missionar Joachin Bouvet (Ankunft in China 1687, Tod in China 1730) bekommen. Besonders zwischen 1697—1702 (5 Jahre lang, im Alter von 31 bis 36 Jahren) stand Leibniz im Briefwechsel mit Bouvet, was nützlich dafür war, dass Leibniz die chinesische traditionelle Kultur relativ allseitig kannte.

Der Schrift zufolge hatte Leibniz "Buch der Geschichte" "Shangshu" (Bücher der ältesten Dynastien), "Zhouyi" (Buch der Wandlung in der Zhou-Dynastie), "Da Xue" (Große Lehre) "Zhongyong" (Doktrin der Mitte) gelesen und manche Werke von den Gelehrten der Neo-konfuzianischen Schule in der Song-und Ming-Dynastie) gewissen. Er meinte, dass die chinesische Philosophie ihre immanente Verbindung und tiefgehende Gedanken hat.

Im Brief an de Bemond schrieb er:

"China ist ein großes Land, es ist hinsichtlich der Fläche nicht kleiner als Europa und übertriff in der Bevölkerungszahl und bei Verwaltung des Staates bei weitem Europa. Im China gibt es eine im gewissen Sinne begeisterte Moral, und außerdem noch eine philosophische Lehre oder wie gesagt, einen Deismus. Sie wird wegen ihrer langen Geschichte betrachtet. Die Philosophie, oder der Deismus wurde vor 3000 Jahren gegründet und besitzt Autorität, weit vor der griechischen Philosophie."

Warum interessiert sich Leibniz neben der europäischen Zivilisation für die chinesische Kultur? Meiner Meinung nach führt das Interesse auf seinen eigenen philosophischen Gedanken zurück. Er hat den Glauben, dass die menschliche Welsheit, trotz ihrer Nationalität eine Übereinstimmung besitzt. Seine Weltanschauung ist plural und aus Monaden bestanden, die Bewegung der einzelnen Monade ist eigentlich harmonisch.

Deshalb verlangt er nicht nur nach der Einheit des Evangelium und Katholizismus, sondern auch nach der Kommunikation und Integration der westlichen und östlichen philosophischen Gedanken. Er hat die Perspektive der Einheitlichung der ganzen Welt.

Er liebt chinesische Kultur-man soll so sagen-gerade aus seinem großen Glauben (Monadologie).

II

Das gegenwärtige Missverständnis der Beziehung zwischen Leibniz und der chinesischen traditionellen Kultur zu korrigieren.

In Wirklichkeit hat Leibniz Interesse für chinesische Kultur. Neben dem französischen Mabbranche vor ihm und Vourtare nach ihm forschte Leibniz in seiner Zeit vor allem in Deutschland nach der chinesischen Kultur und veröffentlichte Werke darüber. In letzter Zeit aber wird sowohl im Westen als auch in China behauptet, dass einige Gedanken von Leibniz unter dem Einfluss der chinesischen Philosophie zustande gekommen sind. Diese Behauptung ist meines Erachtens der historischen Tatsache gar nicht getreu und soll korrigiert werden.

Ich finde, dass Leibniz während seiner Lebenszeit Interesse für drei Gebiete der chinesischen Kultur hatte und Untersuchung voller Voraussicht unternahm. Der Grund, warum Leibniz nach diesen drei Gebieten der chinesischen Kultur forschte, besteht darin, dass er zuerst den Gedanken bezüglich dieser Gebiete bildete, und dann der dies betreffenden chinesischen Kultur dem Beweis entnehmen wollte, oder davon Anregung finden, und aufgrund seiner eigenen Ansicht die chinesische Kultur entsprechend aufklären wollte.

Die drei Gebiete sind folgende:

1. Über chinesische Sprache und Schriften. Leibniz studierte die chinesische Sprache. Die chinesischen Schriften sind Piktographie und die Abkürzung der natürlichen Dinge, jedes Schriftzeichen hat seine eigene Bedeutung, die anders als europäische Sprache sind.

Leibniz untersuchte die Regel der Bildung und Entwicklung der chinesischen Schriftzeichen. Sein Interesse besteht aber nicht bloß in diesem Zeichen, sondern darin, ob sie ein geeignetes Vergleichsmodell für seine eigene geplante Zeichenkunst ist.

Leibniz strebte nach universalen wissenschaftlichen Kenntnissen und verfolgte das Ziel, alle Disziplinen zu integrieren, um ein großes "Science universal" zu begründen. Dementsprechend wollte er eine angeblich gemeinsame Sprache finden und hoffte, dass sie wissenschaftlich gemeinsame "Sprache universal" werden könnte. Er fand, dass "字首" der chinesischen Schriftzeichen "den allgemeinen Begriff vertreten" und nur durch "字旁" konkretisiert werden. Deshalb können die chinesischen Schriftzeichen möglichst zum Recht als philosophisch "Sprache universal" "Science universal" zum Ausdruck bringen.

Später entdeckte er, genau wie Frau Dr. Rita in ihrem ausgezeichneten Werk gezeigt hat, dass "字首" der chinesischen Sprache ein Mittel ist, verschiedene Arten zu unterscheiden, und den allgemeinen Begriff nicht vertreten kann. Und "字旁" der chinesischen Schriften dient meistens zur Schallnachahmung und spielt die Rolle, den Laut der Zeichen zu zeigen, und keine Rolle, den allgemeinen Begriff zu konkretisieren. Schließlich kommt er zu der Ansicht, dass die chinesischen Schriftzeichen wenig nutzbar seiner Vorstellung ist, characteristica Universala zu begründen, und enttäuscht darum.

2. Über "Bagua" (die acht Diagramme) Wahlsagezeichen oder 64-Gua (die 64 Diagramme) in "Yijing" (Buch der Wandlung).

"Guazao" (Diagramme) in "Yijing" ordnen sich nach dem Zweizahlensystem ein. Die chinesischen Gelehrten bemerkten bei der Forschung nach "Yijing" die Bedeutung in der Mathematik nicht. Als ein großer Mathematiker hat Leibniz das Zweizahlensystem entdeckt, und brachte das in die Tabelle und zeigte sie seinem Freund Bouvet. Im November 1707 schenkte ihm Bouvet zwei Tabellen, eine ist "Segnegation-Tabelle", andere ist "square and Circular Arrangement". Sie fanden sofort, dass Yinyao (--) bedeutet, Yangyao (-) Kungua (---) gleich 000000 ist, und bogua (---) gleich 000001 ist. Dieser Reihenfolge nach konnten sie 64 Gua zu entsprechenden Zahlen sein. So beweist sich das von ihnen entdeckten Zweizahlensystem in Guayao von "Yijing".

Im Jahre 1703 veröffentlichte Leibniz "Explication de Larithmetique Binaire" und erweiterte das Zweizahlensystem nach der Addition, Subtraktion, Multiplikatioin und Division. Zweifellos ist es voller Begründung, dass die Einordnung der Guayao in "Yijing" die mathematisch wissenschaftliche Bedeutung hat, die von Leibniz entdeckt wurde. Davor bemerkte es kein chinesischer Gelehrter. Wir bedanken uns bei Leibniz für diese wissenschaftliche Entdeckung und wollen "Yijing" weiter untersuchen.

3. Über Erklärung von "Li" (Vernunft) der neo konfuzianischen Schule von der Song-und Ming-Dynastie.

Die Deutsche Philosophie in China（德国哲学在中国）

Sehr geehrter Herr Präsident, Prof. Heineskemp,

Sehr geehrte Damen und Herren!

Es ist mir eine große Freude und Ehre, heute vor Ihnen, meinen deutschen Kollegen, einige Worte zu sprechen. Zunächst möchte ich im Namen des Vizepräsidenten der chinesischen Akademie der Gesellschaftswissenschaften, Herrn Professor Ru Xin, und im Namen meiner anderen Kollegen der Delegation Ihnen den Kollegen der Leibniz-Gesellschaft, für die freundliche Einladung und für den freundlichen Empfang herzlich danken.

Ich fühle mich geehrt, Ihrem Wunsch entsprechend heute abend einen Vortrag mit dem Titel "Die deutsche Philosophie in China" halten zu dürfen.

Ich möchte am Anfang Ihnen, meinen Kollegen, mit Freude berichten, dass die Erforschung der deutschen Philosophie sowohl in der Geschichte als auch in der Gegenwart eine führende Stellung im Kreis der chinesischen Philosophen einnimmt. Es gibt bei uns zwar auch

Wissenschaftler, die sich mit der Philosophie von Amerika, England, Frankreich, sogar von Japan beschäftigen, aber die Zahl der Wissenschaftler, die sich mit der deutschen Philosophie beschäftigen, überwiegt, ganz abgesehen von Jenen, die sich mit der marxistischen Philosophie befassen.

Das ist jedoch nicht von Anfang an so gewesen, als die westliche Kultur in China eingeführt wurde. Die deutsche Philosophie wurde viel später als die englische Kultur eingeführt. Bei der Verbreitung der deutschen Philosophie traten außerdem noch viele Schwierigkeiten auf.

Der Grund für die spätere Einführung der deutschen Philosophie war hauptsächlich politischer Natur: Nachdem China 1840 im Opiumkrieg unterlegen war, erkannten fortschrittliche Wissenschaftler die Untauglichkeit der chinesischen feudalistischen Gesellschaft und die Stärke der materiellen Zivilisation der westlichen kapitalistischen Gesellschaft und versuchten, das Vaterland zu retten mit der Auffassung, dass man vom Westen lernen müsse. So sagte z. B. Shao Zuozhou: "In der Zeit, da Daoguang und Xianfeng Kaiser waren, erlitt China immer wieder Niederlagen von den westlichen Ländern. Daher wurden Gesandte zur Besichtigung und zum Besuch ins Ausland geschickt. Nach Ansicht der Gelehrten und Beamten, die den Trend der Zeit verstanden, waren die westlichen Gesetze und Ordnungen so streng und perfekt, Wissenschaft und Technik so hervorragend, die militärischen Land-und Wasserausrüstungen so ausgezeichnet, sowie Handel und Transportwesen so florierend, dass sie sich wegen der Armut und Schwäche ihres Landes schämten." um von Westen zu lernen hatte China einerseits Studenten in großer Zahl zum Studium ins Ausland entsandt, anderseits die wichtigen Werke der westlichen Kultur ins Chinesisch übersetzt und dadurch verbreitet.

Aber die meisten Studenten ging nach England, nicht nach Deutschland. Die übersetzten Bücher waren hauptsächlich Werke politischen, Juristischen, sozialwissenschaftlichen, oder naturwissenschaftlichen Inhalts; die Philosophie war noch kaum vertreten. Yan Fu (1853—1921) z. B. gehörte zu den ersten dieser Studenten. Nachdem er 1878 von England nach Abschluss seines Studiums zurückgekehrt war, übersetzte er viele westliche Bücher, verbreitete die westliche Kultur und vertrat die Auffassung, dass das feudalistische System zu verändern und die bürgerliche Demokratie zu verwirklichen sei. Seine übersetzungen übten auf die damalige Intelligenz einen großen Einfluss aus. Er übersetzte unter andern die folgenden Bücher:

"An Inquire into the Nature and Cause of the Wealth of Nations" von Adam Smith.

"De l'esprit des lois" von Montesqieu.

"Study of Sociology" von Herbert Spencer.

"Evolution and Ethics" von Thomas H. Huxley.

"On Liberty" and "System of Logic" von John Stuart Mill.

U. S. W.

Daraus kann man ersehen, dass er überhaupt keine eigentlich philosophischen Werke vermittelt hat, ganz zu schweigen von der deutschen Philosophie.

In der damaligen Zeit war man der Meinung, dass Philosophie keinen praktischen Wert habe und auch nicht dazu beitragen könne, die Streitkräfte zu stärken, das Land reich zu machen und die Nation zu retten. Der führende Kopf der chinesischen Reformbewegung 1898, Kang Youwei (—1936), bereiste zwar lange das ganze Europa und meinte, dass Deutschland das Land sei, das in der Welt auf zehn Gebieten den ersten Platz einnehme (z. B. die Waffenproduktion, Medizin, Technik, Handel, Bautechnik, Verkehrswesen, Musik, Literatur usw.), die deutsche Philosophie erwähnte er nicht.

Im Jahr 1919 fand dann in China die 4. Mai -Bewegung statt. Anfang der 20er Jahre hat China gleichzeit aus drei Ländern drei Philosophen zu Vorlesungen über Philosophie eingeladen. Einer von ihnen war John Dewey aus Amerika, der andere war B. Russell aus England, der dritte war Hans Driesch aus Deutschland. Driesch hielt 1922 in Peking öffentliche Vorlesungen über die kantische Philosophie. Diese Vorlesungen übten einen großen Einfluss aus, so dass sich nun viele für die Kantische Philosophie begeisterten. Etwas später, im Jahre 1924, wurde ein Jubiläumsband der Zeitschrift "Xue Yi" anlässlich von Kants 200. Geburtstag herausgegeben. In diesem Band wurden 15 Beiträge über Kants Philosophie gesammelt. Aber Deweys Vorlesungen, die er über zwei Jahre lang im ganzen China hielt, verdrängten das Interesse der chinesischen Intelligenz an der deutschen Philosophie. Diese Vorlesungen hatten hauptsächlich die angelsächsische Philosophie, also den Pragmatismus und Realismus zum Inhalt, und besonders die Philosophie des Pragmatismus wurde lange Zeit sehr weit in China verbreitet.

Die Schwierigkeit, auf die die Verbreitung der deutschen Philosophie in China stieß, bestand erstens in dem ihr eignen abstrakten und spekulativen Charakter, daran die chinesischen Gelehrten sich nicht so gewöhnten; zweitens in der winzigen Zahl der damaligen chinesischen Gelehrten, die die deutsche Sprache beherrschten und die deutschen Text direkt lesen kannten. Deshalb verbreitete sich die deutsche Philosophie in China relativ langsam. Aber im Laufe der Zeit wurde sie wegen ihrer theoretischen Gründlichkeit, Originalität und Lebenskraft von den chinesischen Philosophen immer mehr verstand und immer höher eingeschätzt. Ihr Einfluss wurde immer größer. Bereits vor der Befreiung hat die deutsche Philosophie eine wichtige Stellung eingenommen, und seit der Befreiung wird ihr in China ein immer größeres Interesse entgegengebracht.

Nun möchte ich Ihnen, meinen Kollegen der Leibniz-Gesellschaft, wieder mit großer Freude sagen, dass der erste in China bekannt gemachte deutsche Philosoph Leibniz war. Gestern abend wurde bereits erwähnt, dass er am Anfang der Qing-Dynastie, lange vor dem Opiumkrieg, bereits brieflichen Kontakt mit dem chinesischen Kaiser Kang-Xi aufzunehmen versuchte. Wir erfuhren durch die Arbeit der westlichen Missionare, dass Leibniz als westlicher Philosophie die chinesische Philosphie sehr hoch schätzte und eindringlich auf die Ähnlichkeiten und Übereinstimmungen zwischen der deutschen und chinesischen Philosophie hingewiesen hatte. Seiner Meinung nach sei auch der Charakter der chinesischen Philosophie "Alles und Eins". Die Bedeutung des "Li" (Idee) in der chinesischen Philosophie sei dem "Gott" in der westlichen Kultur vergleichbar. Dass das "Li" über Wahrheit und Gutes verfüge, stimme mit der christlichen Tradition überein. Besonders erwähnenswert ist dass er aufgrund der "Segregation-table" und dem "Square and Circular Arrangement" zur "Explication de Larrthetique binaire" gelangen konnte. Heute wird Leibniz in China zwar nur von einzelnen Forschern untersucht, aber "Nouveaux essais sur l'entendement humain, par l'auteur du systeme de l'harmonie prée' tabie" ist schon ins Chinesische übersetzt und Herausgegeben (1982) und wir haben die Zuversicht, dass ihm in Zukunft noch die gebührende Aufmerksamkeit zuteil werden wird.

Wir haben heute morgen den größten Spezialisten auf diesem Gebiet zu diesem Thema gehört; ich schließe mich daher Prof. Pestel an, der gestern abend gestand, dass er in Gegenwart von Prof. Totok kaum über Leibniz zu sprechen wage, und gehe zum Hauptthema meines kleinen Referates über.

Die beiden wichtigsten Repräsentanten der modernen chinesischen Literaten, darauf das deutsche philosophische Denken einen großen Einfluss ausgeübt hat, sind Wang Guowei und Lu Xun. Sie lebten in einer Zeit, da in China ein großer Wandel vor sich ging—die demokratische Revolution.

Gegenüber dem Untergang des Feudalismus hegte Wang Guowei (1877—1927) widersprüchliche Gefühle: Während er bei der Erforschung der kulturellen Traditionen Chinas westliche Methode wissenschaftlichen Denkens anwandte, nahm er gleichzeitig den Irrationalismus und Pessimismus Schopenhauers in sich auf. Er wurde heftig kritisiert, weil er ein großes Werk der chinesischen Literatur, den "Traum der roten Kammer", entsprechend Schopenhauers philosophischer Auffassung untersuchte. Aber genau das spiegelte die tatsächliche Gefühle eines Teils der chinesischen Intelligenz wieder, und daher war er damals auf dem Gebiet der Philosophie recht einflussreich.

Lu Xun ist der größte Vertreter der chinesischen Philosophie und Literaturgeschichte. In den literarisch Werken und Aufsätzen, die vor seiner Hinwendung zum Marxismus entstanden sind, zeigt sich der bedeutende Einfluss Nietzsches. Im Gegensatz zur negativen und pessimistischen Haltung Wang Guoweis versuchte der frühe Lu Xun, mit seiner aktiven und kämpferischen Haltung und seiner weitblickenden Voraussicht, das politische Bewusstsein der breiten Volksmassen zu erwecken und die Unterdrückung durch die traditionellen feudalistischen Kräfte zu kämpfen.

Die Rezeption der Gedanken Schopenhauers und Nietzsches in China durch Wang Guowei und Lu Xun hatte lediglich zum Ziel, die damaligen Strömungen des europäischen sozialen Denkens unter den chinesischen Intellektuellen bekannt zu machen. Aber diese Rezeption ist zur Grundlage der späteren wissenschaftlichen Forschung von deutschen Philosophie geworden. Natürlich wurde die Forschungsarbeit lange Zeit nicht sehr intensiv betrieben; doch zeigte es sich, dass die deutsche Philosophie, besonders die klassische deutsche Philosophie, für die chinesische Intelligenz eine besondere Anziehungskraft hatte. So traten bald danach chinesische Gelehrte wie Zhang Yi, Fan Shoukang, He Lin (1902—   ), Zheng Xin und so weiter auf, die die eigentlich philosophischen Werke Hegels und Kants durch ihre Übersetzungen und Forschungsarbeiten in China bekannt machten. He Lin versuchte sogar, eine Verbindung zwischen der absoluten Philosophie Hegels und die "Tai Ji" (das Absolute)-Theorie der neukonfuzianischen Schule Chinas zu schaffen, was eine der ersten Bemühungen um einen Vergleich und Austausch zwischen westlicher und chinesischer Philosophie darstellte.

Nach der Gründung der Volksrepublik China hat die chinesische Gesellschaft grundlegende Veränderungen erfahren. Dementsprechend änderte sich auch die Denkweise des chinesischen Volkes wesentlich, und zwar auf der Grundlage eines umfassenden Studiums des Marxismus. Die klassische deutsche Philosophie wird als eine der Quellen des Marxismus anerkannt, und so begann man der systematischen Untersuchung der deutschen Philosophie, insbesondere von Kant bis Hegel, eine außerordentliche Bedeutung beizumessen.

Hegel war der erste Philosoph, über den die chinesischen Wissenschaftler intensiv arbeiteten. Seit der Befreiung haben wir uns bemüht, einen Teil der wichtigsten Werke Hegels zu übersetzen, so z. B.

"Logik", in der Enzyklopädie,

"Wissenschaft der Logik",

"Phänomenologie des Geistes",

"Vorlesungen über die Geschichte der Philosophie",

"Vorlesungen über die Philosophie der Geschichte",

"Grundlinien der Philosophie des Rechts",

"Philosophie der Natur" und

die "Ästhetik".

Von diesen Büchern gibt es anerkannte Übersetzungen. Auf dieser Grundlage bereiten eben wir gegenwärtig die Herausgabe der "Sämtlichen Werke Hegels" vor. Ein Hegel-Lexikon wird bald herausgegeben werden. Übrigens haben wir bereits zahlreiche Fachliteratur über Hegels Philosophie veröffentlicht, deren SchwerPunkt lag meistens auf der dialektischen Methode von Hegel. Aber in den letzten Jahren wurde die Forschung auf diesem Gebiet nicht nur intensiviert, sondern auch erweitert; dies betrifft z. B. die Rechtsphilosophie, die Geschichtsphilosophie, die Naturphilosophie, die Religionsphilosophie usw. Über bestimmte Fragen finden heute sogar ernste wissenschaftlichen Auseinandersetzungen statt.

Obwohl Kant in jüngerer Zeit nicht so hoch eingeschätzt wurde wie Hegel, ist doch die Übersetzungstätigkeit seiner Werke nie unterbrochen worden. Die "Kritik der reinen Vernunft", die "Kritik der praktischen Vernunft" und die "Kritik der Urteilskraft", sowie die "Prolegomena" haben wir bereits übersetzt und größtenteils herausgegeben. Selbst in der Zeit, da sein Transzendentalismus entschieden abgelehnt wurde, konnte eine Übersetzung seiner "Allgemeinen Naturgeschichte und Theorie des Himmels" veröffentlicht werden. Zur Zeit befindet sich die Herausgabe ausgewählter Werke Kants in Planung.

Seit der Gründung der Volksrepublik China sind zwar nur wenige spezielle Forschungsergebnisse über Kantphilosophie zu verzeichnen, aber das Buch von Li Zehou "Die Kritik der Kritischen philosophie", das im Jahre 1978 erschienen, hat doch im Kreis der Fachleute eine allgemeine Anerkennung gewonnen. Li hat in diesem Buch eigene Auffassungen über Kant im Bezug auf die neueren westlichen philosophischen Schule und deren Forschungsergebnisse dargelegt. Übrigens sind junge Aspiranten in den letzten Jahren aufgetreten, die Kants Werke unter den Gesichtspunkten der gegenwärtig westlichen Philosophie untersuchten. Sie betrachteten z. B. die Probleme. der kantischen Philosophie von Heideggers fundamentaler Ontologie ausgehend und wiesen darauf hin, dass Kant sich zwar gegen die traditionelle Metaphysik wandte, aber auch die Begrenztheit seiner eigenen Ontologie aufzeigte.

Mit der weiteren Entwicklung der Philosophischen Forschung sind in der letzten Jahren auch einige Erfolge bei der Forschung über die früher für weniger interessant gehaltenen Philosophen Fichte und Schelling erzielt worden. Fichtes Hauptwerke, z. B. die "Grundlage der Wissenschaftslehre", die "Bestimmung des Gelehrten" und die "Bestimmung des Menschen", sind bereits ins Chinesische übersetzt und herausgegeben. Es ist auch geplant, ein 5 bändig ausgewähltes Werk von Fichte in der chinesischen Sprache herauszugeben. Ferner wurden Aufsätze über das früher einfach abgelehnte System der Fichteschen Philosophie veröffentlicht. Die in diesen Artikeln geäußerten Ansichten sind wissenschaftlich fundiert, sie haben darauf hinweisen können, dass nicht nur Fichtes politisches Denken eine fortschrittliche historische Bedeutung hat, nicht nur seine "Reden an die deutsche Nation" einen Ansporn für das chinesische Volk im Widerstandskampf gegen Japanischen Imperialismus darstellten, sondern auch seine philosophischen Gedanken nicht einfach negiert, im Gegenteil, wahrheitsgemäss untersucht werden sollten. Was Schelling betrifft, ist sein "System des transzendentalen Idealismus" bereits ins Chinesische übersetzt. Die Forschungsarbeit über seine philosophischen Gedanken sind zur Zeit selbstverständlich noch weiter voranzutreiben.

Feuerbach als dem Kritiker des klassischen deutschen Idealismus wurde in unserem Lande selbstverständlich die ihm gebührende Anerkennung zuteil. Wir haben seine wichtigsten Schriften in zwei Bänden in chinesischen Sprache herausgegeben. Neuerlich erschien auch die übersetzung seiner "Geschichte der Philosophie". Der Stand der Feuerbachforschung zeigt sich in vielen kritischen Kommentaren und Fachbüchern. Das Werk des Links Hegelianers Strauss, "Das Leben Jesu", hat auch eine chinesische übersetzung.

Wir haben recht zu behaupten, dass durch die Bemühungen in den letzten Jahrzehnten nach der Befreiung große Erfolge bei der Erforschung deutscher Klassiker errungen worden sind. Die von Karl Marx umgestaltete dialektische Methode ist eine ideologische Waffe der chinesischen Volksmassen geworden. Man kann sagen, dass das Kernstück der Dialektik-das Gesetz der Einheit der Gegensätze-in China bereits allen Menschen bekannt ist. Die früher verbreitete einseitige Auffassung, dass die Hegelsche Philosophie eine deutsche Reaktion auf die französische Revolution darstellte, und die dazu führte, dass die fortschrittliche Seite der Hegelschen Philosophie politisch völlig negiert wurde, ist mittlerweile allmählich wissenschaftlich geklärt worden.

Das ist noch nicht alles. Mit der weiteren öffnung unserer Gesellschaft hat auch auf dem Gebiet der Forschung der klassischen deutschen Philosophie die Entwicklung des Austauschs von Wissenschaftlern mit anderen Ländern weitere Fortschritte gemacht. Man kann sagen, dass nun die Tendenz zur Forschungstätigkeit hinter verschlossenen Türen ansatzweise überwunden ist. Unsere Wissenschaftler haben zum Beispiel an den beiden Kant-Kongressen 1981 in Mainz und 1985 in der USA, sowie an den Hegel-Kongressen 1979 in Belgrad und-wie Sie wissen-vor wenigen Tagen in Stuttgart teilgenommen. Im Jahre 1981 haben wir in Peking ein wissenschaftliches Kolloquium zum 200-Jährigen Jubiläum der Herausgabe der

"Kritik der reinen Vernunft" Kants und zum 150. Todestag Hegels veranstaltet, an dem auch die deutschen Professoren G. Funke, D. Henrich und W. Beyer teilnahmen. Die auf diesem Kolloquium vorgetragenen Reden wurden in einem Sammelband veröffentlicht, den die chinesischen Wissenschaftler für sehr wertvoll halten und der unsere Forschungstätigkeit über die Kantische und Hegelsche Philosophie weiter vorangetrieben hat. Im Zuge dieser Entwicklung sind bereits zwei Nummern der "Kant-Hegel-Studien" herausgegeben, und eine Zeitschrift "Deutsche Philosophie" wird daneben neuerlich gegründet. Beide werden als Austauschplatze der Forschungsergebnisse der deutschen Philosophie sowohl den chinesischen Wissenschaftler wie auch den ausländischen Gelehrten dienen.

Im Zusammenhang mit der Durchführung der öffnungspolitik in unserem Lande, einer weitergehenden ideologischen Befreiung und einem intersiveren Austausch mit der westlichen Kultur hat die Rezeption anderer strömungen der deutschen Philosophie neben der klassischen in China auch entsprechende Fortschritte gemacht. Die in unserem Lande in der Vergangenheit wenig untersuchten philosophischen Schulen finden allmählich ebenfalls Wertschätzung in wissenschaftlichen Kreisen, besonders bei jungen Wissenschaftlern. Mit der Herausgabe von Schopenhauers Werk "Die Welt als Wille und Vorstellung" in chinesischer Sprache ist die Veröffentlichung von Forschungsarbeiten über sein philosophisches Denken aus philosophischer und ästhetischer Sicht möglich geworden. Im Gegensatz zu Wang Guowei wird in den meisten dieser Artikel zwar der Pessimismus Schopenhauers abgelehnt, aber seine Kritik an der Kantischen, sowie insbesondere an der Hegelschen philosophie jedoch sachlich analysiert.

Besonders bemerkswert ist die Forschungstätigkeit über Nietzsches Philosophie in den letzten Jahren. Seine ästhetischen Artikel einschließlich der "Geburt der Tragödie aus dem Geiste der Musik" sind bereits übersetzt und in Buchform erschienen. Einige Forschungsarbeiten der jungen Wissenschaftlern (so z. B. Zhou Guopings "Nietzsche zur Jahrhundertwende") haben ein lebhaftes Echo bei den chinesischen Philosophen erweckt.

Außer der Anerkennung dieser Vorfahren der modernen Philosophie durch die chinesischen Wissenschaftler sind die wichtigen Vertreter der Philosophie dieses Jahrhunderts auch mit großer Interessen erforscht. Die "Phänomenologie"

Husserls ist an mehreren Institutionen untersucht. Luo Keding hat, z. B. in seinem 1986 erschienen Buch "Die modernen westlichen Philosophie" den widernatürlichen Charakter der Phänomenologie Husserls, deren inneren Widerspruch herausgearbeitet und kritisiert, und infolgedessen auf die die Notwendigkeit des Erscheinens des Existenzialismus hingewiesen. Jüngere Wissenschaftler neigen eher dazu, die Phänomenologie Husserls an sich und die Bedeutung der von Ihm dargestellten Krise der europäischen Denkweise zu verstehen, wir haben in der letzten Zeit nicht nur die übersetzung der "Ideen zu einer reinen Phänomenologie und phänomenologischen Philosophie" Husserls, sondern auch die der "Bewegung der Phänomenologie" Spiegbergs veröffentlicht.

Die Gedanken Heideggers und Jaspers sind von unseren jüngeren Wissenschaftler sehr hoch eingeschätzt. Es gibt viele Magister Aspiranten, die sich mit dieser Gedanken beschäftigen. Die philosophischen Schritten von Ihnen sind zwar schon vor "Kultur Revolution" in einem Sammelband herausgegeben, eine vollständige übersetzung von "Sein und zeit" Heideggers und von "Existenzphilosophie" Jaspers wird auch separat in Kürze erscheinen, darüber hinaus ist bereits eine umfassende Abhandlung über "die Philosophie des Existenzialismus" da. Die Wertschätzung der modernen Philosophie durch die chinesischen Wissenschaftler zeigt sich ferner und wissenschaftlichen Diskussionen. 1978 wurde ein landesweites Seminar über westliche Philosophie veranstaltet; danach wurde die "Chinesische Gesellschaft zur Erforschung moderner ausländischer Philosophie" gegründet, die bereits vier landesweite wissenschaftliche Seminare veranstaltet hat. Dabei standen jedes Mal die philosophischen Gedanken Husserls, Heideggers, Jaspers u. s. w. im Vordergrund.

Im Zusammenhang mit der Phänomenologie und der existenzialistischen Philosophie haben die chinesischen Philosophen in den letzten Jahren auch die Hermeneutik in China eingeführt und studiert. Gewisse Wissenschaftler versuchen, die hermeneutische Bedeutungstheorie vom marxistischen Standpunkt aus zu untersuchen, um gewisse sonderbaren Phänomene auf den Gebieten der Philosophie, Kunst usw. besser zu verstehen um ein genaues Bild von der geschichtlichen Entwicklung dieser Lehre zu erhalten, hat man auch die Werke von Dilthey, Cassierer u. a. zu studieren begonnen. "An essay on Man" von Cassierer ist aus Englischen ins Chinesische übersetzt, und die mehrfach nachgedruckten Ausgaben sind zu einem schwer erhältlichen Bestseller unter den wissenschaftlichen Werken geworden. Bei der Untersuchung dieser philosophischen Schule befinden wir uns selbstverständlich noch am Anfang.

Wenn wir über die deutsche Philosophie sprechen, dürfen wir selbstverständlich auch eine weitere Schule nicht außer acht lassen, nämlich die analytische Philosophie. Unter ihren zahlreichen Vertretern wird Wittgenstein im heutigen China die meiste Aufmerksamkeit zuteil. Dieser große österreichische Denker hat mit seiner gedanklichen Gründlichkeit viele chinesischen Wissenschaftler zu sich angezogen. Seine Stellung heute bei uns ist ja mit der Heideggers zu vergleichen. Denn man findet, dass sein Denken viel gemeinsames mit dem Heideggers hat, wenn man beide unter den Gesichtspunkten der philologischen Analyse und der Grundauffassung von der Philosophie betrachtet. Das ist natürlich eine Frage, die uns weitere Untersuchungen benötigt.

Damit wäre der Stand der deutschen Philosophie in China in wenigen Worten zusammengefasst.

Die neuen philosophischen Schulen sind ursprünglich als Gegensatz zum klassischen Idealismus in China eingeführt. Durch weitere Untersuchungen hat aber man mittlerweile erkannt, dass zwischen den scheinbar gegensätzlichen Philosophien, d. h. der modernen und der traditionären, eine enge Verbindung besteht, und dass um die modernen philosophischen Strömungen genau zu begreifen, umfassende Kenntnisse von klassische Philosophie als grundlegende Ausbildung absolut nötig ist. Deshalb behält die klassische deutsche Philosophie, die in einer Zeit vernachlässigt wurde, heute weiterhin ihre eigene Anziehungskraft. Anderseits erneut sich die sogenannte neue deutsche Philosophie gegenwärtig in großen theoretischen und praktischen Interessen und fordert die chinesischen Wissenschaftler dazu auf, die alten Fragen, die von den klassischen deutschen Philosophen aufgeworfen wurden, von einem historisch ganz neuen Gesichtspunkt aus neu zu überdenken.

Die Rezeption und Vermittlung der deutschen Philosophie durch Generationen hindurch hat bei uns den Eindruck erweckt, dass die deutsche humanistische Denkweise der chinesischen Kultur in gewisser Weise entspricht. In der deutschen Philosophie können wir bezüglich der intellektuellen Anschauung, der Einheitlichkeit der Subjekt-Objekt, der dichterischen Sprache, der geschichtlichen Gesinnung, das Schattenbild unserer eigenen Traditionen einsehen. Aber wir halten es für notwendig, die dialektische Denkweise, und besonders das umfassende logische System der deutschen Philosophie weiter zu studieren, damit sich unser humanistischer Geist mit der wissenschaftlichen Methode vereinigen und unsere humanistische Tradition über eine strengere wissenschaftliche Struktur verfügen kann. Um dies zu erzielen, genügt es selbstverständlich nicht, ganz allein, isoliert die deutsche Philosophie zu studieren. Wir sollten wissen, was die deutschen Kollegen, die Vertreter der deutschen Philosophie, denken und was für neue Ergebnisse sie erzielt haben. In einem Wort: wir möchten mit unseren deutschen Kollegen in ständigem Kontakt bleiben, um unsere Ansichten miteinander auszutauschen. Eine solche Zusammenarbeit wäre sachlich im Sinne von Leibniz gewesen.

Vielen Dank für Ihre Aufmerksamkeit!

(6月30日在西德汉诺威)

Die Fichtesche Philosophie und die französische Revolution（费希特哲学与法国大革命）

Wenn die klassische deutsche Philosophie die ideologische Widerspiegelung der großen französischen Revolution in Deutschland sein sollte, so musste die fichtesche Philosophie am direktsten und deutlichsten die französische Revolution widergespiegelt haben. Unter deutschen klassischen Philosophien war die kantische Philosophie die fortschrittlichen Gedanken der deutschen Bürger, die die revolutionären Forderungen vor der französischen Revolution widerspiegelten, und zeigte die Schwäche und Kompromissbereitschaft der fortschrittlichen Forderungen des deutschen Bürgertums. Hegel brachte in seinem frühen Werken, vor allem in der "Phänomenologie des Geistes" die aufgeregte Sehnsucht nach der französischen Revolution der deutschen Bourgeoisie zum Ausdruck. Mit der Entwicklung der französischen revolutionären Situation in Frankreich entfernte er sich aber allmählich von der Idee der französischen Revolution, und schließlich pries er die konstitutionelle Monarchie von Preißen und seine Gedanken wurden konservativ. Nur Fichte lebte in der Zeit, wo die französischen Revolution sehr scharf durchgeführt wurde, er veröffentlichte nicht nur die wichtigen politischen Abhandlungen, die direkt auf die französische Revolution reagierte und sie befürwortete, sondern sein philosophischen System stand auch unter dem Einfluss der französischen Revolution und wurde reif. Er behauptete, dass die Bildung eines philosophischen Systems ein Nebenprodukt seiner Begründung über die französische Revolution war.

Fichte vertrat die radikalen Deutschen, die sich nach der französischen Revolution sehnten. Als die deutschen Bürger wegen ihrer wirtschaftlichen und politischen schwachen Stellung noch nicht wagten, öffentlich von den feudalen Herrschern die politischen Rechte zu fordern, hatte Fichte bereits den Artikel "Die zurückforderung der Freiheit der Denken" veröffentlicht. Damals war sein eigenes philosophisches System nicht ganz reif, aber über den "Kontrakt" von Rousseou meinte er, dass der Mensch nicht nur ein Bürger des Staates war, weil er dem Staat nur einen Teil seiner Rechte, der die äußerliche Handlung betraf, durch den Kontrakt übertragen durfte. Nicht alle Rechte des Menschen gehörten dem Staat, die Freiheit des Denkens gehörte dem Menschen selbst. Da die Freiheit des Denkens die grundlegenden Faktoren sei, welche die Persönlichkeit mit freiem Willen bildeten, und die selbständige Persönlichkeit die Bedingung der Kontraktschließung war, durfte die Freiheit des Denkens keinesweges übertragen werden. Wenn sie übergeben würde, könnte der Kontrakt nicht zustande kommen und der Staat das bestehende Fundament verliert. Deshalb hatte der Monarch kein Recht, die Freiheit des Denkens zu unterdrücken. Fichte verlangte die Freiheit des Denkens und kämpfte öffentlich gegen die feudalen Fürsten, was in der Wirklichkeit mit der damals einzig möglichen Art eine französische Revolution in Deutschland entfesselte.

Obwohl ein Teil der deutschen bürglichen Intellektuellen Sympathie mit der französischen Revolution hegte, fehlte es ihnen am Glauben und zweifelten sie am Gelingen der Revolution. Fichte warnte sie: "Als sie beweisten, wie jenes unmöglich war, war davon manches doch realistisch geworden". Nach seiner Ansicht bestand der Grund gerade darin, dass sie immer auf Gesetze der Erfahrung und Faktoren stützten und nicht vollständig das ewige Gesetz, die

Rechte und den Wert des Menschen sowie die Freiheit kannten. Er sagte, "Sobald das Volk die Freiheit kennt, kann das selbst sie entdecken". Er besang die französische Revolution als ein prächtiges Bild des großen Themas über die Rechte und die "Werte des Menschen". Er war der deutsche Philosoph, der sich am meisten nach der französischen Revolution sehnte.

Der Charakter vom Fichteschen philosophischen System

Von der Geschichte gesehen besteht die Bedeutung der französischen Revolution hauptsächlich in der "Befreiung der Personalität", der Befreiung des Menschen von der feudalen Fessel und der Bejahung der Persönlichkeit und des Wertes des Menschen. Unseres Erachten zeichnet das Fichtesche philosophische System die Subjektivität aus, dass es für die Forderung der Befreiung der Personalität von der französischen Revolution noch tiefer theoretischen Begründung liefert.

Im Fichteschen philosophischen System nehmen drei Begriffe die wichtige Stellung ein, nämlich "Ich", "Freiheit" und "Praxis", welche die Subjektivität erklären. Erstens meint Fichte, es gebe nur zwei philosophischen Ansatzpunkte, oder wie bei Spinoza beginne sie vom Äußersten, oder wie bei ihm beginne sie von klärstem und zuverlässigstem Ich. Er bejubelte nicht nur die wirkliche Person, das "Ich", sondern entdeckte auch durch die Analyse des Effekts den von allen Leuten anerkannten Satz A = A, der das "Identitätsprinzip" ausdrückt, ein transzendentales "Ich", das primär bedingungslos ist, und damit auch absolut. Fichte begründete dadurch in der Philosophie noch kräftiger die Forderung der Befreiung der Personalität von der französischen Revolution. Der Gedanke über die Subjektivität von Fichte wurde vielleicht von der transzendentalen Antizipation von Kant angeregt, aber musste sich auf das geschichtliche Ereignis, die französische Revolution beziehen. Um die Urteile über die französische Revolution von allgemeinen Leuten zu korrigieren, hatte Fichte in der Vorbereitungszeit seines philosophischen Systems schon gesprochen, dass das richtige Urteil vom Erfahrungsprinzip nicht abhängig sei, sondern "aufgrund von einem Gesetz, das nicht aus jeglicher Tatsache kommt." "Woher bekommen wir dieses Gesetz... Zweifellos entdecken wir in unserem Ich" Das hier gesagte Ich ist offensichtlich das transzendentale Ich in seinem philosophischen System. Zweitens der Freiheit. In der "Grundlage der Wissenschaftslehre" redete er von der Freiheit, hielt aber nicht wie im "Zurückforderung der Denkfreiheit" die Freiheit für die natürlichen Rechte des Menschen, sondern für das Wesen des transzendentalen Ich. Er meinte, wenn das Ich absolut sei, so müsse es am ursprünglichsten sein. Er konnte nicht aus noch höherem produziert werden, sonst würde es nicht am ursprünglichsten sein. So ist das erste Prinzip seines philosophischen Systems: "Das Ich setzt sich selbst". Streng gesagt, ist das Ursprünglichste die unbedingte Setzenhandlung, die er "Tathandlung" nannte. Und dieses Ich kann die Setzenhandlung für sich selbst werden, weil es unbedingt, transzendental und absolut frei ist. Die Parolen der französischen Revolution sind die Freiheit, Gleichberechtigung und Brüderlichkeit, darunter ist die Freiheit am ersten. Fichte teilte die Freiheit in drei Epochen, an deren höchsten die transzendentale Freiheit war, dann nach der Reihe zu unten. Die kosmische Freiheit und die politische Freiheit beruhten auf der transzendentalen Freiheit.

Schließlich über Praxis. Nach der Ansicht von Fichte ist die praktische Vernunft höher als die theoretische, denn die theoretische Vernunft kennt vom unbegrenzten Ich aus, in der Richtung nach unten und durch Verstand das Äußere, während Ich die praktische Vernunft mittels des Willens, in der Richtung nach oben und vom begrenzten Ich aus allmählich der Kausalität des Äußeren entziehe, das freie Wesen des Menschen wiederherstellt und zum unbegrenzten Ich zurückkommt. Das Fichtesche philosophischen System beginnt vom Ich und endet am Ich. Das von Fichte gemeinte Ich, zu dem es durch die Praxis gelangt, ist nicht mehr die Individualität, die von der Begierde nach Gütern und Materialien beherrscht wird, sondern der Mensch, der einen vollständig freien Willen besitzt, nach "Gewissen" und "Sollen" handelt, und eine Person mit guter Moral und Tugend ist. Deshalb finde ich, dass die Fichtesche Philosophie mit der spekulativen Art, in der Deutsche gewandt sind, alle Ideale der französischen Revolution widerspiegelt.

Der dialektische Gedanke von Fichte

Außerdem finden wir, dass der dialektische Gedanke vom Fichteschen philosophischen System dazu Betrag leistet, den Prozess der französischen

Revolution zu verstehen und entschieden zu unterstützen. Wie Entwicklung aller anderen Sachen ging die französische Revolution nicht immer gerade aus, nicht immer wie am Schnürchen, und sie traf auf Schwierigkeiten, irrte sich und hatte sogar Wirren. Gerade aus diesem Grund änderten manche Leute, die die französische Revolution vorher befürwortet hatten, ihre Stellung. Aber Fichte konnte mit seinem dialektischen Standpunkt die französische Revolution verstehen und verteidigen. Hegel ist zweifellos der größte Dialektiker der Neuzeit, aber unserer Ansicht nach kommen viele dialektische Ideen von Hegel schon in der Fichteschen Philosophie zum klaren Ausdruck. Im Zusammenhang mit dem Prozess der französischen Revolution sind mindestens zwei Punkte von Fichteschen reichen dialektischen Gedanken zu erwähnen: der Gedanke über die gegensätzliche Einheit und die Entwicklung der Widersprüche.

Von der gegensätzlichen Einheit gibt es zum Beispiel das Ich und das Nicht-Ich, das Subjekt und das Objekt, den Gegensatz und die Einheit im absoluten Ich, die Vernunft und den Willen, die Notwendigkeit und die Freiheit, den Gegensatz und die Einheit in der Praxis; noch weiteres Beispiel, das sich die Aktivität des Ich und die Negativität des Nicht-Ich in der gegensätzlichen Einheit miteinander entäußern, so dass sich das Ich und das Nicht-Ich selbst in der gegensätzlichen Einheit zu einander übergehen und gegeneinander setzen. Fichte betrachtete den Gegensatz als den Widerspruch, die Einheit als die Synthese der gegensätzlichen beiden Seiten, die These Antithese-Synthese als das Gesetz der Entwicklung.

Über den Gedanken der Entwicklung. Erstens zielt Fichte im Widerspruch die Triebkraft der Entwicklung-das ist von oben zu erkennen. Kant hält die Antinomie für den Widerspruch der Vernunft, aber kennt nicht, dass eben sie die Triebkraft der dialektischen Entwicklung der Begriffe ist. Die genannte Wissenschaftslehre von Fichte ist von Anfang an bis zu Ende durch Widersprüche getrieben. Zweitens betrachtete Fichte die Entwicklung als das allgemeine Sein in der Natur, Gesellschaft und im Denken. In der Vorkritikzeit hat Kant die Lehre über die Evolution des Himmelkörpers geschaffen, er sollte hundert Jahre früher als Dalwin die Evolutionslehre aufgestellt haben. Er kennt die Entwicklung der Natur, aber die Entwicklung des Geistes nicht. Obwohl die vier Paare Kategorien des Verstandes von Kant die dialektische Beziehung der These, Antithese und Synthese hat, sind sie die Folgen der qualitativen Analyse, keine notwendige

Bestimmung von der dialektischen Ableitung. Im Gegenteil dazu sind bei Hegel alle Kategorien von der Entwicklung der Begriffe abgeleitet, und er kennt die Entwicklung der Natur nicht an. Schließlich glaubte Fichte wie Hegel an die Entwicklung der Gesellschaft, und er teilt mit der Kennzeichnung der Vernunftentwicklung die Geschichte der menschlichen Gesellschaft in fünf Epochen. Wir können so sagen, dass Fichte früher als Hegel die Identität der Entwicklung der Logik und der Geschichte vermutet.

Da Fichte reiche dialektische Entwicklungsgedanken besaß, konnte er bei Urteil und Kritik des Prozesses der französischen Revolution zu deutschen Bürgern sagen: "In alles, was wir in der Geschichte der Welt entdeckt haben, haben wir uns vorher gesetzt". Es gibt nichts zu erstaunen. Im Gegenteil, gerade weil solche wirkliche Ereignisse vorhanden sein, können wir "mit leichterer Art die uns eigenen ursprünglichen Sachen entwickeln". Fichte ermahnte alle Leute: "Nie zurückgehen von dem zurückgelegten Halbweg!"

Zuletzt möchte ich mich zu Fichtes Staatsanschauung äußern, weil sie mit seiner späteren Auffassungen zur Macht der französischen Revolution im Zusammenhang steht, genauer gesagt, mit seiner Haltung gegenüber Napoleon.

Frühere Fichteforscher meinten, der Grund für Fichtes Teilnahme am Antinapoleon Krieg bestehe in seinem engstirnigen Patriotismus und in großdeutschem Nationalismus, nachdem Napoleon an die Macht gekommen war, in Deutschland den Reihenbund begründet und schließlich den Expansionskrieg begonnen hatte.

Es ist natürlich ein recht schwieriges Problem, ob sein aktives Engagement gegen Frankreich patriotische Züge trug oder nicht. Das ist sicher der Fall In seinem Buch "Rede an deutsche Nation" vertrat er die Ursprünglichkeit der deutschen Nation und ihre Überlegenheit über alle anderen Völker und Nationen. Aber dies ist wahrscheinlich nur eine Seite der Sache. Unserer Meinung nach steht sein schon erwähnter Einsatz gegen den Expansionskrieg auch mit seiner Staatsanschauung in Verbindung. Fichtes Staatsphilosophie unterlag einem fortwährenden Wandelungsprozess der Entwicklung. Seine Staatsauffassung trug mit der Zeit immer mehr sittlichen Charakter. Als er 1793 seine frühesten politischen Kommentare veröffentlichte, sogar im Jahre 1798 als seine "Grundlage des Naturrechts" erschien, war er im großen und ganzen ein Befürworter des "Contract Social". Gegenüber der deutschen Feudalautokratie vertrat er die

Geistigkeit der französischen Revolution. Es ist nur ein Sonderfall, wenn wir davon sprechen, dass der Staat, der Fichte vorschwebte, sittliche Qualität charakterisierte. So meinte er z. B, Strafe solle der Sühnen dienen, dabei aber unbedingt die Bereuung der Sündestäter berücksichtigen sowie die Menschen zu Gutmütigkeit bewegen. Als im Jahre 1800 das Buch "Geschlossener Handelstaat" erschien, hatte sich die Bedeutung der Sittlichkeit in Fichtes Staatsgedanken schon verstärkt. Seiner Ansicht nach bestanden die Aufgabe des Staates darin, die Organisation der öffentlichen Arbeiten in die Hand zu nehmen, das Recht auf Existenz eines jeden Staatsbürgers durch Arbeit zu garantieren, im Wesentlichsten aber darin, in der Einheit eines geschlossenen Staatswesens die Reinheit von Sitten und Gebräuchen zu bewahren.

Als sich in der Folge die politische Realität grundlegend veränderte, erlebte die Staatsanschauung von Fichte auch eine große Veränderung. Darüber hinaus hat er seine Staatsphilosophie dahingehend verändert, den Staat wie eine individuelle Persönlichkeit zu betrachten, die eine Bestimmung habe. Diese Bestimmung liege darin, Verkörperung der höchsten sittlichen Instanz zu realisieren. Die vornehmste Aufgabe des Staates besteht, und nach der Ansicht Fichtes in der Organisation der öffentlichen Arbeiten hin zu Förderung der geistigen kulturellen Bildung und moralischen Höherentwicklung des Volkes. Der Staat solle die Sittlichkeit aufs äußerste verwirklichen und jeder einzelne Staat sei ein Rechtsgebilde der Sittlichkeit. Da er es besonders hervorhob, kam es ihm zweifellos primär auf die Hebung der moralischen Qualifikation des deutschen Volkes an. Aber er beschränkte sein Hauptaugenmerk nicht auf Deutschland. Er schrieb:"在本国之内实现……见告国民书讲演" Wir sind der Meinung, dass er trotz seines antifranzösischen Patriotismus und seines engstirnigen Nationalismus während der französischen Besatzungszeit in Berlin nur wegen dieser sittlichen Staatsanschauung nicht ermordet worden.

Da Fichte den Staat als Rechtsgebilde der Sittlichkeit betrachtete, sah er es als unausweichliche Pflicht an, Deutschland zu beschützen, als es als ein solches von außen mit Zerstörung bedroht wurde. Gleichzeitig meinte er gemäß diesem Grundsatz, dass Napoleon durch das Beginnen eines Expansionskrieges das natürliche, sittliche Wesen des revolutionären Frankreichs als Staat verlegt habe. Dieses Beispiel zeige, dass Napoleon zwar die Macht der französische Revolution in seine Hand nahm, aber tatsächlich habe es das sittliche Grundprinzip der Revolution verraten, weshalb man ihm Widerstand leisten müsse.

Es ist eine andere Frage, ob Napoleon wirklich die Grundprinzipien der französischen Revolution veruntreut habe, wie Fichte meinte, ob er das sittliche Rechtsgebilde Frankreichs zerstört habe; das heißt, ob Fichte Napoleon falsch beurteilt hat. Aber eines dürfte feststehen, nämlich, dass Fichte, sich anders einstellte als Hegel, der nur in der Anfangszeit für die französische Revolution war, sich aber später in Artikeln für eine konstitutionelle Monarchie aussprach. Deshalb kann man sagen, dass Fichte zwar sehr gegen den napoleonischen Expansionskrieg war, aber von Anfang bis zum Ende sein konsequentes Eintreten für die französische Revolution nicht aufgebaut hat. Aufgrund seiner philosophischen Ansichten war es Fichte prinzipiell auch unmöglich, sein Verhalten gegenüber der französischen Revolution zu ändern.

（谢地坤译）

1988年

黑格尔《精神现象学》研究的历史考察
——纪念《精神现象学》出版180周年

"从这个精神王国的圣餐杯里,他的无限性给他翻涌起泡沫。"[①]对于黑格尔《精神现象学》一书及其出版后180年来所激荡的风风雨雨,这是多么言简意赅的生动写照啊!如果说黑格尔本人在哲学史中是一个褒贬不一、毁誉参差的人物,那么,《精神现象学》一书则更是一个令人难以琢磨的思想之谜。多少年来,该书及其思想或者以肯定的形式,或者以否定的形式,或者是直接地,或者是间接地,或者是全部地,或者是部分地,出现在随后诸多的西方哲学流派中。它出现在马克思的哲学里,也影响了中国哲学的思维。如佛尔达和亨利希所说:"事实上近代以来的哲学史没有一部重大的著作像黑格尔的《精神现象学》那样,在其观念上会引起如此多的谜团;也没有一部著作,有那么多的人认为其中有某种秘密,它恰恰还需要加以揭示;也没有一部著作给如此歧异的尝试提供推动,去揭开它的秘密,它的后

---

① 黑格尔:《精神现象学》下卷,商务印书馆,第275页。

世乃至今天注定都要对它进行解释。"①因此,概要地说明《精神现象学》一书研究的历史状况,对于进一步深入挖掘其中的奥秘,不能说不是一件颇有意义的工作。适逢该书出版180年之际,谨以此文表示纪念。

一

黑格尔的《精神现象学》,从它的孕育、写作、出版到现在,一直历经坎坷,深受磨难。同时,它又备受垂青,容光显赫。

《精神现象学》是黑格尔第一部独具匠心的巨著,是黑格尔运用新颖的方法、特具的构思、理性的笔触和艰辛的思辨所献给人类文明的一块瑰宝。在该书中,他批判继承了前人的思想遗产,把人的历史性、个人意识的成长与整个人类历史发展的统一性作为思考的出发点,把个体的发展、社会进化和社会意识形态的转换作为其宏大和广阔的理论背景;在该书中,他融汇了当时的时代气息,表达了自己对那个时代的政治态度和阶级立场;在该书中,他还总结了自己以前的很多哲学论著及设想,甚至包括一些尚未成熟的观点。总之,这是一部开拓性的著作,是一部继往开来的著作,是黑格尔自己独特的哲学方法和体系的尝试性②宣言。显然,这样一部著作受到各种不同的解释和评价,完全是自然的、不足为奇的。

然而,1806年该书的"早产"不能不说是它的一个不幸。当时,在拿破仑的铁蹄踏入普鲁士之际,在朋友和出版商的催促之下,本不急于完稿的黑格尔不得不在战乱中躲进一块静地,借助于营地和炉灶的火光,匆匆整理完幸免于难的手稿,并草草收笔。这的确影响了黑格尔对该书后半部分的表述,使之成为以晦涩难解的言辞而出现的提纲挈领式的说明。尽管黑格尔曾准备并着手对第二版进行修订,但无情的病魔却使他早逝而未能如愿。因此,作为这些纲目的发挥,就为后人的想象力提供了任其驰骋的空间。而且,体例上的缺陷、布局上的不平衡,也不能不与此有一定的关系。这些也毫无疑义地增添了该书的神秘与费解。

更值得注意的是,《精神现象学》的写作过程与黑格尔哲学思想的发展是并行的。换言之,《精神现象学》的写作和构思是随着黑格尔思想的不断完善、成熟而变化着的。作为一部系统的著作,黑格尔在1802年便酝酿在胸,他计划要建立一个思辨哲学的体系,并以《精神现象学》作为第一部分。但是,《精神现象学》展示给人们的又是黑格尔《哲学全书》的导言,而且是自成体系的一部在某些黑格尔研究者

---

① 转引自薛华:《自由意识的发展》,中国社会科学出版社,1983年版,第2-3页。
② 黑格尔在晚年时,称《精神现象学》为探险旅行,参见《黑格尔传》,商务印书馆,1980年版,第57页。

看来,在价值和思想深度都超过《哲学全书》的著作。这显然与黑格尔当时的思想发展有关。也正是这样的三重性质(第一部、序言和自成体系)使之更为扑朔迷离,并使得《精神现象学》与《哲学全书》的关系成为众多黑格尔研究者的议题。

二

鉴于此,围绕黑格尔《精神现象学》一书展开的探索和论争便不足为奇了。第一,有些学者把该书看成是黑格尔成熟哲学体系的一部分,而有些人却认为它在黑格尔的思想发展中只归于早期阶段(如卢卡奇与让·瓦尔),并由此而导致了对黑格尔思想发展前后期之价值、意义之评价的分歧。第二,对于《精神现象学》一书的主题和精髓,诸多专家与研究者们也各抒己见,人本主义思想的某些哲学家把该书的"苦恼意识"作为其核心,认为它揭示了人的内在冲突及心灵的命运;而卢卡奇等则提出"外化"是《精神现象学》一书的中心概念,并详细地加以阐发,认为"在现象学中,'外化'已经表现出一种高度的哲学概括。'外化'概念已经远远超越了它原来产生和应用的范围,超越了经济学与历史哲学"[①]。也有人力求证明,《精神现象学》一书既没有连贯的概念,也没有统一的结构,认为该书本身的主题缺乏同一性。[②] 第三,虽然多数研究者都基本同意《精神现象学》一书是黑格尔哲学的出发点和秘密,但对这种秘密和出发点究竟是什么,却意见不一。有些专家认为,这个秘密和出发点指的是《精神现象学》一书已包含了他后来全部哲学体系的萌芽,由此可就一斑而窥全豹;有些学者主张,这个秘密和出发点指的是黑格尔的否定性辩证法,认为黑格尔正是凭借这种否定性辩证法推演其《精神现象学》,并构筑其哲学大厦的;另一些不同的流派和观点,却间接地把"主奴意识"作为《精神现象学》的秘密中心。更有甚者,至于《精神现象学》一书属于哪一个学科,也引起了文人墨客的唇枪舌剑。有人认为,它是一部意识发生史,是人类全部精神发展的缩影;有人则认为它是一部心理学论著,说明了心灵的裂变与漫游;也有人把它作为一部社会历史,概述了从古希腊到近代文明的艰辛历程;还有人视之为"被历史混淆和搅乱了的心理学和被心理学扰乱了的历史"[③]。诸如此类,不一而足。显然,我们在此不可能一一列述这些不同的争论,但以上也足以从一个方面说明黑格尔《精神现象学》的精深奥秘,反映了它不朽的历史意义。

[①] 卢卡奇:《青年黑格尔(选译本)》,商务印书馆,1963年版,第103页。
[②] 参见薛华:《自由意识的发展》,中国社会科学出版社,1983年版,第2页。
[③] 参见黑格尔:《〈精神现象学〉译者导言》,商务印书馆,1979年版,第17页。

三

围绕《精神现象学》所产生的研究和争论并非鹊然而起,而是由来已久的。从它的问世到现在,从黑格尔的学生到各国的研究者,从西方各家哲学流派到马克思主义哲学,从少数人的课题到较为普遍的注视,它经历了注释与解义、分析与清算、批判和继承等不同阶段。

尽管黑格尔认为他的《精神现象学》建立了一种新的哲学科学,但起初这部著作在他的学生中并未产生多大的直接影响,仅仅局限于注释它的含义。在他为数众多的学生和忠实追随者中,只有 G. A. Gabler 一个人曾最早试图在黑格尔创立的学科范围内进一步加以发展。他在耶拿大学时便从学于黑格尔,并于 1827 年出版了一部《哲学入门》,它的第一卷(唯一出版的一卷)便是对意识的批判。这个意识批判的章节和范围,都是以黑格尔后来的哲学百科全书中那样的现象学为蓝本,而具体材料却引自黑格尔早期所指的现象学。他的观点是:精神现象学已经由黑格尔阐述得那么完善,以至对它"进一步的阐发,只可能是说明和注释,以及个别部分的补充,或结合着科学发展的成果在外部世界的证实之类的陈述"[①]。因此,他对于《精神现象学》所做的工作,只限于仿照原文进行通俗化,或者说,用新瓶子装旧酒而已。

其余的学生和追随者,则满足于分析老师所完成的伟业的特点,给其加上标签,并笼而统之地复述其大意。他们研究《精神现象学》的首要问题是该书与后来《哲学全书》的体系的关系。他们的意图在于证明黑格尔的哲学在《精神现象学》的影响下是一个基本上统一的整体,从而驳斥来自其他方面的质疑和责难。按他们的理解,黑格尔哲学体系有一个双重的开端,一方面是现象学,一方面是逻辑学。而一个主观的开端和一个客观的开端显然是有区别的。但是,C. L. Michelet 对 1807 年的《精神现象学》却有不同的看法。他批评了《精神现象学》现有的结构,而且对黑格尔在书中采用的方法表示异议。他认为,它不属于黑格尔在《哲学全书》中发展出来的那个体系计划,而是属于另一个体系计划。此外,他还认为,《精神现象学》既然按 Gabler 所说是一个入门的意识学,它就不能同时又是《哲学全书》这个整体内部的一个组成部分。由此,他顺理成章地把意识学从黑格尔的精神哲学中剔除掉。

[①] 《黑格尔精神现象学材料》,佛尔达与亨利希编,法兰克福 1979 年,第 2 页。

四

以较为批判的,同时也比较中肯的态度接受黑格尔《精神现象学》的是一些并不属于黑格尔学派的思辨唯心论者。他们今天已几乎不大为世人所知。他们在黑格尔体系开端问题上所采取的立场倾向于把《精神现象学》作为一门导言性的科学。

在这些非黑格尔学派的思辨唯心论中,小费希特(著名哲学家 J. G. 费希特的儿子)曾指责黑格尔从未完全意识到,也没有内在地克服康德和费希特的无条件反思的观点及其内在的力量,否则,他的现象学就会是另一种格调,而不会夹杂着一些心理学、伦理学和宗教哲学的内容,仅仅径自去探讨认识论本身。同时魏斯(Weise)则认为,黑格尔的《精神现象学》缺乏一个方法上的自身导论,因而,他的哲学的思辨方法也是不完善的。此外,乌里齐首先指出,虽然《精神现象学》在思路上是一以贯之的,但它的结果毕竟只是主观唯心主义,因为在《精神现象学》中没有片言只语提到有一种在意识之外,并与意识内容吻合一致的实在东西。

总之,所有上述的晚期唯心论者都共同地认为黑格尔从《精神现象学》到《哲学全书》的发展是走错了路。但关于现象学作为一门导论科学在表述上应采取何种体制时,他们的意见却分歧很大。多数人也只是满足于拟定提纲。然而,尽管黑格尔现象学的观念可以做本质上大不相同的规定,但它在这个时期的影响却没有受到重视或注意。

五

费尔巴哈和克尔凯郭尔,把对《精神现象学》的批判与对黑格尔整个哲学的批判联在一起,从而成为对黑格尔哲学及《精神现象学》重要的批判家。

费尔巴哈首先从原则上对黑格尔的哲学进行批判。在他看来,黑格尔的体系就是理性的绝对自身外化。但"辩证法不是思辨与它自己本身的独自,而是思辨同经验的对话。思维者在对话中只是他自己,即是自己辩论对手的那样一位对话者"[①]。而费尔巴哈认为,这样的辩证(或对话)在黑格尔的体系陈述中是没有的。他的哲学体系陈述,在最初的步骤里就已开始同感性直观及其辩护者、知性发生矛盾,而并没有消除这种矛盾。因而人们不得不仍然把黑格尔强调主张的自我外化

[①] 《黑尔格精神现象学材料》,佛尔达与亨利希编,法兰克福 1979 年,第 18 页。

的戒律留给黑格尔本人:"黑格尔并没有外化他自己,并没忘记绝对理念;相反,当他思维绝对理念由之而产生的那个对立面时,他就是在绝对理念这个前提之下思维它的……"①但是,"唯一无条件地开始的哲学,是这样的哲学,它具有自由和勇气去怀疑自己,它产生于它的对立面"②。

由此对黑格尔关于一项导论科学的观念加以确立之后,费尔巴哈随后便竭力证明黑格尔在《精神现象学》中并没满足于或符合于这样一些条件。他认为,黑格尔对意识的批判,证明孤立个别的存在没有实在性,这并不是为了感性意识。"因此,现象学的整个第一章的内容,对于感性意识来说,无非是在相反的意义下重温的麦加拉派的斯底尔波的陈词滥调,无非是确认自己本身即是真理的那种思想同自然意识所玩的语言游戏。但意识是不会迷惑的。"③因此,费尔巴哈提出:"哲学家必须把人身上那种并不进行哲学思维的,甚至是反对哲学,对抗抽象思维的东西,即那种被黑格尔仅仅贬为注释的东西收入哲学的正文。只有这样,哲学才成为一种普遍的、绝对的、无可反驳的、不可抗拒的力量。因此,哲学必须不从自身开始,而从它的反题——非哲学开始,我们身上的这种不同于思维的、非哲学的、绝对反经院哲学的本质,乃是感觉主义的原则。"④在这个原则的名义之下,费尔巴哈曾试图把黑格尔抽象中介着的思想收回,而置入具体的、感性自然的人的直接性。

克尔凯郭尔也反对黑格尔的思辨中介,但他不是主张感性确定性的具体直接性,而是提出飞跃这一临界范畴。他反对以自身为根据的绝对精神的所谓必然性和连续性,与此相反,他坚持在人生的形成过程中有非连续性和承担责任。但他提出这些对立见解,也不是简单从外部责难黑格尔,而是就黑格尔哲学的中心问题所发展出来的,其中之一便特别涉及《精神现象学》,克尔凯郭尔质疑道:如果说理解的决定性步骤有时是断断续续地瞒着意识、在意识背后做出的,那么,在这样的环境下,意识进程中的必然性怎么竟能是内在于意识对其一无所知的目标呢?进程怎么竟能是连续的呢?⑤ 此外,对黑格尔关于意识分层布局的分析,克尔凯郭尔却提出了十分近似的学说。他认为,生命道路上有不同的过站,这些过站初看起来带有普遍性,但由于它们本身的结构关系,最终则必定各有一个无可奈何的归宿。

---

① 《黑尔格精神现象学材料》,佛尔达与亨利希编,法兰克福 1979 年,第 18 页。
② 《黑尔格精神现象学材料》,佛尔达与亨利希编,法兰克福 1979 年,第 18 页。
③ 《黑尔格精神现象学材料》,佛尔达与亨利希编,法兰克福 1979 年,第 18 页。
④ 《黑尔格精神现象学材料》,佛尔达与亨利希编,法兰克福 1979 年,第 18-19 页。
⑤ 《黑尔格精神现象学材料》,佛尔达与亨利希编,法兰克福 1979 年,第 19 页。

六

继辩护和批判改造的年代之后,首先随之而来的是以海谋为代表的几十年的对黑格尔的历史清算。而本世纪初(指 20 世纪初——编者注)新康德主义的文化哲学与生命哲学又重新对黑格尔发生兴趣,而这次"黑格尔复兴"时期的代表人物在《精神现象学》的评价上却只是徘徊于赞叹与无可奈何之间。

海谋的《黑格尔及其时代》一书是在对黑格尔进行历史清算中最著名的著作。他力图概述由历史发展所作出的判决,并把黑格尔从德国精神史中清除出去。他认为黑格尔曾试图通过《精神现象学》把康德的抽象的先验哲学硬说成是一种历史批判。但真正说来——而且海谋在这里只是重复了库诺·费舍尔的批判——精神现象学是"一种被历史扰乱了的心理学和一种被心理学扰乱了的历史"。精神现象学所启示的黑格尔哲学的秘密在这里还只是这种哲学"不能做它应该做的那种东西,而且不是它想是的那种东西"。

与海谋不一样,"黑格尔复兴"时期主要代表人物之一的狄尔泰对《精神现象学》采取了另一种态度。他在研究黑格尔思想发展时,主要以《精神现象学》为对象。在他看来,《精神现象学》算得上"黑格尔最伟大的文献","也许是黑格尔最天才的著作"。但是,除此之外,狄尔泰对黑格尔发展进程的这个时期始终无更多的话可说。

克罗纳对《精神现象学》也十分赞赏,称之为黑格尔"最现代化的著作"。不过他认为,把这一部著作既看成是通往科学的道路,而其本身又已经是科学,这是矛盾的。他只能从哲学史上把它解释为一种企图想为绝对唯心主义之所以优于先验良心(确定性)做一种(基本上破绽百出的)辩解,但黑格尔在写《哲学全书》时似乎又重新放弃了这个企图。然而,在真正理解现象学方面不能不令人困惑的是,对现象学显然具有决定意义的那些动机,在《哲学全书》及"小逻辑"中也重新出现了。

格罗克纳在解释《精神现象学》时也陷入了类似的进退两难之中。为了使《精神现象学》的产生成为可理解的,他走上了一条冒险的路子,即把黑格尔的思想区分出两条平行的发展史:一条是体系的发展史,通过黑格尔的耶拿演讲到《哲学全书》;一条是哲学的发展史,从黑格尔早期笔记到耶拿的报刊文章,而以《精神现象学》为顶峰。(因此,就这个著作来说,特别令人惊奇的是,黑格尔之成为体系哲学家,与其说出于预见,不如说出于奇迹。)除此之外,格罗克纳认为,"从纯科学方面来说",现象学同《哲学全书》里使用的方式没有什么区别。现象学的特殊之处是它的非理性的因素或环节。它独一无二的魅力,在于黑格尔描绘整个的形态时的准确性和他赋予各个形态的鲜明性。但在格罗克纳看来,恰恰是现象学给黑格尔带来了悲剧命运,使他为了体系不得不牺牲他的"哲学才华"。而《精神现象学》则成了黑格尔哲学的这个秘密。

不过,有影响的新黑格尔主义代表人物研究《精神现象学》所涉及的那些方面——海谋关于现象学产生史的论题也属于这些方面——不可忽视,很多有关《精神现象学》细节的理解都要归功于这个时期。人们也不可否认,黑格尔在《精神现象学》中所涉及的东西比写进他任何一本关于政治、历史研究的系统著作中的都要多。

七

自20世纪初起,学术界哲学代表人物对黑格尔的评价有了改变,从而也促进了对《精神现象学》的探讨,尤其在年轻的知识分子中,出现了一批颇有见地的研究者。

首先值得一提的是卢卡奇,他把自己的社会理论隐藏在对德国古典文学和哲学发展的历史研究中。在他关于黑格尔的研究著作《青年黑格尔》中,卢卡奇一开始便强调,他要做的只不过是试图把马克思的天才见解应用到黑格尔的青年发展上。而这里说的马克思的天才见解即是他在1844年称赞黑格尔《精神现象学》伟大时所讲的那些话。当然,我们不可能评述卢卡奇对《精神现象学》的观点,但如果谁要想认真地阅读《青年黑格尔》的最后一章,他应以《历史与阶级意识》为背景,并参照着其中所包含的关于"物化和无产阶级意识"的讨论来阅读它。

法国在20世纪20—30年代的情况同德语地区完全不同。A.考伊利约在1930年开始研究黑格尔时便指出,《精神现象学》在法国从来不曾取得过值得一说的影响。唯有让·瓦尔从研究黑格尔青年时期的著作出发,在《精神现象学》关于苦恼意识的一章里发现了克尔凯郭尔最重要的议题的一种预示,并以之为线索,试图从体会到的经验的内在方面去推论黑格尔的发展和哲学方法。因此,法国这个时期复苏的对黑格尔的兴趣,一开始就带有特别的知识分子动机,即要克服现代个体的支离破碎。这种动机,即使后来在政治上趋向于人民阵线和马克思主义的知识分子研究黑格尔时,也还起着巨大的作用。

青年马克思曾宣称要加以扬弃和实现的那种哲学,是由一位俄国在巴黎的流亡者考耶夫开始做解释的。在他看来,马克思只是一名黑格尔的注释家。1933—1939年,考耶夫在巴黎的索邦高等学院讲授精神现象学,在他之前,他的同事A.考伊利就在那里讲授过黑格尔的宗教哲学。听讲的学生中有多年后成为法国哲学最重要开创人的萨特、梅洛庞蒂、伊波利特和费萨尔(Fessard)等。通过这个途径,《精神现象学》的影响不仅波及马克思主义者,而且首先波及的是存在主义者和一位批判马克思主义的重要的基督教批判家。

毫无疑问,萨特和梅洛庞蒂这样一些听众,也反过来对考耶夫施加影响。且不说那具有强烈冲击的解释技艺,它不仅吓不倒这批巨人,反而一再地为它带来光辉的局部成果;也暂不解释所造成的各种结果的似是而非的性质,先于这些的是,考耶夫使黑格尔思想"清晰再现"实在令人心醉,在这里不曾进行清算,黑格尔有局限性的见解不曾进入某一阶级阵营的圈套;黑格尔的辩证法在详细的讨论之后,最终也并没归功于社会生产过程。倒不如说,考耶夫的陈述可以与炼金术者的手法相比:那么多不同的因素,像黑格尔关于构成着思辨科学的精神的显现形态,像马克思对费尔巴哈的崇拜和对异化劳动的分析,像海德格尔对畏惧、惶恐、焦虑、死亡以及自身产生其自身的时间性等的描写,像萨特关于自由是被给定物的否定的见解和自由中所含的自在与自为的本体论二元论——所有这些因素都在对一篇晦暗的正文的巧妙分析中融合成历史人本学,而其基础则是追求承认的欲望和主体间的主奴分别。《精神现象学》于是便显现出它的秘密中心,就在论主人与奴隶的那一章里。然而,严肃的专家们对此都持保留态度,从而分别确定在其中哪些是真金,哪些只是看起来像金子。当然,专家的判别并非总是金科玉律,但只要人们读过 E. Hikseh 的《黑格尔现象学中浪漫主义者的附加》,便不会相信这种说法。人们也将不会原谅,在考耶夫的分解化学里竟出现混浊的成分,有些法西斯的弦外之音也并非听不出来。比如,他主张,历史开始于想做主人的人以其生命为赌注将自己高举于动物本性之上的时候,开始于他使奴隶忧虑死亡和畏惧主人而被强制劳动的时候。而且,他认为,意识形态、道德观念和宗教慰藉都出于奴隶的这种有生产性的怕死。所有这些,都与黑格尔关于世界史的概念风马牛不相及,因为黑格尔是把世界史看成以得到承认为其存在的先决条件的那种道德精神的历史。正因为这样,不是仅仅出自于哲学的原因,而且出于别的原因,令人欣慰的是差不多和考耶夫讲课的同时,伊波利特发表的关于《精神现象学》的评论把法国的黑格尔研究引上了井然有序的轨道。

八

完全另外一种性质的对现象学所做的评论,出自海德格尔的手笔。在写于1942—1943年出版于1950年的《黑格尔的经验概念》一书中,海德格尔对黑格尔置于《精神现象学》第一章之前的"导论"的正文做了逐节逐句的评析与沉思。这篇评论丝毫不包含考耶夫以前从海德格尔那里引证来解释黑格尔的那些论点。海德格尔的目的不在于使不熟悉的读者了解黑格尔,也不希冀通过马克思主义或存在主义的观点把正文的内容明晰地显现出来。海德格尔将他解释的那一段看成西方形而上学的一篇基本文献。他想找出其中隐藏着的初期观点,由此来引导对基本概念的理解,来组织思想进程,来让黑格尔阐释他的原则命题,但这些命题还有待于思考的意义和有待于宣判的权利,不能以黑格尔自己的思维来推论和断定的。对黑格尔和我们而言,这些初期的观点都通过我们表述上僵化的、哲学的概念语言,使我们不再认识它们的本来面目。按海德格尔的观点,它们必须在早期著作里探寻,它们只在早期著作里还如实地表达自己。因此,海德格尔便仿佛在一个明亮的光照下,竭力说明黑格尔的文字,以便在字里行间像对待秘密文件那样找出亚里士多德的阐述,并结合着有关的内容来阅读其中的每一个语句。为了能够思考黑格尔——这是解释的基本要求——人们必须以希腊人思考亚里士多德的方式。但为了能做到这一点,人们必须早在心目中就知道,形而上学的思维中哪些东西是在黑格尔那里首先出现的。

  然而,海德格尔的注释是深刻艰涩且咬文嚼字的,而且他的注释尚需要一种元注释。不过,海德格尔关于经验概念的文章,对于很多从事于《精神现象学》研究的人来说,是具有巨大吸引力的。但是,提醒大家注意,《精神现象学》的导论,并非像海德格尔所说的是黑格尔哲学的正文,它仅仅是起草一部著作的序言的一些初期哲学构思,而这部著作在一开始的时候就在全部意义下使用作者的术语。例如,从这个导论的语句中找不出黑格尔是怎样理解"认识""绝对""真东西"或"愿意"的。就连在这种语句中查询他们,也是意义不大的。提出笼统观点的那些原则命题,虽然海德格尔也是把它们置于他的解释的中心地位,但却并不表示黑格尔最终的判断,毋宁是些代表性的见解。黑格尔提及它们,是为了临时阐明和论证对显现着的知识进行陈述的行为。所以,海德格尔解释的那篇正文,不过是了解著作创造的一条外在渠道而已。

九

  马克思对《精神现象学》一书的分析、批判,显示了他科学的、敏锐的、独具慧眼的洞察力。特别是在《1844年经济学哲学手稿》中,他一针见血地揭示黑格尔在《精神现象学》中全部思辨的虚幻性,却又在这群光怪陆离的海市蜃楼背后发现了令人惊叹的珍奇。

  马克思与费尔巴哈一样,是从原则上对黑格尔及其《精神现象学》进行批判的。

马克思分析了费尔巴哈对黑格尔批判的利弊,进一步抓住《精神现象学》中主客关系和自我意识理论,深入揭示了其中的唯心主义实质。马克思指出,在《精神现象学》中,对象世界被看成是人的本质的异化,是一种纯粹的思想形式。因此,"意识的对象(在黑格尔看来)无非就是自我意识;或者说,对象不过是对象化了的自我意识,作为对象的自我意识"①。所以,在《精神现象学》中出现的各种意识对象,本身并无现实性,主体本身也成为一种虚幻的存在。马克思认为,人本身作为自然存在物,作为有生命的自然存在物,与不依赖于他而存在的对象是联系在一起的。因为,"说人是有形体的、赋予有生命力的、有生命的、现实的、感性的、对象性的存在物。这就等于说,人有现实的、感性的对象作为自己的本质、自己生命表现的对象;或者等于说,人只有凭借现实的、感性的对象才能表现自己的生命"②。所以,黑格尔的主体,作为一种无现实对象的存在只"是一种(根本不可能有的)怪物"③。这种纯观念的、非现实的主体与客体的关系只能同样是虚幻的,是知识观念内部的思辨活动,而"外化的全部历史和外化的整个复归,不过是抽象的绝对的思维,亦即逻辑的、思辨的思维的生产史"④。

虽然费尔巴哈以人的感性本质对黑格尔的批判影响了马克思,但马克思却批评了费尔巴哈没有在能动的形式下理解人的感性本性。因此,他们对《精神现象学》的批判便不尽相同。马克思指出,尽管黑格尔是在抽象的、逻辑的思辨形式下论述自我意识的关系,但却"为历史——它还不是作为现实的主体的人的现实的历史,而只是人产生的活动、发生的历史——的运动找到了抽象的、逻辑的、思辨的表达"⑤。因为恰恰在这里,黑格尔关于异化的理论从形式上反映了人类社会发生、发展的一般进程,揭示了在这个过程中的人及其劳动的伟大力量。正如马克思所说:"黑格尔把人的自我创造看作一个过程,把对象化看作非对象化,看作外化和这种外化的扬弃;因而,他抓住了劳动的本质,把对象性的人、真正的因而是现实的人理解为他自己的劳动的结果。"⑥显然,这种表现为外化和对外化的扬弃,作为推动原则和创造原则的否定的辩证法,正是黑格尔《精神现象学》的伟大成果。它作为包含在黑格尔现象学中的批判力量和积极环节,超越了黑格尔哲学的无批判性。它为黑格尔的整个《哲学全书》奠定了基础,预示了其全部思想的基本脉络,也

---

① 马克思:《1844年经济学哲学手稿》,第117页。
② 马克思:《1844年经济学哲学手稿》,第121页。
③ 马克思:《1844年经济学哲学手稿》,第121页。
④ 马克思:《1844年经济学哲学手稿》,第114页。
⑤ 马克思:《1844年经济学哲学手稿》,第112页。
⑥ 马克思:《1844年经济学哲学手稿》,第116页。

成为黑格尔哲学生命力的一个深邃的源泉。从这里起,开始了对隐匿在人们意识背后,而奔向自身的精神的历史考察。为此,在马克思看来,《精神现象学》不仅是黑格尔许多著作之一,而且它更是"黑格尔哲学的真正诞生地和秘密"[①]。

与西方对《精神现象学》的研究比较,中国哲学界在这个领域的建树尚未产生较大的影响。中国的研究不但起步晚,且受到不少外在因素的侵扰。尽管对黑格尔的《逻辑学》等其他著作有不少研究著作和文章,但对这个"诞生地和秘密"知之不多,其深度也令人却步。值得庆幸的是,就笔者所知,有一些年轻的理论工作者已开始向这块有待于进一步开拓的沃土冲刺,愿此纪念,作为深入研究《精神现象学》的动力。

---

① 马克思:《1844 年经济学哲学手稿》,第 112 页。

1990 年

Rezeption der klassischen deutschen Philosophie in China（德国古典哲学在中国）

Die klassische deutsche Philosophie gelangte erst viel später nach China als die naturwissenschaftlichen Erkenntnisse und politischen Lehren des Westens. Erst zu Anfang dieses Jahrhunderts erschienen in chinesischen Zeitungen und Zeitschriften Artikel, in denen die Philosophie von Kant und Hegel dargestellt wurde. Diese Leute, die diese Lehren am frühesten den Chinesen bekannt machen, waren die bekanntesten Denker in der Chinas Neuzeit, wie Kang You-wei, Yan Fu und Liang Tji-tschao.

Kang You-wei war der Hauptinitiator der chinesischen Reformbewegung Ende des 19. Jahrhunderts. Schon in seiner Jugend wurde er von der westlichen Kultur stark beeinflusst. Nach dem Scheitern der Reform von 1898 emigrierte er ins Ausland. Er weilte auch in Deutschland. Über seine Deutschland-Reise schrieb er: "Ich bin 9 mal in Berlin gewesen, bin 4 mal durch Deutschland gereist und habe Dutzende deutsche Städte besucht." Er hielt große Stücke von der deutschen Kultur und meinte, dass das damalige Deutschland in Literatur, Technologie und Musik an der Weltspitze stünde. In seinem Buch "Über das Weltall", geschrieben 1886, erwähnte er Kants Theorie des Himmels und vertrat unter Berufung auf die agnostizistischen Thesen von Kant die Ansicht, dass die Erkenntnis des Menschen äußerst beschränkt sein. Nach allem, was man weiß, war Kang You-wei der erste Denker der chinesischen Neuzeit, der mit der Lehre von Kant in Berührung kam.

Ein anderer Repräsentant der Reformbewegung, Yan Fu, erwähnte auch mehrmals die Philosophie von Kant. Yan Fu war ein bekannter Übersetzer und Denker der chinesischen Aufklärung. Er brachte als erster systematisch die westliche Wissenschaft und Kultur nach China und übersetzte viele berühmte gesellschaftswissenschaftliche Werke des Westens und versah sie mit Anmerkung. In einigen Anmerkungen zu Huxleys "Evolution and Ethics" (die chinesische Übersetzung erschien 1902) und zu John Stuart Mills "A System of Logic" (die chinesische Übersetzung erschien 1905) legte er die philosophischen Anschauungen von Kant dar und zog den Schluss, "das Noumenon sei nicht zu erfassen, die menschliche Erkenntnis bleibe nur Sinneswahrnehmung".

Weder Kang You-wei noch Yan Fu behandelten speziell die Kantische Philosophie. Was sie über Kants Denken schrieben, war noch sehr oberflächlich und elektizistisch. Doch durch sie haben die Chinesen von Kant erfahren.

Der erste, der wirklich die Philosophie von Kant in China verbreitete, war Kang You-weis Schüler Liang Tji-tschao. Nach dem Scheitern der Reform von 1898 reiste er nach Japan. Dort schrieb er zwischen 1901 und 1903 viele Aufsätze, in denen die Ideen von Rousseau, Montesqueeu, Spinoza, Bacon, und Descartes dargelegt wurden. 1903 erschien in der Zeitung "Neues Volk" über die Lehre von Kant, dem größten Philosophen der Neuzeit". Das war der erste in China erschienene Aufsatz über das Leben und die Lehre von Kant. Darin behandelte er die Erkenntnistheorie und Ethik von Kant und würdigte Kant als "den Lehrer für hundert Generationen" und den "Erretter in einer dunklen Zeit". Er schrieb: "Kant gehörte nicht nur dem Deutschen, sondern der ganzen Welt; er war nicht nur ein Mann des 18. Jahrhunderts, sondern ist auch ein Mann der Gegenwart und Zukunft." Aber bei der Darlegung der Kantischen Philosophie hielt er sich nicht an Kant, sondern interpretierte ihn nach eigenem Gutdünken. Er vermengte die Philosophie von Kant mit der buddhistischen Philosophie, denn er meinte, die Erkenntnistheorie von Kant und der Buddhismus bestätigten sich einander. Deswegen wurde er von Wang Guo-wei, einem anderen bekannten Gelehrten aus Chinas Neuzeit, kritisiert. Dieser warf ihm vor, dass der in der Zeitung "Neues Volk" erschienene Artikel über die Philosophie von Kant viele Fehler enthalte. Auch Wang Guo-wei kam in Japan mit der Philosophie von Kant in Berührung. Wie er selbst erzählte, konnte er überhaupt nichts verstehen, als er zum ersten Mal Kants "Kritik der reinen Vernunft" las. Als er nach der Lektür von Schopenhauers "Die Welt als Wille und Vorstellung" Kants Schrift erneut las, verstand er sie. Deswegen sah Wang Guo-wei die Philosophie von Kant aus dem Gesichtswinkel Schopenhauers. Er meinte, die Lehre von Kant sei zerstörerisch, nicht aber konstruktiv. Weil Kant erkannt habe, dass die Metaphysik unmöglich sei, habe er versucht, die Metaphysik durch die Erkenntnistheorie zu ersetzen. Wang Guo-wei schwärmte für die Philosophie Schopenhauers und studierte unter dem Einfluss der Schopenhauerschen-Lehre die Philosophie und Ästhetik. Seine Werke übten Anfang dieses Jahrhunderts auf die Geisteswissenschaft Chinas einen sehr großen Einfluss aus.

Ein anderer Protagonist von Kants Philosophie war der bekannte Gelehrte und Pädagoge Tsai Yuan-pei. Er hatte in Deutschland Philosophie studiert. Nach seiner Rückkehr wurde er Erziehungsminister und Rektor der Peking-Universität. In seinen Artikeln propagierte er das Denken von Kant, wobei er dessen ästhetische Theorien besonders würdigte. Er hielt sie für die Quintessenz der kantischen Philosophie. Daher schlug er vor, die Religion durch ästhetische Erziehung zu ersetzen.

Etwa gleichzeitig mit der Rezeption der kantischen Philosophie in China begann sich auch Hegels Philosophie in China zu verbreiten. 1903 wurde in der Zeitschrift "Neues China" der Artikel von M Djün-wu "über die Lehre des Riesen des Idealismus, Hegel" veröffentlicht. Das war der erste Aufsatz über die Hegelsche Philosophie in China. Darin wurde kurz über das Leben und das Werk von Hegel berichtet und seine absolut idealistische Lehre, vor allem seine Logik und seine Geschichtsphilosophie dargelegt. Ma Djün-wu schätzte Hegel sehr hoch und meinte, Hegel habe Schellings Fehler berichtigt und seine Schwächen überwunden und dadurch in der Philosophie eine neue Ära eingeleitet und den Menschen neue Horizonte eröffnet. Er stellte fest, dass der Grundgedanke der Hegelschen Philosophie nichts anders als die Identität des Subjektiven und des Objektiven sei. Er legte im Wesentlichen getreu die philosophische Auffassungen Hegels dar, wobei er diese mit dem Denken von Fichte und Schelling verglich. Das war nützlich für die Erweiterung der Erkenntnisse der Menschen über die klassische deutsche Philosophie.

Ein anderer Aufsatz, der sich mit der hegelschen Philosophie befasste, wurde von Yan Fu im Jahre 1906 verfasst. Er trug den Titel: "Über Hegels Idealismus". Eigentlich wollte Yan Fu darin auf die Philosophie des Geistes in Hegels Werk "Enzyklopädie der philosophische Wissenschaft" eingehen; Er beendete aber nur die Teile "Der subjektive Geist" und "Der objektive Geist", während der Teil "Der absolute Geist" unvollendet blieb. In diesem Aufsatz behandelte Yan Fu kurz den Entwicklungsprozess der klassischen deutschen Philosophie und legte das Wesen von Hegels philosophischer Lehre dar. Er war der Meinung, die klassische deutsche Philosophie sei der altgriechischen Philosophie ebenbürtig. Dabei sei der Beitrag von Kant äußerst groß, und Hegel habe von Kant ausgehend die deutsche Philosophie weiterentwickelt. Besonders würdigte Yan Fu die Dialektik von Hegel und ihren Kern die Negation der Negation.

In den ersten 2 Jahrzehnten dieses Jahrhunderts begann also gerade die Rezeption deutscher Philosophie in China. Damals gab es nur wenige, die Kant und Hegel lesen konnten. Auch in Zeitungen erschienen nur wenige Artikel über die deutsche Philosophie. Zudem beschränkten sich all diese Artikel nur darauf, diese Lehren oder deren Inhalt anzugeben. Von einer eingehenden Forschung war nicht die Rede.

Nach der 4. Mai-Bewegung von 1919 verbreiteten die philosophischen Lehren aus dem Westen überall in China. 1923 begannen in der philosophischen Fakultät der Peking-Universität Vorlesungen über die Philosophie von Kant und Hegel. Das war das erste Mal in China. Nach Dewey und Russell kam der deutsche Philosoph Hans Driesch zu Vorlesungen nach China. In Peking hielt er den Vortrag "Über die Erkenntnistheorie vor Kant und die Lehre von Kant". Der Vortrag erweckte unter den chinesischen Philosophien großes Interesse für die

Lehre von Kant 1924, ein Jahr später, brachte die Zeitschrift "Kunststudien" eine Sondernummer heraus mit über einem Dutzenden Artikeln über die kantische Philosophie. 1925 erschien auch eine Sondernummer der Zeitschrift "Mindo", die Kant gewidmet war. Zur Zeit um den 200. Geburtstag von Kant kam es unter Chinas Philosophen zu einer regelrechten Kant-Welle. In den folgenden Jahren wurden insgesamt etwa 30 Abhandlungen veröffentlicht zu alle Aspekten der kantischen Lehre. Gleichzeitig wurden auch einige Aufsätze von ausländischen gelehrten über die Philosophie von Kant ins Chinesische übersetzt. In den 20er Jahren war der Einfluss von Kant viel größer als der von Hegel.

Doch die Begeisterung unter den chinesischen Philosophen für die Lehren von Kant hielt in den 20er Jahren nicht langer an und führte auch nicht zu einem eingehenden Studium. Die meisten wurden der kantischen Philosophie bald überdrüssig und suchten nach einer modernen Lehre. Seitdem gab es in den chinesischen Publikationen nur noch wenige Artikel über Kant. Der einzige, der damals die Philosophie von Kant eingehend studierte, war Professeor Dschenng Xien, der an der Peking-Universität Vorlesungen über die Philosophie von Kant hielt. Seine Schrift "Über die Lehre von Kant" (im Jahre 1946 herausgegeben) war das einzige Buch über die Philosophie von Kant in der damaligen Zeit. Er vertrat in diesem Buch den Neokantinismus.

In den 30er Jahren verbreitete sich die Philosophie von Hegel in China und lief schließlich der kantischen Philosophie den Rang ab. In China befasste sich Professor Dschang Yi als erster mit dem Studium der hegelschen Philosophie. Er hatte in den USA studiert und das Buch "Die Entwicklung, Bedeutung und Beschränktheit der ethischen Lehre von Hegel" auf Englisch geschrieben (Das Buch wurde 1925 herausgegeben). Die Schrift war seine Doktor-Arbeit. Später studierte er in Cambridge und besuchte auch Deutschland, wo er sich mit Lasson zusammentraf. Nach dem Erscheinen seines Buches schrieb Lasson im Jahre 1928 in den "Kant-Studien" eine Rezession dazu. Nach seiner Rückkehr nach China richtete Dschang Yi an der Peking-Universität Vorlesungen über Hegel ein und trug so zur Verbreitung der Hegelschen Philosophie bei.

Im Jahre 1931, anlässlich des 100. Todestages erschien in China eine Jubiläum-Schrift über die Hegelsche Philosophie. Seitdem wurden Zahlreiche Artikel über Hegel in verschiedenen Zeitungen und Zeitschriften veröffentlicht, die sich hauptsächlich mit Hegels Dialektik, Logik Geschichtsphilosophie und politischen Auffassungen befassten. Gleichzeitig erschienen auch einige Bücher wie das Buch "Hegel" von Guo Bendau aus dem Jahr 1934-das erste Buch in China, das systematisch das philosophische System von Hegel behandelte und in leicht verständlichen Worten den Ursprung und die Bestandteile von Hegels Philosophie-die Logik, die Philosophie der Natur und die Philosophie des Geistes dargelegt. Guo Bendau schrieb außerdem auch einige Abhandlungen über die Dialektik von Hegel.

Ein weiterer chinesischer Hegel-Forscher war Professor Ho Lin. Er hatte in den USA und Deutschland Philosophie studiert und dozierte nach seiner Rückkehr im Jahre 1931 an der Peking-Universität über die westliche Philosophie und die Philosophie von Hegel. In China begann er als erster, sich mit Hegel Frühwerk und mit seiner "Phänomenologie des Geistes" auseinander zu setzen. Später widmete er sich der Übersetzung und dem Studium dieser Werke und versuchte, die Philosophie Hegels mit der traditionellen chinesischen Philosophie zu vergleichen. Er verfasste einige Artikel über Hegel und übersetzte einige Bücher der Neo-Hegelianer Roycese und Caird über die hegelsche Philosophie ins Chinesische.

Kurz, in dem halben Jahrhundert vor der Gründung der Volksrepublik China im Jahre 1949 hat in China die Erforschung der deutschen klassischen Philosophie bereits begonnen. Abet die Rezeption war beschränkt und blieb oberflächlich. Vor allem war das Übersetzung-und Publikationswesen rückständig. Die wenigen Bücher, die damals ins Chinesische übersetzt wurden, waren: "Kritik der reinen Vernunft" und "Metaphysik der Sitten" von Kant und "Philosophie der Geschichte" von Hegel. Infolge der Sprachbarriere beschränkte sich das Interesse an der deutschen Philosophie auf den engen Kreis einiger weniger Spezialisten.

Nach 1949 begann in der Erforschung der deutschen klassischen Philosophie eine neue Etappe. Unter den Philosophen selbst wie auch unter allen Philosophien interessierten wurde das Interesse an Kant und Hegel immer größer. An den Hochschulen und Universitäten wurden Vorlesungen über die deutsche klassische Philosophie angeboten, und die Zahl der Forscher auf diesem Gebiet vervielfacht sich. Um die Leser mit der klassischen Philosophie bekannt zu machen, wurden große Anstrengungen auf dem Gebiet der Übersetzung und der Publikation unternommen. In den 50er und 60er Jahren wurden folgende Werke herausgegeben: "Kritik der reinen Vernunft" (neu übersetzt)", "Kritik der praktischen Vernunft" und "Kritik der Urteilskraft" von Kant und "Enzyklopädie: Logik", "Wissenschaft der Logik", "Phänomenologie des Geistes", "Vorlesungen über die Geschichte der Philosophie", "Philosophie des Rechts", "der erste Band der Ästhetik" und eine neue Übersetzung der "Philosophie der Geschichte" von Hegel. Aus den bekannten Gründen war dann die Erforschung und Publikation der deutschen Philosophie für fast zehn Jahre unterbrochen. Erst Ende 1976 wurde die Arbeit auf diesem Gebiet wiederaufgenommen. Jetzt ist die Herausgabe folgender Werke von Hegel geplant: "Theologische Jugendschriften", "Schriften zur Politik und Rechtsphilosophie", "Philosophie der Natur", "Philosophie des Geistes" und der zweite und dritte Band der "Ästhetik". Außerdem sollen "Sämtliche Werke von Hegel" auf Chinesisch erscheinen. Das wird das erste ins Chinesische übersetzte Gesamtwerk einer berühmten westlichen Philosophen sein. Daraus ist ersichtlich, welchen Stellenwert China der hegelschen Philosophie beimisst.

Aber wir sorgen auch dafür, dass andere Werke der klassischen deutschen Philosophien ins Chinesische übersetzt werden. Schellings "System des transzendentalen Idealismus" wurde bereits im Jahre 1978 herausgegeben. Das ist die erste chinesische Aufgabe einer der Schriften von Schelling. Bald wird auch die "Wissenschaftslehre" von Fichte erscheinen. Die Herausgabe der Werke von Schelling und Fichte wird den chinesischen Lesern helfen, die klassische deutsche Philosophie noch besser zu verstehen. Auch die "Allgemeine Naturgeschichte und Theorie des Himmels", eine Frühschrift von Kant ist bereits erschienen. Da die bisherigen chinesischen Übersetzungen der "Kritik der reinen Vernunft" nicht gut sind, wollen wir das Werk neu übersetzen. Von Feuerbach, der bisher noch niemals ins Chinesische übersetzt und herausgegeben worden war, erschienen die "Ausgewählten Werke" in Zwei Bänden. Sie umfassen seine wichtigsten philosophischen Schriften. Außerdem wird an der Herausgabe seiner "Geschichte der Neueren Philosophie" gearbeitet. Die obenerwähnten Werke wurden zum größten Teil von Forschungsmitgliedern des Instituts für Philosophie der chinesischen Akademie der Gesellschaftswissenschaften ins Chinesische übersetzt. Neben der Übersetzungsarbeit sind auch bei der Forschung über die klassische deutsche Philosophie einige Erfolge zu verzeichnen. Seit 1949 wurden zum Beispiel über 100 Abhandlungen über die klassische deutsche Philosophie in unseren Zeitungen und Zeitschriften veröffentlicht und verschiedene Bücher zu dem Thema herausgegeben. Es muss hier darauf hingewiesen werden, dass die Verfasser der meisten Artikel und Bücher vom marxistischen Standpunkt aus die klassische deutsche Philosophie einzuschätzen versuchen. Die Beziehungen zwischen Hegels Dialektik und Feuerbachs Materialismus und der marxistischen Philosophie stehen stets im Zentrum des Interesses der chinesischen Forscher. Auf dem Gebiet der Kant-Forschung erschien kürzlich das Buch von Li Zehou "Kritik der kritischen Philosophie", das die Philosophie von Kant umfassend kommentiert. Der Verfasser setzt sich vor allem mit der Erkenntnistheorie auseinander, berührt aber auch die Ethik und die ästhetischen Auffassungen von Kant. In der Hegel-Forschung legte man früher das Schwergewicht auf seine Logik, jetzt werden auch seine Frühschriften und seine "Phänomenolg des Geistes" studiert. Hegels Ästhetik hat besonders großen Einfluss auf chinesische Ästhetiker ausgeübt.

Im letzten Oktober veranstalteten das Institut für Philosophie, die Peking-Universität und auch deren wiss. Institute gemeinsam ein nationales Symposium über die westliche Philosophiegeschichte, an der rund 200 Wissenschaftler teilnahmen. Im Mittelpunkt der Diskussion stand die klassische deutsche Philosophie; Dutzende Abhandlungen wurden dazu auf dem Symposium vorgetragen. Er war das erste Mal, dass in China solch ein umfassendes Forum über die klassische deutsche Philosophie stattfand. Die vom Institut für Philosophie edierte Zeitschrift über die Philosophiegeschichte des Auslands erschien voriges Jahr zum ersten Mal. Die erste Nummer war eine Sonderausgabe über die klassische deutsche Philosophie mit zehn Aufsätzen, die Forschungsergebnisse auf dem Gebiet dokumentieren.

Soweit der kurze Überblick über die Rezeption der klassischen Philosophie in China. Das Interesse richtet sich natürlich nicht nur auf Kant und Hegel. Andere Repräsentanten der deutschen Philosophie wie Schopenhauer und Nietzsche haben in den 20er und 30er Jahren großen Einfluss auf die philosophisch interessierten Kreise Chinas ausgeübt. Von Nietzsches "Also sprach Zarathustra" gab es mehrere chinesische Übersetzungen. Von den deutschen Gegenwartsphilosophen sind Heideggar und Jaspers den chinesischen Philosophen bekannt. Einige ihrer Werke wie "Sein und Zeit", "Über Humanismus", "Existenzphilosophie" und "Rechenschaft und Ausblick" wurden bereits ins Chinesische übersetzt.

Wir haben zwar schon einiges getan, aber unsere Erkenntnisse und unser Studium der deutschen Philosophie sind beschränkt. Außerdem verfügen wir nur über sehr wenig ausländische Forschungsliteratur. Wir hoffen, dass unsere deutschen Kollegen uns in dieser Hinsicht helfen, mit uns Kontakt halten und den wissenschaftlichen Austausch pflegen, im Interesse des gegenseitigen Verständnisses und der Freundschaft der Philosophen beider Länder.

《理性的毁灭》译者引言

本书作者乔治·卢卡奇(Georg Lukács,1885—1971)是20世纪最著名、最有影响而且争议最多的思想家之一。他在半个多世纪的理论工作中,在哲学、美学、文艺批评等许多领域写出了大量属于人类文化遗产的论著。《理性的毁灭》这本书,同他在先前几年发表的《青年黑格尔》一起,是他在哲学史方面所写的为数不多又极其重要的书。《理性的毁灭》成书于20世纪50年代初期。当时的西德,在战败的废墟上,存在着威胁全体人类前途的法西斯主义死灰复燃的危险。他不能熟视无睹,为此他追溯了德国一个多世纪以来对这股反动思潮有过或多或少,或直接或间接影响的一些重要思想流派,并对其进行了分析批判。这部著作除史料宏富和见解深邃之外,特别反映出作者强烈的时代责任感。

卢卡奇生活在资本主义向社会主义过渡的时代。面对着时代的奔腾湍激,他作为紧摸着时代脉搏的思想家,并不限于埋头从事理论探索,而且也直接投身于现实的政治斗争。他对他的祖国匈牙利的历史进程、对整个国际共产主义运动,都曾起过显著的作用。卢卡奇不仅在理论上而且在实践上,都犯过有时过于激进有时又跟不上时代步伐的失误,这是大家熟知的。《理性的毁灭》,应该也不能属于例外。不过,他善于不断地从失误中吸取教训,从而提高自己,丰富自己,继续前进。新近有位马克思主义哲学家评论说:"他思想上的完美性是不容置疑的。"毫无疑问,这里所说他的完美的思想,并不是指他不断发展中的理论观点而言,毋宁是要强调他一生追求真理、争取人类进步的每一行动,其思想动机都是忠诚无私的。

卢卡奇也像许多资本主义后期的进步思想家一样,是从没落的资产阶级意识形态中摆脱出来,发展转变成为一位卓越的马克思主义者的。可是他和他们中的大多数又颇不相同,不同之处至少有两点:一点是,当他是资产阶级思想家的时候,他不仅仅是晚期资产阶级意识形态的一个一般的传播者、代言人,而是当时某些重要思想流派的基本思想方式的首倡人、始作俑者。比如说,他的早期著作《长篇小说的理论》对法兰克福学派的阿多尔诺的思想的暗中启迪,以及被认为已是马克思主义论著的《历史与阶级意识》同存在主义者海德格尔的《存在与时间》的呼应关系,这都是一再有人论述过了的。正因为他的早期思想原本是资产阶级意识形态的一个结结实实的组成部分,所以他后来批判资产阶级思想,在一定意义上乃是对他自己过去的清算,从而更能鞭辟入里,切中要害。在《理性的毁灭》里就有这种情况。

另外一点是,对于马克思主义,他是一个不满足于仅仅接受和继承其基本论点而已的人。作为不懈的真理追求者,他在成为马克思主义者以后,力图发展、深化和完善马克思主义的哲学思想。而且事实上他以不断的斗争实践为根据,确实也这样做了。这项工作做得怎样,虽然在卢卡奇生前就引起了激烈的争论,但无疑还有待于实事求是的研究,才能弄清究竟有多少是错了的,多少是真正的成绩。西方有些学者高喊什么"20世纪马克思主义哲学的最高成就""现代马克思主义研究的典范",我们暂且不去管它。值得注意的是,多次严肃批判过卢卡奇的苏联,在他死后已郑重表示:"苏联的哲学家们将永远记住乔治·卢卡奇这位杰出的学者和思想家对世界文化、哲学的发展作出的重大贡献。"

对于这样一位作者,本书读者肯定也不陌生。不过,如果在开始阅读正文之前,先和我们一起简略重温一下他的生平、著作和主要观点,仍不会完全没有好处。

卢卡奇于1885年4月13日出生于匈牙利布达佩斯一个富有的犹太家庭。他在全家四个孩子中排行老二。他的父亲是匈牙利最大的银行——布达佩斯信托公司的董事。他家当时是布达佩斯的一个著名沙龙,许多文艺界的文人学士经常是这里的座上客。卢卡奇从小就深受这个文化沙龙自由探讨气氛的熏陶和感染。

中学毕业后,卢卡奇进入布达佩斯大学学习法律和国民经济学,后来攻读哲学。1902—1903 年,卢卡奇刚十七八岁就开始在《匈牙利沙龙》和《未来》杂志上发表戏剧评论文章。1906 年,卢卡奇到柏林学习。同年 10 月,在科罗茨瓦获法律博士学位。1908 年 2 月,卢卡奇出版了《现代戏剧发展史》一书,获克里斯蒂娜奖金。这时,他初次学习了马克思主义理论。后来他在《我走向马克思的道路》一文中说:"这一学习,使我确信马克思主义几个核心观点的正确性。给我印象最深刻的是剩余价值理论、历史是阶级斗争的观点以及社会阶级划分的观点。显然,对于一个资产阶级分子,这种影响只限于经济学特别是社会学方面。"

1909 年卢卡奇以《戏剧的形式》一文在布达佩斯大学又获哲学博士学位。1913 年后,卢卡奇到海德堡大学和弗赖堡大学等地继续深造。他的动荡生活,造成他此时所写的理论著作的一个特点,那就是他所有的前马克思主义和早期马克思主义的重要著作,大都是在几年内写的论文或准备写作的较大部头著作的一些片段的汇编。例如,《心灵和形式》是 1910—1911 年所写并曾于《西方》杂志上陆续发表的,《海德堡艺术哲学》写于 1912—1914 年,《长篇小说的理论》写于 1914—1915 年,《美学》写于 1916—1917 年。

在这一时期,卢卡奇的理论活动总的来说是处于唯心主义哲学的影响之下的。最初是狄尔泰和齐美尔的"生命哲学",后来还有李凯尔特和韦伯的新康德主义社会学。可是他很快就接受了黑格尔的辩证法。所以,他自己承认那时他研究马克思的著作,是通过黑格尔的眼光来看马克思的。

1915 年,卢卡奇返回布达佩斯,对匈牙利的现实深感不满。不久之后,他就成了进步知识界所瞩望的人物。1918 年 12 月,卢卡奇加入了匈牙利共产党,并在 1919 年 3 月 21 日成立、同年 8 月 1 日覆灭的匈牙利苏维埃共和国中,担任副教育人民委员和匈牙利红军第五师团的政委。匈牙利革命失败后,卢卡奇在布达佩斯做了几周地下工作,然后流亡到奥地利首都维也纳。在维也纳,卢卡奇参与主编《共产主义》杂志。由于受工团主义思潮的影响,他主张同来自资产阶级世界的一切制度和生活方式全面决裂。1920 年,卢卡奇发表了《论议会制问题》一文,持左倾激进的反议会的观点,表现出一种"救世主式的宗派主义"。为此,他受到列宁的严肃批评,说他只在口头上挂着马克思主义,缺乏对特定的历史情况的具体分析,不懂得革命最重要的事情在于夺取资产阶级借以影响群众的一切部门和机构。这次批评对卢卡奇的震动很大,他事后说过,列宁对他的批评是他的世界观真正转变的开始。

1923 年,卢卡奇把他在十月革命之后 4 年内所写的 8 篇论文汇集成书,以《历史和阶级意识》为题出版。这部著作是卢卡奇理论探讨工作的重要里程碑。书中试图探索一种能避免教条主义和所谓极权主义的马克思主义哲学,批判了把马克思主义哲学同经济的和自然的唯物主义等同起来的倾向,坚决反对哲学中的直观主义和机械主义,提出关于能动的个性和表现出介入态度的人的概念,高扬了主观能动性和人道主义的价值和意义,并对商品拜物教、物化现象和辩证法进行深入的分析。但他同时还对恩格斯作了错误的评价,否定自然辩证法和反映论,自认为这是用"真正的马克思"思想来解释马克思主义。

《历史和阶级意识》发表以后,立即受到西方哲学家的热烈赞扬,也遭到共产国际的严厉批判,卢卡奇因此被逐出《共产主义》编辑部。但卢卡奇并没有停止他对马克思主义的理论研究,1924 年,卢卡奇发表了纪念列宁逝世的文章《论列宁的思想体系》,高度赞扬了列宁对马克思主义的发展。1925 年,他还发表了评论布哈林的历史唯物主义的文章等。

1928 年,卢卡奇受匈牙利党中央委托,起草匈牙利共产党第二次全国代表大会的报告《匈牙利政治和经济形势以及关于匈牙利共产党任务的纲领》,即通常所说的《勃鲁姆提纲》。在提纲中,卢卡奇把工人阶级和农民阶级的民主专政看作由资产阶级革命过渡到无产阶级革命的典型形式,从而克服了他早期的左倾观点。同时他还提出了在国际工人运动中争取人民阵线同盟军的思想。不料匈牙利共产党内和共产国际对这个提纲都进行了尖锐的批判,斥之为"取消主义"。他为此发表了一个自我批评,表示承认提纲是右倾机会主义的。这次事件大大影响了卢卡奇的生活历程,自那以后,有一段时间他停止了积极的政治活动,全力从事理论研究。

1929 年卢卡奇到了莫斯科,在马恩研究院工作。在那里,他有机会研究了马克思的《1844 年经济学哲学手稿》和其他没有公开发表的早期著作。这一研究工作和苏联哲学界 1929—1930 年对德波林学派的批判,给卢卡奇以深刻的印象,他后来说过,这一切使他弄清了马克思同黑格尔和费尔巴哈的关系以及马克思同列宁的关系,为他的哲学研究提供了新的视野。他在这时写成的《马克思、恩格斯与拉萨尔之间关于〈济金根〉的论争》(1913 年)产生了巨大的反响,他因此被人们公认为马克思主义文艺理论家。

从 1931 年起,卢卡奇侨居柏林,那里是法西斯的巢穴。在这段时间,他发表了《党性倾向》等一系列文章和哲学论文,意在唤起德国进步知识界参加反对日益迫近的法西斯威胁的斗争。

1933 年,希特勒夺取政权后,卢卡奇再度移居苏联,在科学院哲学研究所一直工作到匈牙利解放。在这段时间里,他参加了《国际文学》杂志编辑部的工作,深入研究了歌德、席勒、克列斯特、荷尔德林、海涅、毕希纳、巴尔扎克和托马斯曼,以及普希金、托尔斯泰、陀思妥耶夫斯基、马卡连柯、肖洛霍夫和高尔基等人的作品。他在这个时期撰写的一系列重要论著,大都在战后才陆续出版,主要有:《论现实主义的历史》(俄译本出版于1939年)、《青年黑格尔和资本主义社会问题》(1936年写成,1948年在苏黎世出版)、《艺术和客观真理》(1934年)、《托尔斯泰与现实主义的发展》(1935年)、《歌德及其时代》(1947年)、《存在主义还是马克思主义?》(1948年)、《德国文学中的进步和反动》(1947年德文版)。

卢卡奇在《青年黑格尔》一书中根据重要的历史和哲学材料研究了青年黑格尔思想发展中的图宾根时期,批判了狄尔泰关于黑格尔早期思想具有神学方向的观点。卢卡奇进一步阐明了黑格尔与谢林绝交的历史,分析了《精神现象学》的核心概念——异化。卢卡奇当时得出的结论是:异化在主体方面表现为人与自我意识的虚假同一,而在客体方面异化与对象性是等同的。卢卡奇深刻地揭示了黑格尔成长和发展过程中的矛盾,认为他是他那个时代进步的资产阶级哲学家,并描述了黑格尔反对非理性主义的斗争。在这一点上,《青年黑格尔》一书预示了卢卡奇的《理性的毁灭》中的许多观点。

1944年12月匈牙利解放后,卢卡奇回国,当选为匈牙利科学院院士,并在布达佩斯大学任美学、哲学教授。最初几年,卢卡奇积极参加政治活动,经常就各种政治和文化问题发表看法,提出主张。1949—1951年,卢卡奇曾被看作修正主义分子因而受到批判。此后,他又出版了《现实主义问题》(1954年)、《美学史论文集》(1954年)和《理性的毁灭》(1955年)。

1956年苏共二十大以后,卢卡奇积极参与"裴多菲俱乐部",批判斯大林和教条主义的活动,并在纳吉政府中担任文化部长。但当纳吉政府决定退出华沙条约组织时,他坚决反对,因此辞去部长职务,退出政府。匈牙利十月事件结束后,卢卡奇于1957年春返回匈牙利。由于参加过纳吉政府,卢卡奇被开除党籍,直到1967年才重新恢复党籍。

20世纪50年代末至70年代初是卢卡奇批判地重新评价自己一生的活动、总结自己的研究成果和争取完成毕生理论事业的岁月。他作了多次重要的自我批判,同时在哲学和美学理论上作了新的探讨。1957年出版了《批判现实主义的当代意义》《自传补遗》和《马克思主义美学入门》,1963年出版了《美学》的第一卷《审美特征》。在写完《审美特征》之后,卢卡奇决心为马克思主义撰写一部伦理学著作。其三卷本的《社会存在的本体论》是他以抱病之躯奋笔疾书的绝笔,但终于没能完成。卢卡奇于1971年6月4日逝世。

卢卡奇所以在垂暮之年仍以完成一部伦理学著作作为自己的使命,是基于他的一个认识。他认为马克思主义的崇高意愿在于关心人,关心人的价值、尊严及其在社会历史中的作用、命运和前途。对于这个问题,马克思已在他的全部理论和实践中指明了解决的基本原则,只是生前没来得及深入系统地阐述。而如果马克思主义者不及时理解和发展马克思这方面的思想,许多资产阶级代言人就要乘机出来钻空子。在他看来,当代自封的"西方马克思主义",以及要用人道主义补充马克思主义的存在主义等,都是钻这个空子的。这将造成马克思主义的严重歪曲。所以他作为马克思主义者,把从本体论上为人际关系奠立根据当成是一项刻不容缓的任务。

卢卡奇认为马克思主义哲学的重点应该是在本体论,而不在认识论。康德以来的认识论,在哲学中占了主要地位,也立下了汗马功劳,把中世纪宗教本体论扫入历史垃圾堆。马克思主义哲学不是不该研究认识论,那是必要的,但在实证主义的强大影响下,避而不探讨本体论,则是一个偏差。卢卡奇自认在《历史与阶级意识》里否定自然界的辩证法,就是这种偏差的沉痛后果。因为如无存在方面的客观性作为依据,认识方面的辩证法有什么理由能不属于主观的呢。因此他晚年提出的工作口号为"回到存在"去。

什么是存在?卢卡奇认为不是现象学派抽掉现象剩余下来的"纯粹存在",也不能是唯心主义者(例如他着重批判了的黑格尔)所设想的什么精神性的东西,不管是主观精神还是客观精神,都是不可证明的独断论的产物。对他而言,存在就是我们当前这个运动着的物质世界。物质世界运动发展,由简单到复杂,共有三种逐级上升的存在方式,这就是无机物存在、有机物存在和社会存在。

他认为马克思已经指出,无机物存在的一个基本事实是类和个例(或标本)的不可分割的统一。任何无机物都是类的一个个例,它经过物理的或化学的作用会发生变化,变成别的东西,但它并没消灭,也永不消灭,这改变了的东西,只是改属于另一个类,它仍然是与类和个例的统一。有机物,就其存在方式而言,是一种由内在力量推动着的综合体,这里出现了生命,它的基本规定是个体的产生和消灭。至于人类社会的存在,自然界的一切规律在这里当然都依旧起作用,但出现了更新的精神因素、意识。在卢卡奇看来,重要的不在于出现了意识,而在于意识一出现就不是附随现象,不是第二性的东西,它和物质不可分割地结合在一起,自始至终参与着社会构成的过程,是社会存在必不可少的创造原则。

意识如何参与社会存在的创造,这可以先从人的形成说起。马克思主义早已提出:在人的形成过程中,劳动起着关键作用。卢卡奇认为,劳动是一种目的性活动,不具有某种目的的活动,可以是游戏,也可以是有机物的本能反射,但不能算是劳动。所以在生产劳动的过程中,劳动者首先要设定目的,比如说,自觉地想取某种东西来满足自己的需要。当然随后还要选用能够实现这个目的的包括方法和工具在内的手段,甚至要制造适用的工具,但制造工具那又是另一个劳动过程了。从逻辑上讲，设定目的是从事劳动的先决条件，实际上，目的设定至少是与劳动过程同时出现的。因此在卢卡奇看来，在人通过劳动而变成为人的初始，就有目的设定这一意识因素的积极参与。

卢卡奇认为，生产劳动中的目的设定，是人指向自然物的，目的在于创造能满足人的需要的物质。可是劳动实践不断发展，目的设定也从指向物转而指向人，去影响别人的目的设定。这种以影响别人的目的设定为目的的目的设定，卢卡奇称之为二次性目的设定，也叫作"社会形成的"目的设定，因为正是通过含有这种目的设定的劳动实践，对别人的目的设定施加影响，协调人与人的关系，人的社会才得以形成。所以卢卡奇认为，在社会的形成中，也像对于人的形成一样，意识不是孤立在外或漂浮其上的附随现象，而是从一开始就积极参与其事的创造因素。

人与人的关系，起初很简单，以后逐渐增多，互相协调，终于成为一个交织在一起的错综复杂的关系网，就像一个蚕茧，构成人的社会环境。当然随着人的劳动实践的发展，它也继续发展变化，但它在发展变化中却有一定的恒定性，人要进一步改变它，并不那么可以随心所欲。在通常情况下，个人总是适应着它，那就如鱼得水；而有的时候，在发展的转折点上，如果触逆了它，也会像碰上一块石头之类的实物那样，受到它强硬的"回击"。人们看待自然界的关系，照例把它看作关系者之间的作用，关系者不存在了，关系也就消失了。卢卡奇认为这种关系观即使在自然界里也不尽适用，更不适用于社会关系。持续存在着的社会关系，带有某种实物性，尤其因为它本来就是人自身物化的结果。

人在劳动实践中，设定了目的，还要选择手段。适用于目的之实现的手段，就被人赋予以价值。例如，自然界的石头，本来无所谓有价值或无价值，其中能被用作刀斧的，人就认为它是有用的好东西，即被赋予了价值。作为自然的人，也不存在有价值无价值的问题，但作为劳动者的人，就有适合不适合于完成劳动目的的差别。马克思主义认为劳动实践不仅改造了外部世界，也改造着劳动者自身，卢卡奇由此推论，最初，凡按照自然规律从事劳动的人，往往能够达到预期的劳动目的，久而久之，人就锻炼出按自然规律劳动的一些品质，例如细心、认真、毅力等。有了这些品质，人就有了内在价值。人是自己赋予自身以价值的。人人都在实践中被赋予以有价值的个人品质，通过人际关系，成为公认有价值的东西，变成外在的社会风尚、道德规范等，卢卡奇把这些称为二次性精神表现。社会关系和自然界关系的区别之一，就在于社会关系一开始就是有价值的。

在卢卡奇看来，最初出现的价值只能直接实现劳动目的的有用性。实用是价值的基本尺度。不过随着实践的发展，随着实物概念的出现，实用不再总是直接的、具体的，于是产生出多种间接的抽象的价值，例如科学就是这样。在人类发展前史里，各种价值同时实现劳动目的的有效性，甚至彼此互相抵触。迫不得已，人就要在它们之间进行重新评估、抉择和协调，组成一个比较和谐、相对独立的精神价值体系。卢卡奇因此曾说，价值发展的过程实际上就是历史异化的过程。这个精神价值体系，按照"类本质"的根本性，则以"人类进步"这一最高价值为其顶峰。

关于社会存在的思想，卢卡奇没能尽其欲言，上述更是语焉不详。不过这里可以看出的几个观点，是在《理性的毁灭》中到处体现着的。

首先，他在唯物主义的基础上用历史发展的原则分析了人类社会这一存在方式的特征，从而给人找到一个至关重要的地位。他阐述了人对社会形成的决定性作用，也指出社会对人的客观制约。人在他的理论中不再是某些自封的人道主义者所说的那样是"无家可归"的弃儿，而是掌握自己命运的主体。

另外，他在生产劳动的目的设定中看到了自由的源头。目的性劳动是人成为人的开始，也是自由的开始，因此自由不是天赋的或获得的社会权利，它自在地就属于人的本质。在人的形成中，自由与必然不是彼此外在的，而是不可分割地互相依存着的。

还有，他还把劳动实践的手段抉择，看作社会发展中人的推动作用。他所说的人的抉择并非现代唯心主义所说的仿佛个人遨游于太虚之外的"自我抉择"；相反，它是把自然界的必然规律统统接纳于社会理想之中的。卢卡奇显然坚决信赖理性，能以高度的乐观主义精神展望人类的未来。

《理性的毁灭》这部著作不是卢卡奇的一时即兴之作，而是他思想发展的一个里程碑，更重要的也是他对现实阶级斗争进行的一次理论概括。

卢卡奇十分熟悉德国晚期资产阶级的生命哲学，甚至是它的奠基人之一。他在成为马克思主义者之前，曾和它的一些代表人物，如韦伯、齐美尔、狄尔泰有过十分密切的个人交往。但是，不管他们的主观意图如何，实际上这派哲学思潮在德国导致了法西斯主义，而法西斯主义给人类带来了第二次世界大战。大战期间卢卡奇是在苏联度过的，他亲眼看到法西斯主义给苏联人民造成的无穷灾难。战后，卢卡奇返回匈牙利，又目睹了战后祖国和欧洲的可怕情景。他内心深感痛苦。作为一个严肃的思想家，卢卡奇不能不反复深思其根源何在。他得出的结论是，归根到底，正是他自己一度醉心的生命哲学之类的非理性主义，导致了这一切，几乎毁灭了理性，几乎毁灭了欧洲文明和整个人类。

因此，卢卡奇在1945年返回匈牙利以后，除了进行社会活动外，对于法西斯主义的理论及其思想前驱，进行了深入的反省和研究，并且展开了强烈尖锐的批判。这一理论工作的成果，就是1952年写成而1954年用德文在布达佩斯出版的《理性的毁灭》。他在该书序言中说："我们相信这一事实（即德国资产阶级的非理性主义哲学背叛了德国古典哲学的理性传统,最终导致了法西斯主义的产生——译者)属于德国历史最耻辱的一页。因此必须深入研究它,以便德国人能够彻底克服它,并有力地阻止它的继续存在或卷土重来。曾经产生过丢勒(Dürer)和托玛斯·闵采尔、歌德和马克思的民族,将来是有远大前途的,所以它没有理由害怕退缩,不对危险的过去及其有害的、有威胁的遗产作毫不留情的清算。在这种双重的——德国的和国际的——意义上,这本书愿意为每一个诚实的知识分子提供一个警告、一个教训。"[1]

第二次世界大战后,社会主义阵营和资本主义阵营的对立,马克思主义和资产阶级哲学的激烈斗争,都不能不给《理性的毁灭》这部著作打上鲜明的时代烙印。卢卡奇在《理性的毁灭》中首先坚持这样一种基本思想:对历史发展持乐观主义,坚定不移地信赖理性,呼吁人们在理性的旗帜下团结起来,警惕由于抛弃理性而给人类带来的危险。因此他明白无误地写道:"对理性是赞成还是反对,同时也就决定着哲学作为哲学的本质,决定着哲学在社会发展中的作用。"[2]他呼吁人们"用群众运动去捍卫理性"[3],因为在他看来,当时"积极的群众性的捍卫理性的新因素,就是和平运动"[4]。他特别寄希望于知识分子,认为作为维护理性的坚持不懈的战士的知识分子,应该像18世纪法国的知识分子、19世纪俄国的知识分子那样成为扭转世界的开路先锋,而不能像20世纪前半叶德国知识分子那样成了野蛮的法西斯主义的牺牲品和甘心受人驱使的帮凶。因为,捍卫人类理性,这不仅仅是捍卫它的存在,而恰恰是捍卫它的作用,捍卫它在历史发展中的不可抗拒的力量。这是全人类的神圣历史使命。卢卡奇正确地看到,非理性主义是帝国主义时期的资产阶级哲学的主要表现形式,作为一种普遍的国际现象,它的产生必有深刻社会根源。卢卡奇写道:"关于哲学的问题和解决方向是由生产力的发展、社会的发展、阶级斗争的展开而提出来的。"只有在这种总体联系中,才能阐明这种哲学的本质,不会为各种非本质的现象所迷惑。正是根据这个原则,卢卡奇首先着重分析批判了帝国主义时代资产阶级的反动本性,及其疯狂残暴的侵略罪行和阴险诡谲的欺世盗名伎俩。这里描绘的是一幅现代资产阶级日趋破产垂死挣扎的漫画,不过这幅漫画同时也是一个血淋淋的现实。

卢卡奇在考察了非理性主义的社会阶级根源之后,才开始论述这种哲学的理论根据。他认为,它来自谢林晚年的天启哲学和理智直观的思想,来自叔本华的唯

---

[1] 卢卡奇:《理性的毁灭》,1954年版,序言。
[2] 卢卡奇:《理性的毁灭》,1954年版,第6、670、673页。
[3] 卢卡奇:《理性的毁灭》,1954年版,第6、670、673页。
[4] 卢卡奇:《理性的毁灭》,1954年版,第6、670、673页。

意志论以及尼采的强力意志和超人学说,来自克尔凯郭尔的宗教哲学。它们是20世纪资产阶级哲学中一切颓废和反动流派的理论渊源,而且它们的共同特点是在方法论上抛弃辩证法。卢卡奇认为,知性亦即论证思维引出的必然矛盾,从表面上看来似是不合乎理性。辩证法的任务就在于提出理性来扬弃这些必然矛盾。而在所有非理性哲学中都没有辩证法的地位。他们所以不要辩证法,是由于他们明明知道帝国主义时期的资产阶级的必然矛盾的真正解决,将是资产阶级的死刑宣判。于是他们只好对现实问题进行歪曲,把矛盾归咎于理性,说理性是无力的、非人的,是社会现实中一切矛盾的罪魁祸首。而且现实本来就是非理性,只有直观才能把握非理性的真正现实。非理性主义哲学就是这样给晚期资产阶级提供救命稻草的。

因此,在卢卡奇看来,理性和非理性的对立,归根结底,是无产阶级和资产阶级的对立的反映,是唯物主义和唯心主义、辩证法和形而上学对立的一种表现形式。

卢卡奇用《理性的毁灭》的大部分篇幅分析、评述了非理性主义的各个流派。他除了根据异常丰富的史料论述了德国自1848年革命以来社会政治经济形势所发生的深刻变化而外,还从考察谢林、叔本华、尼采起,依次批判了狄尔泰、齐美尔、史宾格勒,分析了新黑格尔主义和德国社会学派及其代表人物托尼斯、韦伯、曼海姆和施密特;特别从哲学上揭露了希特勒理论家哥比诺、张伯伦、罗森堡的反动的种族主义理论;还考察了战后才盛行起来的存在主义及其主要代表人物克尔凯郭尔、海德格尔、雅斯贝尔斯和萨特等。卢卡奇终于科学地论证出,帝国主义时代的资产阶级哲学是培植法西斯主义的温床。而有史以来一切非理性主义流派都在法西斯官方意识形态中达到了顶峰。

卢卡奇在《理性的毁灭》中勾画了德国晚近非理性主义的发展史。这部著作虽然省去了其间个别的问题和人物,但是,论述是全面系统的。关于德国非理性主义的发展,资产阶级进步哲学家虽也曾有所涉及,在个别问题上有所贡献,比如,卡尔·罗维特的《从黑格尔到尼采》,但相比之下,卢卡奇的著作具有无与伦比的说服力和不可估量的理论意义。

卢卡奇《理性的毁灭》打中了资产阶级哲学的要害,资产阶级哲学家大多数对此噤若寒蝉、保持沉默,妄图用沉默来窒息这部巨著。但是它在资产阶级进步作家和马克思主义者中间已经引起强烈反响,产生了广泛而深刻的影响,并且正在更加深入人心,成为全世界人民捍卫人类理性、保卫世界和平的理论支柱。

1992年

费希特的教育思想

约翰·哥特利布·费希特(Johann Gottlieb Fichte,1762—1814)是德国古典哲学的杰出代表,19世纪初反映德国新兴资产阶级进步要求的伟大教育思想家。他是唯心主义者,却正确地阐发了人的主观能动性,因而受到马克思主义经典作家的高度赞许。他的教育思想是他哲学观点和生活体验结合的产物,他对教育的社会功能、教育的目的、教育的进程,特别对教育的整个体制,都提出许多影响深远的革新见解,不仅直接促成德意志民族的振兴和崛起,而且广泛改变了19世纪欧美教育的发展走向。因此,费希特在近代教育思想史上占有重要地位。

一、生　平

费希特于1762年5月19日生于普鲁士东南部的拉梅瑙村,父亲是纺织麻布带子的家庭手工业者。因家里孩子多,生活困难,费希特从小就在织布机前干活。费希特七八岁开始牧鹅,晚上空下来,再识几个字,讲圣经里的诗句和当地的传说掌故。

费希特自认他在身心双方都酷似母亲：他性格的急躁刚直，来自母亲；做事坚忍不拔，也是受她的影响。费希特在童年就表现出非凡的才能。例如，他能在听了当地牧师星期日的布道词后背诵如流。费希特9岁那年，米勒提兹（Freiherr von Miltitz）男爵偶然赏识了他的才华，从此，收养、资助他上学。

他起初在尼德劳读书，住在牧师克来贝家里，可能从这里接受了日后从事研究的初步正规教育，开始学习了拉丁文和希腊文。少小离家这种事，似乎并没有使年幼的费希特感到什么重大欠缺。这从后来他很少考虑家庭教育，甚至主张儿童要完全与父母分离可以为证。

1774年，他进入著名的波尔塔贵族学校，在这里住校6年。他的教育观点由此受到深刻的影响。这学校始建于1543年，是为训练萨克逊邦有天赋的青年，于大学毕业后回来服务公职的。主要课程包括语言、宗教和基础科学知识，拉丁文是主课，同时也是教学用语；希腊文、修辞、辩证、公开演说都是高年级的正课，德语也占有重要位置。教学进程千篇一律：先印发教材让学生死读硬背，然后讲解。管教极严，笞杖是主要的训练工具。学生像僧侣一样每周只准出校一次，还在监督之下。他们同教师一起组成一个小小的社会，过着特定方式的生活。也许是为了补救这种教学方法的缺点，学校准许课外私人自学，学生可以做一些自己喜欢做的事，因此，学生养成了习惯，大家保持安静，潜心攻读，不受社会生活的外务干扰。后来，费希特提倡国民教育时，建议学校与社会隔离，实际上与他这段学校生活经历有关。

费希特在这个学校升到高年级之后，发现同学们都在偷偷阅读各种带有自由新精神的禁书，自己也就很快沉浸于克洛普斯托克（Friedrich Gottlieb Klopstok）和莱辛（Gotthold Ephraim Lessing）的著作中。他受这两人的影响很深，特别从莱辛的著作中，学会了丢开权威说教、就宗教问题独立思考的能力。在这个时期，他还读了卢梭、蒙田、歌德（Johann Wolfgang von Goethe）的著作，加强了他所受到的一点人文教育，开始憧憬自己对人类的理想。12年后费希特回忆这段经历时，自称"通过布满鲜花的原野，我的精神第一次从昏睡中觉醒，我找到了自己"。

1780年费希特入耶拿大学，翌年转学莱比锡大学读神学系，修习宗教史、圣经释注、语言学等课程。他从斯宾诺莎（Baruch Spinoza）的著作里发现，中学时期狂热阅读的莱辛宗教著作里的那些思想，其根源多在这里。据说他接受了斯宾诺莎的决定论，直到他后来研究了康德哲学才抛弃。

1784年，米勒提兹的遗孀完全断绝了对他的资助，他只得半工半读又继续了四年的挂名大学生生活。此时，他逐渐放弃了神学，改习哲学。

1784—1793年，费希特一直在各地当家庭教师以资糊口。前4年，他同时在大学里听课。1788年9月,他弃学前往瑞士苏黎世的一个旅馆业主奥托(Herr Otto)家任家庭教师,教两个孩子。他发现孩子对学习无兴趣,主要由于父母管教太死,学习太被动。他为此以日记的形式写了一份《错误教育目睹记》。这个时期,他第一次结识当时的大教育家裴斯泰洛齐。1790年6月,应邀去华沙教普拉特(Plater)伯爵的小公子,不幸由于他的言谈举止没能使女主人满意,徒劳而返。归途时,于7月初去柯尼斯堡拜会康德,8月经康德介绍由博罗夫斯基推荐他的第一篇哲学论文《对一切天启的批判》给哈同出版社发表。1791年10月至1793年3月,到但泽的克劳科夫(Krockow)伯爵家,比较愉快地教学1年半。这9年中,费希特总想给孩子们安排一种丰富的综合的系统的教育,但都为偏见和积习所阻。后来,他就明确反对这种"私塾"式的个别教育了。

1792年4月,《对一切天启的批判》一书发表,震动了整个学术界,费希特遂被公认为当前继承和发展康德哲学的最重要思想家。第二年,费希特辞别但泽,再次来到苏黎世,与约翰娜·玛丽亚(Johanna Maria)结婚。约翰娜是费希特早年崇拜的克洛普斯托克的亲戚,对费希特的为人有深刻的理解,对他的事业终生尽力赞助。费希特这次在苏黎世的短暂居留,还做了两件关系重大的事:一是在12月专程去利希特斯维尔拜访裴斯泰洛齐,盘桓数日,畅谈教育问题。事后,裴斯泰洛齐在给朋友的信中说:"我很高兴,通过我和费希特的当面讨论,我已确信,我提出的经验进程,基本上已接近康德的哲学观点了。"二是费希特写了两篇政论小册子,即《向欧洲君主们索回至今被压制的思想自由》和《纠正公众对法国革命的评断》,猛烈抨击封建制度及其推行的"麻痹人的自主活动"的腐朽教育。

1794年3月,费希特应聘到耶拿大学,接任该校康德哲学讲座的教授,从此开始了5年的教授生涯。《论学者的使命》《全部知识学基础》《知识学原理下的自然法基础》《知识学原理下的道德学体系》等书,都是此时出版的。他还创办和主编了《哲学杂志》。1790年,他放弃了斯宾诺莎的决定论,坚信自由意志和人的内在价值。他热切期望能影响他的同胞,使之品德高尚起来。事实上,他的生活目的就是彻底改变他那个时代的道德风气。作为大学的教师,与其说他要传授知识给学生,不如说他要教育他们做人。所以,他除课堂上讲授哲学之外,还在星期天对全校师生进行道德演讲,费希特以他思想的敏锐、态度的严肃、精神的感召力,加上杰出的演说才能,轰动了全校上下,成为最受欢迎的教师。但校外的封建教会反动势力自然不能相容,借口他在杂志上发表了据说宣传无神论的文章,在社会上掀起轩然大波,迫使政府当局终于1799年解除了他的教授职务。

费希特于1800年迁居柏林,以自由职业者身份从事演讲和著述。同年出版了《人的使命》,随后又出版了《闭关的商业国家》。在这后一部"理想国"里,他把担任心灵建设工作的学者几乎推崇到内圣外王的地位。1804年,因打算把几位朋友的儿子接到家里来同他自己的儿子海尔曼(Hermann)一起教育,他写了一本《教育格言》。

费希特的公开演讲,其影响之大在德国是前所未有的。1804年冬,在柏林讲演"现时代的根本特点",听众中不仅有著名学者和政要,如施勒特(Schrötter)、拜姆(Karl Friedrich Beyme)和阿尔滕斯坦(Karl Freiherr von Stein Altenstein),而且还有后来组织"神圣同盟"的奥地利帝国总理、当时的驻柏林大使梅特涅(Klemens Wenzel Nepomuk Lothar von Metternich)这样的人物。1805年4月,应聘去埃朗根大学担任一个学期的教授,课外还公开演讲了《论学者的本质》和《至乐生活指南》。1806年拿破仑(Napoléon I)奉行扩张主义,入侵德国,费希特撤往柯尼斯堡,然后经由哥本哈根返回沦陷的柏林,在法军占领下,从1807年12月13日至1808年3月20日连续每星期天晚在柏林科学院发表"对德意志国民的讲演"。这个讲演的第1~3讲和第8~11讲都是阐述他的新教育主张的,后为普鲁士王国的教育改革所采纳。

费希特参与柏林大学的筹建,1810年柏林大学成立,他当选为第一任校长。在他就职演说里,他又提出改革高等教育的主张。由于他的改革计划没能实行,他于1812年辞去校长职务,专任教学工作。

1813年普鲁士进行抗击拿破仑的"自由战争",德意志青年以英勇献身的精神浴血奋战,费希特率先参加了后备民兵的训练。他夫人也积极担任后方医院的伤兵护理工作,不幸感染上战地疫疾,随后又传染给费希特。这位德国伟大的哲学家和教育思想家,于1814年1月27日战争已接近胜利的时候突然病逝,终年52岁。

二、对当时旧教育的批评

费希特1807年8月底回到柏林,发现普鲁士已完全屈服于法国的铁蹄之下。他认定,这场灾难,责怪任何人都无济于事,这是整个时代精神堕落造成的。而精神堕落,完全由于现行教育的失败。挽救之道只有革新教育,以改变德国一代人的精神状态。

他发现,当时的教育具有两大致命的缺点:第一,没有真正注意人的品德培养;第二,受教育成了极少数人的特权,绝大多数与国家休戚相关的普通国民反倒享受不到教育。因此,要改革教育,就必须从这两方面着手。

费希特的这一论断基本上符合历史事实。马丁·路德(Martin Luther)发起宗教改革以后,德国各地成立过一批初等学校,起初是为培养已经信奉新教的教徒。政府从来不加过问,听其自生自灭。到了18世纪,几乎已说不上还有平民百姓的教育了。这些学校后来主要只教学生读写，以便识几个字作为日后谋生的手段。教师通常由特别热心的工人、老兵、失业的雇员担任，在星期天把孩子们凑到一起，教一点自己所会的阅读和书写，每次一两个小时。没有固定的校舍，经常是借用人家的空房作教室，一边学生在上课，一边还有妇女们在那里纺纱织布。教师的待遇恰恰同有钱人家的一个马车夫的工资一样多。只有宗教课由僧侣们主持，讲授《教义问答手册》。如果说也有例外，那就只有虔敬教派创始人弗兰克（August Hermann Franeke）于18世纪初年为门徒们开办的所谓自由学校，以及布朗登堡的罗考夫（Rochow）于1772年自己出钱在家乡设立的乡村学校，还像个学校的样子，但就连这些私人兴办的乡村学校，也逃脱不了威廉二世反动政府勒令停办的命运。像费希特就读的波尔塔那样的公立学校，不仅凤毛麟角，而且是专为贵族子弟准备升大学办的。有钱有势的人家，都各自聘请教师来家里讲课。正是因为这样，当时德国大多数的文人学者，包括费希特本人，都当过权势人家的家庭教师。

按照学生家长的愿望，儿童从一开始就以识字读书为任务。读书是专为获得知识的，学到的知识越多自然越好。因此，一般所谓的教育，无非是记忆力的锻炼。死记硬背的知识，枯燥无味，儿童不乐意学，即使学也"少慢差费"。为了提高儿童的学习积极性，通常总给知识学习附加上种种诱饵，说什么这些知识关系到维护儿童的身世门第，或者说对于将来就业谋生有多大的好处。再不行，就一面许下物质奖赏，一面以严厉惩罚相恫吓。于是，知识教育就变成了灌输功利思想的反道德教育。所以，在一般情况下，即使另外进行道德说教，那也太迟，童心早已为物欲占据了。在道德教育上，费希特发现过去之所以失败，除了上述原因外，还在于没有考虑家庭环境对儿童的影响。儿童自幼就仿效道德败坏了的父母的样子，形成恶性循环，一代比一代坏。还有一个根本点是，过去对德育缺乏信心，因为基督教既已指明，凡人都有"原罪"，则儿童天性本恶，不可能有在善恶之间进行抉择的自由意志，因而道德说教只不过是徒劳的，立地成佛是来世超升天国的后事。所以，道德教育从未被认真看待过。

三、教育基本理论

费希特认为，德国非破除旧教育，提倡新教育不可。费希特的新教育，出于德意志民族振兴的需要，更着眼于全体人类的发展完善。

费希特坚信，人类社会是朝向至善发展的。他认为，人类社会，从理性和道德上看，可分为五个阶段。第一阶段，初民社会里的人，按理性本能活动，在道德上只算是"天真无罪"。第二阶段，由于盲从外在的权威，丧失了理性，从而"初生邪恶"。

第三阶段,转而蔑视一切权威,盲目自信,不关心任何别人,流于纯粹的自私自利。他所处的时代正是这样。但他仍然相信,只要通过正确的教育,人类的理性终会认识到自己所负的使命,重新"开始向善",即第四阶段。最后,达到理性艺术阶段的时候,每个人就都会自愿维护族类的利益而又保持自身的价值。这是费希特憧憬的人类"至善完成"的理想,也是他的教育思想的基本设想。

为了拯救德意志民族,更为了促进全人类的进步向上,费希特认为,他的新教育的目的应是培养道德品质。他说,"一切教育都以培养坚强的品性为宗旨"。真正的新教育就是道德教育。新教育要培养能判断什么是善良、什么是公正,并以全身心力量为实现善良和公正而采取行动的新型完人。

在费希特看来,道德必须表现于行动,成为德行。退避现实、独善其身的那种圣洁的静观或虔诚的内省,不是德行。为了感官享受而追求感官享受的那种蝇营狗苟的活动,更不是德行。道德行为不是起于外部动机,而是受内部需要所推动。最纯洁、高尚的道德行为,是纯因义务信念而采取的行动。义务信念不能为行动带来任何物质享受,如果说也有后果,那不过是尽了义务之后心安理得的精神满足。

可见,义务信念是人对道德价值的一种认识,是认识到了"应该"采取什么行动。那么,这种单纯的认识为何能转化为行动呢?在费希特看来,这个问题涉及人的天性。就天性而言,人本来就具有一种自主活动亦称主观能动性。人是活生生的人,在人身上有着随时随地要求行动的倾向,它是欲罢不能的。有义务信念的人,固然可按义务要求而行动,没有义务信念的人,也同样要行动,只不过行动方式不同而已。费希特认为,当人是一个理性动物时,这行动倾向就表现为争取摆脱身外之物而独立自主的道德"冲动";当人是一个经验主体时,他的行动倾向就表现为针对感性世界以求自我保存的生物本能。培养道德行为之所以可能,就在于人本来是倾向于行动的,教育者可以利用、开发、诱导人身上的这种行动倾向,使之与义务信念联系起来,成为有道德的人。

关于人性善恶问题,费希特的论述不很清楚。在有的地方他抨击性恶论,说那些认为人人都单爱物质享受,说儿童生来自私自利的论点,是荒谬的,因为若果真那样,则道德就成为人的外来物,想外加到人身上,那也无所依附。所以他说过,"道德是人类全体的天性"。仿佛他主张性善论。但从他大量的有关行动倾向的观点看,显然他基本上认为人是可为善亦可为恶的。为善、为恶取决于他接受了什么样的教育。道德教育的重要任务就在于:一方面防止自我保存这一生物本能在儿童身上占上风;另一方面及早使儿童产生对善、恶的清晰认识,充分发扬他向善的道德冲动。

但费希特也注意到,幼小的儿童还不能明辨善、恶,还没有明晰的义务信念,而此时又是道德培养的基础时期。那么,幼儿的道德教育怎么实施呢？费希特认为,幼儿没有义务感,却有尊敬心。人是从小就对比自己成熟、比自己完善的成年人(包括自己的父母)怀有天真的崇敬和爱慕的,并希望得到成人对自己的尊重。这种天生的尊敬心包括自尊心,就是幼儿道德教育很好的基石。依靠幼儿对成年人的尊重和希望得到成年人的尊重,成年人就能把善、恶观念具体地形象地传递给儿童,潜移默化地影响他们的行为。

在费希特看来,这样的影响与借助于奖惩所施加的影响大不相同。通过奖励和惩罚来影响儿童,很容易使幼小的心灵习惯于趋奖避罚的利害考虑,其行为改变的动力是外在的功利,不是出自内心的义务。费希特对于奖励与惩罚有不同于常人的主张,他认为当儿童不守规矩时,为了维护集体的利益,可以而且有必要给予惩罚。但对于遵守规矩的儿童,则不主张给予称赞,尤其不可公开表扬。要使儿童觉得这样做是应该的,公开表扬反而会败坏儿童萌生出来的义务感,扼杀儿童道德心的滋长,产生伪善。

所以,在儿童尚未发展到能理解道德这一社会关系之前,道德教育主要应是教师以身作则、树立好榜样。好榜样将直接赢得儿童的尊重,将激发儿童要通过做了某种值得尊重的事情而受到别人尊重的愿望,将加强自尊心。在幼儿天然尊敬成年人这一心理基础上,在成年人的好榜样的感召下,幼儿就能养成"诚实"等道德习惯。至于向儿童颁布道德戒律,如说"不准违背良心说话"等,那是以后的事情。

话再说回来,真正的德行不仅是合乎道德标准的习惯性行为,而且必须是自觉的,是按照自己的义务信念行事的。儿童的义务信念是从哪里来的呢？费希特认为,这不能依靠理论说教,从外面灌输给儿童。儿童如果不通过心智活动自己体会出什么应该、什么不应该,则灌输进来的道德知识,只能像色盲人听人讲述红颜色、蓝颜色如何一样。什么是公正善良的,什么不是公正善良的,必须让儿童从现实社会的道德生活中自己识别出来,然后逐渐形成一幅有关道德生活秩序的理想蓝图。从这里,儿童的全部义务信念方可明晰起来。

这种理想的道德蓝图,现实社会生活中是没有的。它是儿童受现实社会生活的启发自己创造出来的。费希特认为,现实社会越接近于道德理想,就越能启发儿童。因此,儿童应脱离自己的家庭,走出当前的社会环境,住进一种比较理想的学校社会里去。这种学校社会的组织,将尽可能多地反映道德关系；其中成员都尽量努力自我克制,少靠法律的制裁；他们须理解用惩罚造成的自律只算是一种低级的素养。为了保持浓厚的道德气氛,这种社会的突出特征应该是,每个成员都心甘情愿地作出自我牺牲,以各种方式为社会集体效劳,为别人提供帮助,履行自己的义务。

费希特认为，受过这样道德培养的人，全部活力都将倾注于道德实践，认识是明晰的，意志是坚定的，日后他们即使进入道德败坏的社会，也不会同流合污，反而会成为中流砥柱。他们通过实践，移风易俗，就能创造出一代新人。

费希特把智育视为德育的一种手段。知识、技能是现实生活所需要的，当然，学生必须掌握。智育应设法增进学生的知识技能。但是，智育的主要职能，并不在于增添知识、技能，而在于开发心智能力；开发心智能力首先可以增添知识技能，最终乃是为了培养道德品质。他把"培养学生的认识力视为教育事业的第一入手"。知识技能的获得，乃是激发心智活动自然得到的一种有益的副产品。

经验论者通常把人的心灵看作一个接收器，知识是外部世界刺激在人的心灵上遗留下的印象。在唯心主义的费希特看来，情况正相反，心灵是一种自发的活动，外部世界以及关于它的知识，都是心灵不断活动的结果，是它自己创造出来的。起初，心灵只是自发的活动，后来，它遇到他的先行活动而进行反思，发现遇到了限制，于是产生出一种受阻的感觉，感觉是最基本的意识内容；当它再反思它自己的感觉时，那就是它把感觉当成对象而进行直观了；然后，它再反思它自己的直观状态，把被直观的东西看成处于自身以外的东西，这样的活力就是想象力；等到它再反思它所想象的外物的时候，我们的心灵就成了有意识的活动，从而产生出关于外部世界的知觉；反思各种知觉，对它们进行综合、分析比较，找出它们的特征及其规律，它就成为判断力；抽去被判断的对象，单独对判断力本身进行反思，这就是理性。只有理性能作最高的抽象，能发现一切被反思的客体都可被抽象掉，唯一不能抽除的是主体本身的活动。通过这一认识，心灵就开始了自我意识。因此，费希特认为，智育须由自我开始，让学生体验自己的内心生活，在多种情况下交替使用和锻炼其心智能力，使之成长为一个善于反思自身、善于把握每一本质真理的活泼、灵敏的心灵。

只要心灵自然地活动，人的知识学习就变成人自发的、主动的、积极的内在要求。这样学习，就能学到更多、更正确的东西，而且自然牢记不忘；这样学习，由于心智活动得到满足就带来无穷的学习乐趣；而学到手的东西，就绝不会是僵死的、漠不相干的，它们出于生活，因而必定反过来深入于生活之中。

费希特认为，智育始于感觉、终于理性，而理性的充分发挥，除了可顺带产生现实生活必需的知识之外，更重要的是本身就具有道德价值。因为，理性一旦使人懂得了外部世界全都是他自己这一主观能动性的产品，则经验界里的人也能超脱外物的束缚提高思想境界，体认到自己有能独立行动的自由意志。

费希特认为，体育的实施必须符合学生生理发展的顺序，这样，才能使学生的身心发育同步前进，以增加健美，并适时地陶冶各自的个性。学生的体力要使用、充分锻炼。他认为,行动是人的本性,好逸恶劳是德行的大敌,要利用体育养成学生吃苦耐劳和努力奋斗的优良习惯。所以,体育也是德育的一个组成部分。

宗教教育在费希特心目中是新教育的最后部分,就学生而言,它同道德教育是同一回事,都是旨在使人不仅仅是人类社会的一员,而且成为更高级精神秩序中的一个环节。不同之处只在于道德教育落实于行动,宗教教育要求达到信仰。费希特认为,宗教教育对幼儿是完全不必要的,对青少年也只限于使他们逐渐滋长宗教情感。这首先要靠教师在生活和工作中以殉道者的精神来感召。有些很能诱发宗教感情的虔诚仪式,如祈祷活动等,也可让学生适当参加。但学校绝不应越俎代庖,进行有关宗教理论的说教。

费希特不是不讲美育,不过,他把美育归属于道德培养之中。他认为,审美的快感产生于现存的东西与道德上应有的东西的和谐一致。凡道德上不真的,就没有审美上令人觉得美的;反之,愈是品质善良的人,就愈能成为优秀艺术家。所以,在他的全部教育里,标准只有一个:道德的提高。

四、关于教育体制的主张

在费希特看来,教育应该不属于任何特定的阶级,而普及于全体国民,不分贫富贵贱。只有对国民实施普遍的新教育,才能指望德国形成一个休戚与共的新整体,出现具有新风尚的一代新人。因此,他提出实施普遍的国民教育的主张。

国民教育应由国家兴办。正像国家必须为每个国民提供劳动机会以便自食其力那样,须由国家兴办学校来教育国民,使之身心得以健全发展。按照政教分离的原则,教会只可关心国民的来世生活,而有关国民现世生活的教育,教会不得干预,应完全掌握在国家手里。

国家应为国民学校提供足够的经费和宽敞的校舍。这笔钱很多,但国家有能力负担。因为国家养活着大批军队和警察,还到处设置了监狱和劳改所,从这些钱里只要节省出一小部分,教育经费就足够了。国民教育办起来,犯罪的人减少,国家也就用不着在维持社会治安上花那么多钱了。至于私人捐款,国民学校也可以接受,不过,要使学生知道,这只是一种贷款,以后要偿还的。要使学生明白自己受惠于国家,自愿通过劳动为国家做贡献。

在这种国民学校里,学生要一律住校。费希特在耶拿时期的著作里,曾论述家庭在教育上的职责;到了柏林以后,特别在1807年的"对德意志国民的讲演"里,虽不完全否定家庭教育的作用,尤其不反对裴斯泰洛齐所重视的母亲对子女的影响,但他认为,所有的孩子都应受到理想的一致的教育,而家庭教育千差万别,实际上没有合乎理想的,因此不再强调家庭与学校的合作。

儿童到达入学年龄,父母有义务送他们进国民学校,就像青年人有义务服兵役一样。家庭经济如有困难,学校可让学生参加学校里的劳动,来减轻家庭对学生住校费用的负担,并解决中途辍学的问题。

学校要男女同校,共同组成一个以学校为范围的生活集体。这样,男女学生在未结婚之前就有机会熟悉异性朋友,从与对方交往中认识两性间的健康关系,养成对待异性的正确态度。例如,男孩要勇于关怀、保护女孩,女孩要懂得对人温存、和善。

国民学校不是职业学校,但也为学生将来的就业打基础,提供各行各业共同要求的基本训练。让学生习惯于劳动,身体健壮,手脚灵活,有耐力,能同别人合作互助;并让学生一般了解各种职业的不同性质和要求。通过表现出来的才能,学生将被分配去从事各自的行业,在各行中边做边学技艺。

智育课程的安排,应注意下列几个要点:首先是培养学生的感觉能力,以使他们耳聪目明,多取得有关自身和外物的确切知识。然后要使儿童善于表达,德意志语言是重要的表达工具,务必发声清晰,词能达意,讲演时要有适当的体态和手势。再就要认识数和量的关系,学会计算。最后在启发想象力和训练思维判断时,要结合实践,使学生先多熟悉外界的具体事物,然后才学习反映这些事物的读和写。费希特改变了裴斯泰洛齐的课程顺序,主张把读写的学习放到教学的后期。

体育课要把儿童的各种活动,如打击、推拉、搬移、投掷、旋转、摇摆等,按发育的自然顺序进行训练,要求儿童身体各部分能互相协调,平衡发展。费希特还主张,让体力劳动与学习相结合,学生须按年龄和体力,多参加园林和农业方面的劳动。教学用的器械和工具要由学校自己制造生产,训练项目基本上男女一样,适当照顾两性的不同兴趣。

德育应贯串于一切教学之中,并不专门设课,全靠教师在各种活动中作出深受学生尊敬的表率来感染熏陶。学校的组织,要注意不仅设有规章法制,要求学生遵守,而且应留有机会,让学生表现自我克制、自愿奉献,树立道德生活秩序的理想。

费希特非常重视国民教育的师资来源,他强调如聘请不到有能力的教师,学校宁可暂时不办。他建议国民学校的教师可向裴斯泰洛齐的学校去招聘。而已办起来的国民学校,应自视为一所教师培训所,作为临时措施,可实行小先生制,把年幼的儿童托给年长的儿童来管教。另外,还可选聘大学已读完而尚未分配公职的大学生,来担任教师。但他不主张将大学用作训练国民教师的场所,因为教师需要另外一种教育。

他建议成立一个委员会,设计创办一种专门训练师资的师范学校。招收受过基础教育的学生,由各科专家教授他们必要的科学知识,由哲学家为他们讲解教育的使命及完成这一使命的要求。另由教育实际工作者教会他们如何与人民群众进行社会交往。

在国民教育之上,费希特主张应进一步再举办学者的教育。学者既是人类的教师,又是人类的领导。作为人类的教师,学者的职责在于:一方面自己掌握当代的知识,并通过努力扩大这些知识;另一方面启发别人对真善美的天生情感,以发展完满的人格。因此,学者自身必定是当代德才兼备的好人。国民教育实施的监督工作,就要始终由这样的人来担当。作为人类的领导,学者的职责在于把人类社会逐步地从现存状态引向其终极的理想,这就要由学者组成高级的统治班子,管理社会,并安排全体社会成员的职业。

凡接受学者教育的儿童,必须已表现出思辨能力,对观念世界有一种显著的爱好,对建立观念世界有一种强烈意愿。这样的才能是一个民族的稀有财富,绝不能埋没。挑选具有这样天赋的儿童,没有出身上的任何限制。

学者教育以国民教育的课程为基准,凡国民学校儿童学习的如农业的或机械的知识,这里也都要学,不过免除手工劳作,以省出时间来提前学习读写。设两门主课:第一,古典语言,包括希腊文和拉丁文,以及古代历史和地理;而现代语言和社会常识都不设课,学生可直接从生活里自学。第二,数学,特别是欧几里得几何。系统科学课程都排在儿童青春期以后。国民教育规定的体操课都不能减免,这里的学生还要练习跳舞、竞技、击剑、骑马,使身体得到和谐发育。

费希特认为,大学是最重要的人文机构,靠它一代一代地传递当时的最高文化,保证人类知识不断进步。如果说国民教育是树根,学者教育是树干,则大学教育是教育这棵大树的树冠。大学里研究的主题是哲学以及多种科学的哲学问题。像法律、医药、神学这些应用学科,应当另设专科学院传授。

大学学生的来源是实施中等教育的学者学校。费希特认为,大学与学者学校彼此相得益彰,任何一方面取得进步,也就促使另一方面进步。但两者任务不同,学者学校是培养学生科学地使用其对知识的理解能力的,而大学是训练学生科学地使用其对知识的批判能力的,要求学生能分辨知识的真伪、有用与无用、主要与次要。它的终极目的,不在于传授知识,而在于教会处理知识的艺术。

在大学里,按其具备的条件,将学生分成三个级别:本科生、预科生和非正式生。本科生必须已经掌握了各门必要的科学知识,必须生活有保障,无后顾之忧,必须决心献身科学,以之为终身事业。费希特不主张女子上大学,认为女子在智能上并不比男子差,不过个性不同,男子遇事要有个明确概念,女子则善于凭天然的感觉辨别真善美,短于思辨,而大学正是高度运用理智能力的地方。

教师上课，主要是提供能让学生自己学习研究的教材，这些教材也就是他自己的讲义或著作。教师先只是顾问，然后审查学生自己研究的结果，决定下一步再提供什么新教材。本科生主要采取"研讨班"的形式。师生之间保持一种不断对话的关系，学生发问，教师反问，往返诘难，加深理解。此外，学生还要就这些科学课题在同学之间广泛交谈，切磋琢磨，以吸取别人的观点。

考试不要求学生在回答中复述他听到或读到的知识，但试题必须假定学生已有某种科学知识，提问是为促使学生应用这种知识，得出自己的结论，以解决生活中的实际问题，并借此检查一下学生的心智是否已发展到能克服教师所知道的他在这方面的一些重大缺点。

费希特认为，彻底的系统的科学研究本身就有助于陶冶学生的道德情操。另外，本科生和他们的教师还要组成一个大家庭式的社团，有自己的庭院，穿着自己的制服，由德高望重的老学者出任家长，过着天伦之乐的生活。这样，大学生就不仅能赢得别人的尊敬，而且会加强爱荣誉、爱集体和热爱高尚价值的情感。

关于大学，费希特还有过两点主张：一是校舍务必远离学生的家；二是作为最高学府，国家只应办一所大学。因此，他曾建议普鲁士王国把各大学的校产、人才都汇总起来，集中办好新成立的柏林大学。

五、费希特与德国教育的发展

首先，费希特大力宣扬教育作为强大精神力量，有提高人民素质、挽救民族危亡的重大作用，唤起了德国人对革新教育的热忱。费希特并没能亲自实施他的革新教育的主张，但他发表的有关教育的演说，对 19 世纪上半叶普鲁士的许多具有启蒙思想的重要政治家都有巨大影响。如施泰因（Heinrich Friedrich Karl Stein）、贝依迈、洪堡（Karl Wilhelm von Humboldt）、阿尔滕斯坦等，都因他而热衷于教育改革，一时蔚为风气。贝依迈 1808 年在写给费希特的信里说："你了解我，因此，你自己能判断你的'讲演'的伟大真义使我感动得如何强烈深刻。"阿尔滕斯坦 1817 年担任新设立的公共宗教和教育部长时承认，他从费希特的"讲演"中找到了自己的哲学的立脚点。费希特充满了炽烈的爱国热情、坚定的教育信念，他发表的激动人心的演说在德国已永垂青史，成为德意志精神的伟大业绩之一。

其次，费希特提倡全民的、统一的国民教育，使当时推行改革运动的人物受到鼓舞，坚定了改革信心，认识到他们的革新事业只要对下一代人施以好的教育就一定能成功。例如，军事改革家沙恩霍斯特（Gerhard Johann David von Scharnhorst）创建新的国民军、推行普遍的义务兵役制，其思想基础就是，教育能保证国家武力建立在全体自由公民的志愿力量上。政治改革家施泰因着手解放农民、筹建城镇自治政府时,也要求自由公民能自主活动,所以,他于 1809 年颁布的教育法令,规定学校教育是国家的事务,初等教育的目的不是传授知识,而是培养有自制力的人格。后来整个 19 世纪德国初等教育的发展方向,都与费希特的国民教育主张分不开。

最后,费希特是第一个把近代平民教育家裴斯泰洛齐的教育思想介绍给德国的人。从费希特的"讲演"起,裴斯泰洛齐的名字几乎成了德国人希望的源泉,他的著作受到从未有过的广泛阅读,他的学校不断有人去参观、访问。德国著名教育家劳默尔(Karl von Raumer)承认,他是通过费希特的"演讲"认识到裴斯泰洛齐,才离开巴黎神学院,亲自跑到伊弗东登门求教的,虽然他并不完全同意伊弗东学校的许多做法。

费希特还影响了近代教育史上许多比他更重要的德国教育家。例如,近代科学教育学的奠基人赫尔巴特(Johann Friedrich Herbart),就是精心研究过费希特的哲学和教育思想的,如果说他是费希特的第一门徒,也不为过。后来他发现费希特的理想不现实,不可能实行,乃结合心理学创立了自己系统的教育学说。但是从他的学说里关于道德培养之为教育目的的一个根本方面,关于形成学校社会以为儿童创造自然的生活和学习环境,关于教学法里的兴趣原理的提出,都可以看出保留了费希特思想的痕迹。史称"幼儿园之父"的福禄贝尔(Friedrich Wilhelm August Fröbel)也是受费希特国民教育的思想激发,才终生献身于教育事业的。他的教育思想也吸取了费希特的许多观点,例如人有天生向善的冲动说、人类日趋完善说、人的精神生活与神性生活相互作用说,等等。最后还应提到,20 世纪初德国兴起的两种教育运动,即统一学校运动和劳作学校运动,其思想渊源也都应上溯到费希特。

六、教育思想的特征及其持久意义

费希特在教育的许多根本问题上持有自己的观点,构成他思想的一些重要特征。

1. 教育的社会功能论。在个人与社会的关系中,费希特率先强调教育的社会功能。自文艺复兴以来,西方近代教育一直被视为个性解放和人格完成的工具,与国家、民族、社会无关。到了费希特,才主张教育以自我为出发点的同时,坚持教育应以社会为指标,负担起传递文化、促进人类社会进步发展的任务。他把社会的观点带进教育领域,其效果是彻底改变了教育的性质和过程,使学校、儿童和教育的地位发生了根本变化。

2. 道德的教育目的论。他主张教育应以培养道德为宗旨,并不否定教育也要传授知识技能,知识技能的增长也将有助于道德实践。但不能忘记,个人与社会的生活基石毕竟是道德品质,教育的根本问题在于培养善良的人。费希特认为,善良的人不能只是做到"己所不欲,勿施于人",而必须是忘我地履行义务。在他看来,义务心理本就包含着个人对社会人群做奉献的意愿。道德行为出自于社会人群福利的义务心。因此,他的道德观是个人与社会、动机与效果的结合。

3. 自主活动的教育主体论。儿童作为教育的主体,费希特认为他的心灵并非如心理状态论者所说那样,是被动接受印象的白纸,也不是像心灵实体论者所想象的那样,是拥有多种心理功能的空虚载体,而是生动活泼的自主活动本身。它既是意志又是理智。道德行为不是由外力强迫训练出来的,知识也不是从外面灌输给它的。教育只在于适当激发它,使它无滞无碍,它就会自主地表现为德行,主动地获取知识。

4. 生活的教育历程论。费希特认为,知识来自生活,德行也要在生活中陶冶,因此教学的历程应该就是生活的历程。凯兴斯泰纳曾说,费希特这个关于生活教育的观点,一度再现于美国教育家杜威(John Dewey)的"教育即生活"的学说里。费希特正是基于这个观点,提出了下面两点建议:(1)组成与家庭和社会远离的学校社会,让学生在学校的社会中学习;(2)加强作为生活基本要素的劳动课程,使学生边劳动边学习。后来德国兴起的"劳作学校",除了承认劳动与知识技能的学习紧密相联外,还强调了劳动对经济独立以及独立意志方面的效用。

以上这些特征,表明费希特的教育思想不仅对于德国教育产生过深远的影响,而且在全人类的教育发展上也有一定的持久价值。当然,这不是说费希特的教育思想没有缺点甚至错误。他正确地看到教育的强大精神力量,却忽视了社会发展的经济基础,几乎把教育看成万能的。他重视学生的自主活动,这是卓越的见解,但对如何启发诱导,则语焉不详,难怪赫尔巴特说教师们从他这里找不到具体帮助。关于家庭对儿童教育的影响,他片面地强调了不利的方面,从而采取了不幸的否定态度。他在初等教育里,低估"读写"的课程对语言和思维发展的促进作用,应该说也是明显的失误。但是,所有这一切,都无损于费希特作为近代伟大的教育思想家。他的教育基本理论不仅适用于1808年德国的教育革新,而且也正部分地体现于当前世界各国的教育之中。因此,在我国高度重视教育问题的今天,费希特的许多见解仍然值得我们认真考虑。

参 考 书 目

1. Robert Adamson, *Fichte*, Edinburgh and London, 1881.
2. 费希特:《费希特全集》,第Ⅱ辑第 3 卷,1971 年德文版。
3. 布尔(Buhr):《费希特书信选》,1961 年德文版。
4. 费希特:《论学者的使命》,梁志学、沈真译,商务印书馆,1980 年版。
5. 费希特:《告德意志国民》,马采译,独立出版社,1942 年版。
6. 费希特:《人的使命》,梁志学、沈真译,商务印书馆,1982 年版。
7. 亨利希·海涅:《论德国宗教和哲学的历史》,海安译,商务印书馆,1974 年版。

附录

附录一

王玖兴简历

出生日期
□1916 年 1 月 24 日

籍贯
□江苏省　赣榆县　海头镇　兴前村

学历
□1936—1937　南京·中央大学教育学院心理学系　　学士
□1937—1941　武汉·武汉大学哲学教育系　　　　　学士
□1944—1946　昆明·西南联大清华哲学系　　　　　硕士
□1948—1955　瑞士·弗赖堡大学哲学系　　　　　　博士

工作经历
□1941—1942　城固·西北师范学院教育系　　　　　助教
□1942—1944　白沙·国立女子师范学院教育系　　　助教

□1946—1948	北京·清华大学哲学系	讲师
□1955—1957	瑞士·弗赖堡大学哲学系	讲师
□1957—1987	北京·中国科学院(1977年组建中国社会科学院)哲学研究所	助理研究员、副研究员、研究员,西方哲学史研究室副主任

社会职务

□国务院第一届学科评审委员会	委员
□中国社会科学院学术委员会　学科评议组	成员
□中国社会科学院研究生院哲学系	副主任、西方哲学教授、博士生导师
□复旦大学哲学系	西方哲学兼职教授、博士生导师
□中国人民大学哲学系	西方哲学兼职教授、博士生导师
□国际辩证法哲学理事会	理事
□中华全国西方哲学史学会	理事、顾问
□《中国大百科全书》编委会西方哲学史部分	副主编
□《黑格尔全集》	副主编
□《康德著作选集》	主编
□《德国哲学杂志》	编委

主要译著

□《存在主义哲学》	雅斯贝尔斯		商务印书馆	1960
□《精神现象学》(上卷)	黑格尔	(合译)	商务印书馆	1961
□《精神现象学》(下卷)	黑格尔	(合译)	商务印书馆	1979
□《青年黑格尔》	卢卡奇		商务印书馆	1961
□《全部知识学基础》	费希特		商务印书馆	1986
□《理性的毁灭》	卢卡奇	(合译)	山东人民出版社	1988
□《纯粹理性批判》	康德	(主译)	商务印书馆	2018

主要著作

□《特拉迈书目测验研究》	瑞士弗赖堡大学出版社	1955
□《关于赫拉克利特的辩证法》,载《赫拉克利特哲学思想》	商务印书馆	1962
□《费希特》,载《西方著名哲学家评传》第6卷	山东人民出版社	1984
□《雅斯贝尔斯》,载《存在主义哲学》	中国社会科学出版社	1986
□《费希特的教育思想》,载《世界教育家评传》	上海人民教育出版社	1992

国际交流论文
☐黑格尔关于"本质性或反思规定"论述的"合理内核"
贝尔格莱德·国际黑格尔协会第 13 届大会　　　　　　　　　　1979
☐德国哲学在中国
汉诺威·国际莱布尼兹哲学第 3 届大会　　　　　　　　　　　1988
☐莱布尼兹思想与中国传统文化
汉诺威·国际莱布尼兹哲学第 3 届大会　　　　　　　　　　　1988
☐费希特哲学与法国大革命
巴黎·国际辩证法哲学协会第 2 届大会　　　　　　　　　　　1988
☐德国古典哲学在中国
美因兹·国际康德哲学协会第 7 届大会　　　　　　　　　　　1990

荣誉
☐康德哲学协会第 7 届国际大会　大会名誉主席　　　　　　　1990

附录二

王玖兴传略

黄永言

王玖兴教授是我国当代著名的德国古典哲学研究专家,曾任中国社会科学院哲学研究所研究员、研究室副主任,中国社会科学院研究生院哲学系教授、副主任、博士生导师,国务院学位委员会首届哲学评审组成员,《中国大百科全书》编委会西方哲学史组副主编,中华全国西方哲学史学会理事、顾问,复旦大学和中国人民大学哲学系兼职教授、博士生导师;现为《德国哲学》杂志编委、《黑格尔全集》副主编、《康德哲学选集》(六卷本)主编,并在国外被推选为"国际辩证哲学协会"理事。

江苏省海州师范学校的师生为有王玖兴教授这样一位知名的老校友而感到无比光荣,连云港市广大人民为家乡出了王玖兴教授这样一位杰出的哲学家、教育家而感到非常骄傲。

一

王玖兴教授1916年1月24日出生在江苏省赣榆县海头镇兴前村的一个农民家庭。王玖兴在兄弟九人中排行第九,他自幼聪颖敏悟，勤奋好学，早年在家乡就学于兴庄小学和海头小学。1927年夏，又在家乡私塾读旧书，背了许多四书五经等多方面的古书和诗词。两年后，离开家乡来到县城，就读于赣榆县初级师范学校。1931年秋，他先后在赣榆县立城里小学和青口简易小学各任小学教员一学期。翌年，以优异成绩考入江苏省立东海师范学校（海州师范的前身，旧校址在今海州中学东）。他在这所当年名满东海、赣榆、沭阳、灌云的最高学府里受到三年良好的教育，打下了坚实的基础。王玖兴教授在1988年写给笔者的信中深情地回忆道："那是海州城东北角上满清科举时代各县童生每年来应考秀才的地方，俗称'考棚'。我记得外面围有大略呈方形的粗石垣墙，校门在南面偏西。进门北走不远，路东是董渭川任校长时扩建的质朴雄浑的大礼堂，路西是曹一华任校长时新建的三层楼图书馆，两座高大的建筑物夹道相峙。再前进是学校领导办公和教师集中备课的小区。过此，才是一大片两边对称、排列整齐的平房教室。整个西半边是教学区。此区以东是由南到北包括足球场的大操场。再东面则是生活区，那里厨房、大食堂居南，多排的宿舍楼居北，与教学区隔着操场遥遥相望。当时，海州地区还没有电灯，海师得天独厚，自备发电机，入晚，我们上晚自习，一片灯火通明，真是畅快！""母校为什么一时人才济济呢？这就不能不承认当时母校的教师是一批为国辛劳的优秀园丁，用他们的心血浇灌了我们。可惜岁月催人，他们多已作古。我知道健在的只有史地老师张松年先生，现在上海。我尊敬他们，怀念他们。"

王玖兴教授当年性格内向，沉默好静，刻苦勤奋，谦逊克己，其记忆力、理解力、思考力极强，学习成绩一直名列前茅。他不仅作业字迹端正美观，而且连考试卷也书写得工工整整。学校领导曾经把王玖兴工整整洁的试卷放在橱窗里展出，让全校同学观摩学习。许多老校友每当回忆这件往事，都津津乐道，赞不绝口。

特别值得一提的是，王玖兴教授当年曾是江苏省中师毕业会考的"状元"。1935年夏，江苏省举行全省师范学校首届毕业会考。海师应届甲乙两个班90多位同学获得团体成绩第一；王玖兴获个人总分第一。当时的省教育厅为表彰海师毕业生在会考中取得"双第一"的优异成绩，特批准建亭纪念。1935年秋，一座四角方亭翼然坐落在原校舍与大操场之间，亭名"知止"。语出《论语》"知止于至善"。

曹一华校长亲撰碑文，记述海师校史上的这一辉煌的篇章。自此，广大海师校友一直把这件盛事牢记心间，代代相传，闻者莫不引以为荣。遗憾的是"知止亭"与原校舍一同毁于日寇的战火之下。

事隔半个多世纪，1986年，海州师范举办70周年校庆，1000多位校友汇集母校，盛况空前。王玖兴教授也专程从北京赶来参加盛会，他回到阔别半个多世纪的母校，受到市领导和广大校友的热烈欢迎。他还在校庆上发表了热情洋溢的讲话。

为了继承和发扬母校光荣传统,广大校友建议重建"知止亭",并纷纷捐款。1989年秋,新亭终于在迎接全国中等师范代表来海师视导之前落成。六根红色的亭柱托起黄色琉璃瓦的亭顶,掩映于绿树丛中,为母校海师又增添了一大景观,宋健明校长命名"至善亭",亭名由笔者请知名老校友朱智贤教授和彦涵教授分别题写,做成匾额,悬挂亭上。名"至善"与"知止"相应意即达到完善境界,含有怀旧之意,但并非发思古之幽情,最重要的在于策励来兹,以表明海州师范的师生一定要将学校办成全国第一流师范的奋斗决心。王玖兴教授得知新亭落成的消息,写来热情洋溢的贺信,他在信中说:"我深深为母校师生奋发图强、力争'至善'的精神钦辛,我在这里热烈庆贺新亭的落成,衷心祝愿母校为国育才,日新月异。""几十年来,海属各县教育事业的实施和推进,主要是依靠海州师范及其前身第八师范和十一中学的师范班培养造就的师资。没有他们,我们海属各县的教育事业会有今天吗?我们母校,过去已经作出了重大的贡献,今后还将肩负起更加光荣而艰巨的任务,我真正为此感到高兴。"

二

王玖兴从师范学校毕业后,先在板浦省立灌云小学当教师,后调回海州,任东海师范附属义务教育实验区主任。不久后,王玖兴负笈南下,就学于国立中央大学(南京大学前身)心理学系。后又转到武汉大学读书。再由中大转学武大过程中还有一段难忘的曲折。原来,王玖兴到中大念书,是靠在灌云小学的工资积余。不到半年,连吃饭的钱也没有了。真是到了山穷水尽、无路可走的地步。此时二十刚出头的王玖兴穷极无聊,异想天开,提笔给当时的江苏省教育厅写了封信,请求资助。不料,弄巧成拙,当时的教育厅长周佛海(后来成为南京汪伪政权的要员)给了一个批示,说师范生至少应为小学教育服务三年,王某升学是违章的,本应请中大开除其学籍,但"姑念该生有志向学,应毋庸议"。总算手下留情。但是,王玖兴经济窘迫的问题仍未解决。到了寒假,南京市招考小学教员,王玖兴应招到逸仙桥小学当了四年级级任教员(即今日之班主任)。当时,海师同班同学谢殿英、张蔚然等都在南京教小学,听说王玖兴辍学,感到非常惋惜,坚决反对,并慷慨解囊,资助王玖兴继续深造。同窗校友们的深情厚谊,令王玖兴终生难忘。不久,他撰写的论文《困难时期青年应作的努力》发表,后收入《南京市大学生征文集》。

"七七事变"爆发后,南京方面一片慌乱,中央大学决定西迁。王玖兴走投无路,进退维谷。然而,天无绝人之路,正当此时,上海沈钧儒、黄炎培、江问渔等刚刚集资设立了个资助清寒学生的"膺白奖学金"基金会,登报招生,言明考取大学四年全部生活和学杂费一包到底,每年300大洋。这对处于绝境的王玖兴来说,真可以说是

"柳暗花明又一村"了,他应考录取后,被该基金会派到武汉大学哲学教育系念书。

1937年冬,国共两党的要人齐集武汉,王玖兴来到武大就读,真是大开眼界。当时,蒋介石、汪精卫、陈公博、白崇禧都曾到武大讲演;周恩来、董必武、王明、博古等经常作街头演说,好一派团结对敌的气象。年底,武大为迁校停课,王玖兴有感而发,写了一篇叫《论战时教育问题》的文章发表在当时的报纸上。文章一面反对把学生关在校园里埋头死读书,一面反对解散学校、停办教育。文章又指出,"我们要有抗战必胜的信心,胜利后还要建国,仗是要打的,教育也是要办的,因此,战时教育要负起双重使命,适应抗战需要,延续民族文化"。由于该论文观点鲜明,言之有理,后被收入尚仲衣主编的《战时教育问题》论文集。

1938年,武大正式西迁四川乐山,那里地处峨眉山下,岷江、青衣江和大渡河的交流处,山清水秀,但是由于日寇不时轰炸骚扰,学生哪里能安心读书?1939年夏一天中午,突然又响起空袭警报,大多数学生背着书包过江躲避去。王玖兴因负责供食团的事,暂时未走,几个未走的同学围在一个桌上正要吃饭,突然一个要好的同学(叫缪琨,东台人,后为武大中文系教授)从对江专程跑回来,硬拉王玖兴过江,说是一起打扑克,"三缺一"非去不可。无奈,王玖兴放下刚刚拿起的筷子,跟他跳上一只小船过江。未及江心,已见江里到处有黑色水柱冲起,高达数丈。那是扔在江里的炸弹爆炸,小船被震得摇摇欲翻。一过中流,王玖兴他们跳下船,游往对岸,惊魂未定,回顾彼岸,全城已是一片火海。入夜,待王玖兴他们返回去,一进宿舍大门,但见墙倒屋塌,血肉模糊,才知道有三颗炸弹命中小小的宿舍,几位未走的同学无一幸免。王玖兴是唯一的幸存者。

王玖兴在武大就读期间,还遇到一位德高望重的长者,学术界的老前辈,即当时武大校长、著名的化学家王星拱先生。其道德文章,为教育献身的精神感人极深。王校长以得天下英才而育之为乐事,他对获得"膺白奖学金"的王玖兴特别垂青,每学期至少要找王玖兴谈话一次,关怀备至,慰勉有加。王校长为武大长远着想,曾创立了一项制度,即每系每年各留一名高材生重点培养。王玖兴毕业时,武大决定将他留在系里当不管任何杂事的研究助理,应当说是非常幸运的。不料,当时的教育部长陈立夫不予批准,据说真实原因是这批毕业生里有包括王玖兴在内的"反动"学生。于是,王玖兴决定去陕西城固,应聘国立西北师范学院教育系助教。临行前,他向王校长告辞时,老校长讲了一段令人惊奇的话,这席话后来导致王玖兴选择终生所研究探索的专业——哲学。王校长说:"任何科学,包括教育学,归根到底都有个哲学问题,您以后要多读点哲学。"更令王玖兴感动的是,当他搭"黄鱼"车到达陕西城固时,王校长给他的亲笔信已先到,并附了一幅他亲自写的条幅,录了老子《道德经》里的大段话。鼓励、慰勉和期望之情尽在不言中。50年后,当王玖兴教授回忆这段往事时,不无感慨地说道:"我一生见到过中外学者前辈不少,而认识他老先生是莫大的幸运。先生之风,山高水长。先师之恩,没齿难忘。"

三

1944年秋,美丽的春城昆明仍春意盎然,王玖兴这位来自苏北的莘莘学子又来到昆明报考国立西南联大清华研究院,攻读硕士学位。因为当年的西南联大集中了诸如汤用彤、金岳霖、冯友兰、贺麟、郑昕等一批哲学方面的知名学者、教授,于是王玖兴产生了去昆明的念头。他在从重庆去昆明经过贵阳时,正逢日寇垂死挣扎,先攻占都匀,后逼近贵阳,社会治安相当混乱。王玖兴乘汽车到达曲靖,在换乘火车去昆明时,阴差阳错,随身带的衣物全部丢失,只剩下身上穿的一套衣服,幸好昆明四季如春,他就凭身上的那套衣服挨过了冬季。昆明当时物价昂贵,联大学生都靠在中小学兼课以维持生活,王玖兴也找到昆明广播电台兼任播音员,主要是撰写播音稿。当时大后方只有两家电台,一在重庆,那是国民党中央之音,一在昆明,是专对东南亚华侨进行抗战宣传的。抗战胜利不久,王玖兴即辞职,专心读书。

1946年春王玖兴在西南联大毕业后,即接到清华大学聘书任该校哲学系哲学史课程教员。此时,他仍滞留昆明,临时参加联大校史编委会做些文字工作,有机会接触闻一多、冯友兰、唐兰等著名教授,因为他们都是校史编委会委员。王玖兴目睹这些著名学者的高风亮节,深受教益。例如:抗战一开始,闻一多就蓄起胡子,抗战一胜利,闻一多就把蓄了八年的胡子剃掉,以示庆祝;还有冯友兰撰写的联大纪念碑文,在会上提出讨论时,闻一多等如何表示赞同,如何指出其中哪些是警句等,都历历在目。8月底,王玖兴离开昆明,重经贵阳,路过长沙,直到武汉,坐的是联大复员最后一批大卡车。从武汉换乘美军登陆艇,住在艇底坦克车库里,先到上海再由清华大学驻沪办事处安排到了北京。

当时的北京也并不平静,因通货膨胀,物价日必数涨。李宗仁当时任国民党北平行营主任,见师生生活困难,为了安抚,在1947年春节前,每人发给白面一袋。大概此物是来自美国救济总署,清华大学中文系教授朱自清先生尽管贫病交加,但拒不接受,表现了中国人民的骨气,后来传为佳话。此时,又发生美军强奸北大女生沈崇事件,学生抗议政府处理沈崇事件的委曲求全,反美情绪高涨,不久,就爆发了"反迫害、反内战、反饥饿"大游行。王玖兴也参加了清华讲助会,作为群众团体,声援了这次学生运动。

八年抗战期间,我国没派一个人出国留学,1946年夏举办了第一次全国公费留学考试,分了六个考区,王玖兴当时在昆明考区应考。翌年春,才公布考试结果,全部录取149人,他们大多数于1947年夏陆续出国。王玖兴因发现患肺结核,过不了海关,于是抱病去清华大学教了两年书,在这期间(包括前几年),王玖兴先后发表了《教育的社会功能浅析》《读黑格尔哲学札记》等10多篇论文。1948年春他才以公费赴欧洲留学。

四

从法国巴黎的埃菲尔铁塔下,来到德国的莱茵河畔,令人流连忘返的西欧风光丝毫没有冲淡王玖兴追求科学、复兴中华的信念。1948年秋,他又来到美丽的钟表王国——瑞士,就学于瑞士弗赖堡大学博士班,进修哲学和心理学,此时,王玖兴已过而立之年。但刻苦钻研、立志攀登的雄心不减当年。翌年,他一边攻读一边在弗赖堡大学心理实验室工作,还兼任该大学东方学院中国语文教员。在繁忙的学习、工作之余,王玖兴还志愿帮助我驻瑞士大使馆做一些亟需的译述工作,数年之久。

1955年夏,王玖兴在瑞士弗赖堡大学进修班毕业,通过论文答辩,取得了博士学位。同年秋,就任弗赖堡大学讲师,讲授中国哲学,并发表多篇论文,受到该大学师生的好评和欢迎。

王玖兴身在异国他乡,时刻怀念祖国,热爱祖国。特别是中华人民共和国成立以后,像巨人一样屹立于世界的东方。王玖兴思念祖国的情感更是有增无已,愈来愈加强烈,不仅寓之于情,而且付之于行动。除了上述为我驻瑞士大使馆义务做一些译述工作,他非常向往新中国。中华人民共和国成立前后,王玖兴不在国内,严格说来,他当时还不懂马列主义,也不了解党。但他毕竟是研究哲学的,他有自己的独立见解,他说:"我从西方向东望,一边是独立后的印度,一边是新成立的中华人民共和国,两相比较,社会主义的中国比资本主义的印度搞得好,发展快得多,生活提高得多。"此刻,他仿佛听到祖国母亲在大声召唤,"归来吧,海外赤子们,为祖国效劳的时候到了!"王玖兴心潮澎湃,思绪万千,他想到自己从一个农家子弟到一名师范生,继而升入大学,出国留学,取得学位,是祖国母亲把自己培养成才。如今中华人民共和国刚刚诞生,正是需要千千万万儿女为她效劳的时刻,怎能徘徊不前呢?经过激烈的思想斗争,王玖兴毅然放弃在瑞士优厚的待遇和优越的条件,决定返回祖国。他是我国当时在西欧留学生中第一个也是唯一一个连同全家五口换了中华人民共和国护照的,终于在1957年6月回到了祖国的首都北京。

五

说来也巧,就在王玖兴举家到达祖国首都北京的那天,正是《人民日报》发表社论开始反右派斗争的那一天。当时的国内形势是可想而知的了。王玖兴返回祖国后且不讲政治上有什么发言权了,就连业务上也要比理工科的学人降级录用。理由是他还要"马列主义补课"。当时北京师范大学要他去心理系,北京大学和武汉大学要他去哲学系。从王玖兴内心来说,还是想回到武大任教的。他忘不了当年武大王星拱校长的谆谆教诲,尽管现在校长已换为李达,但武汉大学毕竟是他的母校啊!好心的朋友们告诫王玖兴说:"像您这样初回国的人上讲堂,开口便错。"于是,王玖兴权衡了当时社会气氛,选择了不用"开口"的科学院工作。任中国科学院哲学研究所副研究员,从事西方哲学史,特别是马克思主义三大来源之一的德国古典哲学的研究工作。1957—1966年,王玖兴除了先后到河南七里营人民公社劳动锻炼(半年)、参加《红旗》杂志主持的反修编译工作(半年)和去湖北襄阳参加农村社会主义教育运动(一年)外,其余时间都投身到哲学王国中去,在书海中遨游,在稿纸上耕耘,功夫不负勤奋者,王玖兴在学术研究上取得了很大进展,受到领导和同行们的高度评价,他先后发表了《特拉迈书目测验研究》《勃洛赫"希望哲学"述评》《费希特的自我学说》《雅斯贝尔斯哲学批判》等论文,由商务印书馆出版了《关于赫拉克利特的辩证法》、《存在主义哲学》(与熊伟、杨一之合译)等著作,还出版了译著黑格尔的《精神现象学》(上卷)(与贺麟合译)、卢卡奇的《青年黑格尔》及考茨基的《唯物主义历史观》(第4—6分册,与梁志学等合译,由上海人民出版社出版)。

正当我国科学和教育事业蒸蒸日上、逐步缩小同世界先进的科技水平之间差距时,"文化大革命"开始了。神州大地经历10年浩劫,王玖兴个人和家庭也在劫难逃,精神和肉体都受到了严重的摧残和折磨,教学和科研的权利也被剥夺。此时王玖兴正值盛年,"五十而知天命",在事业上已有相当的基础和造诣,精力也很旺盛,然而一耽搁就是十几年、二十年,这是他感到非常遗憾的事。但是,当有人多次问他回国来是否后悔时,他却毫不犹豫地说:"我不后悔,因为我不愿楚材晋用,回来为人民做点力所能及的工作,这是义不容辞的。"他对逆境处之泰然,他期待着祖国的春天早日来临。

六

历史是公正无私的。1976年10月,祸国殃民的"四人帮"被粉碎了,祖国的春天来到了!劫后余生的王玖兴教授看到党中央制定和实施的一系列发展科学和教育事业的方针政策,看到党在知识分子问题上的拨乱反正,特别是全国科学大会的召开,和早些时候周总理代表党中央提出的"在20世纪末把我国建设成为工业、农业、国防和科学技术现代化强国"的宏伟蓝图,王玖兴教授激动得老泪纵横,他坚信中国共产党能自我完善的信念终于得到了验证。在这历史变革的伟大时刻,他庄重地举起了右手,在鲜红的党旗下庄严宣誓,成为一名光荣的中国共产党党员。他坚定地说:"虽然我已垂垂老矣,但我要多出成果,把耽误的时间补回来,为四化建设作出新贡献。"

王玖兴教授是这样说,也是这样做的。1976年,哲学研究所恢复工作,改属中国社会科学院,王玖兴任该所研究员兼研究室副主任。翌年,他又兼任中国社会科学院研究生院哲学系副主任。接着,他又当选为中华全国西方哲学史学会理事。

年近古稀的王玖兴教授一方面恢复"文革"造成的重创,继续中断了十多年的哲学研究;另一方面放眼世界,了解国际上的最新学术动态。1979年,他参加"文革"后第一个中国哲学代表团,去南斯拉夫出席国际黑格尔协会第13届国际大会。1980年春,在联邦德国各大学进行学术交流活动三个月。翌年春,应邀赴美,参加国际康德哲学协会第5届国际大会,访问慕尼黑费希特著作编委会和波鸿大学黑格尔文献馆,并应邀到汉诺威进行学术交流,随后,转赴民主德国,在德国科学院、柏林大学、莱比锡大学进行学术交流活动。在这十年中,王玖兴教授的科研成果硕果累累。先后在中外刊物上发表的学术论文有《黑格尔论同一差别和矛盾》《康德哲学的先验性问题》《费希特哲学在德国古典哲学中的地位》《康德、费希特论教育》《费希特评传》《雅斯贝尔斯的存在主义哲学》《德国哲学在中国的过去与现在》《关于黑格尔的〈精神现象学〉》《德国哲学家费希特与法国大革命》《莱布尼兹思想与中国传统文化》和《费希特的教育思想》等。先后出版了十多本译著,如黑格尔的《精神现象学》(下卷,与贺麟合译)、费希特的《全部知识学基础》、卢卡奇的《理性的毁灭》、雅斯贝尔斯的《生存哲学》等。

粉碎"四人帮"后,科技和教育事业百废俱兴,倍感人才青黄不接,尤其是哲学社会科学方面的人才更是缺乏,王玖兴教授清楚地意识到这个严峻的局面,他不顾年事已高,毅然挑起科研与教学两副重担,欣然受聘兼任复旦大学哲学系和中国人民大学哲学系博士生导师,现已毕业博士研究生多人,为培养中青年哲学科研队伍作出了积极贡献。同时,他还受聘担任国务院学位委员会首届哲学学科评审组成员。1987年年底,王玖兴教授退休,但是他退而不休,仍继续博士生指导及科研工作。1988年春,他应"国际辩证法哲学协会"邀请,赴巴黎参加第2届国际大会,并当选为"国际辩证法哲学协会"理事会理事。同年秋,他又应邀赴汉诺威参加国际莱布尼兹哲学第3届国际大会。1990年春,应邀参加在美因茨举行的第7届康德哲学大会,担任大会名誉主席。现在,王玖兴教授又接受国家社会科学基金会资助的科研项目,担任六卷本《康德著作选集》的主编。

"满目青山夕照明",76岁高龄的王玖兴教授仍然身体健康、精神乐观、心胸开朗,继续在西方哲学研究这块园地里辛勤耕耘,为我国科学和教育事业贡献余热。

注:作者黄永言先生系王玖兴先生早年同学之子、生前好友,江苏省海州师范学校原校长,海州市政协主席。

(1992年)

附录三

继往开来

——王玖兴先生访谈录

崔唯航　李云霞　采访整理

在清华大学即将迎来90华诞和清华大学哲学系复系一周年之际,我们专访了著名学者、翻译家王玖兴先生。

王玖兴,1916年生,1944年进入清华大学哲学系攻读研究生,毕业后留系任教。1948—1957年留学海外。归国后任中国社会科学院哲学研究所研究员、西方哲学史研究室副主任、研究生院哲学系副主任、国务院学位委员会哲学学科评议组第一届成员。主要译著有:《精神现象学》《全部知识学基础》《理性的毁灭》《生存哲学》等。

问:王老,清华大学即将迎来90华诞,作为一个出身清华的老一代学者,您能否给我们谈一谈在清华学习、工作的情况?

王:这些都是旧事重提。你们两位都是清华大学哲学系复系以后来校的,对我们那时候的情况可能感兴趣,这里我只能结合我个人在清华哲学系的情况说一点。我是1944年进清华研究生院读哲学研究生的。抗日期间,北大、清华、南开三所大学合并为西南联大。在昆明,三校的哲学系当然也合并为联大一个哲学系,不过研究生还是分校招考。我现在算是一个搞点西方哲学史的人,可当时进清华却是想跟冯友兰先生学点中国哲学的。我小学毕业后念过几年私塾,死记硬背,背过一些古书。到读了冯先生两卷本的《中国哲学史》,才知道当初囫囵吞枣的那些古董里边竟"头头是道"。后来冯先生在重庆发表哲学公开讲演,讲了好几次,引经据典多是古书里来的,生动活泼,深入浅出,真是引人入胜。会后我找冯先生请教,又听到一些鼓励的话,于是下决心辞去在一个师范学院里的工作,投奔了清华。

当时清华哲学系的研究生很少,我那一届只我一个人。前一届也只有王浩。我去时王浩已经毕业,他出国留学前暂在昆明一家中学教书,不时还赶回学校听课或参加讨论会,后来成为国际著名的逻辑学家。他劝我多听听沈有鼎、王宪钧两位先生的课,他们也都是原属清华的教授。金岳霖先生是清华哲学系的创办人,始终是哲学系的灵魂。他对我说,他自己的课我只听知识论就可以了,但联大哲学系其他老师的课,不论为研究生还是为大学本科生开的,都可以听,而且最好尽量多听。是该这样的,当时的哲学系是国内大师云集、各抒己见、异彩纷呈的地方,机会十分难得。我除了听冯先生结合着他的《新知言》讲哲学方法论,金先生讲他贯注毕生精力的知识论以外,先后还听了汤用彤、陈康、贺麟、沈有鼎、郑昕、洪谦和王宪钧诸先生的课。有的还不止一门,讲的多是大师们在各自领域里的研究心得和独创见解,收获确实非常之大,当然也付出了一定的代价。

你们现在做研究生,生活怎么安排的我不知道。在那时候,像我这样来自敌占区的研究生也同来自敌占区的大学生一样,只按月领一份伙食费。昆明是战时唯一通外的窗口,物价居全国之首。联大的来自敌占区的学生都得在校外兼差赚点小钱,我也不例外。可是要兼外差,又要多听课,必然时力不济,怎么也不能不影响搞研究写论文的进度。而且,这种情况,金、冯两先生都清楚,但当时爱莫能助,唯有听我慢慢来了。1946年初,冯先生忽然对我说:"你在城北上课,在城南兼差,与其每天来回奔跑,不如兼做我的半时助教,帮着编编联大大事记等等,事不多,省出点时力好搞研究,怎么样?"这样一来,我顿时轻松多了。当时联大结束,三校复员,冯先生主持联大校史编委会,有一天,我照料着编委会在冯先生家开会,大家到齐,冯先生从里房出来笑呵呵地跟大家说:"我,我一高兴就写了这个稿子,你们看看怎么样?"那就是联大的纪念碑文。记得在座的闻一多先生接过稿子,朗诵了其中两节,连说:"这些都是警句啊!"闻先生在昆明被反动派杀害,那天会上是我最后一次见到他。

回到北京,清华哲学系的阵容顿时又充实强大起来,讲美学、艺术史的邓以蛰老先生来了,著有《中国哲学大纲》的张岱年先生回来了,还有特意送往美国修习西方哲学史的任华先生也正好学成回国。联大哲学系的同窗好友周礼全先生也考来做研究生。这时冯先生准备应邀赴美讲学,就安排我为外系的文科学生开哲学概论的"大课"。1947年,我有机会出国留学,由于查出患有肺结核病,没走成,下学年继续为外系讲哲学概论。这期间王宪钧先生曾想让我代替金先生为外系再开一门逻辑课,金先生听了不以为然,说有病就得多休息,于是那门课还是由他自己教了。到1948年春,我迫于客观原因非出国留学不可,但所教课程尚未结束,怎能离校?这次又是冯先生伸出了援手。他刚刚讲学回国,为了让我及时走成,就提出由他把我所开的课接下来讲完。回想起来,我在清华短短不足四年,老一辈大师们的耳提面命、关怀爱护,令人感念不已。清华哲学系我是离开了,但永远不会忘记。

问:您离开清华之后,又经历了一条怎样的学术道路呢?

王:我离开清华哲学系是到外国去学西方哲学的,这看起来好像违背了进清华时所抱持的研究中国哲学的初衷。但实际上,我并不是为学西方哲学而去学西方哲学的,他山之石,可以攻玉。我曾认为,我们中国哲学博大精深的道理,往往得自直观,出于领悟,而西方哲学善于分析,长于思辨,我们深入学习西方哲学的方法,回过头来再研究中国哲学肯定能发前人所未发,使中国哲学的精华发扬光大。这个想法未必对,但我是这么想的。至于后来走上一条不归之路,那是出于别的原因。

我1948年到欧洲学习,行前我在武大时的老师、著名黑格尔专家张颐(真如)先生劝我还是到德国去,实在不行,就进瑞士北部的学校,那里属于德国文化地区,没受战争破坏。实际上"二战"后的德国,到处是断瓦残垣,重要的学者都避居到别国去了。我绕道法国到了瑞士,就读于弗赖堡大学文学院德国古典哲学研究班。学了点什么?怎么学的?我没学好,没有什么可说的。我只觉得,到一种哲学的出生环境里去学那种哲学,就像外国人到中国来学中国哲学那样,多少总有点同只读书本不太一样,特别是参加研究班的讨论会,大家七嘴八舌,各抒己见,争论不休,最后由导师来做评判总结,确实可以使人得到许多启发,至少可以把问题理解得深入一些。

后来研究班结束,学习告一段落,我就在本校的东方学院教中文兼讲点中国哲学。教中文无非是教学生识字,字识多了就教他们念中文书。要说明的是,我之所以愿意接受这项教学工作,主要是因为除了教中文之外,还要我讲中国哲学。在教学之余,我还抓紧时间读了些当时乃至今天还深受哲学界瞩目的存在主义哲学,并觉得它比别的西方哲学有较多与中国哲学的精神相近的地方,因此还曾抽空到巴塞尔大学听雅斯贝尔斯讲他自己的哲学(当时海德格尔已在德国退休)。有一次金岳霖先生出访路过瑞士,想找雅斯贝尔斯谈谈,我陪他去了,这是题外的话了。总的来说,不管是在国外研究德国古典哲学也好,还是存在主义哲学也好,直到那时,我原来研究中国哲学的旨趣并没有改变。

1956年,冯友兰和任华两位先生到日内瓦开学术讨论会,我们在会上见了面,会后他们又专程到我家看望我爱人范祖珠(她也是清华的研究生,心理系的,自费和我一起来瑞士留学),并说周总理已发表文告,欢迎国外知识分子回国为社会主义建设服务。他们此来,也负有上级交代的任务,即动员我们俩回国。我于1957年6月回到北京,当时清华哲学系经院系调整已合并到北大哲学系,仍要我去。但此时反右派斗争正如火如荼,我自知如果上课堂教课,必然是"开口便错",所以后来就进了中国社会科学院(当时叫中国科学院哲学社会科学部)的哲学所,这是个无需立即教课的地方。所里的领导很照顾我,安排我在西方哲学史室,主要做些新从国外回来的人也能承担的翻译工作。现在我已退休。这就是我离开清华之后走的路。

问:您以翻译黑格尔、费希特的著作而闻名,听说现在又在翻译康德,不知进展如何?

王:"文化大革命"后,硬性翻译任务不多,我本想做两件事:一是整理出德国古典哲学各大家辩证法思想的发展线索,算是给国外那段研究做个结束,这是列入过年度计划的。另一是结合着胡塞尔的现象学及其后续的存在主义哲学,对中国哲学的一些方面和一些人物的思想做点对比、参照和阐发,以作为我的路的迟到的起点,或者也是早到的终点。没打算再翻译什么。

但没料到,此时我虽只是60岁左右的人,却未老先衰。表面上背也没驼,路也还能走,可就是记忆力衰退,思维迟钝,几乎完全不能集中精力干活了。再加上"文革"中红卫兵小将三次来家替我破四旧,除书籍字画之外,我的一些旧日手稿、笔记、卡片都统统烧光,一切再从头开始,我就更加无能为力了。恰巧此时下放银川的王太庆先生来信,约我合作重译康德的《纯粹理性批判》。鉴于此书非常重要,我就勉为其难,重操旧业,并约同叶秀山、王树人先生等一起搞。大家的稿子不久就都交来,只是由于我的拖拉,直到现在,太庆先生已作古,我才通读全稿,非常对不起大家。

这本书最早曾有胡仁源先生译过,被列入商务《万有文库》。现在使用的蓝公武先生的译本,也是商务出版的。此外,韦卓民先生还有一个译本,台湾牟宗三先生也有一个译本,可能还会有别的译本,只就译本如此之多这一点,也足见其在哲学史上多么重要。我们的书已编为中国社会科学基金会项目《康德著作选集》第三卷，并拟由商务另出单行本。

问：现在清华大学哲学系已经恢复，我们想知道您认为老的哲学系有些什么传统？对新的哲学系又有些什么希望？

对老清华哲学系，我没有能力做全面准确的评价，但可以就想到的几点说说。首先，老哲学系是一个非常讲究逻辑的系。开山祖金岳霖先生的绰号就叫"金逻辑"，他写有《逻辑》一书，是全国各哲学系逻辑课的主要参考书或读本，对我国逻辑水平的提高作出了重大贡献。其外，他还培养了一批逻辑学家。沈有鼎先生博学多艺，对《易经》《墨子》都有精深的研究，他经常在外国著名逻辑刊物上发表文章。王宪钧先生是他专门送到维也纳学逻辑的。王浩先生留美未归，成了国际著名逻辑学家。跟着金先生一起来社科院哲学所的周礼全先生，是老哲学系最后的研究生，他独自倡导的"自然语言逻辑"，已与国际逻辑发展相接轨。

其次，清华老哲学系善于和外校的哲学系通力合作，取长补短。这个系在北京各哲学系中间创办的不算早，开办初期师资并不齐备，就请外校的大师来补自己的缺门，特别是西方哲学方面，北大的汤用彤先生、贺麟先生早年都曾来清华兼过课。据说做过外交部部长的清华哲学系学生乔冠华，曾在毛主席面前自称是贺麟先生的弟子。冯友兰先生也是先来兼课，然后才从燕京大学转来清华的。当然清华哲学系的强项逻辑，也曾支援过外校。

还有一点，老哲学系很重视在哲学思想上独立创新。在此老一辈学者作出了榜样，金岳霖先生著有《论道》《知识论》，冯友兰先生除了他的开创性的《中国哲学史》之外，还著有包括"新理学"的《贞元六书》，都自成体系。当时流行一个说法：北大哲学系重历史，清华哲学系创体系。这种说法当然不很恰当，因为前者是从哲学史中吸取教益来解决当前的哲学问题，而后者的体系则都是建立在深厚的哲学史素养的基础之上的。不过，它也从某个方面反映了两校的侧重点略有不同。

最后说到教学风格，清华哲学系有个特点，就是提倡师生共同讨论。不仅研究生就论文的问题要请教导师、互相磋商，意见不同可以解释、申辩甚至争论，就是对本科学生讲课也欢迎学生提意见，对的就接受、订正。比如，冯友兰先生在讲哲学方法论的课堂上，总是把他写好的讲稿念一段，留出时间，让大家提问，一直讨论到下课。下课之后学生追着老师提问题的就更多了。最典型的是沈有鼎先生，他在茶馆里和学生讨论，提的好的还可以在清茶之外吃到瓜子花生。

至于对新的哲学系，我相信在清华大学和哲学系师生的共同努力下，一定会办得更好。我希望时隔半个世纪后的新清华哲学系，继往开来，青胜于蓝。

附录四

悼念王玖兴教授

[德]R. 劳特

　　那是1980年的事情，其时"文化大革命"结束不久，中国社会科学院第一次派出他们的教授到伟大的理念论哲学的家乡——德国，这位教授就是王玖兴先生。王先生首先到美茵茨，以便了解康德研究的状况；然后再从美茵茨到慕尼黑。我与他约好，我在火车站接他，我手持一本红书在胸前，好让他能够认出我。我猜想，他会穿一身当时非常流行的毛式蓝色制服。火车进站了，在众多的旅客中有一位中国先生向我走来，但他穿的却是一件欧洲式样的黑色大衣。他认出我来，并且笑着说："你就像一个中共党员。"这样，我从一开始就对他抱有特别好感，我觉得，他对我也有同样的好感。25年以来，我一直从事科学院版的费希特全集出版工作，并与东柏林的哲学所所长布尔（M. Buhr）教授密切合作，我与他成为亲密无间的朋友。对王玖兴先生来说，不把我看作一个高鼻子的西方学者，而是当成一个完全可以理解并且喜欢与共产党人合作的人，当然是一件既非常愉快又令人吃惊的事情。

王先生来到慕尼黑的时候,我们大学的汉学家弗兰克(H. Franke)教授恰巧担任巴伐利亚科学院院长。王先生是他接待的第一位官方的客人,弗兰克很高兴,因为那时候我们与中国研究机构没有联系。我仍然记得,王先生在科学院的留言簿上的留言是如何打动弗兰克先生的,他从字迹上看出来访者的尊贵。我在这里还要补充的是,王先生年轻时候在瑞士的弗赖堡生活和工作过12年,他非常熟悉欧洲的习俗。

王先生后来向我详细介绍了痛苦的"文革"时期。当我在1984年到北京的时候,一些住宅的窗户玻璃还是破碎的。我现在首先回想起来,就是王先生叙述的周恩来总理如何避免故宫遭到毁灭的故事,以及周恩来灵柩被送去安葬的时候,无数人站在马路旁边哭泣的事情。王先生本人在"文革"期间也遭受很大打击。尽管如此,他在静谧的夜里仍然翻译了康德的《纯粹理性批判》和费希特的《全部知识学基础》。每当他译完稿子,他就在黎明时分把稿子藏在石块下面。直到"文革"结束,他才把译稿拿出来。

我第一次到北京时,王先生在机场接我。我是在巴黎乘机的,同乘这架飞机的还有柬埔寨的西哈努克亲王。安全措施特别严格,因为反复检查,飞机比预定时间晚了5个小时才起飞。当我们到达北京时,飞机上的所有乘客都必须留在原位,飞机被警卫团团围住。后来我们终于可以走出飞机,但任何人都不允许走进候机厅。只有在办完海关手续后,我才在出口处与王先生见面拥抱。后来,我在他家做客,为了接待我,他和他亲爱的、能干的太太(她出生在一个官宦人家)做了一顿非常可口的饭菜。此前两天,汝信副院长和德国大使馆已经在北海的仿膳宴请我,菜肴十分精致,而王先生家的饭菜也毫不逊色。只是他住的房子破损得很厉害,有些玻璃还是破碎的。

王先生后来与我多次见面。我特别想起他出席在巴黎举办的纪念法国革命200周年会议的情况。王先生因为太忙而没有准备好讲稿,他夜以继日地在牛顿饭店(Hotel Newton)的大堂撰写讲稿,李理女士则帮助他。我们的友谊在这里就如同在慕尼黑第一次会面一样,是那么活生生的。

正是像王先生和他夫人这样的人,在一切都被颠倒的日子里继续承载了人类的文明。我们文明的持续不断应当归功于他们的坚韧不拔和持之以恒。我恰恰因为内心深处的感动,才可以追忆王先生和他的夫人。

注:劳特(Reinbard Lauth,1919年出生),德国著名哲学家,慕尼黑大学教授,著名的费希特哲学专家。

(原载《哲学动态》2003年第8期,谢地坤译)

附录五

桃李不言自成蹊
—— 悼王玖兴师

张汝伦

　　元旦甫过,即传来王玖兴师去世的噩耗。玖兴师患病已一年有余,去年初冬我去北大讲学,去医院探望他时情况已经非常不好,我们师生二人都知道这很可能是最后一面。但不到两个月即收到先生去世讣告,实在不愿接受这个事实,虽说先生今年虚岁 87 岁,算得上是高寿了。

　　先生患的是白血病,一年多的化疗彻底摧毁了先生的身体,胃肠黏膜遭到破坏,引起内部大出血,基本无法进食。这就是我去医院探视时先生的情况。先生的身体虽然虚弱不堪,但头脑与往常一样清醒。先生对自己的病情知道得非常清楚,但他在死神面前始终保持着人的尊严。我见过有些人在病情还未确诊前就精神崩溃,完全失态。但玖兴师却像谈别人的病情那样以极其微弱的声音平静地谈自己的病情,谈我们师生的最后诀别。面对这样睿智坚强的老人,任何安慰话都是那样虚假和没有必要。我们居然像以往一样,谈起了思想,谈起了哲学。

玖兴师1916年出生于江苏连云港,中学毕业会考江苏省第一,入武汉大学学习。毕业后在一家师范学院教书。先生后来专治西方哲学,其实兴趣一直在中国哲学。抗战时期,先生在重庆听冯友兰先生演讲,深受启发。听完冯先生演讲后又找冯先生请教,得到冯先生的鼓励,遂辞去在师范学院的工作,于1944年入清华大学研究生院读哲学研究生。毕业后留清华哲学系工作。1947年参加国民党统治大陆时期最后一次留学生考试,当时由于抗战国家一直没有选派留学生,积压了很多俊彦之士,竞争极为激烈,玖兴师在众多竞争者中脱颖而出,考取赴欧洲的留学生。他在武汉大学的老师张颐(真如)先生劝他去德国,实在不行,就去瑞士北部的大学,那里是德语区,基本上还是以德国文化为主。由于当时德国新败,一片废墟。先生对存在主义哲学也发生了浓厚的兴趣,觉得它有较多与中国哲学精神相近的地方。他还特地抽空去巴塞尔大学听雅斯贝尔斯的哲学,后又陪金岳霖先生去拜访过雅斯贝尔斯。他曾和我说,雅斯贝尔斯的哲学很有意思,希望将来能有人研究。即使在欧洲留学期间,先生仍一心想研究中国哲学。为此,他在弗赖堡大学找了一份教中文的工作,这样可以有机会接触中国哲学。

　　1956年,冯友兰先生和任华先生去瑞士参加学术会议,顺便动员玖兴师和师母范祖珠女士(专治心理学)回国服务。先生出身地主家庭,对中华人民共和国成立后国内的阶级政策并非一无所知。然先生有强烈的爱国心,听到祖国的召唤,决计摒弃在瑞士的一切,举家回国。先生1957年6月回到北京,第二天一早就在下榻的招待所里听到中央人民广播电台广播《人民日报》的社论《这是为什么?》。去北大看望昔日恩师冯友兰先生,正赶上校园里在开反击右派的批判会,高音喇叭震天响,口号声此起彼伏。先生和师母从未见过这个阵势,加上当时穿的还是海外的洋服,自觉与校园气氛格格不入。遂听冯先生之劝,当晚且在三松堂过夜,免遭革命师生白眼。同时也打消了去北大哲学系(院系调整后清华哲学系并入北大哲学系)教书的念头,觉得如上课堂讲课,很可能"开口便错"。就这样,先生去了中国科学院哲学研究所。在当时的气候下,先生很难施展所学,只好搞些翻译。不到十年,"文革"爆发,先生更是无法从事学术工作了。"文革"结束,先生已年过花甲,有点力不从心了。因此,先生回国后的主要学术成果,就是《精神现象学》(与贺麟先生合译)、《全部知识学基础》、《理性的毁灭》、《存在哲学》这几部译著。这次先生病重期间我去医院看他时,告诉他清华哲学系准备编他的文集,他不无伤感地说,他一生写的东西不够一部文集。这当然不是先生个人的错,而是时代的悲剧。有些人却因此对先生那一代人略有微词,意思是他们写不出东西。然而先生那代人的哲学境界,在这些人那里,是根本看不到的。

　　改革开放后,胡乔木出任中国社会科学院院长,请贺麟先生、金岳霖先生、杨一之先生和玖兴师四位哲学界的前辈吃饭,希望他们老当益壮,焕发青春活力,把哲学研究搞上去。当时四人中最年轻的玖兴师却说了一句颇为扫兴的话,意思是我们这代人大好年华早已过去,恐难有作为,不过,状元的老师未必是状元,我们努力为国家培养几个好学生吧!这话其实是秉承了古人得天下英才而育之的传统。只可惜社科院研究生院招生人数有限,加上先生年事已高,所以先生指导的研究生并不很多,但大都成材,成为各个单位的业务骨干。

我于1984年在复旦大学硕士毕业后继续攻读博士,就在我考取博士生以后,原定导师全增嘏先生不幸去世,当时复旦外国哲学再没有别的博士生导师,系里就和玖兴师商量,请他担任我们这里的兼职教授,指导连我在内的四名西方哲学博士生,由此成就了我和玖兴师的一段师生因缘。

第一次见玖兴师是在两位师兄的论文答辩会上,这是我参加过的最高水平的研究生论文答辩会。这次答辩会之所以高水平,是因为当时玖兴师在会上作了大约半小时的发言,纵论从德国古典哲学到现代德国哲学的发展。先生对德国哲学的深刻理解,让人折服。凡是参加了那次答辩会的人,恐怕都不会忘记。由于玖兴师住在北京,且年事已高,所以一般都是我去北京请他指导。每次去,总要在先生家盘桓很久,先生总是留饭。离开时,必送到大院门口。一开始我们无论如何都无法接受老师送学生送到马路上的规矩,但玖兴师总有办法坚持他的做法。由于我自己至今还不能做到这点,所以对玖兴师的风度就更加佩服。

玖兴师温文尔雅,待人亲切,是非常容易让人接近的老师。最让人敬佩,也是我最受教益的,是他的人格风范。这是不言之教,融化在先生日常的言行中。由于我和先生一个在北京,一个在上海,所以尽管师生一场,接触并不是太多。但每一次接触,都是一次难忘的课。专业上与先生的讨论事隔多年,已渐渐模糊,唯独先生的不言之教,却历久弥新。先生的为人是一贯的。即使在生命的最后时刻,先生忍受常人无法忍受的肉体痛苦,但仍想到的是尊重别人。先生到最后大小便失禁,护工一天要给他换十几次。我去看望先生时,不多时先生就让我走,因为他觉得让一个人,即使是自己的学生闻到这样的味道也是不礼貌和不尊重的。他每换一次,都要以微弱的声音向同病室的两位病友表示歉意。凡是接触过先生的人都会发现,先生身上体现了中西两种文化的美德。

先生的不言之教,不仅仅在待人接物彬彬有礼,举手投足儒雅斯文;也不仅仅在对学生关怀备至,情同骨肉;更在于他以自己的日常言行让你明白什么是真正的学者。由于身处两地,我与玖兴师见面的次数并不多,但每次见面,都要谈很久,即使在他病危时我去看他的那两次,也是如此,这当然不仅仅是因为先生很健谈,也是因为先生自然就容易亲近。和先生的谈话加在一起也有一二十个小时,但印象中先生从未言不及义。他绝不会和你谈有关名和利的事,更不会夸耀自己如何接近权势,如何是个"人物"。总之,"庸俗"二字是离先生最远的东西。

和先生谈话是一件非常愉快的事。他会和你拉家常,但更多的却是对各种学术问题的看法、前辈学人的高风亮节、他们那一代人的追求、对近代中国历史的认识,以及中外学术界的一些奇闻轶事。先生都是在闲聊中谈起这些,但却如春风化雨,润物无声,不知不觉中他将中国知识分子最优秀的传统昭示给了学生。当然,先生也有耳提面命、正面教导学生的时候,这时候,都不是为了个别的学术问题,而是关乎中国学术思想之大者。记得我在国外学习时,通过研读中国思想的典籍,觉得实践哲学实是中国传统哲学的本质与主流,只是后来几乎完全被人遗忘。今天的学者更多的是从与中国传统格格不入的唯心主义或先验哲学的路数去阐释中国思想,窃以为不妥。我觉得可以借用西方实践哲学的资源,恢复中国传统哲学中最有生命力的那些因素。我把我的想法写信告诉先生,先生非常高兴,很快就给我回信予以鼓励。先生说,他其实也一直想在中国哲学上有所作为,可由于种种原因,未能如愿。他非常同意我的想法,希望我就按这条路走下去,恢复中国思想的实践哲学传统。可惜我离先生的期望太远,至今仍停留在想法上。好在还有时间可以实现先生的愿望,只要能学得先生的纯粹。

最让我难忘的是先生去世前一个多月在北京协和医院病榻前的两次谈话。先生时年八十有六,得享高寿。先生的三个子女个个品学兼优,早已成材。先生该没有什么放不下的。若有,应该是他毕生追求的哲学事业。我告诉先生,我这次是因北大哲学系之邀在北大给研究生讲黑格尔的《精神现象学》,用的就是他和贺麟先生合译的中文译本。听课者踊跃,不但有北大各个系的同学,还有来自北京其他高校和社科院的研究生。没想到几乎已被人看作"死狗"的黑格尔,还能吸引那么多的莘莘学子。看来先生等老一辈学者开创的德国古典哲学研究事业后继有人。先生听了非常高兴,说希望能有一个研究黑格尔的热,因为他实在太重要了。我也告诉先生我去了他母校清华大学哲学系讲学,他也非常高兴。看得出来,先生对他的母校母系感情很深。先生又和我讲起,他的老师沈有鼎先生当年在逻辑哲学研究方面的造诣已达到国际先进水平,这是外国人都承认的。沈有鼎当年就梦想中国的哲学研究达到世界一流水平。现在先生旧话重提,说希望经过国内学者多年努力,中国将来会出现一个世界一流的哲学系。也许在今天某些思想前卫的人看来,企望中国也有一个世界一流的哲学系又是民族主义情绪在作祟。但这的确是玖兴师那代人挥之不去的情结。他们经历过太多的民族屈辱,为了民族的复兴,他们愿意舍弃一切。他们总想向世人证明我们是一个值得尊敬的伟大民族。和玖兴师在一起,时时能感到他们那代人强烈的民族情感。这就是为什么玖兴师在临终时还要和我说办一个世界一流的哲学系的希望;而对他个人,除了告诉我他将不久于人世外,再没说什么。

  玖兴师的去世,标志着一个时代的结束,即在旧中国受哲学教育,然后又去国外大学哲学系深造的一代学者淡出历史。至于玖兴师最后的那个愿望能否实现,那要看还有没有他这样的人。

(原载《文汇读书周报》2003 年 4 月 15 日)

附录六
思与问的人生

汪堂家*

  真正的学者多半欣赏思与问的人生。尽管他们也不免为柴米油盐操心,为子女上学发愁,为工作琐事奔波,但他们拥有不易改变的信念并懂得为信念而取舍。王玖兴先生就是这样一位坚守信念的学者。读罢《王玖兴文集》(崔唯航选编,2005年河北大学出版社出版),想起与先生交往的点点滴滴,我更加坚信这一点。

  王先生是我国著名的西方哲学研究专家,也是著名的翻译家。凡研读过经他翻译的黑格尔的《精神现象学》、卢卡奇的《理性的毁灭》、费希特的《全部知识学的基础》、雅斯贝尔斯的《存在哲学》等名著的学者都无不为他的译笔和学养所折服(另外,王先生在"文革"后期初译了康德的《纯粹理性批判》,谢地坤先生正在整理,即将出版)。王先生早年在冯友兰门下读研究生,专研中国哲学,1948年赴欧洲求学,1957年回国后就赶上反右派

---

* 汪堂家,复旦大学哲学学院教授。

斗争,在此后的二十年的时间里,他也不得不像他的许多同时代学者一样忍受时代造成的苦难,"文革"期间,他的数部译稿被藏在石头底下才得以保全。作为他的弟子,我与他只见过八次面,大部分时间是我从上海赴北京向他求教,在他阜外大街的寓所里,少则待上三小时,多则待上一整天。从他那里,我既了解到许多学界前辈的轶闻趣事,又体会到他所代表的那代学人的心灵隐痛,也见识了他的渊博学识、儒雅风度和精深思想,更粗知了他的中西互证的阐述方式和以道观物的运思风格,甚至为他那民主笃正的家风和殷殷的文化情怀所感染。

我记得,他家请了一个四川保姆,初到时,这个保姆识字很少,每次写信要王先生或师母范祖珠教授代劳。范先生出身名门,英、法文俱佳,在瑞士时曾问学于著名儿童心理学家皮亚杰(Piaget),回国后还翻译过他的作品。范先生聪慧贤淑,多才多艺,加之见多识广,相夫教子自不必说,谈起学问亦头头是道。她决意把自家作课堂。除了分门别类教保姆多种手艺之外,还教保姆穿衣打扮和待人接物,但重头戏仍是教保姆读书识字。隔了一年,范先生不无自豪地向我宣布,她家保姆已能自己写信了。王先生在一旁助阵,坚信教育可以改变人生。当得知保姆家里困难,他不仅慷慨相助,而且主动叫保姆到外兼职,一方面将范先生教的技艺发扬光大,另一方面让她多点收入,而自己给她的薪水不降反升。

关于学与用,王先生还有一套理论。他不仅主张学以致用、在用中学,而且提出了"演示的知识"的概念。依我之见,他所说的"演示的知识"与波兰尼的"默会知识"有几分相似,但是又不完全相同。按他的解释,"演示的知识"就是根据形象和动作而学到的知识,儿童看大人下棋、徒弟看师父操作、演员跟老师学戏、士兵看军官示范等等,这些都与这类知识有关,他认为把知识简单地分为理论知识与实践知识弊端不少。且不说亚里士多德早就正确地把理论知识作为实践的一个重要环节,现在,由于脑力劳动与体力劳动的分工在现代社会中越来越模糊,通过书本之外的途径获取的知识反而更重要了。他多次提到现代教育的畸形(比如把审美教育等同于上美学课),主张扩大"知识"的外延,并把知识教育上升到能力教育,而不是时下人们津津乐道的素质教育。能力教育比素质教育更高一层,按我的体会,前者包括培养学习能力、思考能力、判断能力、批判能力、探索能力、洞察能力、审美能力、行善能力和坚持能力,后者似乎隐含着把人视为与自然物无异的东西并使目的与手段脱节。

关于素质,王先生与他的儿子还有过一场辩论。有一年,他儿子以平从巴黎回京探亲,上街买东西时一不留意,放在车后的东西就被小偷偷走了。回家后他颇为沮丧和气愤,就跟母亲讲起此事并说中国人的素质的确有问题,王先生接过话茬与他儿子辩论起来,大意是说,中国只是教育不够普及,人的素质高低与当小偷没有必然联系。我当时在场并加入了讨论且赞同以平的看法（范先生后来也参加了讨论，对以平的看法表示同情性的理解）。论气势，以平似乎占上风。王先生讲话慢条斯理，但条理清晰，论证周密。这是我第一次见识王先生的说理技巧与雄辩才能。后来我问王先生是不是受过专门的辩论训练，王先生说没有，自己不过是善抓逻辑漏洞而已。这次我读《王玖兴文集》，方知王先生的确用心研究过逻辑，他在1945年写的《论必然命题》一文即使在今天仍很有学术价值。他说，"我个人一向觉得逻辑的势力伸张于一切知识之内而为一切知识的骨干，逻辑不研究任何现实事物却不能逃其规范，既叹服其权威，又惊讶惶惑其权威所自来"。联想到逻辑训练在今日教育界的困局，心中不免要问：不重逻辑训练，学术创新从何谈起呢？

对中国哲学，王先生总是那么一往情深。1988年秋，王先生跟我提到在英国长大且30岁才开始学国学的辜鸿铭如何具有中国人的文化情怀。当时，我并未在意，直到1990年受朱维铮先生之命翻译《辜鸿铭文集》（后以《乱世奇文》为书名由上海人民出版社出版）方知王先生所言非虚，且钦佩朱先生在选题上的过人之处，因为辜鸿铭早在一个世纪前就已经触及了当今学界讨论的许多重大文化问题。王先生每次与我论学，均从中国哲学谈起，尤其好谈孟子和陆王心学。他常说中国文化中其实不乏人本观念并认为同情心的培养是道德教育的基础，也是文明的活力源泉所在，因为其中蕴含着对生命的尊重，而尊重生命及其尊严对一个社会及其文明是第一位的东西。他特别提到了一件令人心痛的往事。他本有四个孩子，其中有一个在瑞士不幸夭折。一天深夜，他孩子突发急病，他们去请瑞士一个平时较熟且当医生的邻居给孩子看病，并言明时值月末先交一部分钱，余下部分下月初奉上，这个医生竟然拒绝为其孩子治疗。此事对他们的打击实在太大，以致给他们留下了终身的隐痛。但想想孟子的教导，想想我的一个熟人三十年前星夜为仇家治病的情景，再想想现在时有所闻的见死不救现象，我深深理解王先生的那份痛楚，也深深感到他的一些见解其实凝聚着生命的体验。

然而先生给我印象最深的莫过于他对思与问的执着。王先生经常引述孔子"学而不思则罔，思而不学则殆"的教导，强调思是人的形而上学本性。尽管有思就有怀疑，有思就有迷惘，有思就有困惑，有思就有痛苦，但只有能体验大痛苦者方能体验真幸福。思是智的进阶。哲学之思在于思到思的尽处。哲学的致思方式的特殊之处在于，它是穷根究底的思，是通观全体的思，是崇尚批评的思。读了王先生于1946—1948年间在清华大学开设哲学概论课的讲稿，我们可以隐隐看出这类想法。《王玖兴文集》的编者崔唯航先生将王先生亲笔题写的条幅"道通天地有形外，思入风云变化中"作为书的扉页，的确是一件匠心独具的安排。

王先生坚信,说得清楚的人肯定想得清楚,想不清楚的人肯定说不清楚。因此,他即便写文章介绍西方大哲的思想也总是力求解析清楚,表达准确,并在评论中将他人想过的东西再想一遍,其文字仿佛是从他内心里流淌出来的江河。与此相关,他崇尚简洁明快的文风,认为能用 50 个字讲清的事就不要用 51 个字。我有时写信向他讨教,他回信虽晚,但有问必答,文辞洗炼,斐然如诗。

　　先生多思而善思,好问且深问。在他眼里,思是问之源,问是思之助。为了思的事业,他以全部心力谱写发问的人生。我们也许会时常发问,问邈远太空,问苍茫大地,问巍巍高山,问悠悠长水,问四时运演,问历史流迁,但只有像他这样的哲人才会就"问"本身发问,也只有像他这样的哲人才会"问到在者之外去"(海德格尔语)。叶秀山先生在给《王玖兴文集》的序言中说,"对于王玖兴先生,我感到最为遗憾的,是他没有为我们留下系统的哲学思想,他是有的,可惜他带走了"。但眼前的文集可以弥补些许遗憾,因为它像一滴水珠反映太阳的光辉一样向我们吐露出被他带走的系统的哲学思想的信息。

(原载《文汇读书周报》2006 年 3 月 17 日)

附录七
王玖兴先生二三事

谢维和[*]

宋继杰先生约我给清华大学哲学系主办的《清华西方哲学研究》"王玖兴先生纪念专栏"写一篇文章,我想这是无论如何都不能推辞的事情。一来王玖兴先生是清华哲学系的校友,二来他也是我敬爱的博士生导师,对我有一种永生难忘的师恩。更重要的是,我对他始终有一种非常深厚的感情。可以这样说,他的学识、为人对我一生的影响是非常大的。而且,他对我的信任、支持和栽培,以及那种待人宽厚与对学问的执着认真,特别是对学术研究的耐心与从容,让我终生难忘和受益。

这里仅仅提及几件小事情。

1985 年我刚到中国社会科学院研究生院攻读博士学位的时候,由于长期在大学里学习,一下子不能习惯社科院那种非常宽松的学习环境,以至于来到研究生院以后,一直等待着学校的课程安排,甚至还憧憬着如同大学那样非常正式的开学典礼,以

---

[*] 谢维和,清华大学教育研究院教授,清华大学原副校长。

及与导师的见面。然而,当我被告知研究生院实行的是一种导师负责制的博士研究生培养模式,个人的学习和研究都由自己与导师商量时,我又感到了一种惴惴不安,不知道应该如何应对。记得在与王先生见面之前,我足足准备了十几页纸的学习和研究计划,感觉非常紧张。然而,大大地出乎我的意料之外的是,当我如期来到王先生家里时,他不仅没有跟我讨论我的学习和研究计划,没有一下子端给我一大摞必读书,没有指定我去听多少的课程,而且也没有强制性地要求我参与他的任何项目与课题,而是充分尊重我自己的意见和选择,希望我根据自己的实际情况安排和决定三年的学习和研究工作。联想到现在对研究生发表学术论文的种种规定和要求,王先生当时并没有对我提出任何发表论文的要求。实事求是地说,这种学术上的自由与宽松,反而让我感到一种巨大的责任和压力;没有什么具体的要求和规定,我倒是愈发觉得一种恐慌和紧张。特别是对于我这样一个刚刚从地方城市来到北京这样一个学术文化中心的新人,的确是一个很大的挑战。虽然当时我并没有非常清醒地自觉到这是我人生中一个非常关键的机遇,但三年完全自主的学习和研究,包括自己选择研究的课题,参与各种调研,阅读不同的著作,甚至是非专业领域的学术活动,的确使自己渐渐地增强了对自己的信心,并且在比较中真正认识到了自己的长处和优势,逐渐地接近自己生命的"痒处"。事实上,中国社会科学院研究生院三年的学习,是我真正步入学术殿堂的阶段,也是我学术成果非常丰硕的时期。更加有意义的是,三年的博士学习和研究实践,让我切实学会了一种自觉学习的习惯,以及从理论和实践中不断地发现问题、解决问题的意识与能力。坦率地说,三年博士研究生的学习与研究对我学术能力的培养和锻炼,很大程度上与王老师给我提供的这种自由和宽松的学术环境是分不开的。

但是,王老师的这种宽容和给予我的自主性,绝不是一种放纵和不负责任。相反,他在学术研究上的严谨和认真,是一丝不苟的,一直成为我内心的学术标杆。在我参与他主持的卢卡奇《理性的毁灭》一书的翻译工作时,由于我的外文水平以及对卢卡奇思想的理解程度有限,我负责的那些章节的翻译质量出现了一些问题。而且,如何能够既非常准确地把握卢卡奇思想的原意,又能够以一种符合中国学术和文化特点的语言来介绍卢卡奇的思想,对我的确是一个非常大的挑战。我清楚地记得,有时,好像文章中的每一句话都翻译明白了,可是,整体读起来却不知所云。过去总觉得翻译是一件比较容易的事情,但通过对卢卡奇的《理性的毁灭》部分章节的翻译,才初步感到,其实,翻译是一个学术性非常强的工作,它不仅要求有很高的学术水平,而且要求有很深厚的语言造诣;它不仅要求外文好,而且对本国文字水平的要求也非常高。我甚至愿意说,翻译比自己写文章更难。

尽管我认为自己的确是非常认真尽心尽力地翻译了部分的章节,但到了王先生那儿仍然不能过关。王老师在修改我的译稿时,几乎是重新翻译了一遍,在那种大稿纸的宽边上写满了他的修改意见。但是,却仍然署上了我的名字,这让我羞愧和感动不已。每每我看到该书时,我就会想起王老师蜷着腰身,匍匐在书桌上写作的神态,浮现出那些译稿上王老师略显木拙的笔迹。曾经有人评价说,中国哲学界对德国哲学的翻译,莫过于"两王",即我的导师王玖兴先生和北京大学的王太庆先生。对此,我是完全认可的。当时,我在王先生的指导下做博士论文时,涉及20世纪90年代西方哲学中一个非常流行的概念"intersubjectivity"。如何翻译这个概念,中国的学术界有各种不同的译法,如主体间性、主体通性、互主体性等。我就此请教王先生关于这个概念的译法,并且提出了我的意见,如可以翻译为主体际性或主观际性。由于我当时是在研究费希特的理论遗产时涉及这个概念,他觉得我选择"主观际性"比较合适。但他仍然建议我一定要对这个翻译做一个具体的说明,并且以一种"规定性定义"的方式进行解释。他还要求我去向北京大学的王太庆先生请教,听取他的意见。而王太庆先生则建议我模仿"国际歌"中以"英特耐雄纳尔"翻译"international"那样,用音译的方式来翻译这个概念。两位先生治学的严谨令人叹服。

王老师对待学术的认真态度在中国的哲学界是有口皆碑的。在中国社会科学院哲学所里同事们常常戏谑地称他为"王久磨"。这个绰号的来由是有故事的。当时,在中国哲学界德国哲学的翻译方面,王老师是公认的权威,许多德国哲学方面重要的译作,包括《精神现象学》等,都是出自王老师的翻译。而且,商务印书馆哲学室的编辑们对王老师的译文,通常是不加修改而直接使用的。但商务印书馆的编辑们对王老师有一点意见,即王老师常常拖延交稿的时间,有时甚至是一拖再拖。当然,这种拖延是有原因的,其中很重要的一个原因就是,修改像我这样的参与翻译的人的译稿。而且,我去王先生家里时,也常常看到他在帮助修改其他年轻人的稿子。久而久之,"王久磨"这个绰号就戴到了王老师的头上。但令人欣慰的是,这个绰号并不是一种对王老师的贬损,而恰恰是对他的一种褒扬。这种"磨",实际上就是一种对学问精雕细刻的体现,是一种对学术和社会负责任的态度。很多人也许不知道,为了这种认真,王先生是付出了很大的"代价"的。例如,王先生很早就在从事康德《纯粹理性批判》的翻译工作,而且为此投入了极大的精力。然而,翻译稿却迟迟不能交付出版社。这里的原因当然是多方面的。但有一个非常重要的因素就是对书稿中若干重要问题的翻译如何把握,王先生一直在不断地思考和揣摩。例如,对书名中的"纯粹"两字,究竟是译为"纯",还是"纯粹",他就反复思考不已。我十分清楚地记得,在中国社会科学院哲学所成立50周年的纪念大会上,著名哲学家叶秀山老师曾经介绍了王先生这个绰号的故事。他特别讲到了王先生做学问的这种认真态度和一丝不苟的精神,以及对待学术的那种耐心与从容。而且,叶老师很有针对性地提出,在做学问上,我们非常需要多有些学者能够像王玖兴先生那样"磨",而不要急功近利。我非常能体会叶先生这番话的良苦用心。现在的学术风气存在一些浮躁现象,那种急于成功、恨不得一夜成名的冲动,给学术界带来了许多不好的毛病,尤其是对青年学者产生了急功近利的不良影响。而王先生这种认真的作风的确是中青年学者的楷模。

我跟随王先生学习了三年,耳濡目染王先生为人处事的品格和作风。当我1988年完成博士论文以后,王先生又将我留在哲学所工作,并且建议我先到《哲学译丛》杂志工作一段时间。但我却辜负了王先生的期望,离开了哲学所,后来又离开了哲学界,转入了教育研究的领域。然而,我至今仍然深深地感到,当初王先生带给我的影响,一直是我人生态度和学术研究的重要基础。

(原载《清华西方哲学研究》2016年第2卷第2期)

附录八

纪念王玖兴先生

谢遐龄[*]

我能获得博士学位,王玖兴先生起了关键作用。

我原本是全增嘏名下的博士生。归于全先生名下,也是机缘巧合。硕士生时,我的导师是陈珪如先生,专业是自然辩证法。陈先生要我继续做她的博士生,可是她的资格久久未批下;胡曲园先生的资格也尚未批下。于是两位先生商量,请陈京璇教授出面斡旋,挂在全先生名下。这意思是,实质上我仍然是陈珪如先生的自然辩证法博士生。1983年的桂林会议事件让教育部得知这一安排,以名责实,指令专业坐实为外国哲学史。由此,论文改题,我真正成为全先生的学生。可惜全先生已经步入生命最后时期。哲学系领导明确规定,最多两周看先生一次,每次不得超过20分钟。一年左右,全先生去世。又是陈京璇教授出面,请王玖兴先生担任我的导师。

第一次见到玖兴先生是1985年临近论文答辩时。此前不

---

[*] 谢遐龄,复旦大学社会发展与公共政策学院教授。

久,我与预定为答辩教授的一位本系老师,在校门口偶遇。我请教他对我论文看法,他讲了一句要命的话:……你的问题是,你对康德的评价,与列宁在《唯批》《唯物主义和经验批判主义》中的评价背道而驰。当时的气氛下,我的论文能否通过,一时流言纷纭。这些情况,玖兴先生有所耳闻。答辩后,哲学系安排我陪先生、师母短途旅游。闲谈中,先生告诉我,他与齐良骥先生(我的博士论文答辩委员会主席)在参加武汉一个学术会议的乘船同行时,商定支持我的论文通过。师母告诉我,先生为了我的论文能够通过,边看边用笔在文章上勾勾画画,总共读过四遍,才彻底搞懂我在说些什么。我汗颜!这篇论文仅仅是一堆草稿啊!1984年初定题,1985年5月交稿。我常常半夜写作时犯困,蘸水钢笔尖戳破稿纸。思维亢奋时写成的句子,事后自己都看不懂——出书后再读,才放下心来。系领导每天亲临催促,不得已匆匆结稿。这堆草稿交给先生这样的权威处理,真是惭愧。四遍!那一刹,我强烈地感受到师恩,也明白了先生在答辩会上的辩护何以底气坚实。

答辩会上,我回答提问之后,玖兴先生开口了。接下来的场面恐怕是博士论文答辩史上罕见的:他讲了近半个小时。

先生全然是为我作辩护。当时,尽管邓力群同志已经知道我们的桂林会议发言没有背景,纯然是一群研究生在发表自己的研究心得,因而不再追究;复旦党委一位领导也明确告诉我们,"你们的事情已经过去了",又提醒道,"是过去了,不是平反了";但气氛仍然相当压抑。"背道而驰"一语即是明证。此后几年的接触中,我逐渐了解,玖兴先生说话十分谨慎。从而深深体会到,他在答辩会上为我辩护,充分展现仁者之勇。我的论文找不出任何政治错误。然而,那个年头,黑格尔可以随意引用,甚至在马克思、恩格斯语录不够用时,代之以黑格尔语录充当盾牌或枪棒也过得去,康德只有挨打的份儿。不像现在,黑格尔遭冷落,康德成热门,枯荣倒转。我的论文大力表扬康德,甚至把马克思《资本论》的基础,劳动、商品二重性学说,看作奠基于康德先验逻辑——在当时是不合时宜的。不难理解,王玖兴先生为我辩护,承担着多么大的风险。

先生的辩护大部分是向答辩委员会解读我的论文。主席齐良骥先生提问时只是说,作者参考了大量文献云云,用意大概是委婉地点出文中所说均有来历。实际上我的外文阅读速度很慢,来不及读那么多文献。我想,或许齐先生不便直接肯定文中论点,采用这种方式表示支持。王玖兴先生直接解读,令我十分感动。我一直认为,学位条例[①]规定授予博士学位需在科学或专门技术上做出创造性成

[①] 指《中华人民共和国学位条例》。

果,对哲学学科不很适用。许多前人的哲学著作,能读懂到一定程度就很不容易,何谈创见!因而,能多读懂一些就可以。在撰写论文时,我打定主意要写一篇本色的哲学文章,不管人们看得懂与否。因桂林会议事件,我被30多轮批判、"帮助",弄得有点儿恼怒,决心回归学术语言。桂林会议上我们发表的观点之一是,把哲学史确定为唯物主义、唯心主义两条路线斗争史不妥。这是一个思想史的纯学术问题,但被看作政治问题。帮助我们时重新训示唯物主义反映论。其实,毛泽东《实践论》的伟大是运用中国传统的直觉思维,用西方思想,特别是洛克的哲学语言,解说为反映论,风马牛不相及,也贬低了其意义。当时要与苏联保持一致,有政治上的必要。中苏早就决裂,完全可以直陈这篇著作与中国传统的关系。我不认为敲打我们的人政治上有问题,只是觉得他们没太搞懂,只会人云亦云。不仅德性不完善,跟风惯了,风向一变,一时转向不灵难免犯错误。解结,要按哲学的本色写哲学论文。写作时渐入纯粹境,沉迷于思辨中,不觉文章就写得晦涩难懂,遭到诟病。先生出面解读,为我减压,也促我反省,恩情深厚。

先生演说的要害部分是为"实践优先于理论"辩护。那时的流行说法是"哲学就是认识论""知识就是力量"。我在大学读的是工科,硕士生时期属于自然辩证法,一般易流于科学主义。只是我本性好思辨,先已迷恋黑格尔的纯粹思辨作风,归属外国哲学史后,定题康德哲学有如鱼得水之感。特别在当时物欲猖披,一批经济学半吊子鼓吹原始积累、先利后义、不择手段、巧取豪夺,读康德哲学如同观察时代。然而,恰逢其时却成为不合时宜,我的论文主题是解读范畴演绎,实践与理论的关系并非重点,却偏偏被挑出来说事。命夫?运耶?

先生的辩护实际上是没有辩护,只是讲述了一个学术情报:苏联哲学界研究康德哲学的专家有同样的看法。人们听了,就有"哦,这也是马克思列宁主义队伍中的一种观点"的印象。多年后,我揣摩,是否受了李泽厚的连累?他主张实践美学,又在康德研究方面打破陈规。唉,此实践非李泽厚实践美学之实践。

我的论文能全票通过,还与很多先生的支持分不开——答辩委员会中北京大学的齐良骥先生、华东师范大学的冯契先生、本校的胡曲园先生;评阅论文的中国人民大学苗力田先生、中国社会科学院叶秀山先生等。王玖兴先生的演说是关键。他们维护正义的坚定、恪守学术的诚实,我感受为深厚的恩情,永志不忘。

我最后一次见到先生是在他的病榻前。在医院里他的病床边,先生笑吟吟地问我:你怎么看美国出兵伊拉克?我一时没明白他提问的用意,沉思中。先生缓缓道:美国的哲学不行啊!大国不能欺负小国……还是中国的思想高明。我原先的想法是美国虽无共主之名却欲行天子之事。先生讲的越过了这个层面,直接点出负责任的大国当奉行的指导思想。万物并育而不相害；道并行而不相悖。先生给我上的最后一课彰显了哲学、哲学家永恒不变的崇高价值。

先生曾嘱我为《纯粹理性批判》作注解留给后人。愧对先生，此生恐怕难以完成这个任务了。为免过分尴尬，在此献上对康德道德哲学的一点研究心得，以志纪念。

（原载《清华西方哲学研究》2016年第2卷第2期，节选）

附录九

教诲难忘 风范永存
——忆恩师王玖兴先生

周晓亮[*]

时光荏苒,可以磨灭生活中的许多记忆,但有些记忆是很难忘却的。

王玖兴先生是我读硕士时的指导老师,后来同在一个研究室工作。虽然他已经离开我们十余年了,但他的音容笑貌仍历历在目,他的谆谆教诲仍响在耳边。

我是1972年5月进入复旦大学哲学系学习的工农兵学员。虽然号称在校学习三年,但在当时的历史环境下,我们的专业学习既不系统,也不充分,许多重要课程都是以讲座的形式一带而过。我记得,黑格尔哲学就是陈京璇老师一次讲座搞定的。哲学各学科中,我对西方哲学很感兴趣,但由于学习不系统,基础知识很不扎实,更谈不上读哲学家的原著了。根据"文科要以社会为工厂"的办学精神,我们每学期都要拿出不少时间去工厂、

---

[*] 周晓亮,中国社会科学院哲学研究所研究员。

农村等基层单位办学习班、搞调研,这样专业课的时间就更显不足。1975年毕业后,我回原单位工作,基本脱离了哲学研究的环境,更谈不上研究西方哲学了。

转机发生在1978年:国家统一招考"文革"后的第一批硕士研究生。事情来得突然,没有思想准备,而且时间仓促,资料缺乏,但我还是临阵磨枪,硬着头皮报考了中国社会科学院哲学研究所西方哲学史专业的研究生。因为是集体招生,所以不要求考生具体填报导师的姓名。实际上,我当时对这个领域中国内有哪些重要学者,他们的专业所长是什么几乎毫无所知。现在想起来这确实有点可笑。

考试结果出来后,我获准去哲学所复试。复试分为面试和笔试。面试是由西方哲学史研究室的老师分两组分别进行的。我参加的是以杨一之先生为首的那一组,王先生在贺麟先生为首的那一组,因此面试时与王先生未能得见。复试后录取我们九个人为西方哲学史专业的硕士研究生。因为报考时未要求考生确定研究方向,于是研究室召集我们开了一个会,让我们每个人自报想法。虽然当时德国哲学是热门,也是研究室的强项,但我考虑了自己的条件,只有英语还勉强可用,于是决定以英国哲学作为研究方向,同时选择这个方向的还有另一位同学。可是谁来指导英国哲学的研究生呢?虽然室里的老先生对英国哲学都很有造诣,但非专攻,况且已经分配了各自要带的学生。于是,室里决定由时任研究室副主任的王先生来指导我们两位研究英国哲学的学生。这一决定,肇启了王先生与我二十多年的师生之缘。

以上情况也说明在成为王先生的学生之前,我的西方哲学基础是很薄弱的。如果说后来我还能在这个领域作出一点成绩的话,与王先生的指导和帮助是分不开的。

根据研究生院安排,第一年哲学所的研究生是在北京市工会干校集中住宿和学习。因为家在北京,后来两年,我基本可以住在家里。我家与王先生的家相距不太远,可以经常去他那里拜访,于是有了更多熟悉和了解他的机会。

王先生曾是西南联大的研究生,攻读哲学硕士学位。抗战胜利后,1947年他参加了当时国民政府举办的全国公费留学考试,并以优异成绩被录取。1948年到瑞士,就学于北部的弗莱堡大学,后来毕业留校工作。弗莱堡大学位于瑞士的德法双语区,也是瑞士唯一一所用双语教学的公立大学。所以,王先生不但精通早先习得的英语,而且精通德语和法语,这在当时的老先生中也是不多见的。

1949年中华人民共和国成立,这成为后来影响王先生一生的大事。王先生经历过旧中国的内忧外患、凋零破败,欣闻新中国万象更新、蒸蒸日上,萌发了对新中国的强烈向往和为国效力的激情。1950年,我国与瑞士建立外交关系。建交之初,由于缺乏经验和对邦交国的了解,中国使馆遇到了不少困难。王先生利用自己的学识和语言能力,自愿为使馆做了许多资料翻译和沟通工作,得到使馆和外交部门的高度评价。1957年,他响应党和国家的号召,毅然放弃海外的优越生活,回国工作。当我知道王先生的这段经历,很为他的爱国情怀所感动。对于选择回国服务,王先生视为理所当然。一次,师母范祖珠对我说:"我们在国外洋房、花园都有,我们是放弃这一切回国效力的。"王先生听了马上打断,因为他不愿对此过分渲染。

王先生回国后到中国科学院哲学研究所西方哲学史研究组工作。此时国内的反右派斗争正处在高潮,像他这样的归国学者很难适应国内的形势。他对我说,有领导跟他明确谈过,他们这些老知识分子的主要任务就是利用他们的外语优势,做好国外学术著作的翻译和资料工作,后来他一直是按照这个指示做的。这样一来,他自己写研究著作就相对不多。对于这一点,虽然王先生曾多次表示遗憾,但他仍然认为,学术翻译同样重要,并且对自己在这方面的努力和付出感到欣慰,也愿意继续为此作出贡献。

王先生身材高大,相貌堂堂。走起路来身板笔直,步伐矫健,很有一点军人的样子。交往起来,他给人的第一印象是儒雅谦和、平易近人,是一位温厚慈祥的长者。他对人和蔼,与人无争,交往多年,我从未见他对人红过脸。即使有些事他不满意,也是点到即止,一带而过。他的另一个突出特点是特别健谈,许多与他接触过的晚辈都对此有深刻印象。他谈论的话题广泛,学问家常、海阔天空,无所不及。我每次到他那里,只要他没有其他安排,总能聊到饭点为止。而且我发现,他有时候是放下手头工作来接待我的,因为我看到有文稿和书籍摊放在桌上,显然他刚刚伏案工作过。这样几次之后,我实在不忍心过多占用他的宝贵时间,于是再去时就算好钟点,谈完正事刚好到吃饭时间,这样我就可以起身告辞了。在谈话中,不论是在学识上还是在阅历上,我都很难跟上王先生的思路和话锋,很多时候只能多听少说。王先生从未因此对听者有任何忽视和轻慢,反倒将事理娓娓道来,让你理解和明白。从他那里,我不但听到了对哲理的解惑之言,也听到了学界的许多轶事,有时还会听到他对时局的看法。后来我逐渐体会到,这也许正是王先生教诲学生的独特方式,他到研究生院给我们授课时也是这样的:他不是硬性给你灌输某种观念,或指示你如何行事,或唱几声高调,而是通过一样样事例,细雨润物般地丰富你的知识、滋养你的情趣、提升你的境界,使你潜移默化地体会到如何做学问、如何做人。王先生给我的感觉是,虽然我是学生,他是师长,但他从来没有把我低看一等,即使有时我们的观点不尽相同,他也从不以势压人,而是平等相待、自由讨论。在与王先生的交往中,这种平等、自由的气氛是最让我感到轻松和愉快的。

研究生的学习是紧张而充实的。除了研究生院规定的公共课程外,我还要用大量时间补习本应在本科时就具备的专业基础知识。另外，因为我中学学的是俄语，英语基础较差，所以我还必须下大力来提高英语水平，这占用了我很多时间。我很羡慕学外语出身的同学，当他们已经可以熟练运用外语听说读写，享受"免试"待遇的时候，我还在那里为通过外语考试而艰难地"爬坡"。王先生曾多次对我强调学好外语的重要性。他说，要从事外国哲学研究，一定要熟练掌握外语工具，而且不能满足于一般的阅读，要能正确理解和准确翻译外文的学术原著，学术翻译这一关是一定要过的。后来他还谈道，研究室有的同志头脑灵活，文笔也不错，就是外语拿不起来，在学问上吃了很大亏。王先生的话对我有很大触动，后来我也努力按王先生的话去做。在学习期间，有的同学已经发表了多篇论文，而我只翻译发表了两篇短文，加起来不到 8000 字。但让我欣慰的是，这毕竟是我在学术翻译上迈出的第一步。

后来，要写硕士论文了，我去王先生那里商量选题的事。我说想以休谟的怀疑论作为论文的主题，因为休谟是英国经验论的集大成者，与洛克、巴克莱的经验论相比，他的思想更有深度，他的怀疑论更深刻地揭示了经验论的本质和特点。王先生同意我的选题，认为休谟哲学十分重要，是现代经验主义思潮的鼻祖，并提示我注意休谟的怀疑论对康德的影响。

虽然将论文勉力完成，但连我自己都不满意。一是因为休谟的著作公认难懂，尤其是他的《人性论》，素以繁复晦涩著称，我过去没有接触过休谟的原著，现在要在不长的时间里读懂它，理出新意，难度很大。二是因为我的知识积累不够，还不能从西方哲学发展的整体脉络中把握休谟思想的精髓。所以，整篇论文显得泛泛而论，不够深入。答辩时，评委们提出了很多中肯而尖锐的意见，我对答辩的结果也忐忑不安。尽管如此，论文还是通过了。后来得知，评委们作评议时，王先生除了肯定论文的一些优点外，更多是对论文的不足承担了指导上的责任。虽然这已经是 30 多年前的事，但至今回想起来，我仍然对自己的水平不够而给王先生带来的麻烦感到歉意。事后，王先生对我进行了鼓励。我意识到，学术研究的路才刚刚开始，要真正取得成果，必须付出持之以恒、锲而不舍的努力。我也暗下决心，一定要把休谟哲学继续钻研下去。

硕士毕业后，我与另外两位同学留在哲学所西方哲学史研究室工作。于是，我与王先生除了师生关系，又多了一层同事关系。虽然这时他不再直接指导我的学习，但在我需要帮助的时候他都是有求必应。我给自己订了计划，除了多读书积累知识之外，仍要继续提高自己的学术翻译能力，不但要看懂外文原著，译文也要达到王先生所说的"能够发表"的水平，否则即使写出学术文章，也会在外文材料的使用上没底气。我先翻译了一篇美国《思想史杂志》上关于康德哲学的文章，投到《哲学译丛》。该刊的一位编辑找到我说,能在《哲学译丛》这样的刊物上发表一篇长文(14000字),对你们青年学者是很重要的,最好找人校一下。找谁校呢？我马上想到了王先生。当我向王先生提出此事,他毫不犹豫就答应了,并很快将校好的译稿交给我。

后来,我又翻译了一篇关于休谟哲学的文章,也是请王先生校的。不过,这一次,我亲眼目睹了王先生是如何修改译稿的。当时,哲学所在密云水库边上有一个研究基地,研究人员可以到那里开会、写作。1983年7月,我们室在那里召开了一个"西方哲学史中对人的评价问题"的讨论会,老先生们也参加了。利用会议间隙,王先生帮我校对这篇译稿,我有时就站在他身边观看。我发现,他对英语原文的理解非常迅速而准确,能马上看出译文中的错误和不妥,然后作出订正,并且完全不借助字典(至少那次他根本没带字典)。我深为王先生的英语功力所叹服。那时还没有用电脑处理文稿,都是在稿纸上修改。只见他在稿纸上三勾两划,增删几字,就将一段有误或蹩脚的译文修改得准确而流畅。学界公认,王先生在翻译方面的造诣,不仅在于他对外文的理解准确而透彻,而且在于他对中文的表达地道而纯熟。看他修改译稿,可以说,就好像在观赏一门语言加工"艺术"。很久以后,我对这种感觉找到了注脚。有一次,我的一位亲属住院动大手术。为保险起见,医院从外面请来一位著名专家主刀。医院为专家做好了术前的一切准备,相关科室的医生也来观摩。这位专家到来后,操刀下手,很快做完了手术。我们不放心,私下问观摩的医生手术做得如何。他们对专家的手术赞不绝口,说那不仅是技术,简直是"艺术"。

对于王先生修改过的译稿,我都要反复研读,从中学习,并就翻译的问题向他请教。他说的许多具体看法我已经记不清了,但两点还是记住了。有一次在翻译中遇到"certainty"一词,他说这个词可以译作"确实性",也可以译作"确定性",但在哲学翻译上要注意这两者的区别,不能混淆。因为"确实性"中含有"实"的意思,"确定性"中则不含,而这在哲学理解上是很不相同的。另有一次我问到英、德、法语哪一个翻译起来更有难度,王先生说,实际上,这些外文中的大部分句子都不难译,真正难译的句型是少数,并不多,只要下功夫把这些难译句型的译法吃透,翻译起来就会顺畅得多。否则,平时只满足于翻译容易的句子,一碰到难句就会不知所措。

王先生在西方哲学研究方面的深厚造诣,与他在国外留学和工作的经历是分不开的。这也使我意识到,为了更好地胜任研究工作,应当把出国进修或考察作为一个必须实现的目标。这个目标在改革开放前是不可想象的,改革开放为我们提供了这样的机会,只要付出足够的努力,这个目标是可以实现的。对于我来说,出国学习的拦路虎主要是外语。为了进一步提高英语的实用能力,我把听说写也纳入了学习计划。从 1983 年起,哲学所开始招收博士研究生,我的同学们纷纷报考,我也动了心。如果考博,出国的计划可能就要推迟数年之久。先争取出国还是先考博?我有点举棋不定。为此我征询了王先生的意见。王先生毫不犹豫地告诉我:先争取出国。他说,现在你已经在从事科研工作了,这个事业的大方向已定。考博当然是好事,但与出国进修提高科研能力相比,还是次要的,甚至不是非常必要的。研究外国文化的人,在国内看人家的书,和在那个文化产生的环境中实地考察,感觉是不一样的。王先生的指点使我明确了方向,他关于以提高能力为主的意见是非常有道理的。

当时出国的机会不像现在这样多、这样容易,除了各显神通自己联系出国外,大部分人走的是国家公派的路子。在国家尚不富裕的情况下,公派出国的名额很少,竞争也十分激烈。不久,院里分配给哲学所两个公派出国进修的名额。所里让凡是符合出国条件的青年学者同台竞技考英语,择优参加国家的 EPT 考试。就这样,我获得了去美国进修的资格。我将这个消息告诉王先生,他很为我高兴。但我对国外的情况缺乏了解,不知去哪个学校好。王先生说,北大的陈启伟老师刚从美国加州大学伯克利分校回来,那是个哲学上很不错的学校,他让我去找陈老师,请他介绍情况,看是否能去那里。于是我拜访了陈老师,陈老师答应我与该校联系。过了不久他告诉我,该校答复说,他们只接受有博士学位的学者和教授。于是我只好作罢,后来去了匹兹堡大学。

与王先生在同一个单位共事,使我对他的工作风格有了更多的了解。王先生是一个十分认真和严谨的人,这特别体现在他的翻译工作上。王先生的翻译水平之高是学界公认的,这除了他本人的语言才能之外,很大程度上得益于他认真、严谨的工作态度。我到室里工作不久,就听到有的老同志称王先生为"王久磨",后来得知这是说王先生"出活慢",尽管这里也有慢工出细活的意思。王先生对这个称呼似乎并不介意,他说这是对他的鞭策。据我观察,王先生出活慢,大概有两个原因。以翻译为例,一是他对译文总是反复斟酌、修改,不轻易定稿,所以用时较长。那时用稿纸写作,王先生先译出初稿,然后在上面反复修改,改的次数多了,原稿上已经密密麻麻写满字,有的写上又划掉,最后几乎无法辨认,于是他将译稿重抄一遍,然后再改。为避免错误,最后的定稿也要由他自己誊清。这样反复折腾,当然耗时就多了。另一个原因就是其他杂事占用了他太多的时间,这些事情大都来自他的学生、亲友或其他人,有的并不十分紧要。应该说,在这方面,王先生对大事小事都很认真,但不善于对时间精打细算。从前面提到他可以与学生畅谈数小时之久,即可见一斑。

当然，王先生在他人身上肯花时间，也从一个侧面反映了他对别人的尊重，或者说，他很把别人的事当回事儿。比如，据我所知，因为王先生与国外学界有不少联系，所以所内外很多人都请他写过出国进修的推荐信。每遇此事，王先生总是有求必应，而且每次写信都很认真。他说，既然别人来求，就说明这件事对人家很重要，如果能帮还是应当帮一把。当然，也有个别人被推荐到国外后表现不如人意，听到外国友人传来的一些微词，王先生也无可奈何。

"文革"中，与许多老知识分子一样，王先生的工作和生活都受到了冲击。可是，每当谈起"文革"中的遭遇，他的语气总是那样轻松、平淡和释然。下放劳动的辛苦，从他嘴里说出来也变得谐趣横生。劫波多少事，尽付笑谈中，根本看不出有些人那种怨气冲天的样子。他还跟我谈到工军宣队派他到军事学院帮助审定克劳塞维茨的《战争论》译稿的事，并且为在当时的情况下能做点有益的工作而感到高兴。对于这件事，在我所见有关他的回忆文章中都没有提到。我想，如果我没有记错的话，应当是确有其事的。王先生在谈到逆境时的淡定、乐观和豁达，给了我非常深刻的印象。这既是一种生活态度，也是他对国家的未来和共产党的领导充满信心的表现。也正因此，继贺麟先生之后，王先生志愿加入了中国共产党。

改革开放和思想解放为王先生的学术生涯带来了生机。1981年，他成为国务院第一届学位委员会哲学学科评议组的成员。1979年，王先生作为哲学所"文革"后派出的第一个代表团的成员，参加了在南斯拉夫举办的国际黑格尔协会第13届大会。而后他又多次代表所里或以个人身份出席各种国际学术交流活动，有时回来后还作出访报告，为促进我国学界对国外哲学的了解作出了努力。他虽然年事已高，但思想依然活跃，对国外哲学动态有敏锐的观察和把握。记得有一次他出访回来后对我说，现在国外对解释学很关注，这很值得我们注意，以后应该找时间把这个问题研究一下。

王先生总说自己的著作不多，实际上就数量而言，他的著述也不算少。王先生去世两年后，出了一本《王玖兴文集》，收录了他的大部分学术著作，这些著作中有许多是由于各种原因未发表过的。他说自己的著作不多，主要是指没有写出研究专著。在学界中，大家比较看重专著，好像没有专著就称不上学问家，连评职称也会受到影响。实际上，是否有专著并不能代表一个人是否有深刻的思想。如果翻看一下《王玖兴文集》，我们就会发现，在那些看似平常的文章或演讲稿中，绝不缺少真知灼见。张世英先生评价说，从这些文稿中可以看出王先生对西方哲学"很精通"，讲得"很地道"。我认为这个评价是很恰当的。

在译著中，王先生与贺麟先生合译的黑格尔的《精神现象学》无疑是扛鼎之作。我到哲学所后，他有两部译著出版，一部是他独译的费希特的《全部知识学的基础》,另一部是他与人合译的卢卡奇的《理性的毁灭》。前者是费希特的主要哲学著作,按王先生所说,其在费希特哲学中的地位大致相当于《逻辑学》在黑格尔哲学中的地位,其重要性自不待言。这部译著获得了中国社会科学院首届优秀科研成果一等奖,也是公认的学术译著的典范。《理性的毁灭》是匈牙利思想家卢卡奇写的一部哲学史著作,它的出版呼应了当时国内出现的一股不大不小的"卢卡奇热"。

后一部译著是王先生带领四位青年学者共同完成的,他独译了其中的部分章节,并承担了全书的统校工作。王先生跟我谈到过完成这部译著的艰辛。这里所说的"艰辛"不是由于翻译的难度大引起的,而是由于他作为统校者如何协调和修改其他译者的译文引起的。按说,不论就王先生的资历和水平,还是就他主持这件工作的责任,他都有权对各位译者的文字进行修改,甚至推翻重译,但他在统校的过程中,总想在保证意思不错的前提下,尽量保留原译者的文字。他说,如果把人家的东西改没了,也是对人家的不尊重。而这样一来,就等于束缚住了他的手脚,使他在统校时十分费力。这件事使我十分感慨:王先生就是这样的人,他总是在为别人着想,有时甚至超过了为自己着想。他可以为别人默默地付出,却从不计较个人的得失,也从不指望别人的感恩或回报。在治学上,尤其在对待青年人上,他更是如此。

说到王先生的晚年,不能不谈到他翻译《纯粹理性批判》的事。这件译事缘起很早,有多位学者参加。1989年,它被列入由王先生主持的社科基金项目"《康德选集》编译"中。其他译者早已交稿,而王先生的统校进展缓慢,乃至进入21世纪,仍看不到结束。为什么会如此?我前面所说他的工作风格和处事方式,都可以看作是其中的原因,再加上照顾长期患病的师母而造成的耽搁。作为他的学生,我对此事十分着急。一是因为《纯粹理性批判》对于西方哲学研究太重要了,国内确实急需一个好的译本。二是因为王先生毕竟年事已高,万一有个三长两短,此事半途而废,就会成为他终生的遗憾,而这是我极不愿意看到的。按理说作为学生,我是不应当催促老师做事的,但这次我也顾不了那么多。起初,我每次到他那里或打电话,都会谈到翻译进度的事,以期起到督促的作用。后来见效果不明显,我说的话就更直截了当了。有一次我甚至直言不讳地说,人都有作古的时候,您已经80多岁了,随时可能丧失工作能力,如果不利用现在身体尚可的时候抓紧完成译稿,可能会留下终生的遗憾。他说,他不是不抓紧,也不是变迟钝了,而是杂事太多。他举例说,他去美国看望小女儿以然,没有杂事烦扰,在那里专心工作了几个月,就完成了七八万字的译稿。我对他说,杂事多,要看情况。现在悠悠万事,译书为大,对有些外人相托不很必要的事,应当坚决推掉。当时我在研究室当主任,与所里也说得上话,于是向他提出,只要他同意,我可以想办法给他配备一位助手,至少能帮他抄抄稿子，用计算机录入，节省他一些时间。王先生说他明白我的意思，也会安排好时间，抓紧工作，但对于配助手的事他拒绝了。他说他还是自己来誊稿，因为他还想借此机会把译文再检查一遍。他的这个理由我无法反驳。我深知王先生为人处事的方式：只要他能做到，他不会将别人求他帮助的事推开不管，也不愿意给单位和其他人增添麻烦。

不幸的是，我的担心变成了现实。刚开始只是听说他经常感冒，后来得知确诊为白血病。当我听到这个消息，心里十分难受。除了陪所领导去医院探视外，我还去看过他三次。我去时从不向他细问病情，因为我不愿意他将病痛一遍一遍地向来人述说。在病床上，他最关心的、谈得最多的还是《纯粹理性批判》翻译的事，他说很遗憾还有一点没译完。我见他精神状态尚好，就建议他经过一段治疗待病情稳定后，再用一点时间把它完成，因为患癌症长期存活的事例是很多的。大概他更了解自己的病情，他说可能做不到了，但他希望能有人继续把这件事做完。因为我去医院之前已经有所考虑，于是就向他推荐了我认为能够继续完成这项工作的人选。后来在王先生认可、被推荐人同意的情况下，双方面谈了具体事宜。见这件事已经有了着落，我才心里稍安。尽管这是个没有办法的办法，但也算了却了王先生的一个心愿，也给学界留下一份希冀。

我最后一次去医院探视王先生，看上去他的脸色还不错，实际上病情已经严重恶化，无法挽回。不知是由于病况所致，还是药物的作用，王先生的反应迟钝，问他话时也答不出完整的句子了。看到一向睿智、健谈的老人这时的样子，我不禁一阵心酸，眼泪夺眶而出。

不久以后，王先生就永远离开了我们。

（原载《清华西方哲学研究》2016年第2卷第2期）

附录十
可敬的导师王玖兴先生

冯俊*

  1984年西方哲学史专业全国能够招收博士研究生的只有三个单位五位导师,北京的两家,即中国人民大学哲学系的庞景仁教授,中国社会科学院哲学所的贺麟、王玖兴、杨一之教授,上海一家即复旦大学的全增嘏教授。现代外国哲学专业能招收博士研究生的只有两个单位两名导师,即北京大学的洪谦教授、武汉大学的江天骥教授,但是洪谦先生没有招生。他们几位前辈或是中华人民共和国成立前在国外学习过、获得过博士或硕士学位,或者是中华人民共和国成立前就已经当上了正教授。

因为庞先生我认识了王先生

  要讲我和王玖兴老师相识的缘起,还得先讲庞景仁先生。
  我是1977年恢复高考后的第一批大学生,1981年考上武

---

* 冯俊,中共中央党史研究室原副主任。

汉大学陈修斋、杨祖陶两位导师的硕士生，1984年毕业前夕来到北京，报考了中国人民大学哲学系庞景仁教授的博士生，庞先生是第一次招收博士生，录取了我和陈宣良两位。陈宣良在武汉大学本是我的师兄，他是陈修斋老师的儿子，也是陈修斋和杨祖陶联合招收的第一届硕士生。1978年恢复研究生考试制度时，陈修斋是副教授，杨祖陶是讲师，他们联合招收西方哲学史的研究生，第一批五名硕士生中有现武汉大学哲学学院的段德智教授、张传有教授，有同济大学哲学系的陈家琪教授和现客居法国的陈宣良；第二批三名硕士生中有现华中科技大学哲学系的邓晓芒教授；1980年他们停招一年，我是1981年他们招收的第三批研究生，五名硕士生中后来仍然从事外国哲学研究和教学的有我和现北京大学哲学系的赵敦华教授、华中师范大学哲学所的高新民教授。当时武大哲学系与我们同一届的中国哲学专业的研究生有现武汉大学郭齐勇教授、李维武教授，现代外国哲学专业方向有现武汉大学的朱志方教授。我到人民大学读博士后，陈宣良就从我的师兄变成了我的同学。

庞先生是1932—1936年在北京大学哲学系读书，那时贺麟先生刚从国外回来不久，在北大哲学系任教，庞先生不仅听过贺先生的课，还专门登门向贺先生请教过。1936年北大毕业后他就去法国巴黎大学留学了。1942年庞先生以《马勒伯朗士"神"的观念与朱熹"理"的观念》一文获得巴黎大学哲学博士学位，并留校任教。不久，庞先生转到瑞士弗赖堡（法语叫弗里堡 Fribourg，德语叫弗赖堡 Freiburg）大学哲学系任教。1945年抗战胜利后，庞先生辗转回国，1946年在南开大学任教授。因为他熟练掌握法语、英语、德语，还会一些日语和梵文，中华人民共和国成立后庞先生被调到中央军委做高级翻译，那时这样的高级外语人才还是很少的。1953年庞先生向党交心谈心时，提到30年代他曾是北京大学学生地下党负责人，其间党组织两度被破坏，第一次他跑回东北老家躲避了一段时间，第二次他被国民党抓进去审了几天没问出任何东西就将他放了，回到学校他找不到党组织，找到一个名叫"马列主义读书会"的组织，参加进去活动了三个月，后来发现那是托派，不是真正的共产党，于是他就退出了，北大毕业后就出国留学了。正巧1952年底"肃托"运动讲"托派就是反革命"，要肃清中国的托洛茨基分子。庞先生此时说出了差不多20年前的这段经历，中央军委里怎么能有这样经历的人呢？庞先生经送军事法庭审判，入狱三年。1956年从牢里释放出来后，他被安排到中国人民大学新闻系外语教研室工作，后在人民大学的大外语教研室的法语教研室工作，到1961年经庞先生多次要求后才回到自己的本行，调到哲学系工作。因为他有历史问题，哲学系这个政治性很强的系没有让他上讲台，于是他就从德语翻译了康德的《未来形而上学导论》，从法语翻译了伽森狄的《对笛卡尔〈沉思〉的诘难》，从英语翻译了詹姆士的《彻底的经验主义》，"文化大革命"住干校时和从干校回来后一段时间翻译了笛卡尔的《第一哲学沉思集》。1978 年人民大学复校之后他才给研究生上一些选修课,讲讲康德哲学和法国哲学。但是国务院学科评议组批准他为博士生导师,他成为人大哲学系继石峻和萧前之后能招收博士生的导师之一。

1948 年夏,王玖兴先生公费赴欧留学,入瑞士弗赖堡大学哲学系博士研究生班,攻读德国古典哲学,兼修心理学课程。1955 年,他完成《特拉迈尔书目测验研究》论文后,留在瑞士弗赖堡大学东方学院担任中国哲学和汉语的教学工作。王先生去瑞士弗赖堡大学学习可能是由庞先生推荐的,因为庞先生在弗赖堡大学哲学系任教多年并刚回国不久。庞先生回国时将一个女儿留在了瑞士,交给一个神父抚养,可能王玖兴先生在瑞士学习时也偶尔去看望这位不会说汉语的女儿。庞先生临回国时还有很多书没有带回,王先生在弗赖堡大学读书时是否用过这些书,我无法求证了,但是直到 20 世纪 80 年代复旦大学的张庆熊教授在瑞士弗赖堡学习时,在一个阁楼上还发现了庞先生留下来的几箱子书。

庞先生的大儿子从小是在法国和瑞士长大,法语很好,"文革"后期他和他妻子一起经考试,成为在瑞士的联合国欧洲总部的法语同声传译译员,因为有从小生活在瑞士的经历很快就办了移居瑞士的手续。庞先生一直患高血压,据说"文革"期间血压的高压一般在 160～200 之间,后来心脏也不好了。大约在 1984 年年初,他在瑞士的大儿子安排他去瑞士定居治病,当他得知组织上要重用他,让他带博士生——这是当时人大哲学系大多数老师都没有的机会和待遇,打倒"四人帮"后一直要求恢复党籍或重新入党的他,觉得实现他人生价值的时候到了,此时他怎么愿意离开呢?他在北京做手术安装了心脏起搏器,并很快就投入到工作中去,为博士生制订学习计划,列出长长的书单,他觉得,凡是让博士生看的书他自己必须先看,所以他开始跑北京图书馆(现为国家图书馆)借书、看书、还书,从张自忠路 3 号往返文津街。我们是 1985 年 2 月入学,他给我和陈宣良分别制订了教学计划,多次谈话交流,他家住城里,来学校西郊校区不便,就写信给我们指导读书和考虑博士论文的选题。不到几个月先生就病倒了,住进了医院。在医院里还给我们写了一封信,交代我们怎么看书,回答教学安排的一些问题,可信还未发出先生就心脏病发作,突然离世了。先生这么快就走了,我们感到震惊和十分悲痛。

庞先生逝世后,我们这两个入学不到一学期的博士生该怎么办?当时人民大学哲学系外国哲学教研室苗力田教授的博士生导师资格还没有批下来,人民大学没有合适的导师接着带我们,这时就想到北京另一家有培养外国哲学博士生力量的中国社会科学院哲学所。估计是苗力田、钟宇人两位老师的建议,让人民大学哲学系联系王玖兴先生,理由可能有三点:一是王先生法语好,熟悉法国哲学,因为弗赖堡是法语为主的地区,弗赖堡大学是法、德双语教学,王先生研究过存在主义和雅斯贝尔斯哲学;二是王玖兴老师和庞景仁先生有这样一种特殊的关系,庞先生留下来的学生王先生不能不管;三是社科院哲学所的三个导师,相对于贺麟先生和杨一之先生他最年轻,更有精力承担更多的工作。当时人民大学哲学系主任罗国杰教授出面找邢贲思所长和李惠国副所长寻求帮助,很快得到他们的同意,李惠国副所长还是人民大学哲学系系友,他亲自去找王先生商量此事,王先生很爽快地答应了。

武汉大学校友的身份让我们特别亲

我记得第一次带我们去见王玖兴先生的是中国人民大学哲学系副系主任杨彦钧老师,他把我们送去,算是代表人民大学将我们托付给王先生了,第一次也算是组织对组织的见面,王老师还是比较客套。从此之后,我们就经常自己到阜外大街6号楼2门206号的王先生家里去,每次一聊都是很长时间,他常常让我们留下来吃饭,范师母也非常客气,我就记得他们家做的饼很好吃。每一次离开王先生家他都将我们送到楼下的小院中再告别。

王先生之所以愿意和我们海阔天空地聊天,其中有一个重要的原因,就是我们都是武汉大学的校友,哲学系的系友。王玖兴先生本来是1936年考入南京中央大学心理系的,一年后,卢沟桥事变爆发,抗日战争开始,他因经济窘迫未能随校西迁,遂应考黄炎培等人在上海集资创办的"膺白清寒学生奖学金"。他从1937年秋季起,由基金会资助进武汉大学学习,就读于哲学教育系,直至毕业。其实王先生在武汉大学武昌珞珈山校区只学习了半年,因为抗战上海战役失利,武汉大学先是停课,1938年春,王玖兴先生随武大西迁四川乐山。当时武大哲学系有张颐、朱光潜、黄方刚、万卓恒诸哲学大师,给他们讲授西方近代现代各家哲学,开启和激发了王先生的哲学兴趣。

王先生给我们讲过多次的是,他在武大求学时武大校长王星拱先生是参加过"科学与玄学大论战"的著名化学家。每学期转发膺白奖学金时,王校长都亲自接见王玖兴,并勉励他侧重研读哲学。老校长认为,一切科学,深入研究起来,都离不开哲学问题。校长的多次亲自接见和鼓励给他留下了深刻印象,对他后来为人治学产生了深远影响。

据王先生回忆,1941年他从武大毕业后赴陕西城固,在西北师范学院当助教。一年后转返四川在白沙女子师范学院教课。这期间,课余时力多用于研读我国历代先哲的重要典籍。1944年秋,他与范祖珠师母结婚后,同赴昆明,入西南联大清华研究院哲学部,读研究生。当时西南联大学术氛围十分浓厚,哲学系更是大师云集,金岳霖、汤用彤、冯友兰、贺麟、陈康、郑昕、沈有鼎诸先生分坛设教,各抒己见,异彩纷呈,蔚为大观。抗战胜利一年后,西南联大解散,北大、清华、南开各自复员北上,王玖兴先生也到北京,应清华大学聘请,在哲学系任教。可以说,在王先生出国前,对他影响最大的一是武汉大学,一是西南联大期间的清华研究院。

王玖兴先生在西南联大读研究生期间,陈修斋在西南联大旁听贺麟、冯友兰先生的课,同时在贺麟手下的西洋名著编译会从事一些翻译工作,杨祖陶是哲学系的本科生。西南联大解散后,他们都回到北大,陈先生在北大做青年教师,杨祖陶接着读研究生,读完之后也当老师。1956年武汉大学哲学系成立,李达校长到北大"三顾茅庐",请老师们去支援武大,陈修斋和杨祖陶是第一批去武大的,很快江天骥也从北大去了武大。估计王先生在西南联大时和陈先生也熟识,所以对我们这两位陈、杨二师的学生觉得又多了一层亲密关系。

促使王先生1957年回国有两个因素,一个因素是冯友兰先生,1956年夏冯友兰先生与任华先生到日内瓦开会,他们会后专程到弗赖堡看望王玖兴先生夫妇及家人,并劝其回国服务。第二个因素是和武汉大学有关的。他在武汉大学求学时有一个最好的同学叫刘涤源,后来留在武汉大学任教,王先生出国后一直与他保持密切的通信来往。1956年刘涤源给王玖兴写信,说国内形势一片大好,国家发展走上正轨,事业欣欣向荣、蒸蒸日上,正是需要用人的时候,如果回国一定大有作为。他最信任的同学的真情实感,打动和感染了他,于是他下定决心回国,回国的决定也得到政府的支持和周恩来总理的亲切关怀,他取道苏联,1957年夏天回到阔别十年的祖国。王玖兴先生被安排到中国科学院哲学所工作,安顿好工作和住处后,他想到的第一件事就是去武汉大学看望鼓励他回国的老同学刘涤源,可是当他到武汉大学时,被告知刘涤源被打成右派隔离审查了,没见上。他到哲学所上班后遇到的第一件事也是打右派。王先生讲的这件事让我们印象深刻的原因之一,是因为80年代初我们在武汉大学读研究生时,刘涤源是武大经济系的知名教授,就住在我们导师陈修斋教授家(也是陈宣良家)对门,我们经常见到他,没想到他和王先生还有这个缘分。

和我们差不多同时转到王玖兴先生门下的还有复旦大学的陈奎德、谢遐龄、张汝伦和黄勇,因为他们的导师全增嘏先生也去世了,我们都成了王先生的弟子,但是我们几乎没有同时在王先生家里见过面。见面较多的还是王先生在社科院哲学所指导的一些学生,例如他指导的硕士生程志民,比我稍晚一些的博士生谢维和。我们和王先生见面时也有很多的时间是他给我们讲其他这些同学在研究什么课题,他是怎么看这些问题的。1987年底我博士毕业后留人民大学任教,每年还经常去看王先生,几年后他和我讲他在社科院哲学所招了个学生叫尚杰,在复旦招了个学生叫汪堂家,他们都研究法国哲学,但是我当时都没见过他们,见到他们是好多年之后的事了。

除了聊学问,王先生还喜欢聊他的家乡,当时我并不知道王先生的家乡是江苏的哪个县,只记得他多次提到徐福东渡日本就是从他的家乡出发的,可以感受到他对家乡深深的眷恋。现在我再查阅王先生的回忆录才知道他的家乡是现在江苏省连云港市的赣榆县。

他对学问的认真使他有了"王久磨"的雅号

我的博士论文的开题和写作是在王先生的指导下完成的,他让我们沿着庞先生定的方向"17世纪法国哲学"做下去,不要因为转到他门下就换研究方向,各自看书还是按庞先生定的书单。于是我的论文研究笛卡尔,陈宣良研究马勒伯朗士就这么定下来了。庞先生翻译的笛卡尔《第一哲学沉思集》的书稿在商务印书馆压了很多年,记得我们还曾去责任编辑陈兆福先生前门外的住处催看清样,在高崧副主编的关心下1986年该书出版了,也为我们研究提供了方便。王先生指导我们是因材施教,因势利导。每一个学生的基础不一样,看的书、感兴趣的问题不一样,让学生沿着自己感兴趣的问题做研究、写论文,导师不把自己的兴趣和问题强加给学生。我们跟他学习的那段时间他正在翻译卢卡奇的《理性的毁灭》,感兴趣的是德国哲学的问题,但他仍然指导我们研究17世纪的法国哲学。多年以后,我自己当上了博士生导师,指导博士生时就是沿用从王先生那里学到的这个方法,给学生很大的自由空间。

我的博士论文初稿写出来后,王先生看了一遍,没有提出太多的修改意见。这时人民大学苗力田教授的博士导师资格也被国务院学位办批准下来了,人民大学就让苗力田教授和王玖兴教授联合指导我们,这样苗力田教授就成为我们的第三位导师。王玖兴老师让我们把博士论文的初稿给苗先生再看一遍,帮我们提提意见,苗先生看得很认真,也提出不少意见和建议。1987年是我们博士毕业的年份,也是苗先生正式招收博士的第一年,我是苗先生指导毕业的第一个博士,李秋零是他正式招收的第一个博士生。我博士论文答辩时王玖兴老师请来了王太庆、朱德生、钟宇人、李毓章等老师,加上他和苗力田两位导师,答辩还是很顺利的。答辩结束后的餐叙中,王先生说他如释重负,算是完成了庞先生留下来的任务,也算是对苗先生有个交代了。苗先生喝酒比王先生厉害,王先生抽烟比苗先生勇猛,好不快哉!

到了20世纪90年代以后,大学和知识界做事讲求报酬,作个报告,指导个学生都得付讲课费、导师酬金,后来我回想起来,王先生指导我们似乎没有拿人民大学什么酬金，最多就是到年底给他送个挂历，那时也不流行送果篮，起码我是不记得有。王先生指导我们纯粹是为了学术的传承、朋友间的友谊、师生间的情谊。

王老师对学术精益求精，一件作品不经反复斟酌和打磨是不轻易拿出手的。我记得不准了，他"王久磨"这个雅号似乎是王树人老师告诉我的。王玖兴、王太庆、叶秀山、王树人、钱广华、陈嘉明合译康德的《纯粹理性批判》，由王玖兴先生统校，似乎一直没有出来，他可能不经十次、二十次的修改是不轻易拿出手的。我后来一直没有见到《纯粹理性批判》的这个翻译版本，觉得十分遗憾。其实，"久磨"可能是他们这一代人的共同特点，他们没有我们这一代学人浮躁和急于求成的心理。我记得有一年暑假前我和陈宣良一起去北大看望王太庆老师，陈宣良说起他在看的马勒伯朗士的一本小册子不长，回去一个暑假就可以翻译出来，当时王太庆先生马上就很生气地说，你爸是这么教你的吗？一个东西没有十年二十年的打磨，算是翻译好了吗？其实，王太庆先生也是"久磨"，80年代他出版的很多译著是他从40年代就开始翻译的。苗力田教授也常常教导我们，50岁之前不要写文章，首先要学好三门活语言即英语、德语、法语，再学好两门死语言即古希腊语、拉丁语，文章写得再好都超过不了柏拉图、亚里士多德、康德、黑格尔，不如把他们的著作翻译过来给大家看。可见"久磨"不仅是王玖兴先生一个人的雅号，而是他们这一代人的学风、学品，可能是王先生的名字中有一个"玖（久）"字，叫起来更加有趣。这样想来，我们都是先生不合格的学生，不仅没有学会五门外语，而且没有忍住在50岁之前就发表了文章、写了书。文章和书都没有"久磨"，"萝卜快了不洗泥"的现象是普遍存在的。可能是我们这个时代变得太实际、太功利，我们都不能免俗，不发文章、不出书就当不上教授，涨不了工资，分不上房。而今天这种现象可能愈演愈烈，有过之而无不及。

我在中国人民大学任副校长以后忙起来就很少去看王先生了，但是在校园里常常看到王玖兴先生的女儿、商学院的王以华教授，见到她就问问她父亲王先生的近况。2002年年底的一天我接到北京师范大学原副校长、时任首都师范大学校长谢维和的电话，他告诉我王先生得了白血病住进了协和医院，在病床上他想起了他的学生们，其中包括我们这两位在北京做了大学校领导的学生。我接到谢维和校长的电话后很快就去协和医院的病房看望了王先生，交谈甚欢。没想到此次见面竟成永诀，大约一个月不到王先生就于2003年1月4日驾鹤西归了。

我在中国人民大学担任副校长八个年头，后调到上海工作，担任中国浦东干部学院常务副院长又八个年头。2015年年底中央又将我调回北京工作。虽然我现在的工作和西方哲学没有关系,但是王先生教给我的西方哲学仍被我看作是安身立命之本,不敢也不想轻易丢掉,每年还有些译著和一些文章发表。今年是王先生诞辰100周年,为了纪念这位知名系友、学界前辈王玖兴教授,清华大学哲学系和《清华西方哲学研究》杂志组织我们这些学生回忆和王先生一起的片段,王先生的音容笑貌又在我的心中生动起来,王先生的精神将永远在我们的事业中延续。这篇小文算是我为王先生百年诞辰献上的一束小花。

(原载《清华西方哲学研究》2016年第2卷第2期)

附录十一
纪念我的导师王玖兴先生

黄勇*

收到清华大学哲学系邀请,为纪念王玖兴先生的这个专辑撰稿,非常高兴,因为我也是王先生西方哲学研究的门徒。记得在华东师大念本科时我就对西方哲学产生了兴趣,当初与几位同学成立了外国哲学兴趣小组。后来由于华东师大没有外国哲学的硕士点,我们这个小组的五个人,除了童世骏(他考了华东师大的认识论专业)一人外,全考上了复旦大学。我在复旦的指导老师是全增嘏先生。当初考虑到全先生年事已高,再加上身体不是很好,系里嘱咐我们尽量不要打扰他,但他还是非常乐意给我们指导。有一个学期,他让我们五个人(我和另一位硕士生和三位博士生)去他家,给我们讲康德哲学。他不用讲稿,手头也没有书本,全凭记忆,令我们印象深刻。不过很显然,"文革"在他身上造成的创伤也很深。有几次讲课过程中,院子里有脚步声,他会情不自禁地问,是不是红卫兵又来了。我当初跟他做

---

* 黄勇,香港中文大学哲学系教授。

的是中世纪哲学研究,论文也是研究阿奎那的认识论。后来我又考上了他的博士生,可还没有正式开始博士学习,全先生就过世了。

由于当初整个上海没有第二个人可以带西方哲学的博士生,系里负责西方哲学的陈京璇老师便与王玖兴先生联系,将我和同时考上的张汝伦以及已经在读的陈奎德、谢遐龄同时"托孤"给他。我们当初去了北京几次,向先生请教,王先生在我们的两位师兄论文答辩时也来到上海,我们乘机跟他谈论论文的设想和进展。虽然见面的次数不多,但王先生的渊博、健谈、敏锐、为人,尤其是对我们不仅是学习上甚至是生活上的关心,是我终生难忘的。我在报考博士研究生时的研究题目还是阿奎那哲学,只是侧重其本体论。王先生鼓励我继续从事这个题目的研究,但我的论文最后集中在阿奎那和海德格尔的存在理论,特别是其各自在本质(essence)与实存(existence)关系问题上的看法。我现在已经记不清为什么加上了海德格尔这部分,但这样一下子就使阿奎那中世纪的哲学获得了当代意义。我想如果不是王先生的明确提点,就一定是他的口头和书面教诲对我的潜移默化。博士毕业后,我在复旦哲学系任教,但在一个学期后的1988年夏天,我便去哈佛燕京学社做访问学者了。由于硕士和博士论文都是研究阿奎那的哲学,我去哈佛神学院旁听了不少课,结果阴差阳错地又在那读了一个神学博士。开始几年,在圣诞节时我都给王先生送贺卡,王先生也都回送,记得有一次他是从德国寄来的,而且他不是简单地说圣诞快乐、新年愉快的客套话,而是满满的一张纸,从生活到学习,从国内到国外,无所不谈,令我受益匪浅。后来时间长了,这个习惯才中断,一直到先生过世,我感到非常遗憾。

当初决定在哈佛读神学博士,主要是想加深对基督教哲学的了解,以便进一步从事中世纪哲学的研究。但后来我写的毕业论文却属于政治哲学,讨论的是自由主义和社群主义关于宗教和形而上学在政治中的地位问题。这可能是由于当初罗尔斯还在哈佛任教,我也听了他的几门课,而我们神学院几位老师的课上也会布置罗尔斯和自由主义哲学家以及麦金泰尔和其他社群主义哲学家的著作。不过与此同时,我也选了当初在哈佛任教的杜维明先生的一些课,由此感觉到儒家哲学与我要讨论的自由主义和社群主义争论的核心问题,即政治的公正和形而上学的完善这两个概念之间的联系,有很大的关系,我当初甚至打算用朱熹来为这两派政治哲学的争论提供一个解决办法,后因这个题目实在太大,我的导师建议我的论文集中在自由主义和社群主义之争,做完以后,可以继续我对朱熹、宋明理学、儒学,甚至整个中国哲学的研究。这就是我后来一直到今天在做的事情。

应该说,我当初转而研究中国哲学并没有直接受到王先生的影响。但后来知道,当初王先生不仅在去学习西方哲学之前就已经开始学习和研究中国哲学,而且后来他之所以选择学习德国哲学也是因为在他看来德国哲学更能够与中国哲学挂钩,从而为他以后研究中国哲学铺路,尽管他后来没有回到中国哲学这条路上来。想到这一点,我的内心感受是矛盾的。一方面,我在写完两篇西方哲学的博士论文(一篇偏重欧陆哲学,一篇偏重英美哲学)以后回过头来从事中国哲学研究,这是王先生想做却没有做的事情。对此,王先生如果在天有灵的话,应该也是会鼓励我的。但另一方面,王先生之所以没有回过头来研究中国哲学,是由于他对西方哲学的进入之深造成的,而我自己这么快地从西方哲学中抽出身来,一定是我还没有真正深入到西方哲学中去,对此,王先生如果知道的话,恐怕也是要责备的。所幸的是,我对中国哲学的研究,都是在与西方哲学的比较背景中进行的,所侧重的是中国哲学对西方哲学中的一些问题可能作出的贡献,因此每一个中国哲学的研究计划也同时是对西方哲学中的有关问题的研究计划。如果王先生在世的话,我一定要倾听他对我这种研究方式的看法。出于这个目的,我在这里给王先生献上我从比较哲学的角度研究王阳明哲学的一个方面的小文。

(原载《清华西方哲学研究》2016 年第 2 卷第 2 期,节选)

附录十二

谈笑风生音犹在
——怀念我的导师王玖兴先生
尚杰*

恩　　师

王玖兴先生出生于1916年,今年是他老人家100周年诞辰。我是他带的最后一届博士生,我很幸运,也为此感到自豪。谨以此文,表达我的感恩与怀念之情。

1991年初春,我第一次见到王玖兴先生,那是在他的家里,他住在北京阜成门外。我见他,是由于我要报考当年社科院哲学所的博士生,那是王先生招收的最后一届博士。我是特意从沈阳赶到北京现场报名的,因为马上就到报名截止日期了。去研究生院办好报名手续,我就来看望王先生了。仰慕王玖兴先生已久,之前我拜读过他与贺麟先生共同翻译的黑格尔名著《精神现象学》。

---

* 尚杰,中国社会科学院哲学研究所研究员。

第一次见王先生，我心里很紧张，他是国内顶尖学者，在去王先生家的路上，就想象着见面的场面，我第一句话应该怎么说，应该咨询哪些考试的问题，结果却是越想心里越乱。但真到见面时，王先生和蔼可亲的气场，很快就使我紧绷着的心情平复下来。记得是在王先生的书房里，房间里靠墙的书柜几乎摆满了，里面那么多外文书，有德文的、法文的、英文的，而且大都是厚厚的卷本，是多年的珍藏，令我肃然起敬。房中很大一张写字桌，书籍和稿纸堆得很满，王先生在工作。

交谈中，王先生表示非常欢迎我报考他的博士，并询问了我的学习和工作情况。我那年决定考博士，也是不易，一直犹犹豫豫的：我已经 36 岁了，算是大龄考生；我小孩快上小学了，家里事需要我，心里也舍不得离开妻儿独自从千里之外的沈阳来北京再"上学"；况且当时下海经商的风气兴起，80 年代时年轻人意气风发、到处一片读书声的场面已经渐渐暗淡。年龄和学界氛围似乎都不支持我报考，但是如果不考，我以后恐怕就再没有机会了，关键时刻我妻子的支持起了很大作用。见到王先生之后，我更坚定了自己的选择是正确的：社科院是一个读书做学问的好地方。

之后，就是准备考试，知道是最后的机会，所以我非常努力，当时我多次与在哲学所工作的宋祖良兄通信请教，他告诉我除了专业课，要特别重视外语考试，涉"外国"的专业必须 60 分以上，我真得感谢他的提醒，我那年英语考了 62 分，就差几分，很悬啊！

入学之后，与王先生有了更多的接触。那届博士，王先生招了 2 个，除了我，还有谭求麒（他是北京大学哲学系 78 级的本科生）。我和谭求麒结伴去王先生家上课，先生和师母经常留我们吃饭。记得家里有个保姆，有时师母还亲自下厨，令我们非常感动。

我觉得，凭我的能力，想还原王玖兴先生这一代中国学者的学养和品德，还不够格。如果 20 年算作一代，王先生年长我将近 40 岁，他经历了民国、1948 年去欧洲留学、1957 年携全家回国，而后经历了国内的反右、"文革"以及改革开放时期，不是简单的一句"阅历丰富，见多识广"就能概括的。他成长于民国，留学于欧洲，中年回到祖国，这些经历给人的心灵带来的巨大震荡，是我这代人难以想象的。我1963 年上小学，我在学校的学习生涯，是一路"磕磕绊绊"走过来的，现在被称作"学者"，在王先生这代人面前是不够格的。我认为自己全靠自学，如果说"人是环境的产物"，那么在人格养成方面除了靠自己读书，社会教育并没有给我多少积极的东西。王先生这代知识分子就不同了，我觉得最大的不同，可能就是他们受过更多的中国传统文化的熏陶，他们谦逊、平静、不愿意麻烦别人、从不炫耀自己。他们以那样儒雅的符合人性的方式善待别人，而我这代人是"喧闹"和"躁动"的，我们厚今薄古，伴随我们成长的只有"新"没有"旧"。只是到了中年之后，我才习惯尊称别人为"先生"，以前都叫"同志"，如此等等。我们那样渴望成功，却又急功近利，喜欢走捷径，其中只有很少的人肯通过长期默默无闻、艰苦卓绝的辛勤劳动获得成功。我真诚地说自己不够格，并对最后一代真正受过中国传统文化熏陶并熟悉现代世界文明的中国知识分子，表达深深的敬意！现在人们喊爱国口号，很多人只是停留在语言上，而王先生那代人是真正把爱国埋藏在心底里的：放弃在欧洲的教职，1957年携全家回国——这是多么果敢的、毅然而然的实际行动啊！

王玖兴先生给我们上课，几乎和拉家常是混着的，他非常平易近人，从来都是笑眯眯、和和气气的，有时师母不在家，他会从某个我们想不到的角落里摸出一包香烟，看他吸烟的样子，简直惬意极了。王先生的中文功底特别好，他和贺麟先生合译的黑格尔《精神现象学》，堪称国内汉译中的经典之作，我觉得至少有两大贡献：其一，在那个对外封闭的年代，即使在教育学术界，除了少量老先生之外，很少有学者能直接阅读西方原文著作，况且国内这类进口图书的数量也少得可怜。换句话说，我这代乃至我上一代的多数学者，是靠着阅读贺麟、王玖兴、王太庆等老辈学者的西方哲学译著，来学习西方哲学的。可以说，以这种方式被西方哲学思想所吸引，后来走上研究之路的学者们，成为"文革"结束之后国内研究西方哲学的第一支"队伍"。就此而论，王玖兴先生是"燃灯者"。其二，由于德国古典哲学被列宁列入马克思主义的"三个来源"之一，有幸被鼓励翻译和阅读。贺麟和王玖兴翻译的《精神现象学》，对西方哲学的汉译，在语言和学术规范方面，具有里程碑式的意义。这么说绝不夸张。20世纪西学东渐，就翻译史而言，可以大致划分为三个阶段：清末和民国时期的译本或者全部是文言文翻译（如严复翻译赫胥黎的《天演论》、蓝公武翻译康德的《纯粹理性批判》），或者是"半文言半白话"的翻译，只有到《精神现象学》这样的译本，才真正实现了精致典雅的白话文翻译，很多哲学概念术语，都是"第一次"译成现代汉语（白话文），这本译著中的很多西方哲学概念的汉译，成为后来国内学界公认的称谓。我们知道，很多西方哲学概念，汉语里并没有相应的对应词，这方面的翻译最考验汉语功底，还要精通外语与哲学，这三样缺一不可，可见好的哲学翻译之难。第三代译者属于"文革"结束之后的一代，他们是在王玖兴这代老先生的译作基础上，从事西方哲学经典著作翻译工作。老先生们在重要的概念汉译方面，已经为后来的译者做了极好的铺垫。

我至今仍然认为，"第三代译者"还要反复阅读《精神现象学》的汉译本，主要是学习老一辈翻译家的"汉语"能力。译文是西学的汉化，得向灵魂附体那样"流畅"而不露一丝做作，读起来一点儿也不"隔"，就像新鲜出炉的用另一种语言写的汉语新文章一样，才算得上有才华的译者。当今好的译著不少，但文理不甚通畅的译著亦颇多,究其原因,我觉得还是汉语功底没过关,另外就是读书太少。

王玖兴先生指导我的博士论文,方向并不是德国哲学,而是法国哲学,由于历史原因,当时哲学所德国哲学研究力量雄厚,但是缺少研究法国哲学的,就让王先生招收这个方向的博士生。王先生博学,对法国哲学并不陌生,他也精通法语。大约入学一年后,在与王先生商量我的博士论文选题时,我想涉足当时国内学界尚不十分熟悉的当代法国哲学领域,这对我自己也是一个挑战。我不想选18世纪法国哲学,因为这一段历史和法国启蒙思想家,国内已经做过很多研究,我想选择一个难的题目,也是由于我的硕士论文是关于胡塞尔的意义理论,从现象学转入当代法国哲学,在学理上也有贯通性。我一直非常感谢王玖兴先生同意了我的选择,尤其是他同意我做关于德里达的题目。这是他的学术眼光,因为国内学界当时并不熟悉德里达,几乎没有多少中文文献可以参考,要大量地阅读外文著作,而且是如德里达这样隐晦的思想和"怪异的"文本。老师的信任就是对我最大的鼓励,虽然有现象学研究的基础,但德里达的书实在太难啃,几乎有将近半年的时间,我都不知道德里达在书里说些什么。王先生对我说,要从边缘领域读起,先领会与现象学有关的部分,读不懂的暂时放下,读另一本。就这样,在王先生的耐心指导下,我自己也努力,最后将论文题目定为《哲学的衰落与复兴——对德里达解构主义的哲学思考》。由于是新东西,我对自己写的这篇论文质量,心里并没底。最后答辩时,老师们的评价很好,这对我的学术自信心是很大的鼓励,从此我走上了研究当代法国哲学的学术之路,一直到现在。衷心感谢王玖兴先生,您是我的学术领路人!

王先生待学生,从来都不说重话,从不发火。有一件事,现在想起来很是愧对先生,记得是我读博士第二年,临近新年了,王先生要我去邮局买些明信片回来,要邮寄给他在国内外的朋友们,但是当时我正被"博士论文"弄得昏天黑地,整日愁眉苦脸,这事就拖着没心思去买,等又去王先生家汇报论文,王先生提起这事,我心里非常羞愧。我把这件小事记下来,是想起了卢梭的《忏悔录》,要做一个真实的人,就要如实地记下自己做得不对的地方。

王先生对学生很是爱护,我遇到个人难解的困难,说给王先生,他总是热心帮助,从不推迟。例如,我博士毕业想留哲学所工作,王先生大力推荐。留所之后,与王先生的接触不像当学生时那样频繁了。当时哲学所的工资和住房待遇都很低,我们一家三口挤在研究生院一间15平方米的职工宿舍(筒子楼)里,期间节假日去看望王先生,不免对老师诉苦,但当时哲学所住房就是困难,为了精神自由就得先牺牲物质舒适(我至今并不后悔选择了精神自由),王先生没少安慰我,有时还亲自给所长和哲学所办公室打电话,反映我的困难。

我在哲学所上班,王玖兴先生叮嘱我定期为他向所办公室要一些稿纸和信封,给他送到家里。当时学者写作大都还使用稿纸,电脑写作还是新鲜事。学者之间交流还用信件,逢新年春节,还互相邮寄贺年片。手机短信拜年的兴起,是10多年之后的事情了。回忆起来那好像是另一个时代的事,当时哲学所的学者,普遍使用每张500个方格子的大稿纸。王先生当时在翻译康德的《纯粹理性批判》,用的就是这种大稿纸。我去看望王先生时,在我的印象中,他的写字台上永远有一摞那样的稿纸,那是他的译稿。王先生的译稿,很有个人特色。从稿纸上,可以明晰地看出王先生的工作流程:他的钢笔字和他的书法一样,方方正正,很讲究布局,有一种生动的形式美,即使是修改过的稿子,也是这样,一点儿也不显凌乱。他译文的正文用钢笔,每个字都写在格子之内。修改时,用的是圆珠笔。如果要涂掉某个字或者词语,并不涂成一个黑疙瘩,而是用圆珠笔划掉,这个划线就像飞机上翘的两个翅膀一样,"翅膀"之间写上新修订的文字。由于钢笔字是纯黑色,圆珠笔字是浅蓝色,区分一目了然,即使同一张稿纸上有多处修改,也显得改而不乱。这种方式,一以贯之,我想是王先生仔细考虑过的。

日月如梭,如今我也已经年过花甲。当年跟随王玖兴先生念法国哲学,尔后留在哲学所工作,始终莫敢忘怀王师的教导,默默在"法国哲学"研究领域,自认为一直比较勤奋。我以这样的实际行动,报答王玖兴老师。我想,这也是他老人家希望我做到的。

关于王先生的学问

学界公认王玖兴先生是杰出的翻译家,但关于王先生的个人著述,知道的不多,这是由于历史原因造成的。王先生回国正赶上反右派斗争。"拔白旗",就是所谓的批判资产阶级知识分子。我想,这是王先生返国之前不曾想到的"待遇",他内心曾产生怎样的震荡,我永远是不得而知了,但有一点很清楚,他必有强烈的不适应感。据汪子嵩先生回忆,当时"玖兴知道这时候如果上课堂,必然'开口便错'。他接受金岳霖和冯友兰先生的意见,不接受北大教授的聘书,而去哲学所当研究员"[1]。另据当时刚到哲学所工作不久的叶秀山先生的回忆:"当时似乎有一种不成文的'规定':凡'老先生'皆属于做做'资料'和'翻译'工作,而我们这些年轻人,重点在于'写作'。"[2]如此看来,当时虽然才40岁出头但已经被划入"老先生"行列的王玖兴先生,不仅被认为在课堂上会"开口便错",而且也被认为在文章里会"下笔便错"。为什么呢?不看文章内容而仅凭身上被贴上的标签,属于"旧社会"过来

---

[1] 崔唯航(2005:7)。
[2] 崔唯航(2005:21)。

的知识分子,似乎就"不是自己人"了。当然,这不仅是王先生个人的委屈和悲剧,它属于整个民族,后来在"文革"中,为这种"标签式"思维模式所付出的惨重代价,不必细说。

于是,只好少写,最好不写——这就是王玖兴先生1949年之后个人著述很少,而且也很少为学界所知的根本原因。虽然很少,但并不意味着没有,仔细阅读他写于1962年的《关于海德格尔哲学的几个问题》,其哲思之敏锐,辨析之清晰深刻,令人拍案叫绝! 要知道,一个中国学者于1962年写的关于海德格尔思想的论文,要能在21世纪的当今学界读起来都会深有启发,没有过时,该具有多么智慧的头脑! 可以想象,当时王先生思考的唯一依据,是海德格尔的德文原著,他无法读到当时国外研究者的研究成果。

我指的是这篇文章中对海德格尔"Sein"这个术语的辨析。文章的深刻性,并不体现在半个世纪之后国内学界热衷于争论的究竟应该将它翻译为"存在"还是"是",因为如果理解了"Sein"在《存在与时间》中的实质含义,这个争论就只是汉语翻译的词语之争了,诚如王先生明确指出的:"'存在'和'是'在西方文字里是同一个字。"①也就是说,把"Sein"译为"存在"和"是"都是正确的,至为关键的是王玖兴先生极其敏锐地抓住了海德格尔两句最为关键的话,并且在文章中引用出来:"我们只能断定,'存在'不是一种像存在物那样的东西。""在'存在'概念的任何定义里都必须使用'是'这个字(存在是这个或者是那个),因而,那个要加以定义的字已经包含在它的定义里面了。"②换句话说,王玖兴先生洞察到"Sein"在汉语里的不可译性,虽然不可译,但可以凭借理性的直觉理解它:即使我们不得不强行将"Sein"翻译为"存在"或者"是",但两者都不是"一种像存在物那样的东西"。也就是说,我们不能一般地描述它们是什么,因为这样的描述必然使"Sein"相当于"一种像存在物那样的东西",即某种现成在场的东西(观念),而真实的情景,只能是如此这般或如此那般的"存在"或者"是",这情形只能在时间中显现(如此这般或那般的)存在,也就是"Dasein",这就把现象学的意向性和时间问题,引入了"Sein"。从此,哲学不再是现成的关于"什么"或"存在者"的问题,而是关于"存在"本身的问题,这就是为什么海德格尔这本书的名字叫作《存在与时间》。

以上,王玖兴先生在文章中,首先就抓住了问题的要害,指出了"Sein"在海德格尔那里的不可定义性,这就给哲学出了个大难题,因为在传统哲学里"可说的"都一向被认为"可定义",否则,就违反了哲学的理性、逻辑性、清晰性原则。现在海德

---

① 崔唯航(2005:7)。
② 崔唯航(2005:228-229)。

格尔把"不可定义性"拿出来大做文章,预示了哲学问题研究的一个根本转向:从"天上"转入了"人间",变学究气为生命气息。这就是"存在主义"术语的由来。也就是说,正是在传统哲学问题终结的地方,开始显现新的哲学问题(存在哲学)。

接着,王玖兴先生悟到了海德格尔的创新恰恰在于海氏陷入了悖谬之中:"因为,如果说由于任何下定义的企图都一定得兜圈子,因而存在是不可定义的,即是说由于下定义所须遵守的公式:存在是这个或是那个,首先必须予以定义才行,那么替存在的意义下定义该也陷入同样的命运。因为对于存在的意义问题,非这样回答不可:存在的意义是这个或是那个,但这样一来,令人讨厌的'是'字在这里出现了。因为,如果按照海德格尔的说法,我们在存在的意义问题上并没有比在存在自身的问题上多走一步。"①我大段援引这段话,是想证明王玖兴先生的哲学思辨功底,他分析得十分清晰,更难能可贵的是,语言活泼而毫不生僻。我觉得王先生对于问题分析的深度和对于海德格尔思想理解之透彻,绝不亚于当今国内研究海德格尔思想的资深专家。他用以上生动活泼的表达"令人讨厌的'是'字","没有多走一步",揭示出要在"Sein"上真正多走一步(多么微妙而本质的一步啊! 它要说出具有实质性的新思想,而不能出现"那个要加以定义的字已经包含在它的定义里面"的情形),就要像海德格尔那样抛弃传统哲学的提问方式"这是(或者那是)什么",就好像在"是"这个术语上面画个叉叉,这个叉叉意味着放弃传统哲学的对象性思维模式,让"Sein"以如此这般或者如此那般的方式显示自身,于是,哲学根本问题发生了断裂或飞跃,从"Sein"问题跳跃到"Dasein"问题。

于是,玖兴先生联想到"海德格尔将存在与存在者做了明确的区分,这种区分与康德所作的现象与自在之物之间的区分有着渊源关系。不过海德格尔的物自身概念是已经修改过了的"。②这里作者暗示海德格尔的"存在"(学界曾有"此在""亲在"等不同译名)可能受到康德"自在之物"的启发,而"存在者"相当于康德的现象世界。这个联想是卓越的,它在学理上是成立的,如果我们联想到海德格尔与叔本华或者尼采思想的渊源关系的话——十分清楚,叔本华和尼采的自由意志就是对康德的"自在之物"修改而来的,而它们与海德格尔的所谓"存在",关系十分密切。

限于篇幅,我这里只节选了王玖兴先生这篇文章的片段,但它足以显示他的哲学分析才华。王先生曾经对海德格尔的存在主义有浓厚的研究兴趣,但在那个年代,别说从事海德格尔研究的个人著作不可能出版,就是翻译海德格尔本人的著作,也不予提倡,少量的翻译(例如熊伟先生的翻译)只能作为批判资料在内部发

---

① 崔唯航(2005:229)。
② 崔唯航(2005:230)。

行。据叶秀山先生回忆:哲学所西方哲学研究组某次开会谈个人的研究计划时,王玖兴先生"说要翻译一本关于存在主义的书,被一位老同志否定,声称本组重点是古典哲学,所以要以翻译康德、黑格尔的书为主,当时我注意到王先生的表情很不高兴,但只能服从。这大概就是后来王先生与贺先生一起致力于黑格尔著作翻译的最初的动因"①。

2005年《王玖兴文集》问世,使我们有机会阅读王先生1949年之前的著述。该文集有四个方面令我印象深刻:一是既博学又专攻,就博学而论,涉及了哲学概论,古希腊哲学以至整个西方哲学史;就专攻而论,既有对经典原著的解读,例如柏拉图《理想国》,也有专题研究,例如其中的《知识论讲稿》不仅谈到哲学史上的"知识论",而且还涉及对于石里克和维特根斯坦的研究,这篇讲稿写于1946年,在当时的国际学界也属于非常前沿的研究题目。二是王先生的哲学思辨能力,以上我已经通过分析他写于1962年的一篇论文,表明他具有这种天赋。他1949年之前的著述,表明他在青年时期就打下了西方哲学的深厚功底,讲得十分清晰、内行地道。三是讲西方哲学时,能非常娴熟地对照中国哲学思想,对比思考,这得益于他曾经师从冯友兰先生念"中国哲学史"方向的研究生。四是他文章的风格,娓娓道来,深刻的哲理在他的笔下并不显得生涩,这就涉及他汉语表达的才华了。我读当下很多中青年学者的论文,尤其是博士论文,虽然外语很好,但是我时有读不下去的感觉。我的这个判断不是出于我对于论文所涉及的内容不熟悉,我敢下这样的判断,就是出于我熟悉论文的主题。我读不下去,是由于生涩、过长的句子以及浓重的"直译"腔调,究其原因,我想光是外语好是不行的,我们几代人都严重轻视了汉语表达能力的训练,尤其是对传统汉语经典作品甚至诗词,读得太少,在用汉语表达西方哲学思想时,往往无力像王先生这代人那样,能实现中西语言之间流畅地"无缝对接",故而绝对不能忽视这个问题,因为语言能力是思想能力的直接体现。

王玖兴先生对于自己的著述,无论是翻译还是论文,要求都十分严格,只写有把握的、自己已经清晰理解了的句子或者思想,决不敷衍了事。对于自己不满意的成稿,宁可不出版,也决不视而不见,决不用"自己明知道是错误的东西"去误导读者,这是老一辈学者留给我们的优良学风。文如其人,写文章就是在做人。从一个人的文章,可以见识一个人的修养与品德,其中有作者的灵魂。这个传统,当今的学者应该继承。

---

① 崔唯航(2005:21)。

听王玖兴先生聊天

1999年年底,我作为访问学者,公派去法国一年。临行前,王玖兴先生邀请我和夫人去他家吃饭,那是很难忘的记忆。在王先生面前,我早已没有拘束感,他的性格十分随和,属于特别容易让人亲近的那种宽厚,只要你走进他,和他聊天,他会有一种无形的柔和温馨的气场吸引着你,让你舍不得离开。听王先生聊天是一种享受。

我现在仔细琢磨,现在某些学者的"聊天"是怎样一种风气,与王先生的聊天风格,有什么区别。区别是非常明显的。现在学者之间的"聊天"风气,有几大主题:国内外形势,都很有主见,指点江山,愤愤不平,但这个话题的终了,没有几个人能指出我们究竟应该怎么办。也就是说,只有一大堆问题,一遇到具体解决问题时,就退缩了;还有学界的"功利",博士点啊、长江学者啊、谁谁又升迁了、工资住房待遇啊、申请项目啊、核心期刊啊,如此等等;然后,就是"忽悠",这两个字很传神,这个"忽悠",是说那些老辈学者口里绝对说不出口的那些话,至于不加掩饰地为自己争名争利,有的亦然到了无耻的地步。做学问是需要天真心态的,如果学界满是功利世俗之人,如何出得高水平成果呢?

如上内容的聊天,不参与也罢,因为就像酒肉朋友一样,山呼海叫,交杯碰盏,虽然喝醉了,但根本就没交心。这是很累身累心的社交活动,就像虽然身居闹市仍旧孤独惆怅,让人快乐不起来。

要认真地活着,聊天中见真性情,聊出人性的趣味,深刻、风采,可以聊任何话题,但要聊出品位,互相启发,就像启蒙时代巴黎的沙龙和哲学咖啡馆一样。

要交心,就得真而不伪,这就是与王玖兴先生聊天的乐趣,他的话题虽然天南地北无所不包,但从来都不是指点江山的大主题,而是生活的点点细节,他聊他的老师金岳霖,讲金老的笑话,说金老不愿做行政工作,怕与人打交道,但金先生的名气太大,新中国成立初期还是被任命为清华大学哲学系主任。当主任是要坐班"办公"的,这让自由散漫惯了的金先生很不适应,他曾抱怨,"我办了一天'公','公'也不来",没人找他,金老干脆回家看书去了,还有就是传说中的金老与他心爱的大公鸡一起就餐的轶事。

和王先生交谈,他没有多少客套话,他谈自己的经历,我记得很清楚的是他谈到1948年在去欧洲留学之前,生活很是窘困,还生了病,恰逢战乱,他说那是他最困难的一段时期。他的目光深邃清澈平静,似乎没有把我当成晚辈而是当成可以交谈的朋友。

和王先生聊天,能体悟出他的一个重要品性,那就是在功利事情上从来不争。

他也从来没有大学者的架子指点你应该这样或者那样做学问。若是问他学术问题，他通常总是以某本经典著作的内容作为实例，而不是泛泛而谈。

他谈贺麟和胡乔木，说是"文革"之后，他和贺麟等几位哲学界老先生曾被时任社科院院长的胡乔木邀请座谈，要大家献计献策如何复兴和繁荣哲学社会科学。王先生和我说，他是当时参加座谈会的几位老先生中最年轻的，但也已经年过花甲了，感叹自己回国 20 年中，是自己精力最旺盛最能出成果的年纪，却由于大环境束缚，不能随心所愿从事著述事业。"已经有点儿晚了"，他的语气透着无奈！

和王玖兴先生打交道多的人都知道，王先生非常喜欢聊天，也善于聊天，他的口才很好，往往只用几句话，就能点透一个人、一件事，很重要的话他会以轻描淡写的方式说给你听，而且惟妙惟肖，经得起琢磨，其中透着他一生的学养和智慧。他的聊天内容，生活气息极强，他很少用抽象的概念方式说话。

在我去法国做访问学者前夕与王先生的交谈中，王先生嘱咐我回国时给他带一本法文版的《纯粹理性批判》，他说法文比较精确，要和德文原著对照参考。在那次见面时，我恭恭敬敬地把自己刚刚出版的小册子《解构的文本——读书札记》送给王老师。

再次见到尊敬的王先生，是一年之后的 2000 年年底了，我给他带回来法文版《纯粹理性批判》，他很高兴。他还提到了我走前送给他的那本小册子，那本书的文体是散文风格的。王先生仔细阅读过，而且大声兴奋地说："你写得非常大胆，好！"王先生的评价完全出乎我的意料，我一点儿思想准备都没有。那小册子是中国社会科学出版社的约稿，我当时的私心是，反正肯定能给出版，就写得很随意放肆，没有想到受到王先生的这般肯定，我深受鼓舞，因为这个评价来自德高望重的王玖兴先生，我受宠若惊！人生的事情其实是由细节决定的，王先生的评语让我思考风格写作问题，之后两年，我又出版了类似风格的《归隐之路——20 世纪法国哲学的踪迹》，这要感谢王老师给我的信心。王先生病重住院期间，我去医院看望他，把这本新书送给他。他当时已经很虚弱了，他和我说的最后一句话是："听说你又出书了。"现在想起当时的情景，心里涌上一股热泪。临别时，我向恩师深深地鞠了一躬！

2003 年 1 月 4 日，王玖兴先生逝世。在告别仪式上，我缅怀老师的恩德，决心要像他那样做学问、做人！

（原载《清华西方哲学研究》2016 年第 2 卷第 2 期）

参考文献

崔唯航（编），2005：《王玖兴文集》，河北：河北大学出版社.

编者后记（初版）

王玖兴先生一生致力哲学，孜孜不倦，锲而不舍。然先生惜墨如金，述而不作，生前未曾留下一部著作。先生晚年曾感叹自己"一生所作不够一本文集"。这不仅是先生的遗憾，更是学界的一大遗憾。希望此书的出版，能够在一定程度上弥补这一遗憾，同时，也算作对先生的一种纪念。

本书所收文稿由三部分组成：第一，先生生前发表的文字；第二，先生所译著作的导言部分；第三，先生所作但生前未曾发表的文字，这一部分占到了全书的十之七八。因此本书绝大部分文字来自先生书架上的遗稿，属首次面世。

在先生遗稿之中，大多为手写文字，其中相当一部分尚处于草稿阶段（个别文章还没有最终完成或仅存写作提纲），有些文字或者由于年代久远而字迹斑驳不清，或者由于反复修改而字迹重叠模糊，这为整理工作带来了一定的困难。编者在选编、录入电脑过程中对此虽竭力辨认，上下求索，但恐仍难避免有不确之处，这自应由编者负责。

本书以时间为序进行编排，依据具体情况之不同，可分为三类：第一类，先生生前已发表的文稿，以出版或发表时间为准。此类文稿有第 8、17、18、24、25、26、27、33、34 篇。第二类，先生生前未曾公开发表但在手稿上明确注明写作时间的文稿，以先生所标时间为准。此类文稿有第 1、2、3、4、5、6、9、13、14、15、16 篇。第三类，先生生前未曾公开发表也未在手稿上注明写作时间的文稿，此部分由梁志学先生依据文章的内容、引文、稿纸和笔迹等情况推断其写作时间。此类文稿有第 7、10、11、12、19、20、21、22、23、28、29、30、31、32 篇。

编者有幸，得以在先生晚年结识并求教于先生。耳提面命之间，受益颇深。先生去世之后，受家属委托，编者开始着手编辑、整理先生遗稿。一年多来，每日面对先生手迹，其人其思，跃然纸上，其言其行，如在目前。终至完稿之日，始发现先生离开我们已经两年了。

还清楚地记得最后一次见到先生，是在北京协和医院的病房里。先生此时已被疾病折磨得异常虚弱，但他依然睿智、豁达、风趣而健谈。他谈论以往的故事、现在的病情，其态度出奇之冷静，就像自己是一个旁观者，但这种冷静却令人不由得心酸。临别时，我把装有《纯粹理性批判》译稿（先生晚年一直致力于此书的翻译）的软盘放至先生手中，先生忽然间沉默了，双手抓住那张小小的软盘，直至我走出房门，再也没有说出一个字。

本书在编辑出版过程中，得到了清华大学哲学系万俊人先生的鼎力支持，中国社会科学院哲学研究所梁志学先生给予了热情、详尽而不厌其烦的指导，责任编辑王仲华先生为本书的出版，付出了超乎常规的努力。没有他们的支持，本书的出版还只能是一个存在于头脑之中的美好"蓝图"。因此，对于他们的感激，已非一个简单的"谢"字所能表达的了。

崔唯航
2004 年 12 月 16 日
于中国社会科学院哲学研究所

再版后记：把纪念写在风里

《王玖兴文集》由河北大学出版社首次出版已 17 年了，能有机会得以再版，是一件可喜可记的事情。由于历时较久，清华大学出版社建议再写一个后记，我毫不犹豫答应了。之所以如此，除了以上原因之外，就我个人而言，还有一件未竟之事萦绕多年，那就是初版后记留下的一点遗憾。

2004 年 12 月 17 日，我在完成初版后记之后，发给王玖兴先生的长女王以华教授征求意见，她很快回复，在肯定之余，提出进一步完善的建议："是否可以在后记之首，简单交代你接受这项工作的过程……这样开篇的后记会给人一种亲切的感觉，与序的风格一致。"我当时深以为然，但由于各种原因，未能进行相应的补充完善，就匆匆出版了。这就作为一个"心结"留存了下来，之后每次见到以华老师，心中总有一丝愧意，尽管她从未再次提起，我也从未当面表达。如今逝者已逝，我更有必要讲述一下关于这本书以及和王玖兴先生相关的故事。

2000 年秋，我进入清华大学哲学系读博士研究生，成为哲学系复系以来的首届学生。当时清华大学的一件大事，就是筹备2001年春季的90周年校庆。复系不久的清华哲学系,也踌躇满志,做了许多相关工作。我接到的任务就是采访哲学系的老学长王玖兴先生,采访文章计划收入即将创刊的《清华哲学年鉴》。

记得那是一个秋日的下午,我和同学李云霞如约拜访了王玖兴先生。先生的家在阜成门外,一个有些破旧的小区,几座带有沧桑感的老楼,有些闹中取静的味道。那天先生心情不错,谈笑风生,给我们讲了许多许多的往事。除了他与清华的渊源之外,我记忆最深的是关于金岳霖先生的故事,特别是金先生对他的帮助,其中涉及许多细节,虽已相隔多年,先生谈论起来依然如数家珍,描述具体而翔实,好像是发生在昨日的事情。另有一个细节我记忆犹新,先生谈到他从事多年的《纯粹理性批判》的翻译工作,我问道:"您现在用电脑工作吗?"先生缓了一下,笑眯眯地轻轻摇摇头:"我现在学电脑,是磨刀要误砍柴工了!"

我们回去之后整理录音和记录,很快完成采访稿,送先生审阅。不久收到先生返回的修改稿,翻开一看,震撼不已!整篇文稿被密密麻麻的"王玖兴字体"所覆盖,这与其说是修改,不如说是重写!

过了几日,我忽然被宿舍管理员喊去传达室,说有电话找。我十分惊讶,快步赶去。话筒里传来的竟然是先生略显着急的声音,他说文稿中有一句话不准确,需要修改。我一边连连答应,一边记录。王先生再三叮嘱,语气中甚至带有几分歉意。我回去立即改过,对着电脑想,老先生真是太认真了,就为了一句话,一句在我看来不改也可以的话,还专门打来在那个年代并不十分便利的电话。

几年之后,我到哲学所工作,才从同事那里了解到这是先生一贯的风格。他对自己、对学术的要求历来一丝不苟、精雕细刻、精益求精,有时甚至达到苛刻的程度,不经千锤百炼,决不出手,为此有人送其"雅号"——"王久磨"。大家普遍认同的是,经过他"打磨"过的东西都是可以信任的"免检"产品,这也就是所谓的"慢工出细活"吧。其实,这种"久磨"代表了一种学术上的追求和风范,它不仅体现在先生个人身上,而且在他的同辈学者身上,也不时可以看到,比如王太庆先生、苗力田先生等等,都具有这种"久磨"的风范。"可见'久磨'不是王玖兴先生一个人的雅号,而是他们这一代人的学风、学品,可能是王先生的名字中有一个'玖(久)'字,叫起来更加有趣。"(冯俊:《可敬的导师王玖兴先生》,参见本书第514页)

最后一次到阜成门外拜访先生,也是一个下午,先生同样谈兴很浓,滔滔不绝,一直谈到夜幕降临。室内灯光昏暗,已看不清先生的表情,但声音在耳边萦绕。先生所讲的具体内容我大多忘记了,忘不掉的是一首诗,一首唐诗。诗的名字不知道,诗句更是一句也记不住,能记住的是先生略显夸张的动作和依然平稳的语调,忘不掉的是诗中所描绘的场景。那是一首描写清明时节的诗,一家人为故去的父母扫墓,一片悲悲切切、凄凄惨惨的景象。扫墓归来,生火做饭,村子里炊烟袅袅,一家人聚在一起,热热闹闹。那首诗很长,先生的朗诵很缓,蕴含的情绪很饱满。我被深深打动,心中涌现出一股异样的感觉,一直到回去的路上,都难以平静。乘出租车至清华西门,我不由得脱口而出:"先生为什么要背诵这首诗?"这既是问同行者,也是自问。当时就想,回去一定要找一找这究竟是哪一首诗。一晃二十多年过去了,那首诗依然了无踪迹。留下的,还是那昏暗的灯光和灯光下先生模糊的身影。

此后不久,就听到先生身患白血病的消息。心中很是黯然。随之而来的是长时间的空白和等待。直到有一天,我和博士同学靳凤林去清华大学蓝旗营宿舍王以华老师家中,看望在此养病的先生。先生消瘦了一些,但气色尚好,精神也算乐观。言谈之间,又一次谈到《纯粹理性批判》的翻译工作。由于意外原因,王太庆先生负责翻译的那一部分书稿缺失。考虑到先生的身体状况,我们建议不妨请人帮助补译这一部分,以尽快出版。先生先是笑而不答,后来慢慢抬起手,指着自己的前额,沉缓而坚定地说:"这本书已经刻在这里了,我要把它取出来。"看着先生忽然严肃起来的表情,特别是面对他历经化疗之后的额头,我有一种难以言传的悲壮感觉。令人痛惜的是,他最终也没能"取出来"他的书(他未来得及补译王太庆先生缺失的章节)。这是先生的遗憾,更是我们后辈学者的遗憾。据先生家人和陪护人员说,先生将工作进行到了生命的最后一刻,他最后念念不忘的还是他的书。以华教授告诉过我,先生为此书付出了巨大心血,曾经私下立下宏愿,这本书翻译完成之后,将是经得起百年时间检验的译本。从先生的学识、功力、投入和专注来看,特别是在看到先生留在译稿上再三斟酌、反复涂抹的痕迹和涂改液层层堆积的"厚度",我在震惊之余,相信此言不虚,在这件事情上,他有完全的自信。

2003年1月初,传来先生去世的消息。最后的告别在协和医院,那是一个十分寒冷的冬日,告别室空间不大、光线很暗,我随着队伍缓缓移动,向先生做最后的、也是匆匆的告别。离开医院,我顺着东单王府井熙熙攘攘的人群,漫无目的地走了很久,没有思绪,只有茫然,一种空荡荡的虚无感油然而至。我知道,王先生永远离我们而去了。随着先生的离去,这座城市一下子"空"了许多。

经过毕业的繁杂和忙乱,我于当年7月来到先生长期工作的地方——中国社会科学院哲学研究所工作,由此开启了一段自由而散漫的生活。在此期间,以华教授和我联系,表示先生家属希望我能对先生遗稿进行整理并结集出版,以此作为对先生的一种纪念。

我当即答应此事。于是,又一次来到阜成门外的先生家中。小区依然闹中取静,几座楼房沧桑依旧,房间依然保持着先生在世时的原状,丝毫未变,一切都指向

"物是人非"这四个字。随后数月,我多次前来搜集先生遗稿,其间上下求索,四处寻觅,每有所获,便欣喜不已。就这样蜜蜂采蜜一般,几经努力,终于完成本书的"质料",之后是整理、录入、校对、查找引文出处等工作,直到正式出版才告一段落。

最后一次参加和先生相关的活动,是 2008 年 11 月 26 日上午,在清华大学甲所举办的王玖兴先生藏书捐赠仪式暨学术座谈会。那次会议规模不大,与会者或多或少都与先生有缘,大家睹物思人,就先生的书与人各抒己见,具体内容大多已记不清了,印象最深的是一件小事。清华大学图书馆工作人员在整理先生捐赠的藏书时,发现其中一本书中夹着一张先生手书的字条,记录了此书乃是某年某月某日,在昆明西南联大从何兆武先生处所借……这一借,就是半个多世纪,至归还之日,不仅物是人非、青丝华发,而且天各一方。这一"借条"被当众宣读,之后物归原主。何兆武先生手握该书,不胜感慨,即席讲了一番话,现在能记起的是这番话意蕴丰厚,颇有几分黑格尔意义上"老人格言"的味道,其间引用了章学诚的"高明与沉潜"之说,纵论不同学者之类型,但具体何为"沉潜",谁为"高明",却记不得了。

再一次翻阅本书文稿,不禁感慨万千,一种难言的沧桑感油然而生。王先生已故多年,为本书作序的汪子嵩、张世英、叶秀山三位先生均驾鹤西去,为本书提供重要帮助的梁志学先生也遽归道山,先生晚年念兹在兹的《纯粹理性批判》已得以出版,先生生前没有想到的这本书也得以再版,这似乎可以告慰逝者了。但我总觉得还有意犹未尽之处。古人云:"昔人已乘黄鹤去,此地空余黄鹤楼。黄鹤一去不复返,白云千载空悠悠。"有此感,又不尽然。这些年,我经历了一次又一次送别,王先生他们那一代学者已逐渐离我们远去。他们的离去留下的"空白",随着时间的流逝而日益凸显出来,这或许意味着一个时代的终结。

他们那一代人年幼即开始接受私塾教育,奠定深厚传统文化根基,长大之后负笈海外,上下求索,对西学也具有精湛造诣和深刻体悟,尤为关键的是,他们出生在一个风雨飘摇、苦难深重的中国,经历了 20 世纪的动荡和巨变,具有极其强烈的民族情感和家国情结,他们的哲学思考既饱含对历史、现实和时代的生命体验,又与国家前途和民族命运息息相关。正如张汝伦在《桃李不言自成蹊》中所说的:

"他们经历过太多的民族屈辱,为了民族的复兴,他们愿意舍弃一切。他们总想向世人证明我们是一个值得尊重的伟大民族。和玖兴师在一起,时时能感到他们那代人强烈的民族情感。这就是为什么玖兴师在临终时还要和我说办一个世界一流的哲学系的希望;而对他个人,除了告诉我他将不久于人世外,再没说什么。

玖兴师的去世,标志着一个时代的结束,即在旧中国受哲学教育,然后又去国外大学哲学系深造的一代学者淡出历史。至于玖兴师最后那个愿望能否实现,那

要看还有没有他这样的人。"(参见本书第 485~486 页)

面对这样的文字,这样的人,这样的一代人,很难不为之动容。"办一个世界一流的哲学系"的临终希望与"不久于人世"的个人告白,这样的"重"与"轻"令人怆然!至于今天还有没有像他们这样的人?能不能出现世界一流的哲学系?这样的问题,谁能够回答呢?谁又能够说得清呢?无论如何,可以说的是"玖兴师的去世,标志着一个时代的结束,即在旧中国受哲学教育,然后又去国外大学哲学系深造的一代学者淡出历史"。

又是一个时代的结束!但结束的是时代,留下的是可资传承的学术薪火。"人似秋鸿来有信,事如春梦了无痕。"我在哲学所工作十六年,印象最深的是 9 层楼道里悬挂的那一排照片,潘梓年、金岳霖、贺麟、容肇祖、沈有鼎、杨一之、王玖兴等,他们深邃而沧桑的"目光"似乎具有穿透历史的力量。在外文所工作三年,终日穿梭于 11 层楼道之中,与冯至、戈宝权、卞之琳、罗大冈、李健吾、罗念生、杨绛等人的故事不时相遇,他们的"身影"若隐若现,似乎随时可以邂逅。我想,无论是深邃而沧桑的目光,还是若隐若现的身影,都意味着他们那一代人依然活着,活在今天。正是这种"活"的目光、"活"的身影作为"源头活水"生成了我们"活"的学术薪火。面对这样的学术薪火,新一代中国学人将何去何从?对我而言,这就像面前这本《王玖兴文集》的未来命运一样,都属于未知的世界。我所知道的,只是先生不止一次强调的,他想做的本是中国哲学。

何兆武先生曾说,"人生一世,不过就是把名字写在水上"。今天,我们把此书的再版作为对王玖兴先生的纪念,也可以说,是把纪念写在风里,文字留在水中,读者在哪里,风就吹到哪里,水就流到哪里。

本书再版工作启动于 2020 年年初,得到清华大学哲学系时任系主任宋继杰教授的鼎力支持,清华大学出版社梁斐女士为此付出了艰辛努力,王玖兴先生家属王以然、王以平、王赞基给予了大力支持,离开了这些支持,本书的再版是难以想象的。相对于初版,本书内容基本保持不变,除了文字上的润色修订之外,调整了个别不准确内容,增补了一些疏漏之处,添加了几篇纪念文章,仅此而已。一些外语词中文译名与现代译法不一致之处,遵照王玖兴先生写作时的常用译法,未作较大调整。对于编者而言,除此之外,还增加了一段记忆和几分感慨,此为补记。

崔唯航

2022 年 4 月 24 日清华大学 111 周年校庆日